Andrea Riccardi

Der längste Winter

Andrea Riccardi

Der längste Winter

Die vergessene Geschichte der Juden im besetzten Rom 1943/44

Aus dem Italienischen
von
Elisabeth-Marie Richter

THEISS

Die italienische Originalausgabe ist 2008
bei Gius. Laterza & Figli, Roma – Bari, unter dem Titel
L'inverno più lungo. 1943–44: Pio XII, gli ebrei e i nazisti a Roma erschienen.

Die Deutsche Nationalbibliothek verzeichnet diese Publikation
in der Deutschen Nationalbibliografie; detaillierte bibliografische Daten
sind im Internet über http://www.dnb.de abrufbar.

Der Theiss Verlag ist ein Imprint der WBG.

Die Herausgabe des Werkes wurde durch die Vereinsmitglieder der WBG ermöglicht.
Lektorat: Dr. Franziska Heidemann und Dr. Malte Heidemann, Berlin
Satz: SatzWeise GmbH, Trier
Einbandabbildung: Foto: Deutsche Soldaten, SS und italienische Miliz
während einer Razzia, Rom 1943 © bpk
Einbandgestaltung: Harald Braun, Berlin
Gedruckt auf säurefreiem und alterungsbeständigem Papier
Printed in Germany

Besuchen Sie uns im Internet: www.wbg-wissenverbindet.de

ISBN 978-3-8062-3622-4

Elektronisch sind folgende Ausgaben erhältlich:
eBook (PDF): 978-3-8062-3623-1
eBook (epub): 978-3-8062-3624-8

Inhalt

Vorwort der Übersetzerin

„Der längste Winter" behandelt ein Thema, das Europa in den Jahren 1943/44 betrifft, doch es ist auch, wie Andrea Riccardi in seinem Vorwort richtig schreibt, „eine sehr italienische Geschichte". Aus diesem Grunde wurden für den deutschen Leser an einigen Stellen erläuternde Anmerkungen zu Personen, Ereignissen oder Dingen hinzugefügt. Zudem wurde zum besseren Verständnis, wenn nur der Nachname einer bedeutsamen Person genannt wurde, dieser um den jeweiligen Vornamen ergänzt, auch um weitere Nachforschungen zu vereinfachen. Bei italienischen Institutionen und Organisationen wurden neben der geläufigen Abkürzung der volle Name und die deutsche Übersetzung davon angeführt.

Wo die zitierten Originaltelegramme archiviert wurden, die die deutschen Militärdienststellen in Rom nach Berlin sandten, ist leider nicht bekannt. Daher wurde hier auf die vom Autor in der italienischen Originalausgabe konsultierten Telegramme zurückgegriffen, die von den Alliierten abgefangen und im US-amerikanischen Nationalarchiv in Washington (National Archives and Records Administration, NARA) bzw. im Nationalarchiv für England (The National Archives, TNA) in Kew (London) ablegt wurden. Diese liegen dort lediglich in englischer Übersetzung vor und mussten ins Deutsche rückübersetzt werden.

Vorwort

In all den Jahren, die ins Land gegangen sind, hat die Welt das Interesse an der Geschichte der Judenverfolgung im Zweiten Weltkrieg keinesfalls verloren – ja, im Gegenteil: Es ist sogar immer größer geworden. Der Holocaust ist und bleibt eine unbeschreibliche und letztlich auch unerklärbare Tragödie. Daher ist es zwar bewegend, aber auch alles andere als einfach, über etwas zu schreiben, das nicht nur politisch und wirtschaftlich gesehen kaum zu begreifen ist, sondern das sich auch mit einem gesunden Menschenverstand nicht erklären lässt. Und eben weil der Holocaust so unverständlich und unvorstellbar ist, darf man nicht aufhören, über ihn zu sprechen und ihn zu ergründen. Schon unmittelbar nach Kriegsende, als noch keiner die Dimensionen der Tragödie so recht erahnen konnte, fühlte man, dass es unentbehrlich war, über ihn zu schreiben. Um an den Holocaust zu erinnern, muss man immer wieder von ihm erzählen, ihn untersuchen und neue Dokumente und neue Perspektiven erschließen.

Doch hier geht es nicht nur um die Juden und ihre Verfolger. Es geht um ein unfassbares Kapitel der Weltgeschichte, in dem viele Menschen eine Rolle spielten: die zahlreichen Kollaborateure der Nazis in ganz Europa ebenso wie die stillen Zeugen, die Erschrockenen, die Mutigen und die Gerechten, jene, die den Juden halfen, und jene, die so taten, als sähen sie nichts. Es geht um die vielen Menschen, die die Jahre des Zweiten Weltkriegs miterlebt haben. Es geht um ein paar Monate im Leben der Einwohner Roms: um die Zeit vom 8. September 1943 bis zum 5. Juni 1944. Es geht um die Geschichte einer kurzen Zeit, in der es im Rahmen der so genannten „Endlösung" zu unübersehbaren und rapiden Entwicklungen kam. Allein schon wegen der hohen Zahl der Opfer ist diese Zeit, und mag sie auch noch so kurz sein, von epochalem Wert.

In diesem Buch geht es um einen ganz besonderen „Schauplatz" des Holocausts: Es geht um Rom, seine Juden, seine Einwohner und seine Institutionen während der neun Monate der deutschen Besatzung. Es geht um eine kurze, aber intensive und dramatische Zeit. Juden und Verfolgte, Deutsche und Nazis, Denunzianten und Kirchenmenschen, anonyme Gerechte und eine Bevölkerung in großer Not sind die Hauptakteure des Gefüges, das auf den folgenden Seiten näher betrachtet werden soll. Etwas weniger als 2.000 Juden wurden von den Deutschen und ihren Kollaborateuren verhaftet; sie starben in den Konzentrationslagern, bei den beschwerlichen Transporten oder in den Ardeatinischen Höhlen. Etwa 10.000 bis 12.000 überlebten, indem sie sich in der Stadt versteckten. Doch hinter diesen Zahlen (die allein schon genügen, um das Ausmaß der Tragödie erahnen zu können) stecken zahlreiche ganz unterschiedliche und zuweilen unglaubliche Geschichten: Geschichten von Männern und Frauen, Alten und Jungen, die in die Hände ihrer Verfolger fielen oder ihnen aber entkommen konnten. Jede einzelne von ihnen verdient es, in all ihren Details nacherzählt zu werden. Auf den folgenden Seiten wollen wir versuchen, sie wie eine einzige große Geschichte zu erzählen, die sich aus vielen kleinen Geschichten von Männern, Frauen und auch Kindern zusammensetzt.

Denn jede einzelne Geschichte ist auf ihre Weise einzigartig. Ich erinnere mich noch gut daran, wie Settimia Spizzichino ihre erzählt hat. Sie, eine waschechte Römerin und Jüdin aus dem Ghetto, wurde nach Deutschland deportiert, überlebte jedoch und kehrte nach Rom zurück. Jahrzehntelang führte sie ein normales Leben und trug ihre Erinnerungen an jene Zeit mit sich herum, ohne mit jemandem darüber zu sprechen. Doch irgendwann fing sie damit an, allen und besonders den jungen Leuten davon zu berichten. Man konnte gar nicht aufhören, ihr zuzuhören, so reichhaltig und so wahr war ihre Geschichte, aber gleichzeitig in ihrer Dramatik auch so mahnend und so faszinierend. Die Freundschaft mit Settimia Spizzichino, einer einfachen Frau und Augenzeugin jener furchtbaren Ereignisse, und die Verbindung zu dieser Generation der römischen Juden und der jüdischen Gemeinde Roms spornten mich dazu an, von jenen grauenhaften neun Monaten zu erzählen. Nicht nur als Wissenschaftler, sondern auch aus persönlichen Gründen empfinde ich daher das Bedürfnis, an jene Geschichte zu erinnern. Ich möchte damit einen Beitrag dazu zu leisten, dass sich all das nie mehr wiederholt, was nach den Rassengesetzen von 1938[1] und im Krieg geschehen ist, als die Juden vom Rest der Bevölkerung getrennt wurden. Für mich ist dieses Kapitel der Geschichte eine moralische Warnung und eine Aufforderung zu menschlichem Handeln, auch über die neun Monate der deutschen Besatzung und die Stadt Rom hinaus.

Die Erinnerungen und Erzählungen der Zeitzeugen lassen uns die erschütternde Dramatik der Ereignisse nachempfinden, die Zahlen allein nicht auszudrücken vermögen. Viele Juden hatten nie die Möglichkeit, über ihren Schmerz zu sprechen, weil sie die Konzentrationslager nicht überlebt haben. Andere wiederum überlebten zwar, hielten es aber nicht für wichtig, darüber zu sprechen, fanden dazu keine Gelegenheit oder sahen sich von allgemeiner Gleichgültigkeit umgeben. Den wenigen, die noch am Leben sind, wird heute bewusst, dass ihre Erinnerungen einen unschätzbaren Wert haben.

All die verfolgten und heimatlos durch die Stadt streifenden Juden sahen Rom damals so, wie sie es noch nie zuvor gesehen hatten: Sie trafen auf selbstlose und mutige Männer und Frauen, erlebten die verschreckte Gleichgültigkeit einer schwierigen Zeit, sahen feige, geldgierige und verräterische Menschen und fühlten sich unendlich einsam auf den Straßen jener Stadt, die bislang ihre Heimat gewesen war. Auf eine sehr nachdrückliche und einmalige Art und Weise wurden sie so zu Zeugen von Menschlichkeit und Unmenschlichkeit. Durch die Augen des von den Nazis und den Faschisten Gesuchten und Verfolgten, des heimatlos Umherschweifenden sieht und lebt man Rom ganz anders. Der Wert dieses Kapitels der Geschichte bemisst sich nicht an seiner Dauer; seine Implikationen für die Zukunft bemessen sich nicht an der Anzahl der Tage. Sondern an ganz anderen Dimensionen.

Die Geschichte, um die es auf den folgenden Seiten gehen wird, ist die Geschichte von nur neun Monaten; doch sie ist so ergreifend und auch so bedeutsam, dass man am liebsten jeden einzelnen Tag und an manchen Tagen sogar jede einzelne Stunde nacherzählen möchte. Würde man aber all die Zeugnisse und Dokumente, jedes noch so kleine Detail rekonstruieren und sich dem Erlebten jedes Einzelnen widmen, käme dabei nicht nur so etwas wie eine Chronik heraus, sondern man liefe auch Gefahr, sich im Labyrinth des Alltäglichen zu verlieren. Denn zu jeder einzelnen Episode gibt es häufig ganz viele verschiedene Erinnerungen. Der Historiker ist kein Detektiv, der den Tathergang ermittelt und nach Schuldigen sucht, sondern er muss, wie Marc Bloch richtig gesagt hat, versuchen zu verstehen. Und daher muss er sich an einem gewissen Punkt auch vom Alltäglichen und von der Unmittelbarkeit trennen, um die Grundlinien und Grundeigenschaften der einzelnen Protagonisten zu erfassen.

Wenn man den verfolgten und umherziehenden Juden in der besetzten Hauptstadt folgt, gelangt man in viele verschiedene Welten: in die Welt der vielen Flüchtlinge jener Zeit, in der – wie man damals lakonisch und doch nicht unzutreffend sagte – „halb Rom die andere Hälfte versteckte"; in die Welt des gemeinen Volkes, das versuchte zu überleben und häufig nicht wusste, wie es seinen Hunger stillen sollte; in die finstere Welt des faschistischen Roms und seiner Institutionen; in die Welt der Kirche und ihrer Männer und Frauen und in die Welt des Papstes. Die Juden waren nur ein Teil des untergetauchten Roms, der großen Masse derer, die in jenen neun Monaten der Besatzung auf der Flucht vor den Deutschen waren. Sie waren stärker gefährdet als alle anderen im römischen Untergrund, doch sie hatten die gleichen Probleme und verkehrten in den gleichen Kreisen wie alle, die sich verstecken mussten. Aber die allgemeine Gemengelage in Rom machte es den Menschen auf der Flucht möglich zu überleben. Unter Mühe und Kummer konnten sie sich in den vertrackten Biegungen und den zahlreichen Zufluchtswinkeln der Stadt verstecken. Denn im Herzen der Stadt lagen der Vatikanstaat und die zahlreichen Einrichtungen der Kirche, die durch die Grenze dieses neutralen Staates geschützt wurden. Eines Staates, der sich den menschlichen Geschicken der Römer nicht verschloss.

Rom war die Stadt des Papstes; die Hauptstadt der kurzlebigen Italienischen Sozialrepublik war sie de facto jedoch nicht mehr. Rein aus Geltungssucht hatte sich dieses vielgesichtige Regime Raum in der Stadt geschaffen, auch wenn es ohne Zweifel die Deutschen waren, die sich wie die Herren Roms gerierten. Arrogant entgegnete man im Hauptquartier Kapplers der Ehefrau von Stefano Siglienti, die um Auskunft über den Verbleib ihres Mannes bat: „Uns steht frei, die Leute verschwinden zu lassen, so wie wir es wollen."[2] Zwar dauerte die Besatzung nicht lange und die Stadt war das Hinterland der Front. Doch die Besatzungsmacht war mitleidslos, sie füllte das Buch der Geschichte mit unsäglichen Grausamkeiten und führte zahlreiche Durchsuchungen und Razzien durch, angefangen mit der großen Judenrazzia vom 16. Oktober 1943. Am Ende war die Stadt ausgelaugt und lechzte nach Befreiung.

Aharon Appelfeld, ein israelischer Schriftsteller, der den Holocaust als Kind überlebt hat, schrieb: „Ich bin dem einmal nachgegangen. Jeder, der den Krieg überlebte, überlebte dank eines Menschen, der ihm in großer Gefahr Halt gab." Außerdem betonte er: „Gott haben wir in den

Lagern nicht gesehen, gute Menschen schon. Die alte jüdische Legende, dass die Welt nur dank einiger weniger Gerechter besteht, stimmte damals genau wie heute."[3]

Da unzählige Frauen und Männer ihnen in Momenten großer Gefahr helfend zur Seite standen, konnten viele Juden und verfolgte Römer gerettet werden. Und von dieser Hilfe für all jene, die von Nazis und Faschisten gejagt wurden, handelt dieses Buch. Man half überall: in Privathäusern, auf den Straßen Roms, in Klöstern und Pfarreien, in Krankenhäusern, auf dem Gebiet und in den Einrichtungen des Heiligen Stuhls. Einige von denen, die den Verfolgten geholfen haben, wurden als „Gerechte unter den Völkern" geehrt. Doch von vielen hat man jede Spur verloren – von den meisten. Wie gerne hätte ich die Geschichte jedes Einzelnen, der gerettet wurde, und jedes Einzelnen, der geholfen hat, erzählt. Doch die Erinnerung an viele haben wir unwiderruflich verloren. Auf den folgenden Seiten wollen wir versuchen, die Geschichten ganz gewöhnlicher Männer und Frauen aus der Vergessenheit zu holen, die in jenen Monaten großen Mut bewiesen und ein Leben führten, das alles andere als gewöhnlich war. Danach kehrten sie in ihr gewöhnliches Alltagsleben zurück und wurden größtenteils vergessen.

All diese Geschichten sind ein einziger großer Schatz. Sie zeigen uns, wozu viele Menschen in einer überdurchschnittlich harten Zeit fähig waren. Es soll hier nicht darum gehen, ein Loblied auf das gute Herz rechtschaffener Leute zu singen. Das phrasenhafte Gerede von den *Italiani, brava gente*, vom braven Italiener, ist nichts als die italienische Version dessen, was jedes Volk über sich selbst sagt, um zu behaupten, es sei anders, ja besser als die anderen. Doch es sind nicht Floskeln wie die vom guten Menschen, die uns bewegen; uns bewegt die Leidenschaft dafür, sich mit der Geschichte auseinanderzusetzen, nach Dokumenten und Zeugnissen zu suchen und dabei Namen zu finden und Wegen nachzugehen. Es sind die „Rettungswege" vieler Menschen, von Juden wie auch Nichtjuden.

Dies ist auch die Geschichte einer finsteren Zeit, in der die „Kräfte des Bösen" nicht nur bei den Verfolgern, sondern auch bei vielen Männern und Frauen am Werk waren, die falsch, unsicher und ängstlich waren, die kollaborierten, die den Wert des menschlichen Lebens geringschätzten, die korrupt und vom Hass gegen die Juden durchtränkt waren und darin eine Rechtfertigung für ihr Tun sahen, die am Geld hingen, an Gegenständen und an der Aussicht, an eine Wohnung zu kommen oder sie einfach nur auszuleeren. Historiker haben Licht in diese Grauzonen geworfen, die in einer Zeit, in der nicht nur Krieg zwischen zwei Parteien herrschte, keineswegs klein waren. In Rom und andernorts gab es, wie Enzo Forcella richtig festgestellt hat, viele Parteien.[4] Die Geschichte jener neun Monate in Rom ist die Geschichte vieler Parteien, die sich bekriegten, verhandelten, sich begegneten, sich benutzten und sich auswichen ...

Auch wenn wir uns nur Italien in den Jahren 1940 bis 1945 oder nach der Kapitulation 1943 anschauen, ist die Geschichte des Krieges nicht nur eine Geschichte des Kampfes oder des Widerstands gegen die Deutschen. In den Siebzigerjahren, als ich mich als junger Wissenschaftler und blutiger Anfänger zum ersten Mal mit ihr befasste, war gerade eine hitzige Debatte über den Antifaschismus und die Resistenza entfacht. Diese historiographische Debatte war für das historisch-politische Gedächtnis und die Legitimität der politischen Parteien, die Italien regierten und die Republik errichtet hatten, grundlegend wichtig. Die zeitliche Nähe zum Weltkrieg (es waren erst 30 Jahre vergangen) sowie die ethisch-politische Verbindung zwischen der Geschichte der Resistenza und der der republikanischen Demokratie waren von zentraler Bedeutung. Demjenigen, der sich mit der Geschichte der Monate der Besatzung befassen wollte, bot das politische und kulturelle Klima von damals Fragen und Interpretationskategorien, die jedoch etwas starr waren.

Aber das, was in Rom geschah, wo eine Hälfte der Römer die andere versteckte, was genau war das? Kann man es, wenn auch etwas abwertend, als Attentismus bezeichnen? Das mag für die gelten, die nicht wussten, wohin sie gehen sollten, die unsicher waren, ob sie etwas gegen die Herrschaft der Nazis unternehmen bzw. was sie für eine bessere Zukunft tun konnten. Doch es war keine Zeit der Feigheit, sondern eine Zeit, in der sich mutige Menschen gegen alle Unterdrückung und alle Grauzonen positiv abhoben. Groß war die Anzahl derer, die Mut bewiesen. Gleichzeitig wurden diese Monate zu Recht auch als die Zeit des „Kain in Rom" bezeichnet; dies belegen zahlreiche Geschichten, die von Verrat und vom Handel mit dem menschlichen Leben erzählen.[5]

Rom ist ein Sonderfall. Die Geschichte jener neun Monate ist dramatisch und menschlich betrachtet von großer Bedeutung. Die Römer waren politisch jedoch insgesamt nicht besonders aktiv; es war kein Aufstand, der die Stadt befreite, sondern die Ankunft der Alliierten, die die ganze Stadt am Tag der Befreiung in erleichterten Jubel ausbrechen ließ. Und dennoch hatten die Deutschen in der Stadt kein leichtes Spiel: Da war zum Beispiel die – bereits gut erforschte – Resistenza, die sich um die Parteien des Nationalen Befreiungskomitees („Comitato di Liberazione Nazionale“, CLN), die (von den Deutschen und den Faschisten als solche bezeichneten) „badogliani“ oder auch aus Eigeninitiative entwickelte. Zudem war ein großer Teil der Bevölkerung nicht bereit, sich dem Besatzer zu fügen oder ihm auch nur zu trauen (was die Deutschen sehr wohl spürten); sie versuchten zu überleben und halfen auch den Verfolgten zu überleben und sich zu verstecken.

Rom ist ein Beispiel für Widerstand gegen den Krieg (schon vor der Besatzung hatte es großen Widerstand gegen den Kriegseintritt Italiens an der Seite Deutschlands gegeben, was den faschistischen Informanten nicht entgangen war); Rom ist auch ein Beispiel für eine Verurteilung der nationalsozialistischen und faschistischen Gewalt, für eine nur mäßige Begeisterung für den bewaffneten Kampf und für das Warten auf den alliierten Befreier, der das Kriegsgespenst verscheuchen sollte. Die Deutschen und ihre Freunde symbolisierten die Barbarei des Krieges.

Viele Römer identifizierten sich mit dem Römer auf dem Stuhle Petri, Papst Pius XII., der gegen den Krieg und den Eintritt Italiens in den Konflikt gewesen war und sich in die Ruinen des bombardierten Roms vorwagte. Der Papst war für viele ein Symbol des Friedens. Dieses Buch handelt auch vom Papst und der Kirche Roms in den Jahren 1943 und 1944. Ich möchte an dieser Stelle nicht auf Pius XII. und seine Entscheidungen während des Krieges eingehen; wir werden dieses Thema am Rande und im Rahmen der einzelnen Geschichten jener neun Monate behandeln. Ich möchte jedoch kurz erzählen, was mein Interesse geweckt hat und wie ich mit dieser Geschichte in Kontakt gekommen bin.

Mitte der Siebziger begann ich mich mit der Aufnahme von Flüchtlingen durch Nonnen und Mönche im besetzten Rom zu beschäftigen. Der berühmte Historiker Pietro Scoppola, der sich mit der Kirche im Faschismus, dem demokratischen Wiederaufbau und dem politischen Programm De Gasperis befasste, führte mich an dieses Thema heran. Er war 1926 in Rom geboren worden und hatte immer in der Ewigen Stadt gelebt. Als junger Mensch hatte er die neun Monate der Besatzung selbst miterlebt. Doch wie gesagt wollte dieses Thema nicht so recht in die Geschichte der Resistenza und des Antifaschismus passen, auch wenn eine (zugegebenermaßen kurzlebige) Zeitschrift, die sich schwerpunktmäßig mit der Geschichte der Resistenza im Latium beschäftigte, meine ersten Aufsätze dazu veröffentlichte.

So machte ich mich als junger Wissenschaftler auf die Suche nach Dokumenten und hoffte vielleicht sogar eine Weisung des Heiligen Stuhls an die Ordensgemeinschaften zur Aufnahme von Flüchtlingen zu finden. Ich stieß auf eine ganze Reihe von Dokumenten, aber vor allem durfte ich viele Protagonisten und Zeitzeugen jener neun Monate persönlich treffen, allen voran Mons. Roberto Ronca, der das größte Aufnahme- und Hilfszentrum im exterritorial gelegenen Lateran geleitet hatte. Außerdem sprach ich mit vielen einfachen Ordensleuten und Verfolgten. Da einige von ihnen auch heute noch am Leben sind, hatte ich kürzlich die Möglichkeit, sie erneut zu befragen. Mons. Elio Venier, der die Zeit als junger Vikar miterlebt und sich sehr für die Verfolgten engagiert hat, gehörte zu den Ersten, die das Gedächtnis an jene Zeit pflegten. Was die Zeitzeugen angeht, möchte ich Michael Tagliacozzo, der heute in Israel lebt, und die kürzlich verstorbene Eva Maria Jung, die als junge Frau aus Deutschland nach Rom geflohen war, besonders hervorheben. Mit den beiden habe ich wirklich Freundschaft geschlossen. In der letzten Arbeitsphase konnte ich mit vielen weiteren Zeitzeugen sprechen. All den großzügigen Menschen, die bereit waren, sich jene Zeit wieder ins Gedächtnis zu rufen, und allen Freunden, die mir bei dieser Arbeit behilflich waren, bin ich zu tiefer Dankbarkeit verpflichtet.[6]

Durch den direkten Kontakt zu den Zeitzeugen durfte ich das Werk vieler bedeutsamer Männer und Frauen der Kirche kennenlernen. War es ihre eigene, freiwillige Entscheidung oder handelten sie auf Anweisung des Papstes? In den Sechzigerjahren ist eine Diskussion um das „Schweigen" Pius' XII. zur Ausrottung der Juden entstanden, die verschiedene Phasen durchlaufen hat und bis heute nicht abgeschlossen ist.[7] Und auch wenn man nur auf Rom schaut: Weder die Judenrazzia vom 16. Oktober noch das Massaker in den Ardeatinischen Höhlen wurden vom Papst öffentlich verurteilt. Wirft der Schauplatz Rom die Frage um das „Schweigen" Eugenio Pacellis erneut auf?

Im Rahmen meiner Forschungen zu dem, was in den Jahren 1943 und 1944 in Rom geschehen ist, stieg mein Interesse an der Person Pius' XII., an der Geschichte der Kirche Roms und an jener Schaltzentrale des

Katholizismus, die Rom während des ganzen 20. Jahrhunderts war.[8] Sicherlich wird dem Leser auf den folgenden Seiten mein seit mehreren Jahrzehnten bestehendes Interesse daran nicht entgehen. Doch in diesem Buch soll es nicht um Kirchengeschichte gehen, sondern um die Geschichte neun furchtbarer Monate, um ein Geflecht aus Verfolgern, Besatzern und Verfolgten, der Kirche, einfachen Leuten, dem Krieg, alten Traditionen und auch der Distanzierung davon, einer neuen und improvisierten Form des Zusammenlebens und der Nachbarschaft, den Kämpfen des Alltags, Begegnungen und einer bisher nicht gekannten Verbundenheit ... Es ist die Geschichte der „Gefangenschaft Roms", wie Carlo Trabucco, er selbst ein Zeitzeuge, sie im Titel seines schönen Buchs nannte.[9] Diese 268 Tage sind für die Geschichte der Stadt und weit darüber hinaus bedeutend und sogar sinnbildlich.

Nicht immer ist es einfach, das Verhalten, die Entscheidungen, die Sprache und die Beweggründe all jener zu verstehen, die in jener schwierigen Zeit gelebt haben. Aus diesem Grund habe ich mich dazu entschlossen, den zahlreichen Wegen der Verfolgten und ihrer Helfer nachzugehen, um zu zeigen, wie komplex die (kleinen und großen) Geschichten jener Monate waren. Ich habe mit Ordensleuten gesprochen, die Menschen bei sich aufgenommen haben, ich habe ihnen zugehört und mich mit ihren Archiven befasst. Die Grundlage des menschlichen Verhaltens jener Frauen und Männer, die große Risiken in Kauf nahmen und sich dazu entschieden, anders zu leben als bisher, zusammen mit Menschen, die ihrem eigenen Umfeld eigentlich völlig fremd waren, war ihr Glaube. Viele, die damals bei ihnen unterkamen, betonten, dass die religiöse Welt Roms trotz all ihrer Einschränkungen und der Ansichten jener Zeit ein Füllhorn der Menschlichkeit in einer düsteren Zeit war.

Die kirchlichen Einrichtungen und ihre Vertreter standen im Zentrum eines riesigen Netzes im Untergrund, zu dem auch die einzelnen Stadtviertel, Häuser, Familien und Laien gehörten. Es ist schwierig, eine Geschichte der Einzelnen und der Familien zu schreiben, doch sofern es möglich war, habe ich mich dazu entschieden, auch auf das Alltagsleben der Asylsuchenden einzugehen. Es gab so viele kleine Probleme, an die sich heute keiner mehr erinnert; die Polizei war nur eins davon, wenn auch ein besonders großes. Für sich selbst, die versteckten Menschen und die Hungerleidenden Essen zu finden, war gar nicht so einfach, wie man heute vielleicht denken mag. Ein Jude erinnerte sich daran, dass es

Phasen gab, in denen nicht die nationalsozialistischen und faschistischen Häscher das größte Problem waren, sondern der Hunger. Auch solche Alltagsprobleme gehören zur Geschichte jener Tage. Für fast alle Römer war die Versorgung mit Lebensmitteln ein großes Problem.

Die hilfsbereiten Ordensleute dürfen nicht losgelöst von der Institution Kirche und ihren Führungsspitzen betrachtet werden. Der Grund dafür liegt auf der Hand: In ihrer Art zu leben und auch in der Wahrnehmung der anderen waren sie untrennbar mit der Mutter Kirche verbunden. Die Kirche in Rom – dies wird sich auf den folgenden Seiten zeigen – war weder ein Heer reglementierter Soldaten noch eine vom Papst losgelöste Einheit. Der Historiker schreibt nicht, um zu erbauen oder zu verurteilen, sondern um zu erzählen und zu verstehen, und muss daher meiner Meinung nach versuchen, sich von vorgegebenen Bildern der Kirche frei zu machen – von Idealbildern ebenso wie von Bildern, die später entstanden sind. Denn wer könnte einen besseren Nährboden für die Entstehung von Mythen und unwirklichen, bewegenden, begeisternden oder finsteren Bildern bieten als die katholische Kirche, diese jahrtausendealte Institution, die älteste des Okzidents?

Einer dieser Mythen ist durch die Macht entstanden, die die katholische Kirche in der Regierung des Nachkriegsitaliens hatte, einer Zeit, die Mario Rossi von der Katholischen Aktion etwas überspitzend als „die Tage der Allmächtigkeit" bezeichnet hat.[10] An einem der heimlichen Zufluchtsorte Roms hatte sich Alcide De Gasperi versteckt, einer der Gründungsväter der „Democrazia Cristiana" und der erste Katholik an der Spitze der Regierung. Dieser sollte nach dem Krieg eine fast vierzig Jahre dauernde Phase christdemokratischer Macht einläuten. Die Macht der Kirche im Nachkriegsitalien, mit Papst Paul VI., dem Konzil und dem langen und einschneidenden Pontifikat Johannes Pauls II., zeigte sich in späteren Jahren von ihrer „prophetischen" Seite: Die Päpste und die Kirche sprachen über viele Themen, urteilten, verurteilten und hatten ein ganz neues Verhältnis zur Öffentlichkeit.[11] Die Kirche Pius' XII. hingegen war eher eine Randerscheinung; in einem von den Nazis dominierten Europa und in einer Stadt Rom, in der die deutschen Wachposten unter den Fenstern des Papstes standen, war sie isoliert. Sie war keinesfalls eine *quantité négligeable*, doch die Regierungen der kriegführenden Länder ließen sie außer Acht. Auf der diplomatischen Ebene hatte sie kaum Einfluss und war wenig relevant. Die Amerikaner, die ihr noch am meisten Aufmerksamkeit schenkten, beachteten sie nur wenig, die Briten kaum, die Sowjets gar nicht und Hitler so gut wie gar nicht. Der Vatikan unter Pius XII. war eher schwach; er war der Kopf einer Kirche, die durch den Krieg, in dem sich Katholiken gegenseitig bekämpften, faktisch zergliedert wurde.

Pius XII. war sich dieser Schwäche bewusst. Sie veranlasste ihn dazu, vorsichtig zu sein. Der Mission seiner Kirche maß er gleichwohl eine große und einzigartige Bedeutung bei. Doch er fürchtete die Nazis und ihre Grausamkeit. Er fürchtete Vergeltungsmaßnahmen gegenüber den Katholiken, den Deutschen (wobei er auch um ihre Beeinflussbarkeit wusste) und all jenen, die in den Räumen der katholischen Kirche und des Papstes untergebracht waren. Er entschied sich gegen eine prophetische Verurteilung, die manch einer damals und sehr viele später gerne gesehen hätten. Er wusste, dass sein Weg das „Schweigen" war. Am 10. Oktober 1941 machte er dies bei einer Audienz für Mons. Angelo Roncalli deutlich.[12] Der Pacelli-Papst selbst scheint der Erste gewesen zu sein, der dieses „Schweigen" ins Gespräch gebracht hat. Hätte sein Vorgänger Pius XI. vielleicht anders gehandelt? Einige glauben das und es ist durchaus möglich.[13] Doch das Wesen und auch die Zeit Eugenio Pacellis waren anders.

Der Papst richtete sein Augenmerk darauf, die Kirche als Zufluchtsort für Menschen in Not zu schützen, die Katholiken dazu aufzufordern, allen zu helfen, und zu versuchen, dem Krieg durch Friedensverhandlungen ein Ende zu setzen. Der Papst wusste darüber Bescheid, was im besetzten Europa geschah, doch wie fast allen seiner Zeitgenossen waren ihm die Ausmaße der Vernichtungsmaschine Nationalsozialismus nicht vollumfänglich bekannt. Gleichwohl ahnte er, dass diese katholikenfeindliche Maschine seine Kirche zermalmen würde, sollte Hitler tatsächlich siegen. Er wusste auch, was in der Sowjetunion passiert war, wo Stalin die katholische Minderheit fast vollständig ausgelöscht hatte. Zu einem gemeinsamen antibolschewistischen Kreuzzug an der Seite der Nazis ließ er sich jedoch nicht hinreißen.

Diejenigen, die während des Krieges seine Mitarbeiter waren und später an der Spitze der katholischen Kirche standen, sollten in den folgenden Jahrzehnten den diplomatischen Dialog mit den kommunistischen Regierungen des Ostblocks aufrechterhalten; so etwa Giovanni Battista Montini, der spätere Paul VI., sowie Agostino Casaroli, dessen

„Außenminister" und der Staatssekretär Johannes Pauls II. (der im Krieg das bescheidene Amt des Archivars des Staatssekretariats innehatte und wahrscheinlich manch einen Bericht über die Gewalttaten der Nazis in den Regalen der vatikanischen Archive ablegte), oder die Anhänger Domenico Tardinis. Ihr Kurs wurde auch von Zurückhaltung gegenüber der christen- und freiheitsfeindlichen Verfolgung dieser Regimes bestimmt. Um es mit den Worten Kardinal Casarolis zu sagen: Sie betrieben die Kunst des Möglichen durch das „Martyrium der Geduld".[14] Bis in die Fünfzigerjahre war der Kommunismus immer wieder verurteilt worden – danach nahm man Abstand davon. Die Diplomatie, die Kunst des Möglichen, mit ihrem Schweigen und ihren Kontaktaufnahmen, mit ihrer Kühnheit und ihren Einlenkungen war auch in der „prophetischen" Kirche der Zeit nach dem Zweiten Vatikanischen Konzil *en vogue*. Sie war ein Werkzeug mit einer langen Geschichte. Sie schien die Antwort auf die Bedürfnisse einer Kirche zu sein, die zwar stark wirken mochte, es politisch gesehen aber nicht war, weil sie kein Herrschaftsgebiet besaß und sich mit den Mächten *in loco* auseinandersetzen musste. Jenseits aller Mythen in die eine wie in die andere Richtung scheint mir dies über Jahre die Situation gewesen zu sein, in der sich die katholische Kirche befand.

Doch neben der Beurteilung der diplomatischen Haltung des Heiligen Stuhls, des Schweigens Pius' XII. und anderer Dinge ist da noch etwas anderes. Der Holocaust war eine Niederlage des Christentums in Rom, Italien und Europa. Gewiss war er auch eine Niederlage anderer Kulturen und Anschauungen; doch es war vor allem das Christentum, das die Geschichte Europas über Jahrhunderte hinweg geprägt hatte. Und nun war es machtlos angesichts der Gewalt der Nationalsozialisten und jenes großen Leidens, das sich auf christlichem Boden bewahrheitete. Es geht hier um ein einschneidendes Ereignis, das Emmanuel Lévinas 1950 folgendermaßen beschrieben hat:

> Inmitten so vieler anderer Gräuel raubt die Vernichtung von sechs Millionen wehrloser Menschen in einer Welt, die das Christentum in 2.000 Jahren nicht zu verbessern vermochte, seiner Eroberung Europas in unseren Augen viel von ihrem Prestige. Gewiß werden wir niemals die Reinheit der individuellen – und durch ihre Zahl beeindruckenden – Taten der Christen vergessen können, die [...] das Leben von uns Überlebenden während der

> schrecklichen Jahre gerettet haben. Wir werden auch den Mut der Hierarchie der Kirche Frankreichs nicht vergessen können. Doch das Scheitern des Christentums auf politischer und gesellschaftlicher Ebene läßt sich nicht bestreiten.[15]

Wie nachdenklich stimmt einen diese – keinesfalls christenfeindlich motivierte – Feststellung Lévinas' angesichts der vielen Leidenden in Deutschland und Europa, dieser Niederlage der europäischen Menschheit. Auch Elie Wiesel hat dies betont: Ebenso wie der Politik, dem menschlichen Engagement und der Kultur gelang es dem Christentum nicht, eine Mauer zu errichten, die die Mörder davon abhalten konnte, Böses zu tun; der Holocaust war eine „menschliche Niederlage".[16] Diese Betrachtungsweise trifft meiner Meinung nach das Verhältnis der Kirche zum Holocaust besser als die Frage nach dem Schweigen Pius' XII. Sie regt überdies dazu an, von dieser Tragödie zu erzählen und die Haltung der Europäer, der Christen und der Peiniger näher zu ergründen.

Die neun Monate der Besatzung zeigen, dass die Welt der Kirche, die zunächst kompakter und homogener wirkt als viele andere Welten, tatsächlich äußerst vielschichtig und ein Sammelbecken unterschiedlicher Meinungen und Entscheidungen war – auch was die Aufnahme von Flüchtlingen angeht. Die folgenden Seiten dieses Buches werden uns auch mit der Komplexität der einzelnen Milieus Roms in Verbindung bringen: nicht nur mit der Kirche, sondern auch mit den Faschisten (von kriminellen Banden bis hin zu zähen und gewieften Personen wie Marschall Rodolfo Graziani) und mit den Deutschen. Die Kirche setzte stark auf die Deutschen und verfolgte ihnen gegenüber eine geschickte Politik des Kontakthaltens, der Interzession, des Lockens und des Tadelns. Durch die Art und Weise, wie in Rom mit dieser Komplexität gespielt wurde, verwandelte sich der Schauplatz jener 268 Tage dauernden Tragödie manchmal auch in eine Komödienbühne. Die Geschichte, die wir uns hier anschauen wollen, ist voller verworrener Details und ganz neuartiger Zusammentreffen.

Es war, wie schon gesagt, kein Aufstand, der Rom von den Deutschen befreite. Pius XII. und die Kirche setzten sich für eine friedliche Übernahme der Stadt durch die Alliierten ein. Sie wollten vermeiden, dass der bewaffnete Krieg die Überhand gewann, dem sie nicht trauten, ja den sie ablehnten. Darüber hinaus lebten sie in ständiger Angst vor dem Kommunismus. Der Antikommunismus Pius' XII., um den die Forschung anfangs lieber einen großen Bogen gemacht hat, ist bei vielen Wissenschaftlern nach dem Ende der UdSSR und des Kommunismus in Osteuropa auf größeres Verständnis gestoßen. An dieser Stelle soll nichts richtiggestellt, sondern bloß verstanden werden. Gegenüber den Amerikanern (seinen bevorzugten Gesprächspartnern) betonte der Papst häufig, der Kommunismus sei ein großes Unglück für Italien und Europa. Die Gewalt des Krieges (und auch die des Widerstands) und die Besatzungsherrschaft waren für ihn eine Tragödie, der so schnell wie möglich ein Ende gesetzt werden sollte.

Die Kirche Pius' XII. war gegen den Krieg, gegen gewaltsame Auseinandersetzungen und auch gegen den Partisanenkampf. Das für die friedliche Transition Roms ausgearbeitete Modell entsprach einer allgemeinen Vision. Vielleicht hatten die vatikanischen Führungskräfte (eine kleine Gruppe, ja eine Handvoll Männer, die isoliert in Rom lebten und nur über wenig internationale Kontakte verfügten – sich aber eines althergebrachten Prestiges erfreuten) die dramatische Logik jenes Weltkrieges nicht recht verstanden. War er für sie so wie der Erste Weltkrieg, den Pacelli vom Vatikan und von München aus miterlebt hatte? Natürlich waren sie nicht dazu bereit, ihn einfach so hinzunehmen, und versuchten, sich ihre eigenen Räume und Wege zu schaffen: mal indem sie Asyl gewährten, mal durch Friedensbotschaften, dann wieder mit ihrer Vorstellung von der Übernahme Roms oder durch solidarisches Handeln ... Diese Nichtakzeptanz der Logik des Krieges mag man als Indiz für einen mangelnden Realitätssinn sehen oder als Zeichen für Attentismus, ja sogar für Schlauheit. Man kann sie aber auch als einen Einsatz für den Frieden sehen, der in späteren Jahren unter dem Begriff Pazifismus hochgehalten wurde. Doch Fakt ist, dass der Vatikan, der inmitten all der kriegführenden Parteien sachlich blieb, die Logik des Krieges nicht akzeptierte. Stattdessen versorgte er die Wunden, die dieser Krieg hinterließ.

Dieses Buch handelt auch von der italienischen Hauptstadt. Rom ist nicht Paris, das die Geschichte und das politische Leben Frankreichs so stark in sich trägt und spiegelt. Mussolinis großen Träumen zum Trotz war Rom keine besonders imperiale Hauptstadt. Neun Monate lang war Rom eine Hauptstadt ohne Staat. Der savoyische Staat mit seiner gerade einmal siebzigjährigen Geschichte war zusammengeschmolzen, als der

König gen Süden geflohen war. Weder international noch von den meisten Italienern wurde Mussolinis Regime noch als Staat angesehen. Kein oder fast kein Land erkannte ihn mehr an, auch nicht der Heilige Stuhl. Die Deutschen waren die Besatzer. Rom lebte unter einer Subsistenzherrschaft. Und die Stadt überlebte all die Willkür, weil es Bündnisse von Menschen guten Willens, teils seltsame Allianzen gab, weil Familien und Ordensgemeinschaften sich engagierten, weil Einzelne sich durchschlugen und weil der Papst sich für die Stadt einsetzte. Doch der Papst wurde niemals zum „König von Rom“ (wie sich der groteske und erbarmungslose deutsche Kommandant General Kurt Mälzer gern nennen ließ). Auch den Vorschlag, die Macht über Rom an den Papst zu übergeben, lehnte der Vatikan ab. Pius XII. war nicht der König von Rom; als römischer Papst blieb er aber vielleicht „der einzige Herrscher“ Roms, wie General Charles de Gaulle es einmal formulierte.

Die in diesem Buch erzählte Geschichte ist eine sehr italienische Geschichte: die Geschichte der Gesellschaft, der Familien und der Kirche, die Geschichte von persönlichen Initiativen, von einer sich immer mehr ausbreitenden Krise der Institutionen, wie man sie noch nie zuvor gesehen hatte, von Solidarität, von einem fehlenden Staat ... Die römische und die italienische Gesellschaft waren sehr viel älter als der junge, totalitär national angelegte Staat der Faschisten, der durch die Niederlage und den Krieg scheiterte. Der gesellschaftliche Zusammenhalt in Rom war gut spürbar, und das obwohl die Bevölkerung der Hauptstadt auch siebzig Jahre nach der Einheit Italiens recht heterogen war: Aus verschiedenen Regionen Italiens waren die Menschen nach Rom gezogen, doch sie hatten sich in das spezielle Klima der Stadt gut eingefügt. Die Landeshauptstadt Rom war also im Gegensatz zu vielen anderen italienischen Städten eine echte Gemeinschaft. Auch damals war die Zahl der alt eingesessenen Römer verhältnismäßig niedrig; man „wurde“ vielmehr zum Römer. Die neun Monate von September 1943 bis Juni 1944 waren gesellschaftlich gesehen insgesamt eine starke Phase; was den Staat und seine verrufenen und dysfunktionalen Institutionen anging, waren sie jedoch eine äußerst schwache Phase. Auch dieser Kontrast macht die Geschichte so bedeutungsvoll.

Vergebens wird der Leser auf den folgenden Seiten eine chronologische Schilderung der Ereignisse suchen. Vielmehr wollen wir den einzelnen Wegen durch jene neun Monate folgen und die Verläufe und Zustände im Untergrund mit all ihren dramatischen Momenten, ihren politischen und diplomatischen Verflechtungen und den kleinen Geschichten des täglichen Überlebens und Kampfes nacherzählen. Zwar mag das in einigen Fällen zu Wiederholungen führen, doch diese Herangehensweise ermöglicht einen besseren Überblick über die einzelnen Facetten des großen Gesamtbildes. Dieses Bild ist ein Mosaik aus vielen Steinen. Es zeigt eine Stadt, die im Grunde genommen nicht mehr relevant, nicht mehr die Hauptstadt war, von den Deutschen und den Faschisten verachtet und für die Alliierten nicht so wichtig war. Natürlich war Rom für die Römer wichtig, weil sie dort lebten und auch in Zukunft leben wollten. Auch für seinen Bischof, Pius XII., war Rom wichtig: Er versuchte, Rom zu einer sinnbildlichen, vor den Augen der Welt heiligen und damit unantastbaren Stadt machen. Eine Stadt mit einem großen symbolischen Wert für Menschen auf der ganzen Welt.

Die zahlreichen Schilderungen des Alltags und des Lebens im Untergrund während jener neun Monate verschafften mir einen Einblick in die Welt der Verfolgten, der Juden und der Nichtjuden, der Verfolger und ihrer Kollaborateure, der Männer und Frauen der Kirche und der vielen couragierten und anonymen Römer, einer großen Menge von Menschen, die in der Zeit zwischen dem 8. September 1943 und dem 5. Juni 1944 auf den Straßen Roms unterwegs waren, sich in ihren Häusern einschlossen oder an den Fenstern standen. Ich hoffe, dass die Entdeckung dieser Welt für den Leser ebenso lehrreich und spannend sein wird wie für mich. Dieses Buch bietet die Möglichkeit, weiterhin vom Holocaust zu erzählen (denn wir dürfen nie aufhören, von ihm zu erzählen) und an all das Leiden dieses Krieges zu erinnern, damit wir die Brutalität der wahnsinnigen ideologischen Rassenideen niemals vergessen. Es soll zeigen, wie viele Menschen mit bloßen Händen gegen all das Böse kämpften und versuchten, die Schmerzen zu lindern oder auch nur das zu tun, was im Rahmen ihrer eigenen Möglichkeiten lag. Dieses Buch möchte die Begeisterung für die Geschichte am Leben erhalten. In der Geschichte sind die Dinge nie vollkommen gleichförmig, ideologisch und deterministisch. Sie setzt sich aus den Taten vieler einzelner Männer und Frauen zusammen, denn das Handeln jedes Einzelnen ist ein wertvoller Fortschritt – auch gegenüber einer Macht, die überwältigend wirken mag.

Vor einigen Jahren hat Elio Toaff, ein bekannter Rabbiner aus Rom und Zeitzeuge der Judenverfolgung, in der Einleitung zu einem Buch mit

Geschichten aus der Zeit des besetzten Roms geschrieben: „Die Geschichte des Holocaust ist wie ein großes Mosaik, in dem jeder Stein für Leiden, Schmerz und Verzweiflung steht. Entgegen allen Regeln kennt dieses Mosaik weder Schranken noch Grenzen und bedarf in seiner Unendlichkeit immer neuer Steine und neuer Beiträge."[17] Wie ein Mosaik durfte ich aus nächster Nähe das Leben der Römer und der Besatzer in jenen neun Monaten zusammensetzen und mir so eine Vorstellung vom historischen Kriegsschauplatz und dem totalen Krieg verschaffen. Er ließ Menschen auf paradoxe Weise handeln, er beraubte Einzelne und ganze Gruppen ihrer Freiheit und zermalmte so viele. Und doch gelang es ihm nicht, den ganzen Raum auszufüllen, innerhalb dessen der Mensch ein Mensch bleibt.

Ich widme dieses Buch dem großen Meister der Kirchen- und Politikgeschichte Pietro Scoppola, der am 25. Oktober 2007 verstorben ist. Er hat vorausgesehen, wie ertragreich das Wandeln auf diesen Forschungswegen ist, und hat inmitten einer Debatte, die von starren Kategorien bestimmt war, neue Interpretationsschlüssel für die Kriegsjahre geliefert. Er war erfüllt von einer großen moralischen und menschlichen Leidenschaft für die Geschichte, die nichts anderes ist als das Leben von Frauen und Männern.

Ich muss nun, da dieses Werk vollendet ist, vielen danken, die mich durch ihre Aussagen, ihre Hinweise und ihre Hilfe unterstützt haben. Ich erlaube es mir, nur drei der vielen Zeugen zu erwähnen: Michael Tagliacozzo, Eva Maria Jung Inglessis und Mons. Elio Venier. Zudem möchte ich des vor geraumer Zeit verstorbenen Mons. Filippo Caraffa gedenken, der mir in den Siebzigern viele wegweisende Dokumente zur Verfügung gestellt hat. Der Begeisterung für das Gedächtnis und die Geschichte dieser und anderer Personen habe ich für die Realisierung dieses Buches sehr viel zu verdanken.

Ich danke auch Adriana Gulotta für ihre große Hilfe bei der Korrektur des Textes.

Mein Dank gilt außerdem Valerio De Cesaris für seine Mitarbeit und Gabriele Rigano für die gründliche Durchsicht des Textes.

I
Wohin nur?

Die ersten Schritte auf der Flucht

Libero Raganella war ein junger, noch keine 30 Jahre alter Priester aus der Ordensgemeinschaft der Söhne der Göttlichen Vorsehung. Zusammen mit ein paar Juden, die auf der Flucht waren, befand er sich am 16. Oktober 1943, dem Tag der Razzia, in der Nähe des Bahnhofs Termini. Bald würde die Ausgangssperre beginnen. Wohin sollten sie gehen? Das Klausurkloster Santa Susanna war in der Nähe. Doch die Oberin des Klosters weigerte sich, die Juden bei sich aufzunehmen, da unter ihnen auch etliche Männer waren. Schließlich sagte Don Raganella zu ihr: „Mutter Oberin, Sie müssen die Tür nicht öffnen, sondern nur den Riegel beiseiteschieben. Ich werde dann die Tür aufbrechen. Nicht Sie werden schuld daran sein, dass die Klausur verletzt wurde, sondern ich." Und so wurde die Gruppe in der Klausur untergebracht. Ein paar Tage später wandte sich Don Raganella an das Vikariat, die Diözesanverwaltung des Bistums Rom, da er Bedenken hatte, ob er richtig gehandelt hatte. Doch dort sagte man bloß zu ihm: „Gut gemacht!"[1]

Diese Episode könnte aus einem Abenteuerroman stammen, doch sie schildert genau die Situation, in der sich die Juden, die Römer und die Frauen und Männer der Kirche an jenem 16. Oktober befanden. Was sollte man nach jenem furchtbaren Samstag, dem Tag der Judenrazzia, tun? Eine Flut von Fragen brach über die kirchlichen Einrichtungen herein, unentwegt klopfte es an ihren Pforten. Die Juden auf der Flucht wussten nicht, an wen sie sich wenden sollten. Und es waren viele, besonders im Bereich um das alte Ghetto am Tiber, wo die Razzia am heftigsten gewütet hatte. Eine junge Frau namens Trieste Melappioni arbeitete damals in der Nähe des jüdischen Viertels. Im Kiosk ihrer Familie in der Viale del Re, der heutigen Viale Trastevere, auf der anderen Seite des Tibers verkaufte sie gebrauchte Bücher. Ihr Schwiegervater erfuhr, was gerade mit den Juden geschah, und wies sie an: „Los, lauf und geh zu Giacomino in der Via dei Fienaroli und sag ihm, dass sie dringend fliehen müssen." Es ging um eine befreundete jüdische Familie.[2] Doch wo sollten sie sich verstecken?

Einen Unterschlupf zu finden, war alles andere als einfach. Wo die Familie unterkam, die Melappioni verständigte, ist nicht bekannt. Aldo Gay floh mit seinem Schwager in ebendiese Viale del Re. Doch die Straße war abgesperrt: „Die beiden versuchten, sich zu verstecken, aber in der näheren Umgebung gab es weder Toreinfahrten noch Geschäfte, nur den kümmerlichen Raum eines Kohlenhändlers, der sie noch nicht einmal zu Wort kommen ließ. Er hatte bereits verstanden und verwies sie auf ein Nonnenkloster in der Nähe." Die Schwestern nahmen sie bei sich auf. Gay erzählte, sie seien so verzagt gewesen, dass sie überlegt hätten, sich den Deutschen auszuliefern, doch „die Schwestern flehten uns an, das nicht zu tun".[3]

Keiner verstand so wirklich, was da gerade passierte. Vielleicht waren nur die Männer oder nur das jüdische Viertel von der Operation der Deutschen betroffen? Mario Sed Piazza, der in Trastevere wohnte, erfuhr von anderen Juden von der Razzia. Neugierig verließ er sein Haus und begab sich ins Ghetto: „Ich sah, dass die Eingänge zum Viertel von bewaffneten deutschen Soldaten bewacht wurden, sodass es unmöglich war, es zu betreten." Da der Rest der Stadt frei war, „glaubte ich", so Piazza, „dass nur die Juden des Ghettos von der Razzia betroffen seien. Schließlich erfuhr ich aber, dass sie sich gegen alle Juden, gleich welchen Geschlechts, Alters und Rangs richtete." Was sollte er tun? Piazza wusste nicht, wohin er gehen sollte, und „nachdem ich lange Zeit durch die Straßen der Stadt gestreift war, kehrte ich nach Hause in die Via Gustavo Modena zurück. Glücklicherweise suchte die SS dort niemanden und daher blieb ich in meiner Wohnung und verließ sie bis zum 10. April 1944 nicht."[4]

Emanuele Sbaffi, der Generalsuperintendent der Evangelisch-Methodistischen Kirche Italiens, versuchte am 16. Oktober mit aller Macht, die Deutschen davon abzubringen, die Tür des Hauses von Regina Ottolenghi in der Via di Banco di Santo Spirito unweit der Engelsburg mit einer Axt einzuschlagen. Die Dame war am Morgen zwar telefonisch alarmiert worden, dachte aber, die Razzia betreffe nur die Männer. Baffi und der Portier wiederholten so lange, dass in der Wohnung keiner war, bis die Deutschen es ihnen glaubten und von dannen zogen. Kurz darauf sprang Regina Ottolenghi mit ihrer Tochter aus dem Fenster und verletzte sich dabei schwer. Der methodistische Pastor, der bereits die beiden Fiorentinos bei sich versteckte, nahm sie bei sich auf. Ottolenghis Ehemann wurde jedoch auf der Straße von den Deutschen verhaftet. Die beiden Frauen wollten zu ihm eilen, aber der Pastor hinderte sie daran: „Ich flehte sie an zu schweigen und zusammen mit meiner Frau brachte ich sie in mein Wohnzimmer [...]“[5]

Unzählige Geschichten und Erinnerungen könnten angeführt werden, um von jenem tragischen 16. Oktober zu erzählen.[6] Und auch heute noch erschüttert es einen, wenn man bedenkt, was damals mit den Juden passierte. Die jüdische Welt wurde brutal angegriffen. Nur wenige hatten die Gefahr vorausgeahnt. Was passieren könnte und mit welch einer planvollen Entschlossenheit die Deutschen vorgehen würden, konnte man sich nur schwer vorstellen. Nach der Übergabe des Goldes sagte man sich im Ghetto: „Die Deutschen sind anständige Leute, jetzt werden sie uns in Frieden lassen.“[7] Der Vorsitzende der jüdischen Gemeinde, Ugo Foà, beruhigte seine Leute. Der Oberrabbiner Israel Zolli jedoch, der international erfahren war und Freunde und Bekannte in ganz Europa hatte, war der Ansicht, dass die jüdische Gemeinde sich zerstreuen sollte.[8] Settimia Spizzichino erzählte: „Ein untergetauchter Antifaschist, Oberst Forti, kam zusammen mit einigen seiner Männer in die Gemeinde, alle waren bewaffnet. Er warnte uns: ‚Übergebt den Deutschen kein Gold. Kauft besser Waffen, um euch zu verteidigen.‘“[9] Roberto Spizzichino erinnerte sich: „Damals dachten aber viele Leute, wie auch meine Eltern, dass es nie so weit kommen würde. Der Holocaust war etwas so Absurdes, dass er für viele Juden bis zuletzt vollkommen unvorstellbar war.“[10] An jenem 16. Oktober nahm der Albtraum aber Gestalt an.

Einige wohlmeinende Römer warnten die Juden. Bei vielen klingelte am Tag der Razzia im Morgengrauen das Telefon. Es waren Verwandte, Glaubensbrüder, Freunde oder Bekannte. Giacomo Zarfati berichtete, es habe am Morgen des 16. Oktober sehr früh an der Tür geklingelt. Nach einer Weile habe man die Stimme der Pförtnerin vernommen: „Die Arme war ganz aufgewühlt und schluchzte. Flieht, sagte sie zu mir mit gebrochener Stimme, flieht, denn die Deutschen nehmen gerade alle Juden fest.“ Zarfati konnte seinen Bruder warnen, aber nicht seine beiden Schwestern, da sie kein Telefon hatten.[11] Doch wohin sollten sie fliehen?

Die Rassengesetze von 1938 hatten die Juden von der römischen Gesellschaft isoliert und alle hatten stillschweigend dabei zugesehen. Man hatte weniger Umgang miteinander, was dazu führte, dass Menschen auf der Flucht vieles fehlte. Rom hatte damals etwa 10.000 jüdische Einwohner. Doch man muss bedenken, dass die Stadt auch zahlreiche Juden von außerhalb anzog: Viele hielten sie für einen sicheren Ort, eine Zufluchtsstadt, sodass sie in Scharen in die italienische Hauptstadt kamen. So beschloss zum Beispiel Alberta Levis Vater, die Familie von Ferrara nach Rom überzusiedeln, weil er Angst vor den Deutschen hatte. Der Bruder des Vaters nahm sie in seinem Haus in der Via Flaminia auf. Levi berichtete: „In einem Brief nach dem 8. September bestand Onkel Mario mit Nachdruck darauf, dass wir nach Rom kommen sollten. Er hatte Dante Almansi, den damaligen Präsidenten der Union der [italienischen jüdischen] Gemeinden, getroffen, der dringend dazu geraten hatte, die Verwandten aus Oberitalien nach Rom kommen zu lassen, da er glaubte, Rom sei eine offene Stadt und die Alliierten würden binnen kurzer Zeit in Rom eintreffen."

Vor der Razzia hatte man sich um die Männer Sorgen gemacht; man fürchtete, dass sie zur Zwangsarbeit weggebracht werden könnten. Giorgio Soria zum Beispiel „wurde empfohlen, sich von zu Hause zu entfernen", aber seine Familie blieb dort bis zum 16. Oktober.[12] Doch die Leiter der DELASEM, der großen jüdischen Wohlfahrtsorganisation, spürten, dass etwas Furchtbares passieren würde, sodass sie einen Großteil ihrer Unterlagen vernichteten oder versteckten, als sie von der Einnahme Roms durch die Deutschen erfuhren. Und tatsächlich wurde kurz danach ihr Büro durchsucht.[13] Die Leiter hatten Kontakte in ganz Europa und ahnten, welche Risiken die deutsche Besatzung für die Juden mit sich brachte. Franca und Gilda Sabatello berichteten:

> Die Schwester unserer Mutter, Adele Milano, war mit Aldo Millul verheiratet. Dieser hatte Kontakt zu den Hellers in Wien. Von ihnen hatte er erfahren, was gerade passierte. Er sagte uns deswegen, wir sollten von zu Hause weggehen. Daher zogen wir am 22. September 1943 zu den Canalis um, bei denen wir bis Ende Dezember blieben; dann kamen die Deutschen mit Lastwagen zu unserem Wohnhaus, und dann mussten wir zu den Schwestern gehen.[14]

Diese Aussage zeigt, dass all jene Juden der Hauptstadt, deren Sensoren über die römische Welt hinausreichten, alarmiert waren. Doch sie waren in der Minderheit. Aus einer Aussage von Salvatore Sermoneta geht hervor, dass die armen Juden des Ghettos sich der Gefahr kaum bewusst waren: „Wir alle waren blind, taub und blind, denn wenn wir gewusst hätten [...] Mein Vater sagte nach dem 16. Oktober in einem Moment der Verzweiflung zu uns: ‚Liefern wir uns aus, so kann man nicht weiterleben, sie werden uns in ein Konzentrationslager stecken, das Rote Kreuz wird kommen, es wird uns Essen geben, es wird uns helfen.‘ Wir wussten nichts von den Vernichtungslagern.“[15] Alberta Levi erinnerte sich sogar daran, dass in der Familie am 15. Oktober, dem Vorabend jenes Samstags, beim Abendessen verhaltener Optimismus herrschte und alle hofften, dass die Alliierten bald kommen würden. Viele Römer hofften darauf. Doch am 16. Oktober erlosch plötzlich jeder Funke Hoffnung. Wohin sollten all die gehen, die nicht auf den „Bänken“ des Collegio Militare gelandet waren, auf jenen Bänken, an die sich Settimia Spizzichino auch viele Jahrzehnte später noch erinnern sollte?

Einige Verwandte von Alberta Levi gaben sich als katholisch aus und durften daher das Collegio Militare verlassen, wo man die am 16. Oktober gefangen genommenen Juden zentral sammelte. Doch wo sollten sie sich nun verstecken? Als Piera Levi das Collegio Militare verließ, erinnerte sie sich an eine Frau, die am Tag zuvor „sehr freundlich gewesen war“. Sie entschied sich dazu, sie um Hilfe zu bitten, weil sie in Rom sonst niemanden kannte. Einen vorbeigehenden Priester fragte sie nach der Straße und machte sich dann in dieser völlig fremden Stadt auf den Weg zu ihrer potentiellen Retterin.[16] Marina Limentani erinnerte sich an dramatische Szenen in ihrer Familie: „Mein Vater weinte ohne Unterlass und sagte: ‚Anna, wir haben die Mädchen untergebracht, aber nun wissen wir nicht, wohin wir gehen sollen, wir haben keine andere Wahl, als uns in den Fluss zu werfen.‘“ Zusammen mit seiner Frau zog Limentani stundenlang durch die Straßen Roms und wiederholte dabei ständig: „Wir wissen nicht, wohin wir gehen sollen, wo wir schlafen sollen, was wir essen sollen [...] Es bleibt uns nichts anderes übrig als zu sterben.“[17] Doch zufällig trafen sie eine alte Schulfreundin, die sie mit zu sich nach Hause nahm. Sie waren gerettet. Für die einen gab es zufällige Treffen, für andere Freunde. Wieder andere lebten wie Nomaden in der Stadt.

Im Oktober 1943, kurz nach der Übergabe des Goldes, hörten die Faschisten ein Telefongespräch zwischen zwei jüdischen Kaufmännern ab. Einer sagte: „Ich habe erfahren, dass der Papst bei dieser Gelegenheit alle Hebel für uns in Bewegung gesetzt hat!" Der andere erwiderte: „Wenn man mal ehrlich ist, muss man schon sagen, dass er für uns etwas getan hat, was er bisher noch nie für irgendjemanden getan hat." Darauf der Erste: „Und all das passiert in der Wiege der Zivilisation und des Christentums!" Der Zweite entgegnete ihm: „Ich glaube, dass der Vatikan diesbezüglich schon etwas unternommen hat, doch mit welchem Ergebnis kann man sich wohl vorstellen." Und schließlich sagte der Erste: „Wer weiß, was mit uns passieren wird. Wir werden noch dazu bestimmt sein, zum ersten Trupp zu stoßen."[18] Der Vatikan und die Kirche waren für sie also etwas, das Rom besonders machte. Viele Römer teilten diesen Eindruck.

Die Kirche als Quell des Friedens

Es ist nicht ganz einfach nachzufühlen, wie die Römer damals, in einer Zeit der eingeschränkten Freiheit, empfanden. Schon 1942 beobachteten viele Spione des faschistischen Regimes, dass die Römer sich mehr und mehr dem Papst zuwandten: „Das Volk", so heißt es im März 1943, „nähert sich mit großer Begeisterung dem Vatikan an und der Plebs setzt allgemein große Hoffnungen auf den Papst." Es ging das Gerücht um, der Papst verhandle über einen Separatfrieden für Italien; „alle Familien hoffen auf diesen Frieden".[19] In der allgemeinen Vorstellung war der Papst ein Quell des Friedens. Man hoffte darauf, dass Rom seinetwegen nicht bombardiert werden würde.[20] Die Bombardierung von San Lorenzo am 19. Juli war, wie die Informanten festhielten, für die Römer ein schwerer Schlag: Rom war geschändet geworden. Dass Pius XII. das bombardierte Viertel besuchte, traf genau den Nerv der Römer und bestätigte gewissermaßen die direkte Verbindung zwischen dem „römischen" Papst und seiner Stadt: „Der Auftritt des Papstes stieß in verschiedenen Kreisen des Volkes auf große Zustimmung. Das Volk war in einem wahren Delirium", liest man in einem Polizeibericht. Das Volk, das sich um Pius XII. scharte, rief: „Frieden! Frieden!" Carlo Sommaruga, ein Schweizer Diplomat, war dabei, als der Papst das Viertel San Giovanni besuchte. In einem Brief an seine Frau berichtete er von diesem Ereignis: „Du kannst dir gar nicht vorstellen, was da los war, Applaus, Menschen, die riefen: ‚Wir wollen den Frieden', Fluche, ‚Warum handelst du nicht den Frieden ein?' Es war wunderbar, den Heiligen Vater ohne jemanden anderen inmitten der Menschenmassen zu sehen."[21]

Auch am 13. August wurde Rom bombardiert und auch danach besuchte Pius XII. die betroffenen Viertel. Bei den Bombenangriffen war der Pfarrer der Gemeinde Sant'Elena in der Via Casilina, Raffaele Melis, ums Leben gekommen. Fiorenzo Angelini, der junge Vikar der Gemeinde Natività di Nostro Signore Gesù Cristo unweit der Lateranbasilika, schilderte sein zufälliges Zusammentreffen mit Pius XII., der das Viertel ohne seine Schutzgarde besuchte, folgendermaßen:

> Plötzlich stand ich in einer Straße in der Nähe der Villa Fiorelli und sah dort ein schwarzes Automobil, in dem der Papst, Pius XII., zusammen mit Mons. Giovanni Battista Montini und dem Grafen Enrico Galeazzi saß [...] Die Straße war fast leer und das Automobil stellte sich mir, der ich von unten kam, in den Weg, so als käme es mir entgegen. Auf der Mitte der Straße stehend breitete ich die Arme aus, schrie und deutete darauf hin, dass ganz in der Nähe, direkt hinter mir in einem Krater, eine große Fliegerbombe zu sehen war, die noch nicht explodiert war [...] Der Papst stieg aus dem Fahrzeug aus und die Menschen rannten erfüllt von sehnlicher Liebe auf den Mann zu, der besonders in jenem Moment der einzige Anhaltspunkt für eine Rettung war. Geschrei, Gezeter gegen die Regierung, gegen den Krieg, Flehen um Frieden; ich erinnere mich daran, dass auch ich unter diesen Umständen die Menge mitriss und zu einer Beendigung des Krieges und zum Gebet für den Frieden aufrief. Der Papst war ergriffen, er stand wie versteinert und mit gefalteten Händen da [...]

Auch nach 1929[22] waren Besuche des Papstes in der Stadt nicht an der Tagesordnung. Dass Pius XII. am 19. Juli und am 13. August fast ganz allein und ohne seine Sicherheitsleute in der Stadt erschien, erhob ihn in der Vorstellung der Römer zur Bezugsperson in der Krise jener dramatischen Tage. So sah das Angelini. Er berichtete, dass die Menschen seiner Gemeinde den Klerus um Rat baten, die Kirche als einen geschützten Raum empfanden und sich während der Bombenangriffe in die Krypta flüchteten.[23]

Für viele Römer begannen Zeiten der Verwirrung und schwieriger Entscheidungen. An wen sollte man sich wenden, wenn man nicht mehr weiterwusste? Mons. Giovanni Antonazzi, der damalige Ökonom des Kollegs der Propaganda Fide auf dem Gianicolo, notierte im Oktober 1943 in seinem Tagebuch: „Nicht wenige kommen und bitten um Rat, ob sie sich nun der Republik von Salò anschließen oder dem König treu und in Rom bleiben sollen." Die Antwort des Priesters war, nicht zu kämpfen, sondern „nach dem eigenen Gewissen zu handeln". Antonazzi betonte: „Es handelt sich dabei nicht um eine politische Einschätzung der Lage, sondern um ein moralisches und persönliches Problem, besonders bei denjenigen, die Familie haben."[24]

Was sollten die tun, die den faschistischen Wehrdienst verweigerten? Die Zahl der Verweigerer war in der Landeshauptstadt Rom höher als im Rest Italiens: Etwa 15–20 Prozent mehr Männer als in anderen Städten verweigerten den Dienst an der Waffe. Die alliierten Geheimdienste schätzten gar, dass sich nur zwei Prozent der Römer auf die Einberufung durch die Deutschen oder zum Wehrdienst der Republik von Salò meldeten. Daher musste ein Großteil der jungen männlichen Römer untertauchen.[25] Wie viele andere Römer mussten sich die Wehrpflichtigen auf die Suche nach einem Unterschlupf machen.

Elena Carandini Albertini, die in vielen unterschiedlichen Kreisen der Stadt verkehrte (unter anderem kannte sie den Schweizer Diplomaten Carlo Sommaruga, der der Schwiegersohn des bekannten römischen Kinderarztes Francesco Valagussa war), beobachte scharfsinnig, was im besetzten Rom vorging. Ihr Tagebuch zeugt von einer liberalen Geisteshaltung und einem religiösen Denken, das im Dunstkreis des modernistischen römischen Priesters Ernesto Buonaiuti gereift war. Sie beobachtete: „Verstecken, verstecken, man hört nur noch verstecken. Jedes Haus hat sein Geheimnis."[26] Auf einem faschistischen Plakat war ein hinter Fensterläden versteckter Mann abgebildet, darunter der Kommentar: „Der Feigling versteckt sich, während der Eindringling das Vaterland zerstört."[27] Wie viele Personen es genau waren, die sich in Rom in jenen Monaten versteckten, lässt sich nicht sagen; schätzungsweise waren es zwischen 200.000 und 400.000 Menschen. Mit der Zeit stieg die Zahl derer, die um Asyl baten.

Nach Erlass des Dekrets vom 18. Februar 1944, durch das den Einberufenen, die sich nicht meldeten, sowie den Wehrpflichtigen der Jahrgänge 1923, 1924 und 1925 die Todesstrafe angedroht wurde, wuchs die Schar derer, die nach einem Unterschlupf suchen mussten. Fulvia Ripa di Meana bemerkte Anfang 1944: „Auf den Straßen der Stadt sind bloß

Frauen, Frauen und wieder Frauen, außerdem Kinder und Männer mittleren Alters unterwegs [...]"[28] Frauen waren die Hauptakteure im alltäglichen Leben jener Monate, auch weil die Bewältigung der Probleme des Alltags nun auf ihnen lastete. Mons. Patrick Carroll-Abbing, ein irischer Priester, der sich in Rom für Kinder engagierte, beobachtete: „Die Frauen erwiesen sich womöglich als gelassener als die Männer."[29] Auf Carlo Trabucco wirkte Rom Ende Oktober wie ausgestorben: „Gut ein Drittel der Einwohner ist aus dem Verkehr verschwunden." Die Römer lebten in einer Atmosphäre, die von der Jagd auf den Menschen geprägt war, und in ständiger Angst, verhaftet zu werden: „Wenn man in eine Tram einsteigt, ist es wichtig, dass man sofort in Richtung der vorderen Plattform voranpirscht, um die Lage zu erkunden", hielt Trabucco fest.[30]

Mons. Antonazzi erinnerte sich daran, dass die jungen Leute ihn anfangs nur fragten, was sie tun sollten; mit der Zeit hörte er aber immer häufiger eine andere Frage: Wo sollen wir uns verstecken? Dieses Gesuch um Asyl war für die religiösen Einrichtungen, die einen Raum des in sich geschlossenen und streng umgrenzten Lebens darstellten, etwas ganz Neues. Niemals in ihrer Geschichte, vor allem der der letzten Jahrhunderte, waren Priester und Ordensleute so eindringlich mit einem derartigen Problem konfrontiert worden. Seit Beginn des Krieges war der Klerus in das Leben der Römer miteinbezogen und half denen, die sich in Notsituationen befanden. Doch das Gesuch um Asyl war eine andere Sache.

Die meisten Wehrdienstverweigerer und Offiziere baten noch vor den Juden um Asyl. Bei den Juden fühlten sich die Männer am stärksten bedroht, da sie befürchteten, zu Zwangsarbeit verpflichtet zu werden. Celeste Sonnino, eine Jüdin aus Testaccio, erzählte, dass ihr Vater und die älteren Brüder sich bereits vor dem 16. Oktober versteckt hätten, während die Frauen und die kleineren Brüder im Haus geblieben seien.[31]

Nach dem 8. September bekam Don Libero Raganella (den wir bereits kennengelernt haben) Besuch von Questore Morazzini, dem früheren Kommissar von San Lorenzo, der ihn darum bat, seinen Sohn bei sich unterzubringen. Der Priester notierte daraufhin: „Es wird vereinbart, dass der junge Morazzini in der Gemeinschaft verbleibt und den Talar trägt, so als wäre er Theologiestudent." Ein paar Tage später kam Francesco Saverio Cacace, der Kommissar des Arbeiterviertels San Lorenzo, um mit Raganella über die Antifaschisten des Bezirks zu sprechen, die er überwachen sollte. San Lorenzo hatte heftigen Widerstand gegen das Regime geleistet, sodass es zu Schießereien gekommen war, als Giuseppe Bottai beim Marsch auf Rom das Viertel betreten hatte. Der Kommissar bat den Priester darum, die gefährdeten Antifaschisten zu warnen. Raganella ging daraufhin von einem Haus zum anderen und warnte jeden Einzelnen. „Ich hätte nie gedacht, dass ausgerechnet ein Priester einem Kommunisten helfen würde", entgegnete ihm einer von ihnen.

Raganella erläuterte dem Kommunisten daraufhin die Gründe für sein Handeln: „Es geht darum, Menschen zu retten und zu vermeiden, dass sie in die Hände der Deutschen fallen. Was den Kommunismus und den Antikommunismus angeht: Darüber reden wir in besseren Zeiten." Menschenleben retten – dies war das Motiv, das die meisten Ordensleute damals dazu bewegte, aktiv zu werden. Gegenüber dem Kommunisten Renato Gentilezza, der ihm bekannte, er sei der erste Priester, mit dem er sprach, und dass es ihn sehr freute, ihn zusammen mit Antifaschisten zu sehen, stellte Raganella klar: „Ich bin weder auf eurer Seite noch auf der von irgendjemandem anderen. Ich bin Priester und stehe nur denen zur Seite, die mich brauchen. Persönliche politische Meinungen spielen hier keine Rolle. Es geht darum, vereint zu sein gegen eine gemeinsame Gefahr [...] Ein jeder behalte seine Meinungen für sich. Ich frage niemanden, wessen Flagge er schwenkt. Wenn jemand Hilfe braucht, bekommt er sie, was den Rest angeht, ist es seine Sache."

Raganella half auch den Partisanen der so genannten „Gruppi di Azione Patriottica" (Patriotische Aktionsgruppen, GAP), forderte von den Mitgliedern jedoch eine förmliche Verpflichtung: „Kein Anhänger der GAP darf im Bereich dieses Viertels agieren [...] Wenn ich mich hier engagiere, dann weil ich möchte, dass im Viertel nichts passiert. Die Menschen haben schon genug gelitten und ich möchte nicht, dass sie auch noch unter irgendwelchen Vergeltungsmaßnahmen leiden müssen [...]" Der Priester versprach zu helfen, aber unter einer Bedingung: Im Viertel sollte nicht gekämpft werden, San Lorenzo sollte sich nicht in ein Schlachtfeld verwandeln. Im Kleinformat – wenn man das so vergleichen kann – ist das das Ziel, das Pius XII. für die Stadt Rom verfolgte: Gewalt verhindern und den Menschen in Not helfen. Dieses Ziel verfolgten während der deutschen Besatzung viele Priester und Ordensleute. Raganella verkehrte mit Juden, Kommunisten, Antifaschisten und untergetauchten britischen Soldaten, doch er blieb stets Priester und vergaß nie sein

Amt. Lachend entgegnete er dem Kommunisten Gentilezza, der ihm seine Hochachtung ausdrückte: „Das ändert nichts daran, dass ich bereit wäre, dir die Beichte abzunehmen, falls du dich eines Tages doch noch dazu entscheiden solltest, den rechten Weg einzuschlagen und all das zu beichten, was du verbrochen hast; und ich würde dir eine Buße auferlegen [...] eine ordentliche Buße, an die du dich noch eine ganze Weile erinnern würdest."[32]

Schon vor dem 16. Oktober hatten religiöse Einrichtungen Menschen geholfen und sie versteckt. Es handelte sich dabei primär um Militärs, Wehrdienstverweigerer und ein paar Juden. Einige jüdische Familien hatten dem Anschein der Ruhe nach dem 8. September nicht getraut: „Wir hatten begriffen, dass es nicht in Frage kam, in unseren Wohnungen zu bleiben", erzählte Giuseppe Fuà. „Es wurde ein Familienrat bestehend aus meinem Vater, meinem Onkel und anderen Onkeln einberufen, der beschloss, das Haus zu verlassen." Die Entscheidung wurde gefällt, nachdem von der jüdischen Gemeinde 50 Kilo Gold gefordert worden waren.[33] Die Deutschen wiederum befürchteten, dass man den Juden die Möglichkeit gab, sich zu verstecken, wenn man die Razzia zu lange hinauszögerte. Dies betonte Kaltenbrunner ausdrücklich in einer Nachricht an Kappler vom 11. Oktober 1943: „Je länger es sich hinzieht, desto mehr Juden, die ohne jeden Zweifel an Evakuierungsmaßnahmen arbeiten, bekommen die Gelegenheit, in die Häuser judenfreundlicher Italiener umzusiedeln oder ganz zu verschwinden."[34]

Doch nach der Razzia vom 16. Oktober spitzte sich die Lage zu. Warnungen machten die Runde. Als Don Raganella darüber informiert wurde, dass man Jagd auf die Juden machte, eilte er, um eine jüdische Familie in der Via dei Volsci zu warnen. Die Brüder Perugia brachte er bei den Figlie di Maria Santissima dell'Orto in der Via Tiburtina Vecchia unter. Deren Oberin war damit einverstanden, konnte aber für den Fall einer Durchsuchung kein sicheres Versteck bieten: „Sie beherbergt bereits Dr. Müller, einen deutschen Juden, der seit geraumer Zeit in Rom lebt." Ein Maurer aus San Lorenzo richtete schließlich im Keller einen Unterschlupf her. In den folgenden Monaten nahm diese Gemeinschaft, bei der Don Raganella jeden Tag die Heilige Messe feierte, weitere Juden auf. Doch die Brüder Perugia fühlten sich in der klösterlichen Klausur etwas unwohl und zogen in die Abruzzen. Dort wurden sie von den Deutschen verhaftet und nach Auschwitz gebracht. Nur zwei von ihnen kehrten aus dem Lager zurück.

Natürlich waren es nicht nur Ordensleute, die den Juden halfen. Vielen halfen Freunde. Piera Bassi Levi und ihre Mutter Bianca gaben im Collegio Militare vor, katholisch zu sein, und wurden deshalb entlassen. Sie machten sich auf den Weg nach Hause und bogen auf eine Tiberbrücke ab: „Auf der Hälfte der Brücke kam uns ein Priester entgegen. Er musste gemerkt haben, dass ich verängstigt war, wie ich da mit der einen Hand meine Mutter hinter mir herzog und in der anderen einen Koffer trug. Er hielt uns an und fragte: ‚Entschuldigen Sie, kann ich Ihnen behilflich sein?‘ Ich war so verschreckt und hatte Angst vor allem, was um mich herum geschah. In diesem Moment sagte ich bloß: ‚Nicht nötig, nicht nötig.‘“ Piera, die zu traumatisiert war, um vertrauen zu können, schaffte es bis nach Hause, doch von da an begann sie in einer Reihe von Notunterkünften zu leben.[35]

Eine spontane Reaktion

In einem bekannten Bericht Kapplers, der von den Alliierten abgefangen wurde, wird der Hergang der Operation vom 16. Oktober geschildert. Sie dauerte von 5.30 bis 14 Uhr und endete mit der Internierung der festgenommenen Juden im Collegio Militare:

> Judenaktion heute nach büromässig bestmöglichst ausgearbeitetem Plan gestartet und abgeschlossen. Einsatz sämtlich verfügbarer Kräfte der Sicherheits- und Ordnungspolizei. Beteiligung der italienischen Polizei war in Anbetracht der Unzuverlässigkeit in dieser Richtung unmöglich [...] Abriegelung ganzer Straßenzüge sowie in Anbetracht Charakters der offenen Stadt als auch der unzulänglichen Gesamtzahl von 365 Polizisten nicht durchführbar.

Die Römer bewertete man in dem Bericht folgendermaßen: „Verhalten der italienischen Bevölkerung eindeutig passiver Widerstand, der sich in grosser Reihe von Einzelfällen zur aktiven Hilfeleistung steigerte.“ Es war sogar die Rede von einem Faschisten im Schwarzhemd, der behauptet haben soll, das Haus eines Juden gehöre ihm; in anderen Fällen wurden die Juden von ihren Mitbürgern beschützt. Herbert Kappler beeindruckte die Feindseligkeit, die die Römer an den Tag legten.[36] Am 17. Oktober traf er mit Wilhelm Harster, dem Befehlshaber der Sicherheitspolizei und des Sicherheitsdienstes, und Theodor Dannecker zusammen, „um die Ergebnisse der in der Stadt durchgeführten Judenaktion zusammenzufassen". Kappler betonte, die Operation sei schwierig gewesen; zu wenige Männer hätten ihm zur Verfügung gestanden und die eingesetzten Soldaten seien in Rom nicht ortskundig gewesen. Im jüdischen Viertel habe man bessere Ergebnisse erzielt als in anderen Teilen der Stadt. Zur Verwendung des meldeamtlichen Materials habe man sich an die italienische Polizei wenden müssen: „Eine Sonderabteilung der italienischen Polizei unter der Leitung eines Offiziers, der dem Büro für Judenfragen beim italienischen Innenministerium zugeteilt ist, hat beispielhaft mit uns bei der Abwicklung des Plans zusammengearbeitet", heißt es im Protokoll der Sitzung. Die Operation sei schließlich abgeschlossen worden, weil es zwecklos erschienen sei, sie noch länger hinauszuziehen.[37]

> Die arische Bevölkerung hat nicht kollaboriert. Grundsätzlich haben wir sie nicht dazu aufgefordert zu kollaborieren, eben weil uns bekannt ist, dass selbige dem Rassebegriff nicht treu ist. Schon bei den ersten Festnahmen hat man dagegen sogar festgestellt, dass viele Italiener die Juden umgehend alarmiert haben, sodass diese sofort in den Häusern von Ariern und in den vielen Kirchen der Stadt Zuflucht gefunden haben. Überdies wurde bemerkt, dass es noch unbekannten Elementen der italienischen Polizei gelungen ist, die Nachricht von der bevorstehenden Operation zu verbreiten.

Im auswertenden Bericht über die Operation vom 16. Oktober heißt es unter anderem: „In Fällen, in denen die Juden Unterschlupf bei arischen Hausbewohnern fanden, war es aufgrund der Anordnung, dass Reibereien mit der örtlichen Bevölkerung und dem katholischen Klerus zu vermeiden waren, nicht möglich, Festnahmen vorzunehmen."[38] Seit dem 17. Oktober hatten die Verantwortlichen der Razzia zwar nicht die Gewissheit, aber doch den Eindruck, dass die Juden auch „in Kirchen" Unterschlupf fanden. Doch die mit der Operation betrauten Deutschen hatten die Anweisung erhalten, sich nicht mit der Bevölkerung und auf keinen Fall mit dem katholischen Klerus anzulegen. Dieser Befehl sollte auch in den folgenden Monaten gelten. Paolo Monelli beschrieb das Leben, das nun in Rom begann, folgendermaßen: „Unter dem Anschein einer teilnahmslosen Stadtbevölkerung, die still, anständig und ruhig ihren alltäglichen Angelegenheiten nachging, verbarg sich ein großes unterirdisches und unermüdliches Wimmeln [...]“[39]

Radio Roma warnte abermals, dass jedem, der Ausbrechern und Flüchtlingen half, die Todesstrafe drohte.[40] Die faschistischen und deutschen Verlautbarungen auf den Mauern Roms erinnerten daran, dass „die Beherbergung eines Flüchtigen, eines englischen Soldaten oder eines Wehrdienstverweigerers lebensgefährlich“ war.[41] Doch all dies konnte dem „unterirdischen Wimmeln“ kein Ende setzen. Inmitten dieses „Wimmeln“ wurden Flüchtlinge in kirchlichen Einrichtungen untergebracht, auch wenn die Männer und Frauen der Kirche hierzu keine von vornherein einheitliche Haltung hatten. Piero Terracina berichtete, dass ein Institut in Monteverde sich geweigert habe, ihn aufzunehmen; in San Giuseppe in der Via del Casaletto hingegen habe man viel Geld von ihm verlangt. In ebendiesem Kloster wurde Lia Levi und darüber hinaus auch vielen anderen Schutzsuchenden Asyl gewährt.[42] Es wurden auch Absagen erteilt, doch die Zahl der Fälle, in denen die Bedürftigen willkommen geheißen wurden, ist groß. Zusammen mit ihren Eltern und ihren Schwestern entkam Marina Limentani der Razzia. Die Familie beschloss, zum Kloster der Salesianerinnen in der Via Marghera zu gehen, wo bereits die Schwester der Großmutter untergekommen war. Dort wurden sie freundlich empfangen. „Schwester, helfen Sie uns, wir wissen nicht, was wir tun sollen, wir haben kein Geld, wir haben nichts mehr [...]“, flehte die Familie verzweifelt. Die Oberin antwortete: „Hört zu, was ich für euch tun kann, ist, die beiden jüngsten Mädchen aufzunehmen, die andere Tochter können wir bei den Franziskanerinnen hier gegenüber unterbringen [...] Versucht dort zu sagen, dass ich euch schicke.“[43]

Um in die Welt des römischen Untergrunds einzutauchen, wollen wir uns ein paar Fälle aus der Umgebung des jüdischen Viertels anschauen, wo viele Juden lebten. Ein Sonderfall ist das Franziskanerkloster, das an die Kirche San Bartolomeo auf der kleinen Tiberinsel angegliedert ist und über eine alte Brücke mit dem jüdischen Viertel und über eine andere mit Trastevere verbunden ist. Aus Renzo De Felices Verzeichnis der Ordenshäuser, die Juden bei sich aufnahmen, geht hervor, dass in San

Bartolomeo 400 Flüchtlinge untergebracht waren; Sam Waagenar hält diese Zahl jedoch für zu hoch.[44] Als ich das Kloster 1975 besuchte, bestätigte man mir, dass dort viele Menschen untergekommen seien, manche auch nur für kurze Zeit. Archivalisch konnte dies jedoch nicht nachgewiesen werden. Der Franziskaner Samuele Puri, so erfuhr ich, nahm am 16. und 17. Oktober zahlreiche Juden auf. Auch der Franziskaner Pater Stefano Bianchi spielte bei der Aufnahme der Juden eine entscheidende Rolle. Die Franziskaner beherbergten auf einem Stockwerk des jüdischen Krankenhauses ein Waisenhaus: Die Töchter der Unbefleckten Jungfrau Maria von Reggio Calabria (die „Immacolatine") aus Albano brachten eine Gruppe jüdischer Kinder dort unter (die Namen von 34 der Kinder sind einer Liste zu entnehmen).[45]

Die Tiberinsel war ein strategisch wichtiger Ort, an dem wir noch kurz verweilen wollen. Der Komplex auf der Insel, der aus dem Kloster, dem jüdischen Krankenhaus und dem Krankenhaus der Barmherzigen Brüder besteht, spielte bei der Erstaufnahme der Flüchtlinge eine wichtige Rolle. Von dort aus wurden sie in andere Unterkünfte geschickt. Die Einrichtungen auf der Tiberinsel gehörten zu den ersten Institutionen außerhalb des Ghettos, an deren Pforten Männer und Frauen auf der Flucht klopfen konnten. Dies erklärt, warum so viele Juden in San Bartolomeo Station machten.

Neben dem Kloster San Bartolomeo liegen das jüdische Krankenhaus und die Synagoge, der damalige Gebetsort der Einrichtung. Allen Risiken zum Trotz kam Rabbi Panzieri während der Besatzung jeden Abend aus seinem Haus am Campo de' Fiori dorthin, um zu beten. Hier wurden nach der Schließung der Großen Synagoge auch das Rosch ha-Schana und der Jom Kippur gefeiert. Die Krankenschwester Dora Focaroli brachte die im jüdischen Krankenhaus liegenden jüdischen Patienten in Sicherheit; die kräftigeren ließ sie ins benachbarte Krankenhaus der Barmherzigen Brüder und die schwerer Erkrankten ins Krankenhaus „San Camillo" verlegen. Die Alten blieben in der Einrichtung, deren Schild abgehängt wurde. Focaroli versteckte unzählige jüdische Familien im Turm des Krankenhauses, von wo aus man die nunmehr geschlossene Große Synagoge auf der anderen Seite des Tibers sehen konnte. Die Flusspolizei, die auf der Insel eine Station hatte, deckte das heimliche Treiben auf der Insel und gab an, dass in dem Bereich keine Juden seien und sie für die dortigen Räumlichkeiten zuständig sei.[46]

Im Krankenhaus der Barmherzigen Brüder auf der Tiberinsel wurden nicht nur die jüdischen Patienten des jüdischen Krankenhauses untergebracht. Auch der katholische Gewerkschafter Achille Grandi wurde dort versteckt, der Ende Mai 1944 einer Razzia entkommen war, die eigentlich dem zu dem Zeitpunkt abwesenden General Angelo Odone gegolten hatte.[47] Im Krankenhauskomplex war man politisch und im Untergrund aktiv. Dies schilderte auch Adriano Ossicini, eine der Schlüsselfiguren der Bewegung der katholischen Kommunisten, in seinem Buch *Un'isola sul Tevere*. Während die Deutschen nach einer Denunziation die Kirche Santa Maria in Cappella in der Nähe der Tiberinsel durchsuchten, wurde er selbst eine ganze Nacht lang in einem angrenzenden Nonnenkloster versteckt. Dort hatte er auch Waffen gelagert.[48]

Im Krankenhaus der Barmherzigen Brüder wurden Juden auch auf Empfehlung von Vittorio Emmanuele Sacerdoti aufgenommen, einem jüdischen Arzt, der dort 1941 trotz der Rassengesetze angestellt worden war. Am 16. Oktober beobachtete Sacerdoti die Razzia von den Fenstern des Krankenhauses aus, die auf das Ghetto hinausgingen. Sofort ließ er die ersten Flüchtlinge aufnehmen.[49] Für die untergebrachten Juden wurde eine Patientenakte angelegt. Der Chefarzt Giovanni Borromeo ließ darin „Morbus K" verzeichnen: Eine rein fiktive Erkrankung – „Morbus K" stand in Wirklichkeit für „Morbus Kesselring" – doch die Deutschen, die kamen, um das Haus zu durchsuchen, mussten dabei unweigerlich an „Morbus Koch", also an Tuberkulose, denken, was sie davon abhielt, die Krankenstationen weiter zu durchsuchen. Dadurch, dass er diese ansteckende Erkrankung bei seinen Patienten vorgab, rettete Professor Borromeo zahlreiche Juden und Flüchtlinge.[50] Ein Ordensbruder, der damals noch Novize war, erinnerte sich daran, dass zahlreiche Juden aus dem Ghetto auch nach dem 16. Oktober im Krankenhaus Zuflucht suchten, wenn weitere Razzien drohten. Denn viele lebten dort weiterhin, weil es für sie keine andere Lösung gab:

> Wenn die Nachricht von kurz bevorstehenden Durchkämmungen durchsickerte, kamen sie in großen Scharen. Dann stiegen die meisten von ihnen im Krankensaal „Sala Assunta" [...] hinter dem Altar, der sich in diesem Saal befand, durch eine Falltür. Ganz unbekümmert stiegen sie hinunter und wieder hoch, wenn die Gefahr vorbei war. Durch die Falltür gelangten sie auf einen Weg, der durch einen Tunnel entlang des Tibers führte [...]

Auf einem Kärtchen, das bis heute erhalten geblieben ist, teilte Ossicini Prof. Borromeo mit, dass „für morgen zwei Betten wegen Morbus K dringend gebraucht werden". Der polnische Prior Fra' Maurizio (Stanisław Bialek) spielte in der Resistenza, die mit dem Krankenhaus in Verbindung stand, eine wichtige Rolle. Im Mai 1944 wurde es schließlich durchsucht, da nunmehr bekannt war, dass dort Menschen versteckt wurden. Einige polnische Soldaten wurden verhaftet, die Juden aber erkannte man nicht. Giuliana Benzoni, eine florentinische Adlige, die im Leben Roms jener Monate sehr rührig war, hielt fest, dass sie die Antifaschisten warnte, die sich dort aufhielten, sodass sie rechtzeitig fliehen konnten. Fra' Maurizio warf das Funkgerät, mit dem sie mit der Regierung Pietro Badoglios kommunizierten, und einige Dokumente in den Fluss.[51]

Der Novizenmeister Clemente Petrillo war verantwortlich für die Aufnahme der Schutzsuchenden. Empfehlungen für die Juden erhielt er von Priestern und Personen aus dem Vatikan, aber auch von der Schwester des bekannten römischen Schauspielers Aldo Fabrizi, der Signora Lella, die in der Nähe eine Pension leitete und auf der Insel ein beliebtes Restaurant geführt hatte. Der bereits zitierte Novize schilderte: „Die meisten Juden waren arm, doch keiner musste eine Unterkunftsgebühr zahlen. Im Gegenteil kam es manchmal vor, dass der Meister, der die Familien gut kannte, einen jungen Novizen mit einem Sack voll Essen zu ihnen schickte [...]"[52] Adriano Ossicini erinnerte sich gut an die Geschlossenheit, die unter den Barmherzigen Brüdern herrschte:

> Die psychologische Verschmelzung war mitunter beeindruckend, es gab keinen Bruder, der nicht einverstanden war! Die Brüder kamen aus Deutschland, Frankreich, Italien, aber keiner von ihnen war Faschist! Da drinnen hatte niemand Angst, alle waren einverstanden! Die Ärzte – es gab zahlreiche jüdische Ärzte [...] die Pfleger, du kamst rein und warst unbesorgt [...] Es waren die Stärke Borromeos und das Prestige des Priors, die diesen Eindruck von Sicherheit vermittelten.[53]

Als die Juden aus dem Ghetto flohen, suchten sie in ihrer unmittelbaren Umgebung Unterschlupf. Viele Ordensgemeinschaften in der Nähe des Ghettos öffneten den Juden am 16. Oktober ihre Türen. Nicht immer blieben diese dort permanent, da für viele die Reise durch den Untergrund von ständigen Ortswechseln bestimmt war.[54] Im Haus der adligen

Familie Afan de Rivera Costaguti an der Piazza Mattei im Ghetto wurden 16 Juden versteckt. Als die Deutschen das Haus durchsuchten, stellte sich Giulia Afan de Rivera schützend vor ihre Gäste und bestach drei Soldaten. Sie brachte ihre Schützlinge danach in das Haus eines Angestellten und schließlich zu den Schwestern vom Guten Hirten. Insgesamt 42 Juden wurden von „Sor Richetto“ (alias Enrico De Angelis) während der Razzia in seiner Fleischerei am Portico d'Ottavia untergebracht, direkt neben dem Platz, von dem die Lastwagen später in Richtung Collegio Militare abfuhren. Der Fleischer versteckte 15 von ihnen in einer kleinen Garage in Trastevere, die ihm gehörte, und kümmerte sich um sie.[55]

In Trastevere, einem Viertel in der Nähe des alten Ghettos, in dem viele Juden wohnten, lebte der Paulanerpater Francesco Capponi im kleinen Kloster Santa Maria della Luce. Er kannte einige Juden persönlich, unter anderem einen mit dem Beinamen „Bovetto“, der bei den Beschneidungen den „Elias-Stuhl“ trug. Am 16. Oktober rettete der Ordensmann drei Juden vor der Gefangennahme. Manchmal beherbergte er jüdische Gäste vorübergehend in seinem Kloster. In einer Februarnacht im Jahre 1944 wurde das Kloster von Anhängern der Republik von Salò durchsucht. Der Oberleutnant sagte zu ihm: „Ihr versteckt hier Juden, die nicht nur Feinde des Vaterlands sind, sondern auch der Kirche. Wir haben Informationen erhalten, dass sie hier sind.“ Doch die Faschisten fanden sie nicht. Am Tag darauf kam einer von ihnen zu Capponi und bat ihn um Hilfe. Er wollte desertieren.[56]

Komplexe Gastfreundlichkeit

Auf ihrer Flucht begegneten viele Juden anderen bereits versteckten Juden und Nichtjuden. Viele Ordensgemeinschaften beteiligten sich wie die Franziskaner von San Bartolomeo am unterirdischen Treiben. Wir wollen zunächst bei den Franziskanerklöstern bleiben. In San Pietro in Montorio wurde der Jude Rinaldo Sacerdoti aufgenommen, der später zum Katholizismus konvertierte. Andere Juden wurden in der Kirche Santissime Stimmate di San Francesco an der Piazza Argentina versteckt. In San Bonaventura al Palatino brachte der Franziskaner Anselmo Padovani die Juden auf der Flucht anfangs in „Schlupfwinkeln“ zwischen den Ruinen des Palatins unter. Pater Anselmo war am 16. Oktober auf eine Gruppe junger festgenommener Juden gestoßen und hatte von ihnen eine Nachricht erhalten, die er an eine Person weiterleiten sollte, von der sie sich Hilfe erhofften.[57] Später beschlossen die Brüder, in ihrem Kloster 34 Gäste aufzunehmen, darunter General Cremona von der italienischen Luftwaffe und einen sardischen Offizier, der später Abgeordneter der Kommunistischen Partei Italiens (PCI) im Parlament werden sollte. In San Bonaventura lebten etwa zehn Juden dauerhaft. Alle trugen die Franziskanerkutte. Darüber hinaus waren dort Soldaten aus der Militärstadt Cecchignola. Das größte Problem war, Lebensmittel für alle Gäste aufzutreiben. Die Franziskaner ersannen ein Alarmsystem mit zwei Wachtposten, um Durchsuchungen zuvorzukommen.

Im Jahre 1975 besuchte ich San Bonaventura. Die Ordensmänner erläuterten mir, dass man bei der Aufnahme von Gästen mit dem Lateran bzw. dem Seminario Romano kooperiert habe. Pater Illuminato Pacifici, der Superior, war sofort bereit, Schutzsuchende im Kloster aufzunehmen, einige seiner Mitbrüder waren jedoch dagegen; nur eine Minderheit unterstützte ihn.[58] Es war keine leichte Entscheidung. Denn abgesehen vom Widerstand einiger Mitbrüder eröffneten sich dem Kloster im Zusammenleben mit Menschen, denen die monastische Welt häufig völlig fremd war, ganz neue Probleme.

In San Sebastiano, einem anderen Haus der Franziskaner, wurden General Mario Caracciolo di Feroleto und sein Sohn Francesco aufgenommen. Letzterer hatte den Wehrdienst verweigert. Die Erinnerungen des Generals gewähren einen Einblick in das Leben von einem Mann der Tat, der nun in einem Kloster eingesperrt war, in dem gerade einmal sechs Brüder lebten: „Wenn ich keine besonderen Verpflichtungen hatte“, so hielt er fest, „wurde ich in die beiden oberen Stockwerke des Klosters verbannt.“ Der Provinzial der Franziskaner bat ihn, bei den Mahlzeiten im Refektorium die Kutte zu tragen. Ein Bruder, Pater Damiano, führte ihn durch die nahegelegenen Katakomben, um ihm zu zeigen, wo er sich im Falle einer Durchsuchung verstecken konnte. In vielen Gemeinschaften war das Ordensgewand für die versteckten Menschen eine Art Schutzpanzer.

Der Fall Caracciolo zeigt, dass das Problem eines einzigen Familienmitgliedes die ganze Familie dazu zwingen konnte unterzutauchen. Auch Frau und Tochter des Generals mussten sich während der Zeit der deutschen Besatzung verstecken. Der General schilderte, wie seine Frau ihn in San Sebastiano besuchte und durch die Kirche ins Kloster kam, um mögliche Beschatter abzuschütteln. Mutter und Tochter lebten in zahlreichen Nonnenklöstern, wo sie häufig den Habit trugen. Zunächst waren sie bei den Schwestern des Sacro Cuore del Verbo Incarnato, wo jedoch ein Mädchen sie erkannte, das von den Schwestern eine kostenfreie Unterbringung beanspruchte. So mussten sie ihren Unterschlupf verlassen. Sie kamen in einem Kloster der Mantellate Serve di Maria in Monteverde unter. Dort verrichteten sie die gleichen Arbeiten wie die Nonnen. Giovanna Caracciolo Scotto erinnerte sich daran, dass dort auch Juden und eine deutsche Frau untergebracht waren, die mit einem Juden verheiratet war.[59]

Manchmal waren es die römischen Mitbürger, die die Juden in die Ordensinstitute brachten. Als Don Piccinini, der zur Gemeinschaft der Söhne der göttlichen Vorsehung gehörte und in der Pfarrei Ognissanti im Viertel Appio tätig war, eines Tages in sein Büro kam, wurde er dort von einer „Kinderschar" empfangen: Es waren jüdische Kinder, die die Nachbarn gerettet hatten, als die Eltern von den Deutschen verhaftet wurden. Ein Elfjähriger namens Brunetto fragte ihn: „Wo komme ich denn jetzt hin?" Piccinini brachte ihn ins Waisenhaus in der Via Induno in Trastevere. In all ihren drei Häusern in Rom nahmen die Söhne der göttlichen Vorsehung Juden auf. Das Interesse ihres Gründers für die Juden, des 1940 verstorbenen Don Luigi Orione, hatte die Gemeinschaft stark geprägt. Er hielt nach den Rassengesetzen „das Leben [für die Juden] hier für moralisch unmöglich". Aus dieser Überzeugung heraus engagierten sie sich für die Juden.[60] Allein wegen der spirituellen und sozialen Ausrichtung ihrer Gemeinschaft konnten die Söhne der göttlichen Vorsehung die unzähligen Menschen, die an ihre Türen klopften, nicht wegschicken.

Dass nichtitalienische Institute sich hingegen eher zurückhaltend verhielten, mag nachvollziehbarer erscheinen. Viele Ordensleute „feindlicher" Nationalitäten hatten beschlossen, in der italienischen Hauptstadt zu bleiben, auch wenn sie ständigen Kontrollen unterworfen waren. Eine Einrichtung wie das Päpstliche Französische Priesterseminar, in dem keine Seminaristen aus Frankreich mehr wohnten, war aber zum Beispiel im Untergrund aktiv. Es befand sich im Zentrum Roms, unweit des Ghettos. Der Spiritanerpater François Monnier, der seit 1939 dort

Rektor war, gewährte den Schutzsuchenden (und auch einigen evakuierten Ordensleuten) Asyl.[61] Für den Fall einer Durchsuchung hatte man einen Plan ausgefeilt, nach dem sich die Gäste des Seminars zu verstecken hatten. In der Chronik entdeckte man einen interessanten Eintrag vom 5. Juni 1944:

> [...] das Seminar versteckte während dieser acht Monate etwa 100 Personen außerhalb des Gesetzes. Nach Oktober hatten wir immer zwischen 30 und 40 Personen im Haus. Es fing an mit einem belgischen Hauptmann [...] dann kamen italienische Offiziere und Soldaten, die sich dagegen weigerten, an der Seite der Deutschen zu kämpfen, zahlreiche Juden (insgesamt etwa 50). Im November und Dezember hatten wir neun Offiziere der englischen und amerikanischen Luftwaffe; doch vor Weihnachten verständigte man uns, dass wir durchsucht werden würden: Das Haus wurde in Eile geleert.[62]

Schon vor dem 16. Oktober waren Juden im Seminar untergekommen. Dies war in vielen Einrichtungen Roms der Fall, die Mehrheit der Juden kam jedoch erst später. Im Archiv des Französischen Priesterseminars gibt es eine Auflistung der 50 beherbergten Juden und der von ihnen bezahlten Rechnungen. Daraus geht hervor, dass fünf von 22 (die Auflistung der Zahlenden ist unvollständig) vor dem 8. September, zwei vor dem 16. Oktober und der Rest danach kamen. Am Tag der Befreiung versteckte das Institut noch etwa 40 Gäste, darunter 25 Juden, einen amerikanischen Hauptmann, sechs junge Franzosen und ein paar Italiener.

Seit dem 25. September 1943 durften das Französische Priesterseminar sowie ein paar Ordenshäuser in Rom am Eingang des Gebäudes einen Aushang anbringen, der vom Gouverneur der Vatikanstadt, Marchese Camillo Serafini, unterzeichnet war. Damit wurde bescheinigt, dass „das Päpstliche Französische Priesterseminar, Via Santa Chiara 42, der Heiligen Kongregation für die Seminare und die Studieneinrichtungen untersteht und als solches ohne vorherige Absprache mit den kirchlichen Oberen besagter Kongregation nicht durchsucht werden darf". Der von Serafini unterschriebene italienische Text war außerdem in deutscher Übersetzung von General Rainer Stahel, dem Stadtkommandanten von Rom, gegengezeichnet.

Auch eine französische Ordensgemeinschaft wurde zur Anlaufstelle für viele Hilfesuchende: Die Sionsschwestern hatten ein Haus auf dem Gianicolo, das in unmittelbarer Nähe des Ghettos und anderer Stadtteile lag, in denen viele Juden wohnten. Aus einem Bericht der Schwestern geht hervor, dass kurz nach den Kämpfen um Rom im September 1943 ein Marineoffizier um Unterschlupf bat und von den Schwestern als Gärtner angestellt wurde. Binnen weniger Tage kamen andere Offiziere dazu, darunter ein General der Luftwaffe. Im Haus der Schwestern auf dem Gianicolo fanden mehr Juden Unterschlupf als in allen anderen Ordensgemeinschaften Roms, teils sicherlich wegen der besonderen Courage der Schwestern, teils aber auch wegen der räumlichen Möglichkeiten im Haus auf dem Gianicolo. Wahrscheinlich war es insgesamt der grundlegende Geist der Gemeinschaft, der die Sionsschwestern dazu antrieb, tätig zu werden: Schließlich waren sie gegründet worden, um sich für die Juden einzusetzen.

Nach dem 16. Oktober, so liest man in einem Bericht der Schwestern, „kamen ganze jüdische Familien, verängstigt und verzweifelt, um unsere Mutter Oberin auf Knien zu bitten, ihnen Unterschlupf zu gewähren". Bis zu 180 Personen konnten im Haus, in den Gewächshäusern im Garten, ja überall untergebracht werden.[63] Die Schwestern glaubten damals wie viele andere Römer auch, dass die Gäste nur ein paar Tage bleiben würden, doch irgendwann mussten sie feststellen, dass die Lage sich immer mehr zuspitzte. Was blieb ihnen übrig, als genauso weiterzumachen? Nach dem 8. September und besonders nach dem 16. Oktober nahm der Andrang zu. Nicht nur die Juden, sondern ein ganzer Teil der Bevölkerung war auf der Suche nach einem Versteck.

Einzelne Ordensobere beschlossen also, in ihren Einrichtungen Menschen in Not aufzunehmen. Doch eine Frage stellt man sich immer wieder: Gab es eine Weisung vom Heiligen Stuhl? In den Jahren 1975 und 1976 befragte ich im Rahmen meiner Forschungen zu dem Thema ein paar Ordensleute, die die Besatzung selbst miterlebt hatten und damals noch lebten. Sie alle fragte ich nach einer Weisung des Heiligen Stuhls und des Papstes. Ein Jahrzehnt zuvor war die Debatte um das „Schweigen" Pius XII. entbrannt; daher war die Frage nach der Rolle, die der Papst dabei gespielt hatte, natürlich überaus interessant. War das mutige Engagement im Untergrund dem guten Willen der Oberen und der Ordensleute zuzuschreiben oder hatten sie auf Anweisung des Papstes und des Heiligen Stuhls gehandelt?

Obwohl alle Befragten antworteten, dass es keine schriftliche Weisung gegeben habe, betonten sie einmütig, dass sie dem Wunsch, ja sogar dem Willen des Papstes entsprochen hätten. Der Papst wollte, dass man gute Taten vollbrachte. Viele Signale, Aufforderungen und Unterstützungen hätten klar darauf hingedeutet, dass der Papst und seine Mitarbeiter wollten, dass Flüchtlinge aufgenommen wurden. In den Jahren 1975/76 waren viele Ordensleute empört über die Anschuldigungen gegen Pius XII. Sie sagten, der Papst habe den Einsatz im Untergrund gewollt und sie materiell unterstützt. Doch um das in den neun Monaten der Besatzung Erlebte sowie auch die Haltung der Kirche besser zu verstehen, darf man seinen Blick nicht bloß auf eine Weisung des Heiligen Stuhls oder Pius' XII. richten. Vielmehr muss man die Geduld aufbringen, das Geschehene in seiner ganzen Vielschichtigkeit zu betrachten: als ein Mosaik aus vielen und vielleicht weniger bedeutsamen Geschichten von Frauen, Männern und Gemeinschaften. Nicht immer ist es einfach, sie aus der Vergessenheit zurückzuholen und nicht immer kann man auf umfangreiches Material zurückgreifen.

Die Pfade, die wir auf diesen Seiten betreten, führen uns zu vielen Ordensleuten und ihren Entscheidungen und Geschichten, die wir näher kennenlernen wollen. Natürlich müssen wir uns fragen, ob es sich um einen freiwilligen humanitären Einsatz angesichts einer großen Tragödie oder um die Befolgung des ausdrücklichen Willens des Heiligen Stuhls handelte. Die Welt der Kirche ist in ihrer gelebten Vielschichtigkeit jedoch niemals ganz einfach. In jenen schwierigen Monaten waren die Wege des Lebens in der besetzten Stadt besonders unübersichtlich. Aufgrund des Wertes, den sie an sich und für die Erkenntnis der gesamten Welt des Leidens haben, in die sie uns führen, wollen wir uns auf das Abenteuer begeben, diesen Wegen ohne jede Simplifizierung zu folgen.

II
Die Hochburg im Untergrund

Ein junger Jude auf der Flucht

Michael Tagliacozzo verließ seine Wohnung im Gianicolo-Viertel schon ein paar Tage vor dem 16. Oktober. Er spürte, dass er in Gefahr war, und ahnte, wie die Deutschen zu den Juden standen. Ein Ukrainer, der zu den Italienern übergelaufen war und die russische Emigrantenkirche Roms in der Via Palestro besuchte, hatte ihm die Augen geöffnet: Die Juden wurden massenweise umgebracht. Der junge Mann hatte einen deutschen Baptistenpastor darauf angesprochen, der jedoch merkwürdig ausweichend reagiert hatte. Nachdem am 23. September 1943 die Jahrgänge 1910 bis 1922 zur Zwangsarbeit einberufen worden waren, beschloss er, sich im Haus seiner (jüdischen) Verlobten in der Via Adalberto im Viertel Nomentano zu verstecken. Am 2. Oktober 1943 hörte er in einer Radiosendung der BBC, dass man in Dänemark Jagd auf die Juden machte, und da war ihm klar: Er musste untertauchen. „Anfangs dachten alle, ich übertreibe, denn hatten die Deutschen nicht das Gold bekommen und zu verstehen gegeben, dass sie sich an der jüdischen Bevölkerung nicht mehr vergehen würden [...]?", erinnerte er sich. Jedoch konnte nicht für alle seine Angehörigen ein Unterschlupf gefunden werden. So blieb er bei ihnen. Tagliacozzo schrieb:

> Dann kam der tragische 16. Oktober. Um 6.15 Uhr morgens lagen wir noch in unseren Betten, als bewaffnete SS-Männer die Wohnung im Zwischengeschoss unseres Wohnhauses stürmten. Dann hämmerte es wiederholt gegen unsere Tür und Mama machte auf. Während sie laut das von den Schergen vorgelegte Schreiben vorlas, gelang es ihr *„Rehsudde"* zu sagen, was in der jüdischen Mundart „fliehen" bedeutet. Ich sprang sofort aus dem Bett, noch im Pyjama, und ließ mich durch das Fenster jenes Zimmers herab, das auf die Gärten des Gebäudes hinausging. Die nichtjüdischen Bewohner des Häuserblocks verstanden sofort, dass der Einsatz sich nur gegen die Juden richtete, und versuchten uns zu helfen,

so gut sie konnten. Eine einfache Waschfrau aus dem dritten Stock wies mich an, nach oben zu kommen und mich in ihrer Wohnung zu verstecken. Nach ungefähr einer halben Stunde brachte mir jemand Kleidung und genau in dem Moment hörte ich, wie eine Frau rief: „Die arme Frau Grazia! Die Deutschen bringen sie und ihre Kinder weg!“[1]

So begann Tagliacozzo an jenem Tag vor dem Tod zu fliehen. Doch wie viele andere wusste er in jenen bangen Stunden nicht, wohin er gehen sollte. Es war alles andere als einfach, ein Versteck zu finden, wenn die Menschen aus dem eigenen Umfeld entweder schon verhaftet oder selbst in Gefahr waren. So konnte man sich nur noch an Freunde wenden. Wegen der großen Lebensmittelknappheit war es jedoch schwierig, jemanden bei sich aufzunehmen. Roberto Spizzichino berichtete: „Jemanden in jener Zeit zu beherbergen, bedeutete, mit ihm den Hunger zu teilen – und nicht alle konnten sich das erlauben.“[2]

Jener 16. Oktober war ein verregneter Tag, daran erinnerten sich viele. Tagliacozzo streifte durch die Straßen Roms. Die Razzia der Deutschen endete gegen 14 Uhr. Um 15 Uhr wurden die im Collegio Militare zusammengepferchten Juden nach Männern und Frauen getrennt. Doch natürlich ahnte kein Römer damals, was mit ihnen passierte, auch wenn schon bald die ersten Gerüchte kursierten. Auf seinem Streifzug durch die Stadt gelangte der junge Tagliacozzo irgendwann zur Lateranbasilika. Er fühlte sich verzweifelt und verlassen und betrat die Kirche, um zu beten.

Die Lateranbasilika mit ihrer prächtigen Fassade ist eine der vier Patriarchalbasiliken Roms, die für die Römer damals Oasen der Zuflucht waren, auch wegen ihres exterritorialen Status. Viele Menschen hatten sich während des Luftangriffs auf San Lorenzo dort versteckt. Denn bei Fliegeralarm flüchteten sich viele lieber in die Kirchenschiffe als in die unsicheren Luftschutzbunker. Genauso sah es in den anderen Patriarchalbasiliken aus, dem Petersdom, Santa Maria Maggiore und Sankt Paul vor den Mauern. Ein Seminarist des Päpstlichen Lombardischen Priesterseminars, das direkt gegenüber der Kirche Santa Maria Maggiore liegt, schrieb im März 1944: „Aus der Gruppe von Menschen, die die Freitreppe der Basilika bevölkern, ist eine große Menschenmasse geworden. Beim ersten Alarm drängten sich alle ins Haus der Mutter Kirche [...] Als gegen Abend die Sonne allmählich unterging und die Gefahr verflogen war, kehrten alle in ihre Häuser zurück."[3] Diese Orte waren umgeben von der schützenden Aura des Papstes. Als Don Pietro Palazzini, ein Priester aus dem nahegelegenen Seminario Romano, einen Tag nach dem 8. September durch die Lateranbasilika ging, bemerkte er dort eine hitzige Stimmung. Die Kirche war voller Menschen, die sich dort in Sicherheit gebracht hatten. Plötzlich brach Panik aus: Deutsche Soldaten waren ins Innere eingedrungen und kontrollierten die Beichtstühle, da sie glaubten, jemand könnte sich darin verstecken.[4]

Doch was suchte Tagliacozzo in der Basilika? Diese schloss bei Anbruch der Ausgangssperre ihre schweren Pforten und die alte Tür, die früher zum Sitzungsgebäude des römischen Senats gehört hatte. Wohin sollte der junge Jude nun gehen? Ihm kam seine Italienischlehrerin Maria Amendola in den Sinn. Sie wohnte direkt hinter der Porta San Giovanni in der Via Appia Nuova 21, einem großen Mehrfamilienhaus mit einem Innenhof und mehreren Treppenaufgängen. Es gehörte der Banca d'Italia, die Familien der Angestellten des Kreditinstituts wohnten dort. Der junge Mann machte sich auf den Weg zu ihr und kam an einem Bekleidungsgeschäft am Anfang der Via Appia Nuova vorbei, das einer jüdischen Familie gehört hatte, aber nach den Rassengesetzen den Besitzer gewechselt hatte. Es war nun geschlossen. Tagliacozzo stieg die Treppe A hoch in den ersten Stock und fand im Haus der Lehrerin Unterschlupf. So endete für ihn dieser lange 16. Oktober. In der Wohnung Amendolas befanden sich bereits zwei weitere jüdische Gäste; es waren Kollegen des Vaters der Lehrerin, die dort ein paar Tage blieben.[5]

Maria Amendola behielt ihren früheren Schüler ein paar Tage bei sich. Tagliacozzo verbrachte die Nacht des 16. Oktober und auch die folgenden in ihrer Wohnung. Die Juden Roms, die während der Razzia festgenommen worden waren, verharrten unterdessen im Collegio Militare. Am Morgen des 18. Oktober stiegen sie im Bahnhof Tiburtina in einen Zug, der sie nach Auschwitz brachte, wo sie am 23. Oktober eintrafen. Doch wie alle Juden Roms, die von diesem Schicksal verschont geblieben waren, wusste Michael Tagliacozzo nichts davon.

Wie schon gesagt: Es war damals alles andere als einfach, jemanden in seiner Wohnung unterzubringen. Zwar war er von Maria Amendola freundlich aufgenommen worden, doch Tagliacozzo merkte, dass die Lehrerin wegen der neugierigen Blicke der Nachbarn und des Portiers nervös wurde. Bei der Witwe eines Beamten der Banca d'Italia, Giusta

Lopez, die in der Wohnung im Erdgeschoss direkt unter der Amendolas wohnte, sollte sich ein paar Monate später Professor Ruggeri von der Universität Rom verstecken, dem die Deutschen auf den Fersen waren. Im gleichen Aufgang, ein paar Stockwerke höher, wohnte eine Familie, deren beide Söhne Soldaten waren: Einer war in Salò, während der andere in Albanien gekämpft hatte und nach Deutschland deportiert worden war.

Die Lehrerin konnte ihren Schützling nicht einfach auf die Straße setzen. An wen sollte sie sich wenden, wenn nicht an die Kirche? Maria Amendola kannte sich als weltliche Benediktineroblatin und als Verfasserin einer geschätzten Vita des Heiligen Benedikt in der Welt der Kirche gut aus. Ihre erste Anlaufstelle war die nahe gelegene Pfarrei Ognissanti, die auch eine Suppenküche hatte, doch dort hatte sie kein Glück. Ebenfalls in der direkten Umgebung ihrer Wohnung befand sich die sehr gut organisierte Gemeinde Natività di Nostro Signore Gesù Cristo, die ein „Wohltätigkeitsbüro" leitete, das vor allem nach 1944 mit sieben Dienststellen aktiv war. Der Vikar der Gemeinde, Don Angelini, schrieb über jene schwierigen Monate: „Unter diesen Umständen gehörten die Kirche, die Gemeinde und der Pfarrer zu den wenigen Instanzen, auf die man zählen und denen man vor allen Dingen vertrauen konnte."[6]

So dachten auch Amendola und viele andere Römer. Doch auch in der Pfarrei Natività fand die Lehrerin keine Unterkunft für Tagliacozzo. Sie begab sich daraufhin zu den Olivetanern von Santa Francesca Romana auf dem Forum Romanum, deren Abt Placido Lugano war. Dieser Mönch sollte im Jahre 1947 wegen eines Diebstahls erschossen werden (man vermutete, dass Neofaschisten hinter dem Mord steckten; diese hatten – so die Polizei – die Gutgläubigkeit des Ordensmannes ausgenutzt und eine Zeitlang im Kloster eine geheime Druckerei untergebracht).[7] Amendola nahm Tagliacozzo zum Gespräch mit Lugano mit. Doch der Abt verwies auf den vom Vatikan erhaltenen Aushang, laut dem das Gebäude dem Heiligen Stuhl unterstand. Er betonte, dass er die Neutralität des Heiligen Stuhls nicht gefährden konnte: „Es tut mir leid", sagte er betrübt. Die Lehrerin versuchte es auch in Privathäusern. Doch sie fand nichts.

Die Lage schien aussichtslos. Indes begannen Gerüchte darüber zu kursieren, was mit den festgenommenen Juden passiert war. Ein Nachbar Amendolas im Haus der Banca d'Italia in der Via Appia Nuova sah in der Nähe des Ghettos die Lastwagen, mit denen die Juden und ihre Kinder fortgebracht wurden. Auch Fulvia Ripa di Meana erblickte in der Gegend um die Piazza Fontanella Borghese die Lastwagen mit den Juden und „die vor Trübheit bleichen Gesichtchen" ihrer Kinder.[8] Doch Maria Amendola war beharrlich – und hatte schließlich Glück. Als sie an die Tür des Pfarrhauses der Gemeinde Santi Fabiano e Venanzio klopfte, die zu ihrem Wohnbezirk gehörte, öffnete ihr ein junger römischer Priester, Don Vincenzo Fagiolo, der ihren Schützling freundlich aufnahm. Fagiolo selbst (der später Kardinal wurde) brachte die Lehrerin zum Seminario Romano hinter der Lateranbasilika, das nur wenige Schritte von ihrer Wohnung entfernt war. Der Rektor des Seminars, Mons. Roberto Ronca, kannte die Lehrerin und willigte ein, den jungen Juden bei sich aufzunehmen. Am gleichen Tag klingelte bei Amendola das Telefon: Es war Abt Lugano, der ihr eine Absage erteilt hatte. Er teilte ihr mit, er habe seine Meinung geändert und wolle den Jungen aufnehmen, weil – daran erinnerte sich Tagliacozzo später noch – er die Erlaubnis dafür erhalten habe. Dass jemand nach einer entschiedenen Absage beim ersten Kontakt seine Meinung so grundlegend änderte, passierte sonst so gut wie nie.

Maria Amendola entschied sich jedoch dafür, Tagliacozzo im Lateran unterzubringen. So fand der junge Mann eine Woche nach dem 16. Oktober seinen Unterschlupf. Am Nachmittag des 22. Oktober, einem Freitag, sollte er im Seminar aufgenommen werden, nachdem er sechs sorgenvolle Nächte im Hause von Maria Amendola verbracht hatte. Die deutsche Razzia hatte im Morgengrauen des vorhergehenden Samstags stattgefunden. Am Freitagnachmittag sollte Tagliacozzo sich mit einem Priester an der Ecke der Via Emanuele Filiberto treffen, von der aus man die Basilika schon sehen kann: Der Priester sollte mit der „Circolare rossa", der roten Ringlinie, ankommen, wie man die dort verkehrende Tram damals bezeichnete. Doch Tagliacozzo erinnerte sich daran, dass bis spät abends keiner kam. In der Nähe sah er deutsche Soldaten. Was, wenn sie ihn nun nach seinem Ausweis fragen würden?

Doch schließlich kam der Priester: Claudio Righini, ein Mitarbeiter Roncas im Seminar, gebot dem jungen Mann, ihm in einem gewissen Abstand zu folgen. Sie kamen an der Heiligen Treppe vorbei und gingen durch die Tür des Laterankomplexes. Hier hielt die vatikanische Gendarmerie den jungen Juden an. Diese Kontrolle ließ Tagliacozzo noch ein letztes Mal bangen – doch die Gendarmen ließen ihn schließlich eintreten. Die Lateranbasilika und ihre Umgebung wurden von der vatikanischen Gendarmerie sowie auch von zahlreichen Mitgliedern der Palatingarde überwacht, einer Art Hilfsgarde mit einer etwas behelfsmäßig wirkenden Uniform. Das Korps hatte in jüngster Zeit tüchtig Zuwachs bekommen, offiziell aus Sicherheitsgründen, doch in Wirklichkeit ging es darum, viele junge Römer vor der Wehrpflicht der Italienischen Sozialrepublik zu verschonen. Die Mitgliederzahl der Palatingarde war von 300 auf 2.000 gestiegen, die Mitglieder des Malteserordens und die 916 „theoretischen" und vom Vikariat bestätigten Angestellten nicht mit eingerechnet. Viele junge Römer entgingen so dem Militärdienst für Salò und auch den Razzien.[9]

Nach Tagen der Ungewissheit fühlte sich Michael Tagliacozzo nun unter dem Schutz des Papstes endlich sicher und beruhigt. Als er am Abend des 22. Oktober ins Seminar kam, betrat er ein Milieu, das für ihn als Juden fremd war, obwohl er sich für Religion durchaus interessierte. Sofort hatte er den Eindruck, es mit einer gut geführten Organisation zu tun zu haben, denn als erstes gab man ihm einen falschen Namen. Er hieß nun Michele Micheli. Er bekam das Zimmer eines Priesters, dessen Name, wie er sich später zu erinnern meinte, Belgrado war. Man ermahnte ihn jedoch, das Zimmer auf keinen Fall zu verlassen. In der Umgebung geschehe gerade etwas Bedeutsames. Von diesem Freitagabend bis zum folgenden Sonntagmorgen blieb er in der Einsamkeit seines Zimmers. Er rührte sich nicht vom Fleck. Obwohl er Hunger hatte, wagte er es nicht, das Zimmer zu verlassen.

Michael Tagliacozzo ist heute ein betagter Historiker und lebt in Israel. Dorthin war er nach dem Krieg heimlich ausgewandert, nachdem er von den Engländern gefangen genommen und nach Zypern deportiert worden war.[10] Er bemerkte später, dass eben jener Samstag, den er hungrig und verlassen in seinem Zimmer im Seminario Romano verbracht hatte, der Tag gewesen war, an dem die römischen Juden Auschwitz erreicht hatten, wo der Großteil von ihnen ums Leben kam. An jenem 22. Oktober kam der deutsche Militärzug gegen 23 Uhr im Lager an. Am folgenden Morgen, noch in der Dunkelheit, wurden die Wagons geöffnet und der Befehl erteilt: „Alles aussteigen!" Im Licht greller Scheinwerfer wurden die römischen Juden angewiesen, ihr Gepäck dazulassen, und auf einen Weg getrieben, der parallel zu den Gleisen verlief. Eine halbe Stunde später kam Doktor Mengele zur Selektion. Frauen mit Kindern sowie Alte, Kranke und alle, die schwach aussahen, wurden in die Gaskammern und in die Krematorien geschickt. Im Kalendarium des Lagers liest man: „Transport des RSHA aus Rom [...] 1.035 jüdische Männer, Frauen und Kinder. Nach der Selektion werden 149 Männer [...] und 47 Frauen [...] als Häftlinge ins Lager eingewiesen. Die übrigen 839 Menschen werden in den Gaskammern getötet."[11] Nach der Quarantäne wurden Männern und Frauen unterschiedliche Beschäftigungen zugewiesen. Nur eine Frau, Settimia Spizzichino, und siebzehn Männer kehrten aus dem Lager zurück.

All dies geschah, während Tagliacozzo abgeschottet in seinem Zimmer im Seminar saß. Heute hat dieser Tag des Fastens und des Alleinseins für ihn selbst eine besonders tiefe Bedeutung; er sieht ihn gewissermaßen als eine direkte Verbindung zu den ermordeten Juden, unter denen auch einige seiner Verwandten und Freunde waren. Damals hatte er, ein junger, verlorener Jude in einem kargen Seminar, Angst und Hunger. Da er am Sonntagmorgen weit und breit kein Lebenszeichen erkennen konnte, verließ er schließlich sein Zimmer. Er begegnete Mons. Ronca. Dieser musste ihm ehrlich gestehen, dass er ihn ganz vergessen hatte. Er vertraute Tagliacozzo Don Pietro Palazzini an, einem Priester aus den Marken mit dicken Brillengläsern. Dieser wurde Tagliacozzos Bezugsperson im Seminar. Palazzini gab ihm zu essen und brachte ihn dann in einem anderen Flügel des Seminars unter, wo auch andere Juden waren. Er gab ihm auch eine hebräische Bibel. In den Monaten, die er im Lateran verbrachte, unterhielt er sich häufig mit ihm.

Wie viele andere Menschen, die der Razzia des 16. Oktober entkommen waren, fragte sich Tagliacozzo, was aus denjenigen geworden war, die von den Deutschen festgenommen worden waren. Palazzini erwiderte ihm einmal auf seine Frage ganz unverblümt: „Nach Deutschland deportiert und wahrscheinlich kein gutes Ende genommen." Tagliacozzo erinnerte sich daran, dass es im Dezember 1943 war. Doch er wollte das nicht glauben. Auch nach der Befreiung im Juni 1944 gab er die Hoffnung nicht auf und fragte jeden, den er für urteilsfähig hielt, ob er wisse, was mit den Deportierten geschehen war. Doch Palazzinis Antwort legt nahe, dass man schon im Lateran, in Tagliacozzos direktem Umfeld, befürchtete, dass das Schicksal der Juden besiegelt war. Hatte nicht der ukrainische Soldat das Gleiche gesagt, dessen Worte ihn dazu bewegt hatten, sich zu verstecken? Doch dass ausgerechnet die römischen Juden dieses Schicksal erlitten haben sollten, konnte und wollte Tagliacozzo nicht hinnehmen.

Eine Maschinerie im Untergrund

Der junge Tagliacozzo war im Herzen der größten kirchlichen Hilfsorganisation Roms angekommen, die sich für die verschiedenen Menschen einsetzte, die von den Nazis und den Faschisten verfolgt wurden. Die Schaltzentrale dieser Maschinerie lag hinter der päpstlichen Kathedrale, der Basilika San Giovanni in Laterano, und stand unter der Leitung von Mons. Roberto Ronca, dem Rektor des Seminars. Sie operierte unter dem Schutzmantel der Exterritorialität, der sich über den Laterankomplex erstreckt. Dieser umfasst den heutigen Palazzo del Vicariato (in dem damals ein Museum war), wo 1929 die berühmten Lateranverträge unterzeichnet wurden, das Seminario Romano, die Lateranuniversität, den Palazzo dei Canonici, die Residenz der Bußkanoniker der Basilika und andere kleinere angrenzende Gebäude. Der Lateran ist eine jener vatikanischen Inseln in Rom, die zum Staat der Vatikanstadt gehören und unter der Souveränität des Papstes stehen. Der Großteil der kirchlichen und klösterlichen Gebäude Roms gehört nämlich nicht zum Vatikan, sondern liegt auf italienischem Staatsgebiet (sie sind also im Besitz der Kirche und ihrer Einrichtungen oder im Besitz des Staates, aber in Verwendung durch religiöse Träger).

Im Lateran entstand die größte Hilfsorganisation der Kirche Roms im Untergrund. Von 200 Personen wissen wir mit Sicherheit, dass sie dauerhaft im Seminario Romano untergebracht waren. Unter ihnen waren nicht nur Juden und Verweigerer des Wehrdienstes der Republik von Salò, sondern auch Mitglieder des „Comitato di Liberazione Nazionale" (Komitee der Nationalen Befreiung, CLN), ja im Grunde genommen, außer den Kommunisten und Aktionären, das ganze Komitee. Darüber hinaus wohnten dort der Stadtkommandant Roms, General Roberto Bencivenga, Männer der königlichen Streitkräfte sowie einige Staatsdiener, die der Regierung im Norden nicht folgen wollten. Wegen der hohen Anzahl an Gästen und aufgrund des ganz besonderen Charakters dieser „Wohngemeinschaft" aus sehr unterschiedlichen Personen ist der Hilfseinsatz im Lateran auf einer anderen Ebene zu verorten als der anderer kirchlicher Institutionen in Rom.

Schon vor einigen Jahren durfte ich diesen Hilfseinsatz im Lateran und seine Protagonisten kennenlernen. Im Jahre 1975, als ich mich zum ersten Mal mit der Aufnahme Schutzsuchender im römischen Untergrund befasste[12], wurde ich auf das aufmerksam, was damals im Lateran passiert war. Elio Venier hatte dazu bereits etwas veröffentlicht, doch das war nur wenigen bekannt. Die Hauptakteure selbst brannten nicht sonderlich darauf, sich an die Ereignisse zu erinnern. Alle, die im Lateran eine entscheidende Rolle gespielt hatten, waren zu der Zeit noch am Leben, sodass ich die Möglichkeit hatte, mit ihnen zu sprechen. Mons. Filippo Caraffa, der damalige Vizerektor des Seminars und enge Mitarbeiter Roncas, gab mir die meisten Auskünfte. Er lebte damals im Laterankomplex und unterrichtete Hagiographie an der Lateranuniversität. Wie Ronca hatte der Mediävist sich nach dem Zweiten Weltkrieg auf ein politisches Abenteuer begeben, dabei den Charakter eines feinen und herzlichen Intellektuellen aber nie verloren. Er brachte mich mit anderen Protagonisten, unter anderem mit Ronca, Palazzini und Righini, zusammen, die mir ein paar Teile des großen Puzzles geben konnten oder mich auf Dokumente hinwiesen. In kirchlichen Kreisen genossen diese Männer aufgrund ihres Engagements während des Krieges kein sonderlich hohes Ansehen. Wenn sie sich an jene Zeit erinnerten, überhöhten sie sie nicht, sondern empfanden vielmehr sogar ein bisschen Bitterkeit. Caraffa führte mich außerdem zu den Orten, an denen sich das Leben im Untergrund abgespielt hatte.[13]

An dieser Stelle muss gesagt werden, dass es zu den Aktivitäten im Untergrund nur wenige Dokumente gibt. Keiner wollte damals Beweismaterial liefern, das den Faschisten oder den Deutschen in die Hände hätte fallen können. Dies teilte mir jeder der Beteiligten mit. Pietro Kardinal Palazzini betonte bei einer Gedenkfeier anlässlich des zehnten Todestages Roncas: „Es ist nicht leicht, die Geschichte jener Zeit wieder zusammenzufügen: Geschichte wird auf der Grundlage von Dokumenten gemacht. Doch Register zu füllen und Tagebuch zu führen, gehörte damals nicht zu den Aufgaben derer, die karitativ aktiv waren. Jedes Dokument, das in die Hände der Besatzer gelangte, konnte eine Gefahr für die Flüchtlinge darstellen."

Dann traf ich Mons. Ronca, der zurückgezogen in seiner Villa an der

Porta Ardeatina lebte. 1948 war ihm der etwas überladene Titel des Erzbischofs von Lepanto verliehen worden, nicht ohne Anspielung auf den Wahlsieg vom 18. April desselben Jahres, zu dem er durch die Mobilisierung der Katholiken entscheidend beigetragen hatte. Doch in Wirklichkeit war er ein verbitterter Mann, denn nach einer anfangs brillanten Karriere hatte man ihn aus Pompei, wo er Prälat gewesen war, verdrängt. In der Kirche der Siebzigerjahre und nach dem Zweiten Vatikanischen Konzil fühlte er sich unwohl, da er an der Kirche der vorkonziliaren Zeit hing. Vor allem aber saß zu der Zeit Giovanni Battista Montini als Paul VI. auf dem Stuhle Petri, mit dem er vor dem Krieg im Widerstreit gestanden hatte und der in der Nachkriegszeit gar zu seinem Gegner wurde. Montini stand De Gasperi bei der Gründung der „Democrazia Cristiana“ und bei seiner Politik der Allianzen der Mitte zur Seite, während Ronca eine antikommunistische Allianz aus Rechten und Katholiken befürwortete. Ronca stand an der Spitze jener Gruppe von Priestern, die ich als die „römische Partei“ bezeichnet habe. Sie war gegen De Gasperi und gegen Montini und wollte die Rechten in der italienischen Politik unterbringen. Streckenweise war sie auch für die Gründung einer zweiten katholischen Partei. Dies sind freilich alles Dinge, die nichts mit der Problematik zu tun haben, um die es hier geht. Sie erklären aber die Bitterkeit und die Distanziertheit des alten Bischofs von Lepanto. Diese traten auch zum Vorschein, wenn er auf den Zweiten Weltkrieg zu sprechen kam und in dem Zusammenhang die menschliche Undankbarkeit oder Montini selbst ansprach.[14]

Hinter dem etwas bitteren Bild Roncas, der fast wie ein von der Geschichte Geschlagener wirkte, verbirgt sich ein Mann, der während des Krieges voller Tatendrang war. Etwas tollkühn machte er sich gar ans Werk, zumal die Kirche jener Zeit diese Art von Engagement nicht besonders schätzte. Im kirchlichen Rom der Siebzigerjahre erinnerte man sich kaum noch an Roncas Arbeit. Seine Bedeutung wurde nicht im Geringsten erfasst. Keiner bat ihn darum, in der Öffentlichkeit über seine Erfahrungen zu sprechen, die doch für eine Kirche so einzigartig und ruhmreich waren, auf der nach Hochhuths *Der Stellvertreter* der Vorwurf des „Schweigens“ lastete. Von September 1943 bis Juni 1944 war Ronca der Kopf eines großen humanitären Einsatzes im Untergrund. Doch danach geriet er, abgesehen von ein paar kleinen Aufsätzen, in Vergessenheit.

Am 26. September 1976 hatte ich ein langes Gespräch mit Ronca in dessen Villa. Er erzählte mir vom heimlichen Engagement im Lateran, wo auch der junge Tagliacozzo untergebracht wurde. Dabei berichtete er nicht nur vom mutigen Einsatz für verfolgte Personen, die dort aufgenommen wurden, sondern auch von der politischen Seite der Initiative. Die wichtigsten Männer des CLN waren im Seminar beherbergt: Alcide De Gasperi, Pietro Nenni, Giuseppe Saragat, Ivanoe Bonomi, Meuccio Ruini sowie der Innenminister Badoglios, Umberto Ricci. Graf Giuseppe Dalla Torre, Chefredakteur des *Osservatore Romano*, erzählte, dass er selbst zusammen mit seinem Sohn Paolo sowohl Alessandro Casati als auch Ivanoe Bonomi in den Lateran begleitet habe: „Die Straße wollte einfach nicht enden. Endlich kamen wir an, gingen durch die leere, dunkle Basilika [...] und stiegen dann hoch ins Seminar, wo Monsignor Roberto Ronca die Flüchtlinge aufnahm und unterbrachte." Nach einem Besuch bei De Gasperi im Seminar traf Dalla Torre auf Nenni.[15] Auch General Bencivenga kam im Lateran unter: Nach einem Gespräch mit den Mitgliedern des CLN rutschte er auf dem Korridor aus und brach sich dabei den Oberschenkelknochen. Er wurde operiert und blieb bis zur Befreiung Roms im Seminario Romano. Er ließ ein Funkgerät in Betrieb nehmen. Im Palazzetto Corsini, der sich innerhalb des Komplexes befindet, war die Tochter von Marschall Graziani mit ihrem Mann untergebracht. Man teilte mir zudem mit, dass auch Badoglios Tochter im Lateran Unterschlupf gefunden habe.

Ronca nahm nicht an den Sitzungen des CLN teil, sondern war der Verbindungsmann zwischen den Mitgliedern des Komitees und General Bencivenga. Er berichtete, dass Privatpersonen sein Engagement über das IOR („Istituto per le Opere di Religione", allgemein bekannt als die Vatikanbank) finanziell unterstützt hätten. Überdies habe er auch dem CLN und den „Volontari della Libertà" (Freiwilligenkorps der Freiheit, CVL) von Edgardo Sogno Gelder zukommen lassen. Als Ronca mir von all dem erzählte, hatte ich den Eindruck, dass gegen die Neutralitätsverpflichtung des Vatikans „verstoßen" wurde – gar nicht wegen der Aufnahme von Juden wie dem jungen Tagliacozzo, sondern primär wegen der politischen Aktivitäten im Lateran, die der Rektor zuließ und unterstützte. Vor allem aber wurde mir klar, dass eine große Anzahl politischer und militärischer Führungskräfte jener Zeit, von denen einige auch in den folgenden Jahren eine wichtige Rolle spielen sollten, von Rektor

Ronca in Sicherheit gebracht wurden. Vielleicht verdankten sie ihm sogar ihr Leben.

Doch vor allen Dingen wollte ich etwas über den Papst erfahren: Wusste er, was der Rektor tat? Wusste er, was im Lateran geschah? Erlaubte er es? Ronca sagte, er habe auf eigene Verantwortung gehandelt, um den Heiligen Stuhl nicht in die Begebenheiten im Lateran hineinzuziehen. Gleichzeitig sei ihm jedoch bewusst gewesen, dass er damit den Willen des Papstes erfüllte, der, wie er mir mitteilte, von Kardinal Marchetti Selvaggiani auf dem Laufenden gehalten wurde. Manch einen heiklen Vorfall, auf den ich später in den Akten stieß, erwähnte er mir gegenüber nicht. Er erwähnte aber die Rolle Mons. Montinis, der in den letzten Monaten des heimlichen Engagements seinen Sekretär, Mons. Emanuele Clarizio, schickte, um über die Begebenheiten informiert zu sein. Und er erzählte mir eine interessante Anekdote. Pius XII. empfing die Priesteramtskandidaten des Seminario Romano, die von den heimlichen Gästen im Haus nichts wussten. Es begab sich folgendermaßen:

> ‚Haben Sie gerade viele Gäste im Seminar?', fragte der Heilige Vater einen der Seminaristen. – ‚Nein, keinen einzigen, Heiligster Vater', war die Antwort. – ‚Wie bitte? Keinen?' Und der Heilige Vater sah dem jungen Mann ins Gesicht, doch als er dort nichts als absolute Aufrichtigkeit sah, wechselte er sofort das Gesprächsthema und beließ den Seminaristen in seiner Unwissenheit über die außergewöhnlichen Gäste.

Ronca folgerte daraus, dass der Papst wusste, was im Lateran geschah, aber nicht darüber informiert war, dass die Seminaristen darüber im Unklaren waren. Nach diesem Vorfall war er noch stärker davon überzeugt, dass Pius XII. seinen Aktivitäten wohlwollend gegenüberstand, Aktivitäten, die über seine Befugnisse als Seminarrektor, d. h. als Ausbilder künftiger Priester, weit hinausgingen. Vielleicht wurde dem mutigen Organisator des Engagements für Flüchtlinge das Amt des Rektors zu eng; dafür spricht auch, dass er sich nach dem Krieg in die Politik stürzte. Nach meinem Gespräch mit Ronca und der eingehenden Untersuchung seiner Aktivitäten stand für mich fest, dass sein Engagement für die Verfolgten zwar ein humanitärer Einsatz war, der jedoch weit über die „Unparteilichkeit" des Heiligen Stuhls gegenüber den kriegführenden Mächten hinausging.

Die Hochburg im Untergrund

Auch um diese ominöse Unparteilichkeit des Heiligen Stuhls zu verstehen, wollen wir uns das, was damals im Lateran geschah, aus der Nähe anschauen. Tagliacozzo, der von keiner einflussreichen kirchlichen Persönlichkeit empfohlen wurde, war im Grunde genommen ein Niemand. Doch auf die Bitte einer katholischen Lehrerin hin nahm Ronca ihn sofort auf. Dass es für die Juden nicht mehr möglich war, im besetzen Rom zu leben, war ihm klar; daher half er ihnen. Tagliacozzo war nicht die erste Person, die im Seminar versteckt wurde. Als einer der Ersten kam der Senator Domenico Bartolini im Seminar unter, den der Priester Don Mario Di Sora in den Lateran brachte. Darauf folgten die Minister Umberto Ricci und Leonardo Severi. Laut der von Palazzini zusammengestellten (und wahrscheinlich dem Staatssekretariat übergebenen) Liste kamen die ersten Gäste am 15. Oktober: Es waren Fürst Giovanni Torlonia und sein Sohn sowie ein gewisser Righini (möglicherweise ein Verwandter von Don Claudio Righini, Roncas treu ergebenem Sekretär). Am Tag darauf erschienen Professor Emilio Albertario und ein Verwandter sowie eine Gruppe von Soldaten. Am gleichen Tag wie Tagliacozzo, der in der Liste als 22. aufgeführt wird, kam ein anderer Jude namens Raffaele Menasci. In dessen Haus in der Via Macchiavelli versteckte sich Tagliacozzo später einen Tag lang, als er den Lateran im Februar 1944 für kurze Zeit verließ.

Wann die Politiker kamen, kann man nicht genau sagen. Don Palazzini erinnerte sich aber daran, dass Ronca ihn irgendwann zwischen dem 15. und dem 25. September darum bat, zu Mons. Pietro Barbieri zu gehen, um dort eine Person abzuholen, die er ins Seminar bringen sollte. Er sollte sehr vorsichtig sein. Der Mann, den er mit der Tramlinie 16 in den Lateran begleitete, trug eine Sonnenbrille: Es war Pietro Nenni, ein führender Sozialist. Über Barbieri gelangten nach und nach verschiedene Politiker und im Grunde genommen die gesamte Spitze des CLN in den Lateran. Dieser Barbieri war in der Welt der Politik gut vernetzt; nach dem Krieg bezeichnete man ihn gar als den „Geistlichen der Abgeordnetenkammer". Er war ein vor Energie nur so sprühender und ideenreicher Priester, der zuvor in den Vereinigten Staaten gelebt hatte (wo er eigenen Angaben zufolge Nicola Sacco und Bartolomeo Vanzetti unterstützt hatte) und nun in der Resistenza aktiv war. Benzoni beschrieb ihn als einen „waghalsigen Monsignore [...] mit einer schneeweißen Löwenmähne und einer heimlichen Leidenschaft für die Politik [...] wie ein Vulkan und ständig darum bemüht, die Bedürfnisse des Komitees [des CLN] in punkto Lebensmittel und Geld zu erfüllen".[16] Er war der Schatzmeister des CLN: Viele erinnerten sich an seine umfangreichen finanziellen Mittel, die er großzügig mit anderen teilte. Durch den Leiter des „Istituto Poligrafico dello Stato", Luigi Francia, ließ er Tausende falscher Ausweise und Dokumente erstellen, die im Untergrund zum Einsatz kamen. Francia sorgte außerdem dafür, dass die Namen, auf die die Dokumente ausgestellt waren, in die meldeamtlichen Karteien eingetragen wurden. Von etwa 20.000 Ausweisen ist die Rede, die gedruckt und verteilt wurden, um ein ganzes Volk von Untergetauchten zu schützen.[17] Barbieri arbeitete mit einem Maristenpriester, Pater Francesco Merlino, zusammen.

Im Hause Barbieris in der Via Cernaia, ganz in der Nähe der Porta Pia, fanden die Sitzungen des CLN statt. Bonomi schilderte die Atmosphäre dort in seinem Tagebuch: „Es ist ein Kommen und Gehen von Menschen, von Männern und Frauen jeden Rangs [...] Die politischen Freunde gehören jedem Geschlecht und jeder Couleur an."[18] Elena Carandini bezeichnete sein Haus als ein „freundliches Babel", in dem sich Antifaschisten frei treffen konnten. Benzoni stimmte dem zu: Für sie war Barbieris Wohnung „eine Art chaotisch-organisierter Seehafen".[19] Barbieri war eine ganz besondere Person im römischen Untergrund; er schaffte es, sich frei zu bewegen, ohne Ärger mit den Deutschen zu bekommen, und schuf dadurch einen geschützten Raum für die Antifaschisten. Damals war er so etwas wie eine lebende Legende, um die sich Geschichten rankten.

Das ständige Kommen und Gehen von Menschen in seiner Wohnung wurde dadurch gedeckt, dass der Priester zusammen mit einer großen Gruppe von Mitarbeitern an der Zusammenstellung der *Enciclopedia cattolica* arbeitete. Meuccio Ruini fand bei ihm Unterschlupf: Der bekannte Laie war unter Francesco Saverio Nitti Minister gewesen und gründete im Untergrund den „Partito Democratico del Lavoro". Paolo Dalla Torre, der Sohn des Chefredakteurs des *Osservatore Romano*, brachte ihn später von der Via Cernaia in den Lateran. Der Minister Marcello Soleri, der Senator und frühere Direktor von *Il Giornale d'Italia* Alberto Bergamini und viele andere kamen über Barbieri in den Lateran, als der Unterschlupf in der Via Cernaia nicht mehr sicher zu sein schien. Barbieri arbeitete eng mit Ronca zusammen.

Nicht über Barbieri, sondern über andere Persönlichkeiten der Kirche kam wenig später Alcide De Gasperi in den Lateran. Später folgte Giuseppe Saragat, der aus dem Gefängnis Regina Coeli ausgebrochen war. Auch Bruno Buozzi, um dessen Aufnahme Nenni gebeten hatte, wurde erwartet, doch er wurde noch am Abend vor seiner geplanten Ankunft verhaftet.[20] Die antifaschistischen Politiker wohnten in einem gesonderten Bereich, Palazzini kümmerte sich um sie. Jeden Tag feierte er mit ihnen in einer kleinen Kapelle die Heilige Messe. An der Sonntagsmesse nahmen alle Gäste außer Pietro Nenni teil. Obwohl es ihm in der Nachkriegszeit häufig vorgeworfen wurde, trug Nenni, der den falschen Namen Don Pietro Emiliano erhalten hatte, ebenso wie alle anderen niemals das Priesterkleid. Im Seminar erinnerte man sich daran, dass Nenni der einzige war, der grundsätzlich nicht an den Gottesdiensten teilnahm, die im Übrigen nicht verpflichtend waren. Manchmal sagte er zu den anderen: „Geht ihr zu eurer Messe; ich erwarte euch zum Kaffee."[21] Kleine Anekdoten wie diese erzählen von einem Zusammenleben mit Menschen, die die Welt der Kirche zum ersten Mal aus der Nähe sahen.

Unter den Politikern war auch der spätere Ministerpräsident Ivanoe Bonomi. Dieser hatte sich am 21. Oktober allein und mit Hilfe von Roncas Mutter in einem Kämmerlein über der Cappella Corsini im Lateran versteckt. Die Abschottung hielt er jedoch nur drei lang Tage aus, weshalb er sein Versteck verließ und ins Haus seiner Neffen zurückkehrte. Da die Lage für ihn jedoch immer brenzliger wurde, beschloss er am 6. November, in den Lateran zurückzukehren, sich aber unter die dort aufgenommenen Politiker zu mischen. Er bemerkte: „Auch das vatikanische Staatssekretariat ermahnt mich, ich solle mich in Sicherheit bringen." Einsamkeit war in der Welt im Untergrund ein großes Problem, das manch einen zu unklugen Handlungen trieb. Bonomis Tagebuch entnimmt man, dass er zufrieden darüber war, mit politischen Kollegen zusammenzuleben und mit ihnen zu diskutieren: „Ich habe nicht mehr das Gefühl der Einsamkeit und der Gefangenschaft, das mich dazu bewegte, nach drei Tagen des Eingeschlossenseins zu gehen [...] Zusammen mit mir wohnen hier sechs hervorragende Gefährten, die die Gefangenschaft erträglich, ja fast fröhlich machen [...] Jeder von uns hat ein eigenes schönes Zimmer mit Licht und fließendem Wasser: Ein langer Korridor dahinter verbindet alle Zimmer miteinander und bietet uns Platz für unsere Spaziergänge."[22]

Senator Bergamini, der Begründer des *Giornale d'Italia*, schrieb im März 1944 in einem Brief an Pius XII. über die Atmosphäre im Seminar: „Ich habe mich mit ein paar Senatoren versöhnt, denen ich tausendmal auf den Fluren des Senats begegnet bin, ohne sie zu grüßen. Senator Parodi und Senator Giannini, zwei Faschisten und damit meine politischen Feinde, waren direkt neben meinem Zimmer untergebracht. Dann waren dort meine Freunde Casati, Ruini usw." Die Dankbarkeit gegenüber dem Papst („Wenn ich wieder schreiben kann, werde ich von diesem Akt der Barmherzigkeit berichten") ließ den Senator die gebotenen Vorsichtsrichtlinien vergessen: Es war dringend zu vermeiden, in der Korrespondenz die Namen beherbergter Personen zu nennen, solange Rom von den Deutschen besetzt war. Die antifaschistischen Politiker konnten sich frei bewegen, sie verließen, wenn auch unter gewissen Sicherheitsvorkehrungen, das Seminar, um an Sitzungen des CLN teilzunehmen oder um ihren eigenen Dingen nachzugehen. Palazzini erwartete sie hinter der großen Pforte des Lateranpalastes, wo eine Tür angelehnt gelassen wurde, die man bloß drücken musste, um einzutreten. Durch die verschlossene Basilika konnten sie ohne von der Gendarmerie am Eingang gesehen zu werden ins Seminar zurückkehren. Im Gegensatz dazu konnten sich die anderen Gäste des Laterans aufgrund der Risiken, die jeder Kontakt mit der Außenwelt mit sich brachte, nicht so frei bewegen wie die Politiker.

In einem anderen Flügel des Seminars waren weitere Politiker untergebracht: vier zivile Minister der Badoglio-Regierung, darunter Innenminister Ricci, dem der Marschall, bevor er die Hauptstadt verlassen hatte, die Verantwortung über die Regierungsgeschäfte in Rom übergeben hatte. Doch nach dem 10. September tauchte Ricci unter. Außerdem waren dort ein paar Staatsmänner und römische Adlige (darunter der päpstliche Thronassistent Don Aspreno Colonna, die Fürsten Odescalchi, Lancellotti und Torlonia und viele andere). Unter den Gästen waren auch viele Militärs, hohe Offiziere ebenso wie einfache Soldaten. Als die Deutschen Rom verließen und ihren berüchtigten Sitz in der Via Tasso räumten (wo nur wenige hundert Meter vom Lateran entfernt zahlreiche Menschen gefoltert wurden), flüchteten sich sogar etwa 20 Kriegsgefangene in das exterritoriale Gebiet. Dies zeigt, dass allgemein bekannt war, dass der Lateran ein Zufluchtsort war. Auch in der direkten Umgebung der Via Tasso gab es ein paar kirchliche Einrichtungen, in denen Menschen untergebracht wurden, wie z. B. im Haus der Frati Bigi oder im Collegio Santa Maria an der Viale Manzoni.

Zahlreiche Universitätsprofessoren suchten aus Angst vor einer Deportation Zuflucht im Lateran, darunter der Arzt Cesare Frugoni, Giorgio Del Vecchio sowie der jüdische Mathematiker Enriques Agnoletti, der aufgrund der Rassengesetze der Universität verwiesen worden war. Paradoxerweise war unter ihnen auch Nicola Pende, einer der Unterzeichner des „Manifests der rassistischen Wissenschaftler" von 1938, der anfangs eine biologistische Haltung an den Tag gelegt und sich dann dem so genannten Rassenspiritualismus zugewandt hatte.[23] Er wohnte zusammen mit den Juden im Lateran. Mons. Pio Paschini, ein bekannter Historiker der Lateranuniversität, hatte Ronca gebeten, den getauften Juden und angesehenen Wissenschaftler Prof. Giorgio Falco aufzunehmen, der in San Clemente eine vorübergehende Bleibe gefunden hatte. Außerdem wurden dort Personen beherbergt, die erst später zu Berühmtheit gelangen sollten wie z. B. Giangiacomo Feltrinelli[24] oder Raniero Panzieri, der spätere Begründer der *Quaderni Rossi*.[25] Und daneben gab es unzählige Unbekannte, die auf den unterschiedlichsten Wegen in den Lateran gelangten.

Die jüdischen, ausschließlich männlichen Gäste bildeten eine große, mindestens 50 Personen umfassende Gruppe. Unter ihnen waren viele unbekannte Gesichter, aber auch bekannte Personen wie der Geograf Roberto Almagià. Sie belastete nicht nur die Ungewissheit ihrer eigenen Situation, sondern auch die Tatsache, dass sie nicht wussten, was aus ihren deportierten und untergetauchten Angehörigen geworden war. Im Dezember 1943 bat Angelo Sonnino in einem Brief an Ronca um Erlaubnis, „ein winzig kleines Radio [zu benutzen], um die Monotonie des langen Tages zu durchbrechen".[26] Aus den Akten des Seminars geht hervor, dass einige Juden, unter ihnen Tagliacozzo und Raffaele Menasci, falsche Taufscheine bekamen.

Der Überfall der Faschisten auf die Abtei Sankt Paul vor den Mauern im Februar 1944, von dem später die Rede sein wird, war für die Welt im Untergrund ein Schock. Er erweckte den Eindruck, dass die Flüchtlinge nicht einmal mehr unter dem Schutzmantel der Exterritorialität sicher waren. Viele Untergetauchte reagierten panisch und wechselten ihre Unterkunft. Die kirchlichen Oberen konnten für nichts garantieren und hatten häufig die gleichen Befürchtungen wie ihre Gäste. Michael Tagliacozzo verließ den Lateran, kam im Haus eines Freundes unter, wohnte eine Nacht lang in der Baptistenkirche und fand dann Unterschlupf im kleinen Haus des Adventistenpastors Daniele Cupertino. Auch Anselmo Ammenti, der Pfarrer der Kirche in der Via XX Settembre, half ihm (und ein paar anderen Juden wie der Familie von Settimio Sorani; er kooperierte mit der DELASEM und stellte falsche Dokumente aus, die im Kellergewölbe seiner Kirche hergestellt wurden[27]). Dieser besorgte ihm falsche Dokumente. Doch der Lateran blieb Tagliacozzos Bezugspunkt, weil er dort zu essen bekam. Er bat Palazzini schließlich darum, zurückkehren zu dürfen. Einer seiner Brüder war im „Protettorato di San Giuseppe" in der Via Nomentana untergebracht, wo insgesamt 17 Juden unterkamen. Im März 1944 durfte er in den Lateran zurückkehren und wurde unter dem falschen Namen Mario Bonfiglio im Gebäude der Bußkanoniker untergebracht.

Dort traf er auf eine große Gruppe von etwa 20 jüdischen Gästen, zu der auch der Bruder und der Schwager des Geografen Almagià gehörten. Häufig wurden mehrere Mitglieder einer Familie aufgenommen, jedoch stets ausschließlich Männer. Außerdem wohnten dort zahlreiche Nichtjuden: vier Offiziere der Luftwaffe, Mitglieder der „Fronte Militare Clandestino della Resistenza" (Geheime Militärische Widerstandsfront, FMCR), ein Major des Heers mit seinem Sohn, verschiedene Wehrdienstverweigerer und ein südafrikanischer Kriegsgefangener. Die unterschiedlichsten Personen lebten in den kirchlichen Einrichtungen zusammen unter einem Dach. Tagliacozzo erinnerte sich daran, dass er seine Zeit damit verbrachte, Bücher und Zeitungen – darunter manchmal auch die *Unità*[28] – zu lesen und Radio zu hören. Man wartete auf die Alliierten (dies entnimmt man einem Dokument vom April 1944), die Atmosphäre war eher entspannt. Mario Tagliacozzo, der mit Michael nicht verwandt war, beschrieb die Ungewissheit darüber, wie lange man noch würde warten müssen.[29] Aus einer Aussage von Michele Di Veroli geht jedoch auch hervor, dass man alarmiert war: „Nachts hatte ich Dienst auf den Dächern und passte auf, dass die Deutschen uns nicht überfielen, wie sie es in der Basilika San Paolo getan taten."[30]

Die Flüchtlinge spielten Karten. Michael Tagliacozzo kümmerte sich um die Wäsche. Ihn interessierten auch Religionsfragen, über die er sich häufig mit Palazzini und manchmal mit Ronca unterhielt. Er verkehrte mit den franziskanischen Bußkanonikern der Basilika, deren Leiter Pater Ireneo Squadrani war.[31] Unter ihnen war auch ein Deutscher, Pater Ludwig. Auch zu den Konversen hatte er Kontakt, zu Fra' Giulio, dem Koch, und zu Fra' Marco, dem Pförtner. Tagliacozzo ging manchmal zur Vesper in der Kapelle der Bußkanoniker und nahm auch an der Christmette teil, die Mons. Traglia im Seminar feierte. Für die Juden war es ein wichtiges Anliegen, an dieser liturgischen Feier teilzunehmen, da sie dadurch ihre Dankbarkeit bekunden wollten. Traglia sagte zu ihnen: „Dankt nicht mir, sondern dem Heiligen Vater, der euch liebt und beschützt." Während der Feier blieben sie hinten in der Kirche stehen. Bei dieser Gelegenheit erfuhr Tagliacozzo von Prof. Del Vecchio, zu dem er ein gutes Verhältnis hatte, dass Pius XII., sofort nachdem er von der Razzia vom 16. Oktober erfahren hatte, seinen früheren Schulkameraden am Liceo Visconti, Prof. Attilio Ascarelli, hatte suchen lassen, um ihm einen Unterschlupf zu geben.[32]

Aus Angst vor einem Überfall der Deutschen wurde im Palazzo dei Penitenzieri ein Versteck hinter einer falschen Tür hergerichtet. Später beschloss man, den Keller dafür zu nutzen. Tagliacozzo plante, sich in einem solchen Falle an einem bestimmten Platz in der Bibliothek zu verstecken. Caraffa berichtete mir, dass sich auch die Politiker in einem kritischen Moment im Untergeschoss der Basilika versteckt hätten. Gabellini erinnerte sich daran, dass er die Politiker nach einem falschen Alarm durch die engen Gänge unterhalb des Seminargebäudes geführt hatte, durch die die Rohrleitungen verliefen. Dorthin gelangte man durch eine Falltür in den Bädern des ersten Stocks. Nenni sei hinabgestiegen, so Gabellini, und habe währenddessen Dokumente zerstört, indem er sie einfach zerkaute. Gabellini hielt fest: „Danach schloss ich die Falltür wieder und verdeckte sie mit einem Stoß Geschirrtücher [...]"[33] Zudem berichtete er, De Gasperi habe bei der Gelegenheit gesagt: „Wenn die Deutschen kommen, die nun mal jedes Loch kennen und jede Klappe öffnen, werden sie uns diesmal wirklich töten." Nenni soll erwidert haben: „So werden du mit deiner Vorsehung und ich mit meinem Schicksal am Ende den gleichen Tod sterben."[34] Im Januar und im Februar waren alle sehr verängstigt. Am 31. Januar 1944 berichtete Bonomi in seinem Tagebuch von einem Alarm:

> Ein Trupp betrunkener Deutscher, die grölend vor den Toren des Laterans lungerten, ließ uns einen Überfall vermuten. Über eine Stunde lang blieben wir in einem unterirdischen Gang, wo wir nichts anderes tun konnten, als in schwärzester Dunkelheit dazuhocken. Was hätten die Deutschen für eine gute Beute gemacht, wären sie bis dort unten gekommen! Beinahe das ganze Befreiungskomitee, neben mir Casati, De Gasperi, Ruini, Nenni und Solari, hätten sie in jener ausweglosen Falle gefangen nehmen können.[35]

Und dies war nicht der einzige Alarm. Wenn die Faschisten oder die Deutschen dem Seminar einen Besuch abgestattet hätten, hätte man ihnen erklären müssen, wer denn die vielen Gäste waren. Anfangs, als erst etwa 25 Flüchtlinge im Seminar untergebracht waren, trugen alle das Priestergewand. Viele von ihnen verlangten sogar danach. Gabellini berichtete, dass das Gewand nur in Ausnahmefällen und vorübergehend getragen worden sei, auch weil man nicht genug Gewänder gehabt habe, um sie allen anzubieten.[36] Viele baten um eine Beschäftigung, die ihre Anwesenheit im Lateran rechtfertigen könnte. Ein Flüchtling, der sich als Anführer der ganzen Gruppe präsentierte, äußerte diese Bitte. Ronca stand dem eher kritisch gegenüber und reagierte ausweichend.

Alle Gäste bekamen falsche Namen. Einer Mitteilung der Seminarleitung an das Staatssekretariat ist zu entnehmen, dass der Vorschlag, falsche Namen zu verwenden, von den Gästen selbst ausging. Diese verwendeten sie dann in ihrer Korrespondenz und bei jedem Kontakt mit der Außenwelt. Überdies kontrollierte das Seminar die Korrespondenz Brief für Brief, um zu vermeiden, dass durch die Rücksichtslosigkeit eines Einzelnen alle in Gefahr gebracht wurden. Auch das war sehr aufwendig: Jeder Kontakt zwischen den Flüchtlingen und der Außenwelt musste gefiltert werden. Eine Notiz in den Akten des Seminars enthüllt die gut durchdachte Methode, mit der die Gäste mit der Welt außerhalb des Seminars korrespondierten. Weder der Begriff Seminario Romano noch der eigene Name durften jemals genannt werden, sondern lediglich eine Zahl. Der Pfarrer oder der Vikar von San Salvatore in Lauro kamen jeden Montag ins Seminar, um Briefe und Pakete in Empfang zu nehmen, die in den folgenden Tagen in der nahe gelegenen Pfarrei in der Via dei Coronari abgeholt wurden.[37]

Dennoch kann man sich kaum vorstellen, dass es möglich war, eine so große Gruppe von Flüchtlingen zu verstecken, wenn diese weiterhin (wenn auch unter falschem Namen) Kontakt mit der Außenwelt und ihren Familien hatten. Als das Staatssekretariat eine Auflistung der Namen aller beherbergten Personen anforderte, wollten es die Vorgesetzten lieber vermeiden, an der Zusammenstellung dieser Liste beteiligt zu sein, auch wenn es sich nur um die falschen Namen handelte. Die Betroffenen selbst übernahmen schließlich diese Aufgabe. Darüber hinaus gab es das Problem der Ausweise. Einige wollten über den Vatikan an einen Personalausweis kommen. Ronca bemerkte: „Nachdem hohe Persönlichkeiten im Governatorat mich dazu ermutigt hatten, habe ich lediglich versucht, für einzelne Betroffene eine Kennkarte des Staates der Vatikanstadt zu bekommen."[38] Den Versuch, an falsche Dokumente zu kommen, die in kirchlichen Kreisen und im Untergrund weit verbreitet waren, unterstützte er jedoch nicht.

Wegen der verschiedenen Nachrichten, die das Seminar erreichten, und der langen untätig zugebrachten Tage herrschte manchmal eine angespannte Stimmung unter den Gästen. Gabellini berichtete: „Die Tage im Seminar verstrichen langsam und monoton, sie waren voller Gefahren und Ängste, und ein Ende war nicht abzusehen [...]"[39] Ronca beobachtete im Kontakt mit den Flüchtlingen „[...] die psychologischen Beweggründe der Flüchtlinge, sich immer stärker verstecken zu wollen; und in bestimmten Fällen kann man gar nichts anderes tun, als dafür zu sorgen, dass man ihnen so gut wie eben möglich entgegenkommt."[40] Es sind winzige Einblicke in eine Welt der Probleme und der Spannungen. Die Erinnerung an diese acht Monate wurde schließlich durch den Beginn eines neuen Lebens nach der Befreiung, durch die Dankbarkeit gegenüber den Rettern und den Wunsch, eine traurige Phase des Lebens schnell wieder zu vergessen, jäh ausgelöscht.

Die langen Tage im Seminar mit Inhalt zu füllen, war ein großes Problem. Mons. Motylewski, ein Mitarbeiter Roncas, stellte einen Pressebericht mit verschiedenen Nachrichten zusammen, auch auf der Grundlage der Sendungen verschiedener Radiostationen. Bonomis und Palazzinis Erinnerungen ist zu entnehmen, dass unter den Politikern Diskussionen zur Zukunft des Landes an der Tagesordnung waren. Pietro Nenni arbeitete an einer Geschichte des Sozialismus. In einer Notlage übergab er Palazzini das Manuskript zur Verwahrung: Als „eine Geschichte der Spaltung" bezeichnete sie der Priester in den Siebzigerjahren. In seinen

Memoiren scheint der sozialistische Führer die im Lateran verbrachte Zeit herunterspielen zu wollen, ohne sie jedoch zu verheimlichen. Denn obwohl er das Seminar zwischendurch für ein paar Tage verließ, blieb es sein fester Bezugspunkt.[41] Während eines Ausgangs im Dezember 1943 erwarb Nenni eine Korbflasche Wein, die er an ein Geschäft zustellen ließ, das Verwandten von Don Righini gehörte. Das Schreiben, in dem er Righini darum bat, sie ins Seminar zu bringen, liegt in den Akten – ein positives Fragment jener schwierigen Monate.

Auch die Familien der Gäste stellten ein gewisses Problem dar. Als Francesca De Gasperi ins Seminar kam, um ihren Mann zu sehen, war Palazzini in großer Sorge, da er befürchtete, dass man sie auf ihrem Weg dorthin beschattet haben könnte. Barbieri brachte die Frauen Bonomis und Casatis bei den Schwestern vom Coenaculum am Corso d'Italia unter und erwirkte dann, dass sie in den Lateran gebracht wurden. Nenni war besorgt um seine verschollene Tochter Vittoria, die in Paris gelebt hatte und von den Nazis interniert worden war. Am 2. Januar 1944 bat er Ronca um Erlaubnis, die schwedische Gesandtschaft in Rom zu kontaktieren. Er verwies auf seine guten Beziehungen zu führenden schwedischen Sozialdemokraten und bat darum, der internierten Tochter durch das Schwedische Rote Kreuz Lebensmittel zukommen zu lassen (nach der Befreiung stellte sich jedoch heraus, dass sie da bereits tot war). Ganz unterschiedliche Welten kamen im Lateran zusammen. Dieses Miteinander war so eigenartig, dass irgendwann das Gerücht ans Ohr Pius' XII. drang (der es dann Giorgio La Pira weitererzählte), Nenni fluche im Lateran. Doch es handelte sich nur um Geschwätz.

Für die Juden waren es schwierige Zeiten. Tagliacozzo, der sich häufig mit den Geistlichen unterhielt, konnte sich jedoch nicht daran erinnern, dass man jemals versucht hätte, ihn zur Konversion zu bewegen, oder auch nur unterschwellig Druck ausgeübt hätte. Für interessierte nichtpolitische und nichtjüdische Flüchtlinge wurde unter der Leitung des Dogmatikdozenten Mons. Fares eine religiöse Fortbildung mit wöchentlichen Sitzungen und einem Gottesdienst in der Lateranuniversität angeboten. Und auch an Weihnachten wurden für die verschiedenen Gruppen von Gästen Feierlichkeiten organisiert.

Auch wenn die einzelnen Gruppen strikt voneinander getrennt lebten, lag das Hauptproblem darin, das Alltagsleben zu organisieren und riskanten Verzweiflungstaten zuvorzukommen. Denn dadurch, dass im

Laufe der Zeit die Angst vor den Deutschen abnahm, wurden viele leichtsinnig und brachten sich in Gefahr, etwa um der Monotonie des Alltags zu entfliehen, das normale Leben wieder aufzunehmen oder einfach um liebe Menschen wiederzusehen. Daher bedurfte es einer umsichtigen Regie, die ganz in den Händen Roncas lag. Konfrontiert mit dem plötzlichen Hilferuf so zahlreicher Menschen wurde der Rektor zum Verwalter eines komplizierten und aufwendigen Phänomens, das er in den Rahmen seiner Institution integrierte. Er versuchte, Lebensqualität in einen Zustand zu bringen, von dem keiner wusste, wie lange er andauern würde.

III
Humanitärer Einsatz und politische Probleme

Gefährliche Gäste im Lateran

Ronca war der Kopf des heimlichen Hilfseinsatzes im Lateran. Palazzini, Caraffa, Righini, Motylewski und viele weitere Mitarbeiter unterstützten ihn. Janusz Motylewski war 1939 in Warschau von der Gestapo verhaftet worden, Ronca hatte aber über die Nuntiatur in Deutschland seine Befreiung erwirkt.[1] Der Mönch kehrte nach Italien zurück und arbeitete fortan eng mit Ronca zusammen. Die Suore di Maria Bambina, die dem Seminar zugeteilt waren, spielten vor allem bei der Verpflegung der Gäste eine wichtige Rolle. Sie bekamen schließlich Unterstützung von den Figlie della Carità, die im Seminar untergebracht wurden: Ganz in der Nähe des Laterans und der deutschen Botschaft in der Villa Wolkonsky hatten die Schwestern ein Waisenhaus mit etwa 60 Kindern geführt. Die italienischen Trupps, die die deutsche Botschaft bewacht hatten, waren ins Kloster der Figlie della Carità geflüchtet, als die Deutschen die Botschaft wieder in Besitz genommen hatten. Daraufhin hatten die Deutschen das Kloster beschlagnahmt. Es war eines der wenigen Male, dass die Deutschen gegen eine Ordensgemeinschaft vorgingen. Ronca quartierte die Schwestern und die 60 Kinder im Erdgeschoss des Seminars ein.

In vielen anderen Einrichtungen Roms lebten die Flüchtlinge eingeschlossen auf engstem Raum. Im Gegensatz dazu standen den Verantwortlichen im Lateran wesentlich mehr Platz und Möglichkeiten zur Verfügung, und das obwohl dort so viele Gäste untergebracht wurden. Die Mauern und die Pforten umgrenzten das exterritoriale Gebiet und vermittelten dadurch ein Gefühl der Sicherheit. Aufgrund der räumlichen Gegebenheiten konnten die Gäste in Gruppen eingeteilt werden, sodass jede für sich lebte und sie sich untereinander nicht begegneten. Jeder, der aufgenommen wurde, musste ein „feierliches Versprechen" unterschreiben. Damit verpflichtete er sich dazu, „die Neutralität des Staates der Vatikanstadt auf gewissenhafteste Weise zu wahren", von jedwedem Akt abzusehen, der ihr zuwiderlief, und sich bereitwillig den von der vatikanischen Obrigkeit verlangten Kontrollen zu unterziehen. Darüber hinaus unterschrieben die Gäste ein aus vier Artikeln bestehendes Reglement. Darin wurde angeordnet, dass die Flüchtlinge in keinem Fall den ihnen zugewiesenen Platz verlassen durften; dass sie ferner keine Kontakte mit der Außenwelt zu pflegen hatten, außer unter der Aufsicht der zuständigen Obrigkeiten; dass sie sich jeglicher politischer Handlungen, Diskussionen oder Demonstrationen enthalten und keine Waffen verstecken sollten.[2] Mons. Caraffa hielt fest: „Von Beginn an wurde überprüft, ob die Gäste Waffen bei sich hatten [...] Die Direktion war fest dazu entschlossen, jegliche Ausnutzung ihrer Barmherzigkeit zu unterbinden, weshalb sie entsprechende Maßnahmen ergriff."[3]

Bezeichnenderweise liegt dieses Reglement in den Akten des Substituten des Staatssekretariats, Giovanni Battista Montini. Wahrscheinlich wurde es mit ihm abgestimmt. Dass es so ein Dokument gibt, verdeutlicht, dass Ronca bei seinem Hilfseinsatz strukturiert vorging. Etwas Vergleichbares konnte für andere kirchliche Einrichtungen nicht nachgewiesen werden. In den Akten Montinis liegt auch die Erklärung, die die Gäste unterzeichnen mussten. Darin heißt es:

> Der Unterzeichnende [...] erklärt bei seiner Aufnahme in das exterritoriale Gebiet des Seminario Romano, das zum Heiligen Stuhl gehört, dass er weder Waffen bei sich führt noch solche im Bereich des exterritorialen Gebiets gelagert oder versteckt hat, dass er sich nach den Vorschriften verhalten wird, die für einen Internierten in einem neutralen Staat gelten, und dass er sich allen Regeln und Kontrollen unterordnet, die der Heilige Stuhl oder der Staat der Vatikanstadt zur Wahrung der Neutralität des beherbergenden Staates für notwendig erachten.[4]

Wer im Lateran aufgenommen wurde, hatte den Status einer Person, die in einem neutralen Staat interniert war. Dadurch sollte von vornherein eine Verteidigungslinie gegenüber den Deutschen gezogen werden. Aber nicht alle Gäste waren politisch inaktiv: Die offensichtlichste Ausnahme waren die Politiker des CLN – auch wenn sie Ronca jedes Mal um Erlaubnis bitten mussten, wenn sie das Seminar verlassen wollten, und bei jedem Schritt und jeder Nachricht auf die Hilfe seiner Mitarbeiter angewiesen waren. Dass im Lateran Waffen gelagert oder Initiativen militärischer Natur ergriffen wurden, ist jedoch nicht bekannt. Ein Angestellter des Seminars, der auf der Piazza San Giovanni auf Deutsche schoss, wurde jedoch entlassen.

Die Versammlungen des CLN im Lateran waren also eine Ausnahme. Sie fanden nicht im Seminar selbst statt, sondern im Haus von Roncas Mutter neben der Basilika. So konnten nicht nur diejenigen, die von außen kamen, unbemerkt hereingelassen werden; man betonte dadurch auch, dass das Seminar an den Aktivitäten des CLN nicht beteiligt war. In einem vertraulichen Schreiben vom 1. Mai 1944, das in den Akten des Seminars liegt, riet Bonomi Ronca davon ab, einer Sitzung des CLN im Lateran zuzustimmen, um die Kirche nicht in Schwierigkeiten zu bringen und letztlich den Nazis oder den Faschisten einen Grund für einen Überfall zu bieten.[5] Die Mitglieder des CLN im Lateran führten politische Diskussionen und entwarfen Leitlinien für die Gegenwart und für die Zukunft. Diese „Politiker-Wohngemeinschaft" im Seminar war ein ganz außergewöhnliches Laboratorium.

Darüber hinaus zog es viele in den Lateran, eben weil dort die Männer des CLN lebten. Gelegentlich kam sogar der Kommunist Mauro Scoccimarro, um diese zu treffen, zog aber nicht im Seminar ein. Auch die Führungsriege der Aktionspartei wohnte nicht im Lateran, kam jedoch dorthin, um mit den anderen Politikern zu diskutieren. Der Sozialist Giuseppe Romita, die Christdemokraten Giovanni Gronchi und Umberto Tupini und die Liberalen Manlio Brosio und Nicolò Carandini sowie interessanterweise auch Vertreter der Freimaurerei von der Piazza del Gesù und Guido Lai aus der Großloge, dem Palazzo Giustiniani, kamen in den Lateran und damit auf päpstliches Territorium.[6]

Ein noch eindeutigerer Verstoß gegen die Unparteilichkeit des Vatikans war jedoch die Aufnahme von General Roberto Bencivenga, der sich den Oberschenkelknochen gebrochen hatte, als er ins Seminar kam, um mit Bonomi zu sprechen. Der General hatte am 22. März als oberster Vertreter der Regierung im Süden das militärische und zivile Kommando über Rom übernommen.[7] Nach seinem Unfall wurde er im Seminar operiert (seine Rehabilitation lag, so Gabellini, in den Händen eines blinden Masseurs, den man ins Seminar brachte). Nachdem die Ärzte ihr Einverständnis gegeben hatten, wurde er in die Wohnung von Mons. Lavinio

Virgili im Palazzo dei Penitenzieri verlegt. Dort richtete er seine Operationszentrale ein. Zu dem Zeitpunkt hatte man bereits ein Funkgerät in Betrieb genommen, mit dem Bencivenga mit der Badoglio-Regierung und der Fünften US-Armee kommunizieren konnte. De Gasperi erklärte später im Rahmen des von ihm gegen Giovannino Guareschi angestrengten Prozesses[8], dass ihnen im Seminar ein Funkgerät zur Verfügung gestanden habe – vermutlich das von Bencivenga.[9] Ronca stellte dem General seinen Mitarbeiter Gabellini als Mittelsmann zur Seite, der dadurch Zeuge all seiner Aktivitäten wurde. Mit Bencivenga war im Lateran der Mann untergebracht, der im Namen der Regierung im Süden seit März die Amtsgeschäfte in Rom leitete. Die Sache war streng geheim. Lange Zeit wussten nicht einmal die Männer des CLN, dass der General unter dem gleichen Dach wohnte wie sie. Aus Bonomis Tagebuch erfährt man, dass Ronca den Politikern am 12. Mai nach Meinungsverschiedenheiten zwischen dem CLN und Bencivenga eröffnete, dass der Kommandant im Lateran war. Bonomi konnte den General also in seinem Zimmer aufsuchen, um persönlich mit ihm zu sprechen.

Der Lateran war das Zentrum der römischen Opposition gegen die Deutschen und den Nationalsozialismus. Und natürlich mussten die Deutschen Wind davon bekommen. Ein gefangen genommener Soldat gestand unter Folter in der Via Tasso, dass Bencivenga im Lateran war. Die „Banda Koch“ brachte rings um den Lateran herum Soldaten in Stellung, die das Leben und Handeln im Inneren gefährlich machten. Als Ronca ein Taxi zum Vatikan nahm, um mit Kardinalvikar Marchetti Selvaggiani zu sprechen, folgten ihm Kochs Männer.[10] Die Beherbergung Bencivengas im Lateran führte zu heftigen Spannungen zwischen dem Staatssekretariat und dem deutschen Kommando und war Gegenstand intensiver Verhandlungen, zu denen wir später kommen werden. Die im Lateran untergebrachten Personen wurden schließlich zu einem Politikum, doch als es so weit war, waren die Tage der Deutschen in Rom bereits gezählt. Als sie am 4. Juni die italienische Hauptstadt verließen, feuerten sie Kanonenschüsse gegen den Lateran, von denen zwei das Zimmer, in dem Bencivenga wohnte, nur knapp verfehlten.

Am 3. Juni 1944 übersandte Ronca an Staatssekretär Maglione eine Botschaft des CLN für General Domenico Chirieleison, den Militärkommandanten der offenen Stadt. Dieser war im Vatikan gut bekannt. Die Männer des CLN äußerten darin den Wunsch, mit dem General in Kontakt zu treten. General Chirieleison kam in den Lateran und traf dort mit Bencivenga und Bonomi zusammen, um sich mit ihnen über die Übergabe der Amtsgeschäfte zu verständigen.[11] Die politische Seite der heimlichen Aktivitäten des Laterans trat in den letzten Zügen der deutschen Besatzung deutlich hervor, während sie in den ersten Monaten eher im Hintergrund gestanden hatte. In dieser letzten Phase ging es primär darum, ein Vakuum zu vermeiden. Bonomi hielt fest, Ronca, der „unermüdlich im Einsatz" gewesen sei, habe das Treffen mit Chirieleison am 4. Juni organisiert.[12] Und noch während Bencivenga, Bonomi und Chirieleison sich unterhielten, betraten zwei Priester den Raum und teilten ihnen mit, dass die Alliierten kurz vor der Porta San Giovanni stän-den.

Im Lateran wohnte damals eine bunt zusammengewürfelte Gruppe. Denn dort hielten sich nicht nur ein Gutteil des CLN, Bencivenga, viele Juden, Minister Badoglios und zahlreiche gesuchte Personen auf. Auch Rodolfo Grazianis Tochter Wanda, ihrem Ehemann, dem Grafen Sergio Gualandi, und ihren Kindern wurde im Laterankomplex Asyl gewährt. Manchmal kam auch die Ehefrau des Marschalls. Wenn Graziani in Rom war, besuchte er seine Tochter in ihrer Wohnung im Lateran. Überdies ließ er den Lateran mit Lebensmitteln beliefern. Dass er sich für die Rettung der Einwohner von Filettino einsetzte, denen die Nazis eine Dezimierung angedroht hatten, ist bekannt. Mons. Caraffa, der wie Graziani aus diesem Dorf im Latium stammte, bat über Angehörige des Marschalls um eine Intervention beim deutschen Bündnispartner. Diese folgte auf dem Fuße.

In den Monaten, in denen er Kriegsminister der Italienischen Sozialrepublik war, führte Marschall Graziani gegenüber dem Vatikan und der Kirche eine Politik des Entgegenkommens. Nachdem er das Amt des Kriegsministers von Salò angetreten hatte, bat er am 3. Oktober 1943 über seinen Schwiegersohn Gualandi um ein geheimes Treffen mit dem Papst oder zumindest mit dem Kardinalstaatssekretär. Er wollte sich erklären und Vereinbarungen treffen. Bei keinem von beiden erhielt Graziani eine Audienz, dafür empfing ihn Montini. Der Marschall verhandelte mit dem Heiligen Stuhl über eine Erweiterung der Palatingarde. Ausgerechnet am 16. Oktober informierte die Nuntiatur in Italien die Militärbehörden darüber, dass der Heilige Stuhl die Erweiterung der Garde auf 2.000 Personen mit 250 Offizieren wünschte. Der Marschall stimmte zu, reduzierte die Anzahl der Offiziere jedoch auf 100. Innerhalb weniger Tage war die Sache unter Dach und Fach. Doch im Grunde genommen war es paradox: Die Vereinbarung wurde mit dem Kommandanten der faschistischen Streitkräfte getroffen, während der Heilige Stuhl das Regime Mussolinis gar nicht anerkannte und diplomatische Beziehungen zur Regierung des Königreichs Italien unterhielt. Diese hatte jedoch keine Macht über Rom.

Der apostolische Nuntius in Italien, Francesco Borgongini Duca, war nicht bei der Regierung Mussolinis akkreditiert, sondern beim König. Er residierte aber weiterhin unbehelligt in Rom, obwohl der König im Süden war. Albert Kesselring reagierte sogar umgehend und sehr hilfsbereit, als ein deutscher Fallschirmjäger das Auto des Nuntius mit dem diplomatischen Kennzeichen in der Nähe der Kirche Il Gesù entwendete.[13] Borgongini traf zwar nie mit Graziani zusammen, aber die Nuntiatur stand mit dem Kabinett des Marschalls in Kontakt. Auch nach der Befreiung Roms setzte Graziani seine Politik des Entgegenkommens gegenüber der Kirche fort, insbesondere gegenüber Kardinal Schuster; dieser setzte sich nach der Festnahme des Marschalls maßgeblich für ihn ein. Beim Prozess gegen Graziani sagte auch Mons. Ronca für ihn aus. Bei der Gelegenheit gab er an, den Marschall persönlich um Hilfe für das Seminar gebeten zu haben.[14] Später teilte mir Ronca mit, er habe mit Graziani über eine Reihe politischer und militärischer Fragen gesprochen; außerdem habe er einen (nicht näher präzisierten) Kontakt zwischen diesem und der Regierung Badoglios hergestellt, auch über Bencivenga. Substitut Montini und Nuntius Borgongini Duca sagten ebenfalls für Graziani aus und betonten, er habe dem Vatikan tatkräftig dabei geholfen, Menschenleben zu retten.

Das Bild dieser „Wohngemeinschaft" aus ganz unterschiedlichen Personen bekommt noch eine weitere Facette, wenn man bedenkt, dass auch den Angehörigen Badoglios im Lateran Asyl gewährt wurde, nachdem dessen Sohn Mario von den Nazis verhaftet und gefoltert worden war. Der Neffe des Marschalls, Oberst Servetto, bat darum, die Schwester des Marschalls und ihre Angehörigen im Vatikan unterzubringen. Man bot ihnen zunächst einen Platz in einem Kloster an, den Badoglios Verwandten jedoch ablehnten. Daraufhin schickte das Staatssekretariat sie zu Ronca. In den Akten des Staatssekretariats heißt es: „29. Mai. Die drei Frauen und weitere Angehörige ziehen in den Lateran um."[15] So wohnten die Familien der beiden Marschälle, die während der Zeit des Faschismus Rivalen waren und seit dem 8. September 1943 gegeneinander Krieg führten, im Schutz des Vatikans unter einem Dach.

Doch nicht nur aufgrund der Gäste, sondern auch wegen der Finanzierung der heimlichen Aktivitäten war das Profil des Laterans so besonders. Das IOR, die Vatikanbank, schickte diverse Geldsummen, die an diejenigen verteilt werden sollten, die im Untergrund tätig waren wie z.B. die Carabinieri und die Militärs. Kardinal Palazzini, der eng mit Ronca zusammengearbeitet hatte, bestritt, dass das Zusammenleben im Lateran vom Heiligen Stuhl oder von der italienischen Regierung subventioniert worden sei: „Die notwendigen finanziellen Mittel setzten sich allein aus Spenden von Freunden und Wohltätern zusammen, deren christliche und patriotische Gesinnung sie dazu bewegte, einen Beitrag zu diesem nicht zu unterschätzenden finanziellen Aufwand zu leisten, der sich aus den Bedürfnissen einer bis zu 1.000 Personen umfassenden Gemeinschaft ergab."[16] Dies ist wahrscheinlich nicht anzuzweifeln. Es steht außer Frage, dass der Lateran in jenen Monaten horrende Ausgaben hatte.

Lebensmittel zu finden war eins der größten Probleme. Ronca hatte ein eigenes Landgut und nutzte dessen Erträge zur Verpflegung seiner Gäste. Er ließ überdies Rinder ins Seminar bringen und eine Schlachterei eröffnen. Der Ökonom Caraffa, Mons. Vitelli und Gabellini brachen regelmäßig ins Latium und in die Abruzzen auf, um Nahrungsmittel aufzutreiben. Ein Militärfahrzeug brachte die von Marschall Graziani organisierten Lebensmittel (sie waren für die gesamte Gemeinschaft bestimmt – also auch für die Männer des CLN).[17] Ronca versorgte das Seminar und einen Großteil der anderen Einrichtungen im Lateran. Dort gab es auch eine Suppenküche für bedürftige Geistliche. Diverse kirchliche Eirichtungen jenseits der lateranischen Mauern wurden vom Lateran mit Lebensmitteln versorgt. Doch dies ist nur ein Aspekt des finanziellen Problems.

Denn da war noch ein weiterer. Im Lateran trafen Zuwendungen der Regierung im Süden ein, die an die Mitglieder der Resistenza verteilt werden sollten. Pietro Palazzini schrieb, er selbst habe an Pfingsten 1944 in der Sakristei der Lateranbasilika etwa 5 Millionen Lire an Soldaten übergeben, die im Untergrund aktiv waren. Überdies bestätigte er 1975 in einem Memorandum, dass in den Räumlichkeiten des Laterans mehrere Sitzungen stattgefunden hätten, bei denen über die Verteilung der Gelder aus dem Süden beraten worden sei. Mons. Caraffa erzählte mir, dass er für derlei Geschäfte die Corsini-Kapelle in der Basilika genutzt habe, in die man durch einen Hintereingang eintreten konnte, wenn der Haupteingang abgesperrt war. Er selbst führte mich durch diese Räumlichkeiten. Gabellini erzählte mir eine ähnliche Anekdote.[18] Giulio Castelli, der 1959 einen Band über Rom als offene Stadt veröffentlicht hat, bezeichnete Ronca als den „Hauptschatzmeister des gewaltigen, mehrere Millionen schweren Vermögens jener seltsamen Gemeinschaft" (i.e. des Laterans und seiner vielfältigen Gäste und Angehörigen).[19]

Der humanitäre Einsatz im Lateran hatte auch seine politische Seite. Die Priester im Lateran sandten Botschaften an die Männer des CLN und andere Personen, die in Rom tätig waren. Sie waren in der ganzen Stadt unterwegs – mal mit einem Taxi mit dem päpstlichen Wappen, mal etwas diskreter – und ermöglichten dadurch etwas sehr Wertvolles: dass man im Untergrund miteinander kommunizieren konnte. Doch ging man dabei nicht über die Grenzen der vatikanischen Neutralität hinaus?

Nachdem ich in den Jahren 1975 und 1976 mit den Hauptakteuren des heimlichen Treibens im Lateran gesprochen hatte, war für mich klar, dass in jenen Monaten aus einem Gefüge verschiedener Impulse und Erfahrungen eine regelrechte „Maschinerie im Untergrund" entstanden war. Im Mittelpunkt dieses Prozesses stand Ronca: ein Ausnahmepriester, der bereit war, Risiken einzugehen und dabei auch über den institutionellen Rahmen seines Verantwortungsbereichs hinauszugehen, ein Mann, der die humanitäre und die politische Rolle der Kirche in jener dramatischen Zeit mit Leidenschaft lebte. Mons. Palazzini spielte damals im Umgang mit den Politikern eine besondere Rolle. Er berichtete später, der Rektor habe ihn im September 1943 zu sich gerufen und ihm folgende Überlegungen unterbreitet:

> Die Zeiten, in denen wir heute leben, zwingen uns, die Türen des Seminars nicht nur Geistlichen zu öffnen, deren Zahl stark heruntergegangen ist, sondern auch Fremden, die ein Obdach suchen, um ihr Leben zu retten. Du wirst dich besonders hier im Seminar um sie kümmern, die anderen bekommen neue Aufgaben und ihr werdet in absoluter Verschwiegenheit und ganz vorsichtig zusammenarbeiten. Wir werden die Gäste im neuen Flügel des Seminars unterbringen, da es dort einfacher ist, sie in Gruppen

aufzuteilen. Der alte Teil des Seminars bleibt den Klerikern vorbehalten. Kein Kontakt zwischen Gästen und Klerikern.[20]

Ronca hatte also einen klaren Plan. Zweifelsohne lastete seit September 1943, besonders aber nach dem 16. Oktober ein „humanitärer Druck" auf Ronca. Nicht nur prominenten Persönlichkeiten, sondern auch einfachen Leuten wie Michael Tagliacozzo musste geholfen werden. Mit jedem Tag stieg die Zahl der Gäste in der Hochburg im Lateran. In einem Brief an Pius XII. merkte Ronca an: „Nach dem 15. Oktober stieg die Anzahl der Menschen, die um Hilfe baten, drastisch; hinzu kam, dass die Not immer dringlicher und heikler wurde, ja manchmal waren die Menschen auch in Lebensgefahr. Nicht selten wurden die Hilfesuchenden von ranghohen Persönlichkeiten vorgestellt und wärmstens empfohlen."

Welche Rolle Mons. Barbieri im Zusammenhang mit den Politikern spielte, haben wir bereits gesehen. Darüber hinaus schalteten sich auch Fürst Carlo Pacelli, Graf Galeazzi sowie die Kardinäle Giuseppe Pizzardo, Pietro Gasparri und Domenico Jorio ein. Mons. Ernesto Ruffini, der der Sekretär der Kongregation für die Seminare und die Studieneinrichtungen und ein renommierter Konsultor in zahlreichen Dikasterien war, sprach Empfehlungen für viele Personen aus und erklärte sich bereit, Roncas Arbeit zu unterstützen. Alfredo Ottaviani bat um Hilfe für einen Oberst. Ein paar Dokumente in Roncas Akten belegen, dass der Rektor täglich unter Druck stand. Nuntius Luigi Centoz etwa bedankte sich im Mai 1944 für einen erwiesenen Gefallen und bat Ronca darum, es einem Gast (dessen Initialen er lediglich nannte) zu gestatten, sich mit jemandem außerhalb des Seminars in Verbindung zu setzen.[21]

In den Akten des Rektors liegt außerdem der Hilferuf einer Witwe vom März 1943. Es ging um zwei in ihrem Haus versteckte junge Männer: „An wen sollte ich mich inmitten all dieser moralischen und materiellen Nöte wenden, wenn nicht an die Kirche? Könnte die Kirche den Gebeten einer Witwe und eines Kranken ihr Ohr verschließen [...]?" Und sie schloss: „Barmherzigkeit überlegt nicht, und eben deswegen appelliere ich an Ihre Barmherzigkeit." Große menschliche Not und dringende Bitten (auch von hohen Persönlichkeiten aus dem Vatikan) brachten Ronca in eine schwierige Situation. In seinen Akten liegt eine Karteikarte (möglicherweise wurden sie routinemäßig ausgefüllt) zu einem Juden namens Raffaele Tesoro, der 1943 verhaftet und wieder freigelassen wurde, weil er mit einer „Arierin" verheiratet war. Der Jude „wird wahrscheinlich gesucht, um erneut verhaftet zu werden", heißt es dort. Er bat um Unterschlupf im Lateran. Graf Morosini und die Oberin der Suore di Maria Bambina setzten sich für ihn ein. Auf der Karte vermerkte der Rektor handschriftlich: „ihm helfen". In einer anderen Notiz in den Akten des Rektors ist von zwei jüdischen und getauften Brüdern die Rede, den Söhnen eines Generals: „Sie sind untergetaucht", wohingegen die Eltern bei den Kleinen Schwestern der Armen unterkamen. Die beiden jungen Männer, so die Notiz, „sind in ständiger Gefahr, festgenommen oder Opfer eines Racheaktes zu werden".[22] Man sieht: Der humanitäre Druck, der auf Ronca lastete, war immens.

Unter allgemeinem Druck und angetrieben von den gleichen Absichten wie die anderen kirchlichen Einrichtungen Roms setzte sich die „heimliche Maschinerie" im Lateran in Bewegung. Sie entwickelte sich jedoch zu etwas viel Komplexerem und viel Riskanterem. Im Laufe der Monate wurde der Einsatz immer strukturierter. Da gab es die politische Ebene, die wir am Beispiel der Verwandten Grazianis betrachtet haben. Dadurch, dass die Mitglieder des CLN im Lateran lebten, hatten die Priester im Lateran auch die durchaus reizvolle Gelegenheit, Kontakte zu knüpfen und Einfluss zu nehmen. Denn sie hatten ganz klare Vorstellungen davon, was aus Rom werden sollte: Die Befreiung durch einen Aufstand war zu vermeiden; die Linken sollten nur eine marginale Rolle spielen; bei einer geräuschlosen Übernahme der Kontrolle über die Stadt durch die Alliierten sollten Menschen und Güter geschützt werden; die öffentliche Ordnung sollte gewahrt und eine Guerilla in der Stadt verhindert werden. Darüber hinaus wollte der Rektor nicht die Verantwortung dafür übernehmen, jemanden abzuweisen. Roberto Ronca war jemand, der den Mut und den Unternehmungsgeist hatte, um eine derartige Initiative in Angriff zu nehmen.

Doch unterstützte Pius XII. das, was im Lateran geschah? Billigte er es, dass auf dem abgegrenzten Gebiet um seine Kathedrale so viele Gäste aufgenommen wurden? Befürwortete er den Schutz der Politiker? Wie stark waren Pius XII. und das Staatssekretariat in die Ereignisse im Lateran verwickelt? Freilich war es der Rektor, der die Initiative ergriff, der höchstpersönlich Risiken einging, der sich selbst möglichen Anschuldigungen aussetzte (die jedoch erst am Ende kamen, kurz bevor die Deutschen Rom verließen). Doch ohne die Erlaubnis seines direkten Vorgesetzten, Kardinal Marchetti Selvaggiani, konnte er das Seminar nicht zu einem Ort der Zuflucht machen. In seiner Doppelfunktion als Kardinalvikar für Rom und Sekretär des Heiligen Offiziums (außerdem war er Erzpriester der Lateranbasilika) hatte er mit Pius XII. „Tabellenaudienzen". Er sah den Papst also regelmäßig. Zusammen mit Eugenio Pacelli hatte er am Collegio Capranica studiert und man sagte, dass er einer der wenigen war, die ihn nach seiner Papstwahl noch duzten. Marchetti war seit jeher ein überzeugter Verfechter der Karriere und des Einsatzes des außergewöhnlichen Rektors Ronca. Zehn Jahre zuvor, in den Jahren 1932 und 1933, hatte er ihn schon bei einer Auseinandersetzung unterstützt und damit Montini hinsichtlich seines pastoralen Wirkens bei der FUCI[23] in Schwierigkeiten gebracht.[24] Zudem kann man es sich kaum vorstellen, dass Ronca nahezu das ganze CLN und den Stadtkommandanten von Rom ohne die Unterstützung des Staatssekretariats im Seminar unterbrachte. Doch das Beziehungsgeflecht zwischen Ronca und seinen „Vorgesetzten" ist recht kompliziert.

Zwischen Vatikan und Lateran

Während der Zeit der Besatzung und auch nach dem Zweiten Weltkrieg wurde deutlich, dass Mons. Ronca ein außergewöhnlicher Kirchenmann war. Er hatte ein Gespür für den Reiz von Aktionen, die außerhalb des klassischen kirchlichen Rahmens lagen. Bei unserem Treffen im Jahre 1976 betonte er, er sei fest davon überzeugt, dass der Papst über sein heimliches Engagement Bescheid gewusst habe. Seiner Meinung nach hätten das Staatssekretariat und Substitut Montini sein Werk gefördert. Dass er als Bischof den damaligen Substituten, der zum Zeitpunkt unseres Gesprächs Papst war, recht negativ beurteilte, wunderte mich zunächst. Erst später konnte ich dem Konflikt auf den Grund gehen, der nach dem Krieg zwischen Ronca und Montini entstanden war.

Doch die Dokumente, die ich kürzlich sehen konnte und die nur teilweise veröffentlicht sind, bieten einen ganz neuen Einblick in das Verhältnis zwischen dem Rektor und seinen kirchlichen Vorgesetzten: dem Kardinalvikar Marchetti Selvaggiani, der die Jurisdiktion über das Seminar hatte, dem Substituten und seinen Mitarbeitern, den Laien wie Carlo Pacelli und Enrico Galeazzi als Vertreter der Verwaltung der Vatikanstadt (die überdies enge Vertraute Pius' XII. waren und jeden Abend mit ihm zusammenkamen) und vielen anderen Personen. Das Verhältnis zwischen dem Lateran und dem Vatikan war etwas kompliziert. Ronca war maßgeblich für den humanitären Einsatz im Lateran verantwortlich. Doch seine Vorgesetzten und verschiedene Personen der Kirche forderten ihn auch dazu auf, aktiv zu werden. In einer von Ronca verfassten Notiz, die in den Akten des Seminars liegt, heißt es: „Vor dem Eintritt Jannellis (1. Oktober 1943) wurde keiner aufgenommen. Zu dessen Aufnahme kam es, weil Seine Eminenz (Marchetti) und Seine Exzellenz mich dazu aufforderten, nachdem Carlo Pacelli ihn Seiner Exzellenz Mons. Traglia empfohlen hatte." Ettore Jannelli wurde auf Anweisung Marchettis und Traglias und auf Wunsch des Neffen des Papstes als Seminarist aufgenommen, auch wenn der Rektor notierte, dass er sich dessen Berufung nicht sicher war. Und man übte weiterhin Druck auf den Rektor aus. Man stellte ihm einen gewissen Tenerini vor:

> Nach einer Prüfung des jungen Tenerini wird festgestellt, dass seine Berufung zum Priestertum noch nicht sicher ist, und ihm wird angeraten, nicht ins Seminar zu kommen. Nach Rücksprache mit Seiner Exz. [oder Em.] teilt mir sein Vater mit, ich sollte seinen Sohn im Seminar aufnehmen. Ich sehe ein, dass durch die Weisungen der Vorgesetzten den Bedürftigen auf bestmögliche Weise geholfen werden soll. Ich willige *toto corde* ein. Bekundung dieser meiner herzlichen Einwilligung gegenüber dem Sekretär von Mons. Montini.[25]

Die ersten Hinweise überzeugten Ronca davon, dass im Seminar Asyl gewährt werden sollte – auch wenn er deshalb die Reihen der Seminaristen nicht mit falschen Anwärtern auf das Priesteramt anfüllen wollte. Am 19. Oktober 1943 erreichte Ronca die Bitte um Aufnahme vierer Personen, die der damalige Privatsekretär des Substituten, Don Clarizio, zuerst dem Kardinalvikar und dann ihm vorstellte. Der Kardinalvikar und der Substitut forderten einstimmig, sie im Seminar aufzunehmen. Die Zahl der Anfragen stieg. Ronca notierte, er habe Personen aufgenommen, die von Mitarbeitern des Seminars vorgestellt worden waren, „von denen mehr Einsatz und Verschwiegenheit gefordert war". Aus den Notizen des Rektors geht hervor, dass kurz vor dem 23. Oktober hohe Persönlichkeiten bei ihm vorsprachen: Fürst Carlo Pacelli, der um Unterschlupf für zwei Personen bat, ein Vertreter des Staatssekretariats und der Ingenieur Nicolosi (ein Architekt der Dombauhütte von Sankt Peter), der sich für einen Freund von Graf Galeazzi starkmachte.

Irgendwann bedeutete ihm Kardinal Marchetti Selvaggiani, so hielt Ronca fest (das genaue Datum ist nicht bekannt), dass Offiziere nicht mehr aufgenommen werden sollten. Es war der Papst, der, wie wir später sehen werden, befürchtete, dass die Aufnahme von Soldaten die Neutralität des Heiligen Stuhls in Gefahr bringen könnte. Ronca wollte Klarheit. Als Priester und Kenner der Vorgänge im Vatikan wusste er, dass für politische Fragen das Staatssekretariat zuständig war. Dort würde man ihm klar und deutlich mitteilen, was der Wille des Papstes war. Daher traf er am 23. Oktober Kardinalstaatssekretär Luigi Maglione, den höchsten vatikanischen Würdenträger und maßgeblichen Vermittler der, wie es im vatikanischen Sprachgebrauch heißt, „mente“, der Meinung des Papstes. Dass der Kardinalstaatssekretär den Rektor des Seminario Romano empfing, war keinesfalls etwas Alltägliches; die Angelegenheit war also wichtig. Ronca notierte danach: „Er versichert mir, dass der Heilige Vater die Aufnahme von ein paar Flüchtlingen befürwortet [...]“[26] Wie es scheint, war unter ihnen auch ein Soldat.

Dabei hatte doch noch kurz zuvor Marchetti, Roncas direkter Vorgesetzter, die Anweisung gegeben, keine Soldaten mehr aufzunehmen. Kardinal Maglione aber sprach im Namen des Papstes. Noch am gleichen Tag, an dem er wahrscheinlich direkt im Vatikan blieb, traf Ronca mit Carlo Pacelli zusammen, „den ich darum bitte, förmlich mit Seiner Eminenz dem Kardinalvikar über die Flüchtlinge zu sprechen [hier gestrichen: ‚da er mein Vorgesetzter ist ']“. Der Rektor wurde so zum Überbringer eines offiziellen Gesuchs; die vatikanische Obrigkeit musste nun Kardinal Marchetti darüber informieren, wie man mit den Flüchtlingen verfahren wollte. Das Engagement des Vatikans für die Hilfsbedürftigen traf sich hier mit dem Roncas. Die Verantwortung lag zwar bei ihm, die Entscheidung jedoch häufig nicht.

Mit der Zeit ergab es sich so, dass man die aufgenommenen Gäste nicht mehr als Seminaristen oder Priester ausgab. Laut einer handschriftlichen Notiz Roncas gingen nach dem 23. Oktober diverse Anfragen ein, darunter die des Fürsten Marcantonio Colonna. Am 28. Oktober erhielt er ein Schreiben von Kardinal Massimo Massimi, der die Anfrage der Familie des jüdischen Ingenieurs Olivetti an ihn weiterleitete und befürwortete. Olivetti war ein Neffe des bereits im Seminar versteckten Professor Almagià. In diesem Schreiben wurde Ronca unter anderem darum gebeten, dem Professor mitzuteilen, dass zwei seiner Neffen gerade im „Istituto Maria Bambina" in der Nähe des Vatikans aufgenommen worden seien. In dieser Phase kam es, so Ronca, zu „zahlreichen Aufnahmen neuer Gäste auf Empfehlung von verschiedenen Personen aus der Vatikanstadt, die zu meiner Verwunderung über die Hilfe für die Flüchtlinge bereits auf dem Laufenden waren".

Das, was im Lateran passierte, war also kein Geheimnis. Im Vatikan sprach man darüber. Dies beunruhigte Ronca, da er stets Diskretion verlangt hatte. Doch in der ganzen Welt der Kirche ging das Gerücht um, dass man sich im Lateran um Flüchtlinge kümmerte. Auch in den Ordensgemeinschaften redete man darüber, was im Untergrund passierte. Ein Novize der Barmherzigen Brüder erzählte, dass „der Pater Novizenmeister uns sagte, dass viele Nonnenklöster in der Umgebung so viel Gutes für die Juden taten, besonders die Maestre Pie Filippini [...]"[27] Dass sich eine päpstliche Einrichtung wie der Lateran engagierte, spornte viele Ordensleute dazu an, es ihr gleichzutun. Mons. Antonazzi notierte am 9. Januar 1944 in seinem Tagebuch, dass „man in vatikanischen Kreisen hört, dort unten [im Lateran] seien hohe politische Tiere". Im gleichen Eintrag gab er das Gerücht wieder, wonach die Polizei den Laterankomplex aufgesucht habe; dort habe man aber nicht aufgemacht, woraufhin die Polizisten wieder gegangen seien.[28]

Dadurch, dass nunmehr bekannt war, was im Lateran geschah, stieg die Anzahl der Gesuche um Asyl. Und es wurde dadurch auch gefährlich. Denn der Vatikan war von faschistischen Informanten durchsetzt; gleichzeitig versuchten die Deutschen, Nachrichten abzufangen. Konnten Besatzer oder Faschisten Wind vom Engagement im Untergrund bekommen haben? Die – leider allgemein nicht datierten – Aufzeichnungen des Rektors zeugen davon, dass er Angst hatte. Ronca war voller Tatendrang, aber er handelte nicht unüberlegt. So suchte er den Substituten des Staatssekretariats auf, um sich bestätigen zu lassen, was ihm Maglione gesagt hatte: „Unterredung mit Mons. Montini, bei der ich mündlich die Namen der Flüchtlinge aufzähle. Allgemeine Erklärung Seiner Exzellenz zur Vorbereitung einer solchen Aktion."[29] Er stand weiterhin in Kontakt mit Kardinal Marchetti: „Seine Eminenz der Kardinalvikar, dem ich die Entscheidung mitteile, sagt mir, ich solle all das, was die Vorgesetzten verlangen, beruhigt tun." Marchetti Selvaggiani willigte also ein – und hatte zudem eine weitere Anfrage: „ein junger Offizier [...] von einer anderen purpurtragenden Eminenz." Hatte er ihm nicht kurz zuvor mitgeteilt, man solle besser keine Soldaten aufnehmen? Der Kurs hatte sich also geändert.

Ronca versuchte, das Staatssekretariat immer stärker auf dem Laufenden zu halten. Vor allem aber war er davon überzeugt, dass es sich bei der Aufnahme prominenter Personen nicht bloß um einen humanitären Einsatz handelte, sondern dass in dem Fall auch die vatikanische Neutralität eine Rolle spielte. So notierte er: „Danach nahmen wir keine renommierte Person mehr auf, ohne zuvor das Staatssekretariat davon in Kenntnis zu setzen." In jenen Monaten belastete den Rektor nicht nur seine eigene, durchaus aufreibende Aufgabe als Leiter einer Maschinerie im Untergrund, sondern auch eine gewisse Unsicherheit hinsichtlich des Kurses, den der Heilige Stuhl fuhr. Doch einen Besuch Montinis im Seminar verstand er als eine unmissverständliche Rückendeckung, zumal der Substitut keinen anderen Grund hatte, um ins Seminar zu kommen: „Besuch Seiner Exzellenz Mons. Montini im mittleren Flügel des Gebäudes [...] Gespräch mit selbigen zu verschiedenen anhaftenden Problemen."

Mit Galeazzi, dem Sondergesandten der Kommission für den Staat der Vatikanstadt, sprach der Rektor danach über organisatorische Probleme und über die wirtschaftliche und alimentäre Situation jener neu entstandenen Gemeinschaft. Mit diesem Laien aus dem Vatikan redete er auch über eine technische Frage, die das Leben im Untergrund betraf: die Herrichtung eines Schutzraums, in dem sich die Gäste im Falle eines Überfalls verstecken konnten. Bis dahin war Ronca bei seinem Hilfseinsatz, zu dem er selbst sich entschlossen hatte, der von verschiedenen Geistlichen gefördert und von offiziellen Instanzen unterstützt wurde, auf keine gravierenden Hindernisse gestoßen. Fast täglich war der Rektor im Vatikan, um zumindest Marchetti auf dem Laufenden zu halten, der in einer Wohnung im Palazzo del Sant'Uffizio wohnte.

Im Dezember 1943 geriet Roncas Einsatz jedoch in die Kritik. Der Rektor hatte das Gefühl, dass der Einfluss des Kardinalvikars und der rege Kontakt mit dem Staatssekretariat ihm nicht ausreichend Deckung gaben. Warum genau er so empfand, ist nicht bekannt. Bekannt ist aber, dass es im Vatikan nicht alle gerne sahen, dass die Neutralität des Heiligen Stuhls durch das Engagement im Untergrund aufs Spiel gesetzt wurde. Ronca beschloss, sich an seinen obersten Vorgesetzten zu wenden: den Papst. Am 11. Dezember entschuldigte er sich in einem direkt an ihn adressierten Brief dafür, „auf jenen Sorgenberg, der in diesen Tagen auf dem väterlichen Herzen Seiner Heiligkeit lastet, weiteren großen Kummer geladen" zu haben. Er spielte auf seinen Einsatz zugunsten der Verfolgten an. Ronca hatte erfahren, dass dem Papst etwas missfallen hatte. Er wollte dem Heiligen Vater allerdings erklären, warum er geglaubt hatte, der Papst sei mit seinem Handeln einverstanden:

> Ich habe geglaubt, es liege Eurer Heiligkeit am Herzen, dass unter höchstem Stillschweigen und unter Vorsicht und Geheimhaltung in Eurem Seminar ein paar jener armen Unglückseligen aufgenommen würden, die in den heute wütenden Sturm geraten sind. Dazu veranlassten mich Gespräche mit Prälaten des Staatssekretariats sowie mit jenen angesehenen Personen, die mir die Flüchtlinge vorstellten und empfahlen, die ich im Seminar aufnehmen sollte. Die erste Gruppe von Flüchtlingen, die Eure Heiligkeit mir zu schicken geneigt war, war für mich wegweisend. Die Gruppe wuchs, doch ich habe geglaubt, nicht bei jedem einzelnen Fall die höchste Verantwortung Eurer Heiligkeit mit einbeziehen zu müssen, sondern mehrere Male ließ ich nicht nur dem damals erkrankten Herrn Kardinalvikar, sondern auch Personen, die Eurer Heiligkeit nahestehen, Nachrichten und Namen der Flüchtlinge zukommen, denen das Seminar half. Heiliger Vater, bei einem so delikaten Werk mag ich verfehlt haben, doch empfangen Sie den Ausdruck meiner priesterlichen Ergebenheit gegenüber dem Vikar Jesu Christi, allzeit bereit, jedwede Anweisung zu befolgen, die die Güte Eures Herzens mir zu geben geneigt ist [...][30]

Ronca drückte sich ganz klar aus: Bei der ersten Gruppe von Flüchtlingen hatte man ihm gesagt, der Papst schicke sie, andere wurden von hohen Persönlichkeiten empfohlen; schließlich hatte er selbst den Kardinalvikar, das Staatssekretariat und Personen aus dem Umfeld des Papstes (eine Anspielung an dessen Neffen und an Galeazzi) in Kenntnis gesetzt. Dann war die Schar der Flüchtlinge gewachsen und der Rektor hatte es nicht für nötig gehalten, den Papst direkt um Erlaubnis zu bitten. Nebenbei gesagt leuchtet auch nicht ein, warum sich ein Rektor, wenn auch der einer so wichtigen Einrichtung wie dem Seminario Romano, wegen einer derartigen Frage direkt an den Papst wenden sollte. Im Brief an den Papst bildete Ronca den Rahmen ab, innerhalb dessen sich der Hilfseinsatz im Lateran entwickelt hatte: an einem Knotenpunkt zwischen dem Willen des Vatikans und der Initiative des von unzähligen Anfragen heimgesuchten Rektors.

In seinem unverkennbaren *Romanesco*, dem Stadtdialekt Roms, erklärte Mons. Luigi Traglia: „Bei all den Schwierigkeiten unternahm das Seminario Romano sehr viel. Aber es gibt Dinge, über die kann man nicht schreiben. Denn irgendwann bekam Papst Pius XII. auf einmal große Angst [...] Er wurde wütend und zu Recht, denn dort hatten sie alle unter falschen Namen versteckt." Und über Ronca sagte er:

> Denn er holte sich vom Papst einen Anpfiff; der Papst war beunruhigt. Und dann muss es am Tag danach gewesen sein, zwei Tage vor den Weihnachtsgrüßen. Ronca fragte mich: ‚Was soll ich tun?' – ‚Geh nicht hin, wer weiß, was der Papst sonst ...' Und tatsächlich ging er nicht hin. Der Papst fragte: ‚Und Monsignore Ronca?' – ‚Nein, er ist nicht da', und so war es dann. Er ließ das Ganze ein bisschen herunterkochen, was sollte er sonst tun ... Na, ein paar Dinge waren vielleicht etwas gewagt. Der Papst hatte Recht, weil es auf seinem Gebiet geschah, weil der Lateran ja eben päpstliches Gebiet ist.

Über den Kardinalvikar, Marchetti Selvaggiani, sagte Traglia:

> [Er] hatte sich manchmal, und manchmal auch der Papst, beschwert, dass sie im Grunde genommen die von den Faschisten gegen die Faschisten erteilten Privilegien genutzt hatten [...] Zum Beispiel gab es dort im Lateran ein Gerät, ein Funkgerät, und das durfte man einfach nicht, denn es war verboten [...] ein Funkgerät, um denen von der so genannten Resistenza Anweisungen zu geben [...] Außerdem war das nicht gemäß der Neutralität und darin war der Papst ein bisschen ... Der Kardinal meinte, es war mangelnde Loyalität [...] Im Lateran, gerade im Lateran. Und das war nicht richtig.[31]

Es sieht so aus, als hätten die Einwände gegen das Engagement im Lateran dem politischen Aspekt und der Resistenza gegolten, auch wenn weiterhin unklar ist, was genau die Krise im Dezember hervorrief. Nach dem

15. Dezember, also nach dem Brief Roncas an Pius XII., erbat der Vatikan eine Liste der Gäste, unter Angabe des „richtigen Namens, des falschen Namens und ob im Priestergewand". Der Rektor reichte nur die Liste mit den richtigen Namen ein; daraufhin bat man erneut um die Liste mit den falschen Namen und der Auskunft zum Priestergewand. Am 16. Dezember übergab er Montini schließlich die Liste mit den richtigen und den falschen Namen sowie dem Hinweis zum Priestergewand. Und er fügte eine handschriftliche Mitteilung bei (unklar ist, ob bei der Gelegenheit oder einer anderen): „Ich habe die falschen Namen genannt, weil man mich darum gebeten hat; ich habe die Arbeit erledigt – trotz meines Widerwillens – weil ich glaubte, dass dies die Anweisung war." Der Vorschlag, falsche Namen zu verwenden, war überdies von den Gästen ausgegangen. Ronca war fest davon überzeugt, dass er auch den Weisungen entsprochen hatte, als er den Gästen das Priestergewand angeboten hatte: „Die ersten Personen, die ins Seminar gebracht wurden und das Priestergewand erhielten, wurden von einer Person vorgestellt, von der wir, weil sie dem Staatssekretariat recht nahe steht, glaubten, dass sie über die Wünsche des Heiligen Vaters auf dem Laufenden war." In der Tat hatte man die ersten Flüchtlinge unter den Seminaristen untergebracht. Laut Ronca trugen niemals mehr als 25 versteckte Personen den Talar. Wie gesagt baten ein paar der Flüchtlinge den Rektor darum, ihnen vatikanische Dokumente zu beschaffen; doch dieser ließ die Sache im Sande verlaufen.

Dass Ronca unter Druck stand, ist nur verständlich. Er musste eine komplexe Organisationsmaschinerie in Gang und geheim halten und hatte mit verschiedenen Problemen zu kämpfen: Er musste sich um die Aufnahme der Personen, um ihre Verpflegung und die Organisation ihres Alltagslebens kümmern. Darüber hinaus war er weiterhin Rektor des Priesterseminars mit all den damit verbundenen Verpflichtungen. Doch vielleicht sorgte er sich nicht nur darum, den Einsatz in Gang und geheim zu halten, sondern auch darüber, was der Vatikan wollte. Aufforderungen gingen bei ihm ein, man übte Druck auf ihn aus; auch das Staatssekretariat war für die Aufnahme von Schutzsuchenden. Doch was wollte der Papst? Nach einer Phase der Unklarheit glaubte Ronca irgendwann endlich, dessen Willen zu verstehen. Auf demselben Blatt, auf dem die Anfrage des Staatssekretariats nach den Listen festgehalten wurde, steht: „Don Clarizio. Telefonat: *Altissimus apposuit manus super omnia.*

Mündlich fügt man hinzu, dass ich dennoch einige auf eigene Initiative aufnehmen kann." Clarizio, der Privatsekretär des Substituten Montini, übermittelte ihm die Einwilligung des Papstes und gab ihm eine gewisse Handlungsfreiheit.

Irgendwann zwischen Ende 1943 und Anfang 1944 also gelangte Ronca zu der Überzeugung, dass Pius XII. das, was er da tat, unterstützte. Doch in der Nacht vom 21. auf den 22. Dezember 1943 überfiel die „Banda Koch" das Lombardische Priesterseminar und andere anliegende Gebäude und entdeckte dort eine Reihe von Flüchtlingen. Es handelte sich dabei nicht um einen exterritorialen Komplex, aber dennoch um Gebäude, die durch die Lateranverträge das Privileg der Befreiung von Enteignung und Besteuerung genossen. Der Überfall war ein schwerer Schlag. Den Gegnern des heimlichen Engagements gab er Aufwind. Sie befürchteten, dass durch die Beherbergung von Flüchtlingen die Neutralität des Vatikans aufs Spiel gesetzt wurde. Für manche Einrichtungen war es eine kritische Phase; das Lombardische Priesterseminar beispielsweise musste sich von seinen Gästen trennen.

Doch in seiner Weihnachtsbotschaft nannte der Papst die Dinge beim Namen. So empfanden es zumindest viele, die sich für Asyl- und Hilfesuchende einsetzten. In seiner Ansprache gestand Pius XII., dass er und die Kirche angesichts der grausamen Kriegslogik ohnmächtig waren. Doch er erklärte, dass die Kirche zwei Dinge vollbringen wollte und konnte: den Trost des Glaubens verkünden und, wie der Papst es formulierte: „Wir haben alles getan, was in unserer materiellen und geistigen Macht steht, und werden auch weiterhin alles tun, um die betrüblichen Folgen des Krieges für die Gefangenen, die Verwundeten, die Verschollenen, die Umherstreunenden, die Bedürftigen, für alle Leidenden und Geplagten jeder Sprache und Nation zu lindern."[32]

Diese Ansprache beeindruckte viele Priester, die sich um all die „Verschollenen", „Bedürftigen", „Umherstreunenden" und „Geplagten" kümmerten, die sich an sie wandten. Bedeutsam war vor allem, dass der Papst von „Umherstreunenden" sprach. Heute, so viele Jahre später, ist es schwierig, die Wirkung dieser Worte zu fassen. Doch in einer Zeit des Krieges, in der es keine Zukunftsperspektiven gab, hörten viele Katholiken mit großem Interesse zu, wenn im Radio die Weihnachtsbotschaften des Papstes übertragen wurden. Ronca notierte nach der Ansprache in Bezug auf sein Handeln: „Bedenken: 1) Man geht anders vor, wenn man nicht weiß, was die Vorgesetzten über die mögliche Entwicklung der Situation denken. 2) Nach der Weihnachtsbotschaft zum barmherzigen Engagement der Kirche für die Umherstreunenden besteht kein Zweifel mehr daran, dass die Priester im Rahmen ihrer eigenen Möglichkeiten all diejenigen unter ihre sanften Fittiche nehmen müssen, die sie um Hilfe bitten, und dann übernimmt die Kirche den Schutz vollumfänglich, auch wenn damit Risiken verbunden sind."[33]

Bezeichnenderweise schrieb Ronca am 3. Januar erneut an den Papst, um ihm für eine Ration Getreide zu danken, die das Seminar erhalten hatte. Die Spende sah er als Unterstützung des von ihm geleiteten Engagements. Der Rektor schrieb: „Die Bedeutung und die Kostbarkeit leuchteten uns sofort ein." Er bekundete dem Papst „unsere Dankbarkeit durch eine greifbare Umsetzung oder besser durch eine immer sorgfältigere Umsetzung des Auftrags der Nächstenliebe, den Eure Heiligkeit in jedem Gebiet erteilt". Das Engagement im Untergrund war Teil des päpstlichen Aufrufs zur Nächstenliebe.

Die Krisen im Februar und Juni

Direkt aus dem Herzen des Vatikans traf Mons. Ronca eine Reihe von Einwänden gegen seine Tätigkeit. In den Akten des Substituten Montini entdeckt man eine interessante Notiz vom 31. Januar 1944:

> Sowohl Fürst Carlo Pacelli als auch der ehrwürdige Rektor des Seminario Maggiore Romano wurden darauf hingewiesen, dass es sinnvoll wäre, einige der Gäste, die derzeit im Seminar untergebracht sind, anderenorts unterzubringen, um keine Verantwortung für sie tragen zu müssen; ebenso wurde auf die Gefahr hingewiesen, die von solchen Gästen ausgehen könnte, wenn sie es nicht unterlassen, riskanten Tätigkeiten nachzugehen.

Außerdem heißt es dort, dass Pacelli und Ronca diese Sorgen teilten. Interessanterweise sah das Staatssekretariat Carlo Pacelli als einen einflussreichen Mittelsmann zwischen dem Vatikan und dem Lateran und all dem, was dort geschah. Er war es, der verschiedene „Umherstreunende" dorthin brachte. Daraufhin wurde Mons. Alberto Ferrero di Cavallerleone, ein Minutant der Kongregation für die Orientalische Kirche (der Mons. Ronca nahestand), damit beauftragt, die Möglichkeit eines Umzugs der Gäste ins „Collegio Romeno", das rumänische Kolleg auf dem Gianicolo zu prüfen. Ferrero war so etwas wie der Geistliche der politischen Flüchtlinge und feierte mit ihnen regelmäßig in einer Kapelle des Seminars die Heilige Messe.[34] Dieser befand jedoch, dass ein Umzug nicht in Frage kam, weil das „Collegio Romeno" sich nicht dazu eignete, um Menschen zu verstecken. Gleichzeitig gab er jedoch zu verstehen, dass er sich keine großen Sorgen um die Lage im Lateran machte. Im Grunde genommen änderte sich also nichts; vielleicht ging es nur darum, einige vatikaninterne Sorgen zum Schweigen zu bringen. Das Staatssekretariat gab die Notiz Ferreros an Kardinalvikar Marchetti Selvaggiani weiter und schloss, dass es keine Alternative zum Lateran gab.

Der Überfall der Faschisten auf die Abtei Sankt Paul vor den Mauern in der Nacht vom 3. auf den 4. Februar 1944 stürzte die kirchliche Welt im Untergrund in eine schwere Krise. Aus verschiedenen Quellen geht hervor, dass Panik um die Sicherheit der kirchlichen Refugien aufkam. Eine Jüdin namens Nella Milano Fano erzählte, dass ihr Ehemann „sich nicht mehr traute, mit uns im Kloster zu bleiben, weil er, besonders nachdem die Faschisten Sankt Paul überfallen hatten, glaubte, dass die Männer umso stärker in Gefahr waren, wenn sie zu lange an einem Ort blieben".[35] Keiner konnte mehr einschätzen, welche Grenze die Deutschen noch achten würden. Keiner konnte wissen, wo und wen sie als Nächstes überfallen würden. Bemerkenswert ist, dass man sich mehr um die Männer sorgte, wo es die Deutschen doch auf alle Juden, Kinder mit eingeschlossen, abgesehen hatten. Sergio Frassineti erzählte, dass sein Großvater mütterlicherseits ins Haus seines Bruders zog, weil er glaubte, dass man alte Menschen nicht deportieren würde, aber schließlich doch zusammen mit seinem Bruder nach Auschwitz gebracht wurde. Was die Deutschen vorhatten, war für das damalige Verständnis von Kriegsgewalt unvorstellbar.[36]

Mario Tagliacozzo (der zusammen mit seiner Familie im Päpstlichen Kolleg für die italienische Auswandererseelsorge in der Via della Scrofa versteckt war) notierte nach dem Überfall auf Sankt Paul: „Die Lage ist ernst." Der Leiter, Mons. Viganò, war laut Tagliacozzo „ziemlich bestürzt und stellt uns die Sache noch ernster dar, als sie wirklich ist. Er sagt uns, dass wir nach all dem, was passiert ist, nicht mehr in Sicherheit sind, dass von einer Stunde auf die nächste auch seine Einrichtung überfallen werden kann und dass er uns daher nicht weiter Unterschlupf gewähren kann, nicht einmal unter unserer eigenen Verantwortung. Er gibt uns 48 Stunden, um auszuziehen. Wir sind alle niedergeschlagen [...]" Für Tagliacozzo eröffnete sich nun ein Weg ins Ungewisse, der ihn in Privathäuser und auf die Suche nach immer neuen Klöstern führte. Sein Urteil fiel erschütternd aus: „Es gibt keinerlei Schutz mehr, sondern [...] jeder Bürger ist Gewalt und Willkür ausgeliefert."[37]

Tatsächlich gaben die Leiter der kirchlichen Einrichtungen ihren Gästen im Februar, mal klarer und mal weniger, zu verstehen, dass die Räume der Kirche nicht mehr sicher waren. Besonders im Februar, als Pietro Caruso Polizeichef von Rom wurde, stieg die Gefahr für die Juden und die Verfolgten.[38] Der Monat begann mit einer großen Durchkämmung: 2.000 Männer wurden gefangen genommen und zur Zwangsarbeit verpflichtet. Durch die Aussetzung eines Kopfgelds stieg die Zahl der Anzeigen und damit die der Festnahmen im Februar. Das Klima war unheilschwanger geworden. Das Leben in allen Ordensgemeinschaften war in dieser Zeit ungewiss und unsicher.

Einige Gäste, unter ihnen De Gasperi, verließen das Seminario Romano. Der christdemokratische Leader versteckte sich im Haus von Mons. Celso Costantini im Palazzo der Propaganda Fide an der Piazza di Spagna. Seine Entscheidung zu diesem Schritt legt nahe, dass er den Lateran in Gefahr wähnte. Der Sekretär der Propaganda Fide, ein wichtiger Mitarbeiter beim Aufbau der Kirche in China, berichtete, De Gasperis Frau sei am 8. Februar um 5 Uhr nachmittags zu ihm gekommen: „Wären Sie bereit, ihm in einem Moment der Gefahr zu helfen?", fragte sie ihn bezüglich ihres Mannes. Als der Priester die Frage bejahte, verriet sie ihm, dass ihr Mann unten in der Bar wartete. Costantini berichtete weiter:

> De Gasperi kam nach oben, bleich, aber ruhig. Er berichtete mir, dass man ihn im Seminar im Lateran wirklich christlich behandelt habe. Ich war froh, ihm in so turbulenten Zeiten sofort Gastfreundschaft anbieten zu können. Er ist mein persönlicher Freund; er wird nicht von der Polizei gesucht, er ist nicht zum Wehrdienst verpflichtet, er ist eine Amtsperson des Vatikans; aber man sieht in ihm einen gefährlichen Feind des Faschismus.[39]

Antonazzi, der Ökonom des Kollegs der Propaganda Fide, notierte am 24. Februar 1944, nachdem er in der Wohnung seines Vorgesetzten Costantini gewesen war: „Er befindet sich im Gespräch mit einem feinen Herrn, der etwas nachdenklich und streng aussieht. Diesen stellt er mir als den Abgeordneten De Gasperi vor. Dann, fast reuevoll, bittet er mich inständig, dies unbedingt für mich zu behalten [...]“[40]

Auch Michael Tagliacozzo verließ im Februar den Lateran, um jedoch, wie viele andere Gäste, binnen kurzer Zeit wieder ins exterritoriale Gebiet zurückzukehren. Aus einer Nachricht Roncas an das Staatssekretariat vom 6. Februar, die in den Akten des Substituten liegt, geht hervor, dass viele den Lateran in der Nacht nach dem Überfall auf Sankt Paul verließen. Doch schon da baten einige darum zurückkehren zu dürfen. Sofort setzte der Rektor das Staatssekretariat davon in Kenntnis. Dort wurde zwei Tage später ein römischer Arzt vorstellig, der mitteilte, die Jagd auf die Juden werde nach den Vorfällen in Sankt Paul in anderen exterritorialen Gebäuden fortgesetzt. Am 21. Februar informierte ein Polizeikommissar den Substituten darüber, dass man plante, im Lateran einzufallen, um dort nach Flüchtlingen und Waffen zu suchen. Ronca wurde benachrichtigt. Am 18. Mai erhielt Kardinal Maglione eine ähnliche Mitteilung und informierte Marchetti.

Gerüchte um eine Bedrohung der Exterritorialität, die im Februar nach den Ereignissen in Sankt Paul hartnäckiger denn je die Runde machten, gab es immer wieder. In den Akten Roncas entdeckte ich einen im März des Jahres verfassten Brief mit einer nicht entzifferbaren Unterschrift, in dem es heißt: „Ich habe erfahren, dass die Polizei der Salò-Republik infolge der Denunziation durch eine unbekannte Frau eine Besichtigung des Collegio Lateranense plant. Ich kann Ihnen jedoch nicht genau sagen, ob die Besichtigung nun definitiv stattfinden wird oder nicht.“[41] Dieses Schreiben zeigt, dass Roncas Engagement und das Leben der Flüchtlinge auf wackligen Beinen standen. Auch die Randbemerkung Montinis an einem Informationsschreiben zu einem angedrohten Überfall lässt tief blicken. Der Substitut vermerkte dort nach der Befreiung Roms: „Diese Aufzeichnung gibt eines der vielen Gerüchte wieder, die in der Zeit von September 1943 bis Juni 1944 ständig kursierten und den Verantwortlichen große Sorgen bereiteten.“ Am 13. Mai 1944 wurde Kardinal Maglione ebenfalls vertraulich darüber informiert, dass Polizeichef Caruso plante, das Seminario Romano zu überfallen. Sofort benachrichtigte er Kardinal Marchetti.[42] Doch es geschah nichts – auch wenn man, wie sich später herausstellen sollte, in faschistischen Kreisen tatsächlich mit dem Gedanken spielte, den Lateran zu überfallen. Die Bedrohung war also durchaus real.

Ronca sorgte sich unentwegt darum, den Heiligen Stuhl nicht in Mitleidenschaft zu ziehen. Dies belegt ein undatiertes Memorandum, das nach der Befreiung verfasst wurde: „Das Seminar war sich des Zustands bewusst, der da entstand. Auch wenn dieser es dem Seminar einerseits unmöglich machte, angesichts der Gefahr, die so vielen drohte, gleichgültig zu bleiben, konfrontierte er andererseits die Einrichtung, die dem Heiligen Stuhl unterstand und dafür da ist, die jungen Männer zu beherbergen, die für das Priesteramt bestimmt sind, mit äußerst bedauerlichen und schadensreichen Eventualitäten." Eine zweifache Herausforderung also – wie sollte man darauf reagieren? Im Memorandum heißt es weiter:

> Man versuchte, sofern das möglich war, die Zahl der Anfragen zu begrenzen und sich von der Bürde der dringenden Bitten zu befreien. Besonders die Direktion des Seminars stand in ständigem Kontakt mit den Vorgesetzten und vervielfältigte die Anzahl der Berichte über das, was geschah, sowohl an Seine Eminenz den Kardinalvikar, mit dem man ein oder auch zwei Audienzen am Tag hatte, als auch an das Staatssekretariat, besonders an den Sekretär von Mons. Montini, zu dem das Seminar lange Zeit täglich einen Priester des Instituts schickte, um rechtzeitig ausführliche Anweisungen zu erhalten.

Mons. Ronca betonte jedoch: „Der Sekretär Mons. Montinis wiederholte mehrmals, dass das Seminar umfangreiche ‚Indemnitätserteilungen' zu allen Handlungen erhalten habe und dass eben der Besuch von S. E. [Montini] im neuen Flügel damals genau diesen Zweck gehabt habe." Clarizio, der Sekretär Montinis, stattete „dem Flügel des Instituts, in dem die Gäste untergebracht sind, häufig Besuch" ab; er interessierte sich „für ihre Befindlichkeit, ihre Bedürfnisse und Wünsche und schenkte besonders jenen besondere Aufmerksamkeit, die von Mons. Montini selbst empfohlen wurden oder besser: die er selbst dort untergebracht hatte".[43] Der Substitut war also einer von denen, die heimlich Gäste, wahrscheinlich Politiker, im Seminar einquartierten. Ronca beschloss sein Memorandum folgendermaßen: „Mons. Montini schickte darüber hinaus andere zum Staatssekretariat gehörige Personen mit Aufträgen zu den Gästen und manchmal setzte er sich mit ihnen direkt in Verbindung und nahm die gesamte Initiative und Verantwortung auf sich." Montini war in die Vorgänge mit einbezogen und hatte ein waches Auge auf die Politiker. Das Staatssekretariat hatte Babuscio Rizzo, dem Vertreter Badoglios im Vatikan, sechs Plätze im Seminar bewilligt, und er bat darum, Prof. Frugoni einen davon zuzuweisen.[44] Den Aufzeichnungen Roncas ist zu entnehmen, dass es sogar Gästezimmer gab, die direkt für das Staatssekretariat reserviert waren.

Das in den Dreißigerjahren nicht besonders gute Verhältnis zwischen Ronca und Montini sollte nach dem Krieg aufgrund der politischen Aktivitäten des Rektors schwierig werden, die in eine Richtung tendierten, die der Substitut nicht billigte (Ronca war gegen eine Politik der Mitte und bevorzugte ein Bündnis aus Katholiken und Rechten). Doch im oben zitierten Text bestätigte Ronca, dass Montini involviert war und dass sein Sekretär Clarizio – wie er selbst später sagte – ins Seminar kam und sich dort länger aufhielt. Montini kam sogar persönlich dorthin und erteilte damit Roncas Arbeit eine stillschweigende Genehmigung.

Am 18. Januar war Mons. Ronca erneut in Schwierigkeiten. In einem Gespräch mit Galeazzi fragte er diesen, ob es der Papst gewesen sei, der darum gebeten hatte, die Liste mit den Namen der Gäste einzureichen. Galeazzi bejahte dies. Ronca betonte gegenüber dem Grafen, in welch einer schwierigen Lage er sich befand, und wies darauf hin, dass er dazu verpflichtet war, Kardinal Marchetti Selvaggiani über die Vorgänge im Seminar auf dem Laufenden zu halten, natürlich immer unter Vorbehalt dessen, was der Papst wollte.[45] Der Rektor fragte sich, ob Graf Galeazzi ihm den Willen des Papstes mitteilte und wie er sich gegenüber seinem direkten Vorgesetzten verhalten sollte. Aus einer Notiz geht hervor, dass Ronca am gleichen Tag auch mit Clarizio sprach: Er teilte ihm mit, dass „S. E." (wahrscheinlich Marchetti) nicht beabsichtigte, neue Gäste aufzunehmen, aber der Papst habe das letzte Wort. Schließlich legte man ein Prozedere fest: „Bei jeder Neuaufnahme wird das Sekretariat S. E. benachrichtigen und die Sache an den Rektor des Seminars zur Umsetzung weiterleiten."

Laut diesem Prozedere oblagen dem Staatssekretariat die Initiative und die Verpflichtung, den Kardinalvikar zu informieren. Ronca wollte wissen, welchem Vorgesetzten er denn nun zu Gehorsam verpflichtet war, und bat um einen Mittelsmann, der ihn über die Meinung der Vorgesetzten in Kenntnis setzen sollte. Offensichtlich wollte auch das Staatssekretariat „keine Verantwortung für andere Personen übernehmen als für die, die vom Staatssekretariat selbst vorgestellt worden waren". In dieser Phase (wir befinden uns bereits im Jahr 1944) wurde unter dem Druck der Ereignisse aus der spontanen Aufnahme von Gästen eine vom Staatssekretariat überwachte Operation. Das vatikanische Organ, das dem Papst am nächsten stand, übernahm die Verantwortung; und auch vorher hatte es schon häufig die Initiative ergriffen. Ronca hatte nicht mehr länger die alleinige Kontrolle über die unterschiedlichen Vorgaben und das Drängen von allen Seiten. In einer leider undatierten Notiz schilderte der Rektor diese neue Situation. Es heißt dort, dass von 35 Personen, die das Seminar verlassen hätten, fünf nun wieder zurückkehren wollten. Man erfährt, dass „zurzeit einige Zimmer (aktuell zwölf) für das Staatssekretariat Seiner Heiligkeit reserviert sind". So als wäre ihm nicht klar, wie viel Verantwortung das Staatssekretariat übernehmen wollte, konstatierte der Rektor trocken:

> Wenn ich die Anfragen, die bei mir angekommen sind oder die bei mir ankommen könnten, melde, möchte ich damit nicht meinen Wunsch bekunden, den Antragstellern eine positive Rückmeldung zu geben, sondern selbiges Ersuchen nur bekannt geben und, sollte es für angebracht gehalten werden, jedwede Anweisung entgegennehmen. Ich glaube schließlich, dass ich über einige Aufnahmen nicht entscheiden kann, wenn nicht entweder der Heilige Vater oder der Kardinalvikar geruhen, mir diesbezüglich Mitteilungen zukommen zu lassen. Ich bitte darum, dass solche Botschaften über den Kardinalvikar übermittelt werden.

Obwohl er die zahlreichen und täglich eintreffenden Anfragen registrierte, hatte Ronca nicht mehr das Gefühl, die Gäste nach seinem Willen auswählen zu dürfen. Nach Monaten, in denen er so viele Erfahrungen gesammelt hatte, akzeptierte er, dass der Papst oder der Kardinalvikar über die Aufnahme neuer Gäste im Lateran bestimmen sollten; von Letzterem sollte die Anweisung dazu kommen. Der Lateran war voller Flüchtlinge, die Risiken waren groß, die Anfragen stiegen ebenso wie der Druck von Seiten der Kirche und ihrer Männer zugunsten des einen oder des anderen. Sein mutiger Einsatz wurde auch kritisiert. Vielleicht war Ronca gar nicht klar, wer ihm wirklich den Rücken deckte. Zeitweise hatte er nicht nur Zweifel daran, dass die Vertrauten des Papstes, Fürst Pacelli oder Graf Galeazzi, ihn unterstützten, wiewohl sie sich für das Engagement im Untergrund starkmachten, sondern er fragte sich auch, ob das Staatssekretariat auf seiner Seite stand. Tatsächlich war das Spektrum der Aktivitäten im lateranischen Untergrund so breit, dass der Einfluss der Vorgesetzten sie kaum alle vollumfänglich decken konnte. Ronca behielt die Verantwortung für viele Dinge in einem Haus, in dem auch politische und militärische Persönlichkeiten untergebracht waren. Zweifelsohne galt die Kritik an der Aufnahme von Gästen im Lateran nicht so sehr den Juden, sondern vielmehr dem politischen Aspekt und der ausgeprägten Präsenz von Militärs.

Nach dem Überfall auf Sankt Paul im Februar 1944 war die Maschinerie im Untergrund im Grunde genommen zu einer festen Institution geworden. In den Akten des Substituten liegt ein kleiner Faszikel mit einer Notiz des Rektors, dem Reglement für die Flüchtlinge und der Erklärung, die diese unterzeichnen mussten, wenn sie in den Lateran kamen. Nur De Gasperi legte man die zu unterzeichnende Internierungserklärung nicht vor. Die Sicherheitsvorkehrungen wurden verschärft. Denn in jenem Februar wurde nicht nur die Abtei von Sankt Paul überfallen, sondern vor allem ergriff der deutsche Botschafter beim Heiligen Stuhl, Ernst von Weizsäcker, drastische Maßnahmen, nachdem ein deutscher Deserteur in den Vatikan geflüchtet war; eine Blockade des Vatikans oder gar Schlimmeres wurde befürchtet.

Aus den Aufzeichnungen Roncas geht hervor, dass der Lateran mit seinen Gästen im Seminar und in den anderen Gebäuden des Komplexes, seinem Lebensmittelversorgungssystem und seinen breitgefächerten Kontakten der zentrale Anknüpfungspunkt eines großen Hilfsnetzes im Untergrund war. In den Akten des Rektors liegt zum Beispiel der Brief zweier Juden, die sich für die freundliche Hilfe des Pfarrers der Gemeinde Trasfigurazione di Gesù, Don Giovanni Buttinelli, bedankten (dieser half in Monteverde etwa 100 Juden). Ronca teilte Montini stolz mit: „Das Seminario Romano hat nicht nur die eigenen Gäste verpflegt, sondern auch jene unentgeltlich mit Nahrung versorgt, die in den Gebäuden wohnten oder wohnen, die die diplomatische Immunität des Laterans genießen und darum gebeten haben.“[46] Der Rektor des Seminars, seine

Mitarbeiter und der ganze Laterankomplex bildeten eine Hochburg im kirchlichen Untergrund: Sie waren das Zentrum, das am besten organisiert war und über die meisten Ressourcen verfügte. Ein paar Details aus der Zeit nach dem 16. Oktober 1943 machen deutlich, wie einflussreich Ronca war: So rief er den Generaloberen der Pauliner, Don Giacomo Alberione, an und forderte ihn ohne Umschweife dazu auf, Juden in allen Häusern seines Ordens aufzunehmen. Als der Pauliner Don Occelli, der Pfarrer im Stadtteil Montagnola war, am 25. März von den jungen Leuten seiner Gemeinde erfuhr, was in den Ardeatinischen Höhlen geschehen war, benachrichtigte er umgehend Mons. Ronca.[47] Man sieht: Der Rektor war in Rom eine einflussreiche und angesehene Person.

Gleichzeitig tat Roberto Ronca stets treuergeben das, was der Vatikan ihm auftrug. Doch unter seiner eigenen Verantwortung ging er viele Risiken ein und nahm Juden, Verfolgte und die unterschiedlichsten Menschen auf. Verantwortungsbewusst und mit einem Sinn für das, was es zu tun galt, beherbergte er Politiker und Militärs im Lateran. Er war in jeder Hinsicht aktiv und autonom: Als humanitär und politisch engagierter Mann überschritt er nach Meinung einiger Kollegen Grenzen, nicht nur als Rektor eines Priesterseminars, sondern auch als verantwortungsvoller Priester, waren die Zeiten auch noch so außergewöhnlich. Doch ohne die Erlaubnis und die Rückendeckung des Kardinalvikars, des Staatssekretariats und einflussreicher vatikanischer Personen hätte er so gut wie nichts ausrichten können. Dass er vier Jahre nach der Befreiung Roms und dem Ende des Einsatzes im Untergrund im Lateran mit nur 47 Jahren zum Prälaten von Pompei und zum Titularerzbischof von Lepanto ernannt wurde, war ein klares Zeichen der Anerkennung für sein Wirken.

Doch den Faschisten und den Deutschen konnte nicht entgehen, was hinter den Mauern des Laterankomplexes geschah. Die Verantwortlichen des Einsatzes, Ronca, Palazzini und Caraffa, sagten mir, Marschall Graziani persönlich habe sich dafür eingesetzt, dass die Faschisten den exterritorialen Komplex nicht überfielen. Wir werden später noch deutlicher sehen, dass der Lateran Thema einer Debatte zwischen Faschisten und Deutschen war, denn die Idee eines Überfalls lag tatsächlich in der Luft. Die allgemeine Angst zeigt, dass die Verantwortlichen im Lateran und der Vatikan sich der Gefahr bewusst waren, zumindest seit Februar 1944.

Die Lage spitzte sich gegen Ende der deutschen Besatzung zu, als – wie schon gesagt – das unter Folter abgenötigte Geständnis eines italienischen Offiziers den Nazis den Beweis dafür lieferte, dass General Bencivenga im Lateran versteckt war (wobei ihnen möglicherweise gar nicht klar war, welche Position er innehatte). Dadurch, dass die Kirche ihn aufgenommen hatte, stellte sie sich auf die Seite einer Partei, ja sie unterstützte sogar die Resistenza. Daher intervenierte Kappler beim Staatssekretariat und forderte, der General solle seinen Zufluchtsort verlassen. In seinen Augen war Mons. Ronca verantwortlich für die Aufnahme des hohen Offiziers. Wenn dieser sich weigerte, den Lateran zu verlassen, so der SS-Mann, dann sollte er zumindest von seinen Aufgaben entbunden werden. Es war eine vertrackte Situation. Aus Bonomis Tagebuch erfährt man, dass ein Assistent Bencivengas den „Politikern" im Lateran am 1. Juni mitteilte, ein Überfall des Gebäudes in der folgenden Nacht sei durchaus möglich.[48]

Wahrscheinlich im Auftrag des Staatssekretariats trat Ronca dem General entgegen und bat ihn, die Forderung Kapplers zu akzeptieren oder zu gehen. Mons. Montini regelte dann die Sache folgendermaßen: Gegenüber den Deutschen behauptete er, Bencivenga sei nicht im Seminar (er war dort unter falschem Namen), und intern ordnete an, ihn ins Haus von Mons. Virgili zu bringen, das zwar außerhalb des Seminars, aber immer noch auf dem Gebiet des Laterans lag. So schilderte es später zumindest der General selbst.[49] Laut Bonomi wiederum verpflichtete sich der Heilige Stuhl gegenüber Kappler dazu, Bencivenga zu isolieren; Ronca würde ein Auge auf ihn haben. Er hielt zudem fest, dass sich die Deutschen in dieser Phase nicht sonderlich aggressiv gegenüber dem Vatikan verhielten, ja sogar Interesse daran gezeigt hätten, „die Brücken nicht abbrechen zu lassen".[50] Ronca zufolge verfolgte Mons. Montini in Erwartung der Befreiung gegenüber den Deutschen eine Hinhaltetaktik. Dem Einsatz des Prälaten war es letztlich zu verdanken, dass Bencivengas Tätigkeit nicht unterbunden wurde und er weiterhin über sein Funkgerät kommunizieren konnte.

In einer Art Tagebuch der letzten Tage der Deutschen in Rom, das sich in den vatikanischen Akten befindet, heißt es, der deutsche Salvatorianer Pater Pankratius Pfeiffer sei am 4. Juni ins Staatssekretariat gekommen, um zu verkünden, Kappler habe sich damit zufriedengegeben, dass Bencivenga, wenn auch isoliert, im Lateran blieb. Pfeiffer war jedoch in Sorge um dessen Sicherheit: „Vorsichtig sein“, heißt es in dem Dokument. „Es gibt Spione, die das Losungswort kennen und alles Mögliche tun, um zu ihm zu gelangen, indem sie Belohnungen zahlen oder sich als Eingeweihte ausgeben usw. (dass sie kommen, um ihn zu töten, ist nicht auszuschließen). Doch er sollte auch auf keinen Fall fliehen.“[51] Wie schon gesagt feuerten die Deutschen ein paar Kanonenschüsse gegen das Zimmer, in dem Bencivenga wohnte, als sie Rom verließen. Doch da war das Ende der Besatzung bereits in greifbarer Nähe.

IV
In der Vatikanstadt

Die geheimen Gäste des Papstes

Eva Maria Jung war 22 Jahre alt, als sie nach Rom kam, eine junge Deutsche mit einem unzähmbaren und rebellischen Charakter. Sie kam aus einer strengen preußisch-lutherischen Familie, konvertierte zum Katholizismus und wurde zu einer überzeugten Nazigegnerin. Als die Luft in Deutschland um sie herum immer dünner wurde, floh sie 1943 nach Rom, wo sie von der Familie eines deutschen Diplomaten als Hausangestellte beschäftigt wurde. Doch auch hier spürten die Nazis sie auf. Sie versteckte sich schließlich im Kloster der Salvatorianerinnen auf dem Gianicolo. Der frühere Vorsitzende der Zentrumspartei Mons. Ludwig Kaas, der in Rom im Exil lebte und Sekretär und Vorsteher der Dombauhütte von Sankt Peter war, gab ihr eine Beschäftigung im Archiv seiner Einrichtung. Aus Angst vor den Nazis konnte er sie jedoch nicht lange bei sich behalten. Denn auch wenn er im Vatikan nur einen bescheidenen Posten bekleidete, stand Kaas weiterhin in Verbindung mit hohen deutschen Persönlichkeiten. So wandte sich zum Beispiel Josef Müller[1] an ihn, der in eine Verschwörung gegen Hitler verwickelt war. Er wollte mit den Briten in Kontakt treten. Kaas verwies ihn an Pater Robert Leiber, der ihn wiederum im Geheimen mit Pius XII. in Verbindung brachte. Der Papst nahm sich einen Tag Bedenkzeit und willigte dann ein, die Botschaften der Verschwörer gegen Hitler an die Briten weiterzuleiten.[2]

Jung hatte die Anweisung erhalten, sich bei der deutschen Botschaft zu melden. Sie war am Ende. Ihr einziger Zufluchtsort in Rom, einer für sie völlig fremden Stadt, war das Haus von Luciana Frassati. Diese war die Tochter des Begründers von *La Stampa* und mit dem polnischen Diplomaten Jan Gawroński verheiratet. Sie hatte eine Wohnung in der Nähe des Vatikans. Während des Krieges hatte sie sich für die Polen eingesetzt und war zu diesem Zweck durch das ganze Land gereist. Daraufhin hatten sie Montini und Pius XII. empfangen, denn der Papst sorgte sich um das Schicksal Polens und wollte außerdem wissen, was die Polen von den Bemühungen des Heiligen Stuhls hielten. Frassati, eine Frau mit vielen wichtigen Beziehungen, behielt Eva Maria Jung, die in Rom vollkommen verlorene junge Deutsche, einige Zeit lang bei sich. Doch im Februar 1944 stand plötzlich die Gestapo vor Frassatis Haustür und nur auf abenteuerliche Weise konnte Jungs Retterin sich in Sicherheit bringen: Ein vatikanisches Auto brachte sie in den Vatikan, wo sie sich mit Montinis Erlaubnis im Haus des polnischen Botschafters verstecken konnte. So kam es, dass Frassati, die Jung geholfen hatte, am Ende selbst die Hilfe des Vatikans benötigte.[3]

Nach dem 8. September träumten viele davon, im Vatikan Unterschlupf zu finden; so zum Beispiel die vielen alliierten Kriegsgefangenen, die wieder freigelassen wurden. Unter den Ersten, die den Vatikan als Zufluchtsort in Erwägung zogen, war die italienische Königsfamilie. König Vittorio Emanuele III., Königin Elena, Kronprinz Umberto (und Marschall Badoglio) verließen Rom. Die Kinder von Prinzessin Mafalda, der Tochter des Königspaares, die mit Philipp Prinz von Hessen verheiratet war, nahmen sie jedoch nicht mit. Die Enkel des italienischen Königs (die auch die deutsche Staatsbürgerschaft hatten) wurden auf Veranlassung des Königs und der Königin ohne Vorankündigung in den Vatikan gebracht. Heinrich von Hessen, der zweitälteste der drei Brüder, erinnerte sich daran, dass Kardinal Maglione etwas unentschlossen war, als er die an der Türschwelle zum Vatikan wartenden Kinder sah; es war Montini, der sie aufnahm. Bis zum 22. September wohnten sie im Haus des Substituten und nach einem Besuch ihrer Mutter, Prinzessin Mafalda, brachte man sie fort. Mafalda kam später im Konzentrationslager Buchenwald ums Leben.[4]

Der Weg von Eva Maria Jung war beschwerlicher als der der Enkel des Königs. Doch sie hatte Glück: Mons. Hermann Maria Stoeckle, der Rektor des Deutschen Priesterkollegs beim Campo Santo Teutonico, einer kirchlichen Einrichtung innerhalb der vatikanischen Mauern, hatte Mitleid mit ihr. Da er wusste, wie es um Jung stand, bat er das Governatorat der Vatikanstadt darum, sie als Kochgehilfin anstellen zu dürfen. So verließ diese am 29. November 1943 das Haus Frassatis, gerade noch rechtzeitig, bevor es von den Deutschen durchsucht wurde, und kam in den Vatikan. Dort blieb sie bis zur Befreiung Roms.

Anders als im besetzten Rom hatte Eva Maria Jung im Vatikan das Gefühl, wirklich in Sicherheit zu sein. Elena Carandini kam am 7. Januar

1944 in den Vatikan, um dort, unterstützt vom Ingenieur Bernardino Nogara, die Kunstsammlung und Wertgegenstände ihrer Familie in Sicherheit zu bringen. Sie war weniger leidgeprüft als die junge Deutsche und beschrieb den Vatikan damals folgendermaßen: „Ich bin immer noch beeindruckt von diesem allzu korrekten, perfekten, sauberen und mäßigen Mikrokosmos, dessen neueste Bestandteile alle etwas von einer Operette haben."[5] Viele bemühten sich damals darum, in den Vatikan zu gelangen: neben vielen Juden auch Politiker, Verfolgte und alliierte Soldaten (die durch Ausfälle versuchten, in dem neutralen Kleinstaat unterzukommen). Aus Angst vor Bombenangriffen und wegen des Sicherheitsgefühls, das die Nachbarschaft des Papstes vermittelte, suchten einige Römer nach Wohnungen im Umfeld von Sankt Peter. So zum Beispiel ein junges Paar, Clara und Carlo Ballatore, oder Mons. Antonazzi, der seine Angehörigen „auf den schützenden Schatten der Kuppel vertrauend" in der Nähe der vatikanischen Mauern an der Piazza Risorgimento unterbrachte.[6]

Nach dem 8. September war es jedoch nicht so einfach, in den Vatikan zu kommen. Jenes Gewimmel von Menschen, das den Bereich um den Vatikan so besonders gemacht und ihn mit Rom verbunden hatte, gab es nicht mehr. Stattdessen gab es strenge Kontrollen, nur wenige durften den Vatikan betreten. Die Vatikanischen Museen und auch die Apostolische Bibliothek waren geschlossen. Auf Fotografien aus jener Zeit sieht man, dass die Pforten der Porta Santa Anna auch tagsüber verschlossen blieben. Jeder, der hierdurch oder durch den „Arco delle Campane", das Glockentor, oder den „Portone di Bronzo", das Bronzetor, in den Vatikan kam, wurde streng kontrolliert. Der Vatikan führte die Sommerzeit ein und ordnete die Verdunkelung seiner Gebäude bei Bombardierungen an; es wurde Alarm gegeben und Luftschutzbunker wurden hergerichtet. Der Krieg war im Vatikan angekommen.[7]

Doch für Eva Maria Jung war der Vatikan dennoch eine Oase der Unbeschwertheit, auch wenn ihr Leben dort nicht einfach war. Sie erinnerte sich an eine seltsame Atmosphäre im Kolleg, in dem jeder mit Sicherheit zu wissen glaubte, dass sich Spione eingeschlichen hatten. Auf Betreiben von Mons. Kaas hatte man 1940 einen Vizerektor entlassen, der im Verdacht stand, ein deutscher Informant zu sein.[8] Niemand außer dem Rektor wusste, dass Jung eine dezidierte Gegnerin der Nazis war; manche glaubten sogar, sie sei Jüdin. Sie arbeitete als einfache Bedienstete im Kolleg. Etwa 50 Personen waren dort versteckt. Die Mitglieder der Familie Sacerdoti, vier konvertierte Juden und weitere Verwandte, von denen man nicht wusste, welcher Religion sie angehörten, wurden dort unter falschem Namen untergebracht. Man konnte nur schwer erkennen, wer Jude war. Rektor Stoeckle wies Jung an, vorsichtig zu sein, da Spione unter den Gästen waren (ein Gast des Kollegs wurde nach der Befreiung von den Alliierten verhaftet). Das Leben war monoton. Ein Kind wiederholte ständig: „Ich heiße Paolo Ricci." Offensichtlich hatte man ihm einen neuen, falschen Namen gegeben. Doch das spielende Kind brachte Heiterkeit ins Haus. Unter den Gästen waren Deutsche und Italiener, einige von ihnen waren auf Empfehlung der Kardinäle Camillo Caccia Dominioni und Nicola Canali aufgenommen worden.[9] Auch Fürstin Elvina Pallavicini lebte dort. Aus Angst vor einer Verhaftung hatte sie ihren Palazzo in der Nähe des Quirinals verlassen (die adlige Dame war im Widerstand aktiv, sie beschaffte und verteilte falsche Dokumente). Der irische Priester Hugh O'Flaherty, ein Mitarbeiter des Heiligen Offiziums und einer der Hauptverantwortlichen des heimlichen Hilfseinsatzes für alliierte Kriegsgefangene, wohnte dort, solange noch niemand von seinem Tun wusste.[10] Auch der berühmte deutsche Historiker Hubert Jedin lebte im Kolleg und verließ den Vatikan nur selten, da er Angst vor seinen Landsleuten hatte. Aufgrund seiner zahlreichen Gäste hatte das Kolleg ein immenses Defizit: Im Oktober 1943 fehlten etwa 120.000 Lire, 70.000 Lire davon wurden von den Gästen abgedeckt.

Die Angst vor Überfällen war groß. Nachts wurde abwechselnd Wache gehalten. Im Falle eines Überfalls durch die Deutschen sollten die Gäste in die Vatikanischen Gärten flüchten, die nur wenige hundert Meter vom Kolleg entfernt sind. Jeden Morgen verließ Eva Maria Jung das Kolleg zu Fuß, um auf der anderen Seite des Vatikans in der „Annona", dem vatikanischen Supermarkt, Milch zu holen. Dabei begegnete sie vielen anderen Menschen und stellte fest, wie viele Menschen auf dem kleinen Gebiet der Vatikanstadt lebten. Sie sah auch die Diplomaten, die im Vatikan wohnten. Ihr Fall war den vatikanischen Würdenträgern bekannt. Galeazzi bestellte sie ins Governatorat. Die junge Frau befürchtete, man würde sie wegschicken, doch der Graf zeigte Verständnis für ihr bedauernswertes Schicksal. Sie sah auch Schwester Pascalina, die Haushälterin Pius' XII., im Auto vorbeifahren, häufig mit zugezogenen Vorhängen.[11] Die deutsche Nonne kümmerte sich nicht nur um die Wohnung des Heiligen Vaters, sondern auch um das private Warenlager des Papstes, in dem Hilfsgüter aller Art gelagert waren. Unter Schwester Pascalinas Regie wurden sie dann in Rom und Umgebung verteilt. Viele Gemeinschaften, die im Untergrund aktiv waren, erhielten Lebensmittel aus dem päpstlichen Warenlager.

Nur wenige Automobile verkehrten im Vatikan oder verließen die vatikanischen Mauern, weil auch den Kardinälen ans Herz gelegt worden war, das Auto gar nicht oder so selten wie möglich zu benutzen.[12] Jung machte die Kälte in ihrer recht ungemütlichen Unterkunft zu schaffen. Doch alle im Vatikan froren: Auf Anweisung des Papstes wurde dort nicht geheizt. Grundsätzlich verfügten nur die Diplomatenwohnungen über eine Heizung. Der amerikanische Diplomat Harold H. Tittmann schrieb, dass Pius XII. aus Solidarität mit den leidenden Römern „verordnete, dass in keiner Wohnung und in keinem Büro des Vatikans geheizt werden sollte, auch wenn in den vatikanischen Gärten ein riesiger Kohlehaufen versteckt war".[13] Der Papst wollte nicht, so sagte Bernardino Nogara zu Besuchern, dass der Vatikan im Gegensatz zur Stadt Rom zu einem komfortablen Ort wurde: „Seine Heiligkeit will nicht, dass man heizt, während andere frieren [...]"[14] Doch der Winter 1943/44 war bitterkalt, wie Ester Nogara festhielt, die im Vatikan wohnte: „Es ist eiskalt (5 Grad) und sie lassen uns in der Kälte sitzen, weil dies der Wille des Heiligen Vaters ist, der möchte, dass auch wir Opfer bringen."[15] Am 25. Januar 1944 verkündete schließlich Kardinal Maglione auf eine Beschwerde des brasilianischen Botschafters hin, dass alle Gebäude des Vatikans beheizt werden dürften – mit Ausnahme des Staatssekretariats und der Wohnungen des Papstes, des Staatssekretärs und des Substituten.

Pater Leiber, ein deutscher Jesuit und enger Mitarbeiter Pius' XII. (er war praktisch sein Privatsekretär), dessen Büro über dem des Papstes lag, besuchte Jung im Kolleg. Er teilte Rektor Stoeckle mit, dass die Deutschen sie suchten und sie keinesfalls den Vatikan verlassen durfte. Nach dem Tod Pius' XII. verteidigte Pater Leiber vehement die Haltung des Papstes gegenüber den Juden – wiewohl er ihn nicht in jeder Hinsicht positiv sah (vor allem seine zwischenmenschlichen Beziehungen betrachtete er kritisch).[16] Er erklärte: „Es gab viele Gründe für einen öffentlichen Protest [zugunsten der Juden]. Doch es gab auch viele Gründe dagegen. Der Papst hat sie alle in seinem Herzen bewegt. Ein anderer Papst (z. B. Pius XI.) hätte vielleicht heftig protestiert [...] Ich bezweifle, dass ein Protest irgendwas gebracht hätte. Ja, ich bin sogar fest vom Gegenteil überzeugt, dass er nämlich gewaltigen Schaden angerichtet hätte."

Der deutsche Jesuit wusste, dass Juden und Verfolgte versteckt wurden. Leiber wohnte in der Gregoriana, der prestigeträchtigen Jesuitenuniversität im Herzen Roms. Jeden Abend nahm er die öffentlichen Verkehrsmittel, um vom Vatikan nach Hause zu fahren. Gegenüber der Gregoriana befand sich eine weitere Einrichtung, die von Jesuiten geführt wurde: das Päpstliche Bibelinstitut. Dessen Rektor, der deutsche Pater Augustin Bea, war der Beichtvater Pius' XII. und kam jeden Samstag zu ihm. Der Papst, der vom heimlichen Engagement der Jesuiten wusste, hatte zum Rektor der Gregoriana, Pater Paolo Dezza, gesagt: „Pater, vermeiden Sie, Militärs aufzunehmen, denn da die Gregoriana ein päpstliches Haus und mit dem Heiligen Stuhl verbunden ist, müssen wir uns da heraushalten. Doch alle anderen gern: Zivilpersonen, Juden, Verfolgte."[17] Hier haben wir erneut eine explizite Weisung des Papstes, der jedoch forderte, bei den Militärs vorsichtig zu sein. Ein halbes Dutzend Juden kamen im Keller des von Bea geleiteten Bibelinstituts unter, in der von Dezza geführten Gregoriana wurden etwa 60 untergebracht. Dezza unterzeichnete ein Dokument, aus dem hervorgeht, dass Oberst Giuseppe Cordero Lanza Montezemolo, hinter dem die Deutschen her waren, unter dem Namen Prof. Giuseppe Martini in der Gregoriana angestellt wurde.[18]

Wie man am Beispiel Jungs sieht, war man auch innerhalb der vatikanischen Mauern im Untergrund aktiv. Wenn auch der Lateran die höchste Anzahl an Gästen aufzuweisen hatte, war auch die der Flüchtlinge, die im Vatikan untergebracht wurden, beträchtlich. Am Vorabend der Befreiung Roms stellte das Büro des Substituten eine Liste zusammen, in der die im Vatikan einquartierten Personen aufgeführt wurden: 160 waren es insgesamt. 120 wohnten als Gäste der Kanoniker von Sankt Peter in der Canonica. Unter ihnen waren Egilberto Martire, ein früherer klerikalfaschistischer Abgeordneter, der vom Regime verbannt worden war, hohe Offiziere, Amtspersonen und reiche Geschäftsmänner. Circa 40 Juden waren dort, von denen 15 getauft waren. Andere taufte der Kanoniker Federico Fioretti während der Zeit im Untergrund. Insgesamt, so heißt es, „wurde viel geistig Gutes getan: So mancher Selbstmord wurde verhindert, es fanden spirituelle Vorträge und Exerzitien statt [...]" Die Menschen, die dort versteckt wurden, gelangten entweder durch die Sakristei von Sankt Peter oder in einem Auto mit dem diplomatischen oder dem vatikanischen Kennzeichen in den Vatikan.

Besagte Liste nahm Bezug auf die Annahme, man könne die Gäste – wir befinden uns kurz vor dem Ende der deutschen Besatzung – nunmehr aus dem Vatikan fortschicken. Der Beauftragte für die Krankenhäuser Roms, Bischof Francesco Beretti, der sich um die versteckten Menschen kümmerte, erklärte, es sei unmöglich, sie auszuweisen, es sei denn, man wolle Gewalt anwenden: „Denn einige sind zum Tode verurteilt, viele werden von der Questura verfolgt, alle sind in großer Gefahr." Mons. Guido Anichini, ein Kanoniker von Sankt Peter, in dessen Wohnung Verfolgte untergebracht waren, mahnte, dass „man Zeuge manch einer tragischen Begebenheit werden würde", wenn man die Gäste aufforderte zu gehen.[19] Der Liste ist außerdem zu entnehmen, dass zwölf Flüchtlinge im Ruthenischen Kolleg auf dem Gianicolo waren und gut 69 im Palazzo delle Congregazioni an der Piazza San Calisto in Trastevere, einem riesigen Gebäude, das exterritorialen Status genoss.

Zahlreiche vatikanische Persönlichkeiten setzten sich für die Verfolgten ein, doch das Engagement vieler ist in Vergessenheit geraten. Pater Giovanni Sale fand im Archiv der Jesuitenzeitschrift *La Civiltà Cattolica* eine Anzeige gegen Mons. Alfredo Ottaviani. Er war Assessor des Heiligen Offiziums und damit in den Großteil der Geschäfte dieser wichtigen Kongregation involviert, an deren Spitze Kardinal Marchetti Selvaggiani stand; jede Woche hatte er eine Audienz bei Pius XII. Ein gewisser Oberst Mario Battistelli warf ihm vor, im Untergrund aktiv zu sein, und bezichtigte ihn, Taufscheine für Juden ausgestellt zu haben (wörtlich heißt es in der Anzeige, er habe mit dem Glauben „Handel getrieben"). Außerdem warf er ihm vor, Juden im Lateranpalast und in den angrenzenden Kollegs zu verstecken und die Erweiterung der Palatingarde zu unterstützen. Das Ganze ist jedoch etwas merkwürdig – denn Ottaviani wohnte im Vatikan. Battistelli erklärte, er habe Ottaviani beim deutschen Kommando und der „Guardia Nazionale Repubblicana" angezeigt.[20]

Diskussion um die Gäste

Wie dachte man im Vatikan über das Asyl, das den Verfolgten in den Gebäuden der Kirche gewährt wurde? Man konnte auf das Recht auf Kirchenasyl verweisen: Demgemäß war es verboten, ohne die Erlaubnis des Bischofs oder eines kirchlichen Verantwortlichen jemanden zu verhaften, der sich in eine Kirche geflüchtet hatte. Die Zivilgewalt war demzufolge für geweihte Orte nicht zuständig. Doch die Geschichte hatte dieses Recht entkräftet, auch wenn in Canon 1179 des Codex Iuris Canonici (CIC) noch Überbleibsel davon zu erkennen waren. Dahingegen musste ein Vertreter der Staatsgewalt es laut dem Konkordat von 1929 bloß zuvor ankündigen, wenn er ein Gotteshaus betreten wollte. Es gab also keine bzw. nur eine schwache Rechtsgrundlage (außer zur Exterritorialität); aber im Bewusstsein vieler Priester war fest verankert, dass in den Räumen der Kirche die Kriegslogik nicht galt und sie daher einen Ort potentiellen Asyls darstellten.[21]

Im Vatikan stieß die Aufnahme von Schutzsuchenden nicht bei allen auf Zustimmung. Im Februar 1944 wurde nach dem Überfall auf die Abtei Sankt Paul darüber heftig diskutiert. Die Kanoniker Anichini, Ugo Descuffi und Gaetano Roma wurden zu Raffaele Carlo Kardinal Rossi gerufen, der ebenso wie Pietro Kardinal Pizzardo Mitglied der Kommission für die Vatikanstadt war. Deren Präsident war Nicola Canali. Rossi gebot den Kanonikern auf Anordnung von oben, die Gäste wegzuschicken. Dies entfachte eine Diskussion, in die bald auch die Kardinäle verwickelt waren. Bei einer Gedenkfeier für Pius XI. am 10. Februar baten viele Kardinäle schließlich Rossi und die anderen Kommissionsmitglieder, nicht weiter auf ihrer Position zu beharren. Viele waren nicht dazu bereit, die Flüchtlinge fortzuschicken. Im Namen der Kardinäle informierte Kardinalstaatssekretär Maglione den Papst über die Debatte.

Mons. Anichini schrieb ein paar Tage später einen Brief an den Papst. Er berichtete, wie man überhaupt dazu gekommen war, Gäste aufzunehmen; er betonte, dass ihre Verpflegung keinesfalls den Lebensmittelhaushalt des Heiligen Stuhls belastete, und stellte die einzelnen Gäste vor, unter denen auch etliche Juden waren. Schließlich schloss er: „Es handelt sich insgesamt um etwa 50 Personen, die in großer Gefahr sind, entweder verhaftet und erschossen oder deportiert zu werden. Die weniger Gefährdeten sind bereits gegangen; diejenigen, die geblieben sind, wollen jeglicher Gefahr lieber in der Canonica im Schatten des Hauses des Vaters begegnen, den sie angsterfüllt anrufen: *salva nos perimus!*"[22]

Nur wenige Schritte von der Wohnung des Papstes entfernt war unter den Priestern ein Streit über die Aufnahme von Schutzsuchenden entbrannt, bei dem viele unterschiedliche Positionen vertreten wurden. Mons. Tardini hielt fest, dass er schließlich mit der Beibehaltung des Status quo beigelegt wurde: „Im Grunde genommen ging weg [...] wer wollte." Von einer weiteren interessanten Episode erfahren wir aus dem Seligsprechungsprozess für Pius XII. (wann es dazu kam, ist jedoch unbekannt). Giovanni Stefanori, der Kammerdiener von Eugenio Pacelli, sagte aus, ihn habe eines Abends um 22 Uhr Mons. Beretti angerufen und ihm mitgeteilt, dass der Sakristan von Sankt Peter gestorben sei, der Juden im Haus (in der Canonica von Sankt Peter) versteckt hatte. Er habe berichtet: „Kardinal Canali wollte vier Juden wegschicken, die besagter Hochehrwürdiger im Haus aufgenommen hatte." Stefanori erzählte weiter: „Um 23 Uhr ließ mich der Papst, der von mir in Kenntnis gesetzt worden war, Kardinal Canali anrufen, um ihm zu sagen, er solle den Befehl zur Räumung vertagen, und dass Mons. Montini am folgenden Tagen mit ihm sprechen würde."[23] Der Papst schaltete Mons. Montini ein, der für die Aufnahme von Flüchtlingen war. Er übernahm nicht den Kurs Kardinal Canalis.

Canali ist die zentrale Person der Gruppe derer, die gegen die Beherbergung von Flüchtlingen waren. Er war der Schützling Rafael Kardinal Merry del Vals gewesen, der dafür gesorgt hatte, dass der gerade einmal 33 Jahre alte Canali von Pius X. zum Substituten ernannt wurde. Mit Merry del Val hatte er sich eine Wohnung im Palazzo del Sant'Uffizio geteilt. Er hatte ein gutes Verhältnis zu Mons. Umberto Benigni gehabt, einem überzeugten katholischen Antisemiten, der an der Spitze eines Informationsnetzwerks gestanden hatte, das Züge einer Spionageorganisation mit integralistischen Tendenzen hatte; Émile Poulat hat sich damit beschäftigt.[24] Benedikt XV. bezeichnete Canali im Gespräch mit Baron Monti als „roh und rüpelhaft". Nach seiner Wahl zum Papst bestätigte er ihn nicht als Substituten.[25] Pius XI. hatte ihn zum Kardinal ernannt und aus dem Heiligen Offizium in die vatikanische Verwaltung versetzt, wo seine harte Hand sich bemerkbar machte. Die italienischen Polizeiakten enthüllen, dass der regimenah eingestellte Canali mit Auskünften für die faschistischen Informanten nicht geizte. Die profaschistische Haltung des Kardinals erklärt jedoch nur teilweise, warum er gegen die Aufnahme von Gästen war. Denn auch in seiner Funktion als Präsident der Päpstlichen Kommission für den Staat der Vatikanstadt, dem Organ, das für die vatikanischen und exterritorialen Gebiete zuständig war, war er gegen diese Entscheidung. Aus einer Notiz Roncas geht hervor, dass Canali sich weigerte, den Gästen im Lateran vatikanische Ausweise auszustellen, um die man ihn auf Vorschlag Galeazzis gebeten hatte. Im Lateran hielten Ronca und seine Mitarbeiter den Kardinal für den wahren Gegner ihres Engagements.

Zur Päpstlichen Kommission für den Staat der Vatikanstadt gehörten jedoch neben Canali auch Graf Galeazzi als Sondergesandter und Carlo Pacelli als *Consigliere Generale*. Aus den Akten des Seligsprechungsprozesses für Pius XII. wird deutlich, dass diese beiden Laien im Vatikan fast jeden Abend beim Papst waren, um mit ihm über vatikanische Angelegenheiten und andere Themen zu sprechen. Es war kein Zufall, dass Ronca in Galeazzi und Pacelli eine direkte Verbindung zum Papst sah und sie als Sprachrohr von dessen Willen betrachtete. Beide setzten sich für die Aufnahme von Juden und Verfolgten ein. Auch wegen des Ansehens, das sie durch die Nähe zum Papst genossen, spielten sie im Hilfsnetz im Untergrund eine wichtige Rolle. Marcantonio Pacelli erinnerte sich später: „Sowohl ich als auch meine Brüder taten unser Bestes, um Gemeinschaften und Personen zu helfen, die sich in einer Notlage oder in Gefahr befanden, und alles wurde mit dem Einverständnis des Heiligen Vaters getan." Die Pacellis waren eng mit der römischen, besonders der kirchlich-aristokratischen Welt verbunden. Einige Menschen in Not wandten sich direkt an die Neffen des Papstes. Das Prestige der Familie kam ihnen auch beim Kontakt mit den Deutschen zugute, die dem römischen Adel achtungsvoll gegenüberstanden: „Der Name ‚Pacelli' erleichterte uns den Zugang zu Personen jeder Klasse und besonders zu den Offizieren des deutschen wie des alliierten Heeres", so Marcantonio Pacelli.[26]

Kardinal Canali, der Hauptverantwortliche für die zivilen Fragen des Vatikans, legte die Befugnisse seines Amts sehr weit aus; er bestand darauf, über alles, was im Vatikan geschah, informiert zu werden, und erhielt – wenn man den Quellen der Polizei Glauben schenken darf – täglich einen Bericht des vatikanischen Telefon- und Telegrafendienstes. Diese totale Überwachung hatte Galeazzi schon 1942 missfallen, sodass man in jener Zeit über eine Absetzung des Kardinals nachdachte.[27] Dalla Torre, der Chefredakteur des *Osservatore Romano* schrieb in seinen Memoiren: „Unsere Telefone wurden von der Gendarmerie überwacht und in ihren Reihen waren Informanten."[28] Es war also bekannt, dass die vatikanischen Telefone von der Gendarmerie angezapft wurden. Canali wollte alles wissen, um zu vermeiden, dass der Vatikan von der allgemeinen Situation, in der Rom sich befand, in Mitleidenschaft gezogen wurde. Aus vertrauenswürdiger Quelle weiß man, dass die Schweizergarde erweitert wurde, die die Mauern überwachte. Auch Maschinengewehre kamen zum Einsatz. Die Mauern der Hochburg um Sankt Peter wurden verstärkt; scherzhaft sprach man im Vatikan von einer „Canali-Linie".[29] Die Schweizergarde begann nun neben der historischen Hellebarde auch moderne Waffen zu tragen. Die Reihen der päpstlichen Gendarmerie, die die Funktionen einer Polizei hatte, wurden zur Stärkung der Sicherheit um eine gesonderte Abteilung mit Agenten in Zivil ergänzt.

Die Palatingarde, ein Korps römischer Freiwilliger, das Schichtdienst in den päpstlichen Palästen leistete, wurde zum Teil auf vatikanischem Terrain einquartiert (ihre Truppenstärke war wie gesagt stark gestiegen). Der damals jugendliche Enzo Forcella erinnerte sich daran, dass die jungen Männer Roms sich darum rissen, sich in den Reihen der „Soldaten des Papstes" in Sicherheit zu bringen. Auch aus der regen Korrespondenz Ester Nogaras mit ihrer Tochter erfährt man, dass „alle glauben, in der Palatingarde Rettung zu finden, und versuchen, sich dort zu melden". Andere junge Männer bemühten sich um eine Beschäftigung im Vatikan, um von der Wehrpflicht befreit zu werden.[30] In einigen Fällen gelang es den päpstlichen Streitkräften, Eindringlinge abzuschrecken: In San Calisto in Trastevere trotzte die Palatingarde einer Gruppe von Faschisten, die in die päpstlichen Gebäude eindringen wollten, um die dort beherbergten Flüchtlinge gefangen zu nehmen.[31]

Was im so genannten Palazzo delle Congregazioni in Trastevere geschah, der exterritorialen Status genoss, ist kaum bekannt, weil dort sehr unterschiedliche Personen wohnten oder ihre Büros hatten. Es gab also keine kontinuierlich dort lebende Gemeinschaft, die das Gedächtnis an die Ereignisse in den Jahren 1943 und 1944 hätte bewahren und an die folgenden Generationen weitergeben können, wie es in den Ordenshäusern der Fall war. Doch selbst in einigen Ordenshäusern weiß man nichts mehr darüber, wie z. B. bei den Steyler Missionaren oder den Frati Bigi.[32]

Pius XI. hatte das Gebäude an der Piazza di San Calisto neben der Basilika Santa Maria in Trastevere und dem alten Palazzo di San Calisto, der den Mönchen von Sankt Paul gehörte, errichten lassen. Die vatikanische Verwaltung ließ sich dort nieder. Im Palazzo befanden sich unter anderem die Konzilskongregation, die für den Klerus zuständig war, die Religiosenkongregation, die Ritenkongregation und die Kongregation für die Seminare und Studieneinrichtungen (der Sekretär Mons. Ernesto Ruffini wohnte auch dort) sowie weitere Büros und Wohnungen. Die Prälaten brachten dort etwas weniger als 100 Juden und Verfolgte unter. Dieser Bereich wurde nicht so streng kontrolliert wie der Vatikan; Einzelpersonen konnten hier autonom entscheiden. Daher gibt es auch keine detaillierten Erinnerungen an das, was dort passierte.

Elena Carandini notierte, dass ihr Ehemann einen gewissen Ruggero Schiff, der jüdische Wurzeln hatte, versteckt in einem Kleinlaster in den Palazzo San Calisto („ein großes exterritoriales vatikanisches Gebäude hinter Santa Maria in Trastevere") brachte. Doch Schiff fühlte sich dort nicht sicher: In jenem Komplex „waren zu viele unterschiedliche Menschen, auch frühere englische, jugoslawische und andere Kriegsgefangene, und fragwürdige Personen. Ruggero fühlte sich noch immer in Gefahr. Schließlich kam er direkt in der Vatikanstadt bei den Nasalli Roccas unter", schilderte die Aristokratin.[33] Im Vatikan unterzukommen, bedeutete für die meisten in absoluter Sicherheit zu sein. Interessant ist jedoch, was über die Gäste von San Calisto berichtet wird. Aus Carlo Trabuccos Tagebuch erfährt man, dass die Faschisten versuchten, den Palazzo im Handstreich einzunehmen. Trabucco bezeichnete den Palazzo in dem Zusammenhang als „eine Art Falle für jene, die ihn legal [...] und illegal bewohnen". Am 20. März 1944 notierte er in seinem Tagebuch:

> Seit 48 Stunden lungern in der Umgebung Mitglieder der „Guardia Nazionale Repubblicana" herum, die alle anhalten, die aus dem Palazzo herauskommen. Sie halten unschuldige Personen an und führen sie weg, auch das dort wohnende Personal. Es ist offensichtlich, dass sie anderes im Sinn haben und nicht abgeneigt wären, den Palazzo zu überfallen [...] Doch nach dem Vorfall in Sankt Paul geht Caruso kein Risiko mehr ein. Nun ja, dort drinnen sind niemand Geringeres als die Generäle Cadorna und Zanetti, Marzano, ein Mann, in dessen Händen im Palazzo del Vimi-

nale eine Zeit lang die Angelegenheiten der OVRA lagen, Anwalt Comandini und einige Juden.

Tatsächlich lebte dort der spätere außerordentliche Beauftragte der jüdischen Gemeinde Roms, Silvio Ottolenghi, zusammen mit ein paar Glaubensgenossen.[34] Die Belagerung durch die Faschisten löste sich schließlich auf, doch die Flüchtlinge hatte sie sehr verängstigt. In San Calisto kam es zu keinem Verstoß und zu keiner Auseinandersetzung zwischen dem Vatikan und den deutschen Behörden. Es scheint, als hätten hier allein die Faschisten ihre Hände im Spiel gehabt.

Doch ob die Vatikanstadt und alles, was zu ihr gehörte, verschont bleiben würden, war bis zum Tag der Befreiung fraglich. Ein Schild, das an den Durchfahrten in den Vatikan angebracht war, mahnte: „Der Gouverneur des Staates der Vatikanstadt [...] bescheinigt, dass dies einer der Eingänge zum Staat der Vatikanstadt ist, eines souveränen, unabhängigen, neutralen Staates, der als solcher unverletzlich ist."[35] Offensichtlich lag das Risiko einer Verletzung ständig in der Luft, da das Schild erstmals 1943 ausgehängt wurde. Canali befürchtete, dass die Anwesenheit von Flüchtlingen in den Ordensgemeinschaften, im Vatikan oder in den exterritorialen Gebieten den Deutschen einen Vorwand für mögliche Überfälle bieten könnte. Auch Palazzini erinnerte sich daran, dass es der Kardinal war, der während der Besatzung den meisten Widerstand gegen das im Lateran gewährte Asyl leistete.

Dass in der vatikanischen Verwaltung nicht alle einer Meinung waren, darf nicht verwundern. Denn auch weil einige einflussreiche Personen im Laufe der verschiedenen Pontifikate auf leitenden Posten geblieben waren, gab es im Vatikan ein großes Spektrum von Sichtweisen, das der Papst zu lenken und zu leiten hatte. Darüber hinaus war es nicht nur und nicht immer Canali, der Widerstand leistete (laut Antonazzi hatte er gegen die Aufnahme von Gästen in der Propaganda Fide zum Beispiel keine Einwände). Viele Kritiker bemängelten auch das wenig geistliche Profil der Tätigkeit im Untergrund: Es war nicht die Aufgabe eines Priesters, so etwas zu tun, fanden einige. Kardinal Palazzini, der das Angedenken Roncas vehement verteidigte, schrieb zehn Jahre nach dessen Tod: „Auch damals wurde Mons. Ronca kritisiert. Man sagte, er residiere nicht immer im Seminar; er bringe sich selbst und sein Umfeld in Gefahr und diese Kritik kam manchmal von den gleichen Priestern, die regelmäßig in die Suppenküche kamen, die dank seiner Großzügigkeit im Seminar eröffnet worden war." Natürlich musste jemand, der Schutzsuchende aufnahm und sich im Untergrund engagierte, seinen Lebensstil zwangsläufig ändern. Auch die Atmosphäre in den Ordenshäusern, in denen Menschen untergebracht wurden, war eine andere als zuvor.

Wir wissen, dass einige Asylsuchende in den Ordenshäusern Absagen erhielten, teils sicherlich wegen logistischer oder organisatorischer Schwierigkeiten, teils vielleicht aber auch weil die Leiter der Häuser Angst hatten, ein Risiko einzugehen. Doch eine konkrete Formulierung der Beweggründe für eine Absage ist nirgendwo zu finden. Eine in den *Actes et Documents* edierte Notiz ist diesbezüglich hochinteressant. Wenige Tage nach dem 16. Oktober legte ein deutscher Franziskanerminorit, Aquilin Reichert, dem Staatssekretariat eine kritische Eingabe zu den aufgenommenen Gästen vor. Nebenbei gesagt vertraute dieser Bruder Jedin an, dass nur einer von fünf deutschen Soldaten, die den Vatikan besuchten, noch an einen Sieg glaubte. Der Ordensmann kritisierte die Asylpolitik und schrieb dem Vikariat die Verantwortung dafür zu:

> Da sie seiner Meinung nach Juden, Deserteuren usw. den Zugang zu den Klöstern erleichtert, erscheint ihm die Haltung des Vikariats unklug. Sie ist die Folge davon, dass sich die kirchlichen Würdenträger von der Gutherzigkeit und dem Grundsatz der christlichen Nächstenliebe leiten lassen, die die Sitten der Italiener durchdrungen haben. Doch gegenüber der SS muss man sich vor allem von der Vernunft leiten lassen, um nicht durch einen Akt falsch verstandener Nächstenliebe die Interessen der Heiligen Mutter Kirche und auch die Flüchtlinge selbst in Gefahr zu bringen. Laut besagtem Pater wird die SS (die zurzeit mit etwa 300 Mann in Rom ist, deren Anzahl jedoch auf ein paar Tausend ansteigen soll) bald eine Razzia in den Klöstern und den Gebäuden des Heiligen Stuhls durchführen, zum großen Schaden und mit Vergeltungsmaßnahmen gegenüber den einen wie den anderen.[36]

Nicht alle deutschen Ordensleute dachten so wie Reichert, denn viele nahmen Verfolgte in ihren Häusern auf. Der Rektor des Päpstlichen Orientalischen Instituts war Deutscher und setzte sich ebenso wie andere Klostervorsteher und einfache Ordensleute deutscher Nationalität für die Flüchtlinge ein. Hubert Jedin, der der Aufnahme von Flüchtlingen grundsätzlich positiv gegenüberstand, hatte jedoch Bedenken gegen das, was in der Abtei Sankt Paul geschah: Er fragte sich, welches im Krieg kämpfende Heer dulden könnte, dass nur wenige Kilometer von der Kriegsfront entfernt ganzen „Zellen von Feinden" Asyl gewährt wurde.[37]

Mons. Alois Hudal, ein mit den Nazis sympathisierender österreichischer Prälat, der den Nationalsozialismus aus katholischer Sicht noch für zu retten hielt, stand dem Engagement und dem Asyl für Schutzsuchende kritisch gegenüber. Der Rektor des Kollegs von Santa Maria dell'Anima war eine eigenartige Gestalt in der Ewigen Stadt Pius' XI. und Pius' XII. Er war ein Freund Canalis und Merry del Vals; Letzterer hatte ihn in verschiedenen vatikanischen Kongregationen untergebracht. Kardinal Pacelli hatte sich seinerzeit jedoch nach anfangs guten Beziehungen von dem Bischof distanziert, als dieser sich den Nazis zugewandt hatte.[38] Für die vielen deutschen Geheimdienstmitarbeiter, die in Rom nach Informationen heischten, war er ein wichtiger Bezugspunkt.[39] In seinem 1936 veröffentlichten Buch *Die Grundlagen des Nationalsozialismus* behauptete er, dass Christentum und Nationalsozialismus durchaus miteinander vereinbar seien. Als nun die deutschen Besatzer in Rom eintrafen, schien der Bischof, der im Vatikan ausgegrenzt worden war, für einen Moment wieder an Bedeutung zu gewinnen, besonders als er sich nach dem 16. Oktober zu den Deutschen begab.[40] Hudal glaubte, dass sich der Vatikan, der bis Ende Juli 1943 grundsätzlich neutral gewesen war, an die Seite der Alliierten gestellt habe, auch weil es Berlin nicht gelang, gegenüber der Kirche eine ernstzunehmende Politik zu betreiben. Seiner Meinung nach war der Vatikan während der Besatzung nur auf dem Papier neutral, protegierte faktisch aber jene, die sich gegen die Deutschen stellten, etwa indem er Flüchtlinge im Lateran und andernorts unterbrachte. Hudal befand, dass die deutschen Besatzer gegenüber der Kirche sehr wohlwollend gewesen seien, obwohl sie sehr wohl gewusst hätten, dass die kirchlichen Einrichtungen randvoll mit Flüchtlingen „häufig zweifelhafter Herkunft" waren.[41]

Im Rahmen seiner eigenen Art von Einsatz für Flüchtlinge nach dem Krieg gelang es Hudal, eine Reihe von Nazis, unter ihnen auch Erich Priebke, außer Landes zu bringen. Jung erinnerte sich daran, wie er nach Kriegsende in einem Auto mit der österreichischen Fahne im Vatikan vorfuhr. 1952 wurde Hudal als Rektor der Anima abgesetzt. Wahrscheinlich war er es, der in seiner Verbitterung um diese Entscheidung Pius' XII. Rolf Hochhuth zumindest zum Teil den Stoff für den *Stellvertreter* lieferte, das Theaterstück zum „Schweigen" des Pacelli-Papstes. Schwester Pascalina behauptete zumindest in ihren Erinnerungen, der Prälat habe sich dafür am Papst für seine Absetzung gerächt.[42]

Pater Reichert kann man nun natürlich nicht mit dem früheren Rektor der Anima vergleichen. Denn die Haltung, die er in seinem Schreiben an das Staatssekretariat vertrat, entsprach im Grunde genommen der Staatsräson bzw. dem Interesse des Vatikans, der nicht in den Konflikt hineingezogen werden wollte, wohlwissend, dass der Feind, besonders die SS, gefährlich und skrupellos war. Der Vorwurf richtete sich in diesem Fall gegen das Vikariat von Rom und damit auch gegen das Seminario Romano und gegen Kardinal Marchetti, der es den Pfarreien und Einrichtungen der Diözese erlaubte, sich für Asylsuchende zu engagieren. Man führte Politik mit dem Herzen.

Pius XII. und die meisten führenden Männer im Vatikan waren sich des Risikos bewusst. Doch es gab Meinungsverschiedenheiten. Neben Canali teilten auch andere die gewagte Entscheidung nicht. Doch der Papst und das Staatssekretariat mussten eine Entscheidung fällen. Zwangsläufig musste es zu Unsicherheiten kommen, durch Gerüchte, durch Ängste, durch bestimmte Ereignisse und durch persönliche Begegnungen in der Stadt Rom. Doch schließlich setzten sich diejenigen durch, die Flüchtlinge aufnehmen wollten.

Ein nicht ganz neutraler Vatikan

Die Vatikanstadt war in jeder Hinsicht das Gebiet eines neutralen Staates. Nach dem 8. September wurden zahlreiche alliierte Kriegsgefangene, besonders Engländer, freigelassen und kamen nach Rom; einige von ihnen versuchten, in den Vatikan zu gelangen. Der Heilige Stuhl sah nur ungern, dass Militärs in die vatikanische Festung kamen, doch einer kleinen Gruppe gelang es. Tittmann beobachtete dazu: „Ihnen wurde vom Papst Asyl gewährt und [...] sie wurden in einem Dormitorium in den Kasernen der päpstlichen Gendarmerie untergebracht."[43] Montini sprach darüber mit dem deutschen Botschafter und schlug vor, sechs englische Gefangene gegen sechs deutsche auszutauschen.[44]

Der britische Diplomat Francis Osborne wurde im Vatikan bevorzugt behandelt. Im Kontakt mit der Regierung in London beschränkte er sich darauf, nur über die Beziehungen zum Vatikan, nicht aber über italienische Angelegenheiten zu berichten; dazu hatte er sich verpflichtet, um die Neutralität des Heiligen Stuhls nicht in Gefahr zu bringen. Doch er setzte sich schließlich über diese Einschränkung hinweg, als er das Mandat für die italienischen Gesandten bestätigte, die im Namen Badoglios einen Waffenstillstand verhandelten, und London in einem verschlüsselten Schreiben die Authentizität dieser Schreiben bescheinigte. Wahrscheinlich stimmte das Staatssekretariat dieser gewagten Aktion zu. Dass Osborne von seiner Wohnung im Vatikan aus ein Funkgerät benutzte, konnte nicht nachgewiesen werden. Er hatte Zugang zu den hohen Herren im Staatssekretariat und wurde vom Papst persönlich empfangen. In einer langen, eine Stunde dauernden Audienz teilte der Papst dem Diplomaten Ende Oktober 1943 mit, dass er sich Sorgen machte. Er betonte mit Nachdruck, er würde „Rom ‚zum Schutz der Stadt' niemals verlassen", man müsste ihn schon mit Gewalt holen. Er beharrte auf der „üblichen Angst vor dem Kommunismus", worauf Osborne entgegnete, dass die Ausbreitung des Kommunismus nicht von der UdSSR abhing, sondern von der wirtschaftlichen Situation. Der Papst sorgte sich jedoch besonders um Rom, vor allem um die Versorgung der Bevölkerung. Er sprach auch die Übernahme der Hauptstadt durch die Alliierten an, so als stünde sie kurz bevor. Osborne hielt fest: „Er sorgte sich auch um den Zustand der Stadt in der Zeit zwischen dem Weggang der Deutschen und der Ankunft der alliierten Truppen."[45]

Nach dem 8. September wurden die vatikanischen Würdenträger vorsichtig, da sie nunmehr den Deutschen, den neuen Herren über Rom, von Angesicht zu Angesicht gegenüberstanden. Das Staatssekretariat dementierte mehrfach das von den Deutschen ständig neu belebte Gerücht, wonach der Vatikan beim Seitenwechsel Italiens eine aktive Rolle gespielt hätte. In einer Mitteilung Kapplers vom 19. September 1943 heißt es, Kardinal Maglione habe bestritten, dass der Vatikan beim Abschluss des Waffenstillstands seine Hände im Spiel gehabt habe: „Maglione und Montini haben Erklärungen zur Kontrolle der im Vatikan untergebrachten diplomatischen Vertreter abgegeben. Weizsäcker zufolge bestätigen diese Erklärungen den Eindruck, dass es Spionageaktivitäten gegeben hat, nicht im Vatikan, aber sehr wahrscheinlich in Italien."[46]

Hier spielte er auf die im Vatikan beherbergten Diplomaten der Alliierten an, die den Deutschen ein Dorn im Auge waren. Es sei daran erinnert, dass im Vatikan die Vertreter von 15 Ländern wohnten, die mit Italien Krieg führten; deren gesamtes Personal miteingerechnet waren es insgesamt etwa 100 Personen.

Nach dem 8. September blieben die Türen des Petersdoms ein paar Tage verschlossen. Mons. Antonazzi schrieb: „Ich trete kurz auf die Terrasse heraus und sehe, dass die Pforten der vatikanischen Basilika verschlossen sind. Ein weiterer Beweis für den Ernst und die Unsicherheit der Lage."[47] So etwas hatte es vielleicht seit dem 20. September 1870 nicht mehr gegeben, dem Tag, nachdem Rom von italienischen Truppen besetzt worden war. Es spiegelte die Unsicherheit wider, die im Vatikan herrschte; vielleicht wollte man aber auch Chaos in der Basilika vermeiden. Die verschlossenen Türen der Basilika zeigten einen Vatikan, der Angst hatte. Die Zugänge zur vatikanischen Hochburg wurden streng bewacht. Der Petersplatz und die Bereiche um die Patriarchalbasiliken wurden Orte der Zuflucht für viele Römer und Flüchtlinge, die dort die Tage verbrachten und hofften, von den Bombenangriffen verschont zu bleiben, zu denen es meist tagsüber kam.[48] Einem Ordensmann, der häufig in den Vatikan kam, bot sich in jenen Monaten auf dem Petersplatz folgender Anblick:

> Auf dem Petersplatz vier deutsche Fallschirmjäger, in voller Kriegsmontur mit Tarnanzug, Helm und dem Maschinengewehr mit kurzem Lauf, sie gehen paarweise auf und ab, entlang der weißen Demarkationslinie zwischen dem italienischen und dem Vatikanstaat, die die beiden Kolonnaden Berninis miteinander verbindet [...] Ganze Familien kampierten dort zu den Zeiten, in denen man am stärksten vermutete, dass es Bombardierungen geben würde. Das Volk glaubte nach den ersten beiden, dass sie zwischen 10 und 15 Uhr stattfinden würden. Bis zu den ersten kalten Tagen war der Platz gedrängt voll mit unterschiedlichsten Menschen, die ein buntes Spektakel darstellten, wie auf einem orientalischen Markt, und alles, was sie tragen konnten, mit sich brachten: Stühle, Tischchen, Bündel, Taschen, kleine Gefäße, wohingegen die Kinder, die kleinsten ebenso wie die schon recht großen hier ihren idealen Spielplatz gefunden hatten ...[49]

Das Territorium des Vatikans beginnt dort, wo heute die Piazza Pio XII. endet, und umfasst den Bereich zwischen den beiden Kolonnaden Berninis. Auf dem Platz hat normalerweise die italienische Polizei Dienst, doch nach dem 8. September war alles anders. Die Deutschen durften die weiße Linie nicht überschreiten, die die Angestellten des Vatikans hatten ziehen lassen, um die Grenze zu Italien zu kennzeichnen. Der Vatikan ließ einen Unterstand für die deutschen Wachsoldaten erbauen, was das deutsche Kommando ihm hoch anrechnete. Nachdem die Menschen die weiße Linie überschritten hatten, stand ihnen der Weg bis zur Basilika und zu den Eingängen zum Vatikan frei. Einmal kam es auf dem Petersplatz zu einer Auseinandersetzung zwischen einem britischen Diplomaten und dem Chef der Schweizergarde: Letzterer wollte zwei englischen Matrosen Zutritt zum Vatikan verwehren, auch wenn sie es bis auf den Platz (vatikanisches Gebiet) und bis zum Glockentor, einem der Eingänge zur Vatikanstadt, geschafft hatten. Doch am Ende durften sie eintreten.

Die Diplomaten Großbritanniens und der Vereinigten Staaten, die im Vatikan wohnten, halfen ihren Landsleuten, die nach dem 8. September freigelassen wurden oder flohen. Um Tittmann und Osborne bildete sich eine Hilfsorganisation für Kriegsgefangene mit Sitz im Vatikan – „ohne jegliche Rücksicht für die Neutralität des Heiligen Stuhls“, wie Tittmann bekannte. Auch dies ist ein Aspekt des Engagements im Untergrund. Die vatikanische Wohnung des britischen Botschafters, der im Palazzo di Santa Marta Tür an Tür mit dem polnischen und dem amerikanischen Vertreter lebte, wurde zur Organisationszentrale. Die Leitung übernahm der englische Major Sam Derry, der sich heimlich und im Priestergewand in den Vatikan eingeschlichen hatte. Einige römische Priester kamen in den Vatikan, um die britische Botschaft über untergetauchte Militärs zu informieren. Im September 1943 war Antonazzi, der Ökonom des Kollegs der Propaganda Fide, in Castel Sant'Elia und erfuhr dort, dass sich ein paar Soldaten, die nach dem 8. September geflohen waren, in den Wäldern in der Umgebung versteckten. Am 19. September berichtete er Osborne im Vatikan von diesen Soldaten, denen zwar die örtliche Bevölkerung half, die jedoch in großer Not waren. Antonazzi hielt fest: „Der Botschafter gab mir 40.000 Lire und ich ging, um sie ihnen zu bringen [...]“ Nur in Begleitung des Pfarrers von Castel Sant'Elia machte er sich auf zu den Kriegsgefangenen, um das Geld unter ihnen zu verteilen.[50] Ein Priester aus dem Vatikan wie Antonazzi kollaborierte also, damit „feindliche“ Soldaten überleben konnten.

Pater Libero Raganella, der Priester des Arbeiterviertels San Lorenzo, nahm nach dem 8. September mehr als 20 englische Kriegsgefangene bei sich auf: „Wir werden Ihnen helfen, wo es nötig ist und sofern es uns möglich ist“, sagte ihm ein britischer Funktionär, den er in Sankt Peter traf. „Doch wir wollen eine genaue Liste von allen [...]“ Der Ordensmann fand das Verhalten des Funktionärs ziemlich kleinlich. So hielt er sie weiterhin versteckt und begab sich jeden Donnerstag in die Botschaft im Vatikan, um für die Kriegsgefangenen Zuschüsse in Empfang zu nehmen.[51] Im Vatikan befand sich die Zentrale der so genannten „Rome Escape Line“. In Berichten über seine Arbeit im Untergrund betonte Major Derry, dass das vatikanische Gebiet dafür von essentieller Bedeutung gewesen sei.[52] Durch ein regelrechtes Netz von Unterstützern, das sich über Rom und das Umland erstreckte, konnte etwa 4.000 alliierten Gefangenen geholfen werden (allein im April 1944 wurden dafür 1.740.000 Lire aufgewandt). Derry war ständig irgendwo im Vatikan oder in Rom unterwegs und blieb in Verbindung mit den Zufluchtsorten der Militärs in der Hauptstadt und im Umland.

Mons. Hugh O'Flaherty spielte bei diesen Bemühungen eine wichtige Rolle. Er war Ire (kam also aus einem neutralen Land) und ein Feind der Nazis. Seine Nationalität erleichterte es ihm, Menschen in der ganzen Stadt von einem Ort zum anderen zu bringen. Jedin kannte ihn gut, konnte sein Engagement jedoch nicht gutheißen, vor allem die Weitergabe von Informationen an die Alliierten. Der deutsche Historiker zeichnete in seinem *Lebensbericht* ein lebhaftes Bild von dem Iren: „Er wollte einfach helfen, wo er konnte, das entsprach seinem ganzen Wesen, und wenn dieses Helfen mit Gefahren verbunden war, um so besser: dann konnte sich seine irische Lust am Abenteuer ausleben.“[53] Er bekam den Spitznamen „Primula Rossa“ bzw. „Scarlet Pimpernel“ (scharlachrote Blume). Britische und amerikanische Militärs versorgte er mit finanziellen Mitteln und – laut Tittmanns Sohn – auch mit Waffen. Er arbeitete mit Major Derry und Osbornes Kammerdiener John May zusammen.[54] Der Monsignore hielt sich häufig in der Nähe des Petersdoms und auf dem Petersplatz auf, wo er mit alliierten Soldaten Kontakt aufnahm, die sich durch die Menschenmenge vorgekämpft hatten. Verschiedene Geistliche aus Rom waren Teil des von ihm geknüpften Hilfsnetzes; so auch die

Salesianer Don Giorgi und Don Valentini, die im Untergrund aktiv waren und die Resistenza unterstützten.[55]

Am 19. Oktober 1943 taucht O'Flaherty zum ersten Mal in einer Mitteilung Kapplers auf und wird dort als „ein Freund des Gesandten Osborne" bezeichnet.[56] Die Deutschen behielten ihn also genau im Auge. Mehrmals versuchten sie, ihn zu schnappen. Der deutsche Botschafter beim Heiligen Stuhl beschwerte sich beim Rektor des Deutschen Priesterkolleg, Mons. Stoeckle, der jedoch vorgab, über das Wirken des irischen Priesters nichts zu wissen. Auch Jedin wurde über ihn ausgefragt. Der Einsatz des Iren, eine Kombination aus vatikanischer Immunität und persönlicher Furchtlosigkeit, ist emblematisch für das Klima, das in jenen Monaten in Rom herrschte. Auch ein Protokollführer der Kongregation für die Orientalische Kirche, der Amerikaner Mons. Joseph McGeough, der im Nordamerikanischen Kolleg auf dem Gianicolo wohnte (wo einige alliierte Militärs versteckt waren), arbeitete mit dem irischen Priester zusammen. Jedin wies zu Recht darauf hin, dass O'Flahertys Einsatz für die alliierten Kriegsgefangenen zu sehr hervorgehoben und dabei häufig vergessen wird, wie viel er für die verfolgten Juden getan hat.[57]

Die Basis dieses Hilfsnetzes im Untergrund lag in der Vatikanstadt. Dort arbeiteten nazifeindliche Priester mit alliierten Diplomaten zusammen. Ein vatikanischer Angestellter, Pasquale Perfetti, hatte anfangs zum Kreis von O'Flahertys Unterstützern gehört, wurde aber am 30. März 1944 von Koch festgenommen.[58] Anfangs hielten die Faschisten Perfetti für einen Priester.[59] Nachdem Dom Troya, ein mit Koch kollaborierender Mönch, ihn nach seiner Verhaftung gehörig eingeschüchtert hatte, begann Perfetti, für Koch zu arbeiten.[60] Dieser verfolgte mit besonderem Interesse die Aktivitäten der „Primula rossa". In einem Bericht der „Banda Koch" ist die Rede von einem geheimen Netz zugunsten alliierter Kriegsgefangener, das von den diplomatischen Gesandtschaften der Alliierten und auch von der Vichy-Regierung tatkräftig und finanziell unterstützt werde (darüber hinaus auch von dem französischen Priester Mons. Fontenelle und durch den Einsatz diplomatischer Fahrzeuge).[61] Als Koch aus Rom verschwinden wollte, versuchte er, über einen römischen Adligen eine Vereinbarung mit O'Flaherty zu treffen: Er bat um einen Unterschlupf für seine Mutter und seine Schwester und war bereit, im Gegenzug dafür ein paar inhaftierte Freunde O'Flahertys freizulassen.

Dazu kam es jedoch nie, da Kochs Verwandte dagegen waren. Zur Freilassung der Gefangenen soll es aber tatsächlich gekommen sein.[62]

Der französische Priester Mons. Joseph Hérissé unterstützte Flüchtlinge und Juden mit Geldern aus den USA. Später werden wir noch sehen, dass er mit der jüdischen Hilfsorganisation DELASEM zusammenarbeitete. Einer ähnlichen Tätigkeit ging auch Mons. René Fontenelle nach, ein berühmter französischer Priester, der in Rom lebte; er stand dem Sekretär der Kongregation für die Orientalische Kirche, Eugène Kardinal Tisserant, nahe, der die Vichy-Regierung ablehnte und in Rom als Gaullist bekannt war. Aus seiner gaullistischen Gesinnung machte auch Fontenelle keinen Hehl. Einmal kam es unter den Kanonikern an Sankt Peter zu einer hitzigen Diskussion über den Krieg, bei der der Italiener Mons. Raffaele Acernese Ansichten vertrat, mit denen Fontenelle nicht einverstanden war: Maglione musste die Kanoniker zur Ruhe rufen.[63] Das Netz der Alliierten wurde darüber hinaus auch von italienischen Priestern unterstützt, z.B. von den Geistlichen der Pfarrei San Giuseppe al Trionfale unweit des Vatikans.[64]

Das Treiben O'Flahertys und seiner Freunde war äußerst kostspielig, denn man musste zum Beispiel auch die Informanten in der Questura Roms bezahlen. Zuwendungen kamen von britischen und amerikanischen Geheimdiensten, von denen man so gut wie sicher behaupten kann, dass sie vom IOR übermittelt wurden. Auch der antifaschistisch gesinnte Fürst Filippo Doria Pamphilj, der spätere erste Bürgermeister des befreiten Roms, ließ Mons. O'Flaherty eine beachtliche Geldsumme zukommen. Auf der Suche nach diesem anglophilen Fürsten stellten die Deutschen seinen großen römischen Palazzo an der Via del Corso auf den Kopf, konnten ihn jedoch dort nicht finden.[65] Aus einem vatikanischen Dokument geht hervor, dass der Vatikan darüber Bescheid wusste, dass Gelder über das IOR flossen. Carlo Carletti, ein vatikanischer Adliger, bat darum, für eine Überweisung von 16.000 Dollar, die für die römischen Juden bestimmt waren, das IOR nutzen zu dürfen. Das Staatssekretariat, dem er diese Frage unterbreitete, schlug vor, dafür den englischen Botschafter einzuschalten. Tatsächlich wollte Carletti der DELASEM die Summe in Lire zukommen lassen.[66] Doch wie Kardinalstaatssekretär Maglione dazu stand, ist sehr interessant. Er notierte unterhalb der Anfrage: „Ich beabsichtige weder Anweisungen zu geben noch Verantwortung zu übernehmen. Ich möchte nicht einmal Empfehlungen aussprechen." Er verbot es nicht, schaltete sich aber weder befürwortend noch mahnend ein. Er ließ den Dingen einfach ihren Lauf.

War das Staatssekretariat über die Aktivitäten auf vatikanischem Terrain informiert, bei denen eindeutig gegen die erklärte Neutralität verstoßen wurde? Es scheint so, als habe es das Treiben der Alliierten toleriert, die das vatikanische Gebiet und seine Kommunikationskanäle nutzten, um geflohenen oder untergetauchten Soldaten und Kriegsgefangenen zu helfen. Im Februar 1944 überbrachte Mons. Antonio Arata, der Assessor der Kongregation für die Orientalische Kirche, Montini eine dringende Botschaft: Er hatte von einem Hauptmann der Carabinieri erfahren, dass die SS von neun (englischen und amerikanischen) Offizieren wisse, die im Vatikan wohnten oder dort ihre Anschrift hatten; ferner hofften sie, bald zwei im Untergrund lebende Generäle der Alliierten, die sie beschatteten, verhaften zu können; und sie seien im Begriff, englische Kriegsgefangene zu verhaften, die in der Vorstadt Roms, in Bufalotta, versteckt waren.[67] Wurden solche Informationen an die englischen und amerikanischen Diplomaten weitergegeben? Dies konnte zwar nicht nachgewiesen werden, doch ausgeschlossen ist es nicht, wenn man bedenkt, wie tolerant die vatikanischen Würdenträger ihnen und ihrem Tun gegenüberstanden.

Es kam schließlich zu einer Auseinandersetzung mit den Deutschen: Der deutsche Gefreite Heinrich Hannemann sorgte für gehörige Reibereien zwischen dem Vatikan und der Botschaft, die dessen Auslieferung forderte.[68] Der Gefreite flüchtete sich im Juni 1943 in den Vatikan. Er stellte sich am Bronzetor vor und erklärte, er sei ein Deserteur und ein Flüchtling. Die Deutschen forderten die Auslieferung des Soldaten, doch das Staatssekretariat erwiderte, es liefere ihn nur aus, wenn Deutschland die Todesstrafe für ihn aufhebe. Doch der Soldat wehrte sich mit Händen und Füßen, sodass er trotz aller Bemühungen von Seiten der Deutschen nicht ausgeliefert wurde. Darüber hinaus versteckte man im Vatikan auch den deutsch-jüdischen Nazigegner Stückgold, doch er wurde nie zu einem diplomatischen Streitfall.[69]

Kurz danach wies die deutsche Botschaft den Vatikan auf ein Problem hin: Es ging um die Überwachung der Eingänge. Die Botschaft erinnerte daran, dass der Vatikan von den Deutschen weniger hart behandelt worden sei als die Schweiz (wobei man unterscheiden muss, dass es hier um eine Stadt in einer Stadt ging, nicht um das Territorium eines

Staates). Sie schlug vor, dass die Besatzungsmacht, also Deutschland, mehr Verantwortung bei der Kontrolle der Eingänge übernehmen sollte. In Wirklichkeit ärgerte es die Deutschen, dass es mitten im besetzten Europa eine kleine freie Enklave gab. Denn genau das war der Vatikan: ein freier Raum in einem nazifizierten Europa, von dem trotz seiner geradezu lächerlich anmutenden Streitkräfte und Dimensionen eine Vision ausströmte, die über seine Grenzen hinausging.

Tardini, der sich mit den diplomatischen Fragen befasste, beobachtete die Maßnahme der Botschaft mit Besorgnis: „Mir scheint, dass dahinter ein Plan der Deutschen steckt und es fast so etwas wie ein Ultimatum ist. Die Deutschen planen eine Blockade des Vatikans und der exterritorialen Gebäude. Das Ultimatum lautet folgendermaßen: Wenn der Heilige Stuhl uns nicht Herrn Hannemann ausliefert, werden wir den Vatikan blockieren." Die Lage war ernst. Maglione und Tardini diskutierten darüber und wogen die Möglichkeit ab, Hannemann auszuliefern. Tardini glaubte, dass eine Bewachung des Vatikans durch die Deutschen seine Einkerkerung bedeuten würde. Außerdem erinnerte er an den Überfall der Abtei Sankt Paul durch die Faschisten. Maglione diskutierte die Sache mit Pius XII. Der Papst entschied: kein weiteres Asyl für den deutschen Deserteur, sondern eine Auslieferung an Deutschland gegen Garantien. Er ordnete an, Pater Pfeiffer zu rufen, „damit er Überzeugungsarbeit leistet."[70] Doch Hannemann drohte, er werde sich umzubringen, wenn man ihn an die Deutschen auslieferte. Daraufhin ließ der Vatikan von seinem Vorhaben ab. Das Staatssekretariat teilte am 23. Februar 1944 mit, dass der Papst keine Gewalt gegen den Gefreiten anwenden wolle und es daher zu keiner Auslieferung kommen werde.[71] Die Affäre Hannemann endete ohne Ergebnis. So blieb der deutsche Gefreite bis November 1944 im Vatikan und verließ ihn danach aus freien Stücken.

Wussten die Deutschen von den heimlichen Aktivitäten im Vatikan? Natürlich war die Episode um den deutschen Gefreiten bekannt und auch das, was die Alliierten veranstalteten, konnte nicht unbeachtet bleiben. Eine Notiz des Staatssekretariats vom 29. Dezember 1943 gibt ein Gerücht wieder, von dem man von einer vertrauenswürdigen Person erfahren hatte, die es wiederum von irgendeinem Juden gehört haben wollte: Man sagte, es gebe ein jüdisches Komitee, zu dem auch Beauftragte des Vatikans gehörten, das den jüdischen Glaubensbrüdern half; das vatikanische Ausweise mit falschen Namen ausstellte und die Unterbringung von Juden in kirchlichen Einrichtungen begünstigte. Der Informant fügte hinzu, viele hätten solche Ausweise schon gesehen und manch ein Einberufener habe sich damit gerühmt, zur Palatingarde zu gehören. War die Arbeit im Untergrund vielleicht zu umfangreich, um geheim zu bleiben? Das Gerücht könnte auf etwas konfuse Weise auf die DELASEM oder das Raphaelswerk anspielen. Mons. Angelo Dell'Acqua, ein Mitarbeiter des Staatssekretariats, der aus der Nähe all das verfolgte, was Rom und die Juden betraf, hinterließ neben dieser Notiz eine interessante Anmerkung:

> Mir ist die Existenz einer solchen Organisation nicht bekannt. Häufig jedoch konnte ich feststellen, dass verschiedene im Vatikan angestellte Personen oder solche, die dem vatikanischen Umfeld nahestehen, sich zu sehr (ich würde fast sagen auf übertriebene Weise) für die Juden interessierten und sie unterstützten, vielleicht auch durch so manch einen eleganten Betrug [...] Ich habe es immer für maßgeblich gehalten, sich von der Weisheit leiten zu lassen und im Gespräch mit den Juden höchst umsichtig zu sein, denen man raten muss, weniger zu reden [...] Bezüglich der zweisprachigen Ausweise, um die es in der Notiz geht, ist es meiner Meinung nach sinnvoll, dem auf den Grund zu gehen, um mögliche Scherereien zu vermeiden [...][72]

Aus dieser etwas unglücklichen Anmerkung Dell'Acquas, der in den folgenden Jahren deutlich positiver und humaner in Erscheinung treten sollte und ein Freund von Johannes XXIII. war, tritt der Ärger über die vielen Gerüchte und das Gerede all jener hervor, die sich im Umfeld des Vatikans bewegten. Dennoch fragt man sich: Wie konnte ein Einsatz im Untergrund mit so vielen unterschiedlichen Akteuren geheim gehalten werden? Denn nicht immer war es so, dass die vatikanischen Würdenträger nichts davon wussten oder aber den Einsatz vielleicht nur tolerierten: In vielen Fällen förderten ihn die Vorgesetzten wie zum Beispiel Montini, der auch Anweisungen von Pius XII. erhielt. Das Engagement, das Dell'Acqua in manchen Fällen „übertrieben" schien, wurde von Canali bekämpft, der es für zu riskant hielt. Es bleibt die Frage nach der „diplomatischen" und konkreten Handhabung dieses aufgeheizten Themas durch das höchste politische Organ des Vatikans: das Staatssekretariat.

V
Eine politische Entscheidung

Wie man einen überwachten Vatikan regierte

Bei den kleinen wie den großen Entscheidungen des Heiligen Stuhls war der Papst gefragt. Der Pontifex Maximus regierte die Kirche jedoch nicht ganz allein. Ihn unterstützte das Staatssekretariat, das in zwei Sektionen unterteilt war: Die Sektion für die Außerordentlichen Kirchlichen Angelegenheiten (also im Grunde genommen das Außenministerium) stand unter der Leitung von Mons. Tardini, die Sektion für die Ordentlichen Kirchlichen Angelegenheiten (quasi das Innenministerium und gleichzeitig auch das Sekretariat des Papstes) leitete Mons. Montini. Verantwortlich für beide Sektionen war Kardinalstaatssekretär Maglione, der erste Mitarbeiter des Papstes. Die Büros der beiden Sektionen befanden sich im Apostolischen Palast, unweit der Wohnung und des Arbeitszimmers Pius' XII. Das Staatssekretariat filterte den Großteil der Anliegen heraus, besonders die politischen Angelegenheiten und solche, über die sofort entschieden werden musste, und legte sie dem Papst vor. Im Laufe der Zeit verfestigte sich diese Verwaltungs- und Entscheidungspraxis zu einem eingespielten Prozess, bei dem am Ende in der Regel der Papst das letzte Wort hatte. Da er selbst im Staatssekretariat gearbeitet hatte und auch Staatssekretär gewesen war, kannte er den Apparat mit all seinen Problemen sehr gut.

In der von Tardini geleiteten ersten Sektion war, wie schon gesagt, Mons. Dell'Acqua für all die Angelegenheiten zuständig, die die Juden und Rom betrafen.[1] Tardinis Büro arbeitete mit Hochdruck an einem Anliegen, das der päpstlichen Diplomatie sehr am Herzen lag: der Anerkennung Roms als offene Stadt und einem Ende der Bombardierungen. Diesem Thema werde ich mich in diesem Buch nicht widmen; es ging dabei aber gewissermaßen darum, die Rahmenbedingungen abzustecken, innerhalb derer der Vatikan in jener schwierigen Phase für Rom aktiv werden konnte. Der Heilige Stuhl wollte, dass alle Kriegsparteien Rom als eine besondere Stadt betrachteten; er stellte sie – bildlich gesprochen – unter den Schirm der vatikanischen Neutralität und entzog sie dadurch der Logik des Krieges. Der Himmel über Rom musste vor Bombenangriffen beschützt werden. Um jeden Preis musste verhindert werden, dass die Stadt in den Konflikt hineingezogen wurde. Und parallel zu diesen Bemühungen arbeitete der Heilige Stuhl daran, in der Stadt einen Raum für Asyl zu schaffen.

Mons. Montini seinerseits kümmerte sich um die zahlreichen Eingaben, die im Vatikan eingingen. Darunter waren auch diverse Hilferufe und Asylgesuche. Der Substitut war eine Schlüsselfigur bei der heimlichen Aufnahme von Flüchtlingen. Welche Rolle er im Lateran spielte, haben wir bereits gesehen: Er schickte Personen dorthin, unterstützte den Einsatz des Rektors und ließ ein paar Zimmer für „seine" Gäste reservieren. Mons. Clarizio bestätigte, dass er sich dabei auch über die Weisungen Pius' XII. hinwegsetzte. Montini verteidigte Pius XII. vehement, als die Debatte um sein „Schweigen" entbrannte. Kurz vor seiner Wahl zum Papst veröffentlichte er einen beachtlichen Artikel in *The Tablet*, in dem er solche Vorwürfe scharf zurückwies.[2] Darüber hinaus identifizierte sich Montini selbst aber eher mit dem Handeln und den Entscheidungen seines direkten Vorgängers. Für ihn stand fest, dass der Heilige Stuhl für die Juden und die Verfolgten alles nur Mögliche und in seiner Macht Stehende getan hatte. Daher hatte Papst Paul VI. auch keine Bedenken, der Welt die vatikanischen Dokumente zum Zweiten Weltkrieg zu zeigen. Als er sich nur 20 Jahre nach Ende des Krieges dazu entschied, das Archivmaterial aus jenen Jahren zugänglich zu machen, tat er etwas, was noch kein Papst vor ihm getan hatte. In diesem Ausmaß und binnen so kurzer Zeit hat es so etwas danach bis zum heutigen Tag nicht mehr gegeben.[3] Paul VI. glaubte, durch diese Dokumente zeigen zu können, dass sich der Heilige Stuhl während des Krieges im Rahmen der eigenen Möglichkeiten für das Gute eingesetzt hatte.

Während des Krieges fühlte sich der Vatikan isoliert, nach dem 8. September gar bedrängt. Er war „eine Insel der Kraftlosigkeit, die von der Macht der Nazis umzingelt war"; „[...] seine Mauern wurden nur durch die öffentliche Meinung der Welt verteidigt – und wie viel Hitler auf die öffentliche Meinung gab, war bekannt."[4] Auf die Besuche von Myron Taylor, dem persönlichen Vertreter von Präsident Franklin D. Roosevelt beim Heiligen Stuhl, freute sich der Papst immer besonders. Sie unterbrachen die Einsamkeit des Heiligen Stuhls und das internationale Desinteresse an der Meinung des Papstes. Nach dem 8. September verschlimmerte sich die Lage. Der Papst sagte Ende November 1943 zum Direktor der *Civiltà Cattolica:* „Was in dem Teil Italiens geschieht, der von den Angloamerikanern besetzt ist, weiß der Vatikan gar nichts." Man fühlte sich nicht nur isoliert, sondern auch kontrolliert. Vera Simoni, deren Vater, General Simone Simoni, verhaftet, gefoltert und dann trotz aller Bemühungen des Papstes in den Ardeatinischen Höhlen ermordet wurde, erzählte, dass Pius XII. bei einer Audienz für ihre Familie „sich bückte, den Stecker des Telefons, das auf dem Tisch stand, herauszog" und sagte: „Wir sind hier von lauter Spionen umgeben."[5]

Die Deutschen wiederum hielten den Vatikan für ein „Nest von Spionen". Sie waren besessen von diesem Gedanken, der sie zu ständigen Kontrollen antrieb. Bei näherer Betrachtung war der Vatikan aber in einem Europa, das in vielen Teilen vom Reich besetzt war, ein einzigartiger Sonderfall: Er war eine neutrale, nur vom Prestige des Papstes beschützte Insel, auf der die Nazis nichts zu sagen hatten. Es war die – rein moralische – Macht des Papstes, die ihn zu etwas Besonderem machte. Den Deutschen war es zudem daran gelegen, die Neutralität des Vatikans vor den wachenden Augen der ganzen Welt nicht zu verletzen. Doch Berlin war diese Insel inmitten eines vom Reich totalitär und polizeilich überwachten Gebietes ein Dorn im Auge.

Robert Graham, einer der Wissenschaftler, die an der Zusammenstellung der *Actes et documents du Saint Siège relatifs à la Seconde Guerre Mondiale* beteiligt waren, hat vor nunmehr 30 Jahren einen interessanten Aufsatz zu nationalsozialistischen Spionen im Umfeld des Vatikans veröffentlicht. Darin heißt es: „Alarmismus gegenüber Spionen gehört nicht zum Stil des Heiligen Stuhls."[6] Ein Angestellter des Staatssekretariats spionierte jedoch anscheinend für die Sowjets: Mons. Edoardo Cippico-Prettner verdächtigte man nach dem Krieg, die Sowjets mit Informationen über den Katholizismus in der UdSSR beliefert zu haben. Er gab sein Priesteramt auf. Doch an genau diesen Priester dachte Luciano Morpurgo dankbar zurück: In seiner Wohnung, die sich in einem Gebäude befand, das zum Vatikan gehörte und direkt gegenüber einem der Eingänge der Leoninischen Mauern lag, hatte er ihn und andere Juden freundlich aufgenommen.[7]

Nicht weniger als fünf Organisationen des Reichs spionierten den kleinen Vatikanstaat aus: die Gestapo, der SD, der Nachrichtendienst der NSDAP, der Militärgeheimdienst, die Parteikanzlei und der Geheimdienst des Außenministeriums. Auch ein paar hohe deutsche Persönlichkeiten wie z. B. von Weizsäcker nutzten diese „obskuren Quellen", Informanten, die sich gegen Bezahlung umschauten. Doch letztendlich war der Versuch der Deutschen, den Vatikan zu unterwandern, nicht von besonders großem Erfolg gekrönt. Sie versuchten, an Pater Leiber und Mons. Kaas heranzukommen (ein Neffe des Letzteren war als deutscher Offizier in Rom stationiert).[8] Kappler ließ deutsche Geistliche von Spionen beschatten. Er behauptete, wenn man Priebkes späterer Aussage Glauben schenken darf, im Vatikan einen wichtigen Informanten zu haben.[9] Doch all die Informationen über den Vatikan, die er an seine Vorgesetzten in Berlin weitergab (und die von den Alliierten abgefangen wurden), sind nur von marginaler Bedeutung. Auch wenn derlei Spionageaktivitäten im Vatikan zweifelsohne für Beklemmung sorgten, konnten die Deutschen, von ein paar Fällen abgesehen, keine großen Erfolge einstreichen.[10]

Erfolg hatten die Deutschen hingegen beim Abhören der Telefone, bei der Überwachung der Funkübertragungen, der verschlüsselten Telegramme und der Korrespondenz. Die italienischen Mitarbeiter der Sicherheitsdienste kontrollierten von der Forte Boccea aus die Telegramme, die der Vatikan per Funk versendete. Es gelang ihnen, die Gendarmerie, Radio Vatikan und andere Abteilungen zu infiltrieren, wodurch sie Zutritt zu privaten Bereichen in den vatikanischen Palästen erhielten. Um ein Beispiel zu nennen: Die Präfektur von Rom übersandte 1941 an das Innenministerium ein Telegramm des Bischofs von Ljubljana, in dem dieser den Vatikan bat, er möge sich dafür einsetzen, dass man die Juden nicht nach Kroatien schickte, „wo schwerste Bestrafungen drohen".[11] Solche Informationen gelangten auch in die Hände der Deutschen; nach dem 8. September kann man mit großer Sicherheit davon ausgehen.

Die Italiener und besonders die „Organizzazione di Vigilanza e Repressione dell'Antifascismo" (Organisation zur Überwachung und Bekämpfung des Antifaschismus, OVRA) hatten sich in den Vatikan eingeschleust. Es kam schließlich so weit, dass Montini dem vatikanischen Polizisten Anton Call, der die Wohnungen in Santa Marta bewachte und für die Diplomaten zuständig war, befahl, nicht seinem Kommandanten, sondern ihm die Nachrichten seines Standorts zu übermitteln. Als „tadelnswert" bezeichnete Chadwick das Verhalten Canalis gegenüber diesem Call, der später aus den Reihen der Gendarmerie ausscheiden musste.[12] Canali berief nach dem Rücktritt von Oberst Arcangelo De Mandato einen Informanten der OVRA, einen gewissen Soletto, an die Spitze der vatikanischen Gendarmerie. Die Sondereinheit der vatikanischen Polizei stand bis 1942 unter der Leitung von Giovanni Fazio – einem Faschisten der ersten Stunde. Es sieht so aus, als habe hinter all diesen Ernennungen Canali gesteckt.[13]

Nach dem 8. September war zu spüren, dass die Deutschen die Vatikanstadt fest umklammert hielten. Auf dem Petersplatz war ab dem 13. September ein Trupp Deutscher stationiert, der nach Absprache mit zwei vatikanischen Angestellten aus dem Staatssekretariat dorthin beordert wurde.[14] Die Vatikanische Bibliothek blieb während der ganzen Zeit der Besatzung geschlossen, um ein ständiges Kommen und Gehen von Personen zu vermeiden. Kappler schrieb nach Berlin, er halte diese Begründung für einen Vorwand, und fantasierte darüber, dass „in der Bibliothek geheime Archives versteckt sind".[15] Wie schon gesagt trug die Schweizergarde seit dem 9. September moderne Waffen, auch wenn sie die Anweisung erhielt, nicht zu schießen. Die Zugänge zur Vatikanstadt waren geschlossen und wurden nur einen Spalt breit geöffnet.[16]

Schon 1940 hatte der Vatikan ein Büro zur Prüfung der Korrespondenz eingerichtet, von dem die Dikasterien befreit waren. Ein Rundschreiben des Staatssekretariats von 1942 informierte die vatikanischen Büros über Schwierigkeiten bei der Kommunikation und erinnerte daran, dass die normale Post in vielen Ländern zensiert wurde. Man sollte vorsichtig sein. Kappler behauptete, der Vatikan verfüge über eine besondere telefonische Verbindung zu den Gebäuden, die zu ihm gehörten, aber nicht direkt an ihn angrenzten, „um umgehend über jedweden Vorfall berichten zu können".[17] Mitte November 1943 wurde dem Substituten mitgeteilt, dass Berlin die Kontrolle vatikanischer Telefonanschlüsse wiederaufnehmen wolle.[18] Im Vatikan wusste jeder, dass er kontrolliert wurde.

Und auch vom Wüten des Krieges blieb der Vatikan nicht verschont. Am 5. November 1943 fielen vier Bomben auf den Vatikan. Ester Nogara, die Frau von Bernardino Nogara, dem Beauftragten der Sonderverwaltung des Heiligen Stuhls, schilderte in einem Brief an ihre Tochter diesen Vorfall, der die kleine vatikanische Welt schwer erschütterte: „Natürlich sind alle durcheinander [...] Jetzt wird in allen Häusern, in allen Wohnungen tüchtig gearbeitet. Die Arbeiter sagen, dass unseres am stärksten beschädigt ist."[19] Man machte Roberto Farinacci für die Bombardierung verantwortlich.[20] Der Papst erklärte dem Direktor der *Civiltà Cattolica* 20 Tage nach dem Vorfall, aus Mangel an Beweisen könnten aber die Verantwortlichen nicht zur Rechenschaft gezogen werden. Die Schäden waren beachtlich: Um ein Haar wäre Radio Vatikan getroffen worden und einige Fenster des Petersdoms waren zu Bruch gegangen.[21] Eine spätere Bombardierung in der Nacht vom 1. auf den 2. März 1944 traf die Gebäude des Heiligen Stuhls am Gianicolo und teilweise auch den Vatikan (vier Kardinalswohnungen, darunter die Marchetti Selvaggianis und Traglias). Aus den Dokumenten der alliierten Militärkommandos geht hervor, dass die angloamerikanische Luftwaffe hinter dem Bombenangriff im März steckte – und das trotz der klaren Anweisung, den Vatikan zu verschonen.[22] Und auch für die zweite Bombardierung war laut Nogara Farinacci verantwortlich.[23] Der Vatikan beschwerte sich bei den Diplomaten Großbritanniens, der Vereinigten Staaten und Deutschlands und betonte, die Bomben seien in unmittelbarer Nähe „der Wohnung des Heiligen Vaters" gefallen.

Es kam zu ein paar Vorfällen, die den Vatikan in Unruhe versetzten. Am 4. März 1944 berichtete die Schweizergarde, dass deutsche Soldaten bis zum Bronzetor unter den Kolonnaden des Petersplatzes vorgedrungen seien; dort hätten sie etwa eine halbe Stunde Wache gestanden und vorgegeben zu überprüfen, ob diejenigen, die in den Vatikan kamen, auch über eine entsprechende Zugangsberechtigung verfügten.[24] Während des Faschismus und vor dem Krieg war das Verhältnis zur Stadt Rom ein anderes gewesen, auch wenn es auch da Spione gegeben hatte. Nur eine ideelle Linie hatte damals die Welt des Vatikans von der Welt Roms getrennt; das Leben am Heiligen Stuhl hatte sich dem der Stadt geöffnet. Am 8. September war Rom zu einer besetzten Stadt geworden und der Heilige Stuhl legte zur eigenen Verteidigung Wert auf die Grenze zwischen dem Vatikan und Italien. Doch gleichzeitig war der Heilige Stuhl während der Besatzung so stark wie noch nie zuvor am Leben Roms beteiligt, an der Lebensmittelknappheit und dem Überlebenskampf der Menschen ebenso wie am regen Treiben im Untergrund.

Würden sich die Deutschen an die Grenzlinie halten, die das Gebiet des Vatikans von Rom trennte? Dies war eine der Fragen, die dem Vatikan am meisten Sorgen bereiteten. Eisern hielt sich das Gerücht, die

Nazis wollten Pius XII. entführen. Die Deutschen hatten den Verdacht, dass der Vatikan beim Fall Mussolinis eine entscheidende Rolle gespielt hatte; auch Hitler selbst glaubte das.[25] In den vatikanischen Dokumenten ist am 1. Oktober 1943 das erste Mal von einem Überfall auf den Vatikan die Rede: „Ziel des Überfalls wäre eine Entführung des Heiligen Vaters, der daraufhin an einen noch zu bestimmenden Ort überführt werden soll."[26] Osborne berichtete am 13. September nach London, er habe aus Angst vor einem Überfall zahlreiche Dokumente vernichtet.[27] Auch Jedin hielt fest: „Im Vatikan selbst herrschte größte Besorgnis vor dem Zugriff der Deutschen."[28] Eine Mitteilung Kapplers nach Berlin vom 16. September 1943 zeigt, dass die Deutschen über die Sorgen des Vatikans Bescheid wussten: „In vatikanischen Kreisen wird Gerüchten, wonach deutsche Truppen den Papst wegbringen sollen, immer mehr Glauben geschenkt." Am Tag darauf schrieb er:

> Die Gemüter im Vatikan haben sich beruhigt, nachdem sich das Gerücht, dass der Vatikan von deutschen Truppen angegriffen werden soll, als unbegründet erwiesen hat. Dass Weizsäcker täglich bei Maglione ist, um ihm zu versichern, dass die Unabhängigkeit des Vatikans geachtet werden wird, trägt dazu bei, dass sich die Lage beruhigt. Schließlich setzen sie all ihre Hoffnung auf Kesselring, der als guter Katholik keine Übergriffe gegen den Vatikan dulden würde ... Der Vatikan befürchtet weitere Zwischenfälle [Zutritt versprengter alliierter Soldaten] und erwägt die Möglichkeit, Sankt Peter zu schließen. Diverse Kardinäle haben bereits Dokumente in ein Gebäude des Vatikans außerhalb der Vatikanstadt verbracht.

Am 20. Dezember erfuhr das Staatssekretariat aus vertrauenswürdiger Quelle, dass Kappler weiterhin mit dem Gedanken spielte, den Vatikan zu überfallen. Er habe gesagt: „Berlin wird mich dafür zwar rügen; doch später werden diese Rügen für uns so etwas wie Beförderungen sein."[29] Pius XII. unterhielt sich mit vielen Gesprächspartnern über eine mögliche Entführung und betonte stets, er werde seinen Platz nicht verlassen. Im Rahmen des Seligsprechungsprozesses für Pius XII. bestätigte der SS-General Karl Wolff im Jahre 1972, dass Hitler nach dem 8. September mehrfach die Idee ins Auge gefasst habe, den Papst fortzubringen – „zu seinem Schutz" und um zu vermeiden, dass er in die Hände der Alliierten fiel (darüber hinaus wollte sich Hitler die Archive und Kunstwerke des Vatikans unter den Nagel reißen). Wiederholt habe Wolff dezent Einwände gegen diese Idee erhoben, konkrete Schwierigkeiten aufgezeigt und darauf hingewiesen, dass ein dramatischer Vorfall wie die Entführung des Papstes sich negativ auf die Bemühungen auswirken würde, in Italien für Ruhe und Ordnung zu sorgen.[30]

Pius XII. und seine Mitarbeiter setzten sich tatsächlich mit der Möglichkeit einer Entführung des Papstes auseinander. Für sie war klar, dass Hitler dazu durchaus in der Lage war.[31] Der amerikanische Diplomat Harold Tittmann, der im Vatikan wohnte, schilderte später diese Angst, die den Vatikan beherrschte: Über den Doyen des diplomatischen Korps, den Botschafter Brasiliens, ließ Kardinal Maglione die Missionschefs anweisen, sich auf einen Überfall vorzubereiten, weil man jeden Tag damit rechnen konnte.[32] Der Botschafter Brasiliens teilte im Namen der im Vatikan residierenden diplomatischen Missionschefs am 16. September mit, dass „alle immer und überall in der Nähe der Erhabenen Person des Heiligen Vaters verbleiben möchten".[33] Unter diesen Umständen lebten und entschieden damals die Bewohner der vatikanischen Hochburg.

In der jüngeren Geschichte hatte es bereits zwei Papstentführungen gegeben; beide Male hatte Napoleon dahintergesteckt. Um nicht von der Römischen Republik als Geisel genommen zu werden, hatte ein anderer Pontifex, Pius IX., 1848 klammheimlich die Stadt verlassen. Er war nach Gaeta geflohen, das unter bourbonischer Herrschaft stand. Pietro Palazzini, der während des Krieges eng mit Ronca zusammenarbeitete und später Kardinal wurde, war ein Befürworter der Seligsprechung Pius' IX. Nach dem Krieg befasste er sich bezeichnenderweise ausgiebig mit diesem Thema und wollte zeigen, dass es sich dabei nicht bloß um einen Akt der Feigheit gehandelt habe. Der Ordensmeister der Dominikaner, Pater Gillet, sagte zum Botschafter Portugals, dass der Papst für den Fall einer Freiheitsberaubung bereits alle Vorkehrungen getroffen habe. Gillet zufolge habe man sich die Ereignisse um Pius' VII. und Napoleon genau angeschaut.[34] Giorgio Angelozzi Gariboldi, der mit vielen Zeitzeugen von damals gesprochen hat, behauptete, Graf Galeazzi und Schwester Pascalina hätten die Möglichkeit einer heimlichen Flucht Pius' XII. in Erwägung gezogen: Er sollte sich in einer Villa am Monte Circeo, die dem Grafen gehörte, in Sicherheit bringen, und von dort mit einem spanischen Schiff nach Spanien gebracht werden.[35]

Es war ein gewagtes Vorhaben. Eugenio Pacelli, der die Geschichtsbücher gut kannte, schwebten die Risiken eines solchen Unterfangens vor, das Erinnerungen an die Flucht Ludwigs XVI. nach Varennes wecken konnte. Sein historisches Gedächtnis führte ihn in die Jahre, in denen der Papst nicht in Rom, sondern in Avignon geweilt hatte, in einer Zeit, in der das Papsttum in nationalistischer Gefangenschaft gewesen war. Bei der Idee, dem Papst die Flucht aus Rom zu ermöglichen, spielte der Gedanke, dass er frei sein musste, um seine weltumspannende Mission zu erfüllen, eine vordergründige Rolle. Doch dagegen sprach ein entscheidender Punkt: Pius XII. sah sich als Bischof von Rom und aus dem Grund hätte er seine Diözese und seine Stadt niemals verlassen. Zur Erfüllung dieser Mission nahm er sogar Einschränkungen seiner Mission als Papst in Kauf. Genau das war es auch, was der Papst während des Krieges von seinen Bischöfen verlangte: So war er zum Beispiel nicht glücklich darüber, dass August Kardinal Hlond Polen zusammen mit der Warschauer Regierung verlassen und diese Entscheidung mit dem nationalen Charakter seines Amtes als Primas begründet hatte. Dass Pius XII. sich weigerte, Rom zu verlassen, spielte auch in der Nachkriegszeit eine Rolle, als man für den Fall, dass der Kommunismus sich in Europa durchsetzen sollte, eine Verlegung des Vatikans aus Rom in Erwägung zog.[36]

Pius XII., der Bischof von Rom, blieb in seiner Stadt. Von dieser Entscheidung ließ er sich nicht abbringen. Vielen teilte er das mit, unter anderem dem jungen Giulio Andreotti: „Man hatte ihm mit Festnahme und Deportation gedroht, doch [...] sein Platz war im Vatikan." Das betonte der Papst auch bei einem geheimen Treffen mit General Wolff, dem höchsten SS- und Polizeiführer in Italien. Wolff behauptete später, er selbst habe entscheidend dazu beigetragen, dass Hitler von seinem Plan, den Papst zu entführen, Abstand genommen habe; darüber hinaus habe er dafür gesorgt, dass der Vatikan durch Pater Ivo Zeiger über diese Kehrtwende informiert wurde. Der Papst erklärte dem General: „Was auch immer passiert, ich werde Rom niemals freiwillig verlassen. Mein Platz ist hier, und hier werde ich bis zum Letzten für die christlichen Gebote der Menschheit und des Friedens kämpfen."[37] Die Deutschen wussten um die Entschlossenheit Pius' XII., sodass Kappler am 7. Oktober nach Berlin mitteilte: „Weizsäcker zufolge würde der Papst den Vatikan nie aus freiem Willen verlassen."[38] Pius XII. pflegte gerne zu sagen, dass die Deutschen niemals den Papst, sondern nur Kardinal Pacelli entführen könnten. Eine solche Entführung hätte zur Auflösung der zentralen Regierung der katholischen Kirche geführt, doch der Papst war bereit, dieses Risiko einzugehen. Er glaubte, dass die Kirche von Rom aus regiert werden musste, egal wie die politische Lage und die Sicherheitsbedingungen in der Stadt aussahen.

Was konnte man für die Juden tun?

In diesem Klima der Angst begegnete man den Problemen des alltäglichen Lebens. Im Staatssekretariat und insbesondere in der von Montini geleiteten Zweiten Sektion gingen Eingaben aller Art ein. Dessen Büro war eine Art Sammelbecken für die unterschiedlichsten Anfragen und vor allem für solche, die mit dem Papst besprochen werden mussten. Im September kursierten erstmals Gerüchte um „befürchtete Maßnahmen gegen die Juden in Italien". Dies geht aus einer auf den 17. September datierten Notiz der Ersten Sektion hervor, an deren Spitze Tardini stand. Dort heißt es, dass zwar bereits gegen fahnenflüchtige Italiener vorgegangen worden sei, „man aber über vergleichbare Maßnahmen gegen Juden bislang noch nichts vernommen hat": „Fest steht jedoch, dass diese [die Juden] in großer Sorge sind und dass äußerst beunruhigende Gerüchte über Vorkehrungen, vor allem gegen die Oberhäupter jüdischer Familien, kursieren." Was konnte der Heilige Stuhl tun? Darüber diskutierte man im Staatssekretariat. Die Notiz gibt zusammenfassend das Ergebnis dieser Debatte wieder: „Um zu ihren Gunsten nichts unversucht zu lassen, sieht man keine andere Möglichkeit als die, an die Botschaft beim Heiligen Stuhl eine allgemeine Empfehlung für die Zivilbevölkerung jeder Rasse und besonders für die Schwächsten auszusprechen." Man wollte entweder mit von Weizsäcker persönlich sprechen oder ihm eine Note zukommen lassen. In dieser schwierigen Zeit, in der der Heilige Stuhl isoliert war und nur wenig Einfluss auf die Regierungen hatte, schien die Diplomatie eine der wenigen Waffen zu sein, die ihm noch geblieben waren.

Am Rande dieses Dokuments wurde angemerkt, dass Kardinal Maglione bereits zweimal mit dem deutschen Botschafter über die Juden gesprochen hatte. Montini sprach erneut mit Pius XII. darüber und notierte im Anschluss die Meinung des Papstes: „*Ex Aud. SS.mi.* Prüfen, ob es nicht sinnvoll wäre, an die Botschaft Deutschlands beim Heiligen

Stuhl eine allgemein formulierte Empfehlung zugunsten der Zivilbevölkerung jedweder Rasse, besonders der Schwächsten (Frauen, Alte, Kinder, Einheimische [...]) zu senden."

Einen Monat vor dem 16. Oktober wurden die ersten Schritte eingeleitet, als ein Schweizer Diplomat einen Juden, wahrscheinlich den Anwalt Stephan Schwamm, im Vatikan vorstellte. Dieser bat den Heiligen Stuhl um Hilfe für die etwa 150 nichtitalienischen Juden, die in den jüdischen Schulen der Hauptstadt untergebracht waren. Der Kapuziner Pater Benoît hatte sie aus Frankreich nach Rom gebracht. Der Schweizer bat darum, sie in den Ordensinstituten einzuquartieren, und kündigte außerdem an, dass noch weitere Juden nach Rom kommen würden. Mons. Giuseppe Di Meglio aus der Ersten Sektion empfing ihn und teilte ihm mit, er sehe keine Möglichkeit, die Juden zu verstecken, denn diese „würden eventuellen Fahndungen durch die deutsche Polizei nicht entgehen". Er verwies ihn an Mons. Antonio Riberi, den Leiter des Hilfs- und Informationsbüro, „der ihm deutlich machte, dass es absolut unangebracht sei, diese Juden in Rom bleiben zu lassen, wenn man nicht möchte, dass sie gefangen genommen werden". Sie sollten Rom besser schleunigst verlassen, riet Riberi ihm. Di Meglio notierte: „Besagter Herr schien von dieser Antwort nicht besonders begeistert gewesen zu sein."[39] Grundsätzlich hielt der Vatikan seine Einrichtungen also nicht für sicher. Stattdessen empfahl er den Juden, aus Rom fortzugehen.

Nach dem 8. September machte sich im Vatikan das Gefühl breit, dass die deutschen Streitkräfte das Territorium des Heiligen Stuhls nicht verschonen würden. Denn die Deutschen hatten das Päpstliche Institut für Christliche Archäologie überfallen, das laut den Lateranverträgen von Enteignung und Besteuerung befreit war.[40] Ein Offizier Kesselrings hatte anschließend „versichert, dass dem vatikanischen Gebiet und seinen (exterritorialen?) Dependenzen uneingeschränkte Achtung entgegengebracht werden wird, damit die Interessen und die Würde des Vatikans nicht ‚geniert' werden". Doch Palazzini zufolge drangen bewaffnete Soldaten des Dritten Reichs in die Lateranbasilika ein; ein Nonnenkloster in der Nähe der Villa Wolkonsky, der deutschen Botschaft, wurde beschlagnahmt; im Rahmen einer militärischen Operation verschaffte sich eine Gruppe deutscher Soldaten Zutritt zu den Gebäuden, die an die Basilika Sankt Paul vor den Mauern angrenzten.[41] Schon nach den ersten Begegnungen mit den Deutschen hatte das Staatssekretariat

Zweifel daran, dass die Besatzungsmacht die vatikanischen Gebäude schonend behandeln würde.

Der Vatikan wollte eine Garantie dafür, dass seine Räumlichkeiten unversehrt und die ganze Stadt vom Krieg und von der Militärpräsenz so gut wie möglich verschont bleiben würde. In einem Gespräch mit von Weizsäcker bat Kardinal Maglione um eine strikte Beachtung der Neutralität des vatikanischen Gebietes. Der Vatikan vertraute auf die Diplomatie, die er im Umgang mit dem Dritten Reich für sein einzig brauchbares Werkzeug hielt, oder vielmehr: Er hoffte auf den Draht zum Botschafter des Reichs. Dieser sollte Berlin über die Sorgen des Heiligen Stuhls in Kenntnis setzen. Mit den diplomatischen Angelegenheiten befassten sich vor allem Mons. Tardini und Kardinal Maglione; Letzterer hatte wie Pacelli eine klassische diplomatische Ausbildung und Karriere durchlaufen.

Am 19. September 1943 ereignete sich etwas Schreckliches. Nach der Ermordung von sechs Soldaten forderte das deutsche Kommando die Stellung von 6.000 Geiseln. Kardinal Maglione intervenierte bei von Weizsäcker. Bei diesem Aufeinandertreffen zeichnete sich zum ersten Mal die in späteren Krisensituationen stets verfolgte Strategie des deutschen Diplomaten ab, der sich als Freund der Kirche gab: Gegenüber Berlin stellte er den Heiligen Stuhl so wenig deutschlandkritisch wie nur eben möglich dar, während er den Heiligen Stuhl bat, keine Spannungen mit Berlin zu schaffen. Maglione notierte nach dem Gespräch mit dem Botschafter: „Er kümmert sich ohne Unterlass darum, den Heiligen Stuhl aus derlei Fragen herauszuhalten. Im Hauptquartier hat man sich nicht mit dem Heiligen Stuhl befasst und er befürchtet, dass es für den Heiligen Stuhl gravierende Folgen haben könnte, wenn er dort im Namen des Heiligen Stuhls über die Geiseln sprechen würde." Der Botschafter legte es seinen Gesprächspartnern im Vatikan nahe, sich offiziell herauszuhalten. Er wollte die Geiseln jedoch in seinem Namen und über Freunde bei seinen Vorgesetzten in Berlin ansprechen und dabei suggerieren, dass es ratsam wäre, von der angedrohten Maßnahme abzulassen. Er war in Sorge und befürchtete, dass sich die Lage verschlimmern und die Angelegenheit für den Vatikan folgenschwere Konsequenzen haben könnte. Er bot daher an, sich in Berlin auf halbamtlichen Wege für die 6.000 Geiseln einzusetzen, die dem Vatikan sehr am Herzen lagen.

Im Gespräch mit dem deutschen Diplomaten bezog der Staatssekretär, was die prinzipielle Stellung des Papstes anging, energisch Position. Er sagte zu von Weizsäcker: „Der Papst ist der gemeinsame Vater aller Gläubigen: Er kann daher immer und überall zu ihrer Verteidigung einschreiten. Darüber hinaus und vor allem ist er der Bischof von Rom und als solchem obliegt ihm die besondere Pflicht, für seine Diözesanen einzutreten." Er betonte, dass der Papst für Rom verantwortlich sei, und bedauerte sehr, dass ein Gesuch des Heiligen Stuhls schadenbringend sein könnte, wo er sich doch für „so viele bedrohte junge Menschen" einsetzte. Doch „wenn der Botschafter es tatsächlich für gefährlich und kontraproduktiv hält, im Namen des Heiligen Stuhls vorzusprechen, dann möge er in seinem Namen und vertraulich handeln". Nach dem Gespräch sah er dem Vermittlungseinsatz des Botschafters zuversichtlich entgegen: „Er ist ein Mann mit Herz und weiß, dass man alles erdenklich Mögliche tun muss, um die Flut des Hasses aufzuhalten, die die Völker sonst bald unter sich begraben wird."[42] Diese Würdigung von Weizsäckers durch Maglione, der zuvor das prinzipielle Recht des Papstes zu intervenieren erklärt hatte, weist auf das Ansehen hin, das der deutsche Botschafter im Vatikan genoss.

Zu Beginn der Besatzung Roms wusste das Staatssekretariat nur wenig über die deutschen Militärs, die in der Hauptstadt waren. Kardinal Maglione vertraute von Weizsäcker. Zwei Tage nach dem besagten Gespräch erfuhr das Staatssekretariat, dass die Deutschen dazu bereit waren, von der Forderung nach 6.000 Geiseln abzulassen. Der Vatikan glaubte, dass die Bemühungen des Botschafters ausschlaggebend gewesen seien; doch dass der Vorfall ein gutes Ende nahm, ist wahrscheinlich dem geschickten Einsatz Oberst Montezemolos und General Giorgio Calvi di Bergolos zu verdanken, die Druck auf die Deutschen ausübten.[43] In jedem Fall ging die Sache gut aus. Dies bestärkte Magliones Vertrauen in den diplomatischen Weg. Von Weizsäcker spielte überdies eine wichtige Rolle bei den Verhandlungen, die der Heilige Stuhl führte, um Rom zur offenen Stadt zu erklären. Dieser Status war ihm sehr wichtig, um die Stadt aus dem Konflikt herauszuhalten. Am 9. Oktober empfing Pius XII. den Diplomaten, der ihm versicherte, dass die Deutschen die souveränen Rechte und die Unverletzlichkeit des Vatikans achten würden. Der Papst nahm das zur Kenntnis und bekundete seine Zufriedenheit.[44]

Aus einer Notiz Montinis und aus anderen Dokumenten geht hervor, dass man im Vatikan zwischen dem 10. und dem 14. Oktober glaubte, dass die Deutschen Rom binnen kurzer Zeit verlassen würden, sodass man sich bereits Gedanken über eine Übernahme der Stadt durch die Angloamerikaner machte.[45] Als die Kanadier südlich von Campobasso standen, vermutete man, dass die Ankunft der Alliierten in Rom nicht mehr lange auf sich warten lassen würde. Im Staatssekretariat fragte man sich, wer in der Zwischenzeit, während man auf die Alliierten wartete, für Ordnung sorgen würde. Darüber unterhielt man sich mit den Diplomaten Großbritanniens und der Vereinigten Staaten sowie mit den Deutschen. Dies macht deutlich, wie unsicher das Staatssekretariat den Dingen entgegensah.[46] Die Alliierten sollten schließlich erst Anfang Juni 1944 in Rom einmarschieren.

Aus den vatikanischen Dokumenten geht hervor, dass der Vatikan darüber informiert war, dass die „deutsche Polizei" von den Juden 50 Kilo Gold verlangt hatte.[47] Als die Juden sich diesbezüglich an den Heiligen Stuhl wandten, erklärte man sich dort bereit, zur Sammlung des Goldes etwas beizusteuern. Sowohl Renzo Levi von der DELASEM als auch Rabbi Zolli kamen aus diesem Grund in den Vatikan. Wenige Tage später erreichte den Vatikan erneut das Gerücht über einen bevorstehenden Überfall auf sein Territorium und über eine Entführung des Papstes.[48] In ebendiesen Tagen (dies ist den vatikanischen Dokumenten zu entnehmen) landete der erste Antrag auf Asyl, den ein Jude an den Vatikan richtete, auf dem Tisch des Substituten. Noch am 18. September hatte Mons. Di Meglio erklärt, dass die Klöster nicht sicher seien und es daher nicht ratsam sei, jüdische Flüchtlinge dort unterzubringen. Am 1. Oktober wurde Montini von Pius XII. empfangen und unterbreitete diesem eine konkrete Anfrage: Ein 84 Jahre alter Jude hatte zusammen mit seiner 76 Jahre alten Ehefrau, einem Dienstmädchen und der Enkelin im Oblatenkloster Santa Maria dei Sette Dolori, einem großen, alten Gebäude in Trastevere, Unterschlupf gefunden. Er bat um Erlaubnis, zusammen mit seiner Frau dort zu bleiben. Es gab jedoch ein Problem: die Klausur, wegen der die Schwestern keine Männer im Kloster unterbringen durften. Pius XII. wies Montini an (der es aufschrieb): „Man schaue, ob man ihm helfen kann." Am Tag darauf leitete der Substitut die Weisung zugunsten des alten Mannes an Mons. Traglia, den Vizeregenten der Diözese Roms, weiter.[49]

Am 11. Oktober erhielt Don Mario Brini, ein Mitarbeiter Montinis, von den italienischen Geheimdiensten die Nachricht, dass für den 18. Oktober eine Durchkämmung Roms geplant sei. 3.000 SS-Männer und auch Faschisten sollten daran beteiligt sein (anscheinend richtete sie sich nicht gegen die Juden). Am 16. Oktober erstattete die Principessa Pignatelli d'Aragona dem Vatikan Bericht von der Judenrazzia. Sie suchte Pius XII. auf und bat, sofort zu ihm vorgelassen zu werden. Der Papst und die Adlige unterhielten sich vor allem darüber, wie sich das Verhältnis des Vatikans zu den Deutschen nach der Judenrazzia entwickeln würde. Doch eins müssen wir an dieser Stelle betonen: Schon an jenem Samstagmorgen, als die Operation der Nazis noch in vollem Gange war und die Juden noch nicht im Collegio Militare angekommen waren, erfuhr Pius XII., was in Rom passiert war.

Am Morgen des 17. Oktober durfte ein Mitarbeiter Montinis, Don Igino Quadraroli, das Collegio Militare betreten, „wo sich viele arme Juden einfacher Herkunft befinden". Er konnte dort ein Lebensmittelpaket hinterlassen, durfte aber mit niemandem sprechen. Er beschrieb den Anblick, der sich ihm dort bot, folgendermaßen:

> Von weitem habe ich sie gesehen, man hatte sie in den Aulen untergebracht und sie standen Schlange, um ein bisschen Brot zu bekommen. Ich erblickte eine arme Frau, die gegenüber einer SS-Wache andeutete, dass ihre Tochter sich zurückziehen musste. Ich sah zudem ein Auto mit ein paar Ärzten des Krankenhauses „Santo Spirito" hinausfahren, die dorthin gekommen waren, um jene armen Menschen zu versorgen, die man geschlagen hatte. Beim Herausgehen erfuhr ich, dass eine arme Frau eine Frühgeburt erlitten hatte [...] Nach dem, was einige sagten, die draußen standen und einige der Internierten kannten, sieht es so aus, als seien unter ihnen auch bereits getaufte, gefirmte und nach kanonischem Recht verheiratete Personen.

Der Priester kehrte in den Vatikan zurück, der weniger als einen Kilometer vom Collegio Militare entfernt ist, ging über die Via della Conciliazione, wo die Bauarbeiten noch nicht beendet waren, und teilte seinen Vorgesetzten mit, was er gesehen und erfahren hatte. Indes ereilten den Vatikan immer mehr Hilferufe. Am 17. Oktober bat eine jüdische Frau, die verhaftet worden war, Kardinal Maglione darum, der Papst möge sich so schnell wie möglich dafür einsetzen, dass man sie wieder freiließ.[50] Wie dieser Brief in den Vatikan kam, ist nicht bekannt; vielleicht brachte ihn Quadraroli selbst mit. Der Papst erhielt zudem einen bewegenden Brief, der in den vatikanischen Archiven liegt, aber bislang noch kaum bekannt war. Unterzeichnet hatten ihn unter anderem Angelo Piperno, Mario Mieli, Ugo Di Nola, Giacomo Pontecorvo, Giulia Piperno Pontecorvo, Andrea Riccardelli und Tullio Di Veroli, denen es „bis zum heutigen Tage gelungen ist, der entsetzlichen Vorkehrung der deutschen Besatzungsmacht zu entkommen". Die Unterzeichneten

> [...] erflehen von der Barmherzigkeit Eurer Heiligkeit, der über jede religiöse Glaubensrichtung hinaus der gemeinsame Vater aller Seiner Kinder ist, Seine rasche und erhabene Hilfe, um im Rahmen des Möglichen das Leiden dieser armen verlassenen Betroffenen und ihrer gepeinigten Angehörigen zu lindern. Wir wagen es nicht, Eurer Heiligkeit vorzuschlagen, welcher Weg in diesem tragischen Moment der angemessenste sein könnte, um diesen armen gemarterten Geistern entgegenzukommen, die bereits zu mehreren Hunderten in den Gebäuden des früheren Collegio Militare in der Via della Lungara versammelt sind, von wo aus man jeden Moment die Beförderung an andere unbekannte Orte befürchtet, und wir bitten deshalb, dass dieses höchst beängstigende Vorgehen vermieden werde und dass es möglicherweise erlaubt sei, zumindest Nachrichten von ihnen zu empfangen und ihnen Kleidung, Lebensmittel und was ihnen sonst noch dringend notwendig sein mag, zukommen zu lassen.

Der sorgenvolle Appell der unterzeichnenden Juden, die bereits untergetaucht waren, umfasste zwei Kanzleipapierbögen. Der Stil des Schreibens bezeugt, dass sie – einige von ihnen waren Anwälte – die bei einem Brief an den Papst einzuhaltenden Regeln des Protokolls gut kannten. Sie waren Römer und wandten sich an einen römischen Geistlichen, Eugenio Pacelli, der in der gleichen Stadt aufgewachsen war wie sie. Dieser Punkt taucht am Schluss des verzweifelten Appells auf:

> Unter den betroffenen und betrübten Unterzeichnenden dieses Appells sind unter anderem die Kinder des verstorbenen Professor Settimio Piperno (eng verwandt mit der Familie Mieli [...] in der zwei Kinder, sechs und drei Jahre alt, Opfer des strengen Vorgehens geworden sind), an den Seine Heiligkeit sich vielleicht erinnern wird, da ein enges Freundschaftsverhältnis ihn mit Eurem Vater Filippo seligen Angedenkens verband,

> dessen Kollege im Stadtrat Roms er überdies mehrere Jahre lang war. Möge auch diese bloß zarte und entfernte Verbindung möglichenfalls das unendliche und großzügige Erbarmen Eures großen barmherzigen Herzens stärken, an das die Unterzeichneten appellieren, die vertrauensvoll Euren Erhabenen Einsatz preisen.

Am 18. Oktober, einen Tag, nachdem der Brief verfasst worden war, legte man ihn dem Papst vor. Vielleicht waren es die Familienerinnerungen, die Pius XII. berührten. Mons. Montini vermerkte nach der Audienz die *„mente"* des Heiligen Vaters: „Bescheid geben, dass man tut, was man kann." Doch wie sollte man diese Juden finden? Im Brief war keine Adresse angegeben.

Die vatikanischen Büros standen in jenen Tagen unter Strom. In einer Notiz des Staatssekretariats heißt es: „Einer ganzen Reihe von Juden, die ins Staatssekretariat gekommen sind und um Hilfe gebeten haben, wurde bereits gesagt, dass der Heilige Stuhl alles tut, was in seiner Macht steht, um jenen armen Unglücklichen Hilfe zu bringen."[51] Am 18. Oktober wurde dem deutschen Botschafter eine Liste der „wegen ihrer Abstammung" verhafteten Juden überreicht und um besondere Fürsprache gebeten. Der US-amerikanische Diplomat Tittmann bat das Staatssekretariat darum, sich für 470 nichtitalienische Juden einzusetzen, die nach Rom gekommen waren. Am 22. Oktober wurde dem deutschen Botschafter erneut eine Liste mit den Namen verhafteter Juden übergeben, inklusive Belegen dafür, dass sie getauft waren. Und am Tag darauf erhielt der Botschafter eine weitere Liste mit den Namen diverser Juden.[52]

Auch der Jesuit Pater Pietro Tacchi Venturi, der frühere Mittelsmann zwischen dem Vatikan und Mussolini, legte dem Staatssekretariat diverse und eindringliche Anfragen vor. Nach dem Fall des faschistischen Regimes behauptete der Jesuit in einem Gespräch mit dem Innenminister von Marschall Badoglio, dass die Rassengesetze für die Kirche „zwar Bestimmungen enthalten, die aufgehoben werden sollten, es aber andere gibt, die bestätigungswürdig sind".[53] Tacchi Venturi wusste, was in Europa mit den Juden passierte: Schon 1941 hatte er gegenüber Guido Buffarini Guidi deutlich gemacht, dass das Staatssekretariat erschüttert darüber gewesen sei, wie die kroatischen Juden behandelt worden waren, die „auf die barbarischste Weise, die man sich nach so vielen Jahrhunderten christlicher Zivilisation vorstellen kann, umgebracht werden".[54] Nach dem 16. Oktober zeigte der Jesuit große Anteilnahme am Schicksal der deportierten Juden, die, wie er an das Staatssekretariat schrieb, „in der vorigen Woche barbarisch und wie Schlachttiere aus dem Collegio Militare in der Via della Lungara fortgebracht wurden". Man müsse etwas dagegen unternehmen. Dass die Juden, die man während der Razzia verhaftet hatte, in Lebensgefahr waren, war ihm klar. Er bat den Heiligen Stuhl darum herauszufinden, was aus ihnen geworden war.

„Was tun?", notierte Tardini unter der Eingabe Pater Tacchi Venturis. Dell'Acqua bemerkte, dass Brini schon zahlreiche Informationen zu „jenen Unglücklichen" gesammelt habe und der deutsche Botschafter bereits auf viele Fälle aufmerksam gemacht worden sei. Man könne über eine weitere Intervention oder eine weitere an selbe Adresse zu sendende Liste nachdenken. Doch der Prälat hielt fest: „Nur um nichts unversucht zu lassen [...] Denn ich glaube nicht, dass man irgendetwas über die Deportierten erfahren wird: Die Erfahrung, die wir in den anderen Ländern gemacht haben, spricht diesbezüglich Bände."[55] Im Vatikan durchschaute man also mittlerweile, dass die römischen Juden in der gleichen Notlage waren wie diejenigen, die aus anderen von den Deutschen besetzten Regionen stammten, zumindest was die Möglichkeit einer Befreiung der Verhafteten anging. Tacchi Venturi erneuerte ein paar Tage später seine Eingabe zu den deportierten Juden. Im Dezember legte er den Entwurf einer vatikanischen Note zu den italienischen Juden vor. Er wies auf ihre besondere Situation hin und betonte, dass die italienische Bevölkerung empört darüber sei, was mit den Juden geschah. Er wollte, dass man sich erneut auf offiziellem Wege an die Deutschen wandte. Tacchi Venturi war sehr engagiert. Maglione ließ Dell'Acqua die Möglichkeit prüfen, sprach sich aber sofort negativ gegen eine – wenn auch vorsichtig formulierte – Note aus. Er sagte, dass Graziani bereits mit Mussolini gesprochen habe, woraufhin der Duce verfügt habe, Mischfamilien in Ruhe zu lassen; gleichzeitig bemerkte er, dass die Italiener bei der Verhaftung der Juden absichtlich langsam vorgegangen seien. Der Staatssekretär wirkte Ende Oktober insgesamt recht mutlos, was die Möglichkeit anging, mehr Einfluss auf die Deutschen auszuüben.

Am 31. Oktober wandte sich das Staatssekretariat jedoch erneut an die Botschaft und setzte sich für einen 72 Jahre alten Juden ein, der von den italienischen Rassengesetzen betroffen war. Ausführlich wurde die schlechte gesundheitliche Verfassung des alten Mannes beschrieben. Nach all dem, was wir heute darüber wissen, wie die römischen Juden bei der Razzia vom 16. Oktober behandelt wurden, steht zu bezweifeln, dass er zu dem Zeitpunkt noch am Leben war. Im November und im Dezember sprach das Staatssekretariat die deutsche Botschaft mehrfach auf Juden an, die der Razzia vom 16. Oktober zum Opfer gefallen waren. Am 6. November bat Maglione den Botschafter, den deportierten Juden materielle Hilfe zukommen lassen zu dürfen. Darüber hinaus setzte sich das Staatssekretariat für andere Menschen ein, die von den Deutschen verhaftet worden waren, beispielsweise für ein paar Polen, die in Rom lebten. Diese wurden schließlich wieder freigelassen.

Montini sah, wie sich die Nachfragen zu den deportierten Juden auf seinem Schreibtisch stapelten. Was sollte er tun? Von Weizsäcker kam, um mit ihm zu sprechen: „Er gab zu verstehen, dass er nur wenig oder nichts tun könne, um sich einzusetzen, ja um auch nur Neuigkeiten von jenen armen Menschen zu erhalten." Im Vatikan fragte man sich: „Hat man sich um die Anfragen zu den besagten Personen noch nicht gekümmert?" Am 16. November, einen Monat nachdem die Juden deportiert worden waren, notierte Montini: „Versuchen wir trotzdem darauf hinzuweisen." Im Februar 1944 wandte sich das Staatssekretariat an die katholische schweizerische Mission, um etwas über die Opfer der Razzia vom 16. Oktober in Erfahrung zu bringen. Und auch während des ganzen Jahres 1944 gingen Nachfragen ein.[56] Am 23. März schrieb ein Jude namens Davide Fatucci direkt an Pius XII. und sandte ihm eine Liste mit den Namen von Familienmitgliedern, die am 16. Oktober verhaftet worden waren, „weil sie jüdischen Glaubens sind". Er bat darum, ihm eine etwaige Antwort über das Vikariat zukommen zu lassen.[57] Im März 1944 traf eine Nachricht aus Verona ein, laut der einige Juden in den Gefängnissen der Stadt säßen. Montini übermittelte Traglia die Namen der dort Inhaftierten; der Vizeregent sollte „die zahlreichen Familien beruhigen, die sich um das Schicksal ihrer Angehörigen ängstigen".[58] Doch wie sollte Traglia die Angehörigen der betreffenden Juden finden, da sie doch alle untergetaucht waren? Offensichtlich hatte das Vikariat Kontakt zu den Menschen im Untergrund.

Zahlreiche Appelle – doch welche Entscheidung?

Zahlreiche Appelle gingen im Staatssekretariat ein. Einer davon kam auch aus den Reihen der Deutschen und wurde vom Pallottinerpater Giancarlo Centioni überbracht. Er berichtete dem Vatikan, dass in deutschen Militärkreisen „das Desinteresse der kirchlichen Obrigkeit an dieser traurigen Begebenheit" (der Judenrazzia) negativ aufgefallen sei.[59] Als Militärgeistlicher der faschistischen Truppen hatte Centioni auch Kontakt zu deutschen Offizieren. So war es ihm ein Leichtes, Bericht darüber zu erstatten, was unter den Deutschen geredet wurde. Als ich mich mit ihm unterhielt, erzählte er mir, dass er im Vatikan vorgesprochen habe, weil es ihm seltsam erschienen sei, dass der Papst nichts unternahm; dort habe man ihn aber aufgeklärt.[60]

Um etwas über das Schicksal der deportierten Juden zu erfahren, kam auch der Vertreter Schwedens beim Quirinal ins Staatssekretariat und sagte: „Ein öffentlicher Akt des Heiligen Stuhls zu diesen Maßnahmen gegen so viele Menschenleben wäre sehr willkommen." Der Substitut hielt den Vorschlag fest.[61] Montini notierte ein paar Tage später am Seitenrand des Dokuments, in dem vom negativen Eindruck der deutschen Militärs die Rede ist: „Der Heilige Stuhl hat getan, was er tun konnte." Dies war in jener Zeit der Bedrängnis das Bewusstsein der Männer im Staatssekretariat.

Am 28. Oktober notierte man im Staatssekretariat, dass es Admiral Augusto Capon gelungen sei, seiner Familie aus Bologna Nachrichten zu schicken. Diese Notiz zeigt, worum konkret man sich im Staatssekretariat Sorgen machte: „Man fürchtet, dass sie in Regionen mit einem rauen Klima gebracht werden, wo doch viele von ihnen bei ihrer unvorhergesehenen Verhaftung nur leicht bekleidet waren." Doch zu dem Zeitpunkt hatte man die meisten von ihnen schon getötet, auch Augusto Capon, einen jüdischen Admiral, der von seiner nationalistisch-faschistischen Gesinnung bis zum Ende nicht abließ und trotz seiner Invalidität verhaftet wurde. Obwohl seine Familie bereits im September darauf bestanden hatte, wollte er sein Haus nicht verlassen, wo ihm das Dienstmädchen Anastasia zur Hand ging. Hier wurde er am 16. Oktober um 14 Uhr abgeholt und Anastasia begleitete ihn bis zum Collegio Militare, bis die Deutschen sie zwangen wegzugehen und ihr drohten, sie sonst auch zu deportieren.

Die Notiz des Staatssekretariats vom 28. Oktober zeigt, dass man befürchtete, die Deportierten könnten frieren. Doch war es denn nicht klar, dass der Großteil von ihnen da schon tot war? Am 1. November erfuhr Montini von Senator Riccardo Motta, der als Kommissar in der römischen Verwaltung tätig war und ein gutes Verhältnis zum Staatssekretariat hatte, dass dieser sich zur Zeit der Razzia beim deutschen Stadtkommandanten von Rom, General Stahel, für die Juden eingesetzt habe. Dabei sei ihm klar geworden, dass Stahel nicht an der Operation beteiligt gewesen sei. Dieser habe ihm einen Polizeibeamten geschickt, der ihm alles erklären sollte. Motta „sah ein, dass es keine Hoffnung mehr gab, denn der Beamte sagte, dass diese Juden nie mehr in ihre Häuser zurückkehren würden".

Viele Juden wandten sich direkt an den Papst. Rabbi David Panzieri, der während der deutschen Besatzung nie still saß und jeden Tag heimlich zum Beten in die Synagoge des jüdischen Krankenhauses auf der Tiberinsel ging, schrieb einen edelmütigen Brief an Pius XII. Darin bat er ihn darum, sich für eine Rückkehr der Deportierten nach Rom einzusetzen, „die die größte Tragödie erleiden müssen, die die Macht des Bösen auf dieser Erde jemals ersonnen hat". Die Deportation, so schrieb er, „wird das Menschengeschlecht Jahrtausende lang beschämen". Sollten die Deutschen es ablehnen, so der Rabbi weiter, die Deportierten freizulassen, wollte man ihnen zumindest Winterkleidung schicken (da sie nicht auf die bittere Kälte vorbereitet waren). Der mehr als 80 Jahre alte Panzieri war, nachdem Oberrabbi Zolli untergetaucht war, für die Juden Roms eine wichtige Bezugsperson: „Jeden Tag ging er von seinem Haus am Campo de' Fiori auf die Tiberinsel, wo das jüdische Krankenhaus steht [...] Klammheimlich empfing er dort die Familien in Not und versuchte, die Flamme des Gebets und die Toralektüre am Leben zu halten."[62]

Das Staatssekretariat bemühte sich, jede einzelne Bitte um Asyl zu prüfen. Am 19. Oktober kam Dario Agostino Foligno, ein katholischer Jude und Anwalt der Römischen Rota, ins Staatssekretariat. Er war am 16. Oktober verhaftet worden und wollte sich „für alles, was für ihn getan wurde", bedanken: „Wenige Stunden nach seiner Festnahme wurde er befreit und er bekennt, dass man mit ihm zwar nicht höflich, aber aufgrund seines Amtes als Anwalt der Rota zumindest respektvoll umgegangen sei [...]." Nun bat Foligno das Staatssekretariat um einen Unterschlupf.

Das Staatssekretariat sprach Empfehlungen für zahlreiche Asylsuchende aus. Dies geht aus einem Ende Oktober verfassten Schreiben Montinis an den Generalprior der Augustiner hervor. Der Orden hatte ein Kloster auf exterritorialem Gebiet, direkt gegenüber dem Palazzo del Sant'Offizio. Montini dankte dem Ordensmann „für seine vielen Bemühungen hinsichtlich der Meldungen, die dieses Büro Ihnen machen musste, um in Fällen behilflich zu sein, die der Barmherzigkeit des Heiligen Stuhls anvertraut wurden". Er bat auch darum, den „Gästen" Zugang zur Suppenküche zu ermöglichen. Damit ging er schon in die Details. Aus diesem Augustinerkloster schrieb am 1. März 1944 Senator Alberto Bergamini einen Dankesbrief an den Papst. Er war dort untergekommen, nachdem er den Lateran im Februar verlassen hatte, und verspürte nun das dringende Bedürfnis, dem Papst zu danken: „Mein Fenster liegt direkt gegenüber der Wohnung des Papstes, und jeden Morgen gilt mein erster Gruß ihm, unter dessen Schutz ich jetzt lebe und in dem ich mich sicher fühle."[63]

Montini teilte mit, dass die Schwestern des „Istituto Maria Bambina", das direkt gegenüber den Kolonnaden Berninis am Petersplatz lag und an das Kloster der Augustiner angrenzte, bereit seien, die Gäste der Augustiner in ihrer Suppenküche zu beköstigen. An ebendiese Suppenküche erinnerte sich auch Alessandra Lavagnino: Zusammen mit ihrem Vater, einem Beamten der „Direzione Generale delle Antichità e belle Arti", ging sie dort für 20 Lire die Woche essen. Emilio Lavagnino hatte entscheidend dazu beitragen, dass viele italienische Kunstwerke gerettet und zum Großteil im Vatikan versteckt wurden. Über den deutschen Kunsthistoriker Wolfgang Fritz Volbach, der Deutschland verlassen hatte und ins Exil gegangen war, weil er jüdische Vorfahren hatte, waren Lavagnino und seine Tochter mit den Schwestern in Kontakt gekommen. Alessandra erinnerte sich an die Mahlzeiten: „[...] ein kleiner Teller Spaghetti – gut, aber alles war gut –, etwas gekochte Zichorie und eine Birne."[64]

Das Staatssekretariat brachte eine große Anzahl gesuchter Personen im „Istituto Maria Bambina" unter; zu ihnen gehörte auch Senator Giacobbe Isaia Levi, der Pius XII. nach dem Krieg „als Zeichen der Dankbarkeit dafür, dass er ihn vor den Gefahren der ungerechten Rassenverfolgung bewahrte", eine große Villa in der Via Po in Rom schenkte. Dort befindet sich heute die apostolische Nuntiatur in Italien, während des

Krieges nutzte der Heilige Stuhl das Gebäude aber für die Flüchtlingshilfe. Levi trat später zum Katholizismus über.[65] Auch ein montenegrinischer Verwandter der Königin Elena war unter den Gästen des „Istituto Maria Bambina". Im Kriegstagebuch der Gemeinschaft wurde festgehalten, dass etwa 120 Personen aufgenommen wurden, darunter viele Juden:

> Jeden Tag kam eine neue Anfrage; ab und zu rief das Staatssekretariat Seiner Heiligkeit an und beorderte die Hochehrwürdige Provinzoberin in den Vatikan und der Grund dafür war immer der gleiche: ein Gesuchter oder eine verfolgte Familie, die Hilfe brauchte und die aufgenommen und beschützt werden sollte. Den Vertretern des Papstes konnte man nichts abschlagen; als jeder Winkel im Haus besetzt war, wurde das Bauernhäuschen in der Via della Camilluccia geöffnet und auch dort fanden 30 Personen Zuflucht. Eine Gruppe männlicher Flüchtlinge war überdies in Männerklöstern untergebracht und jeden Tag wurde unter größter Gefahr das Mittagessen dorthin gebracht. Auf den Verantwortlichen des Hauses und des Hilfseinsatzes lasteten große Sorgen; denn einen Juden zu verstecken, war etwas höchst Strafbares […]

Nach dem Überfall auf Sankt Paul im Februar glaubte die Provinzialoberin vom „Istituto Maria Bambina", dass die Deutschen auch ihr Kloster nicht verschonen würden und die Flüchtlinge daher das Haus verlassen mussten. Irgendwie hatte sie den Eindruck, dass das Gebäude überwacht wurde. Doch das Staatssekretariat teilte ihr mit, sie solle die Gäste nicht wegschicken. Im Tagebuch liest man: „Von oben trafen ein paar ganz gelegen kommende ermutigende Worte ein, man möge von der bereits schweren Herzens und nur um größere Schäden zu vermeiden gefassten Entscheidung abrücken." Zum besseren Schutz des Klosters wurde die Palatingarde geschickt, die an beiden Pforten des Gebäudes Wachhäuschen aufstellte und Tag und Nacht dort stationierte. Das Gebäude war für das Staatssekretariat so etwas wie ein „Gästehaus" für Menschen in Not und daher sehr wichtig. Die vor seinen Pforten platzierte vatikanische Garde war ein sichtbarer Beweis dafür.

Über viele Flüchtlinge sprach Mons. Montini direkt mit dem Papst. In einem Schreiben vom 20. November 1943 bat beispielsweise eine Frau, die jüdische Vorfahren hatte, selbst aber katholisch war, den Heiligen

Vater darum, sie im Vatikan oder anderenorts aufzunehmen. Ihre Anfrage gelangte über einen Geistlichen des Staatssekretariats, Ermenegildo Brugnola, in den Vatikan. Am Tag darauf sprach Montini darüber mit Pius XII. und notierte: „Nicht arisch. Schauen, was Mons. Dell'Acqua machen kann." Dieser rief Mons. Brugnola am 22. November zu sich und sagte ihm, dass es „im Vatikan nicht möglich" sei, er es aber bei den Schwestern von Maria Bambina oder den Augustinern in Santa Maria dei Sette Dolori in der Via Garibaldi versuchen sollte. Anwalt Foligno, für dessen Befreiung sich der Heilige Stuhl bei den Deutschen eingesetzt hatte, weil er getauft war, wandte sich am 2. Dezember an Kardinalstaatssekretär Maglione und bat ihn darum, ihn im Vatikan oder auf exterritorialen Gebiet unterzubringen und unter seinen Schutz zu nehmen, um eine Beschlagnahme seiner Möbel zu verhindern. In diesem Fall notierte Montini: „Leider liegt das, worum er bittet, nicht in unserer Macht." Meinte er seine Unterbringung oder den Schutz für seine Möbel?

Montini spielte bei der Aufnahme heimlicher Gäste eine sehr wichtige Rolle. Aufgrund seiner machtvollen Position konnte er sowohl fordern als auch erlauben. Er hatte direkten Zugang zum Papst, dem er, wie wir schon ein paar Mal gesehen haben, konkrete Fälle unterbreiten konnte. War der Papst auf dem Laufenden über all das, was im Untergrund geschah? Wie sein Vorgänger Benedikt XV. im Ersten Weltkrieg musste Pius XII. den Vatikan in einer Zeit des Krieges regieren – und der deutschen Besatzung. Bis zum Jahr 1917 war Eugenio Pacelli als Sekretär der Ersten Sektion des Staatssekretariats ein enger Mitarbeiter dieses Papstes gewesen. Doch in seinem Pontifikat herrschten andere Umstände als in dem Benedikts XV. Die deutsche Besatzungsmacht, die sich wie eine Zange um den Vatikan legte, übte eine wesentlich stärkere Kontrolle aus als das Königreich Italien nach 1915. Pius XII. hatte seine Diplomatenausbildung vor 1914 absolviert. Seine Radiobotschaften und sein Auftreten vor großen Menschenmengen zeugen davon, dass er die neuen Kommunikationsmittel seiner Zeit verstanden hatte. Sein Arbeitsstil war jedoch der eines kirchlichen Diplomaten, der bei den Kardinälen Rampolla und Gasparri gelernt hatte. Sein Regierungsstil war typisch für einen kleinen Vatikan (es gab etwa 50 Angestellte im Staatssekretariat für beide Sektionen), in dem viele der Themen, mit denen man sich befasste, am Ende auf dem Schreibtisch des Papstes landeten.

Innerhalb der kleinen Welt im Vatikan gab es ein paar starke und autonome Personen, die ihren ganz eigenen Kurs fuhren. Der franzosenfreundliche Kardinal Tisserant, der nostalgisch an die Zeiten Pius' XI. zurückdachte und eine Intervention im antideutschen Sinne befürwortete, oder der ältere Canali, der risikoscheu war und mit dem Faschismus sympathisierte, stachen beispielsweise heraus. Doch obwohl keine Geschlossenheit herrschte, gab es einen vatikanischen Kurs, der vom Papst und vom Staatssekretariat vorgegeben wurde.

Pius XII. wusste, dass in den Räumen der Kirche zahlreiche Flüchtlinge untergebracht wurden. Natürlich hätte er das theoretisch auch unterbinden können. Um ganz neue Formen des menschlichen Zusammenlebens möglich zu machen und so zum Beispiel Männer in Frauenklöstern oder Laien in Ordensgemeinschaften unterzubringen, war zuvor stets eine Erlaubnis von oben erforderlich. In manchen Fällen war es der Vatikan, der explizit darum bat, eine Person aufzunehmen. Darüber hinaus befand der Papst, dass die Kirche dazu verpflichtet war, Menschen Asyl zu gewähren, und gleichzeitig auch das Recht hatte, es anzubieten. Asyl zu gewähren, passte in den Rahmen, in dem der Papst und die vatikanische Diplomatie Rom sehen wollten: als offene Stadt, die vom Krieg so gut es ging verschont bleiben sollte. Der Papst wollte Rom zu einem besonderen Ort machen, indem er den Himmel über der Stadt von Luftangriffen freihielt und in der Stadt einen Raum der Immunität schuf. Und innerhalb dieses Rahmens gewährte man Asyl: Für den Papst ging es wahrscheinlich mehr darum, jemandem eine Zufluchtsstätte zu geben, als sich im Untergrund zu engagieren. Pius XII. hatte zu Pater Dezza gesagt, dass es besser wäre, keine Offiziere aufzunehmen. Denn der Papst sorgte sich am meisten darum, dass Militärs die vatikanische Neutralität gefährden könnten. Auch Tardini hielt diese Entscheidung am 17. Februar 1944 fest: „Für Deserteure wurde ein strengerer Kurs eingeschlagen als für einfache Flüchtlinge und Kriegsgefangene.“[66]

Ein Gespräch des Papstes mit dem Direktor von *La Civiltà Cattolica* im Nachgang des Überfalls auf Sankt Paul im Februar 1944 gewährt einen Einblick in das Denken Pius' XII. Der Jesuit berichtete danach:

> Der Heilige Vater zeigte sich sehr betrübt über die Verletzung des exterritorialen Gebietes um die Basilika von Sankt Paul: Zumindest die Vorgehensweise weist ganz offenkundig auf eine Verletzung hin, weil man in jedem Fall zuerst im Vatikan nach eventuellen Gesuchten hätte fragen

müssen. Die deutsche Obrigkeit behauptet, vom schließlich ausgeführten Befehl nichts zu wissen [...] Es sind Verhandlungen im Gange. In jedem Fall ist der Heilige Vater sehr betrübt über den unrechtmäßigen Gebrauch des Priestergewandes, der durch die Canones verboten ist und gegen den er persönlich Anordnungen gegeben hat: Er wird ab jetzt diesbezüglich Strafen *latae sententiae*[67] androhen. Auch über das Blutbad in Castelgandolfo durch angloamerikanische Bombardierungen ist der Heilige Vater sehr empört. Roosevelt hatte sich feierlich dazu verpflichtet und mehrfach versichert, so etwas über Gebieten des Heiligen Stuhls zu unterlassen. Der Papst verurteilt die von den Angloamerikanern durchgeführten Bombardierungen von Zivilisten im Allgemeinen.[68]

Hinter dieser Missbilligung steckt die generelle Kritik des Papstes an der alliierten Kriegführung (sowie an den Problemen, die dadurch für die offene Stadt entstanden). Am 9. Februar bat Pius XII. in einem Brief – es ist einer von vielen –, Rom und den Vatikan zu verschonen.[69] Am 10. Februar 1944, wenige Tage nachdem Faschisten Sankt Paul überfallen hatten, bombardierten die Alliierten Castelgandolfo zweimal. Bomben fielen auf das Territorium des Papstes und trafen sowohl den Papstpalast als auch ein Priesterkolleg der Propaganda Fide. Dabei kamen etwa 500 Menschen ums Leben, Evakuierte wie Flüchtlinge. Es war ein wahres Massaker an Menschen, die sich unter den Schutzmantel des Papstes geflüchtet hatten. Nachdem sich anfangs im Gebäudekomplex des Papstes in Castelgandolfo 8.000 Personen versteckt hatten, war diese Zahl nach der Evakuierung von Albano auf 15.000 gestiegen. Der Papstpalast, ja im Grunde genommen die ganze Residenz war voller Flüchtlinge: „Überall waren Menschen", schrieb der Ire Mons. Carroll-Abbing, der in den Castelli Romani für die Evakuierten tätig war. „Auf den Treppen reihten sich Matratzen und Bettlager aneinander; wo nur eben ein bisschen Platz war, war jemand; sogar im Thronsaal und in den privaten Wohnungen drängten sich die Evakuierten zusammen."[70]

Die Deutschen in Rom schlugen Berlin vor, das Blutbad zu Propagandazwecken auszuschlachten.[71] Der Heilige Stuhl beschwerte sich in Washington gegen die Bombardierung.[72] Celso Costantini besuchte das bombardierte Gebiet und richtete harte Worte gegen die Alliierten, die diesen „grauenvollen Mord" begangen hatten: „Diese Flieger scheinen mir traurige Soldaten zu sein, die sich nicht auf die Notwendigkeiten des Krieges berufen können. Nicht indem sie sich grausam an Castelgandolfo vergehen, werden sie die Deutschen aufhalten [...] Sie füllen die Seiten einer Geschichte der Traurigkeit und der Hinterhältigkeit, die fortbestehen wird, auch wenn der Krieg vorbei ist."[73] Der Prälat war zwar kein Freund der Deutschen, doch er verstand auch die Kriegspolitik der Alliierten nicht. Lakonisch kommentierte Ottaviani, der Assessor des Heiligen Offiziums, die Bombardierung der päpstlichen Villa in seinem Tagebuch: „die einen wie die anderen", schrieb er und brachte damit die Deutschen und die Alliierten auf eine Ebene.[74] Mons. Antonazzi war nach einem Besuch der Ruinen von Castelgandolfo außer sich: „Angesichts dieses barbarischen und ungerechtfertigten Blutbades kann ich, Gott möge es mir nachsehen, meine Wut nicht bremsen, die ebenso groß ist wie das Mitleid für diese Unglückseligen, die vergebens Zuflucht im Haus des Vaters aller Christen gesucht haben."[75]

Ein paar Wochen später folgte das nächste Ärgernis: Die vatikanischen Lastwagen, die für den Transport von Lebensmitteln bestimmt waren, wurden bombardiert. Sie waren in den Farben der vatikanischen Flagge angestrichen, damit Flugzeuge sie aus der Luft erkennen konnten. Am 3. Mai beschwerte sich der Heilige Stuhl offiziell bei den Amerikanern und den Briten und warf ihnen „absichtliche Angriffe oder zumindest [...] äußerste Fahrlässigkeit" vor. Mons. Montini und Graf Galeazzi führten Osborne und Tittmann auf die Terrasse von Sankt Peter, um ihnen zu zeigen, wie gut die Lastwagen von weitem erkennbar waren. Der Vatikan war mit dem Verhalten der Alliierten im Allgemeinen nicht zufrieden, besonders aber wegen des Vorfalls in Castelgandolfo, wegen des Massakers an so vielen Menschen und wegen der getroffenen vatikanischen Fahrzeuge.[76]

Am Ende glichen sich die negativen Verhaltensweisen der einen wie der anderen Seite zwar nicht aus, doch es war unverkennbar, dass sich beide Kriegsparteien gegenüber dem Heiligen Stuhl nicht korrekt und gegenüber den Schwächsten (gegenüber den Flüchtlingen in Castelgandolfo oder den Menschen in Sankt Paul) erbarmungslos verhalten hatten. Dass dies der Eindruck des Vatikans war, bestätigen diverse Dokumente, auch wenn daraus nicht herauszulesen ist, dass der Heilige Stuhl äquidistant war. Diesen Hintergrund muss man im Kopf behalten, wenn man vom Hilfseinsatz des Vatikans in den Jahren 1943 und 1944 spricht. Der Heilige Stuhl spürte, dass die Alliierten seinen Bedürfnissen nicht entgegenkamen. Dennoch besteht kein Zweifel daran, dass alle Ebenen der katholischen Welt in Rom die Ankunft der Alliierten im Juni mit großer Erleichterung begrüßten, die sie von einem Albtraum befreite. Dies bestätigen alle Quellen.

Im Februar 1944 war der Papst äußerst betrübt über die Bombardierungen von Castelgandolfo, aber auch über den Überfall auf Sankt Paul. Dieser Vorfall passte seiner Meinung nach ins chaotische Bild der Stadt Rom im Krieg. Nicht deswegen missbilligte er ihn nicht vehement, sondern eher weil er daran zweifelte, dass die Deutschen an der Aktion, die von den Italienern durchgeführt worden war, tatsächlich nicht beteiligt gewesen sein sollten. Er wollte auch weiterhin Menschen Asyl gewähren. Durch die von ihm gewählte Form des Protests gegen den Überfall auf Sankt Paul sollten die kirchlichen Einrichtungen beschützt werden, in deren Räumlichkeiten Flüchtlinge untergebracht waren. Er hätte jedoch eins lieber gesehen: dass man der Kirche nicht den Vorwurf machen konnte, auf nicht ganz lupenreine Methoden zurückzugreifen. In einer Audienz für den Direktor von *La Civiltà Cattolica* fasste der Papst später seinen Kurs folgendermaßen zusammen: „Unsere Kraft liegt in der kristallklaren Wahrheit: Ja, wir wollen Barmherzigkeit zeigen angesichts der vielen bemitleidenswerten Fälle, mit denen wir konfrontiert werden, aber der Einsatz falscher Dokumente und jeder kleinste Anschein von Betrug ist zu vermeiden."

Dies sind die Worte des Diplomaten alter Schule. In diesem Zusammenhang wollen wir daran zurückdenken, wie der Papst gegenüber dem Direktor von *La Civiltà Cattolica* den Waffenstillstand von Cassibile im September beurteilte. Der Jesuit berichtete damals: „Hinsichtlich der Art und Weise, wie der Waffenstillstand zustande kam, sagte er, er missbillige die ‚diplomatische Lüge'; und er erklärte, er selbst habe sich ihrer niemals bedient."[77] Aus dieser Aussage wird deutlich, wie Pius XII. den Stil eines Menschen bemaß. Doch er, der Diplomat, stand einem gewaltigen Projekt in Rom und im Vatikan wohlwollend gegenüber, an dem Hunderte von Priestern und Ordensleuten beteiligt waren. Dieses Projekt im Untergrund war jedoch ganz und gar unlenkbar, obwohl es mit dieser Mahnung zu Transparenz eine Weisung des Papstes gab. Er gab damit die Leitlinie vor, an der sich die Kirche bei der Aufnahme von Flüchtlingen orientieren sollte. In dieser komplexen Situation gehörte es zum Tagesgeschäft der führenden Männer der Kirche, vor allem Montinis im

Staatssekretariat sowie der Verantwortlichen im Vikariat, den Willen des Papstes mit der gelebten Wirklichkeit eines vielgliedrigen Projekts zusammenzubringen.

VI
Ein furchtbarer Tag

Die diplomatische Antwort

In ihrem autobiographisch-historischen Werk *Via Flaminia 21* schilderte Rosetta Loy den Tag der Judenrazzia in Rom, der auch ihre Nachbarn zum Opfer fielen:

> Niemand hat die Lastwagen angehalten, als sie davonrollten mit Männern, Frauen, grausam aus dem Schlaf gerissenen Kindern. Pius XII. ist nicht weiß und feierlich am Bahnhof Trastevere [tatsächlich war es der Bahnhof Tiburtina] erschienen, um sich vor den auf den Gleisen stehenden Zug zu stellen und die Abfahrt zu verhindern, so wie er am Tag der Bombardierung von San Lorenzo in der Menschenmenge aufgetaucht war. Die Waggons wurden versiegelt, und der Zug konnte ohne Zwischenfälle abfahren, der Pfiff der Lokomotive hallte durch die Via Salaria. Pius XII. ist an den Fenstern seines Zimmers sitzen geblieben, wo die Kanarienvögel Hänsel und Gretchen herumflatterten. Nicht einmal mein Vater und meine Mutter, die gewiß Mitleid hatten mit dem Schicksal der Levis, haben auch nur einen Tag lang die Briefmarkenblätter und das Fleisch, das Brot, die Eier vergessen.[1]

Als die Juden aus Rom weggebracht wurden – lebten die Römer ihr Leben da einfach so weiter, als wäre nichts gewesen? Das Collegio Militare, wo man sie nach der Razzia zusammengepfercht hatte, war weniger als einen Kilometer vom Vatikan entfernt. Wahrscheinlich kamen die Lastwagen, die sie aus ihren Wohnungen dorthin brachten, am Petersplatz vorbei. In der Tat fand alles – wie Weizsäcker unverblümt feststellte – direkt unter den Fenstern des Papstes statt. Konnte Pius XII. nicht zum Bahnhof Tiburtina fahren und den Zug allein durch seine Anwesenheit aufhalten, wie Rosetta Loy es sich vorstellte? Konnte er sich nicht unter die Juden mischen, wie er sich nach den Bombardierungen von San Lorenzo unter die Römer gemischt hatte? Gewiss waren die Umstände im besetzten Rom andere als im Juli 1943, als die Stadt noch in den Händen der Faschisten gelegen hatte. Während der gesamten Zeit der Besatzung verließ der Papst den Vatikan nicht, einerseits um die Herrschaft der Deutschen nicht anzuerkennen, andererseits vielleicht aber auch aus Vorsichtsgründen. Doch nach dem 16. Oktober hatte man es mit einer Ausnahmesituation zu tun: War es nicht möglich, mehr, ja etwas ganz Persönliches zu tun?

Als ich Loys Buch las und mir den Papst in Tiburtina vorstellte, kam mir etwas in den Sinn, das in Sofia geschehen war. Stefan, der Exarch der bulgarisch-orthodoxen Kirche und damit das Oberhaupt der Nationalkirche, war ein Freund des Apostolischen Gesandten Roncalli und hatte an den ersten ökumenischen Initiativen in Norwegen teilgenommen. Im Mai 1943 setzte er sich beharrlich gegen die Deportation der Juden aus Bulgarien ein, die die Regierung auf Druck der Deutschen angeordnet hatte. Am 24. Mai richtete er auf dem Platz vor der Kathedrale harte Worte gegen die Obrigkeit, die angedroht hatte, die Juden zu deportieren. Anschließend empfing er den Oberrabbiner in seinem Haus und versteckte ihn dort. Er intervenierte mit Nachdruck bei der Regierung, nachdem er auch bei König Boris und der königlichen Familie diverse Male vorgesprochen hatte. Zusammen mit seinem Synod verfasste er einen energischen Protestbrief an den König. Es heißt (auch wenn es nicht nachgewiesen ist), er habe angedroht, persönlich zum Bahnhof zu kommen, sollten die Juden deportiert werden. Dafür wurde er unter Hausarrest gestellt.

Die alte bulgarische Welt, in der die Juden immer einen festen Platz gehabt hatten, lehnte sich gegen die antisemitischen Maßnahmen auf. Dimităr Pešev, der Vizepräsident des Parlaments, war es gewesen, der den Widerstand im Jahre 1943 eingeleitet hatte. Und tatsächlich konnten die bulgarischen Juden gerettet werden. Auch während der Zeit des kommunistischen Regimes legte Exarch Stefan Protest ein; doch die Zeiten von Zar Boris waren vorbei, sodass der Geistliche verbannt und von allen vergessen wurde.[2] Obwohl die Deutschen 1943 schon das Zepter in der Hand hatten, gab es in Sofia 1943 noch einen institutionellen politischen Rahmen, innerhalb dessen das Oberhaupt der nationalen Kirche auf den Premierminister einwirken konnte, auch wenn dieser mit der deutschen antisemitischen Politik sympathisierte. Doch obwohl all diese Ereignisse ebenso wie die Judenrazzia in Rom im Jahre 1943 stattfanden und man es in beiden Fällen mit den Nazis zu tun hatte – man kann Rom nicht mit Sofia vergleichen.

Als ich Rosetta Loys Schilderung der Ereignisse vom 16. Oktober 1943 las, kam mir diese Parallelität jedenfalls in den Sinn. Wie reagierten Pius XII. und seine Mitarbeiter auf die Deportation? All das, was mit den römischen Juden geschah, war auch für den Papst eine moralische Herausforderung. Hitler und Himmler wollten jeden einzelnen Juden ausrotten, noch nicht einmal in der Stadt, ja unter den Fenstern des Oberhaupts der katholischen Kirche machten sie eine Ausnahme. Nachdem das Gold als Kopfgeld eingesammelt worden war, so Carlo Trabucco, standen ein paar Frauen weinend vor der Synagoge und riefen einer Gruppe vorbeigehender Priester zu: „Passt auf, bald seid auch ihr dran. Sie werden niemanden verschonen, nicht einmal euch."[3]

Was am 16. Oktober und an den darauffolgenden Tagen passierte, ist allgemein bekannt; dennoch wollen wir die Ereignisse zumindest teilweise Revue passieren lassen. Wie gesagt überbrachte die Principessa Enza Pignatelli d'Aragona Cortes dem Papst die Nachricht von der Razzia; sie kannte ihn seit vielen Jahren persönlich, da er ihr Religionslehrer am Cenacolo gewesen war. Die Adlige erzählte viele Jahre später von den Ereignissen, die sie selbst miterlebt hatte. Es verwundert, dass diese Dame, war sie dem Papst auch bekannt, ohne Vorankündigung zu ihm vorgelassen wurde (und dabei sagte man, Pacelli sei ein einsamer Papst gewesen). Doch der Papst empfing ein paar Monate später, Anfang 1944 auch die Adlige Fulvia Ripa di Meana (auch sie war seine Schülerin gewesen), die ihn um Hilfe für den von den Deutschen verhafteten Oberst Montezemolo bat.[4] Der Vatikan setzte sich nach der Audienz anscheinend für Montezemolo ein, wenn auch ohne Erfolg. Er bemühte sich überdies – und hier mit positivem Ausgang – für Giuliano Vassalli, den Sohn eines Bekannten des Papstes. Durch zahlreiche persönliche Beziehungen war der Papst mit seiner Stadt verbunden. Es dauerte nicht lange, bis er von den Vorfällen und all den furchtbaren Dingen, die in Rom passierten, erfuhr.

Enza Pignatelli wurde um 6 Uhr morgens von einer Freundin informiert und nahm das Auto eines befreundeten deutschen Diplomaten, um sich all dessen, was im Ghetto vorgefallen war, mit eigenen Augen zu vergewissern. Daraufhin begab sie sich in den Apostolischen Palast, wo sie auf Mons. Arborio Mella di Sant'Elia, den Oberkammerherrn und

Bruder des Zeremonienmeisters am Quirinal, traf, den sie darum bat, den Papst sprechen zu dürfen. Es war noch früh am Morgen und Pius XII. hatte eben erst die Heilige Messe gefeiert. Er empfing sie in der Bibliothek. Graham, der 1969 mit der Adligen sprach, schrieb: „Der Papst war verwundert. Er sagte, die Deutschen hätten versprochen, dass sie die Juden in Ruhe lassen würden. Er wusste von der Sache mit den 50 Kilo Gold, die sie als Lösegeld gefordert hatten [...] Noch in Anwesenheit der Principessa Pignatelli griff der Papst zum Telefon. Maglione bereitete bereits einen Protest vor."

Die Sammlung des Goldes hatte nicht nur auf die Juden beruhigend gewirkt.[5] Dass der Vatikan nun den diplomatischen Weg einschlug, ist nicht ungewöhnlich, zumal sich Kardinal Maglione beim Botschafter bereits einen Monat zuvor, am 19. September, wegen der Forderung nach der Stellung der 6.000 Geiseln beschwert hatte. Diese Sache war für den Vatikan gut ausgegangen, denn die Deutschen hatten schließlich von ihrer Forderung abgelassen. Am 16. Oktober ging man wie am 19. September vor. Der Staatssekretär beorderte sofort von Weizsäcker zu sich. Anhand der Notizen des Kardinals lässt sich das Gespräch rekonstruieren. Der Botschafter fuhr den gleichen Kurs wie im September und mahnte: Berlin sollte besser nicht verärgert werden. Doch Magliones Kurs kulminierte schließlich in der Androhung eines offiziellen Protests. Am Ende vertraute der Kardinal aber wie schon einen Monat zuvor dem Botschafter, der ihn darum bat, den vatikanischen Protest nicht öffentlich zu machen (den der Chef der päpstlichen Diplomatie ihm allerdings in gebührender Form vorgelegt hatte).

In einem Gespräch mit Substitut Montini, von dem wir nicht wissen, wann es stattfand, bei dem es aber um die Vorfälle vom 16. Oktober ging, sagte Weizsäcker fast drohend voraus, dass „jeder Protest von Seiten des Papstes lediglich zu einem wirklich radikalen Rekurs auf Deportationen führen würde". Und er fügte hinzu: „Ich weiß, wie unsere Leute in solchen Umständen reagieren." Laut Gabriele Rigano, der die Ereignisse des 16. Oktober eingehend untersucht hat, wandte der Diplomat im Gespräch mit den Männern im Vatikan eine zweischneidige Taktik an: Einerseits drohte er und andererseits gab er sich als Komplizen aus, indem er ihnen zu verstehen gab, er würde gewisse Ergebnisse außerhalb des offiziellen Rahmens erzielen.[6]

Weizsäcker nahm im Gespräch mit Maglione die Rolle des Regimekritikers ein. Er sagte zu ihm: „Ich warte immer darauf, dass man mich fragt: Warum bleiben Sie eigentlich in diesem Amt?" Auf Maglione wirkte er „aufrichtig und bewegt". Doch er teilte ihm auch mit, dass er persönlich daran zweifelte, dass tatsächlich Juden festgenommen worden seien (in Wirklichkeit wusste er natürlich ganz genau Bescheid). Der Staatssekretär erwiderte: „Es schmerzt den Heiligen Vater, es schmerzt ihn mehr, als man sagen kann, dass gerade in Rom unter den Augen des Gemeinsamen Vaters so viele Personen nur wegen ihrer Abstammung leiden müssen." Weizsäcker kam zur Sache: „Was würde der Heilige Stuhl tun?" Darauf Maglione: „Der Heilige Stuhl möchte nicht in die Notwendigkeit gebracht werden, seine Missbilligung zum Ausdruck bringen zu müssen." An dieser Stelle agierte der Botschafter erneut nach dem Drehbuch vom September. Er erinnerte daran, dass der Vatikan stets umsichtig gewesen sei: „Gerade jetzt, da das Schiff in den Hafen einläuft, soll alles in Gefahr gebracht werden? Ich denke an die Folgen, die ein Eintreten des Heiligen Stuhls mit sich brächte." Und schließlich gab er zu verstehen, dass hinter den Ereignissen am 16. Oktober Hitler persönlich stand – äußerst merkwürdig, zumal er doch vorgegeben hatte, Zweifel daran zu haben, dass die Razzia den Juden gegolten habe: „Die Anweisungen kommen von ganz oben." Dies sind die Worte des Diplomaten, die Maglione in seiner Gesprächsnotiz festhielt.

Weizsäcker erarbeitete einen Vorschlag nach dem Modell vom September. Er wäre den Wünschen des Vatikans gerne entgegengekommen, gab er Maglione zu verstehen, doch er fragte: „Lassen Eure Eminenz es mir frei, diese offizielle Konversation unerwähnt zu lassen?" Die Antwort des Kardinals zeigt, wie eng die Grenzen einer Diplomatie waren, die auf die offiziellen Beziehungen vertraute, keinen Druck ausübte und nur wenig Informationen und fast keine Informationskanäle besaß. Maglione glaubte dem Botschafter. Diese Gutgläubigkeit rührte daher, dass der Heilige Stuhl den diplomatischen Beziehungen einen hohen, ja übergeordneten Stellenwert beimaß und das Phänomen Nationalsozialismus nur schlecht kannte – wie nicht wenige europäische Regierungen jener Zeit auch. Doch wie vertrauenswürdig war dieser deutsche Diplomat, der von einem Außenminister wie Ribbentrop gesandt war und sich damit rühmte, aus den von ihm unterzeichneten Vereinbarungen Altpapier zu machen? Dem Heiligen Stuhl war klar, dass ihm nur dieser Kanal zur Verfügung stand und ihm nur wenig Handlungsspielraum geblieben war.

Obwohl Hitler seit nunmehr zehn Jahren an der Macht war, glaubte der Vatikan, die Welt der Deutschen sei noch nicht vollkommen nazifiziert, und unterschied daher zwischen „guten“ und „schlechten“ Deutschen. Zu Ersteren pflegte Pius XII. selbst durchaus riskante, vertrauliche und streng geheime persönliche Kontakte und unterstützte so zum Beispiel die Übermittlung von Nachrichten nach London und damit eine Verschwörung gegen Hitler.

Dem Vatikan schien Freiherr von Weizsäcker, der die deutsche diplomatische Mission in der eleganten Villa Bonaparte in der Nähe der Porta Pia leitete, nicht so recht in die Rolle des Gesandten Hitlers zu passen: Man hielt ihn für einen Deutschen, mit dem man wie mit einem Edelmann sprechen konnte. Die vatikanischen Diplomaten kannten den Botschafter überdies gut, da er als erster Staatssekretär des Auswärtigen Amtes der direkte Ansprechpartner von Nuntius Cesare Orsenigo in Berlin gewesen war. Häufig hatte er diesem die schroffen Abfuhren der Deutschen aus der Wilhelmstraße überbracht; doch der Vatikan hatte bei ihm einen Umgangston wahrgenommen, der sich vom offiziellen Charakter des Hilterregimes unterschied. Oder er hatte zumindest seine diplomatische Fähigkeit geschätzt, die ihn menschlich gesehen von der Klasse der führenden Nazis abhob.[7]

Maglione „appellierte an seine Menschlichkeit“: „Ich verließ mich auf sein Ermessen, unsere Konversation zu erwähnen oder nicht, die sehr herzlich gewesen ist.“ Doch konnte man das Gespräch mit dem Vertreter eines Staates, der in Rom derlei Dinge veranstaltete, wirklich herzlich finden? Der Staatssekretär notierte: „Ich musste ihm jedoch auch sagen, dass der Heilige Stuhl nicht in die Notwendigkeit gebracht werden darf, zu protestieren: Sollte der Heilige Stuhl dazu gezwungen sein, es zu tun, würde er sich, was die Folgen angeht, der Göttlichen Vorsehung anvertrauen.“ Dies war die einzige Waffe einer schwachen Diplomatie, die nicht in der Lage war, auf das Herz der nationalsozialistischen Macht Druck auszuüben. So schloss der Kardinal: „S. E. hat mir gesagt, dass er versuchen wird, etwas für die armen Juden zu tun. [Ich danke ihm dafür]. Ansonsten verlasse ich mich auf sein Urteil.“[8]

Auch wenn die Notizen das Gewand der diplomatischen Sprache tragen, wird aus ihnen deutlich, dass das Gespräch nicht gerade emotionslos war. Sie zeigen, wie erschüttert der Vatikan war. Maglione vertraute dem Botschafter, so wie er früher als Nuntius (er war in Paris gewesen) seinen

Kollegen als Edelmännern hatte vertrauen können. Der deutsche Adlige, mit dem er da sprach, schien auch von seiner Art her nicht zu den Nazis zu passen. In den folgenden Tagen, als die römischen Juden bereits eine Reise ohne Wiederkehr angetreten hatten, glaubte er weiterhin, über Weizsäcker etwas für sie tun zu können. Im letzten Kapitel haben wir dies schon im Zusammenhang mit dem Einsatz des Heiligen Stuhls für die Deportierten festgestellt. Der Vatikan vertraute von Weizsäcker auch weiterhin. In der entsprechenden „Positio" in den Akten des Seligsprechungsprozesses für Pius XII. heißt es über Weizsäcker: „Er tat nicht wenig, um verfolgten Personen zu helfen und die abscheulichen Maßnahmen gegen die Kirche, die seine Vorgesetzten angeordnet hatten, zu mildern. Nach Ende des Krieges wurde Freiherr von Weizsäcker bei den Nürnberger Prozessen angeklagt. Es ist jedoch bekannt, dass die absurden Anschuldigungen gegen ihn von hoher kirchlicher Stelle dementiert wurden."[9]

Mehrere Geistliche schätzten von Weizsäcker und setzten sich für ihn ein. Tardini hob 1948 in einem Schreiben an den päpstlichen Gesandten in Deutschland die verschiedenen Verdienste des Botschafters hervor: die Entmilitarisierung Roms, die Rettung der Kunstgüter der Stadt und des Latiums, die Umwandlung einiger Todesstrafen sowie das Ausstellen von Dokumenten zum Schutz von kirchlichen Einrichtungen, der Palatingarde und der Angestellten des Vatikans. Laut Mons. Giulio Belvederi, dem Sekretär des Päpstlichen Instituts für Christliche Archäologie, konnten dank Weizsäcker mindestens 30 Juden in den Katakomben versteckt werden: „Italienische Nazis sind in die Katakomben eingedrungen, doch niemals deutsche, und dafür setzte sich Freiherr von Weizsäcker ein. Es gab niemanden, der wohlwollender und entgegenkommender war als er!"[10] Die von Belvederi gegründete Gemeinschaft der Benediktinerinnen von Priscilla beherbergte in ihrem Haus jüdische Familien, die sich bei Gefahr in den naheliegenden Katakomben versteckten. In der Druckerei dieser Gemeinschaft wurden außerdem falsche Ausweise hergestellt, die Gonella im Vatikan dann nur noch mit den Stempeln verschiedener italienischer Kommunen versehen musste. Dadurch, dass die Katakomben laut den Lateranverträgen zum Vatikan gehören, blieben sie, auch auf Geheiß des Staatssekretariats, von einem Übergriff durch die Deutschen verschont und wurden nicht zu militärischen Zwecken genutzt.[11]

Doch kehren wir zum deutschen Botschafter zurück. Pater Graham war fest davon überzeugt, dass Weizsäcker nicht nur am 16. Oktober, sondern während seiner gesamten diplomatischen Mission ein „doppeltes Spiel" gespielt hatte: Der Regierung in Berlin präsentierte er einen Vatikan, der ruhig und wie das Dritte Reich antibolschewistisch gesinnt dar. Was seine Gesprächspartner im Vatikan ihm mitteilten, gab er jedoch nicht originalgetreu weiter. Kappler berichtete in einem Telegramm nach Berlin von einem Gespräch mit dem Botschafter, der ihm gesagt habe, „das Ziel des Papstes sei zweifelsohne, die westliche Welt gegen die asiatische Gefahr zu vereinen, um so die christliche Zivilisation zu retten".[12] Einer seiner Mitarbeiter bezeugte, dass Weizsäcker auf einen Separatfrieden gehofft habe, bei dem der Vatikan eine entscheidende Rolle habe spielen sollen.[13] Gleichzeitig bremste er wiederum die Aggressivität der Nazis gegenüber dem Vatikan, die sogar mit dem Gedanken spielten, Pius XII. zu deportieren. Der Historiker Owen Chadwick, der die Beziehungen zwischen dem Vatikan und Großbritannien während des Krieges untersucht hat, ist hingegen der Meinung, dass der Botschafter sich maßgeblich dafür eingesetzt habe, eine Besetzung des Vatikans zu verhindern („Keiner tat mehr als Weizsäcker", schrieb er), und er sich gegenüber dem Heiligen Stuhl stets korrekt verhalten habe.[14]

Zweifelsohne bewegte sich der „januskopfige" deutsche Diplomat bei seinem persönlichen Spiel mit dem Vatikan und Berlin hart an der Grenze. Bevor er nach Rom aufgebrochen war, hatte er Hitler seinen Plan vorgestellt und dessen Zustimmung erhalten: „Gegenseitige Nichteinmischung, keine grundsätzlichen Diskussionen, keine Händel." Nachdem der Führer ihm gesagt hatte, in Rom gebe es nur drei starke Männer (den König, den Duce und den Papst, Letztgenannter sei jedoch der Stärkste), hatte er ihm zu verstehen gegeben, dass die Kirche nach dem Krieg nur als Werkzeug des Staates fortbestehen würde. Der Botschafter wusste, dass Hitler dem Katholizismus feindlich gegenüberstand und ihm daher nur begrenzt Handlungsspielraum zur Verfügung stand. Unterstützt von Stahel setzte er sich für eine „Schonung päpstlicher Interessen" ein, wie er in seinen Memoiren festhielt. Er wollte die Propaganda der Alliierten widerlegen, die die Deutschen als „Gefangenenwärter des Papstes" darstellte.[15] Für den großen NS-Forscher George Mosse bleibt der Diplomat eine Figur, die emblematisch für den Versuch war, zur Beruhigung des eigenen Gewissens den christlichen Glauben mit der Staatsräson zu vereinbaren.[16]

Freiherr von Weizsäcker blieb bis zum Ende der Besatzung der vom Vatikan bevorzugte Kommunikationskanal mit Deutschland. Dabei spielte er nicht nur ein „doppeltes" Spiel, sondern er spielte auch mit Erfolgsmöglichkeiten und mit begrenztem Raum. Der Heilige Stuhl hatte trotz aller Enttäuschungen den Glauben an die Bedeutung diplomatischer Beziehungen noch nicht verloren. Auch die „Janusköpfigkeit" des Botschafters (falls sich der Vatikan dessen denn bewusst war) bot einen gewissen Handlungsspielraum. Darüber hinaus gab es für den Heiligen Stuhl kaum einen anderen Weg, um mit Berlin in Kontakt zu bleiben. Im April 1944 erhielt das Staatssekretariat die Nachricht von der Festnahme des Juden Mario Segrè und seiner Familie. Unverzüglich reagierte der Heilige Stuhl auf diplomatischem Wege und wandte sich an von Weizsäcker. Die Angelegenheit nahm kein gutes Ende, denn Segrè kam in Auschwitz ums Leben. Im April 1944 wies Pius XII. Tardini an, mit Weizsäcker über die Evakuierten in Rom zu sprechen, damit „diese Armen menschlich behandelt werden".[17] Wie wir sehen, war und blieb der Botschafter ein bevorzugter Kommunikationskanal.

Es ist anzunehmen, dass der Botschafter ebenso wie die anderen deutschen Führungskräfte in der Hauptstadt wusste, dass für den 16. Oktober eine Razzia geplant war. Eigens dafür kam Anfang Oktober Theodor Dannecker, der grausame Experte für Operationen dieser Art, nach Rom. Nach dem Zusammenbruch Italiens verschärfte sich die Jagd auf die Juden nicht nur auf nationalem Terrain, sondern auch in Gebieten, die vom königlichen Heer überwacht wurden. Zur gleichen Zeit wurden auch die dänischen Juden verstärkt verfolgt. Ihnen gelang es jedoch, nach Schweden zu fliehen, da aus Deutschland Informationen über die Pläne der Nazis durchgesickert waren. Die Bevölkerung half den Juden, sodass sich 8.000 von ihnen in Sicherheit bringen konnten und weniger als 500 verhaftet wurden.[18]

Weizsäcker war nur eine von vielen wichtigen deutschen Persönlichkeiten auf dem römischen Kriegsschauplatz. Konsul Eitel Friedrich Moellhausen vertrat in Rom den deutschen Botschafter bei der Italienischen Sozialrepublik, Rudolf Rahn, der der eigentliche deutsche Handlungsbevollmächtigte für Italien war. Rahn verstand es, die Interessen des Reichs in Italien autoritär zu vertreten, und machte sein Büro zu einem entscheidenden Knotenpunkt der deutschen Politik auf der Halbinsel.[19] Sein Vertreter in Rom erfuhr von Stahel am 25. September, dass für den 1. Oktober der Befehl erteilt worden war, alle Juden zu deportieren. Kappler war bereits darüber im Bilde. Kühn wandte sich Moellhausen an Minister Ribbentrop, um die Deportation zu verhindern, wofür er von Rahn getadelt wurde. Kappler sprach zusammen mit Moellhausen bei Kesselring, dem Oberbefehlshaber Süd, vor. Doch beide Maßnahmen „hatten nicht die erwünschte Wirkung", so Rigano.

Dass Kappler für die Deportation der Juden Roms, für alles, was danach mit ihnen passierte, und für das Blutbad in den Ardeatinischen Höhlen verantwortlich war, ist unbestreitbar.[20] Der Offizier war ein SS-Mann durch und durch. Doch die Jagd auf die Juden schien verglichen mit den großen Problemen, der Sorge um Ruhe und Ordnung in der Hauptstadt und der Überwachung der untergetauchten italienischen Militärs, nicht vorrangig zu sein. Zwar fand die Razzia nicht am 1. Oktober statt, doch nichts und niemand konnte verhindern, dass sie 15 Tage später durchgeführt wurde.

Moellhausen erzählte Robert Katz (erwähnte es aber nicht in seinen Memoiren), dass er von Weizsäcker über die bevorstehende Deportation informiert habe, damit dieser den Vatikan darüber benachrichtigte.[21] Doch in den heute vorliegenden Dokumenten gibt es keine Spur davon, dass der deutsche Diplomat den Heiligen Stuhl davon in Kenntnis setzte. Dafür, dass er es nicht tat, spricht auch, dass der Papst so verwundert war, als die Principessa Pignatelli ihm von der Razzia berichtete. Botschafter Rahn, den Moellhausen in Rom vertrat, war zuvor in Tunesien tätig gewesen. Dort hatte er von den Juden zunächst ein „Lösegeld" gefordert, sie dann zur Zwangsarbeit verpflichtet und dadurch ihre Deportation verhindert (von der jüdischen Gemeinde Dscherbas waren unter anderem wie von der Gemeinde Roms 50 Kilo Gold verlangt worden).[22] Für ihn gehörte die Auslöschung der Juden nicht zu den Interessen Deutschlands. Die „gemäßigten" Deutschen kommandierten die Juden zur Zwangsarbeit ab. Diesen Kurs fuhren nicht nur Moellhausen und General Stahel, sondern auch Feldmarschall Kesselring. Über den deutschen Offizier Nikolaus Kunkel sandte auch Stahel einen Brief an Botschafter Weizsäcker, in dem er ihn darum bat, alles in seiner Macht Stehende zu tun, damit der Befehl zur Deportation der Juden zurückgenommen wurde. Doch der Botschafter lehnte das ab. Da die SS und

Himmler ausdrücklich auf dieser Operation bestanden, fügte sich das Auswärtige Amt; aus Berlin hieß es, es handle sich um eine „Führerweisung“, die von den unteren Rängen nicht in Frage zu stellen war.[23]

Von den deutschen Diplomaten und Militärs in Rom, die die Judenrazzia aufhalten und eine Verärgerung des Vatikans vermeiden wollten, ging wahrscheinlich eine etwas ungewöhnliche Initiative aus: ein Brief Bischof Hudals, der, ohne offiziell im Namen des Heiligen Stuhls zu sprechen, Berlin darüber in Kenntnis setzte, dass sich eine Razzia negativ auf das Verhältnis zum Heiligen Stuhl auswirken würde. Dass er es war, der dieses Schreiben verfasste, halten viele für verbürgt.[24] Pater Pfeiffer, der Mittelsmann zwischen dem Vatikan und den Deutschen, übermittelte es an den Stadtkommandanten von Rom, General Stahel. Dieser wiederum übergab es Gerhard Gumpert, der in Abwesenheit Moellhausens für die Geschäfte der deutschen Botschaft in Rom verantwortlich war und den Brief ans Auswärtige Amt in Berlin sandte. In dem Brief des österreichischen Bischofs heißt es: „[...] ersuche ich Sie ernsthaft, daß Sie die unverzügliche Einstellung dieser Verhaftungen sowohl in Rom als auch in dessen Umgebung befehlen. Andernfalls befürchte ich, dass der Papst öffentlich gegen diese Maßnahmen Stellung nehmen wird, was zweifellos von der antideutschen Propaganda als Waffe gegen uns Deutsche eingesetzt werden wird.“[25] Der Geistliche drohte mit einer Stellungnahme des Papstes (auch Maglione hatte dem deutschen Botschafter bereits damit gedroht). Auf diese Weise wurde Berlin indirekt auf die Risiken der geplanten Operation hingewiesen. Weizsäcker schrieb sofort ans Auswärtige Amt und bestätigte das, was Hudal geschrieben hatte. Er selbst hatte Magliones Androhung aber nicht weitergeben wollen.

Dass Pfeiffer in die Sache involviert war, legt nahe, dass der Vatikan die Initiative billigte; dass der Text Hudals im Archiv der Ersten Sektion liegt, verstärkt diesen Eindruck.[26] In seinen Memoiren behauptete der österreichische Bischof, dass auch der Neffe des Papstes, Carlo Pacelli, seine Hände im Spiel gehabt habe.[27] Das Telegramm Weizsäckers nach Berlin vom 17. Oktober zum Schreiben Hudals ist emblematisch für die Taktik, die der Botschafter bei seinem Spiel mit Rom und Berlin anwendete:

> Die Kurie ist besonders betroffen, da sich der Vorgang sozusagen unter den Fenstern des Papstes abgespielt hat. Die Reaktion würde vielleicht

> gedämpft, wenn die Juden zur Arbeit in Italien selbst verwendet würden. Uns feindlich gesinnte Kreise in Rom machen sich den Vorgang zu Nutzen, um den Vatikan aus seiner Reserve herauszudrängen. Man sagt, die Bischöfe in französischen Städten, wo ähnliches vorkam, hätten deutlich Stellung bezogen. Hinter diesen könne der Papst als Oberhaupt der Kirche und als Bischof von Rom nicht zurückbleiben. Man stellt auch den viel temperamentvolleren Pius XI. dem jetzigen Papst gegenüber. Die Propaganda unserer Gegner im Ausland wird sich des jetzigen Vorgangs sicher gleichfalls bemächtigen, um zwischen uns und der Kurie Unfrieden zu stiften.[28]

Zu diesem Zeitpunkt hatte der Botschafter die Hoffnung vielleicht noch nicht ganz aufgegeben, dass die Juden nicht deportiert, sondern zu Zwangsarbeit eingesetzt werden würden oder dass sich bestenfalls derlei Vorfälle nicht wiederholen würden. Er musste nun den politischen Schaden beheben, der seinem komplizierten Spiel mit Berlin und Rom Steine in den Weg legte. Dies wird in einem Brief an seine Mutter deutlich, den er unmittelbar nach den Ereignissen am 20. Oktober schrieb. Die Italiener, so berichtete er, befürchteten, dass nach den Juden andere Personengruppen an der Reihe sein könnten. Er prognostizierte:

> Dieser Vorgang mit den Juden hat mich natürlich auch beschäftigt, da er sozusagen unter den Fenstern des Papstes stattfand. Eine öffentliche Stellungnahme der Kurie aber würde sicher bei uns Reaktionen auslösen und den gegenwärtig befriedigenden, aber natürlich doch labilen Status mit einem Schlag umwerfen können.[29]

Der Botschafter wollte Berlin auf die Risiken eines Bruchs mit dem Heiligen Stuhl hinweisen. Dazu diente der Brief Hudals. Doch bei all dem wurde eins völlig außer Acht gelassen: in welchem Tempo und mit was für einer Entschlossenheit die Razzia am 16. Oktober durchgeführt wurde. Binnen weniger Tage wurde der Großteil der nach Auschwitz gebrachten Juden ermordet. Wann begriff man, dass Weizsäckers Kurs die todbringende Operation nicht aufhalten konnte?

Trotz allem genoss der Botschafter auch in den folgenden Monaten das Vertrauen des Vatikans, der ihn um Informationen über die von der Razzia betroffenen Juden und um andere Dinge bat. Das Staatssekretariat durchtrennte den dünnen diplomatischen Faden nicht. Glaubte der Vatikan, vielleicht einen gewissen – wenn auch nur teilweisen – Erfolg erzielt zu haben?

Erfolg trotz menschlicher Tragödie?

Einen Erfolg hatte der Vatikan bisher tatsächlich eingefahren: Die Deutschen hatten nicht wie angedroht am 19. September die ursprünglich geforderten 6.000 Geiseln deportiert. Am 18. Oktober jedoch wurden mehr als 1.000 Juden an einen Ort gebracht, der nichts Gutes erahnen ließ; im gesamten besetzten Europa konnte man sehen, wie die Deutschen mit den Juden umgingen. Der irische Geschäftsträger beim Heiligen Stuhl überbrachte seiner Regierung die zwar unpräzise, aber traurige Nachricht von den Festnahmen: „Alle Juden Roms, einschließlich Frauen und Kinder, wurden von den Deutschen verhaftet [...] Zahlreiche Menschen, die von der Polizei verhaftet worden waren, brachte man nach Deutschland."[30] Sir Osborne, der britische Gesandte beim Vatikan, übermittelte dem britischen Außenministerium am 31. Oktober 1943 folgende Nachricht:

> Sobald er von der Festnahme der Juden in Rom erfahren hatte, sandte der Kardinalstaatssekretär eine Nachricht an den deutschen Botschafter und legte [ein Wort unlesbar] Protest ein. Der Botschafter schritt sofort ein und infolgedessen wurde eine große Zahl von Personen freigelassen. Es scheint, dass nur die deutschen und italienischen Juden zurückbehalten wurden, und jene, die einen arischen Vorfahren hatten oder selbst Eltern von [gemischten?] Kindern waren, freigelassen wurden. Es scheint also, dass das Einschreiten des Vatikans bewirkt hat, dass viele dieser Unglückseligen gerettet wurden.[31]

Im Vatikan hatte man Osborne darauf hingewiesen, dass die (verhältnismäßig positive) Information nicht an die Öffentlichkeit gelangen sollte, sondern nur für das Ministerium bestimmt war: Man befürchtete, dass eine Verbreitung der Nachricht Anreiz zu weiteren Verfolgungen bieten könnte. Osborne berichtete London, welchen Eindruck man im Vatikan hatte: Einen kleinen Erfolg hatte es in der ganzen Tragödie immerhin doch gegeben. Am 17. Oktober 1943 teilte General Stahel, an den Hudal seinen Brief adressiert hatte, dem Bischof telefonisch mit: „Himmler gab Order, daß mit Rücksicht auf den besonderen Charakter Roms diese Verhaftungen sofort einzustellen sind.“[32] Hatte der Druck, den der Vatikan ausgeübt hatte, zu einem Teilerfolg geführt? Manche Forscher sprechen vom „Mythos“ des Erfolgs des päpstlichen Einsatzes. Und vielleicht war dieser Erfolg ein Mythos, doch der Vatikan selbst glaubte, dass die Intervention Magliones beim Botschafter nicht vollkommen erfolglos gewesen sei. Beim Eichmann-Prozess bemerkte Generalstaatsanwalt Gideon Hausner hinsichtlich der Razzia vom 16. Oktober, dass „die Operation nicht den erhofften Erfolg hatte“, da sowohl die Italiener als auch der Klerus den Juden geholfen und Letzterer sie in ihren Klöstern aufgenommen habe. Zudem sagte er: „Der Papst persönlich intervenierte zugunsten der in Rom verhafteten Juden.“[33] Diese unter Juden und Nichtjuden weit verbreitete Überzeugung entsprach dem Eindruck der Männer im Vatikan. Der Weg, den man eingeschlagen hatte, hatte zwar nicht zum angestrebten Erfolg geführt; doch man glaubte, eine Verringerung der Anzahl der Deportierten, eine (einstweilige?) Aussetzung der Razzia und damit zumindest etwas erreicht zu haben.

Enzo Forcella, der nicht gerade zu Lob für die Kirche als Institution neigte, hat in einem gelungenen Werk, das wegen seines Todes leider unvollendet blieb, Rom in den Jahren 1943–1944 und die vertrackten Schachzüge jener Zeit untersucht. Darin nahm er Bezug auf die eingangs zitierte Passage aus dem Werk Rosetta Loys und fragte sich: Warum mischte sich der Papst nicht unter die Deportierten? Forcella führte aber auch zu Recht an, dass noch nicht einmal die GAP oder andere Widerstandsgruppen versucht hätten, sie zu befreien. Auch er kam zu dem Schluss, dass der Vatikan ein gewisses Ziel erreicht habe und verwies auf die Differenz zwischen der Anzahl der tatsächlich deportierten Juden (1.023) und der Zahl derer, die am 16. Oktober verhaftet wurden (1.259).[34] Außerdem zitierte er die ebenso beeindruckende wie tragische Aussage Armin Wachsbergers, eines Juden aus Rijeka, zur Deportation der Juden aus Rom. Dieser berichtete, dass ein deutscher Kommandant im Collegio Militare irgendwann gesagt habe: „Diejenigen, die nicht jüdisch sind, stellen sich auf die eine Seite [...] Und ich sage Ihnen, wenn ich einen Juden finde, der es gewagt haben sollte zu behaupten, er wäre es nicht, wenn ich diese Lüge herausfinde, wird der sofort erschossen.“[35]

Nach einer oberflächlichen Überprüfung der Dokumente wurden, so Forcella, schlussendlich 252 Personen freigelassen. Viele von ihnen waren Juden, doch größtenteils handelte es sich um Kinder aus Mischehen oder um die Ehepartner eines „Ariers". Daraus folgerte der Autor: „Dafür, dass die Kirche auf einen formellen und offiziellen Protest gegen den Einfall im Ghetto verzichtete, gab es einen Preis, den die Besatzer zahlen mussten." Für Forcella war ein in den Akten Pater Pfeiffers entdecktes Kärtchen (auf dem nur „Hauptsturmbannführer Danneger [sic] Collegio Militare" und „Mons. Traglia" steht) Indiz dafür, dass der deutsche Salvatorianer mit dem gnadenlosen Leiter der Razzia in Rom, Theodor Dannecker, verhandelte.[36] Forcellas These entspricht dem Bewusstsein des Vatikans: Zumindest etwas hatte man nach diesem furchtbaren Samstag erreicht und vielleicht würde man über eben diesen Kanal auch in Zukunft Weiteres erreichen – beispielsweise eine gute Behandlung der festgenommenen Juden, von denen man noch nicht wusste, dass sie umgehend getötet wurden, oder aber eine Einstellung der Jagd auf die Juden in Rom, die Stahel Hudal in Aussicht stellte. War es Wunschdenken oder Wirklichkeit?

In einer nüchtern verfassten Mitteilung Kapplers an seine Vorgesetzten in Berlin vom 16. Oktober heißt es: „Nach Abzug der Personen gemischten Blutes, der Ausländer, einschließlich eines Staatsangehörigen des Vatikans, der aus Mischehen entstandenen Familien, einschließlich jüdischer Partner, und des arischen Dienstpersonals und der arischen Mieter bleiben 1.002 Juden zurückzubehalten."[37] Laut dem Telegramm vom 17. Oktober, in dem über die Operation Bericht erstattet wurde, „verbleiben an festzuhaltenden Juden 1.007". Darf man aus diesen Aussagen von deutscher Seite etwa schließen, dass die Verhandlungen mit dem Vatikan am 17. Oktober bereits abgeschlossen waren? Oder dass die SS ihre Entscheidung nach einem Befehl aus Berlin fällte? Forcella glaubte, dass der Vatikan Druck auf die Deutschen ausgeübt habe und es danach möglicherweise zu Verhandlungen gekommen sei. Die Aussage, die Kappler später im Prozess gegen ihn machte, lässt hingegen einen Befehl aus Berlin vermuten: „Als Dannecker mir die erhaltenen Befehle referierte, bedeutete er mir, bei der Razzia die aus Mischehen Geborenen und arische Ehepartner nicht miteinzubeziehen."[38] Im Kriegstagebuch des deutschen Kommandos wurde hinsichtlich der Judenrazzia am 17. Oktober vermerkt:

> Die verhältnismässig geringe Zahl erklärt sich daraus, dass Abkömmlinge aus Mischehen nicht festgenommen worden sind. Die Aktion war um 12[.]00 Uhr am Vortage beendet. Der Abtransport der Juden soll am 18.10. erfolgen. Zu Zwischenfällen irgendwelcher Art ist es nicht gekommen.[39]

Der Vatikan hatte dennoch den Eindruck, etwas erreicht zu haben, wie Maglione in einem Gespräch mit Osborne deutlich machte. Außerdem gab es ein weiteres Argument für einen vorsichtigen Kurs: Im Staatssekretariat wusste man, dass Juden und Flüchtlinge in vielen Ordenshäusern in Rom versteckt gehalten wurden. Die Adlige Fulvia Ripa di Meana, die mit dem Vatikan in Verbindung stand und in der militärischen Resistenza aktiv war, hielt fest: „Im Vatikan ist man in Sorge, und diese Sorge wächst, weil sich alle Konvente, alle Klöster, alle Gemeinschaften nach und nach mit Offizieren, mit Verfolgten, mit Juden, ja hauptsächlich mit Juden füllen."[40]

Aus vielen Zeugnissen geht hervor, dass am 16. Oktober in den Klöstern großer Andrang herrschte: Wie würde es mit dem Einsatz im Untergrund in einer von den Deutschen besetzten Stadt weitergehen? Viele Menschen beunruhigten die Verhaftungen, auch wenn bislang lediglich die Juden im Visier der Deutschen gestanden hatten. Viele von ihnen hatten allerdings schon vor dem 16. Oktober an die Klosterpforten geklopft. Silvana Ascarelli Castelnuovo beispielsweise verließ im September ihre Wohnung und wurde am 30. des Monats zusammen mit ihrer Mutter und fünf Kindern von den Schwestern von Sacro Cuore del Bambin Gesù aufgenommen. Sie berichtete: „Wir wurden ohne große Probleme aufgenommen, da wir zu den Ersten gehörten, die in einem Kloster um Unterschlupf baten. Erst später stieg die Zahl derer merklich, die wie wir um Asyl baten, und es kam zu größeren Problemen."

Silvana Ascarelli zahlte eine „verhältnismäßig niedrige" Unterkunftsgebühr. Die Oberin gab sie bei den anderen dort untergebrachten Gästen als evakuierte Sizilianerin aus. Pietro Castelnuovo kam Ende September im „Istituto Dermopatico dell'Immacolata" (IDI) unter: Als die Deutschen am 16. Oktober in sein Haus eindrangen, war dort niemand mehr.[41] Aus den Dokumenten Pietro Palazzinis geht hervor, dass ein paar Personen schon vor dem 16. Oktober ins Seminar kamen, der Großteil aber danach aufgenommen wurde (und zwar nicht nur Juden).[42] Die Familie Modigliani versteckte sich bereits in der ersten Oktoberhälfte bei den Sionsschwestern. Angelo Di Capua fand Unterschlupf bei den Schwestern von der Christlichen Lehre.[43] Die Suore Compassioniste Serve di Maria hatten in ihrem Haus in der Via Torlonia schon im September alle Hände voll zu tun, da sich zahlreiche Juden und Offiziere bei ihnen verstecken wollten. Da es zu der Zeit gerade keine Oberin gab, waren die Schwestern mit der Situation zunächst etwas überfordert, doch schließlich nahmen sie bis zu 80 Gäste bei sich auf.[44]

Sergio Frassineti, der damals 15 Jahre alt war, erzählte später, dass sein Vater Mario, ein Angestellter bei „Lux Film", das Gefühl gehabt habe, dass sie in Gefahr waren. Am 14. Oktober brachte er seine Familie zu den Schwestern vom Kostbaren Blut, wo er selbst als Mann jedoch nicht unterkommen konnte. Sergio und etwa 30 Juden wohnten dort acht Monate lang mit den 20 Schwestern zusammen; darüber hinaus gab es circa 50 weitere Gäste.[45] Bei den Schwestern vom „Istituto Maria Bambina" in der Nähe des Vatikans wohnten Ende September bereits 120 Gäste. Dem Tagebuch des Lombardischen Seminars ist zu entnehmen, dass Ende September „eine Flut junger Männer, die einberufen und den Kriegsdienst verweigert haben, von Offizieren, die es nicht mit ihrem Gewissen vereinbaren können, der neuen faschistischen Regierung zu dienen, und von Juden, die von den Nazis verfolgt werden, einzuströmen begann".[46] Nicht wenige Juden hatten die Gefahr gespürt: „Viele Juden", so schreibt Piero Modigliani, „verlassen lieber ihre Häuser und begeben sich zu Freunden."[47] Viele glaubten jedoch auch, dass das, was in anderen Teilen Europas passierte, in Rom nicht passieren würde (wenn man denn darüber Bescheid wusste, was in anderen Teilen des Kontinents passierte). Roberto Spizzichino erinnerte sich: „Wir wohnten ganz in der Nähe des Vatikans und mein Vater meinte immer, dass wir in Sicherheit waren, weil Pius XII. uns beschützen würde. Es war für uns einfach unvorstellbar, dass die Nazis das, was sie mit den Juden in Osteuropa veranstaltet hatten, direkt unter den Fenstern des Papstes wieder tun und damit seiner Autorität öffentlich die Stirn bieten würden."[48]

Nach der Razzia kamen die Gäste in Scharen. Die Lage war unsicherer als je zuvor. Wie würden sich die Deutschen und die Faschisten verhalten? Wie konnte man die Orte, an denen Asyl gewährt wurde, sicherer machen? Der Vatikan hatte Zweifel daran, dass sie sicher waren, und befürchtete zeitweise Überfälle. Zumindest die Männer an der Spitze der katholischen Kirche waren an einem geregelten Verhältnis zu den

Deutschen interessiert. Doch die Krux war: Gleichzeitig wollten sie auch den verfolgten Juden und vielen anderen Menschen Asyl gewähren.

Auch unter diesem Gesichtspunkt muss der Artikel gelesen werden, der unter dem Titel „La carità del Santo Padre" („Die Barmherzigkeit des Heiligen Vaters") in der Ausgabe vom 25. und 26. Oktober 1943 des *Osservatore Romano* erschien. Manche schreiben ihn Pius XII. selbst zu.[49] Viele Männer und Frauen der Kirche Roms sahen ihn als Aufforderung, sich noch stärker für Menschen in Not einzusetzen. Damit war er mehr als nur ein verhüllter Protest gegen die Deutschen. In dem Artikel heißt es: „Da das Böse sich immer stärker ausbreitet, ist die allumfassende väterliche Barmherzigkeit des Heiligen Vaters sozusagen noch eifriger geworden, für die jedwede Grenzen durch Nationalität, durch Religion oder durch Abstammung nicht gelten."[50] In seinen Reden verwendete Pius XII. nie das Wort „Rasse", sondern sprach stattdessen stets von „Abstammung". Trotz „eines recht geschnörkelten und nebulösen Stils" erfasste Weizsäcker die Botschaft des Artikels: Es ging darin auch um die Juden, doch „nur eine begrenzte Anzahl von Personen erkennt dort eine besondere Anspielung auf das Problem der Juden". Dies galt nicht für die Reihen der Kirche, denn hier wusste man ganz genau, was es bedeutete, dass die Barmherzigkeit vor keiner durch Nationalität, Religion oder Abstammung gezogenen Grenze Halt machte. Unmissverständlich klar war die Aufforderung an die Kirche, „in Zukunft noch größere Ergebnisse zu erzielen und das Kommen des Tages zu beschleunigen, an dem sich der Regenbogen des Friedens wieder über die Erde spannt." Dies war die Botschaft Pius' XII.

Der deutsche Botschafter seinerseits konnte sich glücklich schätzen, im Nachgang der Razzia eine Krise mit dem Vatikan verhindert zu haben: „Der Papst hat sich, obwohl dem Vernehmen nach von verschiedenen Seiten bestürmt, zu keiner demonstrativen Äußerung gegen den Abtransport der Juden aus Rom hinreißen lassen", schrieb er am 28. Oktober 1943. Doch seltsamerweise hielt er die Judenverfolgung in Rom für abgeschlossen. Weizsäcker notierte, der Papst habe „auch in dieser heiklen Frage alles getan, um das Verhältnis zu der deutschen Regierung und den in Rom befindlichen deutschen Stellen nicht zu belasten. Da hier in Rom weitere deutsche Aktionen in der Judenfrage nicht mehr durchzuführen sein dürften, kann also damit gerechnet werden, daß diese für das deutsch-vatikanische Verhältnis unangenehme Frage liquidiert ist."[51]

Würden die Juden nun in Ruhe gelassen werden? Offen bleibt, wie der Botschafter dies in seiner Korrespondenz mit Berlin behaupten konnte. Handelte es sich dabei um eine verschleierte Empfehlung oder um eine erhaltene Versicherung? Oder um eine Nachricht für seine Gesprächspartner im Vatikan? Weizsäcker wies Berlin darauf hin, dass zwar eine Krise mit dem Heiligen Stuhl abgewendet worden sei, sich aber so etwas wie am 16. Oktober nicht wiederholen dürfe: dass es also keine deutschen Razzien mehr geben solle. Und in der Tat wiederholte sich etwas Derartiges nicht, auch wenn bedauerlicherweise trotz allem weiterhin Juden verhaftet und deportiert werden sollten, in vielen Fällen auf Initiative kollaborierender Italiener.

Pius XII. verurteilte die Judenrazzia in Rom nicht öffentlich. Er erschien auch nicht im Bahnhof Tiburtina, wie Rosetta Loy es sich vorstellte. Der Papst versuchte zu retten, was er retten konnte, und glaubte, auf diesem Wege etwas erreicht zu haben. Es waren die Ereignisse um den 16. Oktober (sowie das Bewusstsein, etwas erzielt zu haben oder es in Zukunft erzielen zu können, wie zum Beispiel die Vermeidung weiterer Razzien), die den Papst womöglich dazu führten, den diplomatischen Draht zu den Deutschen nicht abreißen zu lassen und die Beziehungen zu den deutschen Dienststellen in Rom auszubauen. Auch die Verantwortung, die die Kirche durch die Beherbergung so vieler Verfolgter in ihren Einrichtungen auf sich genommen hatte, und der Vorsatz, den Römern in den schwierigen Monaten des Hungers und der Entbehrung zur Seite zu stehen, führten den Vatikan möglicherweise zu dieser Entscheidung.

Noch keine zwei Wochen waren nach dem 16. Oktober vergangen, als Pius XII. am 29. Oktober den britischen Botschafter und den amerikanischen Chargé d'Affaires empfing. Dem Bericht des Briten über dieses Treffen ist zu entnehmen, dass er ihnen mitteilte, er habe „Angst um den Stand der Lebensmittel in Rom".[52] Ende Oktober 1943 empfing Pius XII. gewohnheitsmäßig den Direktor von *La Civiltà Cattolica*. Bei dieser Gelegenheit sprach er mit ihm über die Gesamtsituation in Rom. Nach der Audienz berichtete der Direktor den Patres der Zeitschrift, was der Heilige Vater ihm mitgeteilt hatte: „Der Heilige Vater hat über die Verhandlungen gesprochen, die er mit beiden kriegführenden Parteien hinsichtlich der Unversehrtheit der Stadt Rom führt: Es geht um die Achtung ihres Status als offene Stadt und um die Versorgung mit Lebensmitteln. Er hat sich auch für das Wohl der Juden verwendet. Im Verhältnis zu den

Deutschen gibt es bislang nichts, worüber man sich beschweren könnte, und die erhaltenen Versicherungen sollen auch in Zukunft gelten. Wegen der Hungersnot, von der die Dörfer, durch die der Krieg zieht, bedroht sind, hat sich der Heilige Vater bei den neutralen Ländern eingesetzt, die über die meisten Lebensmittel verfügen, und um baldige Hilfe gebeten."[53]

Dies war der Berg von Sorgen, der Ende Oktober 1943 auf dem Herzen des Heiligen Vaters lastete.

VII
Der Raum der Kirche

Die Immunitätsschranke

Bereits im September hatten die Gebäude auf exterritorialem Gebiet eine zweisprachige Erklärung auf Deutsch und Italienisch erhalten, die vom Gouverneur des Staates der Vatikanstadt, Marchese Camillo Serafini, unterzeichnet und von General Stahel gegengezeichnet war. Dort stand: „Der Gouverneur des Staates der Vatikanstadt attestiert im Namen Seiner Eminenz Herrn Luigi Kardinal Maglione, Staatssekretär des Regierenden Papstes Pius XII., dass [Name der Einrichtung] Eigentum des Heiligen Stuhls ist und die Privilegien der Exterritorialität genießt: Als solches ist das Gebäude unantastbar."[1] Der Aushang mit der vatikanischen und der deutschen Unterschrift prangte seit dem 25. September am „Istituto Maria Bambina". Doch was bewirkten derartige Aushänge bei den Deutschen?

Einige Zeitzeugen berichteten, dass das auf Deutsch verfasste Dokument Durchsuchungen verhindert habe. Einem Bericht des „Istituto Maria Bambina" ist zu entnehmen, dass am 22. Oktober zehn uniformierte Deutsche und zwei Italiener, einer im faschistischen Dress, der andere in Zivil, im Institut erschienen. Die Schwester, die an der Pforte saß, verwies auf den zweisprachigen Aushang: „In Anwesenheit der Oberin wurde das Dokument vom deutschen Unterführer und dann von seinem Übersetzer verlesen [...] Nach der Verlesung wiederholte der deutsche Unterführer ein paar Worte in seiner Sprache, die der Übersetzer für die Oberin ins Italienische übertrug: ‚Gut, alles in Ordnung.' Sie salutierten dann und gingen fort, angeführt von vier mit Maschinengewehren bewaffneten Männern [...] Es sei betont, dass während der ganzen Zeit, in der sich das ereignete (etwa 15 Minuten), außer der Person in faschistischer Uniform niemand weder aggressiv oder bedrohlich schaute noch derartige Absichten verfolgte."[2]

So hielt der Aushang die Männer davon ab, in das Institut einzudringen. Doch nicht alle kirchlichen Gebäude genossen exterritorialen Status. Wer nicht über diesen Schutz verfügte, schlug sich irgendwie durch wie der Rektor des „Collegio Nazareno", der Piarist Pater Domenico Contenti. Er nahm Juden, Kriegsdienstverweigerer, den Sohn von Marschall Messe und ein paar Offiziere auf und gab sie als Internatsschüler aus. Hier versteckten sich auch Sergio Tagliocozzo und seine zwei Brüder (sie besuchten auch die Schule). Der damals junge Mann befand: „Es ging uns nicht schlecht, zu uns waren alle ziemlich freundlich."[3] In der Kirche Santa Maria del Pianto in Trastevere beherbergten die Piaristen zudem ein hohes faschistisches Parteimitglied: Giuseppe Bottai, der nach dem Misstrauensvotum gegen Mussolini vom 24. Juli gesucht wurde, war von den Figlie povere di San Giuseppe Calasanzio in Palazzolo hierhergebracht worden.[4] Der Piarist Domenico Contenti erwirkte vom Vikariat für das „Collegio Nazareno" „eine offizielle Erklärung mit Prägestempel des Kardinals, dass das ‚Collegio Nazareno' durch das Päpstliche Breve von 1718 unter dem Patronat des Papstes steht, der dem Kardinalvikar die Vollmacht darüber erteilt hat. Zum Schutz vor etwaigen unwillkommenen Besuchen haben wir diese Erklärung in den päpstlichen Farben beim Portier ausgehängt: Die deutsche Übersetzung ist beigefügt."[5] Diese etwas erfinderische Garantie sollte den päpstlichen Charakter des Instituts bescheinigen.

Abgesehen von dem Aushang, der auf den exterritorialen Status des jeweiligen Gebäudes verwies, versuchte man durch eine weitere Maßnahme, auch all die Gebäude der Kirche für unzugänglich zu erklären, für die der durch die Lateranverträge begründete Status nicht galt. Das Staatssekretariat sandte am 25. Oktober 1943, weniger als zehn Tage nach der Razzia, den Vorstehern der betreffenden Einrichtungen einen Brief mit einem beigefügten Aushang, der nur von General Stahel unterzeichnet war. Denn im Grunde genommen konnte der Vatikan eigentlich für Gebäude, die zwar zu kirchlichen Zwecken genutzt wurden, sich aber auf italienischem Hoheitsgebiet befanden und damit italienisches Eigentum waren, keine Erklärungen ausstellen. Auf diesem Aushang war nun aber zu lesen: „Dieses Gebäude dient religiösen Zwecken und untersteht unmittelbar dem Staat der Vatikanstadt. Jedwede Durchsuchung oder Beschlagnahmung ist untersagt."

Dies bescheinigte kein Geringerer als der deutsche Stadtkommandant. Doch dass es sich um eine verzerrte Auslegung der Rechtslage handelte, ist offenkundig: Denn ein Gebäude, das in Italien zu religiösen

Zwecken genutzt wurde, unterstand von Rechts wegen nicht dem Staat der Vatikanstadt. Schlussendlich waren durch diesen Aushang aber Durchsuchungen und Beschlagnahmungen verboten. Die Deutschen erkannten an, dass die (italienischen) kirchlichen Einrichtungen „kanonisch" dem Vatikan unterstanden, und verboten daher jeglichen Übergriff darauf. Der exterritoriale vatikanische Schutzschirm dehnte sich immer weiter aus. Auch am Eingang des Gebäudes der „Associazione nazionale per gli interessi del Mezzogiorno" (Nationale Gesellschaft für die Interessen Süditaliens, ANIMI) brachte Giulia Benzoni, die unter dem Deckmantel der Gesellschaft Hilfe und Widerstand leistete, einen von Montini ausgestellten Aushang an, der auf diesen vatikanischen Schutzschirm verwies.[6]

Der Aushang ersetzte frühere Erklärungen, die das Eigentum des Heiligen Stuhls oder den „diplomatischen Schutz durch den Heiligen Stuhl" bescheinigt hatten, sowie andere von den Deutschen ausgestellte Dokumente. Aber insgesamt gab es bei der Sache mit den Aushängen keine einheitliche Linie. So war beispielsweise das Generalat der Pallottiner schon am 25. September 1943 im Besitz einer auf Deutsch und Italienisch verfassten Erklärung mit dem Briefkopf „Staat der Vatikanstadt. Governatorat", durch die bescheinigt wurde, dass das Gebäude der Religiosenkongregation unterstand und „daher Durchsuchungen und Beschlagnahmungen ohne vorherige Absprache mit den kirchlichen Oberen selbiger Kongregation strafbar sind". Der Aushang war von Serafini und Stahel unterzeichnet. Aus welchem Grund er den Pallottinern jedoch ausgestellt wurde, ist nicht bekannt (man bedenke aber: Viele von ihnen kamen aus Deutschland).

Das vom Staatssekretariat ausgestellte Schreiben, durch das ein Durchsuchungsverbot verhängt und bestätigt wurde, dass das Gebäude zu religiösen Zwecken genutzt wurde, verwahrten die jeweiligen Einrichtungen „in den Gebäuden selbst" und hängten es im „Notfall" aus. Nur die Aushänge, die auf den exterritorialen Status verwiesen, wurden außen an den Gebäuden angebracht. Im Begleitschreiben vom 25. Oktober, mit dem diese an die Einrichtungen übermittelt wurden, wurde folgende Empfehlung ausgesprochen (und die Existenz eines solches Schreiben gibt Anlass zur Vermutung, dass es eine schriftliche Weisung hinsichtlich der Aufnahme von Schutzsuchenden gegeben haben muss):

> Das Staatssekretariat Seiner Heiligkeit äußert überdies Vertrauen darin, dass das Betragen der Vorgesetzten der exterritorialen oder von Enteignung und Besteuerung befreiten Gebäude und der Vorsteher der Ordensinstitute und Ordenshäuser, für die das beigefügte Blatt ausgestellt wurde, von einer sorgfältigen Beachtung der Verfügungen und Anweisungen des Heiligen Stuhls und von jener absoluten und umsichtigen Zuverlässigkeit erfüllt sein möge, die immer, doch heute mehr denn je, von Nöten ist.[7]

Die durch die Lateranverträge zugesicherten Gewährleistungen (für die Gebäude auf exterritorialem Gebiet und für die Gebäude, die von Enteignung und Besteuerung befreit waren) wurden auf einer juristisch vagen Basis auf die Häuser ausgedehnt, die diesen Aushang erhielten. Dass kirchliche Gebäude geschützt wurden, war dem guten Verhältnis zwischen dem Vatikan und dem deutschen Oberkommando in Rom und insbesondere dem Einsatz des deutschen Salvatorianers Pater Pankratius Pfeiffer bei General Stahel zu verdanken. Durch den Aushang vom 25. Oktober hatten die deutschen Kommandostellen, so Jedin, eine große Anzahl kirchlicher Einrichtungen in Rom „als Off limits anerkannt".[8] Im Herzen der besetzten Stadt Rom wurde damit zusätzlich zur Vatikanstadt und dem zu ihr gehörigen Territorium ein „Raum der Kirche" abgesteckt, der fast sämtliche kirchliche Gebäude umfasste. Dieses Gebiet stand unter der Leitung und Verantwortung der Kirche; die Militärbehörden hatten dort nichts zu sagen.

Auch in den folgenden Monaten kam Stahels Bescheinigung zum Einsatz. 1944, wahrscheinlich bereits nach der Befreiung Roms, teilte Hudal dem Staatssekretariat mit, 550 Bescheinigungen erhalten zu haben, die von Oberst Herbert von Veltheim unterzeichnet waren; Institute, die diese vorweisen konnten, durften von den Deutschen nicht durchsucht werden. Diese Bescheinigungen leitete der österreichische Prälat an diverse Einrichtungen sowie an Carlo Pacelli zur Verteilung in Rom und anderenorts weiter. Dass das von Stahel ausgestellte Dokument erneuert wurde, wie Mons. Hudal angab, weist darauf hin, dass der Raum der Kirche in Rom nunmehr etabliert war. Er verband den Staat des Papstes mit dem Leben jedes einzelnen Bewohners der Stadt. Denn die Kirche warf den Deutschen und den Alliierten oft vor, zwar den Vatikanstaat zu verschonen, aber in Rom freie Hand haben zu wollen. Die Stadt

Rom war mit der kleinen Vatikanstadt verbunden. Pater Pfeiffer, der rührige Mittelsmann zwischen dem Vatikan und den Deutschen, unterhielt sich in der Kommandobehörde auf dem Monte Soratte mit einem deutschen General, der ihm versicherte, dass die Deutschen den Vatikan und seine Bedürfnisse achten würden. Der Salvatorianer erläuterte ihm daraufhin, dass es dem Heiligen Stuhl nicht nur um den Vatikan, sondern um ganz Rom ging: „Man darf nicht vergessen, dass die Bedürfnisse des souveränen und neutralen Vatikanstaates nicht von denen der Stadt Rom gelöst werden können, da sich in Letztgenannter Häuser und Institute befinden, die für den Heiligen Stuhl oder den Vatikanstaat von direktem Belang sind. Außerdem ist der Heilige Vater Bischof der Diözese Rom."[9]

Das Staatssekretariat wusste sehr wohl, dass die Ausweitung des vatikanischen Schutzschirmes durch den Aushang Stahels einer etwas verzerrten Rechtsauslegung folgte. Dem Wunsch nach „sorgfältiger Beachtung" und einer „absoluten und umsichtigen Zuverlässigkeit", die das Staatssekretariat im Brief an die Vorgesetzten der Einrichtungen äußerte, wurde durch die Aufnahme von Schutzsuchenden und durch ein Engagement im Untergrund unter dem Schutz dieses Schirmes Folge geleistet.[10] Doch dieser musste durch den ständigen Kontakt mit den deutschen Dienststellen verteidigt werden.

Das „Privatkonkordat"

Als ich 1976 mit Kardinal Traglia, dem Vizeregenten der Kriegsjahre, sprach, schilderte er mir seinen Eindruck von den deutschen Besatzern: Seiner Meinung hatten sie das Gesetz und die Regeln befolgt. Denn das Verhältnis zwischen der vatikanischen und der deutschen Obrigkeit funktionierte auf der Ebene von Regeln. Der Vatikan verstand es, sich auf dem rechtlichen Parkett zu bewegen, auf dem man sich offenbar mit den Deutschen verständigen konnte. Diesen Eindruck hatte auch das Rote Kreuz. Graf Hans Wolf De Salis, der Vertreter des Internationalen Komitees vom Roten Kreuz (IKRK) in Rom, bezeichnete gegenüber seinen Vorgesetzten das Verhältnis zu den Deutschen als „sehr korrekt". Und er fügte hinzu: „Ich bin auf volles Verständnis für die Ziele des IKRK und auf Hochachtung für das Komitee gestoßen."[11]

Es galt, Verhaltensregeln zu finden. Am 25. Oktober, als in vielen Gebäuden der Kirche bereits Flüchtlinge untergekommen waren, wurde der Aushang Stahels an die Vorgesetzten der kirchlichen Einrichtungen verteilt. Ein dem italienischen Recht unterstehendes Gebäude, das wegen seines religiösen Charakters dem Vatikanstaat unterstellt und von einer normalen Behandlung befreit wurde, bekam also einen besonderen Status. Kurz darauf setzte der deutsche Botschafter zu einem Gegenangriff an. Bei einem Treffen mit Mons. Montini sagte er, „dass sich Nachrichten aus Deutschland zufolge in der Vatikanstadt politische, jüdische, militärische und weitere Flüchtlinge befänden". Die Antwort des Substituten war unzweideutig: „Man antwortet ihm, dass das nicht stimmt."[12] Doch in Wirklichkeit befand sich der Einsatz im Untergrund zu dem Zeitpunkt schon in einer absoluten Hochphase.

In Ermangelung einer freien Presse im besetzten Rom verfolgte der Heilige Stuhl aufmerksam die Gerüchteküche der verängstigten Stadt. Die vatikanischen Dokumente sind voller kolportierter Geschichten. Marchese Giacomo Serlupi, ein dem Vatikan nahestehender Adliger und päpstlicher Oberstallmeister, der dadurch Mitglied der päpstlichen Familie war, berichtete, dass ein deutscher Offizier während der Razzia am 16. Oktober zu einer Italienerin gesagt habe, der Papst habe gemeint: „Wenn die Juden nun deportiert werden sollen, dann soll das schnell passieren." Man muss unweigerlich an die Worte des Evangeliums denken, an das, was Jesus zu Judas sagte. Pater Pfeiffer hielt das Ganze für absurd, da er fest davon überzeugt war, dass außer der SS kein deutscher Offizier an der Razzia beteiligt gewesen sei (was jedoch nicht stimmt: Laut dem Kriegstagebuch standen drei Polizeikompanien und andere Einheiten, die dem deutschen Kommando unterstanden, für die Operation zur Verfügung[13]).

Am Seitenrand des Dokuments, in dem von diesem Gerücht die Rede ist, hielt der Substitut handschriftlich fest: „H[eiliger] S[tuhl] hat alles getan, was er tun konnte."[14] Und in genau diesem Bewusstsein arbeiteten Montini und die anderen Geistlichen in jenen Tagen: Sie versuchten das zu tun, was im Rahmen ihrer Möglichkeiten war. Doch dass dieser Grenzen hatte, war ihnen klar. Was sollte man tun, wenn die Besatzung länger andauerte? Wie groß der Rahmen ihrer Möglichkeiten war, hing insbesondere vom Verhältnis zu den Deutschen ab, die in der Stadt das Sagen hatten. Das Staatssekretariat hatte keinen direkten Kontakt zu den Truppen der Besatzungsmacht (von ein paar Ausnahmen einmal abgesehen). Für die informellen Kontakte mit den Deutschen war Pater Pankratius Pfeiffer zuständig. Der Ordensgeneral der Salvatorianer wohnte im Haus seines Ordens an der Via della Conciliazione, einen Steinwurf von der vatikanischen Mauer entfernt. Nur wenige Tage nach Kriegsende kam er bei einem Unfall ums Leben.

Anlässlich seines 60. Todestages wurden zahlreiche Zeugnisse zusammengetragen, die zeigen, dass er sich unermüdlich bei den Deutschen dafür einsetzte, dass Menschenleben gerettet wurden. Unentwegt klopften Römer an die Pforte des Salvatorianerklosters, die um Hilfe für Freunde oder Verwandte baten. Aus den vatikanischen Dokumenten geht zum Beispiel hervor, dass Pfeiffer sich für den im März 1944 zum Tode verurteilten Saverio Mercurio starkmachte. Die Deutschen „versicherten ihm", dass sie die Hinrichtung hinauszögern würden, bis das Begnadigungsgesuch des Heiligen Stuhls bei ihnen einging. Kardinal Maglione intervenierte persönlich und der Verurteilte wurde begnadigt. So arbeitete Pater Pfeiffer. Dieser Fall ist nur ein Beispiel für den verzweigten Einsatz des Salvatorianers.[15] Der Pauliner Eugenio Fornasari berichtete, dass Pater Pfeiffer ihn zu Priebke in die Via Tasso mitnahm, um die Befreiung zweier junger Männer zu erwirken, die er kannte. Er beobachtete, dass der deutsche Offizier den Salvatorianer sehr respektvoll behandelte. Und tatsächlich wurden die beiden Gefangenen auf sein Betreiben hin schließlich freigelassen.[16]

Pfeiffer stand in Kontakt mit sämtlichen deutschen Entscheidungsträgern in Rom: mit dem Stadtkommandanten Rainer Stahel und mit seinem Nachfolger Kurt Mälzer, mit Herbert Kappler, dem Kommandeur der Sicherheitspolizei in Rom, mit Erich Priebke, Kapplers Vize und SS-Mann, mit Eugen Dollmann, Hitlers italienischem Dolmetscher und dem Vertreter Himmlers in Rom, mit General Karl Wolff, mit dem deutschen Botschafter im Vatikan, Ernst von Weizsäcker, mit Rudolf Rahn, dem Botschafter bei der Italienischen Sozialrepublik, und mit vielen mehr.[17] Stahel selbst bezeichnete das Verhältnis zu Pfeiffer als wichtig. Die eher zufällig entstandene Verbindung zwischen dem Salvatorianer und dem Stadtkommandanten wurde im Laufe der Zeit enger; der Ordensmann ließ für die deutschen Wachsoldaten in den ersten Tagen der Besatzung in der Nähe des Vatikans einen Unterstand errichten. Der General stellte ihm einen Passierschein aus und hatte für seine Anfragen stets ein offenes Ohr. Pater Pankratius war an allen kleineren und größeren Ereignissen im besetzten Rom beteiligt (unter anderem wurde er auch nach dem Blutbad in den Ardeatinischen Höhlen eingeschaltet).

Am 10. Mai 1944 begleitete Pater Pfeiffer General Wolff zu einer Audienz bei Pius XII. und erwirkte bei dieser Gelegenheit die Befreiung Giuliano Vassalis, eines sozialistischen Aktivisten, der zum Tode verurteilt worden war und dem Papst sehr am Herzen lag.[18] Montini hatte wegen Vassalli bereits Botschafter Weizsäcker eingeschaltet, doch vergebens; der Substitut sah danach keine andere Möglichkeit als ein Gespräch Pfeiffers mit Dollmann. Möglicherweise zeigte auch dieser Fall dem Vatikan, dass das Eintreten des Salvatorianers, der einen direkten Draht zu den deutschen Kommandanten hatte, effizienter war als der diplomatische Weg.

Die Versorgung der Bevölkerung mit Lebensmitteln war ein weiteres brennendes Problem jener Monate, um das sich Pfeiffer kümmerte. Dieses ist zwar nicht das Hauptthema dieses Buches, aber nicht weil es zweitrangig ist. Denn der Vatikan setzte sich in jenen Monaten für zwei Dinge besonders ein: den Status Roms als offene Stadt und die Verpflegung der Einwohner. Pius XII. und seine Mitarbeiter kümmerten sich darum, dass die hungernde Bevölkerung zu essen bekam. Wie so häufig waren auch viele kirchliche Einrichtungen – mal auf improvisierte, mal auf strukturierte Weise – an diesen Bemühungen beteiligt. Der Heilige Stuhl ging jedoch systematisch vor. Er sorgte dafür, so Osborne, dass circa 100.000 römische Kinder zu einem äußerst günstigen Preis eine Mahlzeit erhielten.[19] Die vatikanischen Kraftfahrzeuge (laut Pater Pfeiffer waren es etwa 100) und die Militärwagen der Deutschen und der Republik von Salò kümmerten sich um die Versorgung Roms. Ein großer Teil der vatikanischen Fahrzeuge wurde allerdings durch Luftangriffe unbrauchbar gemacht.[20] Im Februar empfing Marschall Kesselring Pater Pfeiffer in seiner Kommandobehörde auf dem Monte Soratte, um mit ihm über die Zufuhr von Lebensmitteln zu sprechen.[21] Denn Rom stand eine Phase großer Hungersnot bevor.

Auch mit anderen konkreten Problemen befasste sich Pater Pfeiffer, beispielsweise mit der Erhaltung der Industrie der italienischen Hauptstadt. Laut Tardini durfte Rom auf keinen Fall „dem Erdboden gleich" gemacht werden: „Es gibt noch die Möglichkeit zu schauen, ob man nicht Pater Pankratius darüber vorsprechen lassen könnte [...]", notierte er. Und nachdem er am 19. November 1943 mit Kardinal Maglione darüber diskutiert hatte, notierte der Prälat tatsächlich die Anweisung: „Pater Pankratius vorsprechen lassen." Das Governatorat der Vatikanstadt meldete im Dezember 1943, dass die Bevölkerung Roms wegen des besonders harten Winters entsprechende Textilien und Bekleidung brauchte. Schätzungsweise fehlten mindestens 100.000 Römern allerlei Dinge, die der Markt nicht hergab. Die Herstellerfirmen wurden vom Reich beaufsichtigt und produzierten ausschließlich für den Krieg. Um den Notleidenden zu helfen, schlug das Governatorat vor, mit den Deutschen zu sprechen: Die Italiener sollten wieder Textilien und Bekleidungsartikel kaufen können.[22] Dies ist nur eins der vielen römischen Probleme, um die sich der Heilige Stuhl in jener Zeit kümmerte. Dabei ersetzte er im Grunde genommen die Zivilbehörden. Doch eins war dabei unerlässlich: die Zusammenarbeit mit den Deutschen.

Pfeiffer und Stahel waren es, die den Vatikan und die Deutschen in den ersten Monaten der Besatzung zusammenbrachten. Sie schufen einen gemeinsamen Rahmen, in dem einige der Ziele erreicht werden konnten, die für den Vatikan vorrangig waren: das Überleben der Bevölkerung, die öffentliche Ordnung in der Stadt und der Schutz des kirchlichen Raums, in dem Asyl gewährt wurde. Der deutsche Konsul in Rom, Eitel Friedrich Moellhausen, der mit Stahel befreundet war, beschrieb den Stadtkommandanten von Rom als eine Person, die gegenüber seinen Truppen äußerst streng war, die faschistischen Banden aber nicht schätzte. In Rom wollte er seine ganz eigene Politik führen, eine „geschickte und wendige Politik", die er im Kriegstagebuch als „die einzig mögliche und richtige" bezeichnete.[23] Für den Katholizismus und die Faszination, die von Rom ausging, war der Altkatholik sehr empfänglich. Den Römern wollte er einen besseren Eindruck von den Deutschen vermitteln: Er war in einem Mercedes mit Klappverdeck in der Stadt unterwegs und ließ sich mit den Einheimischen fotografieren. Doch beim Volk kam er trotzdem nicht besonders gut an.[24] Pius XII. gab in einem Gespräch mit Osborne Ende Oktober ein positives Urteil über ihn ab.[25]

Seine kirchlichen Ansprechpartner hatten es geschafft, Stahel zu faszinieren und ihm das Gefühl zu geben, Teil eines besonderen historischen Moments zu sein. Der General wollte Pius XII. schon am 16. September einen Besuch abstatten, wie Weizsäcker Montini mitteilte, doch der Botschafter riet davon ab, um Kritik zu vermeiden – dies waren zumindest seine Worte, denn vielleicht wollte er einfach nur der einzige Vermittler im Vatikan bleiben.[26] Moellhausen zufolge schrieb Stahel einen hingebungsvollen Brief an Pius XII., den Pater Pfeiffer dem Papst übergab. Der Konsul sah den unabhängigen Geist des Generals als Grund für dessen Versetzung, wohingegen man von katholischer Seite eher glaubte, dass er gehen musste, weil er Verständnis für die Forderungen des Vatikans hatte.[27] Aus welchen Gründen auch immer er abberufen wurde: Unter seiner Ägide war ein gemeinsamer Rahmen entstanden, der im deutschen Kriegstagebuch gar als „Privatkonkordat“ bezeichnet wurde. So schätzten also die Deutschen die Lage ein. Die Politik Stahels wurde folgendermaßen beschrieben:

> Von gewissen Kreisen wird der Versuch unternommen, das Übereinkommen, das General Stahel mit dem römischen Klerus geschlossen hat, zu torpedieren, bezw. für eigennützige Zwecke auszubeuten. Das Übereinkommen, das Herr General selbst als „Privatkonkordat“ bezeichnet, hat folgenden Inhalt: Wir, d.h. die deutsche Wehrmacht hier in Rom, garantieren der Geistlichkeit und der Kirche Leben, Besitz und uneingeschränkte Freiheit in der Ausübung des Gottesdienstes und aller kirchlichen Bräuche. Dafür verpflichtet sich der Klerus, das Volk von Kanzel und Beichtstuhl aus zu Ruhe und Gehorsam der deutschen Wehrmacht gegenüber anzuhalten und zu ermahnen. Beide Partner haben sich bisher bemüht, nicht gegen die Grundsätze des miteinander geschlossenen Paktes zu verstossen.[28]

Probleme bereiteten nur ein paar Italiener, die den Namen der Kirche zu eigenen Zwecken missbrauchten (im Grund genommen waren diese Fälle jedoch nebensächlich). Diese Abmachung zwischen dem Vatikan und dem deutschen Kommando schien in der Praxis zu funktionieren. In einem geheimen Tagesbefehl Stahels heißt es, der Klerus habe „ein loyales Verhalten an den Tag gelegt“, wodurch er nicht nur die eigene Pflicht erfüllt, sondern auch den Auftrag der Deutschen erleichtert habe. Die Truppen erhielten folgende Anweisung: „Der Klerus und seine Gebäude sind daher auf besondere Weise zu schützen: Jedwede Schindereien werde ich besonders hart bestrafen.“[29]

Selbst Weizsäcker erwähnte in seinen Memoiren so etwas wie ein „Konkordat“: „Wir traten gewissermaßen als Vertragspartner in die Lateranverträge ein.“ Außerdem, so der Botschafter, hätten die Deutschen nicht nur den Raum der Kirche geachtet, sie seien auch damit einverstanden gewesen, dass Ordensleute feindlicher Nationalität in Rom blieben.[30] An genau jenem 19. Oktober, an dem der deutsche Tagebuchschreiber das „Privatkonkordat" erwähnte, sagte Pius XII. zum amerikanischen Diplomaten Tittmann, „dass die Deutschen die Vatikanstadt und ihre Besitztümer anerkannt hätten und dass der deutsche befehlshabende General in Rom guten Willens gegenüber dem Vatikan zu sein schien". Der Papst sprach nicht vom 16. Oktober. Er sagte jedoch, er „fühlte durch die ‚abnorme Situation' hervorgerufene Beschränkungen".[31] Am 24. Oktober wurde im deutschen Militärtagebuch notiert, dass der Vatikan den Deutschen gegenüber zwar nicht feindlich gesinnt, mit ihnen aber auch nicht einer Meinung sei. Stahel habe gemeint:

> Die römische Kirche hat das Konkordat mit uns geschlossen, weil es in ihrem eigenen Interesse lag. Sie vermeidet aber vorsichtig und ängstlich alles, was nach aussen hin als Parteinahme ausgelegt und später einmal in irgendeiner Weise von unseren Gegnern gegen die Geistlichkeit vorgebracht werden könnte. Sie bemüht sich, nach beiden Seiten die Hände frei zu behalten und womöglich keine Tür zuzuschlagen.[32]

Der General glaubte nicht mehr an einen deutschen Sieg und konnte diese Haltung daher verstehen. Die Deutschen beobachteten ein paar Dinge, die dafür zu sprechen schienen, dass der Vatikan so dachte. Für die Fallschirmjäger, die den Petersplatz bewachten, war eine Baracke aufgestellt worden. Dahinter konnte – so dachten die deutschen Militärbehörden – niemand anderes als der Vatikan stecken. Doch der verneinte dies. Der Vatikan erklärte sich zwar mit dem Ergebnis zufrieden, übernahm jedoch nicht öffentlich Verantwortung dafür. In einem Interview erwähnte General Stahel schließlich die freundliche Geste des Vatikans, die den deutschen Wachsoldaten auf dem Platz gegolten hatte.[33]

Ein Vorfall veranschaulicht Stahels typische Vorgehensweise besonders gut. Man hatte festgestellt, dass jemand versucht hatte, in die Wohnung Grazianis einzubrechen; durch eine Katakombe hatten die Täter einen Tunnel gegraben, der bis unterhalb des Hauses führte, in dem der Marschall wohnte.[34] Das deutsche Kommando bat den Heiligen Stuhl um Zutritt zu der Katakombe. Er wurde gewährt. Doch zum Zeitpunkt der Inspektion der Katakombe ließ sich von vatikanischer Seite keiner blicken. Dieses „Auf-Zeit-Spielen" ermöglichte es den Eindringlingen, sich abzusetzen. Doch die Deutschen hatten sich daran gehalten, was der Vatikan wollte (im Rahmen des „Privatkonkordats"): Auf kirchlichem Terrain sollte im Problemfall nie unilateral agiert werden; die kirchlichen Behörden sollten stets benachrichtigt werden. Sie würden dann dafür sorgen, dass das Problem aus dem Weg geschafft wurde.

Den deutschen Behörden war bewusst, dass der Vatikan sich Sorgen um die Ordnung in Rom machte, sich gleichzeitig aber auch nicht auf eine Kollaborationspolitik festnageln lassen würde:

> Diese Beispiele zeigen, dass der Vatikan ein Meister des politischen Spiels ist. Vorsichtig und klug verfolgt er seine Ziele, ohne sich in irgendeiner Weise festlegen zu lassen. Man kann dieser Politik nur mit gleichen Mitteln begegnen. Der Zweck, den unser Bündnis mit dem Vatikan hat, ist klar und von Herrn General [Stahel] immer wieder dargelegt worden. Es ist auch für uns ein eng begrenztes und durch nichts bestimmt, als durch die Interessen der Wehrmacht. Dabei sind wir uns über die Mängel, die jedes Bündnis mit der Geistlichkeit hat, vollkommen klar. Ein Teil der niedrigen Geistlichkeit wird sich niemals auf eine Linie festlegen lassen, die uns genehm ist, auch wenn es von oben befohlen wird. Auf der anderen Seite werden einzelne massgebende Männer des Klerus immer bemüht sein, uns einen Strich durch die Rechnung zu machen und uns das politische Spiel zu verderben.[35]

188 Vielleicht ist es übertrieben, von einem „Privatkonkordat" zu sprechen, wie es Stahel tat, doch eins ist gewiss: Der Vatikan und die Deutschen arbeiteten auch nach der Versetzung des Generals zusammen – auch wenn es zu ein paar gravierenden Problemen kam. Die Deutschen wussten, dass ganz Rom sie hasste. Stahel selbst war sich dessen bewusst und auch ein wachsamer Beobachter wie der Historiker Hubert Jedin hatte diesen Eindruck.[36] Den Deutschen war aber auch klar, dass man aufpassen musste, dass dieser Hass nicht überkochte. Die Unterstützung der Kirche war daher Gold wert – in der gegebenen Situation sei „unser grösster Verbündeter die katholische Kirche", heißt es in den deutschen Militärakten. Dem Klerus musste mit äußerster Freundlichkeit begegnet werden, „das gibt General Stahel als Richtlinie". Die Kirche war für die Römer der rettende Anker; sie war „der einzige Halt für die breite Masse des Volkes [...], dem die politische Führung fehlt". Die Deutschen nahmen also das von Federico Chabod untersuchte Phänomen durchaus wahr:

Das Volk wandte sich sehr viel häufiger dem Papst und der Kirche zu als in friedlichen Zeiten. Die deutschen Militärs beobachteten:

> Wenn die Kirche [...] heute der einzige Halt für die breite Masse des Volkes ist, dem die politische Führung fehlt, so ist umgekehrt ihr Einfluss auf das Volk jetzt ein noch weit grösserer, als in normalen Zeiten. Jedes Wort, jeder Tonfall in Predigt und Beichtstuhl fällt auf fruchtbarsten Boden. Die katholische Kirche kann uns in dieser Lage von unschätzbarem Nutzen sein. Sie kann, wenn es gelingt, sie für uns zu gewinnen, hier in Rom drei bis fünf Polizei-B[a]t[ail]l[one] ersparen, die sonst eingesetzt werden müssten, um die Ruhe und Ordnung zu garantieren. Es ist auch nicht ausgeschlossen, dass es uns mit Hilfe der katholischen Kirche gelingt, die Passivität der Bevölkerung zu überwinden und allmählich ihre Mitarbeit in gewissem Umfange zu gewinnen.[37]

Stahel hatte befohlen, den Klerus und sein Hab und Gut zu beschützen, und außerdem betont, dass eine Nichtbeachtung dieses Befehls streng bestraft werden würde.[38] Im Gegenzug dafür versprach die Kirche, bei den Römern für Eintracht im Zusammenleben mit den Besatzern zu sorgen. Es war zwar nicht viel, doch die Kirche erreichte, was sie wollte: dass Konflikte in Rom vermieden wurden. Am 14. Oktober 1943 wurde im deutschen Militärtagebuch notiert, der „Kardinal-Dekan für Rom" (sicherlich war der Kardinalvikar gemeint) habe den Klerus angewiesen, dem Volk einzuschärfen, sich gegenüber den deutschen Truppen ordentlich und diszipliniert zu verhalten. Die Kirche bot also an, keinen Widerstand gegen die Besatzung zu leisten und die Gemüter der Römer zu besänftigen. Mons. Traglia (der in direktem Kontakt mit dem Klerus stand, weil der Kardinalvikar erkrankt war) bestätigte das. In einem Gespräch mit Mons. Venier sprach der Prälat – wie aus der Aufnahme hervorgeht, in einem sehr umgangssprachlichen Ton – über die Erschießung Giuseppe Morosinis:

> [...] er versuchte, Gutes zu tun, vielleicht kann man sagen, dass er naiv war, weil er mit zwei, drei Gewehren nicht die ganzen Probleme Roms gelöst hätte. ‚Wir müssen Widerstand leisten' – [vielleicht spielte er hier auf Forderungen von Seiten des Klerus an], – ich rief ihnen zu: ‚Seid ihr verrückt, oder was? Man darf die Lage der Bevölkerung nicht noch schwieriger machen.' Denn natürlich kann man Widerstand leisten, wenn

es Hoffnung auf einen Erfolg gibt [...] Wenn es nämlich keine Hoffnung gibt, wäre es einfach nur dumm. Man kann nicht mit Besenstielen gegen Panzer Krieg führen. General Stahel, der später davon erfuhr, schickte mir seinen Adjutanten, um mir dafür zu danken, dass ich diese Anweisungen gegeben hatte, die genau das Richtige waren.

Im weiteren Verlauf des Gesprächs erklärte Traglia, er habe das vor einer Versammlung von Pfarrern gesagt, an der auch Vincenzo Gilla Gremigni, der Kämmerer des „Collegio dei Parroci", teilgenommen hatte. Er sagte zu ihnen: „Seid ihr verrückt, oder was?", und fügte dann hinzu: „Natürlich war es nützlich, passiven Widerstand zu leisten, aber aktiver Widerstand geht einfach nicht. Außerdem gibt es auch ein moralisches Prinzip, dass man einer Regierung eigentlich, was die Dinge angeht, die rechtens sind, gehorchen muss, weil man sonst Anarchie zulässt [...] Aber es waren unschöne Zeiten."[39] Das Vikariat glättete die Wogen im Klerus und schlug einen Kurs ein, der nicht gegen die Deutschen gerichtet war. Auch Mons. Hudal erinnerte in seinen Memoiren an die Anweisung Traglias an die Pfarrer (an die sich seiner Meinung nach jedoch keiner hielt).[40] Der Vizeregent Roms glaubte, dass ein Kampf („der Krieg mit den Besenstielen gegen Panzer") nur dazu führen würde, dass die Deutschen ein noch härteres und noch unerträglicheres Gebaren an den Tag legten. Der Klerus sollte genau das Gegenteil bewirken und die erregten Menschen beruhigen. Als General Stahel von dieser Rede Traglias erfuhr, entsandte er einen Offizier, um ihm dafür zu danken. Das, was im Kriegstagebuch des deutschen Kommandos geschrieben steht, ist nicht bloß ein Trugbild der Besatzungsmacht, sondern kann auch durch Quellen von kirchlicher Seite belegt werden.

Probleme und Verhandlungen

Nicht alle deutschen Dienststellen in Rom führten die Politik, die Stahel führte, und er seinerseits konnte sie denen auch nicht aufzwingen, die – wie zum Beispiel die SS – Berlin unterstanden. Man konnte lediglich versuchen, die einvernehmliche Vereinbarung auf weitere Kreise auszudehnen. Am 30. Oktober fand in der deutschen Botschaft in Rom anlässlich der Verabschiedung des scheidenden Generals Stahel ein Frühstück statt. Noch am gleichen Tag fuhr der deutsche Botschafter beim Heiligen

Stuhl einen wichtigen Erfolg ein: Er erhielt ein Kommuniqué des Vatikans. Darin wurden die Gewährleistungen des Botschafters zur Achtung der Vatikanstadt aufgeführt und bestätigt, dass die deutschen Truppen sich bislang daran gehalten hatten.[41] Viele der deutschen Hauptakteure jener Monate waren beim Frühstück zu Ehren Stahels anwesend. Bezeichnenderweise war auch Pater Pfeiffer eingeladen, der bei Tisch zwischen den beiden deutschen Botschaftern Weizsäcker und Rahn saß. Weizsäcker umgarnte den Ordensmann mit überschwänglichen Dankesworten für seine „bemerkenswerten Dienste". Auch Rahn gab sich hilfsbereit. General Mälzer, der weniger entgegenkommend war als sein Vorgänger Stahel, war gewillt, mit dem Vatikan zusammenzuarbeiten („Eine Vereinbarung zu treffen, ist leicht, wenn die Worte von Herzen kommen", sagte er). Die Deutschen in Rom achteten Pfeiffer. Er verkehrte mit den Männern aus ihren Reihen, die eine elastische Politik führen und Probleme mit dem Vatikan vermeiden wollten. Doch der Ordensmann erkannte, dass die SS Probleme bereitete: „Ich glaube, dass es besser wäre, mit den SS-Truppen nur in einem lockeren Kontakt zu bleiben", notierte er. Mons. Montini gab diesen Vorschlag am 10. November an den Papst weiter, ohne aber festzuhalten, was der Papst dazu zu sagen hatte.

Pfeiffer hatte nämlich während des Banketts zu Ehren Stahels auch mit Erich Priebke, Kapplers Stellvertreter, gesprochen. Über diese Unterhaltung berichtete er: „Ich fasste den Mut und sagte ihm, gerade vor ein paar Tagen sei das Gerücht umgegangen, dass sie planten, auf der Suche nach untergetauchten Personen in Häusern der Kirche einzufallen." Priebke entgegnete ihm ohne Umschweife, dass „dieses Gerücht nicht stimme, sie aber tatsächlich gewarnt worden seien, [...] dass es im Vatikan eine Kommission gebe, die dafür zuständig sei, gesuchten Personen einen Unterschlupf in Häusern der Kirche zu vermitteln". Einige Tage später, am 1. November 1943, teilte Priebkes Büro dann Berlin mit, dass im Vatikan eine Kommission entstanden sei, die untergetauchte Offiziere und Soldaten in römischen Häusern unterbrachte. Dies geht aus einer von den Alliierten abgefangenen Nachricht hervor.[42] Pfeiffer entgegnete Priebke, eine solche Kommission gebe es im Vatikan nicht. Der SS-Offizier erwiderte, dass es dann vielleicht einzelne Priester seien, die sich derart rechtswidrig engagierten. Darauf antwortete der Ordensmann, dass jeder Priester, der solchen Aktivitäten nachginge, es ohne die Zustimmung seiner Vorgesetzten täte.

Dieses Zusammentreffen zwischen dem Ordensmann und dem SS-Offizier war sehr wichtig. Pfeiffer, der seit nunmehr zwei Monaten mit den Deutschen zu tun hatte, schlug am Ende des Gesprächs Priebke die bereits in Stahels Amtszeit eingeschlagene Vorgehensweise vor: Die Kirche sollte die Probleme innerhalb ihrer eigenen Gebäude selbst lösen. Und weiter: „Ich teilte ihm außerdem mit, dass General Stahel sich im Falle eines Falles immer an die kirchliche Obrigkeit gewandt und sie auch immer benachrichtigt habe, wenn Untersuchungen in Häusern der Kirche durchgeführt werden sollten." Der SS-Offizier hielt diesen Vorschlag für „akzeptabel".[43] Pfeiffer versuchte also, das „Privatkonkordat" auf die SS, den problematischsten Bestandteil der deutschen Besatzungsmacht in Rom, auszuweiten, die von der Vorstellung einer neuen, auf der Rassenlehre fußenden Ordnung Europas vollkommen durchdrungen war.[44] Auch Priebke erwähnte in seiner Autobiographie das Zusammentreffen mit Pater Pfeiffer, den Kappler ihm als die Person vorstellte, mit der er zu tun haben würde: „Es entstand eine Art menschliches Verständnis zwischen ihm und den deutschen Behörden." Außerdem hielt er fest, dass der deutsche Ordensmann mindestens zwei- oder dreimal die Woche in sein Büro kam und ihm eine Liste mit den Namen von Personen vorlegte, für die er um Gnade bat.[45]

Obwohl die Ära Stahel vorbei war, betrachteten die Deutschen das Verhältnis zum Vatikan in dieser Phase noch optimistisch.[46] Im Kriegstagebuch hielt man aber fest, dass der Klerus die Furcht vor der Besatzungsmacht nicht verlieren dürfe und auf ihn ein gewisser Druck ausgeübt werden müsse. Doch schlussendlich befand man, „[b]ei einer solchen Lage der Dinge" könne „man es sich auch leisten, in Einzelfragen grosszügig und entgegenkommend zu sein".[47] Das „private Konkordat" geriet manchmal ins Wanken, doch letztlich hielt es allen Belastungen stand. Der Beginn der Ära Mälzer stellte die Strapazierfähigkeit des „Konkordats" am meisten auf die Probe, da dieser zu einer elastischen Politik weniger bereit war als sein Vorgänger. Dennoch offenbart ein Ende Oktober verfasster Bericht des deutschen Kommandos, in dem es um den Klerus geht, dass auch Mälzer den festgelegten Rahmen achtete. Dort heißt es, dass es vor allem dank des Einflusses des Klerus gelungen sei, die Bevölkerung Roms und der ganzen Provinz zu beruhigen. Die Soldaten hätten sich recht gut auf die Arbeit der Priester eingestellt, sodass Fälle, in denen Soldaten den Klerus schlecht behandelt hatten, einfach zu lösen gewesen seien.

Man erinnerte allerdings auch daran, dass dem Klerus klar war, dass eine übermäßige Protektion der Deutschen Protest von Seiten der Bevölkerung provozieren könnte. Bei seinem Amtsantritt wurden dem neuen Kommandanten acht Aufgaben überantwortet. Nicht nur hatte er dafür zu sorgen, dass Rom eine offene Stadt blieb (und ein großes Truppenaufgebot sowie ein ständiges Kommen und Gehen von Militärs in der Stadt zu vermeiden war), er erhielt auch den Auftrag, die Vatikanstadt zu beschützen, den Petersplatz zu bewachen und die Rechte des Vatikans als neutralem Staat in besonderer Weise zu schützen.[48] Ebendiese Rechte waren einen Monat zuvor auf mehrere Gebäude ausgeweitet worden, die nun den Raum der Kirche in Rom bildeten.

Mälzer, der seit dem 7. November 1943 Stadtkommandant von Rom war, wurde wegen seiner Vorliebe für Prunk und ausschweifende Feste von allen nur der „König von Rom" genannt. Darin unterschied er sich deutlich von seinem eher zurückhaltenden Vorgängers Stahel. Trabucco beschrieb ihn so: „Er prasst, wohnt den Vorstellungen in der Oper bei und spielt sich wie der Kaiser von Rom auf."[49] Der General sorgte für eine starke Präsenz von deutschen Truppen in Rom. Er hörte weniger auf den Vatikan als Stahel (trotzdem setzte der Vatikan sich nach Kriegsende für ihn ein, nachdem er zum Tode verurteilt worden war).[50] Überdies ließ er die Bevölkerung kontrollieren, was all diejenigen, die Flüchtlinge bei sich hatten, in arge Schwierigkeiten brachte. Er untersagte jeden Wohnungswechsel und ließ am 29. Dezember 1943 eine erneute Volkszählung durchführen, um die Männer aufzuspüren, die zur Zwangsarbeit einberufen sollten, und um Umzüge innerhalb der Stadt zu verhindern. Die Bürger wurden dazu verpflichtet, eine Liste der Bewohner jedes einzelnen Gebäudes der Stadt zusammenzustellen, die dann am Hauseingang auszuhängen war. Die Bevölkerung sabotierte diese Maßnahmen größtenteils, sodass am 4. Januar nur etwa zwei Prozent der erwarteten ausgefüllten Listen ans Governatorat von Rom zurückgeschickt wurden. Grundsätzlich wurde es aber unter Mälzer immer schwieriger, sich zu verstecken.[51]

Der General gab den faschistischen Banden in der Stadt viel Raum. Es ist kein Zufall, dass während seiner Amtszeit als Stadtkommandant von Rom das Lombardische Priesterseminar (Dezember 1943) und die Abtei Sankt Paul vor den Mauern (Februar 1944) überfallen wurden. Die Männer des Papstes und auch Pius XII. persönlich arbeiteten weiterhin eifrig an den delikaten Beziehungen zu den Deutschen. Der Papst empfing sogar – wenn auch heimlich – Rudolf Rahn, den deutschen Botschafter bei der Italienischen Sozialrepublik, dessen Ehefrau eine gläubige Katholikin war. Diplomatisch gesehen war es nicht korrekt, dass der Papst einen in Italien und dazu auch noch bei der vom Vatikan nicht anerkannten Republik von Salò akkreditierten Botschafter empfing (als Johannes XXIII. Jahrzehnte später Israels Botschafter in Rom treffen wollte, hatte das Staatssekretariat auch Einwände dagegen). Nichtsdestotrotz war Rahn Teil der deutschen Politik in Italien. Moellhausen verriet zwar, dass Pius XII. mit Rahn zusammenkam, doch worum es bei dem Treffen ging, ist nicht bekannt. Der deutsche Konsul vermutete, dass der Botschafter dem Papst versicherte, man werde die Einrichtungen der Kirche achten, und mit ihm über die Möglichkeit sprach, den Krieg durch einen Separatfrieden zu beenden.[52]

Am 10. Mai 1944 empfing Pius XII. ebenfalls im Geheimen General Wolff, der nicht nur zur SS, sondern auch zur Wehrmacht gehörte. Zu dem Treffen kam es auf Betreiben Virginia Agnellis, die über Kardinal Caccia Dominioni und Pater Pfeiffer (der den General auch zum Papst begleitete) das Einverständnis des Vatikans erhalten hatte. Dollmann, der zwar zur SS gehörte, sich ideologisch gesehen jedoch wenig mit den Nationalsozialisten identifizierte, erwärmte Wolff für dieses Treffen. Wie man der Aussage des Generals im Rahmen des Seligsprechungsprozesses für Pius XII. entnehmen kann, sprach er mit dem Papst bei dem Treffen im Vatikan über einen möglichen Separatfrieden. Der nationalsozialistische General war fasziniert von der Person des Papstes: „Wolff, der unbeschwerte, vergnügungsfreudige Weltmann war zum ersten Mal in seinem Leben mit der Jahrtausende zählenden asketischen Tradition des Vatikans und einer Persönlichkeit von der geistigen Bedeutung und souveränen Überzeugungskraft eines Pius XII. in Berührung gekommen. Der General war tief beeindruckt“, so Dollmann.[53] Nebenbei sei noch erwähnt, dass der General den Papst versehentlich mit dem Hitlergruß begrüßte. Dollmann berichtete, dass Wolff später Berlin über das Treffen in Kenntnis setzte; der Wortlaut dieser Mitteilung ist jedoch nicht bekannt.

Für all die Deutschen, die Hitlers Traum von einem Sieg nicht teilen konnten, war der Draht zum Vatikan eine gute Gelegenheit, um die Möglichkeit des von ihnen ersehnten Separatfriedens zu sondieren. Auf diesem Wege konnten sie außerdem mit Blick auf eine mögliche Niederlage Deutschlands schon im Voraus dafür sorgen, dass sie beim Vatikan gut angeschrieben waren. Der Papst und die Kirche mit ihrer jahrhundertealten Geschichte und ihrer geistigen Macht beeindruckten die Deutschen in Rom. Darüber hinaus verspürten auch sie das Bedürfnis nach irgendeiner Form von Legitimierung. Wie erklärt es sich sonst, dass Kappler beispielsweise nach dem Blutbad in den Ardeatinischen Höhlen den Vertreter des Roten Kreuzes, De Salis, sehen wollte, um ihm zu erläutern, was vorgefallen war?[54] Für den Vatikan waren die regelmäßigen Zusammentreffen mit den Deutschen wichtige Chancen, die er bei seinem komplexen Spiel nutzen konnte. Die Audienz für Wolff hatte zwar keine großen praktischen Auswirkungen, doch wie wir gesehen haben, konnte bei der Gelegenheit Giuliano Vassallis Leben gerettet werden. Menschenleben zu retten, und sei es auch nur ein einziges – das war das Hauptziel des Vatikans.

War es tatsächlich ein Geheimnis?

Vor allen Dingen musste um jeden Preis vermieden werden, dass die deutschen Besatzer in die Räumlichkeiten der Kirche eindrangen, in denen zahlreiche Menschen versteckt waren. Wussten die Deutschen, dass in den Häusern der Kirche in ganz Rom Asyl gewährt wurde? Dass ein so weitläufiger Hilfseinsatz den Militär- und Polizeidienststellen entgangen sein soll, zumal sie auf eine große Schar italienischer Denunzianten zählen konnten, kann man sich kaum vorstellen. Dass so unterschiedliche Menschen in großen und seltsam zusammengewürfelten Gruppen unter einem Dach lebten, wie es bei den Ordensleuten und den Flüchtlingen nun einmal der Fall war, konnte einfach nicht vollkommen unbeobachtet bleiben. Und in der Tat hatten nicht wenige Ordensgemeinschaften das Gefühl, überwacht zu werden, und lebten in ständiger Angst vor Durchsuchungen. Zudem verhielten sich auch einige Gäste im Kontakt mit der Außenwelt äußerst unklug. In den deutschen Dokumenten gibt es Indizien dafür, dass die Besatzer Wind von dem Treiben im Untergrund bekamen. In einer Nachricht vom 26. Oktober nach Berlin, die wahrscheinlich Kappler verfasste und von den Alliierten abgefangen wurde, heißt es: „Vatikan hat scheinbar lange Zeit vielen Juden zur Flucht verholfen."[55]

Offenbar war dies allgemein bekannt, denn auch der Botschafter Portugals beim Heiligen Stuhl erwähnte in einem Schreiben an sein Außenministerium vom 14. Februar 1944 die „Großzügigkeit des Heiligen Stuhls beim Schutz für die Juden".[56] Auch diese Mitteilung wurde abgefangen.

Erich Priebke schrieb viele Jahre später in seiner Autobiographie, dass es den Deutschen nicht entgangen sei, dass zahlreiche Menschen („dank ihrer gehobenen sozialen Position") in den vatikanischen Palästen, in Kirchen und Klöstern untergekommen waren. Nach dem Krieg, im Jahre 1948, traf sich Priebke in Rom heimlich mit Hudal, der ihm bei der Flucht nach Argentinien behilflich war. Bei dieser Gelegenheit berichtete er ihm, dass die Nazis über das Engagement der Kirche im Bilde gewesen seien: „[...] wir vom Kommando in der Via Tasso hätten genau Bescheid darüber gewusst, dass sich nach dem 8. September 1943 zahlreiche unserer Feinde in den Palästen des Vatikan verborgen hätten."[57] Und auch Weizsäcker schrieb sechs Jahre nach der Befreiung Roms in seinen Memoiren: „In den Klöstern waren massenweise Flüchtlinge, politisch, rassisch oder sonstwie Verfolgte."[58]

Eins ist jedoch zu betonen: Trotz der zahlreichen Bekanntmachungen, die es unter Strafe stellten, Schutzsuchende aufzunehmen (dafür konnte man verhaftet, aber auch erschossen werden) wurden während der neunmonatigen Besatzung Roms in der Praxis keinerlei Strafen verhängt (sogar wenn jemand auf frischer Tat ertappt wurde wie z.B. der Rektor des Lombardischen Priesterseminars oder die Brüder von San Bonventura). Gegen die, die Flüchtlinge bei sich versteckten, wurde auch nicht systematisch ermittelt. Aufgrund der heute zugänglichen Dokumente wissen wir nur von einer einzigen Verurteilung in der ganzen Provinz Rom: Teresa Antonimi und ihr Mann hatten die jüdische Familie Vivanti in ihrem Haus in Riano Flaminio untergebracht. Sie wurden denunziert, woraufhin die Antonimis und ihre Tochter sowie die jüdische Familie zum Tode verurteilt wurden. Das Urteil wurde jedoch nie vollstreckt, weil der Einzug der Alliierten in der Stadt dem zuvorkam. Falls die Deutschen wussten, was im Untergrund vorging, war es ihnen wahrscheinlich daran gelegen, in Rom keine weiteren Grausamkeiten zu begehen.[59]

Der Fall der Sionsschwestern, die zahlreiche Juden in ihrem Gebäude und ihrem großen Garten auf dem Gianicolo versteckten, ist besonders interessant. In den Akten des Substituten liegt eine Anfrage der Schwestern, die sich bei ihm erkundigten, was sie tun sollten. Denn von einem „Fräulein der katholischen kommunistischen Partei", die in der Geschäftsleitung von *Il Messaggero* arbeitete, hatten die Nonnen erfahren, dass das Blatt ein anonymes Schreiben erhalten habe, „in dem darüber informiert wurde, dass das Haus besagter Schwestern voller Juden, Offiziere und Generäle war". Irgendjemand (der Name wurde nicht genannt) hatte den Brief dem deutschen Kommando sowie dem der Republik von Salò übermittelt. Dort wusste man also Bescheid. Nun konnte das Schlimmste passieren. Bezeichnenderweise wandten sich die Schwestern an Substitut Montini und baten ihn gleichsam als übergeordnete Instanz um Anweisungen in einer Sache, die eigentlich in ihrer alleinigen Verantwortung lag: „Die Schwestern", so heißt es in dem Dokument wörtlich, „fragen, wie sie sich verhalten sollen."[60]

Bei ihren „Sondierungen" im Lombardischen Priesterseminar und den angrenzenden Gebäuden sowie in der Abtei Sankt Paul stießen die Faschisten auf handfeste Beweise: Dort waren Juden, Militärs und gesuchte Personen. Warum versuchte man es danach nicht auch in anderen Einrichtungen? Es ist wahrscheinlich, dass den Deutschen das Phänomen an sich zwar keinesfalls unbekannt war (Weizsäcker beschwerte sich beispielsweise schon im Oktober 1943 darüber), dass sie sich aber der Dimensionen des Hilfseinsatzes im Untergrund nicht vollumfänglich bewusst waren. Sie hatten aber einen Verdacht und wussten Bescheid.[61]

Der Vatikan glaubte zwar, dass hinter den Überfällen auf die kirchlichen Gebäude die Deutschen steckten, doch tatsächlich lagen diese Operationen in den Händen von Italienern. Was diesen Aspekt angeht, ist es lohnenswert, sich jeden Fall einzeln anzuschauen. Dass General Stahel die faschistischen Banden nicht sonderlich unterstützte, wissen wir bereits. General Mälzer hingegen ließ sie schalten und walten. Priebke zufolge (auch wenn er sich durch diese Darstellung vielleicht nur selbst verteidigen wollte) betonten die Italiener gegenüber Kappler, es sei zwingend notwendig, gegen die kirchlichen Einrichtungen vorzugehen; dieser sei jedoch zurückhaltend gewesen, auch um dem Wunsch Berlins zu entsprechen. Kappler habe sich schließlich zum Überfall auf das Lombardische Priesterseminar überreden lassen, „der als besonderes Warnsignal für den Klerus gedacht war". Am Überfall auf die Abtei Sankt Paul vor den Mauern sei Kappler allerdings nicht beteiligt gewesen, da er Questore Caruso die Leitung des Einsatzes überlassen habe. Priebke hielt fest, dass dieser Einsatz den kommunistischen Widerstand, dem er eigentlich gegolten habe, nur sehr schwach getroffen habe.[62]

Exterritoriale oder kirchliche Gebäude überfielen die Deutschen jedoch nicht. Es kam lediglich zu einer Verwechslung: Am 1. Mai verhafteten die Deutschen in der Basilika Santa Maria Maggiore (auf exterritorialem Gebiet) einen holländischen Augustiner, Pater Anton Musters, da sie ihn für einen englischen Offizier hielten. Der Tagebuchschreiber des Lombardischen Seminars war Augenzeuge dieser Festnahme und sah, dass die Basilika von der „Polizia dell'Africa Italiana" (Kolonialpolizei, PAI) und von Anhängern der Italienischen Sozialrepublik umgeben war: „Ein seit geraumer Zeit beschatteter Priester flieht besorgt in die Basilika. Doch die Pfeile der Palatingarde sind stumpf."[63] Der Heilige Stuhl protestierte gegen die Verhaftung und der Mönch wurde schließlich freigelassen.[64] Tardini sprach vom „Vorfall in Santa Maria Maggiore", ohne ihn aber an die große Glocke zu hängen.

Die Deutschen achteten die Immunität der kirchlichen Gebäude. Doch sie ahnten zumindest teilweise, was in ihrem Inneren vorging. In einem Ende Januar 1944 verfassten Bericht werden die Beziehungen zwischen der Kirche und der Wehrmacht in Rom als „auf beiden Seiten korrekt" bezeichnet: „Das gemeinsame Interesse an einer Bekaempfung des politischen Radikalismus bildete die natuerliche Grundlage eines stillschweigenden Nichtangriffspaktes." Natürlich wollte die Kirche kein formelles Abkommen. Nach diesen positiven Worten heißt es im Text allerdings nüchtern:

> In den kirchlichen Anstalten sind politische Fluechtlinge, Juden, wahrscheinlich auch Offiziere der italienischen Armee verborgen. Als vor kurzem der fruehere Kommunistenführer Roveda durch die italienische Polizei in einer solchen Anstalt entdeckt wurde, waren die kirchlichen Kreise sehr betreten, auch Waffen sind gefunden worden. Die Konvente usw. sind jetzt von kirchlicher Seite aufgefordert worden, politisch und anderweitig Vorbelastete nicht mehr zu beherbergen.[65]

Und tatsächlich forderte der Vatikan nach dem Überfall auf das Lombardische Priesterseminar die Leiter der jeweiligen Einrichtungen dazu auf, weniger Menschen aufzunehmen und den Gästen deutlich zu machen, dass sie in Gefahr waren. Doch die Deutschen wussten ungefähr, was in den Häusern der Kirche vor sich ging. In einem anderen Dokument aus der gleichen Zeit, in dem es auch um den Vorfall im Lombardischen Priesterseminar geht, heißt es ebenfalls, es seien „in Kloestern Juden, politische Fluechtlinge und sogar Kommunisten versteckt gehalten" worden.[66] Seit der Verhaftung von General Caracciolo und nach den Besuchen im Lombardischen Priesterseminar und in Sankt Paul hatten sie handfeste Beweise dafür. Im unverkennbaren *Romanesco* äußerte Fiorenzo Angelini, der damalige Vikar der Gemeinde Natività di Nostro Signore Gesù Cristo, später, welchen Eindruck er damals hatte: „Die Deutschen wussten Bescheid. Sie waren doch nicht blöd! Sie respektierten halt die Kirche ..."[67]

Nach Meinung der Deutschen war die Tatsache, dass die Geistlichen Flüchtlinge in ihren Häusern aufnahmen, Beweis für „die politische Inkonsequenz und die widersprüchliche Haltung der Kirche". Auch Marschall Graziani kritisierte dies im Gespräch mit Mons. Ambrogio Marchioni, dem Sekretär der Nuntiatur in Italien. Er wies darauf hin, dass die Kirche die gleichen Feinde habe wie Deutschland und das faschistische Italien: Kommunisten, Freimaurer und Protestanten. Warum sollte man also auf die Alliierten warten? Doch der Marschall (der es nicht wagte, den Einsatz der Kirche für die vielen Schutzsuchenden zu kritisieren, da seine eigene Familie davon profitierte), musste zugeben, dass der Klerus „Gelassenheit, Ruhe und Ordnung" einschärfte und „verhinderte, dass es aufgrund von unbesonnenen Handlungen zu Vergeltungsmaßnahmen kam."[68]

Die Deutschen waren überzeugt davon – das geht aus ihren Dokumenten hervor –, dass die Kirche der Wehrmacht loyal gegenüberstand, von den Kanzeln aus zu Ruhe mahnte und mit den deutschen Militärs nicht sympathisierte, sie aber als Garant für Ordnung ansah. Doch gleichzeitig beherbergte sie in ihren Häusern die Feinde Deutschlands – Juden und auch Kommunisten. Die Militärdienststellen hielten dieses Verhalten für inkonsequent. Und in der Tat bewegte sich der Vatikan auf einem sehr schmalen Grat. Im Dezember 1943 schickte sogar Sir Osborne, der über die besondere Lage im Bilde war, eine Depesche nach London und bat darum, dass in Meldungen der BBC nicht auf all die Engländer und Italiener eingegangen werden sollte, die in den Katakomben Roms und anderenorts versteckt gehalten wurden; dieses Thema war tabu, so der Diplomat.[69] Über das Leben im römischen Untergrund sollte besser kein Wort verloren werden. Die Kirche konnte nur deswegen unbehelligt weitermachen, weil die Besatzer so taten, als sähen sie nichts – und das sollte um keinen Preis in Gefahr gebracht werden.

Die Deutschen in Rom wussten, dass die Kirche gegen den Kommunismus war; sie verstanden aber nicht, warum dann manch einer, der eigentlich ihr Feind war, mit offenen Armen von ihr empfangen wurde. Doch sie wagten es nicht, an der Ehrlichkeit der Kirche zu zweifeln, die für die deutschen Soldaten doch so wertvoll war, da sie wussten, dass „der deutsche Soldat, zumindest bei den Römern, äußerst verhasst ist". Die Feindlichkeit und die Passivität der Römer belasteten die deutschen Streitkräfte sehr, doch es war zwingend dafür zu sorgen, dass „dieser Widerstand nicht systematisch aktiviert wird" („Offener Widerstand", so heißt es, „wäre leicht zu brechen, wir müssten ihn eher begrüßen als bedauern"). So befand man im Oktober 1943: „In unseren Bemühungen, einer solchen Entwicklung der Dinge vorzubeugen, ist unser grösster Verbündeter die katholische Kirche. Wir werden [...] den Klerus stets freundlich behandeln."[70]

Dem deutschen Kommando kamen die Bemühungen des Klerus in Rom sehr entgegen: Da die Priester bei der Bevölkerung für Ruhe und Ordnung sorgten, mussten sich nicht allzu viele Soldaten darum kümmern. Der Vatikan setzte das Thema Ordnung gegenüber den Deutschen geschickt ein. Nach der Verhaftung von Oberst Montezemolo versuchten Pfeiffer und das Staatssekretariat mit allen Mitteln zu verhindern, dass der Kommandant der italienischen Truppen in Rom zum Tode verurteilt wurde. Pius XII. wies Montini in einer Audienz an, für den italienischen Offizier, für den auch Fulvia Ripa di Meana vorgesprochen hatte, „zu versuchen, was man konnte". Montini führte jedoch einen interessanten Grund dafür an, warum Montezemolos Leben gerettet werden sollte: „Man möchte den Deutschen zu verstehen geben, dass es auch in ihrem Interesse ist, ihm zu helfen; er setzte sich für Ordnung ein [...]"[71] Das Thema Ordnung war die Trumpfkarte des Vatikans. Gleichzeitig standen die Deutschen unter Druck, weil unweit von Rom ihre Männer kämpften. Die Hauptstadt lag in der Etappe. Daher war es für die Deutschen vorrangig, jegliche Behinderung ihres Kriegseinsatzes und damit den Einsatz zu vieler Soldaten in Rom zu vermeiden.

Nicht nur die Partisanenbanden gefährdeten die öffentliche Ordnung in der Stadt, sondern auch die zahlreichen untergetauchten Militärs und

Carabinieri aus den Reihen Badoglios, die nicht für die Sozialrepublik kämpfen wollten. Dass sie sich in Rom aufhielten, war aus militärischer Sicht sehr gefährlich. Die Deutschen versuchten mit allen Mitteln, sie zu einem Beitritt zur Republik von Salò zu bewegen, und drohten denen, die sich weigerten. Kappler hielt auch die königstreuen Carabinieri und hohen Offiziere für gefährlich und war der Ansicht, man müsse gegen sie einschreiten.[72] Doch auch diesen Feinden Deutschlands half die Kirche.

Unter den Deutschen waren einige, die die Judenrazzia lieber vermieden hätten, teils um sich ganz dem Kampf gegen die Militärs zu widmen, teils weil der Einsatz gegen die Juden vielen verhasst war: „Die Ressentiments gegen die Deutschen nehmen zu", notierte man Ende September; diese Ressentiments „werden durch die Maßnahmen gegen die Juden stärker, die Mitleid hevorgerufen haben".[73] In einer fünf Tage vor dem 16. Oktober verfassten Nachricht an Kappler nahm Kaltenbrunner Bezug auf die Anregung, den Schlag gegen die Juden abzusagen und sich ganz auf die Militärs zu konzentrieren:

> Eben die sofortige und vollständige Ausrottung der Juden in Italien ist für die gegenwärtige innenpolitische Lage und die allgemeine Sicherheit Italiens von besonderer Bedeutung. Die Ausweisung der Juden bis zur Abberufung der Offiziere der Carabinieri und des Heeres aufzuschieben kann ebenso wenig als Option in Erwägung gezogen werden wie besagte Idee, die Juden Italiens unter der federführenden Leitung der italienischen Behörden zu etwas zusammenzuführen, das voraussichtlich eine sehr unergiebige Arbeit wäre.[74]

Nicht immer waren es das Bedürfnis nach Ordnung und die militärischen Interessen Deutschlands, die am Ende überwogen; häufig setzte sich der ideologische Wahnsinn des Dritten Reiches durch, der eine essentielle Komponente der deutschen Politik war und die Verhandlungsmöglichkeiten der Deutschen in Rom einschränkten. Deswegen drohte auch das „Privatkonkordat" in Rom ständig auseinanderzubrechen. Das gesamte Konstrukt, das hier errichtet worden war, der vatikanische Raum in der Stadt, das geheime Asyl (das sich später als gar nicht so geheim erweisen sollte), war sehr zerbrechlich, da es den Bestimmungen ausgeliefert war, die in Berlin heranreiften. Und dort waren Rom und der Papst nur relativ unbedeutende Randerscheinungen.

VIII
Das System kommt ins Wanken

Der erste Überfall

Im Dezember herrschte in der ganzen Stadt eine angespannte Stimmung. Die Ausgangssperre wurde vorgezogen, Fahrradfahren war verboten.[1] Zwei gravierende Verletzungen des vatikanischen Raums brachten das Hilfssystem im Untergrund gehörig ins Wanken. Bei beiden Vorfällen, dem Überfall auf das Lombardische Priesterseminar und dem auf die Abtei Sankt Paul, stand die Bande um Pietro Koch im Mittelpunkt. Aus Florenz, wo sie mit der „Banda Carità" zusammengearbeitet hatte, war sie in die Hauptstadt übergesiedelt. Kochs Vater, der deutschstämmige Spirituosenvertreter Rinaldo Otto Koch, lebte in Rom und unterhielt gute Beziehungen zu Kappler, den Männern in der Via Tasso und den Deutschen im Allgemeinen. Pietro Kochs erster Streich war die Verhaftung von General Mario Caracciolo di Feroleto, der sich im Franziskanerkloster San Bonaventura versteckt hatte. Dessen Ordonnanzoffizier hatte, nachdem er verhaftet worden war, verraten, wo sich der General aufhielt. Dies geschah im Dezember 1943. Im Januar 1944 erlaubte es Polizeichef Tullio Tamburini Pietro Koch, eine eigene Einheit zu bilden. Im April bezog die Bande ihr Quartier in der berüchtigten „Pensione Oltremare", einem Ort der Folterungen und der Verhöre.[2]

Aus dem Bericht Kochs über die Verhaftung Caracciolos wird deutlich, dass er sich zuvor an Kappler gewandt hatte, „wegen des moralischen Problems der Exterritorialität des Vatikans, eines aus gewichtigen moralischen Gründen äußerst delikaten Problems". Es ist interessant, dass Koch sich um eine mögliche Verletzung des kirchlichen Asyls scherte, wo es doch keinerlei Garantie für die Exterritorialität gab als (vielleicht) den von Stahel unterzeichneten Aushang. Die Festnahme Caracciolos war der erste Schlag der Bande, wegen der Koch anscheinend in die Hauptstadt umgezogen war; dies geht aus einer Art Tagebuch der Operation hervor, das als Bericht für Hauptmann Mario Carità erstellt wurde. Die Initiative dazu kam von Koch, der die Idee den italienischen und deutschen Behörden unterbreitete. Er stieß dort aber nicht auf große Begeisterung. Tamburini, der Polizeichef der Italienischen Sozialrepublik, erklärte dem jungen fanatischen Faschisten (er war Jahrgang 1918), wie man seinem Tagebuch entnehmen kann, die Situation in Rom sei „höchst kompliziert“: Da waren das Problem der offenen Stadt, der Vatikan und „unsere großen Werte in ihrem Besitz“ (die Frage ist nur: welche Werte und in wessen Besitz?). Koch hatte nur wenige Unterstützer und diese waren auch nicht besonders entschlossen bei der Sache. Vier Männer begleiteten ihn, als er sich in San Sebastiano Caracciolo vorknöpfte.[3]

Dort hatten sie leichtes Spiel, denn die Brüder ließen Caracciolo holen, im naiven Glauben, es sei sein Fahnenjunker, der da nach ihm verlangte. Koch wies den General an, er solle den Habit während der Verhaftung nicht ablegen, anderenfalls würde man sich an den Klosterbrüdern rächen (diese flehten Caracciolo an, dies um Himmels willen zu tun). Caracciolo schrieb später über Koch: „Er war schuld, er, der ein zum Vatikan gehöriges und damit neutrales Gebiet verletzte, um mich zu verhaften!“[4] Koch vertraute Caracciolo an, dass er „in Rom auf viele Schwierigkeiten gestoßen war, da man etwas zurückhaltend war, wenn es darum ging, ein Kloster zu betreten, das zum Vatikan gehörte“. Nach seiner Verhaftung wurde der General mehrfach im Habit fotografiert.[5] Die Bande hatte damit einen Erfolg eingestrichen, der ihrem Handeln Glaubwürdigkeit verlieh.

Etwa 20 Tage später wurde das Päpstliche Lombardische Priesterseminar und im Februar die Abtei Sankt Paul überfallen. Koch spielte bei beiden Aktionen eine zentrale Rolle. Im Juni 1945 wurde er nach einem Prozess vor dem Obersten Gerichtshof in einer Aula der Universität „La Sapienza“ zum Tode verurteilt. Sein Pflichtverteidiger, Federico Comandino, schlug vor, fünf Zeugen für seinen Klienten aussagen zu lassen, darunter Mons. Victor Hugo Righi aus dem Staatssekretariat (der jedoch nicht aufgerufen wurde). Mons. Mario Nasalli Rocca, der für die Gefangenenseelsorge zuständig war, überreichte Koch (der vor seinem Tod einen Brief an den Papst schrieb) ein Geschenk Pius’ XII.: einen Rosenkranz.[6]

Das Lombardische Priesterseminar war die zweite kirchliche Institution, die Koch angriff. In dieser Einrichtung, die direkt gegenüber der Basilika Santa Maggiore gelegen war, wohnten die Seminaristen aus den Diözesen der Lombardei. Die Zahl der Flüchtlinge, die dort während des Krieges untergebracht waren, war recht ansehnlich: Man zählte etwa

110 Gäste. Das Seminar war das erste Gebäude des Heiligen Stuhls, das an jenem 21. Dezember 1943 von Faschisten überfallen wurde. Etwa zehn Kleriker lebten noch im Seminar. Zu den Priestern, die regelmäßig ins Seminar kamen, gehörte auch der spätere Kardinal Sergio Pignedoli, der ein Freund von Montini war. Mons. Giuseppe Bertoglio war damals der Rektor der Einrichtung. Pius XII. soll zur Aufnahme von Flüchtlingen zu Bertoglio gesagt haben: „Macht es! Macht es überlegt; aber macht es!"[7] Der Chronist des Seminars beschrieb die aufgenommenen Gäste folgendermaßen:

> Unter ihnen waren frühere Militärs, Offiziere des Generalstabs, Kriegsdienstverweigerer, bei denen noch nicht einmal der Bartwuchs eingesetzt hatte, Leutnanten, die noch auf ihre Ernennung warteten, ein paar junge Studenten, Papasöhnchen, die eher den anschmiegsamen Frack und das geistlose Leben der galanten Gesellschaft gewohnt waren [...] Unter ihnen waren auch Juden aller sozialen Klassen, hauptsächlich Kaufmänner. Diese gehörten irgendwie der Religion an, waren beschnitten und hielten sich an gewisse Dinge, andere wiederum waren nur jüdisch, weil sie als solche geboren worden waren. Doch bei keinem konnte man eine tiefe Gläubigkeit erkennen; vielmehr hatten sie dieses Blut und diese Rasse und kämpften ums Überleben, was sie auf den Beinen hielt. Auch ihre Familien waren da, ihre Ehefrauen und Kinder. Diese (Frauen und Kinder) hielten sich stets in den Zimmern auf. Und man lebte, wie man eben konnte. Wir lebten sehr einvernehmlich miteinander. Natürlich mussten wir, die wir sehr wenige waren, ihr Leben leben und nicht sie das unserer Gemeinschaft.[8]

Die Menschen, die im Seminar unterkamen, waren eher einfach. Die einzige bekannte Person war der kommunistische Gewerkschafter Giovanni Roveda, der abgeschottet von den anderen in der Bischofswohnung untergebracht wurde. Er hatte den Spitznamen „die Gräfin". Keinem war es erlaubt, ihn zu sehen, nur Mons. Bertoglio und Don Pignedoli hatten Zugang zu ihm. Während dieser Zeit des Freiheitsentzugs las er Giuseppe Ricciottis *Das Leben Jesu* und diskutierte mit dem Rektor über Russland (Letzterer behauptete, Russland würde sich bekehren, wie die Gottesmutter Maria in Fatima angekündigt hatte). Er bekam Besuch von seiner Frau und von Alcide De Gasperi. Allerdings baten insgesamt nur wenige römische Kommunisten die Kirche um Asyl. Als die Faschisten das Lombardische Priesterseminar überfielen, waren sie schockiert darüber, dort auf einen Kommunisten zu treffen. Don Pignedoli soll ihnen scharfsinnig entgegnet haben: „Wer weiß, ob nicht einer von euch uns irgendwann um Hilfe bitten wird." Diesen Gedanken griff Pignedoli später, wenn auch in verschleierter Form, in einem Artikel im *Osservatore Romano* wieder auf: *hodie mihi, cras tibi*. In der faschistischen Presse war die Gefangennahme Rovedas ein großes Thema; aufgrund von Informationen der „Agenzia Stefani" und Radiomeldungen wurde kolportiert, er sei in einer Einrichtung der Jesuiten verhaftet worden. Dies wiederum wies die Gesellschaft Jesu entschieden zurück.[9]

Bis zum Überfall hatten die Gäste des Lombardischen Priesterseminars ein recht unbekümmertes Leben geführt. Häufig nahmen sie (auch die Juden) an den Gottesdiensten teil. Die Gäste hatten auch einen Chor gegründet, in dem sechs Juden sangen. Der Organist war Jude (später konvertierte er zum Katholizismus). Beim Rosenkranzgebet sprachen Don Guerrini und Don Pignedoli kurz über religiöse Dinge. Sie hatten zwei Gesprächskreise gegründet, einen zum Evangelium und einen zur Bibel. Die meisten von ihnen, so der Chronist, waren nicht sehr religiös. Doch einer von ihnen war fest in seinem Glauben verwurzelt und erklärte, er werde niemals zum Christentum konvertieren. Ein anderer glaubte, dass der Messias nach dem Krieg kommen würde. Der Chronist schilderte auch die Ergriffenheit, „die sie eines Tages packte, als vom guten Gott, vom hilfsbereiten Vater seiner Kinder gesprochen wurde [...] Einige weinten. Sie alle waren leidgeprüft; bei den Razzien waren viele ihrer Liebsten verschwunden; ihr Hab und Gut war verschollen." Der Chronist beobachtete auch etwas, das er als die Verschlossenheit Israels gegenüber dem christlichen Glauben bezeichnete.

Viele der Gäste trugen eine Soutane; sie besaßen Ausweise vom Vikariat und einige waren an der Gregoriana eingeschrieben. Im Innenhof des Seminars spielten sie Fußball. Doch die Tage wurden ihnen häufig lang. Gesprächskreise zu den verschiedensten Themen wurden gebildet: Man unterhielt sich über Kriegskunst, über elektrische Maschinen, über die Religion, über Gefängnisse, über die Chirurgie, über Geschichte und über religiöse Philosophie ebenso wie über das Thema „Warum ich Priester geworden bin". Viele der Nichtjuden und besonders die jungen Leute kamen zum ersten Mal in ihrem Leben mit Seminaristen oder Priestern in

Kontakt. Besonders für die jungen Leute war dieses Leben seltsam: „Sie führten ein ziemlich arbeitsscheues Leben", urteilte der Chronist. Zudem verging nach einer Weile die anfängliche Angst und viele gingen Risiken ein. Die Beobachtung des Chronisten, der den allgemeinen Eindruck der Gemeinschaft und des Rektors schilderte, ist sehr interessant und gilt nicht nur für die Gäste des Lombardischen Priesterseminars:

> [...] zu viele lebten in zu großer Verantwortungslosigkeit. Sie kamen hier verschreckt an und hatten nicht einmal die Kraft, sich auf den Beinen zu halten. Ein paar Tage lang verließen sie ihre Zimmer nicht und dann auf einmal konnten sie es kaum mehr abwarten, wegen einer Nichtigkeit nach draußen zu gehen, und dadurch brachten sie sich und die anderen in Gefahr. Und sie scherten sich nicht um die Sachen des Seminars.[10]

In diesem heterogenen Zusammenleben gab es zwei große Probleme: die Disziplin im Alltag und die Vorbereitung auf den Notfall. Mons. Bertoglio hatte einen Ausschuss wählen lassen, der für Disziplin im Seminar zuständig war. Aufgrund der wachsenden Schwierigkeiten bildete er schließlich einen zweiten Ausschuss, der größere Befugnisse erhielt. Wachdienste lösten sich alle zwei Stunden ab: Tagsüber wurden die Eingänge kontrolliert und nachts hielt man Ausschau, ob auf dem Platz vor dem Seminar etwas Verdächtiges passierte. Der Ausschuss rief zu einem geordneten und reinlichen Zusammenleben auf und forderte dazu auf, die Ausgänge und die Probleme im Inneren des Seminars immer im Auge zu behalten. Im Seminar war das Wasser knapp, das man von Hand mit Saugpumpen in die Caissons einlassen musste. Manchmal holten die Seminaristen Wasser vom Brunnen auf dem Platz. Zeitweise funktionierte auch die Elektrizität nicht.

In den Akten des Seminars entdeckt man ein Dokument mit dem Titel „Richtlinien des Lebens in der Gemeinschaft": Daraus geht hervor, dass für alles feste Uhrzeiten festgelegt wurden, dass es untersagt war, sich aus dem eigenen Stockwerk zu entfernen, und dass dazu aufgefordert wurde, die bewohnten Zimmer so aussehen zu lassen, als seien sie unbewohnt – abgesehen von denen der sechs Seminaristen oder so genannten „Wahlseminaristen", bei denen „keine grundlose und gefährliche Spur von Laientum zu erkennen sein darf". Es gab auch Evakuationsvorschriften für den Fall eines Überfalls (dank derer ein Teil der

Gäste schließlich gerettet werden sollte): Die Gäste hatten sich still zu verhalten und barfuß zu gehen. Und dann gab es eine ganz allgemeine Regel: „Die Unvorsichtigkeit oder auch nur die Unaufmerksamkeit eines Einzelnen kann das Schicksal aller gefährden."[11]

Mögliche Durchsuchungen mussten verhindert werden. Dafür war der Aushang Stahels da. Im Archiv des Seminars wurde zudem ein weiterer von Hand geschriebener Aushang gefunden, der möglicherweise vor dem Stahels verwendet wurde. Damit wurde teilweise in deutscher Sprache erklärt, dass die Einrichtung zum Heiligen Stuhl gehörte: „Pontificio Seminario Lombardo, dieses Institut gehört dem Heiligen Stuhle", liest man dort. Wenn Eindringlinge vor der Tür standen, hatte der Wachposten die Gäste zu warnen; diese sollten daraufhin die Zimmer verlassen, in denen die Aufbewahrung persönlicher Gegenstände zu vermeiden war, und in den Schutzraum laufen. Der jüdische Ingenieur Aldo Loria hatte eine Alarmanlage gebaut, die mit der Klingel an der Eingangstür verbunden war. Nachts wurde sie eingeschaltet und im Falle eines Alarms sollten sich die Flüchtlinge im Schutzraum verstecken. Man kalkulierte, dass die ganze Aktion drei Minuten dauern würde. Ein Verwandter des Rektors hatte im Keller einen Schutzraum mit einer Geheimtür hergerichtet. Darüber hinaus gab es ein Versteck, in dem die Gäste ihre Wertsachen ablegen konnten. Dieses wurde von Mons. Bertoglio beaufsichtigt.

Die meisten Sorgen bereitete auch hier die Verpflegung der Gäste. Der Rektor persönlich musste die Mahlzeiten für die Gäste portionieren, um Rangeleien unter ihnen zu vermeiden. Details wie dieses sind wichtig, um sich eine geschlossene Gemeinschaft vorzustellen, die von Angst und Untätigkeit geplagt wurde. Viele konnten keine Lebensmittelkarte vorweisen und Nahrung in der besetzten Stadt zu finden, war ein großes Problem. In seiner Beschreibung der Verpflegung der Gemeinschaft verwendete der Chronist des Seminars ohne Umschweife den Begriff „Hunger". All diese Probleme machten das Zusammenleben nicht einfach oder gar harmonisch. Der Chronist schrieb:

> [...] im Seminar waren zu viele Leute und am schlimmsten war, dass viele sich der Gefahr und auch der Verantwortung, die sie tragen mussten, überhaupt nicht bewusst waren. Viele kamen und gingen, wie es ihnen gefiel. Dies war streng verboten, doch wenn man dem Portier ein Trink-

> geld zusteckte, ging alles glatt. Einige jüdische Kaufmänner wollten nicht einen Heller ihres Verdienstes einbüßen und versuchten, mit Bestellungen, die sie beaufsichtigten, Geschäfte zu machen. Andere wiederum wollten zum Barbier gehen; irgendein unglaublicher Typ ging sogar in ein Café hier in der Nähe, wo alle wussten, dass er Jude war, um dort einen Kaffee zu trinken. Andere Juden gingen mit einer dem Rektor mehr oder weniger abverlangten Erlaubnis nach draußen [...][12]

Zu Recht schrieb Giacomo Debenedetti: „Man darf nicht glauben, dass sich die Tragödie in einer stummen und staunenden Feiertagsstimmung abspielte: Die Leute redeten weiter miteinander, riefen sich weiterhin Hinweise und Empfehlungen zu, ganz wie im alltäglichen Leben.[13] Wer das Seminar verließ, unterhielt sich zuweilen ganz ungeniert. Bei einem Ausgang hörte der Ingenieur Loria, wie Personen, die seinen Weg kreuzten, erzählten, im Seminar seien Flüchtlinge beherbergt und dort gebe es sogar einen Schutzraum. Den Brüdern Finzi, die es später dem Rektor erzählten, war empfohlen worden, sich im Lombardischen Priesterseminar zu verstecken, weil man es dort gut habe. Überdies erzählte man sich – die Quelle ist weiterhin die Chronik – von folgendem Gespräch zweier Frauen in der Straßenbahn, die ihren in Sankt Paul versteckten Kindern Lebensmittel brachten: „Ah, Frau Ro', wohin geht's?" – „Ich geh ins Kloster, meinem Sohn Essen bringen, der da versteckt ist!" Außerdem beobachtete jemand das Seminar von einer Terrasse in der Nachbarschaft auf etwas indiskrete Weise. Dies war zumindest der Eindruck der Seminaristen.

In der Nacht vom 21. auf den 22. Dezember um 23 Uhr überfiel Koch mit seiner Bande das Seminar und gab vor, auf der Suche nach Offizieren Badoglios zu sein. Vergebens verwies man auf die Bescheinigung von General Stahel. Im Prozess sagte Koch später aus, er habe General Antonio Sorice gesucht und gar nicht gewusst, dass Roveda dort war. Laut Koch kam es folgendermaßen zu dem Überfall: Am Abend zuvor wurde er in die Questura gerufen. Verschiedene italienische Befehlshaber und ein deutscher Hauptmann waren dort und diskutierten über die Idee, das Seminar zu überfallen: „Die besagten Personen, die schon seit einiger Zeit zusammen waren, diskutierten darüber, ob es möglich wäre, in jenen Gebäudekomplex an der Piazza Santa Maria Maggiore einzudringen, der ihrer Meinung nach nicht exterritorialen Status genoss. Irgendwann waren alle davon überzeugt, dass es angebracht war, in besagtes Gebäude einzutreten [...] um General Sorice und andere Offiziere seines Führungsstabs zu verhaften [...]"

Kochs Angaben zufolge wurde er dann mit der Operation betraut. Ein Polizeikommissar begleitete ihn; 21 Polizisten und etwa zehn Deutsche in Zivil, die von einem Offizier angeführt wurden, standen ihm zur Seite. Wie befohlen waren sie unbewaffnet.[14] Kommissar Angelo De Fiore, dem die Questura aufgetragen hatte, mit Koch zusammenzuarbeiten, entdeckte unter den Deutschen auch Hauptmann Priebke (dieser schrieb in seinen Memoiren: „Wir Deutschen waren zwar zur Stelle, doch lediglich als Beobachter"[15]). De Fiore schilderte später, wie sie sich Zutritt zum Seminar verschafft hatten: „Da ich absichtlich eine passive Rolle einnahm, klopfte um 21:50 Uhr ein Deutscher an die Tür. Ein Ordensbruder öffnete. Am Eingang verloren wir Zeit, weil dieser sich den beiden Deutschen, die vor uns gingen, in den Weg stellte. Dadurch wurde Lärm verursacht und der Ordensmann hatte Zeit und Möglichkeit, im Haus Alarm zu schlagen [...]"[16]

Aus dem Bericht des Seminars über den Vorfall geht hervor, dass die Besetzer einen als Kleriker verkleideten Offizier das Ave Maria vorbeten ließen. Settimio Limentani gab vor, der Hausdiener des Seminars zu sein (und behauptete, die in seinen Ring eingravierten Initialen SL stünden für „Seminario Lombardo"), wurde aber dennoch verhaftet. Die Faschisten stiegen sofort in den dritten Stock, wo sich Professor Mira, der den falschen Namen Don Macchi trug (und in dessen Zimmer Zeitungen und Dokumente der „Democrazia Cristiana" im Untergrund aufgefunden wurden), und mehrere Juden befanden. Erstaunlicherweise kannten sie die Namen einiger Gäste. Sie durchsuchten das ganze Gebäude, fanden aber den Schutzraum im Keller nicht, in dem sich eine recht große Gruppe von Gästen versteckt hatte (und dort so lange blieb, bis die Banda Koch um 7 Uhr morgens das Gebäude verließ). Die Chronik bietet ein paar Momentaufnahmen von jenen Stunden des Terrors:

> Als Erster wurde ein Jude verhaftet: Amedeo [Amadio] Spizzichino. Sie lasen es ihm im Gesicht ab: Du bist Jude. Seine Frau bewahrte mit unglaublicher Kraft die Ruhe und versuchte vergebens zu beweisen, sie seien Evakuierte aus Civitavecchia. „Aber warum weinen Sie dann so, warum eine solche Aufregung?" [...] Es war ein herzzerreißender Anblick. Aus

> den großen Räumen hörte man die anderen jüdischen Frauen und Kinder weinen und klagen. „Aber warum habt ihr denn Angst, wenn ihr Evakuierte seid?“, sagten die *Repubblichini* verärgert. Sie wollten einen Jungen von seiner Mutter trennen, doch diese umklammerte mit verzweifelter Kraft seinen Hals, bis sie ohnmächtig zu Boden fiel. Mitleidslos ließen die Polizisten von ihm ab. Und so verbrachten sie im wahnsinnigsten Schrecken [...], unter Kotzanfällen und Angst um die Männer, die im 4. Stock schliefen (denen es aber gelungen war, in den Schutzraum zu fliehen) den Rest der Nacht. Ein interessantes Detail: Die jüdischen Kinder beteten auf Knien und mit gefalteten Händen zur Gottesmutter und den anderen Heiligen, deren Bilder an der Wand hingen, [...] um zu zeigen, dass sie katholisch waren, wie sie uns später mitteilten.

Nicht allen Flüchtlingen gelang es, sich auf den vorgegebenen Weg in den Schutzraum zu machen. In jener Nacht kam es zu waghalsigen Fluchtszenen: Einer stürzte sich in die Kapelle und wurde von betenden Nonnen verdeckt, die ihn später hinter dem Altar versteckten. Als dort die Heilige Messe gefeiert wurde, waren zahlreiche falsche Priester zugegen, die jedoch nicht zur Kommunion gingen, sondern sitzen blieben. Doch das bemerkte keiner. Don Guerrini schlich sich ins Büro des Rektors und benachrichtigte von dort Montini. Am Morgen schickte der Vatikan Pater Pfeiffer.

Der Chronist hielt fest, dass die Männer Kochs von einigen städtischen Polizisten, die im *Romanesco* als *Pizzardoni* bezeichnet werden (möglicherweise waren sie von der PAI, die Seminaristen hatten jedenfalls den Eindruck, dass sie sich untereinander nicht kannten), sowie von einigen SS-Männern begleitet wurden. Die Anwesenheit Letzterer, die auch Koch und De Fiore bestätigten, ist von großer Relevanz: Sie bestätigt, dass die Deutschen an der Aktion beteiligt waren. Mons. Bertoglio wurde zusammen mit ein paar festgenommenen Personen in die Questura gebracht. Im Verhör befragte man ihn vor allem zu Roveda. Er entgegnete, so der Chronist, dass dieser in erster Linie ein Mensch in Not sei – und dass möglicherweise schon bald auch ein Faschist in der Situation sein könne, die Kirche um Hilfe zu bitten. Der Rektor wurde wieder freigelassen. Anscheinend war es Pater Pfeiffer, der sich dafür starkmachte. Pius XII. selbst – wie er Mons. Bertoglio später in einer Audienz offenbarte – hatte sich für die im Lombardischen Seminar Verhafteten eingesetzt.

Da einige Italiener bloß halbherzig mit Koch zusammenarbeiteten, wurden nur wenige Personen verhaftet. De Fiore behauptete, dass einige Juden die Möglichkeit zur Flucht gehabt hätten (dies geht teilweise auch aus den Akten des Seminars hervor) und andere dank seines klugen Verhaltens wieder freigelassen worden seien. Aus einem Bericht De Fiores vom 8. Januar 1945 geht hervor, dass 21 Personen festgenommen wurden: Fünf davon ließ Koch sofort wieder laufen, acht kamen unter die Aufsicht des Heeres oder der Polizei (zu ihnen gehörte Roveda) und weitere acht blieben, weil sie Juden waren, in Regina Coeli, dem Gefängnis von Rom. Amadio Spizzichino gehörte zu den acht Männern, die man dort einbehielt, weil man vermutete, sie seien Juden. Seiner Aussage zufolge ließ De Fiore ihn wieder frei, nachdem er ihn in Regina Coeli befragt und er gestanden hatte, dass er jüdischer Abstammung war. Dies geschah kurz vor den Vorfällen in der Via Rasella.[17] Einige der Gefangenen blieben in der Gewalt der Deutschen: Was aus zwei Männern, die zum Katholizismus konvertiert waren, und einem staatenlosen Deutschen wurde, ist nicht bekannt (Letzterer hatte ein Jahr in der Nervenheilanstalt Roms verbracht, bevor er im Lombardischen Priesterseminar unterkam); Nissim Alhadeff, ein Jude aus Rodi, überlebte später Auschwitz und wurde im KZ Buchenwald befreit, während zwei andere ums Leben kamen (Israel Friz Warschauer, ein staatenloser Deutscher, der sofort nach seiner Ankunft in Auschwitz ermordet wurde, und Enrico Ravenna, der zum Katholizismus konvertiert, eine Mischehe eingegangen war und im selben Lager umgebracht wurde).[18]

Auch die anliegenden Einrichtungen, das Päpstliche Orientalische Institut und das Collegium Russicum, wurden überfallen. Beide standen unter der Leitung des Jesuitenordens und verfügten über die gleichen Schutzgarantien wie das Lombardische Priesterseminar. Ein Jude erlitt dort während des Überfalls einen Herzinfarkt und starb. Bei der Durchsuchung des Russicums legten die Eindringlinge – abgesehen von ein paar Diebstählen – mehr Taktgefühl an den Tag als im Orientalischen Institut. Zwei deutsche Juden, ein junger Mann und zwei weitere Personen wurden festgenommen (einem von ihnen warf man vor, kommunistisches Propagandamaterial zu besitzen). Die Polizeikräfte erklärten die Dokumente, laut denen eine Durchsuchung verboten war, für nicht mehr gültig. Am Ende schlug der leitende italienische Kommandant dem deutschen Rektor des Hauses, Pater Emil Herman, vor, kein Wort darüber zu verlieren, dass die Festnahme in einem Gebäude des Heiligen Stuhls stattgefunden hatte (anscheinend war ihm anfangs nicht bewusst, welchen Status das Gebäude hatte). Doch der Rektor wies diesen Vorschlag zurück und sagte, er würde seinen Vorgesetzten sehr wohl über den Vorfall Bericht erstatten.

Der Rektor war der festen Überzeugung, dass die SS aus der Ferne das Kommando über den Überfall gehabt hatte, auch wenn es die Italiener gewesen waren, die „klar sichtbar waren". Doch er entdeckte auch drei Deutsche unter ihnen. Der Rektor rief beim deutschen Kommando an, wo man sein Anliegen freundlich aufnahm; doch schlussendlich passierte nichts.[19] Im Juli 1945, mehr als ein Jahr später und unter ganz anderen Umständen als zu dem Zeitpunkt, als er seinen Bericht für den Vatikan verfasste, sagte Herman vor dem Hohen Kommissariat zur Verfolgung von Regimeverbrechen aus. Er sei sofort misstrauisch gewesen, als es an der Tür geklingelt habe, sodass er bei der Frau des Portiers Alarm geschlagen und lautstark protestiert habe, damit die Flüchtlinge das auch hören konnten. Er sagte: „Reinen Gewissens kann ich behaupten, dass die Truppe, die ins Orientalische Kolleg eindrang, ihre Arbeit nicht sehr dienstbeflissen erledigte und ich den Eindruck hatte, dass der Kommandant der Truppe nur widerwillig handelte [...] Als sie weggingen, entschuldigten sie sich und sagten, man habe sie zu der Aktion gezwungen."[20]

Ein italienischer Oberst teilte dem Staatssekretariat später vertraulich mit, dass ein Kommissar vom Viminal, ein Oberleutnant der SS namens Müller (der nicht nachgewiesen werden konnte) und eine Gruppe faschistischer Offiziere bei dem Überfall das Sagen gehabt hätten.[21] Der Informant erklärte außerdem, Kappler habe zu verstehen gegeben, dass er noch längst nicht fertig sei: „Dies ist der erste Schlag", soll er gesagt haben, „weitere werden folgen; und jetzt kann sich niemand mehr beschweren, wir haben das Corpus delicti in der Hand!" Pater Pfeiffer hingegen hatte nach Gesprächen mit den deutschen Befehlshabern den Eindruck, dass sie an der Operation nicht beteiligt gewesen waren. Am 24. Dezember informierte das Staatssekretariat den deutschen Ordensmann, dass „sich herausgestellt hat, dass bei der Durchsuchung auch Deutsche anwesend waren, und dass man auf vertraulichem Wege in Erfahrung gebracht hat, dass es die Deutschen waren, die bei dieser Operation das Sagen hatten".[22] Für den Vatikan stand fest, dass die Nazis hinter den Vorfällen der Nacht vom 21. auf den 22. Dezember steckten. Die Faschisten ihrerseits legten großen Wert darauf, es sich mit dem Vatikan nicht zu verscherzen. Sie behaupteten, die Deutschen hätten den Befehl zu der Operation gegeben: „Buffarini Guidi", so Moellhausen, „rannte heimlich zu Mons. Tardini und erklärte ihm, es seien die Deutschen gewesen, die angeordnet hatten, die Klöster zu durchsuchen."[23]

Ein Protest und eine Weisung

Im Jahre 1976 teilte mir Kardinal Traglia mit, der Überfall auf das Lombardische Priesterseminar habe Pius XII. schwer getroffen. Bei dieser Gelegenheit sah Traglia den Papst, was sonst eher selten vorkam. Pius XII. hatte beschlossen, aus Protest gegen den Angriff die traditionelle Christmette in den Kirchen Roms nicht feiern zu lassen, die normalerweise um Mitternacht gefeiert, doch wegen der Ausgangssperre auf 17 Uhr vorverlegt worden war. Traglia informierte einen Teil der Pfarreien darüber. Auf Druck der Deutschen (an den sich Traglia erinnerte, ohne jedoch genau zu sagen, von wem er ausgegangen war) überdachte der Pacelli-Papst seine Entscheidung. Der Papst beauftragte Traglia nun damit, die Vorgabe zu ändern. Der Bischof berichtete, dass er dies, um Kontrollen zu vermeiden, nicht am Telefon machen wollte und daher mit dem Auto von Gemeinde zu Gemeinde fuhr und die neue päpstliche Anweisung mündlich verkündete.[24] So kehrte der Papst zu seinem Protest zurück. Zwar ist all dies nicht dokumentiert, doch diese Anekdote zeigt deutlich die schwankende Geisteshaltung des Papstes: Einerseits wollte er den Raum des Heiligen Stuhls durch einen Protest verteidigen, andererseits sorgte er sich darum, das delikate Gleichgewicht nicht ins Wanken zu bringen.

Am 23. Dezember (einen Tag nach dem Überfall auf das Lombardische Priesterseminar und einen Tag vor Heiligabend) druckte der *Osservatore Romano* folgende Meldung ab: „In Rom wird am Heiligen Abend die Christmette nicht gefeiert." Als Grund dafür wurden die „besonderen Umstände" angeführt. Auf einer anderen Seite der vatikanischen Zeitung wurde außerdem angekündigt, dass wie im Jahr zuvor Radio Vatikan und die „Ente Italiano per le Audizioni Radiofoniche" (die italienische Funkanstalt im faschistischen Italien, EIAR) die von

Pius XII. privat gefeierte Christmette übertragen würden.[25] Wurde die Christmette nun aus Sicherheitsgründen oder aus Protest nicht gefeiert? Traglias Schilderung tendierte stark in Richtung Protest. Die heute zugänglichen Dokumente bieten keine weiteren Informationen. Doch eins steht fest: Die traditionelle Christmette wurde abgesagt. Weil der Raum der Kirche zum ersten Mal verletzt worden war, herrschte in der Welt der Kirche große Nervosität.

Doch was war zwischen dem 22. und dem 24. Dezember im Vatikan passiert? Es gibt nur wenige Unterlagen, die dies dokumentieren, lediglich ein paar Notizen des Staatssekretariats. Am 22. Dezember wurde dem Papst der Bericht über den Überfall auf das Orientalische Institut vorgelegt. Am 23. Dezember sprach Kardinal Maglione mit dem deutschen Botschafter Weizsäcker „über die Durchsuchung im Lombardischen Priesterseminar“. Wahrscheinlich behauptete der Diplomat zur Verteidigung der Deutschen, nur die Italiener hätten hierbei ihre Hände im Spiel gehabt (was auch das deutsche Kommando Pfeiffer zu vermitteln versuchte). Der Sekretär der Nuntiatur in Italien, Mons. Marchioni, wurde damit beauftragt, mit der italienischen Polizei zu sprechen. Doch obwohl deren Vizedirektor zugab, dass die Italiener die Verantwortung dafür getragen hätten, betonte er, dass der Befehl von den Deutschen gekommen sei. Maglione sprach mit General Chirieleison, der dann Marschall Graziani über die ganze Angelegenheit informierte.[26]

Montini war in diese Angelegenheit anscheinend nicht verwickelt. Es war Kardinalstaatssekretär Maglione, der die Dinge in die Hand nahm. Er war besorgt und bat Mons. Traglia, die folgenden Leitlinien in die Praxis umzusetzen: „[...] es scheint nicht zweckmäßig, Männer zu beherbergen, die militärische Verpflichtungen haben“; „[...] man sollte diejenigen benachrichtigen, die sich in exterritorialen Gebäuden befinden, da diese nicht ganz sicher sind“; „[...] alle, die sich in anderen kirchlichen Gebäuden befinden, sollte man auffordern, ihre Unterkunft zu wechseln.“ Wenige Tage später gestand Pius XII. dem Direktor von *La Civilità Cattolica*, dass er sich Sorgen machte:

> Im Zusammenhang mit den von der Polizei im Lombardischen Seminar, im Russicum und im Orientalischen Institut durchgeführten Durchsuchungen machte der Heilige Vater deutlich, dass er persönlich dagegen war, Offiziere unterzubringen; besonders missbilligte er außerdem das

Herumhantieren mit behelfsmäßigen falschen Dokumenten und geistigen Vorbehalten, die nichts anderes als halbe Lügen sind. Überdies traut er der Sicherheit solcher kirchlicher Zufluchtsorte nicht.

So fasste der Direktor das Gespräch mit dem Papst für die Patres der Zeitschrift zusammen. Natürlich kann es sein, dass es dabei auch zu Ungenauigkeiten kam. Wie schon gegenüber Pater Dezza äußerte der Papst erneut Bedenken über die Unterbringung von Offizieren in kirchlichen Einrichtungen. Zudem lag es ihm besonders am Herzen, „auch nur den geringsten Anschein von Betrug" zu vermeiden, wie er es bei einer anderen Gelegenheit einmal ausdrückte. In einer Zeit, in der die Bevölkerung von einem totalen Krieg und einem entfesselten Verfolgungswahn heimgesucht wurde, der die Grenzen der brutalsten vorstellbaren Gewaltanwendung überschritt, mag so eine Denkweise freilich etwas naiv wirken. Pius XII. sprach aber von einer Durchsuchung durch die Polizei und nicht durch die Deutschen. Denn alle hatten den Eindruck, dass die Italiener eigenhändig vorgegangen waren.

Im Bericht über den Überfall auf das Lombardische Seminar erscheint Koch als der alleinige Befehlshaber: „Der Rektor stand mit Koch auf der Treppe. Er versuchte, sich so ruhig wie möglich zu geben. Eine Gruppe echter und falscher Kleriker ging an ihnen vorbei. ‚Brav! Geht in die Schule', sagte er in einem Tonfall, den niemand je vergessen würde. Sarkastisch sagte Koch [...] zum Rektor: ‚Monsignore, alles Kleriker, was?' – ‚Ja, ja, alles Kleriker seit dem 8. September.'"[27] Manche glaubten, Dom Troya, einen kollaborierenden Mönch, unter den Männern gesehen zu haben, die das Seminar überfallen hatten. Auf Lateinisch fragte er die falschen Kleriker aus.

Koch ging es nicht so sehr darum, Juden festzunehmen (die dann quasi als „Beifang" in sein Netz gerieten); er hatte es eher darauf abgesehen, politische Persönlichkeiten wie Roveda oder Militärs wie Caracciolo di Feroleto oder Monti aufzuspüren. In einem undatierten, aber auf jeden Fall nach dem Vorfall in der Via Rasella verfassten Schreiben an General Mälzer rühmte sich der nach Legitimation gierende Koch seiner Verdienste: der Verhaftung Caracciolos und der Auffindung seines *Memoriale*, des Einsatzes am Russicum, am Lombardischen Priesterseminar und am Orientalischen Institut und der Verhaftung Rovedas („die erste auf exterritorialem Boden", bei dem ihm sogar ein Hauptmann, ein

Leutnant und Unteroffiziere der SS unterstanden hätten) sowie des Überfalls auf die Abtei Sankt Paul (weswegen der Papst sich seiner Meinung nach dazu entschieden hatte, an die Ordensoberen zu schreiben und die Aufnahme von Fremden zu untersagen).[28]

Aber Koch und seinen Männern war eins nicht bewusst: Nach dem Vorfall im Lombardischen Priesterseminar und nachdem in einer Schweizer Zeitung die falsche Nachricht von der Verhaftung diverser Priester in Italien (unter anderem auch des Priors von San Sebastiano, der Caracciolo beherbergt hatte) erschienen war, hatte sich das deutsche Außenministerium dazu gezwungen gesehen, dieses Gerücht in einer Depesche an alle Botschaften zu dementieren. Darin heißt es, der Einfall im Lombardischen Priesterseminar (das, wie man betonte, nicht durch den exterritorialen Status geschützt war) und die Verhaftung des Kommunisten Roveda hätten gezeigt, dass sich in den Klöstern Roms diverse Politiker versteckten. Vertraulich berichtete man zudem, dass die Unterbringung Rovedas und anderer Politiker dem Vatikan nicht gefallen habe. Die Entscheidung, die Berlin den diplomatischen Vertretern mitteilte, war besorgniserregend: „Es sollen weiterhin Maßnahmen ergriffen werden in Fällen, in denen zuverlässige Informationen zur Hand sind, wonach politische Flüchtlinge, Juden und wehrpflichtige Personen in besagten Klöstern versteckt sind, da in solchen Fällen der Zweck die Mittel heiligt."[29]

Die vatikanfreundliche Politik der Deutschen erhielt im Dezember offenbar einen Dämpfer. In einem kurz nach den Vorfällen im Lombardischen Priesterseminar am 26. Dezember 1943 verfassten Schreiben bemerkte Botschafter von Weizsäcker, der, wie wir schon mehrfach gesehen haben, eine sonst eher sanfte Haltung gegenüber dem Vatikan einnahm, dass „das deutsche Entgegenkommen bei vatikanischen Wünschen [...] eigentlich für eine kurze Okkupationszeit berechnet [war]. Auf die Dauer sind die Ansprüche, die der Vatikan stellt und steigert, nicht mehr so freigebig zu erfüllen." Der Kampf gegen den Kommunismus war der Punkt, an dem sich das Reich und der Vatikan trafen. Warum war dann ein führender Kommunist in einer kirchlichen Einrichtung versteckt?, fragte sich der Diplomat. Schließlich kam er auf das noch zu schaffende neue Zusammenleben zu sprechen: „Es wird eine gewisse Ordnung nötig, die dem Italiener fremd ist und über die die hohe Prälatur und auch der kleine Klerus sich manchmal erhaben fühlen [...] Andererseits vervollständigt und verfeinert sich in Rom auch der deutsche Polizeiapparat. Kurzum, wir können hier nicht dauernd so gefällig ein, wie man es von uns erwartet und eine Zeitlang gewohnt war." Eine enthüllende Ansage – vor allem aus der Feder eines Vertreters des „sanften" und diplomatischen deutschen Kurses in der Hauptstadt.[30]

Ende 1943 hielt man die kirchlichen Einrichtungen für nicht mehr sicher. Im Vatikan machte sich Angst breit. Ester Nogara schrieb Ende Dezember 1943 an ihre Tochter: „Wir sitzen hier in einem vom Wind hin- und hergeworfenen Schiffchen, von dem viele träumen: Ganz Rom würde sich gerne in der Vatikanstadt niederlassen, das Atom müsste also gleichsam das Molekül in sich tragen. Die feindlichen Winde, von denen es umweht wird, kannte das Schiffchen bisher noch nicht. Angefangen hat es mit den Durchsuchungen und den Verhaftungen in den gewöhnlichen kirchlichen Instituten, dann ging es weiter mit denen in privilegierter Lage; als Nächstes werden die auf exterritorialem Gebiet dran sein und wenn ihnen dann noch Zeit bleibt, werden sie am Ende in den Vatikan kommen."[31]

Nicht nur jemand, der im Vatikan lebte wie die Frau von Bernardino Nogara, dachte so. Pius XII. sprach mit dem Direktor von *La Civiltà Cattolica* über seine Befürchtungen. Kardinal Maglione sprach darüber mit Traglia, der das Netz im Untergrund koordinierte. In den kirchlichen Gebäuden war man nicht mehr sicher. Darüber hinaus sahen viele die Aufnahme von Militärs kritisch (so auch Pius XII.). Hinter dieser Denkweise steckt durchaus eine Logik, denn der Status als neutraler Staat musste gewahrt und jede Verwicklung der Kirche in Militäraktionen vermieden werden. Wenn Militärs um Asyl baten, war es für die Verantwortlichen der Kirche jedoch schwierig, gleichgültig zu bleiben, denn bisweilen kamen diese Männer aus Familien, die mit der Welt der Kirche eng verbunden waren, ihr nahe oder in Kontakt mit ihr standen. Was die Beherbergung von Juden anging, gab es von Seiten des Vatikans keine kritischen Bemerkungen.

Doch welche Garantien konnte die Kirche geben? Wir wissen, dass Maglione Traglia anwies, den Gästen mitzuteilen, dass sie in den Einrichtungen der Kirche und besonders in denen auf exterritorialem Gebiet nicht mehr sicher seien. Welche Auswirkungen hatte diese Anweisung auf das Lombardische Priesterseminar? Für den Rektor (der angesichts des Konflikts um gesuchte und bereits untergebrachte Personen in großen Schwierigkeiten war) war es unmöglich, so weiterzumachen wie bisher. Doch ein Soldat, Oberst Maraschi, der nach dem Überfall geflohen war, wurde von einem Priester des Lombardischen Priesterseminars in die Wohnung eines Kanonikers von Santa Maria Maggiore direkt gegenüber dem Seminar gebracht. Dort wurde er von einem Bischof, Mons. Capettini, aufgenommen. Dieser stellte den Oberst, der den falschen Namen Mons. Bonomelli erhielt, als seinen Sekretär an. Das zeigt: Auf exterritorialem Gebiet wurden auch weiterhin Soldaten versteckt.

Für die Juden, die im Lombardischen Priesterseminar untergebracht gewesen waren, war es schwer. Einige baten darum, zurückkehren zu dürfen, doch nur wenige wurden ausnahmsweise wieder aufgenommen. Es blieben die falschen Priester mit den gültigen Papieren (die im Übrigen von Traglia unterzeichnet waren). Zwei jüdische Kinder kamen im Seminar unter. Auch im Lombardischen Priesterseminar waren also weiterhin Gäste, wenn auch weniger als zuvor. Obwohl der Heilige Stuhl skeptisch war, gab es in Rom keinen sichereren Ort als die Einrichtungen der Kirche. Und trotz aller Gefahr wurden in diesen Gebäuden weiterhin Schutzsuchende versteckt.

Die Februarkrise

In der Nacht vom 3. auf den 4. Februar 1944, mehr als einen Monat nach den Vorfällen im Lombardischen Priesterseminar, wurde die Abtei Sankt Paul vor den Mauern überfallen, die direkt an die historische Basilika angrenzt. Ebenso wie der Lateran genoss sie exterritorialen Status. Schon am 9. September 1943 war eine Gruppe deutscher Soldaten in die Abtei eingedrungen; sie hatten die Tür mit einer Axt zerstört und den Glockenturm besetzt, um dort eine Beobachtungsstation zu errichten. Gleichzeitig hatte man entlang der Mauer um die Basilika deutsche Granatwerfer aufgestellt, mit denen die Italiener beschossen werden sollten.[32] Die deutsche Botschaft hatte sich für den bedauerlichen Zwischenfall entschuldigt und angeboten, für die entstandenen Schäden aufzukommen (da die Deutschen darauf bestanden, nahm die Kirche das Angebot an und spendete das Geld für die Armen).[33] Doch der Überfall im Februar war kein Versehen. Die Operation lag in den Händen von Italienern. Einem Gerücht zufolge war Caruso für den Überfall auf die

Abtei verantwortlich.[34] Der Sekretär des Abts, Dom Cesario D'Amato, erinnerte sich, dass unter den Eindringlingen auch ein junger Mann war, bei dem er einen deutschen Akzent bemerkte. Dom Cesario, der später selbst Abt von Sankt Paul wurde, erzählte mir, was in der Nacht des 3. Februar passiert war. Darüber hinaus teilte er mir mit, dass Abt Ildebrando Vannucci das Staatssekretariat über die Aufnahme von Gesuchten und Flüchtlingen auf dem Laufenden gehalten habe.[35]

Was in Sankt Paul passierte, war eklatant. Es handelte sich um eine klare und schwerwiegende Verletzung der Exterritorialität. Abt Vannucci hatte ein recht weit gefasstes Verständnis davon, Menschen in Not zu helfen: Er nahm Soldaten auf, gestattete es vielen, die Mönchskutte zu tragen, und verwahrte einige Gegenstände der Gäste. Viele der Ordensoberen Roms fällten in jenen Monaten ähnliche Entscheidungen. Nach dem Überfall beklagte der Abt in einem Schreiben an Pius XII. den Einsatz der Deutschen in seinem Kloster; er bat „unterwürfig um Entschuldigung, wenn ich wegen meiner unabsichtlichen Nachlässigkeit in irgendeiner Weise dem Herzen Eurer Heiligkeit bittere Schmerzen bereitet habe, das die betrüblichen Umstände unserer Zeit schon so sehr plagen".[36]

Während der Aktion, die die ganze Nacht und bis in die frühen Morgenstunden des 4. Februar dauerte, strömten die Römer des Viertels zur Abtei. Auch Don Pietro Occelli, ein Pfarrer aus dem Bezirk, eilte herbei (dieser war Anfang September 1943 maßgeblich in den Widerstand des Viertels Montagnola gegen die Deutschen verwickelt gewesen). Er drängte darauf, das Gebäude betreten zu dürfen, woraufhin ein Polizist ihn anfuhr: „Ihr Priester und eure Häuser seid ein Nest von Juden und Verrätern, das man in Stücke reißen müsste." Der Menschenmenge teilte man mit, „die Gebäude seien abgeriegelt, weil Kommunisten sie überfallen hätten, die eingefangen werden müssten". Doch tatsächlich waren es Faschisten, die sich in jener Nacht Zutritt zur Abtei verschafften, und zwar durch einen Komplizen: Dom Ildefonso Epaminonda Troya, den Dom D'Amato mit einem typisch neapolitanischen Sinn für Doppeldeutigkeit als *„troia* [it. Hure], *de nomine et de facto"* bezeichnete.

Dom Troya war ein Ausnahmefall innerhalb der Reihen der Kirche: Der 1915 geborene Vallombrosaner war für seine stark faschistische Gesinnung bekannt und wurde geheimhin als der Geistliche der „Banda Koch" betrachtet.[37] Er war ein Mitarbeiter der *Crociata Italica*, einer von Don Tullio Calcagno gegründeten katholischen Zeitung der Sozialrepublik, die auf ihren Seiten eine Melange aus Nationalismus, Antisemitismus und kirchlichem Reformismus publizierte und den von der – wie es dort hieß – „priesterlichen Grausamkeit" ermordeten Savonarola verherrlichte. Das katholisch-faschistische Blatt wurde einigen kirchlichen Einrichtungen gratis zugeschickt; dies lässt sich beispielsweise dem Diarium des Lombardischen Priesterseminars entnehmen.[38] Überdies gerierte sich der römische Faschismus als Verteidiger der Kirche und versuchte sich dadurch Glaubwürdigkeit zu verschaffen; nicht nur auf den Seiten des *Messaggero* durch dessen Chefredakteur Bruno Spampanato (der seit dem 14. Dezember diesen Posten bekleidete)[39], sondern auch durch die *Squadristi*, die Mitglieder der faschistischen Sturmabteilungen. Gino Bardi, der neben Guglielmo Pollastrini einer der Anführer dieser so genannten S*quadracce* war, sprach Kardinal Maglione nach der Bombardierung des Vatikans in einem Telegramm seine Anteilnahme aus.[40]

Troya hatte das Vertrauen Roms in das Priestergewand zerstört, als er zwei junge griechische Offiziere mit falschen Dokumenten denunzierte, die ihn am Ausgang der Villa Levi zur Via Salaria um Hilfe baten. Er wollte damit Koch zufrieden stellen.[41] Später, im Jahre 1944, übernahm Troya das Amt des Geistlichen des Kommandos der „Guardia Nazionale Repubblicana di Verona", nachdem er durch die Kollaboration mit der berüchtigten „Banda Carità" auf sich aufmerksam gemacht hatte.[42] Vor dem Hohen Kommissariat zur Verfolgung von Regimeverbrechen machte er später folgende Aussage:

> […] ich wurde von Koch beauftragt, mich zu vergewissern, ob im Kloster Sankt Paul General Monti versteckt war. Mein Talar und die persönliche Bekanntschaft mit Abt Don Vannucci vereinfachten mir den Zutritt. Ich fragte Vannucci, ob er mir Gastfreundschaft gewähren würde. Der Abt antwortete, das Kloster sei voller Menschen und er könne meinem Wunsch im Moment nicht entsprechen. Ich fragte ihn, ob die Flüchtlinge unbesorgt und sicher seien und ob sich unter ihnen auch General Monti befinde. Er bejahte dies und fügte hinzu, dass sie schon seit drei oder vier Tagen das Kloster nicht mehr verlassen hätten, weil man jeden Tag mit einem Angriff der Nazifaschisten rechnete. Er berichtete mir auch, dass die Flüchtlinge den Talar trugen, um sich zu tarnen. All dies teilte ich dann Koch mit […][43]

Troya soll als „Berater" fungiert und überdies geprüft haben, ob es sich um wahre oder falsche Mönche handelte, indem er die Männer auf Lateinisch zu den Gebeten der katholischen Kirche befragte.[44] Troya, der kollaborierende Mönch, ist ein Einzelfall unter den Geistlichen Roms. Während des Prozesses rechtfertigte er sein Handeln damit, dass er als guter Patriot gegen jene gekämpft habe, die sich vor dem Wehrdienst drückten. Bei anderer Gelegenheit erklärte er wiederum, er sei wegen antifaschistischer Aktivitäten in Florenz verhaftet worden und habe nach seiner Befreiung begonnen zu kollaborieren. Er war eine zwielichtige Person, die Koch zur Auskundschaftung der Klöster benutzte (paradoxerweise behauptete Troya jedoch, er habe ihm keine Ergebnisse geliefert). Außerdem wurde er dazu aufgefordert, Informationen über die katholische kommunistische Partei und über Don Paolo Pecoraro einzuholen. Zu diesem Zweck unterhielt er sich mit Giulio Sella über die theoretischen Grundlagen der Partei.[45] Sella war ein katholischer Arbeiter und Kommunist, Hausmeister des „Dormitorio di Santa Maria in Cappella", sehr bekannt in Trastevere und ein Mann, der sich sehr für die katholischen Kommunisten und die Juden im Untergrund engagierte.[46] Abt Emanuele Caronti und ein Marschall der Carabinieri behaupteten zudem, Dom Troya sei auch nach Subiaco gefahren, um sich über die Flüchtlinge, die in den Klostergebäuden untergebracht waren, schlau zu machen; von dort habe ihn der Marschall aber fortgejagt. Nach dem Überfall auf Sankt Paul wurde Troya auf Anweisung des Staatssekretariats vom Priesteramt suspendiert, ohne Rehabilitationsmöglichkeit in den Laienstand zurückversetzt und aus dem Vallombrosanerorden ausgestoßen.[47]

Bei seinem Verhör schilderte Koch, wie man überhaupt auf die Idee gekommen war, Sankt Paul zu überfallen. Jemand, dessen Namen er nicht nennen wollte, habe von einer Person, die in Sankt Paul zu Gast war, erfahren, dass in der Abtei Kriegsmaterial und Flüchtlinge waren, und diese Information an Koch weitergegeben. Der denunzierende Gast wurde während des Überfalls verhaftet, aber wieder freigelassen, nachdem man ihn identifiziert hatte. Kochs Schilderung zufolge setzte er daraufhin Questore Caruso davon in Kenntnis, dass in Sankt Paul Kriegsmaterial aufbewahrt wurde. Dieser erhielt dann von der deutschen Botschaft in Italien die Genehmigung zu handeln (zumindest behauptete das Koch). In Carusos Büro wurde der Angriffsplan entworfen. Koch standen circa 100 Männer zur Verfügung, darunter 60 in Uniform.[48]

Auf der Grundlage der Dokumente der von Pius XII. nach den Vorfällen eingesetzten Ermittlungskommission lassen sich die Ereignisse rekonstruieren.[49] Abt Vannucci wurde mitten in der Nacht geweckt. Er erzählte: „Ich kleidete mich hastig an und als ich in den Korridor trat, sagte ein Konverse mir Bescheid, dass diverse Polizisten eingefallen waren, um General Monti zu verhaften [...]“ Im Korridor traf der Abt zwei Fremde: „Sie antworteten mir, sie suchten General Monti und andere Offiziere. Ich antwortete, dass wir hier auf exterritorialem Gebiet seien und sie kein Recht hätten, reinzukommen und Personen zu suchen. Ich wollte wissen, wie sie hereingekommen waren, und sie antworteten mir: weil ihr uns aufgemacht habt.“[50]

Allein dadurch, dass er eine Mönchskutte trug, hatte Troya den Pförtner dazu bewogen, ihm die Tür zu öffnen und ihn ins Kloster eintreten zu lassen. Die Faschisten folgten ihm auf dem Fuße, entwaffneten die Palatingarde und drangen ins Kloster vor: „[...] viele Polizisten klopften gewaltsam an die Türen der Zellen der Mönche und befahlen ihnen herauszukommen [...]“, so der Abt. Manche waren auch über die Klostermauer in den Garten geklettert und durch einen anderen Eingang ins Kloster gelangt. Hier feuerte die Palatingarde zwei Schüsse ab.[51] Troya erklärte während des Verhörs, er habe „an die Tür des Abtes geklopft, um Unterschlupf gebeten und sich ausgewiesen“. Als ihm die Tür geöffnet worden sei, seien Kochs Männer hinter ihm eingetreten.[52]

Die Eindringlinge bezichtigten das Kloster, im Besitz von kommunistischem Propagandamaterial zu sein. Zuerst sagten sie, sie hätten es bei der Garde gefunden, später behaupteten sie, es in den Zellen entdeckt zu haben. Bei der Durchsuchung und den Verhören waren sie penibel. Im Bericht an den Heiligen Stuhl erscheint Pietro Koch als Leiter der Aktion; Questore Caruso kam erst um 7.30 morgens im Kloster und wies sich als Kommandant der Operation aus.[53] Auch die faschistische „Banda Bernasconi“ war an der Aktion beteiligt – obwohl Koch sie zuvor noch als „Galgengesichter“ bezeichnet hatte. Diese sollte ein paar Monate später, im April 1944, im Benediktinerkloster Sant'Ambrogio in der Nähe des Ghettos einfallen und unter heftigen Protesten des Priors alle Habseligkeiten rauben, die die Juden des Viertels dort versteckt hatten.[54]

Caruso tadelte die vom Kloster übernommene Verantwortung, Abt Vannucci unterbrach ihn jedoch: „Ich protestiere erneut gegen die Verletzung der Exterritorialität und der sakrosankten Rechte des Heiligen

Stuhls.“[55] Dom Cesario D’Amato wurde von einem Mann mit deutschem Akzent verhört, der von ihm wissen wollte, wie man herausfinden konnte, ob jemand Priester war oder nicht. Der Mönch entgegnete ihm, das sei nicht so einfach, man habe ja nicht immer seine Unterlagen bei sich. Darauf erwiderte der mit dem deutschen Akzent: „Vielleicht sollte man ihn ein Gebet aufsagen lassen?“ Dom Cesario erwiderte: „Dies scheint mir wenig sinnvoll, weil es Laien gibt, die die Gebete genauso gut oder besser kennen als die Priester.“[56] Diesbezüglich erzählte der Abt:

> Einer, der als Mönch verkleidet war, wurde zu mir gebracht [...] und sollte das Ave Maria vorbeten. Ich hatte den Eindruck, dass dies die Prüfung war, mit der sie herausfinden wollten, ob einer Priester war oder nicht. Der Arme verhaspelte sich und ich wurde gefragt, ob er denn nun ein Priester sei oder nicht. Ich antwortete, er habe doch seine Unterlagen und denen könnten sie seinen Stand entnehmen. Einer schrie: Die Dokumente sind falsch und wir können keinem mehr glauben.[57]

Nach den Vorfällen in Sankt Paul ging in den kirchlichen Einrichtungen das Gerücht um, dass die Faschisten christliche Gebete aufsagen ließen, um festzustellen, ob jemand zu einem Orden oder zur katholischen Kirche gehörte. Einige begannen daraufhin, sie auswendig zu lernen.

Die Faschisten gingen gewaltsam vor, hinterließen eine totale Unordnung und stahlen vieles. Auch von Gewalt gegen Personen ist die Rede, von „sehr starken Fußtritten, Ohrfeigen, Fausthieben und Peitschenhieben gegen die Gäste; vielen von ihnen blutete die Nase oder der Mund“.[58] Giancarlo Spizzichino, der ein paar Verwandte hatte, die in Sankt Paul untergebracht waren, erzählte, dass sein Vater „durchsucht wurde und man dabei in seiner Hosentasche Geld fand, das er durch seine Arbeit hatte beiseitelegen können; er wurde verprügelt, weil sie erkannten, dass er Jude war.“ Das Benehmen der Eindringlinge wurde im Bericht an den Heiligen Stuhl als „würdelos“ bezeichnet. Die Mönche wurden vulgär beschimpft. Außerdem betonte man: „Der Abt wurde respektlos und beleidigend behandelt [...] Er sollte schwören, dass alle Gäste wirklich Ordensmänner waren. Er weigerte sich, diesen Eid zu leisten.“ Ein faschistischer Unterführer sagte zu ihm: „Dadurch, dass ihr in eurem Kloster Juden, Kriegsdienstverweigerer und Offiziere versteckt und die Verbreitung subversiver Zeitungen erlaubt habt, habt ihr eure Priesterwürde befleckt."[59] Viele Juden und verfolgte Personen wurden verhaftet, darunter Tullio Vecchietti und General Adriano Monti, der im Mönchsgewand fotografiert wurde (das Foto erschien daraufhin in der Presse). Insgesamt waren es 96 Personen. Zwei Militärs, Oberst Carignani und Oberst Fava, fand man nicht: Ein Mönch hatte sie über einen verworrenen Weg in schwindelerregender Höhe in die Kuppel der Basilika geführt, wo sie sich zwischen zwei Scheiben versteckten. Erst zwölf Stunden später verließen sie ihr Versteck.[60] Die Faschisten belästigten auch eine Gruppe von Flüchtlingen, die in der Abtei untergekommen waren.

Um 9.30 Uhr morgens entsandte Kardinal Maglione eine vatikanische Kommission unter der Leitung von Ingenieur Galeazzi, zu der auch der Nuntiatursekretär Mons. Marchioni und der Gendarmeriekommissar Adolfo Soleti gehörten. Bei ihrer Ankunft war der Platz vor der Abtei von faschistischen Polizisten umgeben. Zudem standen dort ein paar Autos mit dem deutschen Schriftzug „Polizei". Galeazzi warf Caruso eine Verletzung der Exterritorialität vor und fragte ihn, in wessen Auftrag er agiert habe und ob das deutsche Kommando darüber informiert worden sei. Der Vatikan war von Don Pietro Occelli benachrichtigt worden, der sich Zugang zur Basilika verschafft hatte: Pater Anselmo Tappi Cesarini, ein Mönch der Abtei, hatte festgestellt, dass die Telefonleitung durchgeschnitten war, und ihn gebeten, im Vatikan anzurufen.[61] In seinem Bericht gab der Abt die Worte Galeazzis wieder: „Die republ. [sic] faschistische Regierung hat etwas getan, das die Bolschewisten weder in Spanien noch in Estland oder anderswo zu tun wagten, wo nämlich Botschaften und die Nuntiaturen geachtet wurden."[62] Zu seiner eigenen Verteidigung betonte Caruso, er habe es bloß auf General Monti und andere Offiziere abgesehen. Er behauptete, die Deutschen seien von der Aktion nicht in Kenntnis gesetzt worden, gab jedoch vor, sich darüber nicht ganz sicher zu sein. Koch hingegen erklärte später, dass die deutschen Behörden über alles auf dem Laufenden gewesen seien. Die Palatingarde bezeichnete er abwertend als „Drückeberger und Angsthasen". Galeazzi forderte die Wiedergutmachung der entstandenen Schäden und bestritt, dass der Heilige Stuhl dazu verpflichtet sei, sich gegenüber den Italienern hinsichtlich des Besitzes von Waffen verantworten zu müssen, da es sich um exterritoriales Gebiet handelte.

Die Mönche zweifelten nicht im Geringsten daran, dass die Deutschen an der Aktion beteiligt gewesen waren, da sie zwei von ihnen unter den Eindringlingen entdeckt hatten. Ein Mönch erfuhr von einem Faschisten, dass „die Triebkraft des Vorhabens zwei Agenten waren, von denen einer zur SS gehörte".[63] Wie beim Vorfall im Lombardischen Priesterseminar gaben die Italiener insgeheim zu verstehen, dass letztendlich die Deutschen das Sagen hätten. Der General der Miliz Giovanni Pastorino, der mit einer im Vatikan bekannten Ordensfrau verwandt war, unterhielt sich um den 10. Februar herum mit Caruso. Er berichtete, dass dieser ihm mitgeteilt habe:

> Ich wurde dazu genötigt. Ich war gerade erst zum Questore ernannt worden, da rief mich Dollmann zu sich [...] und verkündete: „Ihr werdet diesen Vertrauensposten behalten, wenn ihr es schafft, gegenüber Juden, Kommunisten und Kriegsdienstverweigerern gnadenlos zu sein!" Und vor ein paar Tagen wurde ich erneut zu Dollmann gerufen, der mir alle Einzelheiten zum Überfall auf Sankt Paul diktierte und alles ganz genau festlegte, und um sich meiner und meiner Männer sicher zu sein, stellte er mir einen seiner Vertrauensmänner, den [Koch], zur Seite [...][64]

Dem Prior der Abtei, Don Nazareno Bergs, versicherten hingegen die Deutschen, genauer gesagt Hauptmann Meyer, sie seien nicht an der Aktion beteiligt gewesen. Auch Pater Pfeiffer berichtete, nachdem er am Abend des 4. Februar das deutsche Kommando aufgesucht hatte, dass die Militärbehörden jegliche Beteiligung an der Aktion sowie Kochs Behauptung, sie hätten ihre Einwilligung dazu gegeben, abstritten. Sogar von Sabotage war die Rede; Deutschland, so behaupteten sie, solle nur in Schwierigkeiten gebracht werden.[65] Es kam zur gleichen Gemengelage wie nach dem Überfall auf das Lombardische Priesterseminar. Im Bericht des Kommandos der offenen Stadt Rom wurde jedoch behauptet: „Es gibt zahlreiche Beweise dafür, dass die Deutschen zu Polizeiaktionen anregten, dass diese von deutschen Organen dienstbeflissen ausgeführt wurden und dass sich die deutschen Dienststellen hinter einer offiziellen Ignoranz verschanzten".[66]

In einem Bericht an General Mälzer schilderte Koch die Erfolge seiner Bande. Er merkte an, dass die Aktion in Sankt Paul auch international in aller Munde gewesen sei, „sodass der Heilige Vater es für notwendig hielt, einen Brief an alle Leiter frommer Einrichtungen zu schicken, in dem er erklärte, dass sie die Verantwortung dafür tragen würden, sollten sie es Fremden aus jedwedem Grund weiterhin gestatten, in selbigen Einrichtungen zu wohnen. Der Inhalt des Briefes wurde", so Koch, „von der Obersten Heeresleitung an die italienische Regierung und die Vertreter aller Staaten der Welt weitergeleitet." Von diesem Brief fehlt jedoch jede Spur. Koch zufolge war der Einsatz in Sankt Paul aber von „Korrektheit" sowie von „moralischer, materieller und vor allem rechtlicher Vornehmheit" bestimmt gewesen, sodass der Vatikan sich nicht beschweren konnte. Mit diesem tendenziös verfassten Bericht wollte der Bandenanführer sich beim deutschen Kommando Kredit verschaffen.[67]

Laut Don Occelli, dem Pfarrer aus dem Viertel Montagnola unweit von Sankt Paul, waren es die *Repubblichini*, besonders Bernasconi und Koch, die die Initiative ergriffen und Questore Caruso unter Druck setzten. Am Tag des Überfalls begab sich der Pfarrer in den frühen Morgenstunden nach Sankt Paul. Er drängte darauf, eingelassen zu werden, und sah, wie Abt Vannucci von Caruso verhört wurde. Er sah auch die Mönche und unter ihnen General Monti auf Stühlen sitzen. Unter ihnen entdeckte er auch Tullio Vecchietti, einen linken Politiker der Nachkriegszeit, weitere Personen aus der römischen Gesellschaft und diverse Offiziere. Er unterhielt sich mit Pater Anselmo Tappi Cesarini, der ihn darum bat, das Staatssekretariat zu benachrichtigen. Doch die Faschisten wollten ihn schließlich nicht gehen lassen: „Ihr alle seid nichts als ein Haufen von Verrätern und Juden", sagten sie zu ihm. Er erwiderte: „Hier sind keine Juden; ich habe nur darum gebeten rein- und rauszugehen: Was haben die Juden damit zu tun?"

Als er die Abtei verließ, traf Occelli auf eine Gruppe von Frauen des Viertels. Sie scharten sich um den Lastwagen, auf den die Faschisten die im Kloster versteckten Wehrdienstverweigerer geladen hatten, und protestierten gegen ihre Festnahme. Danach informierte er den Vatikan über das, was passiert war. Der Pfarrer hatte den Eindruck, dass in Sankt Paul eher die Faschisten als die Deutschen am Werk gewesen waren. Ihn erschütterte, dass ein religiöser Ort nicht verschont blieb. Occelli kehrte in seine Pfarrei zurück, wo sich mehr als 20 Juden und einige Wehrdienstverweigerer versteckten, und versuchte, der allgemeinen Unsicherheit konstruktiv zu begegnen. Zu seinen Gästen sagte er: „Gestern noch konnte ich euch Sicherheit garantieren, doch heute kann ich nichts und niemandem mehr etwas garantieren; wenn ihr fliehen wollt, tut das ruhig, anderenfalls müsst ihr ins Gewand richtiger Ordensleute schlüpfen". So kam es, dass die Flüchtlinge alle die Mönchskutte anlegten und begannen, sich mit der Liturgie und den Gebeten der katholischen Kirche vertraut zu machen.[68]

Die Ordenshäuser, vor allem die des gleichen Bezirkes, arbeiteten eng miteinander zusammen. Don Occellis Pfarrei Gesù Buon Pastore war den Paulinern überantwortet, die in diesem Bezirk, in dem es nach dem 8. September zu Ausschreitungen zwischen Italienern und Deutschen gekommen war, ein paar bedeutende Einrichtungen führten.[69] Nachdem die Pauliner die Menschen versorgt hatten, die bei diesen Auseinandersetzungen verletzt worden waren, hatte sich Ronca an sie gewandt und sie darum gebeten, sich um die Juden zu kümmern. Doch der Gründer der Gemeinschaft, Don Giacomo Alberione, wollte, dass die Schutzsuchenden nicht unter den jungen Männern seiner Einrichtung untergebracht wurden, sondern im Pfarrhaus. Insgesamt waren es 47 Gäste. Überdies engagierten sich die Pauliner für die aus der Region um Anzio herbeiströmenden Flüchtlinge, für die eigens ein Lebensmitteltransportsystem eingerichtet wurde (die so genannte „Cooperativa di San'Antonio").[70] Diese Institute bildeten ein Verpflegungsnetz, von dem auch die Zivilbevölkerung profitierte.

Don Occelli benachrichtigte auch die bei den Schwestern der „Opera Maria Mater Dei" in der Via Farfa versteckten Juden; dort stand eine Frau kurz vor der Entbindung. Ebenso informierte er die Juden, insbesondere die Familien Sonnino, Soci und Di Porto, die in der großen Anlage der Abtei Tre Fontane versteckt waren. Diese lebten im Schutz der Klausur der dort niedergelassenen Trappisten und kümmerten sich um die landwirtschaftlichen Arbeiten des Klosterbetriebs.[71] Mario Pace, ein Jude, der bei ihm Unterschlupf gefunden hatte, bezeichnete Occelli als eine energische und von allen respektierte Person: Für ihn war der Pfarrer der „wahre Held, als die faschistischen Häscher unter dem Kommando Corrado Alvinos [sic] kamen, die uns erschießen wollten; es gelang ihm, sie dazu zu bewegen wegzugehen".[72] Doch nach dem Überfall auf Sankt Paul machte sich Unsicherheit unter den Flüchtlingen breit. Sie fühlten sich plötzlich vollkommen ungeschützt.

Weitere Überfälle?

Der Überfall auf Sankt Paul war nicht nur hinter vorgehaltener Hand Thema der römischen Mundpropaganda, sondern auch in der Presse. Es kam zu polemischen Auseinandersetzungen zwischen der faschistischen Presse und dem *Osservatore Romano*. Der *Messaggero* beschuldigte die Mönche von Sankt Paul, sie hätten Waffen, Benzin und vier Lastwagen versteckt.[73] Der *Giornale d'Italia* erinnerte an die vielen Priester, Mönche und Nonnen, die bei Bombardierungen ums Leben gekommen waren, und stellte ihren Patriotismus der „gotteslästerlichen Maskierung" in Sankt Paul gegenüber. Das römische Kloster habe keine Verfolgten versteckt, sondern Kriegsdienstverweigerer und Flüchtlinge, die zudem durch den Einsatz des Ordensgewandes völlig lächerlich gemacht worden seien, „zweifelsohne ohne Wissen der kirchlichen Obrigkeit, die einem solchen Verstoß gewiss nicht zugestimmt hätte".[74] *Il Piccolo* druckte ein Foto von General Monti im Habit ab.[75] „Es handelte sich nicht einfach um einen müden Pilger", hetzte der *Messaggero*, „sondern dort waren 66 so genannte ‚Pilger': ein General, Offiziere [...] umstürzlerische Arbeiter [...] und an diesem frommen Ort lebten sie wie in einer Pension."[76]

Die vatikanische Immunität wurde erneut öffentlich in Frage gestellt: „Die Immunität", schrieb *Il Giornale d'Italia*, „darf niemals zu anderen Zwecken dienen, als zu denen, deretwegen sie eingesetzt wurde und in keinem Falle darf sie sich schädlich auf den Staat auswirken, der sie gewährt hat [...] Die stärkste Rechtfertigung der Immunität liegt in der Notwendigkeit, einem diplomatischen Vertreter bei der Ausübung seines Amtes größte Freiheit zuzubilligen."[77] Der Vorfall war in aller Munde, was die Tausenden von Menschen, die in den kirchlichen Einrichtungen versteckt waren, in Unruhe versetzte. Die durch die Lateranverträge garantierten Grundfesten der Exterritorialität und die Immunität der kirchlichen Gebäude kamen nach dem 8. September erneut ins Wanken.

Der Heilige Stuhl beschloss, formell gegen die Verletzung zu protestieren. Nach den Vorfällen im Lombardischen Priesterseminar und in Sankt Paul befürchtete der Vatikan, dass nicht nur das „Privatkonkordat" wertlos war, sondern auch das exterritoriale Gebiet nicht mehr verschont bleiben würde. Würden der Lateran oder sogar der Vatikan die nächsten Angriffsziele sein? Wenn die italienischen Obrigkeiten die Gäste in Sankt Paul tatsächlich ordnungsgemäß hätten festnehmen wollen, hätten sie den Vatikan benachrichtigen und die Sache über ihn abwickeln müssen, weil das Gebiet einem anderen Staat gehörte. Das, was in Sankt Paul geschehen war, war ein gefährlicher Präzedenzfall.[78] Am Nachmittag des 4. Februar 1944 bereitete Mons. Tardini einen Protestentwurf vor und notierte: „Sollte man befürchten, dass das, was in Sankt Paul vorgefallen ist, gleichsam ein Versuchsballon für [...] künftige größere Coups sein könnte (in einem solchen Fall könnte eine unmäßige Verbreitung noch gewaltsamere Reaktionen hervorbringen), sollte darüber vielleicht nicht im Radio berichtet werden, sondern man sollte sich auf den Einsatz der Diplomatie beschränken." Tardini glaubte, dass „nur eine angemessene Reaktion die Wiederholung vergleichbarer krimineller Handlungen verhindern kann".

Daher setzte der Prälat die Botschaften neutraler Länder wie Spanien, Portugal und Irland von der Verletzung der Exterritorialität in Kenntnis. Die Nuntiatur in Italien wies er an, die Botschaften der Türkei und Schwedens zu informieren, zweier neutraler Länder, die keine diplomatischen Beziehungen zum Heiligen Stuhl unterhielten. Er benachrichtigte außerdem die schweizerische Regierung über den Vorfall. Zudem bereitete er eine Note für die deutsche Regierung vor, in der angemahnt wurde, dass die Besatzungsmacht für Ruhe und Ordnung in der Stadt zuständig war. Überdies war er dafür, dass Radio Vatikan über den Vorfall und den Protest des Heiligen Stuhls berichten sollte. Was vorgefallen war, sollte so international wie nur eben möglich gestreut werden.[79]

Äußerst interessant war das Gespräch, das Kardinal Maglione am 5. Februar mit Botschafter von Weizsäcker führte. Der Diplomat betonte, dass die Deutschen an den Ereignissen in Sankt Paul nicht beteiligt gewesen seien, und bat den Vatikan um Mäßigung. Der Kardinalstaatssekretär wiederum wollte den Botschafter auf keinen Fall in Schwierigkeiten bringen. Weizsäcker fragte ihn, ob der Vatikan nicht vielleicht darauf verzichten könne, ihm die Verbalnote zu den Ereignissen in Sankt Paul zu überreichen. Kardinal Maglione willigte ein. Er erachtete das Gespräch als offiziell. Er ermahnte seinen Gesprächspartner, dass die Deutschen alles daran setzen sollten, das Vorgefallene wiedergutzumachen, und sich etwas Derartiges auf keinen Fall wiederholen solle. Mir scheint, dass bei diesem Gespräch zwischen dem Kardinalstaatssekretär und dem Botschafter das gleiche Drehbuch wie am 20. September und am 16. Oktober zum Einsatz kam: Letzterer wollte vermeiden, Berlin etwas Schriftliches vorzulegen, und zog es vor, dort seine Auslegung der Dinge zu präsentieren.

Der deutsche Diplomat bat darum, die neutralen Länder nicht in die Sache mit einzubeziehen. Doch der Vatikan entschied sich zum Gegenteil. Der portugiesische Botschafter beim Heiligen Stuhl berichtete seiner Regierung, wie der Vatikan mit seinem deutschen Kollegen verfahren war und dass dieser überrascht gewesen sei, dass die neutralen Staaten in Kenntnis gesetzt worden seien. Auch ihm gegenüber bestritt Weizsäcker, dass die Deutschen an den Ereignissen in Sankt Paul beteiligt gewesen seien. Er wollte alle neutralen Botschafter darüber informieren, so zum Beispiel auch den Botschafter Argentiniens.[80] Der portugiesische Botschafter teilte jedoch der Regierung in Lissabon mit, dass Kardinal Maglione der Ansicht sei, dass die Deutschen, weil sie de facto die Kontrolle über die Stadt hatten, für das, was passiert war, verantwortlich seien.[81] Der brasilianische Botschafter schrieb an die Regierung in Rio de Janeiro, Maglione habe ihn darum gebeten, ihr mitzuteilen, dass die deutsche Botschaft jegliche deutsche Beteiligung am Vorfall in Sankt Paul abstritt. Doch er setzte dem hinzu: „Jeder hier weiß, dass man in Rom nichts ohne die zumindest implizite Erlaubnis der Deutschen anrichten kann" (außerdem berichtete er, ein italienischer Polizist habe gestanden, dass die Deutschen über die Aktion Bescheid gewusst hätten).[82]

Pius XII. verfolgte persönlich die Entwicklungen, sah die Note durch und bat Montini am Abend des 5. Februar, den Vorfall im *Osservatore Romano* noch nicht zu erwähnen.[83] Der Papst überprüfte und genehmigte den Text des Rundschreibens an die Diplomaten und den Artikel für den *Osservatore Romano*. Doch nach dem Gespräch zwischen Maglione und Weizsäcker wurden die Dokumente eingefroren. Der Kardinal hatte noch Vertrauen in den Diplomaten. Tardini hingegen schätzte die Lage realistischer ein und erkannte, dass der Botschafter nunmehr „ein Versteckspiel [...] spielte". Am Ende überwog seine Meinung: Radio Vatikan und der *Osservatore Romano* stimmten in den vatikanischen Protest ein (Tardini und Cesidio Lolli hatten die jeweiligen Texte vorbereitet, die vom Papst approbiert wurden).[84]

In der Ausgabe vom 7. und 8. Februar verurteilte die vatikanische Zeitung den rechtswidrigen Überfall auf Sankt Paul, „bei dem die exterritorialen Rechte, die durch einen feierlichen Vertrag garantiert worden waren, verletzt wurden". Das, was Sergio Pignedoli am 30. Dezember nach dem Überfall auf das Lombardische Priesterseminar geschrieben hatte, wurde hier erneut aufgegriffen (ohne dass dieser namentlich erwähnt wurde). In dem Artikel mit dem Titel „Carità cristiana" („Christliche Barmherzigkeit") wurde daran erinnert, dass „die Kirche und die Männer der Kirche für alle und für keinen seien"[85]: „Werden es uns die Menschen mit ehrenhaften Ansichten zugestehen, dass wir uns daran halten? Werden es uns jene mit praktischen Ansichten zu den Wechselfällen des Lebens, zum unbeständigen Schicksal aller und umgekehrt zur ewigen, unveränderbaren Barmherzigkeit jedes Dieners Christi gestatten, die also denken können, jeder für sich und für die Seinen, *hodie mihi, cras tibi?*"[86]

Dies war eine ironische Anspielung auf die fragile Haltung der Faschisten gegenüber den alliierten Streitkräften, die sie bedrängten, obwohl sie ahnten, dass sie sie schon bald um Hilfe bitten würden müssen – was im Übrigen tatsächlich der Fall war. *Il Piccolo* reagierte darauf und betonte, dass die christliche Barmherzigkeit sich an die bestehenden rechtlichen Grenzen halten müsse, anderenfalls würde sie zur Komplizenschaft; zudem seien die Juden laut italienischem Gesetz „Feinde des Vaterlandes".[87] In jenen Tagen erinnerte die faschistische Presse mit einem Schuss Antiklerikalismus an die Zeit der Römischen Republik (und an die Flucht Pius' IX. aus Rom): Für den *Osservatore Romano* vom 11. Februar, dem Jahrestag der Lateranverträge, war es „eine echte Pressekampagne".[88]

Am 7. Februar ließ das Staatssekretariat den neutralen Ländern eine weitere Note zukommen und sandte gleichzeitig an seine Vertreter auf der ganzen Welt ein Informationsschreiben zu den Vorfällen.[89] Die spanische und die portugiesische Regierung schalteten sich ein und äußerten gegenüber Berlin ihre Besorgnis über das Vorgefallene und über das Geschick der Vatikanstadt.[90] Mit dieser recht heftigen Reaktion auf den Überfall auf Sankt Paul wollten die Männer im Vatikan verhindern, dass es in Zukunft zu ähnlichen Vorfällen kam. Doch daran, dass die Gebäude des Vatikans und der vielen Orden verschont bleiben würden, hatten sie Zweifel. Ein Zustand allgemeiner Angst machte sich breit, der existentieller und auch begründeter war als nach der Durchsuchung des Lombardischen Priesterseminars. Und der Vatikan hatte tatsächlich Grund zur Sorge, wenn man dem glauben darf, was Pietro Koch vor seiner Hinrichtung zu Mons. Nasalli Rocca sagte, der ihn im Gefängnis besuchte. Über seine Bereitschaft dazu, weitere Häuser der Kirche zu überfallen und sie nach Flüchtlingen zu durchsuchen, legte Koch ein Geständnis ab. Nasalli berichtete: „Er erzählt mir die ganze Geschichte vom Überfall auf Sankt Paul und gesteht mir, dass man mit dem Gedanken gespielt habe, das Gleiche auch im Lateran zu tun; doch die Deutschen waren tief beeindruckt von der heftigen Reaktion des Heiligen Stuhls auf die Vorfälle in Sankt Paul und untersagten jeglichen Einbruch dieser Art." Darüber hinaus sagte Koch über sich selbst: „Als lustloser Student und mittelmäßiger Offizier wurde ich plötzlich – so könnte man fast sagen – von der Macht eingeholt; die Macht hat in mir den glühendsten Ehrgeiz entflammt [...] So habe ich den Kopf verloren."[91]

Der Februar war ein sorgenvoller Monat. In Begleitung von Pater Felice Cordovani, dem Magister Sacri Palatii, erschien am 17. Februar Professor Giulio Carlo Argan im Staatssekretariat und wurde von Montini (in Anwesenheit von Carlo Pacelli) empfangen. Argan berichtete, man plane einen Angriff auf Radio Vatikan.[92] Am gleichen Tag versetzte eine an Maglione gerichtete Note des deutschen Botschafters Tardini in Unruhe (darin ging es um die Überwachung der vatikanischen Grenzen, nachdem der deutsche Soldat Hannemann sich im Vatikan versteckt hatte). Man befürchtete eine Blockade des Vatikans. Tardini hatte den Eindruck, dass „der deutsche Plan sich schrittweise entfaltet: Sankt Paul wurde von Republikanern überfallen (die deutschen Dienststellen [...] wussten nichts davon): Um den Vatikan (und um dessen Isolierung) werden sich die Deutschen selbst kümmern. Erstere sind eingefallen, um Offiziere des Heeres zu finden, doch Letztere werden den Vatikan abschotten, weil man ihnen [...] einen Soldaten nicht wieder ausliefern will. Die Marschroute der Deutschen scheint mir klar: erst nach Rom, dann zum Petersplatz und schließlich zu den Pforten und Eingängen des Vatikans – werden sie Halt machen?"

Maglione diskutierte Tardinis Notiz mit dem Papst. Was sollte man mit den Deutschen machen? Sie waren weiterhin der Ansicht, dass man es trotz allem wagen sollte, den Kontakt zu ihnen zu halten: „Man rufe Pater Pankratius, damit er Überzeugungsarbeit leistet", notierte Tardini.[93] Im Vatikan lebte man von einem Tag auf den anderen, nahm sich Zeit und hoffte auf die Ankunft der alliierten Truppen. So hatten die vatikanischen Spitzenmänner mit „wiederkehrenden Panikattacken" zu kämpfen, wie Sir Osborne die Angst des Heiligen Stuhls bezeichnete, sich die Deutschen zum Feind zu machen.[94] Es gab nur wenige Garantien, auf die der Heilige Stuhl für sich und seine Gäste fest zählen konnte. Im Herbst 1943 hatte er in der Stadt einen Raum der Kirche geschaffen. Parallel dazu (und auch schon früher) hatte er sich dafür eingesetzt, Rom zur offenen Stadt zu erklären. Die einzigen tragenden Säulen dieser beiden Konstrukte waren das Ansehen des Papstes sowie die Sorge der Katholiken um das Schicksal des Heiligen Stuhls.[95] Die Verletzungen der Exterritorialität durch die Überfälle auf das Lombardische Priesterseminar und die Abtei Sankt Paul im Dezember 1943 und im Februar 1944 zeigten, wie fragil dieses Verteidigungskonstrukt des Heiligen Stuhls tatsächlich war.

Der Überfall auf den Lateran war eine Option, die tatsächlich in Erwägung gezogen wurde. Nicht nur die „Banda Koch" war dazu bereit; General Bencivenga gab später an, dass auch die „Banda Bardi-Pollastrini" einen Überfall auf den Laterankomplex geplant habe. Offenbar wollte diese Bande, die dafür bekannt war, Jagd auf die Juden zu machen, Kochs Aktion in Sankt Paul nachahmen. Dieses Gerücht kam Graziani und selbst Mussolini zu Ohren, die jedoch Schlimmeres verhindern konnten. Dies glaubte man zumindest im Lateran.[96] Am Ende ereilte die Faschisten Roms aus dem Norden der Befehl, nicht selbstständig gegen Antifaschisten vorzugehen, sondern etwaige Hinweise an die Questura oder die Präfektur weiterzugeben. Auf diese Weise wurde verhindert, dass die *Squadristi* eigenständig vorgingen, die auch für den Lateran eine große Gefahr darstellten.[97]

Auch Konsul Moellhausen hatte zu den Gerüchten um einen geplanten Überfall auf den Lateran etwas beizusteuern. Nach den Vorfällen in Sankt Paul forderte der Diplomat von der faschistischen Regierung, sie solle sich darum kümmern, dass die römischen Faschisten in Zukunft derartige Aktionen bleiben ließen. Er hatte jedoch den Eindruck, dass die Faschisten im Norden solche Maßnahmen unterstützten und er sich daher in diesem Punkt geschlagen geben musste, obwohl Botschafter Rahn genauso dachte wie er. Die Faschisten waren der Ansicht, dass die Lateranverträge die Regierung Mussolinis nicht dazu verpflichteten, die Exterritorialität zu achten, da der Vatikan Salò nicht anerkannt hatte. Daraufhin wandte sich jedoch Spanien an die Regierung in Berlin: Außenminister Francisco Jordana teilte den Deutschen mit, dass der Überfall auf Sankt Paul den Katholiken Spaniens sehr missfallen habe. Berlin lagen die guten Beziehungen zu Madrid am Herzen, sodass Mussolini entsprechend instruiert wurde; und „Caruso, der schon von weiteren Lorbeeren geträumt hatte, wurde zu seinem großen Erstaunen dazu aufgefordert, nichts weiter zu unternehmen".[98]

Mons. Tardini hatte gar nicht so Unrecht, als er mutmaßte, dass die Marschroute der Deutschen bis in den Vatikan hätte führen können. Schon seit dem 8. September spielte man mit dem Gedanken, den Vatikan und den Papst anzugreifen. Hätte dieser „Marsch" im Lateran Halt gemacht, wäre aber in jedem Fall eins dabei herausgekommen: dass der Heilige Stuhl in geheime Absprachen mit den „Feinden" des Dritten Reiches verwickelt war.

IX
Die Inseln der Seligen

Eremiten und Flüchtlinge

Nach dem Überfall auf Sankt Paul machte sich in den kirchlichen Einrichtungen Panik breit. Einige von ihnen – wie etwa der Lateran – waren gut vernetzt und konnten sich ein klares Bild von der Gesamtlage machen. Doch es gab auch Gemeinschaften, die nur wenig Kontakt zur Außenwelt hatten, wie zum Beispiel die Gemeinschaft der Eremiten, die im Kamaldulenserkloster San Gregorio al Celio lebte. In dem alten Gebäude auf dem Caelius war neben dem Kloster eine faschistische Schule untergebracht. Diese wurde während der Zeit der Besatzung zu einem „Prominentengefängnis" umfunktioniert, in dem z. B. Virginia Agnelli, Senator Riccardo Motta (der von der Badoglio-Regierung ernannte Gouverneur von Rom), Roberto Lucifero (ein Minister des Königlichen Hauses), Ugo Indrio, Luchino Visconti, Senator Alberto Bergamini oder die Principessa Colonna di Cesarò einsaßen. Forcella bezeichnete diese Haftanstalt als „Hotelgefängnis"; die Häftlinge durften dort Besuch empfangen und das Gebäude unter gewissen Umständen auch verlassen.[1]

In Zeiten, in denen der Terror Rom fest im Griff hatte, nutzten viele ihre Beziehungen zu faschistischen Funktionären, um sich in diese recht komfortable Einrichtung verlegen zu lassen.[2] Carandini schilderte, wie sie „hochrangige" Freunde besuchte, die in San Gregorio inhaftiert waren: Diese waren „ausgestattet mit Zigaretten" für die Wächter, die „die Dinge aus allgemeiner Gutmütigkeit, aus unmittelbarem Interesse und mit Blick auf eine in anderen Händen liegende Zukunft einfacher machten". Zwei Kamaldulensermönche, Dom Ignesti und Dom Gaudenzio, kümmerten sich um die Gefangenen. Die Mönche ermöglichten es ihnen, mit der Außenwelt zu kommunizieren, und überbrachten Briefe und Nachrichten. Der Prokurator verhalf einigen Häftlingen zur Flucht und bestach zu dem Zweck sogar Polizisten, da man nach der Schlacht um Anzio befürchtete, die Häftlinge könnten in den Norden verlegt werden.[3]

Dieses Haus in Rom war die Prokura der Gemeinschaft beim Heiligen Stuhl, deren Zentrale, bestehend aus Einsiedelei und Kloster, in Camaldoli war. Nach der kanonischen Visitation durch Abt Schuster führten die Mönche ein eremitisches Leben. Die vielen Probleme der Stadt Rom waren ihnen gänzlich fremd. Ihr Leben, das durch das Gebet im mächtigen Chor in der Kirche San Gregorio getaktet war und den Gebetszeiten der Eremiten von Camaldoli folgte, war sehr intensiv. Die kleine Gemeinschaft lebte losgelöst vom Trubel der Hauptstadt. Dennoch standen die Türen ihres Hauses vielen Schutzsuchenden offen. Der Chronist hielt fest: „In dieser Zeit wird angeklopft und die freundlichen Türen unserer Ordensinstitute tun sich auf. Bei diesem Werk der Nächstenliebe wird sogar die Klausur der Schwestern und Nonnen ausnahmsweise geöffnet. Wie immer versteht es die Kirche in diesen Monaten, viele Geschichten der immerwährenden Barmherzigkeit und Brüderlichkeit zu schreiben."

Auch die Kamaldulenserinnen beherbergten in ihrem strengen Klausurkloster unweit von San Gregorio etwa 15 Juden. Mit starker Hand koordinierte der Prokurator der Eremiten, Bernardo Ignesti, das Engagement der Gemeinschaft im Untergrund. Er verkehrte nicht in den großen kirchlichen Kreisen Roms, sondern stand nur mit dem Pfarrer der Nachbargemeinde Santa Maria alla Navicella und mit den Oratorianern von der Chiesa Nuova in Verbindung, die seine Kontaktpersonen waren: „Anrufe mit speziellen Floskeln, die nur ihnen verständlich waren, Ausstellung von Ausweisen für neue Mönche inklusive Namen, spezielle Fotos zur Fälschung ihrer Identität, ständig dringende Berichte", so beschrieb der Chronist die Aktivität der Gemeinschaft. Doch wer waren die Gäste, die nach San Gregorio kamen?

> Es sind Juden, nach denen gesucht wird, um sie in jene Todeslager zu bringen, die als Konzentrationslager bezeichnet werden, und die man ihres Besitzes enteignet hat. Es sind Politiker, die nicht mit dem wieder aufblühenden republikanischen Faschismus kollaborieren wollen. Es sind Menschen, die vor den Grenzverletzungen und den Gefängnissen fliehen [...] weil sie politisch verfolgt werden. Es sind Offiziere, die nicht zu einem Heer gehören wollen, das betrügt [...] Es sind Soldaten, die Zuflucht suchen, um der Deportation an einen weit entfernten Ort zu entgehen. Es sind Soldaten des angloamerikanischen Heeres, Kriegsgefangene [...] Da sind sogar ein paar österreichische und polnische Soldaten aus dem deutschen Heer.

Aus diesem Eintrag in der Chronik der Gemeinschaft spricht das patriotische Mitgefühl des Schreibers, der ein entschiedener Gegner der vom „teutonischen Feind" errichteten „Herrschaft des Terrors" war. Doch all den Hass und den Krieg überwog die Solidarität mit den Menschen in Not. Auch nach dem 5. Juni 1944 handelte man aus Barmherzigkeit, als nämlich, wie der Kamaldulenser schrieb, „die Stunde der faschistischen Hierarchen [gekommen war], die, um dem Zorn des Volkes oder den Verhaftungen durch die neue Regierung Italiens zu entgehen, in den Ordenshäusern um Asyl bitten; und obwohl wir ihre Verderben bringenden Grundsätze nicht teilen, verpflichtet uns die Barmherzigkeit dazu, ihnen die Türen zu öffnen". Der Mönch fügte aber hinzu, dass die Faschisten allem Anschein nach nicht in besonders großer Gefahr waren: „Sie müssen nicht den Preis zahlen, den sie ihre Feinde haben zahlen lassen!"

Seit Beginn der deutschen Besatzung kamen die Menschen in Scharen und baten um Asyl. Es war unmöglich, alle aufzunehmen und so verwiesen die Mönche viele auf andere Einrichtungen. Wenn man einmal bedenkt, wie wenig Platz ihnen zur Verfügung stand, ist es wirklich erstaunlich, wie viele Gäste bei ihnen unterkamen: „Ganz unerwartet erscheint eine neue Gruppe verkleideter weißer Mönche innerhalb unserer gastlichen Mauern." Unter ihnen waren ein tschechoslowakischer und ein konvertierter italienischer Jude, der Diplomat Graf Vittorio Zoppi und viele Militärs. Die Klostergemeinschaft lebte mit den Flüchtlingen zusammen und teilte deren Sorgen und auch manche Freuden. So erfuhren sie zum Beispiel, dass das Kind eines Flüchtlings zur Welt gekommen war: „Eines Abends trifft die Kunde von der Geburt eines kleinen Sohnes ein und es wird gefeiert." Ignesti erteilte jeden Tag Religionsunterricht: „Der Eifrigste und Aufmerksamste von allen ist ein junger Jude, der zusammen mit den anderen an den gemeinsamen Mahlzeiten, an der Feier der Heiligen Messe im Chor, an den Abendgebeten und am alltäglichen Leben der Gemeinschaft teilnimmt."

Die Gäste sahen, so der Chronist, der Zukunft sorgenvoll entgegen: „Wenn man schaut, was außerhalb des Klosters passiert, kann das Leben nicht ruhig und heiter sein. Man lebt in einem Zustand ständiger Angst, erwartet immer irgendwelche Nachrichten und lebt in einem Wirrwarr mehr oder weniger wahrer Gerüchte." Nach dem Überfall auf Sankt Paul „schwindet die Ruhe von den Gemütern unserer Gäste". Man befürchtete Durchsuchungen. In der Chronik heißt es, die Zeitungen hätten von einem Dekret der Religiosenkongregation berichtet, laut dem es verboten war, Fremde aufzunehmen und sie im Ordensgewand zu verstecken. Beunruhigt begab sich der Prokurator persönlich zur Religiosenkongregation, dem vatikanischen Dikasterium, das für die Ordensleute zuständig ist. Diese aber „dementiert das Dekret". Das Polizeikommissariat des Bezirks forderte die Mönche aber dazu auf, sich an das vermeintliche Dekret zu halten. Stolz bot Ignesti dem Beamten daraufhin die Stirn: „Die Anweisungen erteilen uns nur die Oberen." Damit gab er ihm zu verstehen, dass die zivilen Behörden im Kloster nichts zu sagen hatten.

Das Leben der größer gewordenen Gemeinschaft folgte weiterhin dem liturgischen Rhythmus. Weihnachten sowie die Festtage der Eremiten wie Sankt Romuald und Sankt Georg feierten die Mönche zusammen mit den Flüchtlingen. Das Kloster hatte Kontakt zur Resistenza und nahm einen früheren Pharmazeuten aus Camaldoli namens Roncuzzi auf, der an der Spitze einer in Sezze aktiven Bande stand. Außerdem versteckte sich bei ihnen ein Widerstandskämpfer aus der Toskana, den man als Mönch verkleidet hatte. Doch ein Spitzel schleuste sich ins Kloster an und denunzierte die Mönche. Der Informant, so das Tagebuch, „denunzierte verleumderisch auch unseren Pater Prokurator und bezeichnete ihn als Anführer und Unterstützer einer Bande von 39 Partisanen". Eines Tages stellte man fest, dass San Gregorio von Agenten umgeben war, und schlug Alarm. Dadurch war es der Gemeinschaft möglich, die Gäste rechtzeitig fortzubringen. Der Chronist berichtete danach: „Der Verdacht zerstreute sich und wir wurden nicht mehr überwacht."[4]

Das Tagebuch des Klosters verschafft einen Einblick in das Innenleben dieser Gemeinschaft aus Eremiten, Laien und Juden. Angesichts der Tage, Wochen und Monate, die vergingen, machten sich unter den Gästen Ungewissheit und bange Unruhe breit. Anfangs hatte man geglaubt, die Gäste würden ein paar Tage lang bleiben – mit der Zeit hoffte man, dass es nur wenige Monate sein würden. Nach der Landung in Anzio in der zweiten Januarhälfte waren die Alliierten bis kurz vor Rom vorgerückt. Die Befreiung schien in greifbarer Nähe zu sein. In der Welt im Untergrund atmete man erleichtert auf. So glaubten zum Beispiel die Angehörigen Augusto Capons (die in Umbrien auf dem Land unweit von Trevi in einem Bauernhaus versteckt waren, das einer Familie Barbini gehörte), dass sie nach der Landung in Anzio endlich in die Hauptstadt zurückkehren könnten. Sie kamen schließlich nach Rom, mussten sich dort aber mehrere Monate lang in Privathäusern verstecken.[5] Allen Menschen, die untergetaucht waren, wurde allmählich die Zeit lang. Vom Kloster San Gregorio al Celio aus hörte man Kanonenschüsse. Man glaubte, die Befreiung Roms stehe kurz bevor. Doch nach der Landung in Anzio mussten die Menschen noch mehr als vier Monate auf diesen Moment warten.

„Wir haben nur unsere Pflicht getan!"

Jede Ordensgemeinschaft, die sich in jener Zeit im Untergrund engagierte, hatte ihre eigenen Wege, Beweggründe und Methoden. Um die unterschiedlichen Geschichten dieser Welt besser verstehen zu können, ist es hilfreich, sie von ihrem Inneren aus zu verfolgen. Warum wurde man aktiv? Der Chronist der Kamaldulenser sprach von „Barmherzigkeit" gegenüber denen, die an ihre Türen klopften. Der Salesianer Armando Alessandrini entgegnete dem französischen Militärrabbiner André Zaoui, der ihm dafür dankte, dass seine Gemeinschaft jüdische Jungen aufgenommen hatte: „Wir haben nur unsere Pflicht getan!" Dieser Satz beeindruckte den Rabbi so sehr, dass er Pius XII. in einem Brief davon berichtete; zuvor hatte er dem Papst bei einer Audienz am 6. Juni 1944 für all das gedankt, was der Klerus für die Juden getan hatte. Francesco Motto machte Alessandrinis Aussage gar zum Titel seines Buches über das Wirken der Salesianer des Latiums während der Zeit der Besatzung. Historiographisch gesehen handelt es sich bei Mottos Arbeit um die elaborierteste Untersuchung des heimlichen Einsatzes einer Ordensgemeinschaft in jenen neun Monaten. Die Arbeit und die Strukturen des Engagements der Salesianer in Rom waren gewaltig. In der Provinz Rom lebten damals etwa 300 Salesianer. Sie entschlossen sich dazu, sich für die vielen Menschen in Not einzusetzen. Die Gemeinschaft verfolgte, so schrieb der Generalobere an das römische Inspektorat, das Ziel, „sich mit allen Mitteln ins Apostolat zu stürzen, um der armen Jugend und den jungen Menschen so gut wie möglich zu helfen."[6] In den Niederlassungen der Salesianer wurde diese Leitlinie beherzt in die Tat umgesetzt: In allen Häusern abgesehen von dem in Mandrione, in dem man sich um evakuierte Personen kümmerte, war man im Untergrund aktiv.

Obwohl sie nur wenig Platz hatten, gewährten auch die Salesianer der „Tipografia Poliglotta Vaticana" (der vatikanischen Druckerei) diversen Offizieren und ein paar anderen Personen in ihrem Haus im Vatikan Asyl. Auch der allseits bekannte und damals schon 80 Jahre alte Admiral und Duca del Mare Paolo Thaon di Revel fragte bei ihnen an. Das Governatorat des Staates der Vatikanstadt, an dessen Spitze Kardinal Canali stand, war aber nicht damit einverstanden, dass eine so prominente Person im Vatikan untergebracht wurde. Doch die Salesianer konsultierten den Vikar des Generaloberen und brachten es schlussendlich nicht übers Herz, dem alten Admiral eine Absage zu erteilen. Sie schleusten ihn durch den Petersdom in den Vatikan ein. Damit handelten sie zwar gegen die Anweisung des Governatorats, aber im Einklang mit ihrer Gemeinschaft.

Der achtzehn Jahre alte Sohn Dino Grandis, des Urhebers des berühmten Tagesbefehls, der die Krise vom 24. Juli ausgelöst hatte, war auch auf der Suche nach einem Unterschlupf. Die Anfrage für den jungen Grandi ging beim Generalprokurator der Salesianer beim Heiligen Stuhl, Don Francesco Tomasetti, ein, der Kontakte zu faschistischen Kreisen, zur Familie Mussolini und zum Königshaus hatte. Er wiederum war in dieser Sache von Vincenzo Kardinal La Puma, dem Präfekten der Religiosenkongregation und Protektor der Salesianer, angesprochen worden, den Grandi und Luigi Federzoni um Hilfe gebeten hatten.

Nach dem Fall des Regimes verwendeten sich einige Männer des Vatikans für die faschistischen Hierarchen und ihre Familien. Kardinal Maglione bat am 25. Juli 1943 die neue italienische Regierung darum, Sicherheit für Angehörige des Duce zu gewährleisten: für seine Schwester Edvige Mussolini (die gute Beziehungen zu verschiedenen Geistlichen und Tomasetti hatte) sowie für Mussolinis jüngere Kinder.[7] Unterstützt von Emilio Bonomelli, dem Direktor der Päpstlichen Villen, brachte Giuseppe Kardinal Pizzardo Giuseppe Bottai mit seinem Auto in ein Kloster außerhalb Roms; daraufhin beherbergten ihn zunächst die Piaristen und später die Jesuiten in der Via del Seminario im Herzen Roms.[8] Federzoni verbrachte die neun Monate der deutschen Besatzung in der portugiesischen Botschaft beim Heiligen Stuhl, musste diese aber nach der Befreiung verlassen und fand dann Unterschlupf im Ukrainischen Kolleg St. Josaphat (wo er bis 1946 blieb; Montini kümmerte sich um ihn, wiewohl Kardinal Canali ihm zu verstehen gab, dass er seine

Anwesenheit dort nicht sonderlich schätzte).[9] Die Salesianer unterstützten Federzoni später bei seiner heimlichen Flucht vom Flughafen Ciampino und während seines Aufenthaltes in Lateinamerika.[10]

Im Haus der Salesianer im Zentrum Roms, in der Via della Scrofa, nahm Don Tomasetti den Parteifunktionär Edmondo Rossoni auf, der auf Grandis Seite gestanden hatte. Auch verschiedenen Gesuchten und Kriegsdienstverweigerern, jedoch keinen Juden wurde dort Asyl gewährt. Außerdem versteckte der Salesianer im Haus einige Dokumente Bottais. Die Aktivität der Gemeinschaft in Rom hatte keinen eindeutig politischen Charakter. In San Callisto an der Via Appia Antica trommelte der Salesianer Don Michele Valentini eine Gruppe zusammen, die 26 italienischen Soldaten zur Flucht verhalf und 60 junge Männer im wehrpflichtigen Alter in den Katakomben versteckte. Andere wurden als Salesianernovizen in einem Haus des Bezirks untergebracht, 28 weitere gab man als Evakuierte aus Süditalien aus. Zwei Salesianer, Don Valentini und Don Giorgi, unterstützten die Sabotageaktionen der Partisanen und mussten sich am Ende selbst verstecken, weil Deutsche und Faschisten ihnen auf den Fersen waren.

In der Calixtus-Katakombe, auf deren Gebiet die Salesianer zwei Häuser hatten, wurde Sprengstoff versteckt. Hierbei wurde besonders mit Ferdinando Giorgi zusammengearbeitet. Don Valentini koordinierte offenbar eine Gruppe untergetauchter Carabinieri. Der Bereich um San Callisto war in die Sabotageaktionen der Resistenza verwickelt, möglicherweise ohne das Wissen der Ordensoberen. Die Salesianer, die gleichzeitig Ex-Faschisten und Partisanen halfen, standen den Deutschen einmütig kritisch gegenüber. Es waren auch die Salesianer von San Callisto, die am 24. März zu den ersten Zeugen des Massakers in den Ardeatinischen Höhlen gehörten, die nicht weit von ihren Häusern entfernt waren. Sie benachrichtigten umgehend den Vatikan. Mehr als drei Wochen lang wartete man auf eine Liste mit den Namen der Hingerichteten. Währenddessen wurden die Höhlen zu einem Pilgerort für Verwandte und Freunde. 30 Tage nach dem Blutbad regte Don Giorgi zum Gebet bei den Höhlen an, musste danach aber selbst untertauchen.[11]

In den beiden Häusern der Salesianer auf dem Gebiet der Calixtus-Katakombe an der Via Appia Antica entstand ein großes Hilfsnetzwerk. Rasch füllten sich die beiden Ordenshäuser mit Flüchtlingen. Auch ein paar befreundete Familien und Bewohner der benachbarten Bauernhäuser wurden in das Engagement der Salesianer eingespannt. Motto, der selbst Salesianer ist, hat untersucht, wer dort untergebracht wurde: Es waren Wehrdienstverweigerer, Militärs, Juden, politische Flüchtlinge, eine große Schar evakuierter Personen, zwei deutsche Deserteure und etwa 20 untergetauchte alliierte Militärs. Auch General Caracciolo verbrachte ein paar Tage bei den Salesianern. Häufig nutzte man die Katakomben als vorübergehenden Unterschlupf für Juden oder andere, die später in einen menschenwürdigeren Unterschlupf umziehen konnten.[12] Die Katakomben mit ihrem unterirdischen Labyrinth regten die Phantasie vieler Flüchtlinge an. Während der Bombardierungen waren sie ein sicherer Zufluchtsort. Luciano Morpurgos Sohn Sergio, ein 18 Jahre alter jüdischer Flüchtling, schrieb:

> Feucht ist es in den Katakomben und die Luft, die man dort atmet, ist sicher nicht gesund, doch es ist wichtig, dass wir sie gut kennen und sie in all ihren Windungen erkunden, weil wir nicht wissen, was in dieser irrsinnigen Zeit, in der wir leben, passieren wird. Vielleicht werden wir uns verstecken müssen und es gibt kein sichereres Versteck als diese dunklen Katakomben, in die sich ein Unerfahrener nicht ohne Führung hineinwagen könnte [...] Nur die Priester kennen sie und sie, die sich um unser Schicksal mehr Sorgen machen als wir, begleiten uns, führen uns, geben uns Ratschläge. In den Katakomben haben wir uns etwas eingerichtet: Kerzen, etwas Lebensmittel, Wasser, Strohsäcke mit Decken und ein paar Waffen.[13]

Da den Salesianern in der ländlichen Gegend um San Callisto die Katakomben und sehr viel Platz zur Verfügung standen, konnten sie vielen unterschiedlichen Aktivitäten nachgehen. Das Leben in den Gebäuden in der Stadt verlief ganz anders. In der Chronik der Gemeinschaft der Salesianer, die in der Via Marsala neben der Basilika Sacro Cuore di Gesù gegenüber dem Bahnhof Termini untergebracht waren, ist von großem Hunger und der Kälte des Winters 1943/44 die Rede. Im Dunstkreis der Pfarrei entfaltete sich ein reger Hilfseinsatz im Untergrund. Auch den Schuhputzern im Bahnhof wurde geholfen. 40 Wehrdienstverweigerer wurden in der Pfarrei versteckt, ein paar weitere, die bereits gefangen genommen waren, konnten befreit werden. Doch vor allem wurde im Haus in der Via Marsala im Herzen Roms die Erstaufnahme und Verteilung der Juden abgewickelt. Die Salesianer arbeiteten mit der DELASEM zusammen. Einige von ihnen wurden in die anderen Häuser der Salesianerinnen und Salesianer oder in die Calixtus-Katakombe geschickt. Besonders aktiv war hier Don Camillo Faresin, ein in Brasilien geborener Salesianer, der unter anderem falsche Taufscheine erstellte. Im benachbarten Kloster der Salesianerinnen hatte er einen Unterschlupf für Frauen hergerichtet (die für den Notfall die Ordenstracht erhielten). Auch in den anderen Häusern der Gemeinschaft konnte er insgesamt etwa 100 Juden unterbringen. Er kümmerte sich überdies um untergetauchte Militärs. Einen Offizier der Luftwaffe versteckte er bei den Serviten an der Via del Corso. Bei seinem riskanten Engagement bewegte er sich immer am Limit, was den Faschisten nicht entging.

Die Salesianer waren auch für die Pfarrgemeinde von Testaccio zuständig. Testaccio war ein großes Arbeiterviertel mit etwa 23.000 Einwohnern und 1.400 Kindern, die zum Katechismusunterricht gingen. Die Salesianer versammelten die jungen Menschen, die zu ihnen kamen, im Oratorium oder im Innenhof, auch um sie vor möglichen Razzien in Sicherheit zu bringen. Sie nahmen ein paar Juden auf, darunter einen Fleischer mit seiner katholischen Ehefrau, der sich nach der Befreiung taufen ließ. Unter der Schule waren einige Tage lang ein paar amerikanische Soldaten versteckt. In der Vorstadt Roms, im Viertel Appio-Tuscolano, leiteten die Salesianer eine Berufsfachschule, das „Istituto Pio XI.", in der junge Menschen auf die Arbeitswelt vorbereitet wurden. Neben ein paar erwachsenen Juden wurden dort etwa 60 Jugendliche untergebracht und als Schüler eingeschrieben. Sie nahmen auch an den Berufsschulkursen teil.[14]

Die Salesianer in Rom, die eng mit dem weiblichen Zweig des Ordens zusammenarbeiteten, waren von den Oberen dazu angespornt worden, den Bedürftigen in der Kriegsnotlage jener Zeit zu helfen. Und jeder Salesianer tat das, was sein eigener Charakter zuließ: Der eine ging Risiken ein – manchmal auf politischer, meist aber auf karitativer Ebene –, ein anderer war innerhalb eines institutionelleren Rahmens aktiv und wieder ein anderer ließ wie der Prokurator seine Beziehungen in Rom spielen. Die barmherzige Gesinnung der Gemeinschaft, die dazu animierte, allen Bedürftigen zu helfen, galt auch den Juden. Der pädagogische Ansatz der Gemeinschaft entfaltete sich besonders bei der Arbeit mit den jüngeren Flüchtlingen. Das Engagement der Salesianer hatte aber auch eine sehr handfeste und sachliche Seite: Sie schufen Fluchtwege und Verstecke und stellten falsche Dokumente aus. Provinzial Ernesto Berta hatte an alle Häuser der Salesianer Richtlinien verteilt, in denen er darum bat, für den Fall von Bombardierungen überall einen „Luftschutzraum“ herzurichten, für „Notstandszeiten“ alles Notwendige vorzubereiten und auch an eine „Evakuierung“ zu denken. Er betonte: „Jede Person muss bereits zuvor wissen [...] welche Aufgabe sie bei der Evakuierung hat und was sie mitnehmen muss.“ Organisatorische Vorbereitung auf den Ernstfall und Hilfsbereitschaft gegenüber den leidenden Mitmenschen: Dies waren die beiden Hauptprinzipien, die den Einsatz der Salesianer in jenen heiklen Kriegsmonaten leiteten.[15]

Die Hochburg auf dem Gianicolo

Viele unterschiedliche Formen der Hilfe und des Zusammenlebens entstanden, wenn Asylsuchende und die Kirche aufeinandertrafen: Der Einsatz der Eremiten im Kamaldulenserkloster war ein ganz anderer als der der durchorganisierten Salesianer. Und auf den Hängen des Gianicolo unweit des Vatikans, in der Päpstlichen Universität Urbaniana und im Kolleg der Propaganda Fide entstand inmitten eines großen Gartens und im Schutz der alten Mauern noch etwas ganz anderes. Der Komplex war eine wahre Hochburg, die von Pietro Kardinal Fumasoni Biondi, dem Präfekten der Kongregation De Propaganda Fide, „verwaltet“ wurde. Seine rechte Hand war der Sekretär des Dikasteriums, Celso Costantini. Die Kongregation ist für die Missionsarbeit der katholischen Kirche in Gebieten zuständig, in denen sie erst seit kurzem oder noch wenig verwurzelt ist, primär also in Afrika und Asien, aber auch in Teilen Lateinamerikas und anderen Gegenden. Und auch die Seminaristen des Kollegs stammen aus diesen Regionen der Welt. Die etwa 180 Studenten blieben bis zum Ende des Krieges in Rom. Ende Oktober, als die Stimmung besonders angespannt war, untersagte man den Studenten die Benutzung des Telefons und den Zutritt zu einigen Bereichen des Areals, in denen Flüchtlinge untergebracht waren. Ein paarmal kam die Hochburg durch die nationale Zugehörigkeit der Studenten mit dem Krieg in Berührung: So wurden beispielsweise die Bulgaren zur Musterung nach Venedig bestellt – doch die Vorgesetzten des Kollegs beschlossen, die Reise dorthin einfach hinauszuzögern. Die kroatischen Seminaristen besuchten am Jahrestag der Ausrufung des kroatischen Staates durch Ante Pavelić die Kirche San Girolamo degli Illirici, „schienen aber", wie Mons. Antonazzi notierte, „von der Stabilität ihres Landes nicht sehr überzeugt gewesen zu sein".

Der gebildete und aufgeweckte Geistliche und Ökonom des Kollegs der Propaganda Fide, Giovanni Antonazzi, ein Anhänger des europäisch denkenden Gelehrten und Historikers Don Giuseppe De Luca, hat eine ausführliche Berichterstattung darüber hinterlassen, was dort für die verschiedensten Menschen getan wurde, die von den Nazifaschisten verfolgt waren. 1983 veröffentlichte Antonazzi in Tagebuchform seine Erinnerungen an diese Zeit.[16] Darüber hinaus hat er mir bei verschiedenen Gesprächen von weiteren Ereignissen erzählt, die er selbst miterlebt hatte. Antonazzi war ein sehr intelligenter Mensch, an viele Dinge von damals konnte er sich auch später noch gut erinnern. Er berichtete mir, dass die Aufnahme von Flüchtlingen im Grunde genommen mit einer vollendeten Tatsache begonnen hatte: Der Kuhhirt des landwirtschaftlichen Betriebs der Propaganda Fide, Rigoletto Gironi, brachte am 27. September auf eigene Initiative die ersten Gäste mit. Es handelte sich um Carabinieri und Juden, die unter den Trümmern des Krankenhauses „Santa Maria della Pietà", das zur Propaganda Fide gehörte, untergebracht wurden. Unter ihnen war auch der berühmte Prof. Levi Della Vida, ein Jude, der später zum Katholizismus konvertierte (sein Pseudonym war „Dottor Bianchi"). Die Familie des Ingenieurs Sacerdoti war im Hause des Kustoden untergebracht und die Männer trugen den Talar. Damit konnten sie sich einigermaßen frei bewegen.

Anfangs tat Antonazzi so, als würde er nichts merken, doch als ihn die Gäste irgendwann ansprachen, musste er die Verantwortung für die Situation übernehmen. Rigoletto gestand ihm offen: „Ich habe sie hergebracht, weil ich wusste, dass Sie sie nicht wegschicken würden!" Kardinal Fumasoni Biondi, der für das Gebiet zuständig war, war anfangs risikoscheu: „Gebt acht! Wenn es mehr werden!" Darauf entgegnete Antonazzi: „Aber wie soll man die Juden denn wegschicken?" Dem hatte Fumasoni nichts entgegenzusetzen.[17] Antonazzi hatte den Eindruck, dass der Kardinal darüber nicht mit dem Staatssekretariat gesprochen hatte, auch weil die Propaganda Fide sehr selbstständig war. Die Kongregation war schon seit jeher autonom gewesen, auch weil sie über ein beachtliches Vermögen verfügte, das sie selbst verwaltete. Antonazzi berichtete, dass Kardinal Canali, der an der Spitze der Verwaltung der Vatikanstadt stand (die auch für den Gianicolo zuständig war, der exterritorialen Status genoss), nicht gegen die Aufnahme der Flüchtlinge gewesen sei, sondern sich im Gegenteil mit ihm um diverse praktische Probleme gekümmert habe. Anfang Oktober stattete Canali dem Komplex einen Besuch ab. Diese Auskunft Antonazzis zeigt einen anderen Canali als den, den wir bereits als entschiedenen Gegner des Engagements im Untergrund kennengelernt haben. Canali beschloss, die Überwachung an den Eingängen durch einen Posten der Palatingarde zu verstärken.[18] Doch aus Antonazzis Aufzeichnungen geht hervor, dass man mit der Bewachung des riesigen Geländes unzufrieden war – wegen der mangelnden Ernsthaftigkeit der Palatingarde.

Zum Besitz der Propaganda gehörte ein landwirtschaftlicher Betrieb, der das Kolleg mit Lebensmitteln belieferte. Das Vieh wurde teilweise nach Rom auf den Gianicolo gebracht und als irgendwann Wassermangel herrschte, wurde es zur Tränkung an den Tiber geführt. Es waren etwa 200 Stück Vieh, 300–400 Hennen, 50 Schweine, diverse Schafe und ein paar Pferde. Darunter waren auch Tiere, die Privatpersonen der Propaganda anvertraut hatten, um zu vermeiden, dass sie beschlagnahmt wurden. Auf dem Gianicolo befand sich ein großes Depot mit Nahrungsmittelreserven, die dem Vatikan gehörten, sowie ein weiteres Lager mit unterschiedlichen Dingen, die nicht in die Hände der Deutschen fallen sollten. Außerdem wurden dort die Fahrzeuge des Königshauses versteckt, an denen man das savoyische Wappen entfernt und das vatikanische angebracht hatte (sie kamen zum Einsatz, als der Statthalter, Kronprinz Umberto, aus Salerno nach Rom gebracht wurde). Auf den Sportplätzen wurden Kriegsgärten angelegt. Man versuchte, sich autark zu verpflegen. Unter Mitwirkung eines Angestellten des Governatorats ließ Antonazzi den heimlichen Gästen falsche Dokumente ausstellen. Als Vorlage benutzte er die der Studenten.

Der Monsignore bezeichnete das Zusammenleben in der Propaganda Fide als tolerant und herzlich. Die Gäste bereiteten keinerlei Probleme. Politiker gab es nicht, die waren im Lateran. Abgesehen von den Juden waren dort viele Militärs, unter ihnen General Filippo Caruso, Admiral Alberto Lais – der jedoch den Unterschlupf verließ, weil er mit den Lebensbedingungen dort nicht zufrieden war – und zahlreiche andere Offiziere. Auch Evakuierte wurden aufgenommen. Die Propaganda versorgte auch das angrenzende Nordamerikanische Kolleg mit Lebensmitteln, das wegen seiner Zugehörigkeit zu den Vereinigten Staaten schwierige Zeiten durchmachte (dort wurden überdies ein paar alliierte Militärs und Offiziere des italienischen Generalstabs untergebracht).[19] Schwester Pascalina, die Haushälterin des Papstes, bezog einige der Lebensmittel für Pius XII. aus dem Kolleg der Propaganda Fide.[20] Und auch das nahe gelegene Generalat der Jesuiten, das einige Flüchtlinge aufgenommen hatte, wurde mit Fleisch aus dem Schlachthaus des Kollegs beliefert. Dort wohnte auch Silvio D'Amico; dieser kam auf den Gianicolo, um sich vom Zahnarzt, der den Gästen dort zur Verfügung stand, behandeln zu lassen.

Aus dem Umland Roms sowie von den Anwesen des Kollegs trafen scharenweise Evakuierte auf dem Gianicolo ein. Antonazzi bezifferte die Zahl der Gäste zum Zeitpunkt des höchsten Andrangs in der Villa di Propaganda in Castelgandolfo auf etwa 5.000. Der Unterhalt der Gäste auf dem Gianicolo war recht kostspielig. In den Gebäuden der Universität Urbaniana (der Hochschule der Seminaristen, die während des Krieges geschlossen war) wurde für die evakuierten Kinder eine Schule mit einer Suppenküche eingerichtet. Antonazzi beschrieb das Leben auf dem Gianicolo folgendermaßen: „Er war nicht nur eine ‚Hochburg' (diesen Titel gab man ihm auch, weil er vom Mauerring Urbans VIII. umgeben ist), sondern eine kleine durchorganisierte und autonome Miniaturstadt. Darin nahmen – objektiv gesehen – Begriffe wie ‚Widerstand', ‚Befreiung' oder ähnliche politische und militärische Termini keine besondere Gestalt an."

Mit den Deutschen hatte man keine Probleme. Antonazzi notierte in seinem Tagebuch, dass er und der Kardinal am 12. September wegen des Passierscheins für die Kraftfahrzeuge die deutsche Botschaft aufgesucht hätten: „[...] sehr höflich empfangen, Bewilligung erhalten". Der Monsignore verschaffte einem deutschen Fliegergeneral, Maximilian Ritter von Pohl, Zutritt zur Propaganda Fide (Ingenieur Ercole vom Bauernhof der Propaganda kannte ihn; er war maßgeblich daran beteiligt gewesen, zwei Bauern das Leben zu retten, und hatte überdies den Umlauf der Lastwagen gefördert). Dieser bat ihn darum, diverse Kisten in der Einrichtung verstecken zu dürfen (die später wieder abgeholt wurden). Einmal wollte der General einen Blick in die Dokumente werfen, die sich in einer von ihnen befanden. Der Rektor riet aber davon ab: „Das Risiko ist zu groß, es könnte Probleme mit dem Staatssekretariat geben." Doch Antonazzi hörte nicht auf seinen Rat.[21] Der deutsche Soldat, so erinnerte er sich später, habe zu ihm gesagt: „Ich bin gegen Hitler, doch ich kämpfe wie ein Soldat für Deutschland." So wie von Pohl dachten in jenen Tagen auch Wolff und besonders Dollmann; sie alle hofften darauf, dem Krieg durch einen Verhandlungsfrieden ein Ende setzen zu können.[22] Antonazzi und von Pohl sind ein weiteres Beispiel dafür, dass ein Deutscher und ein Geistlicher sich nahestanden. Antonazzi erklärte: „Mit den Deutschen habe ich nie Ärger gehabt, und das obwohl unter den Zöglingen der Propaganda Fide auch feindliche Staatsbürger waren. Später unter den Alliierten fingen dann die Probleme an."

Nach dem Angriff auf Sankt Paul machte sich auch in der Hochburg auf dem Gianicolo Angst breit, ja es kam sogar zu Panik unter den Gästen. Mons. Domenico Brizi teilte Antonazzi mit: „Das Staatssekretariat war sehr zurückhaltend, was die Vorkehrungen anging, die es uns zur Vermeidung ähnlicher Unannehmlichkeiten vorschreiben sollte." Ausdrückliche Weisungen gab es nicht. Antonazzi ließ die Gäste zusammenrufen und erläuterte ihnen, welche Fluchtwege ihnen über die verschiedenen Zugänge zur Verfügung standen. Er hielt es jedoch für sehr unwahrscheinlich, dass der weitläufige Komplex auf dem Gianicolo überfallen werden würde: Mindestens 200 Männer hätte man gebraucht, um diesen Bereich unter Kontrolle zu bringen, in dem wohlgemerkt keine Politiker waren. Einige Flüchtlinge verlangten nach Waffen, um sich verteidigen zu können, doch die Leitung war dagegen. Antonazzi urteilte über die Besorgnis der Gäste: „Ihre Beunruhigung scheint mir übertrieben."

Wie in vielen anderen Einrichtungen auch lebte man in ständiger Angst vor einem drohenden Überfall. Am 11. April zum Beispiel erfuhr Mons. Costantini, dass die Polizei der Hochburg auf dem Gianicolo einen Besuch abstatten wollte. So beschlossen die Vorgesetzten, zu Pfeiffer zu gehen, der sich diesbezüglich beim deutschen Kommando erkundigte; die Deutschen konnten jedoch diese Auskunft nicht bestätigen (und baten im Gegenteil darum, im Falle eines Überfalls umgehend informiert zu werden). Antonazzi befürchtete, dass es die Italiener gewesen waren, die diese Nachricht in die Welt gesetzt hatten, und begab sich zum Polizeikommissar in Prati, den er gut kannte. Mit ihm wurde vereinbart, „uns eventuell betreffende Mitteilungen telefonisch mitzuteilen." Dies geschah am 11. April 1944. Am folgenden Tag glaubte Mons. Costantini immer noch, man sei in Gefahr. Zusammen mit dem Rektor suchte der Prälat die Questura auf und machte auf das besondere Profil des Kollegs aufmerksam. Der Rektor berichtete danach von dem Gespräch: „Der Questore versichert uns, nichts darüber zu wissen, und glaubt, dass es nach Sankt Paul recht schwierig sein wird, ähnliche Scherereien zu veranstalten. Er sagt, wir sollen ganz unbesorgt sein."

Ende Mai schlug Costantini erneut Alarm und abermals wurden die Vorgesetzten des Kollegs aktiv. Sie sprachen zunächst mit Montini, der es ihnen gestattete, Pater Pfeiffer einzuschalten. Der sprach mit Italienern und Deutschen, doch auch in diesem Fall erwiesen sich die Gerüchte als unbegründet: „Über die Propaganda beklagt und beschwert man sich zwar, es gibt aber nichts Verfängliches." Am 1. Juni beruhigte Pater Pfeiffer die Verantwortlichen des Kollegs und teilte ihnen mit, die Deutschen hätten angeboten, ihnen einen Wachposten zur Verfügung zu stellen (den er jedoch abgelehnt habe). Doch zu dem Zeitpunkt stand das Abenteuer der Hochburg auf dem Gianicolo schon kurz vor seinem Ende. Die Gäste feierten die Befreiung Roms und einige von ihnen verließen den Unterschlupf, ohne sich abzumelden. Antonazzi machte in seinen Erinnerungen eine verhaltene Bemerkung zur Dankbarkeit der Gäste; andere Verantwortliche dieser Tage sahen das möglicherweise ähnlich. Am 5. Juni notierte Antonazzi in seinem Tagebuch: „Um ungefähr 9 Uhr reisen alle Flüchtlinge nach Luft und Freiheit dürstend ab: Unsere herzlichsten Wünsche begleiten sie. In der Stadt herrschte eine ständige Hektik: viele Leute, Fahrräder und ein ständiges Kommen und Gehen."[23]

X
Mal organisiert, mal spontan

Die größte jüdische Organisation

Eine jüdische Wohlfahrtsorganisation spielte im römischen Untergrund eine zentrale Rolle: die „Delegazione per l'Assistenza degli Emigranti Ebrei" (Delegation zur Unterstützung der Jüdischen Emigranten, DELASEM). Im Mai 1944 belief sich die Zahl der Personen, denen sie geholfen hatte, auf etwa 2.500. Die DELASEM sorgte für den Lebensunterhalt der versteckten Juden. Viele der Begünstigten kamen nicht aus Rom und waren deshalb nicht in der Lage, sich aus eigener Kraft mit dem Nötigsten zu versorgen. Viele waren aus der von Italien besetzten französischen Zone nach Rom gekommen, als der Plan, die französischen Juden nach Nordafrika zu versetzen, nach dem Waffenstillstand vom 8. September gescheitert war.[1]

Ihren Sitz in Rom hatte die DELASEM in unmittelbarer Nachbarschaft des Büros der Union der Italienischen Jüdischen Gemeinden. Nach der Razzia im Oktober 1943 tauchte sie in den römischen Untergrund ein. Die treibende Kraft der DELASEM in Rom war Settimio Sorani, der später von den Aktivitäten der Organisation berichtet hat. Hierzu gibt es erfreulicherweise auch recht viel Literatur. Sorani dokumentierte alles, was er tat. Aus einem Bericht vom 16. Mai 1944 geht hervor, dass die Organisation zu dem Zeitpunkt 2.532 Juden geholfen hatte. Unter ihnen waren 250 Polen, 300 Italiener, 300 Jugoslawen, 800 Römer und viele andere.[2] Auf den Treppen von Sankt Peter traf Sorani am 7. September 1943 mit Angelo Donati (dem Neffen von Salvatore Donati, der der Berater der Union war und sich auch für die jüdischen Flüchtlinge engagierte) und mit Pater Benoît Péteul alias Pater Benedetto zusammen. Dieser französische Kapuziner hatte sich für die Juden im von Italien besetzten Frankreich eingesetzt und war vor kurzem nach Rom gezogen (er hatte sich zudem mit der Idee befasst, die Juden nach Nordafrika zu übersiedeln). Sorani, Donati und der Kapuziner sollten die Hauptfiguren beim Wirken der Organisation im römischen Untergrund werden.

Pater Benoîts Zusammenarbeit mit der DELASEM, deren Mitarbeiter er im Kapuzinerkloster in der Via Sicilia empfing, war für das Werk der Organisation essentiell. Das Kloster verfügte über zwei verschiedene Eingänge. Auch das Archiv der DELASEM wurde dorthin verbracht, später aber aus Vorsichtsgründen zu den Karmeliten übergesiedelt. Der Ordensgeneral der Kapuziner war mit dem, was Pater Benoît tat, einverstanden. Das Parlatorium des Klosters wurde zu einer wichtigen Anlaufstelle für viele Juden, die kamen und nach dem „Vater der Juden" bzw. „Pater Benedetto" fragten.[3] Manchmal traf in den Räumlichkeiten der Kapuziner das Komitee der DELASEM zusammen. Dazu gehörten von italienischer Seite Präsident Sorani und Giuseppe Levi sowie Stephan Schwamm und Aaron Kaszterstein, die aus Frankreich nach Rom gekommen waren, und Pater Benoît. Unweit des Klosters befand sich die berühmt-berüchtigte Pension „Jaccarino", in der reihenweise Kriegsgefangene gefoltert wurden. Doch dies beeinträchtigte das Werk der DELASEM in der Via Sicilia nicht sonderlich.

Als Pater Benôit und Donati in Sankt Peter mit Sorani zusammentrafen, kamen sie gerade von einem Gespräch mit Mons. Joseph Hérissé im Vatikan, der mit den britischen und amerikanischen Diplomaten in Kontakt stand. Dieser französische Geistliche spielte eine wichtige Rolle im Beziehungsgefüge zwischen der DELASEM, den Diplomaten und dem Vatikan. Er war der entscheidende Kanal für die Finanzierung des Engagements im Untergrund. Die Diplomaten sorgten dafür, dass pekuniäre Zuschüsse des „American Joint Distribution Committee" in Rom eintrafen. Offensichtlich war es auch Montini zu verdanken, dass die Gelder über den Vatikan flossen.[4] Denn Geld war der entscheidende Punkt. Ein erster Grundstock kam vom Präsidenten der Union, Dante Almansi. Die „American Joint Distribution Committee" spendete die größten Summen. Der Heilige Stuhl leistete zwar keine direkten Beiträge, doch mit vielen Geldbeständen wurde im Schatten der vatikanischen Mauern hantiert. Sorani und Pater Benoît trafen sich dort auch mit den alliierten Diplomaten, um Gelder einzutreiben. Häufig konnten Sorani und der Kapuziner mit Hérissés Hilfe Vorschüsse und Anleihen einhandeln. Die Verteilung der Geldmittel an die Flüchtlinge schilderte Sorani folgendermaßen:

> Um alle Italiener und die anderen zu unterstützen und um die Beträge an jeden Einzelnen verteilen zu können, ohne ein zu großes Risiko einzuge-

> hen, hatte ich festgelegt, dass jede Person, die mit dieser Aufgabe betraut wurde, sich mit nicht mehr als zehn Personen treffen sollte. Sie sollte sie auf der Straße treffen und für jedes Mal einen anderen Treffpunkt ausmachen. Man traf sich an Straßenecken, in Bars [...][5]

Pater Benoît ging im Vatikan und im Büro des Substituten ein und aus; Montini war über das, was der Kapuziner tat, immer auf dem Laufenden. Noch im November 1943 hoffte Pater Benoît darauf, für die nach Rom gekommenen und gefährdeten Juden einen Schutzbrief erhalten zu können. Er hatte ein Dokument vorbereitet, das er von der deutschen Botschaft amtlich beglaubigen lassen wollte. Er bat Montini darum, ihn bei der Botschaft vorzustellen. Doch das Staatssekretariat war vorsichtig und riet ihm davon ab: „Es wäre eher gefährlich als vorteilhaft."[6] In einer Notiz des Staatsekretariats vom 5. Januar 1944 heißt es: „Seitdem diese Gruppe von Juden in Rom ist, hat der Heilige Stuhl sich um sie gekümmert, indem er Pater Benoît [...] Geld und Lebensmittel zukommen lassen hat."[7]

Wohin mit so vielen Flüchtlingen in einer besetzten Stadt? Sorani ließ sie in Hotels, Pensionen, Privathäusern und Klöstern unterbringen. Es gab auch Klöster, die die DELASEM unterstützten, wie man einem Bericht der Franziskanerklarissen entnehmen kann: „Im Haus wurde über 60 Juden, Verfolgten und Politikern Asyl gewährt. Damals war es ein Zentrum der Fürsorge für ausländische Juden, das von Pater Benoît von den Kapuzinern in der Via Sicilia koordiniert wurde. Hilfsgüter wurden verteilt und es gab eine Ambulanz für Kinder und Kranke, die von einem polnischen jüdischen Arzt behandelt wurden."[8] Die Flüchtlinge wurden in kleine Gruppen aufgeteilt; dadurch sollte vermieden werden, dass man sie sofort als solche erkannte.[9] Sie waren auf finanzielle Unterstützung angewiesen. Doch problematisch war auch die Beschaffung einer neuen Identität. Pater Benoît stand mit verschiedenen Konsulaten und diplomatischen Vertretungen in Verbindung. Durch ein von Mons. Dionisi vom Vikariat unterzeichnetes Dokument hatte sich der Kapuziner zum „Präsidenten eines im Entstehen begriffenen Hilfskomitees für Flüchtlinge" erklären lassen. Dadurch bekam sein Tun den Anschein von etwas Hochoffiziellem.

Das Schweizer Konsulat (das die Interessen Frankreichs vertrat) unter der Leitung von Marc Chauvet (Sommaruga war ihr Rechtsberater) stellte mehr als 400 „Schutzbriefe" sowie Druckzettel mit dem Wappen der Eidgenossenschaft aus, die an den Türen der betreffenden Häuser anzubringen waren. Diese bescheinigten, dass das Haus unter dem Schutz des Konsulats stand. Auch Sommaruga versteckte in seinem eigenen Haus und in einer von ihm verwalteten Villa einige Juden. Unter ihnen waren Oscar Sinigaglia und seine Frau. Über Sommaruga setzte man sich bei der Schweiz für Mafalda von Savoyen ein.[10]

Einige der Juden erhielten von der DELASEM französische Dokumente. Auch der rumänische Gesandte Vasile Grigorcea sowie der ungarische Konsulatsrat Vitéz Szász stellten falsche Papiere aus; das ungarische Konsulat, so Pater Benoît, gab sich Mühe, „mit Volldampf Ungarn zu produzieren".[11] Einen wichtigen Beitrag leistete auch der Vertreter des Internationalen Komitees vom Roten Kreuz in Rom, Graf De Salis, der mit der DELASEM und dem Vatikan in Kontakt stand. Seinen Beziehungen zu den Deutschen war es zu verdanken, dass eine gerade einmal sieben Jahre alte polnische Jüdin sowie viele weitere Juden aus dem Gefängnis Regina Coeli befreit werden konnten.[12] Die jugoslawische Gesandtschaft unter der Leitung von Cyril Kotnik, der schließlich von den Deutschen verhaftet wurde, unterstützte Pater Benoît ebenfalls. Auch Settimio Sorani wurde festgenommen – in Kotniks Haus: Er hatte den Gesandten aufgesucht, um ihm eine Denkschrift zu geben, die an den Papst weitergeleitet werden sollte. Der Kapuziner wurde daraufhin in die Via Tasso gebracht, aber nach kurzer Zeit wieder freigelassen.[13] So entstand ein regelrechtes Netzwerk aus Diplomaten und Konsuln, eine eigene Welt freiwilliger Helfer. Um zu verstehen, welche Rolle dieses Netzwerk für die Welt im Untergrund spielte, sollte es unbedingt näher erforscht werden. Es entstand mitten im besetzten Rom, in dem einige Menschen einerseits Beziehungen zu der Besatzungsmacht oder den Faschisten hatten, sich andererseits aber gleichzeitig im Untergrund engagierten.

Auch im Kapuzinerkloster in der Via Sicilia wurden unter Pater Benoîts Anleitung Ausweise und weitere Dokumente ausgestellt. Anderswo fertigte man Lebensmittelkarten an; dabei konnte man auch auf die Unterstützung kommunaler Angestellter zählen und auf die Unterlagen des Vikariats zurückgreifen, die von Mons. Dionisi abgezeichnet worden waren.[14] Viele der Juden, die in die Via Sicilia kamen, hatten sofort das Gefühl, sich in die Hände einer wirklich effizienten Organisation zu begeben. Als Mario Tagliacozzo nach dem Überfall auf Sankt Paul seinen Unterschlupf verlassen musste, machte er zunächst ein paar enttäuschende Erfahrungen. Der Bibelforscher Pater Ricciotti munterte ihn zwar auf, konnte ihn jedoch nirgendwo unterbringen. Als er in die Via Sicilia kam, fühlte er sich gut aufgehoben: „Wir stellten fest", schrieb er, „dass sich die Namen und Adressen von Ordensmännern in einer Kette aneinanderreihten, die immer länger wurde." So stand ihm und seiner Familie der Weg in ein rettendes Refugium offen.[15] Dass der Kapuziner nach der Befreiung Roms in der Großen Synagoge euphorisch empfangen wurde, zeigt, dass die Juden ihn aufgrund ihrer Erfahrungen und ihrer Erinnerungen an jene Monate für eine ganz besondere Persönlichkeit hielten. Claire Mandel, eine Jüdin, der Pater Benoît geholfen hatte, dankte ihm nach der Befreiung in einem Brief für all das, was er getan hatte, genauer hin für sein „schönes Leitbild brüderlicher Barmherzigkeit [...] gegenüber allen Menschen, in einem reinen Geist der Hingabe und des Opfers, ohne nach Rasse oder Religion zu unterscheiden, und auch – das haben wir sehr gut gefühlt – mit einer besonderen Zuneigung für die Juden".[16]

Doch im Laufe der Zeit wurden der Arbeit der DELASEM und des Kapuziners Steine in den Weg gelegt. Alle, die nach dem 6. Dezember 1943 nach Rom kamen, konnten keine Aufenthaltserlaubnis mehr bekommen. Dies machte die Arbeit um einiges komplizierter. Der Leiter des Ausländeramtes in der Questura in Rom, Angelo De Fiore, den wir bereits beim Überfall auf das Lombardische Priesterseminar kennengelernt haben, war in dem Zusammenhang eine große Hilfe. Denn einige Abteilungen der Questura standen dem Einsatz Pater Benoîts durchaus wohlwollend gegenüber. Mehrere Personen bedankten sich später bei De Fiore: Chauvet beispielsweise dankte ihm dafür, dass er einen im April 1944 verhafteten Franzosen wieder freigelassen hatte.[17] Dem ungarischen Konsulatsrat Vitéz Szász zufolge schob De Fiore die Auslieferung von 17 Juden in den Norden auf, die falsche ungarische Dokumente besaßen und von Koch verhaftet worden waren. Am Ende ließ er sie wieder frei.[18]

Die DELASEM errichtete um die Juden und vor allem die nichtitalienischen Juden ein diplomatisches Schutzgitter. Es wurde von einem Bündnis von Menschen sehr unterschiedlicher Provenienz verteidigt, die guten Willens waren und der Verfolgung der Juden nicht länger untätig zusehen wollten. Aus einem Dokument des Staatssekretariats geht hervor, dass ein spanischer Diplomat im Mai 1944 vom Vatikan dazu angehalten wurde, die „armen sephardischen Juden“ in Rom unter seine Fittiche zu nehmen. In dieser Sache gab es zwei Präzedenzfälle: die Protektion der spanischen Juden in Griechenland (nach einem Hinweis aus Amerika und von Mons. Gustavo Testa) und die der spanischen Juden in Frankreich (nach einem Hinweis von Pater Benoît).[19] Das Vikariat von Rom half bei der Unterbringung der Juden und durch die Bereitstellung von Unterlagen. Dionisi unterzeichnete im Namen des Vikariats die Lebensmittelkarten; zudem brachte er Pater Benoît mit der Questura in Kontakt, die tagtäglich 20 „Flüchtlingsfälle“ bearbeitete. Ein Hauptmann der PAI namens Girardi spielte dabei eine wichtige Rolle. Benoît erklärte: „Die Questura Centrale stand uns immer wohlwollend gegenüber. Ich ging oft dorthin [...]“ Die „Pontificia Commissione di Assistenza“ (das Päpstliche Hilfswerk) unter Mons. Antonio Riberi stellte ihnen diverse Hilfsgüter und vor allem Bekleidung zur Verfügung. Der geistliche Gesandtschaftsrat der ebenfalls im Untergrund aktiven jugoslawischen diplomatischen Vertretung, Mons. Nicola Moscatello, war auch am Hilfseinsatz beteiligt.

Settimio Sorani war der gute Geist dieses ganzen Hilfswerks: Nachdem er von den Deutschen verhaftet und wieder freigelassen worden war, musste er eine neue Identität annehmen. Zuerst gab er sich als Mitarbeiter der *Enciclopedia Cattolica*, dann als Angestellter der technischen Dienste des Vatikans aus. Er war ein unerschrockener jüdischer Mann, der immer irgendwo in Rom unterwegs war und die ganze Hilfsaktion der DELASEM koordinierte. Trotz der riskanten Lebensbedingungen setzten sich einige Juden weiterhin für ihre Glaubensbrüder ein. In einer Zeit, in der für die Juden jeder Schritt, den sie in der Stadt taten, lebensgefährlich war und sie die italienischen Ämter nicht betreten durften, war Pater Benoît ihre Rettung. Er stand Sorani mutig und tatkräftig zur Seite. Er handelte mit der Erlaubnis des Generaloberen der Kapuziner, der im gleichen Kloster wohnte wie er. Sorani präzisierte jedoch später, Pater Benoît sei nicht der Präsident der DELASEM gewesen. Er und Giuseppe Levi waren die Hauptverantwortlichen der DELASEM; der Kapuziner selbst bezeichnete sich als „das koordinierende Element und den Beschützer von außen“. Sandro Antonini beschrieb die Zusammenarbeit folgendermaßen: „Sorani und Pater Benoît arrangierten sich jedenfalls gut miteinander und kümmerten sich gemeinsam um die Organisation des Einsatzes, unter anderem um die Erstellung von Passierscheinen [...] nicht nur für Juden, sondern auch für Carabinieri und Partisanen [...]“[20]

Ein enger Mitarbeiter Pater Benoîts war der gesuchte Staatenlose Max Gaston (der in die Via Tasso gebracht wurde, später aber durch einen falschen Befehl wieder freigelassen wurde). Gaston machte sich immerfort auf die Suche nach neuen Zufluchtsorten in der Stadt und beschaffte Lebensmittelkarten und falsche Ausweise: „Von höchster Bedeutung“, hielt Pater Benoît 1946 fest, „war der Eifer, mit dem er über Freunde und Bekannte amerikanische oder englische Offiziere oder Soldaten aufspürte, die in römischen Häusern lebten, um sie mit uns in Kontakt zu bringen, ihnen zu helfen und sie in Sicherheit zu bringen.“[21] Denn ständig mussten in der Stadt neue Orte gefunden werden, an denen Asylsuchende untergebracht werden konnten. Dieser Gedanke begleitete die Verantwortlichen Tag für Tag.

Ein Zeitzeuge berichtete, dass Pater Benoît sich Zutritt zur Welt der Institutionen und besonders zu De Fiore verschafft habe. Der Leiter des Ausländeramtes in der Questura wusste, dass im Kapuzinerkloster französische Dokumente erstellt wurden. Doch ebenso wie die Lebensmittel- und die Aufenthaltskarten waren sie von der italienischen Polizei beglaubigt. Die Juden waren erstaunt darüber, wie komplizenhaft sie in der Questura empfangen wurden: „Zitternd betraten wir das zentrale Polizeibüro: ‚Ihr seid Franzosen, katholisch und arisch, oder?‘, fragte der Beamte, noch bevor einer die Möglichkeit gehabt hätte, den Mund aufzumachen. Umgehend stellte er uns die Aufenthaltserlaubnis aus.“[22] Außerdem wurde das Verzeichnis mit den Namen aller Ausländer, die in der Stadt waren, im Keller der Questura aufbewahrt, damit es den Deutschen nicht in die Hände fiel.

Im November 1943 teilte Carlo Carapelle, ein Beamter des Kommissariats für Immigration, Don Salvatore Asta, einem Angestellten des Staatssekretariats, im Vertrauen mit, er habe den Auftrag erhalten, Pater Benoît und andere anzuzeigen, „weil sie seine Unterschrift und die Stempel besagter Behörde gefälscht haben, um Lebensmittelkarten für etwa 300 Personen aus dem Ausland zu beschaffen“. Aus Respekt vor der Kirche wollte der Beamte den Kapuziner aber schützen. Don Asta schlug vor: „Eine Anzeige sollte vermieden werden, um zu verhindern, dass die Personen, die die Lebensmittelkarten erhalten haben und fast ausschließlich jüdisch sind, den deutschen Behörden ausgeliefert werden." Carapelle willigte ein und versicherte, er werde versuchen, keine Anzeige zu erstatten, solange die Juden in Gefahr waren. Mons. Dell'Acqua aus dem Staatssekretariat machte der riskante Kurs des Kapuziners Sorgen. Verärgert notierte er: „Wiederholt habe ich dem Kapuziner Pater Benoît gesagt (und beim letzten Mal sehr deutlich), er solle bei seinem Einsatz für die Juden sehr vorsichtig sein [...] Leider sieht man, dass er auf meinen bescheidenen Rat nicht hören wollte." Dies notierte er direkt neben der Notiz Don Astas. Gelassener reagierte Maglione, der zur Notiz Astas und zum Kommentar Dell'Acquas anmerkte: „Soll man denn nun etwas unternehmen? Ich glaube nicht."[23]

Das Netz im Untergrund konnte auf den passiven und weitreichenden Widerstand der Bevölkerung, auf die Zusammenarbeit mit der Kirche und einigen Diplomaten, aber auch auf die Janusköpfigkeit einiger Vertreter des republikanischen Faschismus zählen, die entweder nicht einfach stumpf Jagd auf den Juden machen oder sich Verdienste für die Zukunft erarbeiten wollten. Der Kapuziner besaß die Fähigkeit, jede einzelne Ressource zu nutzen, und war sie auch noch so ungewiss und undurchsichtig. Denn so war das Klima, das in jenen Monaten in Rom herrschte.

Auch mit Denunzianten hatte die jüdische Wohlfahrtsorganisation zu kämpfen. Zwei nichtjüdische Flüchtlinge, die als Spitzel aktiv waren, bescherten dem Netz der DELASEM massive Probleme.[24] Jeder, der sich im Untergrund engagierte, musste mit Spionen in den eigenen Reihen rechnen. Bruno Di Porto berichtete von einem polnischen Gast in San Luigi dei Francesi, der Geldbeträge unterschlug und dafür streng bestraft wurde. Dann erwischte man ihn dabei, wie er eine Anzeige für die Deutschen aufsetzte. Der Pole wurde getrennt von den anderen Gästen eingesperrt, hörte aber während eines Nachtalarms nicht auf zu brüllen, da er die Deutschen auf sich aufmerksam machen wollte. Erst nach der Befreiung Roms wurde er freigelassen.[25]

Dass die Juden im besetzten Rom eine eigene Organisation hatten, die den Verfolgten aus eigenen finanziellen Mitteln oder mit Geldern aus dem Ausland die Flucht vor den Deutschen ermöglichte, ist durchaus bemerkenswert. Raum- und mittellos, wie sie in jener Zeit waren, leisteten die Juden mit „nackten Händen" Widerstand gegen die Besatzer – und das obwohl es ohnehin schon schwierig war, sich und die eigene Familie in Sicherheit zu bringen. Die Arbeit dieser Organisation vermischte sich mit dem Engagement der Kirche. Nach der Befreiung wurde Pater Benoît zu einer religiösen Feier anlässlich der Wiedereröffnung der Synagoge eingeladen und gebeten, ein paar Worte zu sagen; er erinnerte sich daran, dass er damals von „tosendem Applaus“ empfangen wurde.[26]

Darüber hinaus gab es auch ein katholisches Hilfswerk, das sich für die Juden und besonders für die getauften Juden einsetzte. Es war von den Pallottinern gegründet worden und hatte seinen Sitz direkt neben dem Haus der Brüder am Tiberufer, in der Nähe der Ponte Sisto. Das Raphaelswerk, das Ende des 19. Jahrhunderts in Deutschland zur Unterstützung von Auswanderern entstanden war, richtete sein Augenmerk seit Beginn des antisemitischen Feldzugs der Nazis hauptsächlich auf die Juden. Das Werk arbeitete daran, 3.000 Juden die Ausreise nach Brasilien zu ermöglichen, und nutzte dazu Visa, die der brasilianische Präsident Getúlio Vargas dem Papst bewilligt hatte. Schlussendlich war die Zahl derer, die ausreisen durften, aber geringer. 1939 war eine Zweigstelle in Rom eröffnet worden, die seit 1940 von Pater Anton Weber geleitet wurde. Webers Engagement wurde vom Staatssekretariat und dem IOR unterstützt; ferner arbeitete er mit der DELASEM zusammen.[27] Ein Jude, dessen Namen wir nicht kennen, beschrieb es folgendermaßen:

> In Dutzenden strömten die Juden zum Raphaelswerk. In zehn Sprachen hörte man sie sprechen und alle wussten nicht, wohin sie fliehen sollten. Man sah Ehemänner, die geflüchtet waren, während ihre Frauen ins Konzentrationslager gekommen waren; man sah Eltern, die nicht wussten, was aus ihren Kindern geworden war; man sah Menschen, deren Häuser zerstört worden waren und die die Schrecken der Konzentrationslager miterlebt hatten; Familien, die ein behagliches und würdevolles Leben geführt hatten, sahen sich nun in alle vier Winde verstreut, völlig mittellos [...] Für sie alle sorgte das Raphaelswerk dadurch, dass man ihnen zuhörte, dafür sorgte, dass die Frauen ihre Männer wiederfanden, dass man sich um Reisepässe, Dokumente und um die endlose Reihe von Karten kümmerte, die man haben musste, um endlich frei dafür zu sein, die Reise über das Meer anzutreten. Mit jedem dieser Unglückseligen war ein Haufen verschiedener Behördengänge verbunden [...] Wochen und Monate vergingen, bis einer von ihnen frei und in Sicherheit war [...][28]

Diese Schilderung führt uns in die Welt des Leidens der verfolgten oder geflüchteten Juden, die auf der Suche nach einer Anlegestelle für den Tag oder einer Perspektive für die Zukunft waren. Seit 1939 und bis zum 8. September 1943 kümmerte sich das Werk um etwa 20.000 Personen und ermöglichte die Emigration von circa 2.000 Menschen, von denen 1.500 jüdisch waren und zum größten Teil aus den italienischen Konzentrationslagern kamen.[29] Amerikanische Juden spendeten über 125.000 Dollar. Nach dem 8. September sah sich Pater Weber (der sich selbst im Jahre 1941 in einem Brief an den Polizeichef als „Beauftragten des Staatssekretariats Seiner Heiligkeit für die Emigration der Nichtarier nach Übersee“ bezeichnete) dazu gezwungen, eine neue Strategie anzuwenden und die katholischen Juden zu verstecken, wo er nur konnte. Aus einer von Pater Weber ausgestellten Bescheinigung erfährt man, dass eine etwa 30 Jahre alte Italienerin, Maria Teresa Barracchia, die gut Deutsch sprach, für das Werk aktiv war: In der Zeit von Oktober 1943 bis Januar 1944 brachte sie jeden Tag mit dem Fahrrad Lebensmittel des Raphaelswerks zu einer großen jüdischen Familie, die in einer Grotte auf dem Land in der Nähe von Cecchignola versteckt war.[30] Aushänge des deutschen Kommandos schützten die Zweigstelle des Werkes in Rom, die eine wichtige Anlaufstellte für zahlreiche Juden war. Pater Weber agierte nun nicht mehr unter dem Namen des Raphaelswerks.

Der tschechoslowakische Katholik Karel Weirich arbeitete für die tschechoslowakische Presseagentur in Rom, für die vatikanische Tageszeitung und für die Päpstlichen Missionswerke. Außerdem leitete der Journalist das St.-Wenzel-Werk, das für Flüchtlinge aus seinem Heimatland, vor allem aber für die in Rom und Italien lebenden tschechoslowakischen Juden da war (ferner übermittelte er Nachrichten aus der Tschechoslowakei an das Staatssekretariat). Er arbeitete eng mit Pater Benoît zusammen. Etwa 300 Juden konnte er in der Zeit von 1940 bis März 1944 helfen, bis er selbst von den Deutschen verhaftet und ins Konzentrationslager gebracht wurde. Er überlebte jedoch und kehrte später wieder nach Rom zurück.[31]

Eine ganz spontane Welt: das Leben in den Vierteln

Die DELASEM als große und zudem jüdische Wohlfahrtsorganisation war im römischen Untergrund etwas Einzigartiges. Doch auch auf spontane und unorganisierte Weise wurde Asylsuchenden geholfen. Dieser Teil der Geschichte wirkt häufig weniger relevant; er führt uns zu den persönlichen Entscheidungen vieler einzelner Akteure, denen oft nur wenig Platz zur Verfügung stand. Es ist nicht einfach, ihren Spuren zu folgen. Die römischen Pfarreien spielten dabei eine wichtige Rolle. Die Pfarrer wussten um die Bedürfnisse der Menschen. Mons. Giuseppe Casamatta, der Pfarrer von Santa Maria in Trastevere, war bei den Polizeibehörden gut bekannt, weil er dem faschistischen Regime nicht gerade wohlwollend gegenüberstand – und das obwohl er der Pfarrer von San Marco, der Kirche am Palazzo Venezia, gewesen war. Elena Carandini beschrieb ihn folgendermaßen: „Ich muss noch zur Besprechung in Santa Maria in Trastevere, im kleinen Arbeitszimmer des Pfarrers, bei der es um ihre Evakuierten geht. Der Pfarrer ist wie Anatole France, genau derselbe.“[32] In einer provisorischen Konstruktion im Hof der Pfarrei wurden Flüchtlinge untergebracht. Man zählte auf den exterritorialen Status des Gebietes. Überdies setzte der Pfarrer alle Hebel in Bewegung, um an Lebensmittel für die Menschen zu kommen. Casamatta hatte seinen eigenen Kopf, er war einflussreich im Klerus und beliebt in einem armen Viertel wie Trastevere, das die Deutschen nur ungern und skeptisch betraten. Mit Santa Cecilia gab es dort zudem ein wichtiges Zentrum des römischen Untergrunds.

Don Umberto Dionisi, der Rektor der Kirche Santa Cecilia, die an ein Klausurkloster der Benediktinerinnen angrenzt, beherbergte in seinem Wohnhaus viele gesuchte Personen. Im antifaschistischen Arbeiterviertel Trastevere war er gut bekannt. Die Einwohner dieses Stadtteils hielten fest zusammen und schützten die jüdischen Familien, die in ihrer Mitte lebten. Trieste Melappioni erinnerte sich daran, wie die Deutschen ins Warenhaus ihrer Familie in Trastevere eindrangen: Als sie jedoch die Heiligenbilder des Schwiegervaters an der Wand sahen, begriffen sie, dass er katholisch war. Sie erinnerte sich auch an die deutschen Lastwagen an der Piazza Mastai, in denen die jüdischen Familien des Stadtteils zusammengepfercht wurden. Melappioni betonte auch das gute Verhältnis zu den Juden Trasteveres. Sie selbst spendete Gold, als die eingeforderten 50 Kilo eingesammelt wurden. Im Viertel hatte man dazu aufgerufen: „Gebt etwas, damit die Juden gerettet werden." In Trastevere wie auch in Tor di Nona florierte der Schwarzmarkt. Auf einer Mauer des Viertels stand geschrieben: „Amerikaner, haltet durch, bald kommen wir, um euch zu befreien."[33] Maria Michetti, eine militante Kommunistin, erzählte: „Trastevere war ein Viertel, in dem es in jenen Tagen große Solidarität gab [...]"[34] Nur wenige Meter von Santa Maria in Trastevere entfernt wohnte Enrico Ferola, der ein bekennender Anhänger der Republik und Mitglied der Aktionspartei war. Er wurde in den Ardeatinischen Höhlen erschossen.[35]

In diversen Ordensinstituten in Trastevere wurden Flüchtlinge untergebracht. Die Klöster wurden zu Festungen des allgemeinen Zusammenhalts im Viertel. Unter Anleitung von Schwester Vittoria nahmen die Suore Immacolatine di Ivrea in ihrem Kloster in Santa Rufina e Seconda zahlreiche Juden auf, darunter auch die Familie des Rabbiners Vittorio Della Rocca. Der Vater des Rabbis kannte die Oberin des Klosters, die am 16. Oktober dessen Frau und die Kinder aufnahm; er selbst wurde jedoch deportiert.[36] Auch die Familie von Salvatore Terracina fand hier Unterschlupf. Zusammen mit seiner Mutter und seiner Schwester wurde er dort aufgenommen, nachdem sie auf einer „abenteuerlichen Flucht durch die Straßen des Portico di Ottavia den SS-Männern, die uns angehalten hatten", entwischt waren.[37] Auch in der Via Leone IV in der Nähe des Vatikans versteckten die Schwestern Juden.[38] Bruno di Porto berichtete, er sei über Bekannte eines Verwandten ins Klausurkloster der Karmelitinnen von Sant'Egidio in Trastevere gekommen.[39] Die Pfarrei Santa Dorotea nahm vorübergehend ein paar Juden auf.[40] Im Kloster Sette Dolori an der Via Garibaldi kamen ebenfalls viele Asylsuchende unter.

Dionisi hatte im Dachgeschoss des Klausurklosters Santa Cecilia einen Unterschlupf hergerichtet. In einem großen Saal versteckte er Juden, Offiziere und gesuchte Personen. Durch sein Haus führte er die Gäste in die Klausur der Nonnen. Um sie mit Lebensmitteln zu versorgen, verwendete er falsche Ausweise, die in Trastevere gedruckt wurden. Im Stall des Klosters standen Rinder und Hennen. Dionisi war eine starke Persönlichkeit und hatte Verbindungen zu den Deutschen und zu einem der führenden Männer der Organisation Todt, einem gewissen Glautius. Über ihn erwirkte er die Aufhebung des Todesurteils gegen Don

Petriconi. Auch Traglia soll sich bei General Mälzer für die Befreiung dieses Priesters eingesetzt haben.[41] Don Adolfo Petriconi, der Pfarrer von Val Melaina, hatte einen versprengten amerikanischen Soldaten im gleichen Gebäude untergebracht wie einen deutschen Deserteur (Letzterer war es wahrscheinlich, der ihn verriet).[42] So trafen sich viele Wege im römischen Untergrund. General Alessandro Santi, Stabschef der Fünften Armee unter dem Kommando von Caracciolo di Feroleto, beschrieb in einem Schreiben an Traglia detailliert das heimliche Zusammenleben im Hause Dionisis:

> [...] ich wurde in seiner Wohnung beherbergt, in der sich bereits andere Offiziere befanden: General Krall, Oberst Malagamba [...] und einige Juden. Wir alle hatten keine Lebensmittelkarten und fast kein Geld, und doch mussten wir alle essen, um zu überleben. Und die Schar der dort Untergebrachten wuchs von Tag zu Tag: Weitere Offiziere und weitere Juden kamen hinzu und alle wurden von Don Umberto und seiner Familie (der alten *Mamma,* Signora Vincenza Dionisi, und der Schwester, Signora Antonietta Dionisi) immer herzlich versorgt [...] In den ersten Februartagen gesellten sich zu all diesen Menschen 14 polnische Kriegsgefangene, hungrig, verlaust, ganz mittellos [...] Und die unermüdliche mütterliche Schwester bürdete sich ein unermessliches Arbeitspensum auf und sorgte für alles: Sie teilte das Essen auf, wusch die Wäsche usw. und versuchte sich auch mal als Schneiderin, mal als Krankenschwester usw. [...][43]

Auf der anderen Seite des Tibers lebte Mons. Giulio Cericioni, der Pfarrer von San Lorenzo in Damaso. Er war im Vikariat sehr angesehen und wohnte im exterritorialen Palazzo della Cancelleria, der mitten im Arbeiterstadtteil um den Campo de' Fiori lag. Dort versteckte er viele gesuchte Personen. Der Pfarrer „hat sogar", so Ripa di Meana, „hinter der Sakristei seiner Kirche ein Lager hergerichtet; dabei half ihm der Küster Vincenzo, der wegen eines Rizinusöltrunks noch eine Rechnung offen hatte, der ihm [...] vor etwa 20 Jahren eingeflößt worden war". Ripa di Meana bezeichnete dieses Lager als „ein richtiges Hotel im Untergrund". Und in der Tat „ist es so, dass viele der zahlreichen Gäste der Sakristei, die sich erst daran gewöhnen müssen, auf behelfsmäßigen Liegen zu schlafen, diesen einzigen Raum nie verlassen, der ihnen zur Verfügung steht, und für den Fall einer plötzlichen Gefahr hat sich jeder Einzelne von ihnen bereits einen notdürftigen Unterschlupf ausgesucht: der eine in der Kirche, ein anderer in den unterirdischen Gewölben und wieder ein anderer in einem Raum der Kellergeschosse." Cericioni nahm Montezemolo in seinem Haus auf, weil es zu gefährlich war, ihn zusammen mit den anderen einzuquartieren. Außerdem musste er die interessanten Nachrichten von „Radio London" für Bencivenga, den italienischen Stadtkommandanten von Rom, entschlüsseln.[44]

Die Pfarreien waren Anlaufstellen für viele, die nicht wussten, wohin sie gehen sollten. Es war einfach, sich an die Priester der Pfarrei zu wenden, weil alle zu ihnen Zugang hatten. Auch die Lehrerin Maria Amendola wandte sich an einen Priester, als sie einen Unterschlupf für Michael Tagliacozzo suchte. Viele handelten in jenen Monaten wie sie. Oft war das Pfarrhaus der erste Rastplatz auf der Reise im Untergrund. Mario Pace erzählte, er sei nach Hause gekommen und habe erfahren, dass man seine Familie deportiert hatte. Er habe sich an die befreundete Familie Damiani gewandt, die ihn zum Pfarrer von San Saba und dann in die Pfarrei von Don Occelli in Montagnola gebracht habe.[45] Ein jüdischer Nachbar warnte am Morgen des 16. Oktober die Del Montes, die sofort ihr Haus verließen. Zwei unbekannte Passanten fragten sie auf der Straße, ob sie Juden seien, und rieten ihnen, in Richtung Monteverde zu gehen. Dort trafen sie eine Freundin, Signora Fano, die sie in die Pfarrei Regina Pacis brachte.[46] Häufig begannen die irrlichternden Reisen durch den Untergrund in den römischen Pfarreien.

Auch die in den Gemeinden tätigen Ordensleute nahmen Asylsuchende auf. So zum Beispiel die Stigmatiner in der Gemeinde Santa Croce al Flaminio. Der Pfarrer, Pater Emilio, wurde später als „Gerechter unter den Völkern" geehrt. Er nahm nicht wenige Juden auf (was diejenigen, die noch leben, bezeugt haben) und entwickelte für den Fall einer Durchsuchung (derer es insgesamt vier gab) einen Fluchtplan: Frauen und Kinder sollten in der Kirche beten und die Männer sich im kleinen Theater der Pfarrei sowie in einem verborgenen Winkel hinter der Orgel verstecken.[47] All dies sind kleine Einblicke in das gelebte Engagement für Menschen in Not, von dem heute kaum noch jemand etwas weiß.

Drei Juden wurden im Pfarrhaus von Santa Maria im Stadtteil Monti in der Altstadt Roms untergebracht; außerdem unterstützte die Gemeinde all die Einrichtungen auf ihrem Gebiet, die Schutzsuchende aufgenommen hatten. Auch in vielen Privathäusern des Viertels wurden

Juden versteckt. Viele katholische Familien halfen ihren jüdischen Freunden: So wurden beispielsweise die Di Verolis von den Manginos aufgenommen, die sie schon seit Urzeiten kannten. Esterina Di Veroli wurde auf der Straße als Jüdin erkannt und man folgte ihr bis zum Haus der Manginos; nur wegen der Hartnäckigkeit einiger Bewohner des Stadtteils und vor allem weil Maria Mangino sie als ihre Tochter ausgab, ließen ihre Verfolger von ihr ab. Die Bewohner von Monti hatten ein geheimes und informelles System zur Weitergabe von Warnungen entwickelt. Der Direktor des „Istituto Angelo Mai" erhielt Informationen von einem katholischen österreichischen Offizier. Auch das Vikariat gab Warnungen aus: „Das Vikariat lässt uns", so heißt es im Diarium der Figlie del Sacro Cuore, „durch den hochehrwürdigsten Pfarrer warnen, wenn eine Durchsuchung geplant ist." Über die Mädchen des Instituts informierte der Pfarrer die Familien, die Gäste bei sich hatten. Bei Alarm wurden die jüdischen Mädchen im Dachgeschoss von Santa Maria versteckt; einige mit Kohle hinterlassene Zeichnungen und Namen zeugen noch heute davon, dass dort Menschen untergebracht wurden (unter anderem eine Aida Sermoneta, die, so liest man, „im Schatten dieser Grotten wohnt").[48]

Die Pfarrei Nostra Signora di Guadalupe in Monte Mario am Stadtrand Roms lag außerhalb des Gebietes der offenen Stadt. Der Vikar Giacomo Loreti (Pfarrer der Gemeinde war Don Pietro Rosso) versteckte dort die Flagge des 152. Regiments und Dokumente sowie einige Militärs. Er half den Soldaten der Infanteriebrigade „Sassari", die in großer Anzahl im Gebiet um Torrevecchia, Malagrotta und Castelluccio untergetaucht waren. Er fälschte Dokumente, um den Gemeindemitgliedern die Zwangsarbeit bei der Organisation Todt zu ersparen. Don Loreti hatte Kontakt zu deutschen und vor allem österreichischen Soldaten, die ihm Informationen zukommen ließen, die für das Engagement im Untergrund äußerst nützlich waren. Er half auch ein paar tschechoslowakischen Juden und Flüchtlingen, die er zunächst in den Novaziano-Katakomben versteckte. Das Gebiet der Gemeinde Nostra Signora di Guadalupe wurde zu landwirtschaftlichen Zwecken genutzt, was es den Priestern einfacher machte, den Überblick über das Territorium zu behalten. Außerdem hatten sie dadurch die Möglichkeit, die Gesuchten auf dem Land unterzubringen.[49] Doch Don Rossos Memoiren entnimmt man, dass es zu Ausschreitungen kam:

> Der erschütterndste Vorfall dieser Zeit war, als die deutschen Herren am 24. Oktober 1943 bei circa 30 Gemeindemitgliedern – unter dem Vorwand, sie planten eine Verschwörung – eine Razzia durchführten und zwei von ihnen, nämlich Antonio Righi (der Fleischer) und Guido Gori, erschossen wurden [...] ohne den Trost der Sakramente. Es wurde beim Offizier protestiert, doch dieser erwiderte, dass die deutschen Gesetze dies verlangten. Daraufhin wurde öffentlich in der Ottavia-Kapelle protestiert.[50]

Auf dem Land und in der Peripherie war der Priester häufig so etwas wie der Beschützer der Bevölkerung und der Vermittler bei den deutschen Behörden. Der Priester war gegenüber dem Besatzer im Grunde genommen selbst so etwas wie eine Behörde. Unter Kapplers Regie kam es am 17. April 1944 in Quadraro zur größten Razzia der Besatzungszeit: Etwa 1.500 Männer wurden verhaftet, von denen 947 im Alter zwischen 15 und 60 Jahren in den Norden geschickt wurden (viele von ihnen sollten nie wieder zurückkehren).[51] Der Pfarrer Don Gioacchino Rey, ein Mann aus dem Veneto, begab sich nach Cinecittà, wohin man die Gefangenen gebracht hatte, und bat darum, die Kranken und jene, die für die Versorgung ihrer Familien unentbehrlich waren, freizulassen. Die Gefangenen steckten ihm Briefe zu, die er an ihre Familien weitergeben sollte. Ein Zeuge erzählte: „Don Gioacchino ging dorthin, um den Deutschen zu sagen: Ihr habt den Arzt und den Apotheker der Gemeinde mitgenommen, was sollen nun all die Leute tun [...] die einen Arzt oder Medikamente brauchen? – So ließen sie den Arzt und den Apotheker der Gemeinde frei, nur diese beiden. Dann verlangte der Pfarrer beharrlich danach, auch die anderen freizulassen [...] Weil er beharrte und beharrte und den Raum betreten wollte, in dem die jungen Männer waren, gab ein Deutscher ihm zwei Ohrfeigen [...]“ Ganz erfolglos war er jedoch nicht: Es wurden schließlich weniger Männer deportiert.[52]

Im Zusammenhang mit den Vorfällen in Quadraro berichtete ein Zeuge von einem Kloster in der Via dei Quintili, in dem unter der Kirche sieben junge Männer versteckt gewesen seien. Pater Pfeiffer habe dort gerade die Heilige Messe gefeiert, als die Deutschen kamen und es durchsuchen wollten:

> Die Oberin, eine alte Schwester, erhob sich [...] Und der Deutsche sagte sofort zu ihr, dass sie das Haus durchsuchen müssten. Sie entgegnete ihm:

> Dies ist das Haus des Herrn, hier ist niemand. Dort ist aber die Tür, geht ruhig und schaut, wo ihr wollt, wir feiern weiter unsere Heilige Messe. – Dann sank sie wieder auf die Knie und die Schwestern beteten weiter. Doch als der Offizier die Ruhe und die Entschiedenheit der Schwester sah, schaute er sich zum Glück nicht um [...][53]

Ganz anders als auf dem Land oder in den Vorstadtvierteln verhielt es sich im Zentrum der Stadt. Dort konnten die Häscher alles besser im Auge behalten, es herrschte weniger Solidarität und es gab Denunzianten. Mehr als 650 Juden wurden nach dem 16. Oktober gefangen genommen. Viele von ihnen waren zuvor denunziert worden. Amedeo Osti Guerrazzi hat die Geschichte der römischen Denunzianten in jenen furchtbaren neun Monaten eingehend erforscht. Einer der Gründe, um jemanden zu denunzieren, war Geld. Seit den Rassengesetzen von 1938 hatte sich bei Teilen der Bevölkerung durch die stetige antijüdische Propaganda eine ideologische antisemitische Gesinnung breitgemacht, die ihr Handeln rechtfertigte und geldgierigem Handeln eine politische Tarnung gab. Die Deutschen zahlten für jeden erwachsenen männlichen Juden eine Belohnung von 5.000, für eine Jüdin 3.000 und für ein Kind 1.000 Lire.[54]

Franco Leonori, der in der Via della Scala in Trastevere lebte, erinnerte sich, dass seine Familie während der Razzia einer Jüdin geholfen habe, über einen Fluchtweg zu entkommen; doch er erinnerte sich auch daran, dass eine andere Familie, die sich im nahe gelegenen Karmelitenkloster versteckt hatte, von einem faschistischen Denunzianten aus Geldgier verraten wurde – und das, obwohl Trastevere ein Stadtteil war, dessen Bewohner stark zusammenhielten.[55] Mario Sed Piazza erinnerte sich an eine Denunziation aus finanziellen Gründen, aber auch an die Laune eines versprengten Soldaten, der in Trastevere bei Juden wohnte und davon genervt war, dass vier Kinder im Haus waren. Piazza und seine Verwandten lebten dort völlig ungestört, bis sie im April 1944 angezeigt wurden. Dass er gerettet wurde, schreibt er der Deckung durch die antifaschistisch und antideutsch gesinnten Bewohner von Trastevere zu. Der versprengte (beherbergte) Soldat verriet diejenigen, die ihn beherbergten, woraufhin die Faschisten Angelo Anticoli verhafteten, die Frauen und die Kinder im Haus jedoch in Ruhe ließen. Auf das inständige Bitten der Frauen, ihn wieder freizulassen, entgegneten die Faschisten, sie möchten beim Kommissariat für ihren Verwandten vorsprechen. Sie tappten in die Falle und lieferten sich ihnen zu siebt aus.[56]

Zwischen Pfarreien, Häusern und Vierteln

Im Allgemeinen standen auch die Bürger Roms, die keine Gesuchten in ihren Häusern versteckten, der Jagd auf die Juden feindselig gegenüber. Denunzianten waren schlecht angesehen. Mit den Verfolgten hingegen hatten die meisten großes Mitleid. Die Deutschen bemerkten das sofort. In einem Bericht nach Berlin am Tag nach der Razzia heißt es: „Bevölkerung erregt und wütend nach der Aktion gegen die Juden. Mitgefühl ist in den Unterklassen die dominierende Empfindung, besonders weil Frauen und Kinder festgenommen wurden. Mitgefühl wird durch Flüsterpropaganda künstlich verstärkt. Steigende Empörung, besonders gegen die deutsche Polizei."[57]

Für manche Juden war schon das gewöhnliche Alltagsleben eines Viertels ein sicherer Unterschlupf, in dem sie unbehelligt weiterleben konnten. Dante Almansi, der Präsident der Union der Italienischen Jüdischen Gemeinden, war in einem Privathaus in der Via Tagliamento versteckt.[58] Einige blieben nach der Razzia einfach in ihren Häusern und vertrauten darauf, dass die Nachbarn den Mund hielten. Das Haus in der Via della Reginella, in dem die jüdische Denunziantin Celeste Di Porto wohnte, wurde erst am 24. März untersucht, wonach einige dort wohnhafte Juden verhaftet wurden. Ein Portier in der Via Napoleone III unweit des Bahnhofs Termini zeigte zwei Juden an, die in einem Gebäude in der Nähe versteckt waren. Weitere Juden öffneten mehr oder weniger ununterbrochen weiterhin ihre Geschäfte und konnten so überleben. Gleichzeitig war dies jedoch für viele eine Falle.

Für die ärmeren jüdischen Familien war es manchmal unmöglich, ihr Versteck nicht zu verlassen: „Der Hunger war so groß", erzählte Mino Moscati, „dass er dich sogar die Angst vergessen ließ, von den Deutschen gefangen genommen zu werden. In jenen Monaten hatten arme jüdische Familien wie wir keine Wahl: Wenn man Brot haben wollte, konnte man sich nicht immer verstecken."[59] Dies galt auch für das Ghetto, das Epizentrum der Verhaftungen vom 16. Oktober. Als im Februar 1944 die Nachricht von einer drohenden Razzia im Ghetto umging, wandten sich einige Juden, die in ihren Häusern geblieben waren, an das Kommissariat von Campitelli und verlangten nach weiteren Auskünften, wurden aber sofort wieder weggeschickt, da man sie sonst hätte verhaften müssen: „Doch trotz all dem“, schrieb Sorani in ihrem Tagebuch, „blieben sie weiter im Ghetto.“[60] Questore Caruso setzte daraufhin in Campitelli einen neuen Kommissar ein, der bei der Jagd auf die Juden auch im Ghetto bessere Ergebnisse erzielen sollte. Und in der Tat ließ dieser etwa 60 Personen festnehmen.[61] Die Familie von Salvatore Sermoneta verließ während der Razzia ihr Haus im Ghetto, wusste aber nicht wohin. So kehrten sie im Dezember nach Hause zurück und brachten an der Eingangstür einfach ein Schild an, auf dem stand: „Evakuierte aus Velletri“. So gut sie eben konnten, betrieben sie ein wenig Kleinhandel. Sermoneta erinnerte sich daran, dass das Ghetto wie ausgestorben war und nur wenige Menschen dort noch wohnten. Sie alle hatten ständig Angst, von Faschisten oder Denunzianten erwischt zu werden.[62]

Manchmal verkehrten auch Juden, die nicht arm waren, weiterhin in ihrem Viertel. Die Eltern von Sergio Tagliacozzo brachten die Kinder unter, aber sie selbst „konnten oder wollten vielleicht auch keinen Platz in einem Kloster finden und so trieben sie sich weiterhin im Bereich zwischen der Via Buccari und der Via del Gambero herum, wo alle sie kannten, und so wurden sie denunziert. Und tatsächlich“, so erinnerte sich der Sohn, „rissen sich die Faschisten, nachdem mein Vater verhaftet worden war, sofort die Tasche unter den Nagel, in der er sein Geld aufbewahrte.“[63] Häufig wurde aus Gier nach Geld, Ware oder Möbeln denunziert. Doch das Leben der Juden, die auf den Straßen Roms umherirrten, wurde mit der Zeit immer schwieriger. Direkt vor Mario Sed Piazzas Augen wurde in Trastevere in der Nähe der Tiberinsel ein Jude verhaftet:

> An einem Apriltag erblickte ich, als ich gerade durch die Via della Gensola ging, einige Männer, die ‚Haltet den Dieb! Haltet den Dieb!‘ riefen und einem Juden nachliefen, der verzweifelt vor ihnen wegrannte und sich in Sicherheit bringen wollte. Die Verfolger holten ihn ein, drängten ihn in einen geschlossenen Wagen und brachten ihn, wie immer in solchen Fällen, ins Hauptquartier der Gestapo in der Via Tasso. Dieser geschlossene Wagen war der Albtraum aller Juden Roms. Wo immer dieser Wagen hielt, lauerten irgendwo versteckt in der Umgebung bestochene Anhänger der faschistischen Banden.[64]

Viele Juden fanden in Privathäusern Unterschlupf. Ihre Geschichten nachzuerzählen, ist schwierig. Die Portiers spielten im römischen Untergrund häufig eine entscheidende Rolle. Eine Portiersfrau aus der Via degli Ausoni wies Don Raganella darauf hin, dass die Deutschen hinter einer jüdischen Familie her waren, die in ihrem Gebäude wohnte. Raganella schickte daraufhin einen Priester zu ihnen, der sie warnte. Ein weiterer Portier, Domenico Baldini, verständigte Luciano Morpurgo, als er gerade nach Hause kam: „Fliehen Sie, bleiben Sie nicht eine Minute in Ihrer Wohnung!" Dieser hatte sich einen Schutzraum hergerichtet, wohnte danach aber auch in den Häusern einiger Freunde, beim Grafen Guglielmo Salimei, in Monteverde, in Prati und anderswo. In seinen Erinnerungen betonte er, dass er sich stets auf die „treuen Freunde" verlassen konnte.[65] Die Familie von Graziano Piperno wurde von Professor Fumi, mit dem sie befreundet war, in seinem Haus aufgenommen. Sie lebten dort mehrere Monate lang bis Februar 1944 – dank der Hilfe des Portiersehepaars Francesco und Marta Caiola. Diese gaben sie als ihre Verwandten aus Kalabrien aus und versorgten sie mit falschen Dokumenten.[66] Clara Della Seta erzählte, dass der weibliche Teil ihrer Familie bei den Maestre Pie Filippini in der Via delle Fornaci untergekommen sei, wo sie sich aufgrund der unmittelbaren Nähe zum Vatikan sicher fühlten, während ihr Vater in einer Wohnung am Corso Vittorio Emanuele Unterschlupf gefunden habe. Diese habe ihm ein befreundeter Portier zur Verfügung gestellt.[67]

Questore Caruso forderte die Portiers im Februar 1944 dazu auf, dem deutschen Kommando die Namen der Juden mitzuteilen, die in ihren Gebäuden wohnhaft gemeldet waren. Es sollten keine Juden mehr in ihren eigenen Häusern oder Wohnungen wohnen bleiben. Dies führte zu solidarischem, aber auch zu feigem Handeln, oder schlimmer: zu Denunziationen. Viele schauten genau nach, ob jemand heimlich Verfolgte oder Gesuchte bei sich hatte. In einem Rundschreiben vom 15. März 1944 rief Caruso die Polizeibüros dazu auf, die Portiers „bei der Verfolgung des Kampfes gegen Individuen jüdischer Rasse" miteinzubeziehen, die „aus Profitgründen und einer antinationalen Gesinnung, die mit geheucheltem Mitleid verbunden ist", von vielen Römern versteckt würden. Caruso war am 2. Februar nach Rom gekommen und hatte bei der Jagd auf die Juden sofort einen harten Kurs eingeschlagen. Er hatte für eine Reihe von Versetzungen in den Kommissariaten sowie für eine von Misstrauen und Überwachung geprägte Atmosphäre gesorgt.[68] Im Februar wurden die Polizeikontrollen in den einzelnen Stadtteilen verschärft.

Nichtsdestotrotz brodelte es weiterhin im römischen Untergrund. Der Theologe Ernesto Buonaiuti, der seit Jahren am Rande des kulturellen Leben Roms lebte und als Person, die als *vitandus* exkommuniziert worden war, zur Welt der Kirche keinen Kontakt mehr hatte, beherbergte Luigi Salvatorelli und die Familie von Professor Adolfo Ravà in seiner kleinen Villa in Monte Sacro am Stadtrand Roms.[69] Was im Hause des römischen Antimodernisten geschah, der seit dem Tod seiner Mutter ganz abgeschieden lebte, geschah auch in den Häusern vieler Römer, die mit dem Drama um die Juden in Berührung kamen. Der bekannte Kirchenrechtler Arturo Carlo Jemolo nahm in seinem Haus in Rom und später in dem in Ariccia die Frau von Professor Mario Falco und dessen Töchter auf. Jemolo hatte der Familie Falco, die in Ferrara gelebt hatte, Postkarten geschickt und ihr dringend geraten, nach Rom zu kommen. Auf ihrer Reise in Richtung Hauptstadt kreuzte ihr Zug in Orte im nördlichen Latium den Zug, der die deportierten Juden nach Auschwitz brachte. Darüber hinaus war Jemolos Haus auch eine beliebte Anlaufstelle für antifaschistische Aktivisten.

Auf Empfehlung von Guido Lai, dem Großmeister der Freimaurer, wurde die Familie des Juden Giorgio Soria in der kleinen Villa von Ingenieur Giordano untergebracht, wo es keinen Portier gab: „Das Haus entspricht unseren Sicherheitserfordernissen", heißt es in einem Brief der Beherbergten. Dorthin kam irgendwann auch Guido Lai, dem es nicht gelungen war, von Gaeta gen Süden zu reisen: „Aufgrund dessen war er tatverdächtig, auch weil allgemein bekannt war, dass er antifaschistischen Tätigkeiten nachging [...]" In den Häusern regierte Angst, was Giordanos jüdische Gäste bildhaft schilderten: „Jedes Läuten der Türklingel, jedes Auto, das unverhofft vor unserem Haus hielt, jeder Gleichschritt [...] sorgte für Herzklopfen."[70]

Otello Guidi lebte mit der Jüdin Lella Tedesca zusammen und hatte mit ihr eine Tochter. Aufgrund der Rassengesetze hatten sie nicht heiraten können. In seiner kleinen Zweizimmerwohnung in der Via del Pellegrino 133 nahm Guidi insgesamt 13 jüdische Verwandte von Lella auf. Alle im Haus wussten, was los war, sodass Guidi die Flüchtlinge auch in anderen Wohnungen des Gebäudes unterbringen konnte, als die Nachricht kam, die Deutschen würden kommen und das Haus durchsuchen.

Guidi wurde in der Via Tasso verhört, aber schließlich wieder freigelassen. Bis zur Befreiung lebten Lellas Verwandte in den Wohnungen der Portiersfrau und der Nachbarn.[71]

Auch Menschen mit begrenzten finanziellen Möglichkeiten nahmen andere in ihren Häusern auf. Die jüdische Familie Tedeschi zum Beispiel kam in der Wohnung von Olivetta Cesaroni unter. Diese hatte sie auch vor der Razzia gewarnt. Olivetta, so schrieben Silvana und Roberta Tedeschi, „überließ ihr eigenes Bett meiner Mutter, meinen beiden Schwestern und mir. Wir waren etwa eine Woche bei ihnen versteckt. Anna Fanfani brachte uns in einem Nonnenkloster unter und sie war danach unser Kurier und überbrachte uns Nachrichten und Lebensmittel."[72] Die Mutter von Alba Ferruggia, die an der Piazza Testaccio wohnte, nahm ein paar Juden auf und brachte sie in einem Zimmer unter, das hinter einem Küchenschrank versteckt war.[73]

Manche der Familien, die Schutzsuchende bei sich aufnahmen, taten dies aus religiösen Gründen. Die sehr gläubige Familie von Vincenzo Bartoleschi beispielsweise versteckte einen Schulfreund des Sohnes Benedetto, einen Jungen namens Benedetto Baruch Levi: Dieser hatte sich im Institut der Salesianer unsicher gefühlt, als auf einmal alle Angst vor einem drohenden Überfall bekamen. Andere wiederum widerten die Rassengesetze und die Verfolgung der Juden so sehr an, dass sie Juden bei sich unterbrachten, wie etwa die Familie des Juweliers Costantino Giorgio Bulgari, die drei jüdische Frauen in ihrem Haus aufnahm. Wieder andere nahmen Freunde oder deren Familien auf; die Familien Gerbalena und Zanardi behielten Bruno Portaleone neun Monate lang bei sich und beschafften ihm falsche Dokumente, sodass er ein Zanardi wurde.[74]

Manchmal wurden Gäste ganz spontan irgendwo einquartiert. Angelo Piperno erinnerte sich daran, dass er am 16. Oktober im Haus seines Schwiegervaters in der Via Arenula unweit des Ghettos vom Lärm der deutschen Lastwagen geweckt wurde. Der Schwiegervater verließ das Haus, traf dort einen Schutzmann und bat ihn darum, Piperno aus der Wohnung zu bringen. Der Schutzmann ging das Risiko ein und erfüllte seinen Wunsch: Er brachte Piperno aus dem Haus und gab vor, ihn festgenommen zu haben. Pipernos Bruder hingegen steckte er seine Dienstmarke und sein Band zu. So entkamen sie den Deutschen, die bereits die Stufen des Hauses hochstiegen. Der Schutzmann, ein gewisser Zibellini, brachte sie in sein Haus, wo sie zwölf Tage lang blieben.[75]

Jede einzelne Geschichte von einem Menschen, der im besetzten Rom gerettet wurde, ist auf ihre Weise einzigartig. In vielen Fällen spielten Privathäuser eine wichtige Rolle, doch es ist fast unmöglich, genau nachzuvollziehen, was dort passierte. Ein junger Jude namens Samuele Lello Piazza, der ehemals beim Tuchhändler Tomassini gearbeitet hatte, war am 16. Oktober zu Gast in einem jüdischen Haus, als plötzlich die Deutschen vor der Tür standen. Ihm gelang die Flucht und er klopfte an die Tür seines früheren Arbeitgebers, Mario Gentili. Dieser behielt ihn fünf Monate lang bei sich, bis der junge Mann den Eindruck hatte, dass die anderen Hausbewohner von seiner Anwesenheit wussten. Daraufhin versteckte er sich in einer von Mario Peroni geführten Reinigung.[76] Piero Terracina wiederum berichtete, dass er und seine Familie in dem großen und hohen Wohnhaus in Monteverde untergekommen seien, das damals von allen nur der „Wolkenkratzer" genannt wurde. Als sie am 7. April 1944, am Vorabend des Pessachfestes, gerade zusammengekommen seien, um den Sederabend zu begehen, sei die SS gekommen und habe sie verhaftet. Ein Faschist war seiner Schwester den ganzen Tag lang gefolgt und hatte sie verraten.[77]

Bei anderen Häusern in Rom stellte sich erst später heraus, dass sie für die Juden nicht sicher waren. So etwa das Haus einer gewissen Emmanuela auf dem Land außerhalb von Monteverde, in dem sich Bruno Di Porto, sein Vater und sein Bruder am 16. Oktober versteckten. Emmanuela war eine Hausangestellte der Familie gewesen, änderte jedoch unter dem Einfluss ihrer Schwester und ihres Schwagers ihre Meinung über die Juden und begann irgendwann, sie zu hassen. Sie erbeutete sogar deren im Garten des Hauses in der Via Murri vergrabenen Schmuck. So begannen die Di Portos durch die Stadt zu ziehen und lebten zuerst in ein paar Pensionen, später dann in Ordenshäusern.[78] Auch Piero Modigliani kam in einer Pension unter und durchlebte das Drama seiner eigenen Identität solange, bis es ihm gelang, sich falsche Dokumente zu beschaffen. Er zog von einer Pension zur nächsten und hatte mit großen finanziellen Problemen zu kämpfen.[79]

Die Nachbarschaft konnte über Rettung oder Niedergang eines Juden entscheiden. Einige warnten die Juden bei Gefahr umgehend. Groß war die Anzahl derer, die sie schon am Morgen der Razzia telefonisch benachrichtigten. An jenem 16. Oktober, den alle kalt und regnerisch in Erinnerung hatten, klingelte um 8 Uhr in zahlreichen jüdischen Haushalten das Telefon. Einen Ausdruck hörte man damals besonders häufig: *„Fate Resciùd"*, was im Hebräisch der Römer so viel wie „Flieht" bedeutet. An jenem Tag wurde die Familie von Emma Alatri um 7 Uhr morgens von einem Kollegen des Vaters, einem katholischen Anwalt, geweckt, der wahrscheinlich Bekannte in der Questura hatte. Er bedeutete ihnen zu fliehen.[80] Piero Modigliani berichtete von einem Anruf um 8.20 Uhr: „Einer meiner besten Freunde war am Telefon, der kein Jude war, und mit einer großen Bestimmtheit in seiner Stimme, die darauf schließen ließ, dass er bewegt war, sagte er nur jenen Satz, den wir für den Fall drohender Gefahr vereinbart hatten. Ich bekam einen Schwächeanfall. Es war so weit!"[81]

Auch auf der Straße verhielten sich viele solidarisch gegenüber Mitmenschen, die auf der Flucht zu sein schienen. Giacomo Zarfati, der ein paar Tage nach dem 16. Oktober versuchte, in sein Viertel zurückzukehren, überraschte die Solidarität der Zeitungsverkäuferin: „Ich machte mich auf in Richtung Piazza Sonnino, von der meine Wohnung nicht mehr weit entfernt ist, und hielt am Zeitungskiosk an. Als die Zeitungsverkäuferin Agnese mich sah, grüßte sie mich überschwänglich und mit aufrichtiger Herzlichkeit [...] Die Schimpfwörter, mit denen diese gute einfache Frau gegen die Deutschen wetterte, möchte ich an dieser Stelle nicht wiederholen. Sie ließ mich in den Kiosk eintreten, wo wir vor indiskreten Blicken geschützt waren, und nannte mir die Namen meiner Verwandten, die sie gesehen hatte [...]"[82] Giusto Gregari, so berichtete seine Frau, habe nach dem 16. Oktober zufällig einen jüdischen Nachbarn getroffen, Alberto Di Segni. Dieser habe ihm bekannt, er habe großen Hunger. Von diesem Moment an habe er sich regelmäßig mit ihm getroffen und ihm Lebensmittel überbracht.[83]

Manchmal handelten auch Unbekannte solidarisch, die einen Juden auf der Flucht intuitiv erkannten. Giancarlo Spizzichino erzählte, dass seine Familie, die in der Via Dandolo auf den Hängen des Gianicolo wohnte, am 16. Oktober in Richtung Trastevere hinabgestiegen sei. Ein Soldat sei ihnen in den Weg getreten, habe die Arme ausgebreitet und gesagt: „Nicht hier entlang." Er wollte vermeiden, dass sie in eine Falle tappten. Sie hatten keine Ahnung, wer er war. Einen Tag lang wurden sie im Haus einer Kundin von Giancarlos Großvater in Trastevere beherbergt; doch dann ließ diese die Onkel verhaften, um sich ihrer Ware zu bemächtigen.[84] Jeden Tag auf den Straßen der Stadt zu verbringen und ständig nach Essen und Unterschlupf zu suchen, war riskant und ungewiss. Wer einen Juden erkannte, konnte ihm helfen – oder ihn aber auch denunzieren und daraus persönlichen Nutzen ziehen.

In Testaccio, einem Viertel, in dem viele Juden lebten, warnten zwei Frauen, Viviana Zattera und Libera Ferruggia, die Familie von Donato Sciunnache am Morgen jenes 16. Oktober um 7 Uhr vor der drohenden Gefahr: „Wir wussten nicht, wohin wir gehen sollten", erzählte eine Tochter, „die Zeitungsfrau von Testaccio, Lucia Pizzi, brachte uns Frauen in ihrem Haus und die Männer in dem vom Pfarrvikar Don Schiaffino unter. Dort blieben wir so lange, bis sie für uns eine Unterbringung in Genzano gefunden hatte [...] Die letzten fünf Monate verbrachten wir im Hause einer Nachbarin, Laura Leoni."[85] Die Jüdin Aurora Tedeschi schilderte die angespannte Stimmung, die damals in Testaccio herrschte. Schon vor dem 16. Oktober griff ein fanatischer Faschist Tedeschis Mutter in einem Geschäft an. Dieser forderte, man solle ihr kein Brot geben, weil sie Jüdin sei. Für sie alle war das ein schlechtes Zeichen. Am Morgen des 16. Oktober arbeitete Aurora gerade auf dem Großmarkt in der Nähe von Testaccio. Die Obstverkäufer berichteten ihr von der Razzia und sie rannte sofort nach Hause. Ihrer Mutter und ihrer jüngsten Schwester war etwas Unglaubliches passiert: „Eine Frau, die sie kannte und genau wusste, dass sie Jüdinnen waren, sah sie auf der Straße und zeigte auf sie, als die Deutschen vorbeikamen." Aurora und ihre Schwester fanden zu Hause eine Nachricht vor: Dort stand, sie sollten ihren lieben Angehörigen nachfolgen. Doch neben all den Verrätern gab es immer noch gute Menschen: Die Nachbarn brachten sie in Sicherheit und versteckten sie in ihren Wohnungen. Die entkommenen Tedeschi-Schwestern zogen zusammen mit ihrem Vater und ihrem Bruder durch Rom und fanden am Ende Unterschlupf in einer Papierfabrik – unter miserablen hygienischen Bedingungen. Wie sollte man überleben? Der Vater half bei Gemüsehändlern aus und sorgte so dafür, dass sie etwas zu Essen hatten. Manchmal war die Suche nach Nahrung schwieriger als die Suche nach einem Versteck. Laura Tedeschi bat die Nonnen vom „Istituto Tata Giovanni" darum, ihre Schwestern als Arbeiterinnen in ihrer Einrichtung aufzunehmen, in der 220 Kinder lebten (unter denen möglicherweise auch Juden waren).[86]

Die Inhaberin einer Glaserei in Testaccio sah am Morgen des 16. Oktober mit eigenen Augen, was im Ghetto passierte. Sofort eilte sie zurück nach Testaccio, um eine befreundete jüdische Familie zu warnen und nahm sie schließlich bei sich zu Hause auf.[87] Fortunata Di Veroli, die schwanger war und eine vier Jahre alte Tochter hatte, verließ ihre Wohnung in der Via Marmorata in Testaccio und versteckte sich bei der Familie Marrazzani, die in ihrem Wohnblock lebte. Hier kam im November ihr Sohn Amedeo zur Welt. Lange Zeit versteckte sie sich dort, wo alle sie kannten. Später zog sie aber zu den Salesianerinnen in die Via Dalmazia um, die bereits zahlreiche Juden bei sich hatten.[88] Als die Deutschen kamen, warnte eine Nachbarin die Familie von Celeste Sonnino. Celeste verbrachte eine Nacht bei den Salesianerinnen und fand dann in einem Hohlraum in einer Fleischerei unweit des großen Schlachthofs Unterschlupf. Doch ein Spitzel verriet sie. Durch eine List gelang ihr dennoch die Flucht.[89]

Einige jüdische Familien aus Testaccio blieben in ihren Häusern. Die Familie von Graziella Della Riccia machte sich nach dem 16. Oktober auf die Suche nach einem Unterschlupf und trieb ohne einen festen Bezugspunkt in der Stadt herum. Sie hatten in einem Kloster in der Via Dandolo angefragt, doch es war bereits voll. Nur eine Tochter, Celeste, konnten sie bei einer „gemischten" Familie in Prati unterbringen. Die Della Riccias kehrten nach Testaccio in ihr kleines, nunmehr geschlossenes Geschäft zurück. Zwei Faktoren spielten bei ihrer Rettung eine wichtige Rolle: eine Frau namens Sora Lisa, die sie am 16. Oktober warnte und ihnen später treu zur Seite stand, sowie die allgemeine Mitwisserschaft im ganzen Viertel. Graziella Della Riccia bemerkte: „Die Bewohner des Viertels haben uns beschützt." Die 80 Jahre alte Katholikin Lisa, die in ihrer Gemeinde Santa Maria Liberatrice di Testaccio sehr aktiv war, sorgte sich sehr um die Juden. „Sie war eine gute Christin", so Graziella. Und sie fügte hinzu:

> Am meisten hat uns Frau Lisa geholfen. Sie brachte uns Brot und manchmal auch ein Kleidungsstück für uns Kinder. Den Eltern sagte sie ständig, dass wir uns einen sichereren Ort suchen sollten [...] Sie sagte, sie würde alles tun, um uns zu helfen, doch sie könne uns nicht mit zu sich nach Hause nehmen, weil sie ihrer Schwiegertochter nicht traute [...] Lisa befürchtete, dass die Schwiegertochter anderen von uns erzählen und uns dadurch in Gefahr bringen könnte [...] Nach ein paar Monaten gingen wir Kinder manchmal nach draußen auf die Straße, auch weil es wirklich an-

> strengend war, jeden Tag eingesperrt im Dunkeln des Geschäfts zu verbringen. So gingen wir manchmal zum Spielen in den Park auf der Piazza und bei Gefahr wurden wir immer von Frau Lisa oder jemandem anderen gewarnt und gingen dann ins Geschäft zurück, um uns dort zu verstecken [...] Eine Anzeige hätte gereicht und man hätte uns alle verhaftet. Alle im Bezirk wussten, dass wir Juden waren und wo wir uns versteckten.[90]

Sora Lisa war eine Person, bei der sich persönliche und im Alltag gelebte Solidarität mit den Bemühungen der Gemeinde verknüpfte. Diese war nicht nur ein Raum, in dem Asyl geboten wurde, sondern auch ein Ort, der zu Mitgefühl gegenüber denen anregte, die in Schwierigkeiten waren. Die Atmosphäre in den Gemeinden stand in starkem Kontrast zur antisemitischen Propaganda, die das Handeln der Denunzianten rechtfertigte. Die Pfarreien waren gegen Rassismus und die Jagd auf die Juden, das spürte man. Aus dieser Haltung heraus waren die Katholiken in den Dreißigerjahren zwar nicht auf die Straße gegangen, doch sie führte nun dazu, dass Lisa und weitere Frauen (und Männer) so handelten, wie sie handelten. Ihre Spuren haben wir leider verloren. Die Zahl der kleinen guten Taten, zu denen der Geist in den Pfarrgemeinden die Menschen inspirierte, ist noch größer als die Zahl der aufgenommenen Flüchtlinge, von denen wir aufgrund von persönlichen Zeugnissen oder durch Dokumente wissen. Die Pfarreien verwiesen die Juden auf die Ordensinstitute des jeweiligen Bezirks. Ein Gemeindemitglied der Pfarrei Sacro Cuore, eine Frau namens Taché, hatte die Fäden des großen Hilfseinsatzes für die Verfolgten des Bezirks in der Hand. Sie war es auch, die die Flüchtlinge in die Theresianische Institution schickte.[91]

Mons. Cosimo Bonaldi, der Pfarrer von Santa Maria degli Angeli in der Nähe der Via Nazionale, engagierte sich sehr für die verfolgten Juden. Weil er dem Krieg und dem Regime kritisch gegenüberstand, war er der faschistischen Polizei gut bekannt. Spitzel verfolgten seine Predigten, wovon Mitschriften zeugen, die in den Akten der Abteilung für Öffentliche Sicherheit verwahrt sind. Bonaldi besuchte Rabbi Zolli, der im Haus der Familie Falconieri ganz in der Nähe des Pfarrhauses versteckt war. Der Rabbi unterhielt sich in jenen Tagen mit dem Pfarrer über seine Glaubenszweifel.[92] Mons. Cosimo Rinaldi, der Pfarrer von Santi Marcellino e Pietro in der Nähe des Laterans, brachte im Haus einer Frau der Gemeinde eine jüdische Familie unter, die verzweifelt auf der Suche nach einem Unterschlupf war.[93] Die Pfarrer brachten die Schutzsuchen zumeist zu den Familien, die der Kirche am nächsten standen.

Ein Beispiel dafür, dass sich das Leben im Pfarrhaus mit dem der Familien des Viertels verknüpfte, ist die Zusammenarbeit zwischen Vittorio Tredici, einem früheren faschistischen Podestà aus Cagliari, und der Kirche Santa Lucia am Piazzale Clodio. Der aus dem Veneto stammende Ettore Cunial war dort Pfarrer. Er war allseits dafür bekannt, auch auf der Kanzel kein Blatt vor den Mund zu nehmen. Dessen Bruder, der später als „Gerechter unter den Völkern" geehrt wurde, kümmerte sich im Veneto um die Juden. Tredici, ein sehr gläubiger Mann, war das Faktotum der Katholischen Aktion der Gemeinde. Cunial hatte etwa zwölf Juden und Offiziere, die das Priestergewand trugen, in den Räumlichkeiten der Pfarrei versteckt und ein geheimes Versteck hergerichtet. Seine Haltung war die folgende: „Ich habe nie einen Unterschied zwischen Juden und Nichtjuden gemacht und das Geheimnis Gottes ist kein Geheimnis einer Rasse, sondern aller [...] Als ich das sagte, hat es den Faschisten gar nicht gefallen." Und hinsichtlich der heimlichen Aufnahme von Schutzsuchenden in seiner Gemeinde war er der folgenden Ansicht: „Wahrscheinlich wussten sie auch darüber Bescheid, hatten aber keine Beweise, um mich festzunageln."[94]

Im Viertel Delle Vittorie, in dem sich auch die Kirche Santa Lucia befindet, wohnten sehr unterschiedliche Menschen. Viele waren wie Tredici Faschisten. Es gab dort also nicht jene Einmütigkeit zwischen Pfarrer und Gläubigen, die am Stadtrand festzustellen war. 1942 bat Cunial Tredici, ihm dabei zu helfen, dem österreichischen Rabbi Ernst Braun die Ausreise aus Italien zu ermöglichen. Daraufhin beschaffte Tredici ihm Dokumente und eine Fahrkarte. Im Haus, in dem er wohnte, lebten auch zwei jüdische Familien, die Di Segnis und die Funaros. Als die Deutschen kamen, warnte der Portier Tredici, der die Familie Funaro für ein paar Tage zu sich nahm. Später brachte er sie in einem Nonnenkloster in Monteverde unter. Auch der Partisan Avvento Montesano entging durch Tredicis Hilfe einer Verhaftung. In den Unterlagen dieses faschistischen (und später aus dem Amt gedrängten) Parteifunktionärs wurde eine Notiz gefunden, die ihn voller Mitgefühl zeigt, als er in Ägypten die Ausreise der Juden unter Nasser beobachtete.[95] Hier sieht man, wie aus dem Glauben heraus Mitgefühl für die verfolgten Juden entstand.

Monteverde im Untergrund

Das Viertel Monteverde in der Nähe vom Gianicolo und nicht weit von Trastevere war ein ganz anderer Stadtteil als Delle Vittorie, zu dem Santa Lucia gehört. Kurz vor dem Krieg war dort die Kirche Trasfigurazione di Nostro Signore Gesù Cristo eingeweiht worden. Don Giovanni Buttinelli war dort Pfarrer. Das Viertel war recht neu, es wohnten dort diverse jüdische Familien. Am 16. Oktober trafen die Deutschen in Monteverde später ein als im Ghetto. Lia Levi erinnerte sich daran, dass ihre Mutter, die dort wohnte, atemlos zu ihr ins Kloster kam, wo sie sich bereits versteckt hatte, und ihr mitteilte: „Sie haben angefangen, die Juden wegzubringen [...] Wir sind entwischt [...] Man hat uns früh morgens telefonisch gewarnt. Eine Stimme sagte ‚Wir sind da, geht sofort weg' und hat wieder aufgelegt. Wir haben es nur rechtzeitig geschafft, weil sie später nach Monteverde kamen, im Ghetto haben sie alle gekriegt."[96]

Don Buttinelli kümmerte sich sehr um die Juden. In den Akten des vatikanischen Informationsbüros liegt ein Brief vom 27. Oktober, in dem der Pfarrer sich nach einem Fräulein Natalia Daninos erkundigte, das bei der Familie Angino versteckt gewesen war; ein faschistischer Milizsoldat und ein Deutscher waren gekommen, um die junge Frau abzuholen und hatten sie weggebracht.[97] Eine Cousine Buttinellis, die Augustinerin Schwester Maria Agnese, die in einem Kloster in Trastevere lebte, sagte über ihn: „Don Giovanni [...] ging die Juden selbst suchen und versteckte sie dann an vielen Orten." Die Augustinerinnen versteckten in ihrem Haus in der Via Anicia in Trastevere dreizehn Juden (die meisten von ihnen hatte Buttinelli geschickt). Unter ihnen war eine Frau, die in der Geburtsklinik Salvetti in der direkten Nachbarschaft des Klosters ein Kind zur Welt brachte. Die Oberin gab sie als ihre Verwandte aus.[98]

Don Buttinelli versteckte 100 Juden in seinem Pfarrhaus, die meisten in den Kellerräumen. Der Funke sprang schließlich auf das Viertel über, so Maria Teresa Panichi: „Die Botschaft war klar: Man sollte den Verfolgten die Türen öffnen." Und weiter: „Wir Gläubigen wussten Bescheid darüber, was passierte, doch aus Sicherheitsgründen wurde alles vom Pfarrer, vom Vikar Don Antonio de Santis und von den jungen Leuten der Katholischen Aktion organisiert." Zahlreiche Mitglieder oder Vertreter der Katholischen Aktion arbeiteten mit der Gemeinde zusammen.[99] Viele Familien aus Monteverde halfen mit. In der Villa ihrer Familie brachte

Maria Pia Hausmann Soldaten und zwei Juden unter. Nicht weit vom Wohnsitz der Hausmanns entfernt versteckten sich etwa 30 Juden in Notunterkünften; Buttinelli hatte sie vor den Deutschen gerettet, die da bereits auf dem Rückzug gewesen waren.[100] In einem Haus an der Piazza San Giovanni di Dio brachte Buttinelli die Eltern von Ada Di Nola unter.[101] Ernesto Lavagnino, der dafür gesorgt hatte, dass ein paar renommierte italienische Kunstwerke im Vatikan versteckt wurden, nahm unabhängig von der Gemeinde in seiner „kleinen, kalten Wohnung", wie die Tochter sie bezeichnete, ein russisch-jüdisches Paar auf, mit dem er die Monate der deutschen Besatzung verbrachte.[102]

Auch in Regina Pacis in Monteverde wurden Juden aufgenommen. Der Pfarrer, Don Antonio Novaro von der Kongregation der Regulierten Chorherren von der Unbefleckten Empfängnis, und der Vikar Don Pietro Ciaffei beherbergten vierzig Juden in dem zur Gemeinde gehörigen Kino. Gab es dort keinen Platz mehr, brachten sie die Menschen bei den Familien des Viertels unter.[103] Die Bewohner von Monteverde waren es, die die Juden während der Razzia ins Pfarrhaus gebracht hatten. Auf häufig komplizierten Wegen und je nachdem, wie es gerade passte, kamen sie von den Privathäusern ins Pfarrhaus bzw. in die Ordensinstitute oder auch andersherum. Eine Zeugin sagte: „Der Pfarrer war eine wichtige Bezugsperson für das Viertel, eine mutige Person: Er tat so viel Gutes, er half den Juden." Und Raffaele Di Porto berichtete: „Damals teilten sie im Pfarrhaus Suppe und manchmal Brot aus. Ich erinnere mich daran, wir waren damals Kinder, wie wir mit einem kleinen Töpfchen dorthin gingen, um Suppe zu holen." Auch Sergio Del Monte erinnerte sich an den hilfsbereiten Pfarrer: „Nach dem Krieg haben wir ihn besucht, und als wir später von seinem Tod erfuhren, ließen wir eine Messe für ihn lesen."[104]

Ein paar Juden aus Monteverde versteckten sich nach dem 16. Oktober in einem Schilfdickicht am Viale dei Quattro Venti, kamen danach aber in verschiedenen Wohnungen und Notunterkünften unter. Isa Di Nepi erinnerte sich: „Nach ein paar Wochen gingen wir los und quartierten uns in den verschiedenen Klöstern des Viertels ein. Unsere Verwandten aus Rom, die Familie Campagnano, wurden von den Weißen Vätern in der Via XXX Aprile aufgenommen, die Frauen hingegen fanden bei den kanadischen Schwestern in der Via Francesco Domenico Guerrazzi Unterschlupf. Meine Familie und ich, wir blieben in unserer Wohnung in der Via di Villa Doria Pamphilj."

Neben Regina Pacis gab es am Rande von Monteverde die Gemeinde Donna Olimpia. Elio Venier, der damalige Vikar des „Kirchleins“ von Donna Olimpia und spätere Journalist und Literat, berichtete mir später von seinen Erlebnissen. Pfarrer der Gemeinde war Mons. Ferdinando Volpino, der mit dem Faschismus sympathisierte. Mons. Traglia rief diesen zu sich und empfing ihn in Anwesenheit von Kardinal Marchetti Selvaggiani. Dieser teilte ihm mit, der Papst sei besorgt darüber, dass Priester ihr Leben aufs Spiel setzten. Kurz zuvor war Don Morosini erschossen worden. Mons. Venier erinnerte sich daran, dass Volpino ihm gegenüber die Botschaft des Kardinalvikars in zwei Imperativen zusammenfasste: „Sei vorsichtig“ und „Macht, was ihr wollt“.[105]

In den Pfarrsälen und den Kellergeschossen von Donna Olimpia wurden etwa 65 Juden und sechs bis sieben weitere Flüchtlinge untergebracht. Bei Gefahr wurden die Juden in den Wohnungen der Gemeindemitglieder versteckt. Elio Venier hielt fest, dass zwischen dem Pfarrhaus und dem Viertel ein hervorragendes Verhältnis geherrscht habe. Auch Männer der PAI kamen, um die Gemeinde in Gefahrensituationen zu warnen. Die dort untergebrachten Männer kümmerten sich um Lederarbeiten, die Frauen nähten. Problematisch war jedoch auch hier die Verpflegung der Gäste. Ein paar Gemeindemitglieder, die auf dem nahe gelegenen Markt einen Stand hatten, halfen aus. Der Priester beschrieb das Zusammenleben folgendermaßen: „[...] die Kinder spielten mit den Kindern; im Verlauf der Monate entstand eine schön anzusehende Kameradschaft, die die jungen Leute von drinnen und draußen miteinander verband; von sich aus kamen sie auch zu den Gottesdiensten in die Kirche; einer arbeitete als Platzanweiser im gemeindeeigenen Kino. Aber während dieser neun Monate machte keiner jemals den Mund auf [...]“[106] Irgendwann, so Venier, hieß es, das Haus würde durchsucht werden: „Wir brachten unsere Gäste in die nahe gelegenen Siedlungshäuser in der Via di Donna Olimpia, wo sie zwei Tage lang blieben [...] Auch bei der Gelegenheit verriet uns keiner. Dabei wussten alle, was wir da für die Juden taten.“ Venier zufolge lag das Geheimnis des Erfolgs von Donna Olimpia im Untergrund darin, dass die Anwohner (unter denen auch Faschisten waren) ganz genau wussten, was die Priester taten, und sie unterstützten.[107]

Die Ordensinstitute, die Pfarreien und einige Häuser in Monteverde bildeten ein informelles Netz. Die Sionsschwestern, die Barnabiten, die

St. Josephsschwestern von Chambéry und viele weitere Gemeinschaften waren im Viertel ansässig. Im Klosterkomplex der Barnabiten auf dem Gianicolo wurden ein paar Flüchtlinge sowie die Mitbrüder aus San Carlo ai Catinari im Zentrum Roms aufgenommen, die jeden Abend aus Platzgründen ihr Haus verließen: Sie hatten dort drei Juden und einige Kriegsdienstverweigerer untergebracht.[108]

Giorgio Campagnano erzählte, dass er am 16. Oktober in Monteverde gerade in einer Schlange gestanden habe, um Zigaretten zu kaufen, als ein Unbekannter ihn warnte, er solle die Schlange sofort verlassen, da die Deutschen hinter den Juden her seien. Die Weißen Väter nahmen ihn in ihrem Haus in Monteverde auf, wo er bis zum 31. Dezember 1943 blieb. An diesem Silvestertag berichtete ihm der Superior, es gehe das Gerücht um, dass die Deutschen im benachbarten Kloster der Serviten eine Razzia planten. Sie waren zwar weiterhin bereit, Schutzsuchende bei sich unterzubringen, doch jeder sollte für sich selbst entscheiden, ob er gehen oder bleiben wollte. Zusammen mit ein paar Familienmitgliedern kam er in einem Privathaus des Viertels unter. Die Frau, die ihnen das Zimmer vermietete, schöpfte Verdacht und teilte dem Kommissar mit, dass die Campagnanos Jude seien; dieser aber entgegnete ihr nur, sie solle sie ruhig bei sich behalten.[109]

In dem hügelig gelegenen Viertel Monteverde, das an den Gianicolo angrenzt und innerhalb der Mauern Roms liegt, hatten sich zahlreiche Ordensgemeinschaften niedergelassen. Die Serviten führten direkt neben dem Haus der Sionsschwestern ein internationales Kolleg. Die Ordensgemeinschaft teilte Suppe an Evakuierte und Bedürftige aus. Bei den Serviten waren etwa 50 Flüchtlinge untergebracht, darunter zehn Juden, fünf Hauptmänner des Heeres, drei Oberste, vier Generäle und einfache Militärs oder Carabinieri. Der Prior des Hauses schilderte die Aufnahme der Gäste 1946 in einem Brief folgendermaßen:

> Für den Großteil der Flüchtlinge war der Aufenthalt vollkommen kostenfrei und der Betrag, den die wenigen zahlten, die sich an die Verpflichtung zur Dankbarkeit erinnerten, war bescheiden. Festzustellen war, dass die Betroffenen fast alle keine Lebensmittelkarten hatten, sodass die Gemeinschaft mit ihnen ihr Brot teilen musste. So kam es, dass die jungen Professen an manchen Tagen, um etwas zu stillen, das man als echten Hunger

bezeichnen muss, sich in den Strünken der Kohlköpfe verbissen, die der Koch im Garten gelassen hatte.

Ein Nachbar, der während der Luftangriffe beobachtete, wie unbekannte Personen auf die Terrasse des Hauses stiegen, verpfiff die Serviten. Sie wurden verdächtigt, Flugzeugen Zeichen zu geben oder in Partisanenaktivitäten involviert zu sein. Auch dass ein Funkgerät im Haus war, wurde vermutet. Koch wurde informiert, der das Haus umzingeln ließ. Ein Nachbar, Hauptmann Magnoni, berichtete den Ordensmännern von der Anzeige und dass man ihr Haus durchsuchen würde. Das Vikariat (das offenbar einen Draht zur Polizei hatte) informierte das Generalat der Serviten in San Marcello darüber, wie die Durchsuchung verlaufen würde. Die Ordensmänner wiesen die Gäste an zu fliehen; nur fünf Juden wollten lieber bleiben. Getarnt als Elektriker, die das Governatorat geschickt hatte, um die Anlagen zu überprüfen, erschien dann Koch mit einem Mitarbeiter: „Die Juden", so heißt es im Bericht über den Vorfall, „wurden sofort im Schutzraum versteckt, der im Korridor hinter der Sakristei hergerichtet worden war, in den man durch eine kleine Tür gelangte." Dies geschah irgendwann zwischen Ende Dezember und Anfang Januar. Auch Sergio Campagnano erinnerte sich an diese Begebenheit oder besser gesagt daran, dass Pater Antoine, der Superior des Klosters der Weißen Väter, seine Familie anrief und ihr vom angekündigten Überfall bei den Serviten erzählte.[110]

Nach der Durchsuchung schickten die Serviten die Juden weg; zwei von ihnen gerieten jedoch in die Fänge der „Banda Koch". Damit hatte Koch den Beweis: Bei den Serviten waren Flüchtlinge. Zwei der Brüder, Pater Tacci und Pater Vincenzo, „wurden diverse Male verhört. Doch niemals wurde dabei Gewalt ausgeübt", hielt man im Bericht fest.[111] Kochs Durchsuchungsaktion und der Versuch, die beiden Juden für seine Zwecke auszunutzen, waren jedoch nicht von Erfolg gekrönt. Seltsamerweise brachte der Faschist die beiden außerdem einen Monat nach seinem Besuch ins Kloster zurück – ein für Koch ganz und gar ungewöhnliches Verhalten.[112] Der Chronist des Klosters notierte, dass nach der Durchsuchung nur noch ein Jude und drei Kinder im Haus beherbergt wurden. Und kritisch bemerkte er: Diejenigen, die anderswo geflohen waren und dann „erneut hier erschienen, wurden auf Anweisung des Pater Priors, der vielleicht zu furchtsam ist, nicht aufgenommen". Auch in ihren anderen Häusern in Rom nahmen die Serviten Flüchtlinge auf. Im Generalat San Marcello versteckte man etwa 30 Juden und ein paar politisch Verfolgte (weshalb ein Pater, Giulio M. Scappin, wegen politischer Tätigkeit verhaftet wurde), während im Kloster Santa Maria in Via etwa zehn Militärs und zwei ungarische Juden untergebracht waren.[113]

In Monteverde lebten außerdem in „Istituto Gualandi", einer Einrichtung für Taubstumme, bis zu 100 Flüchtlinge. Grazia Pavoncello erinnerte sich daran, dass die SS dem Haus einen Kontrollbesuch abstattete, bei dem alle Gäste, die vorher entsprechend instruiert worden waren, so taten, als seien sie stumm. Pater Giuseppe Romita zufolge war das am 13. März 1944. Die Flüchtlinge zogen sich wie geplant in ihr Versteck zurück; nur eine Jüdin verließ es und wurde gefangen genommen. Doch die Frau verriet die anderen nicht. Als sie sie verhafteten, fanden sie bei ihr zudem eine beachtliche Geldsumme und reichlich Schmuck, den sie verwahrt hatte, sodass die SS beim Weggehen versicherte, „dass das Institut nichts mehr zu befürchten hat".[114] Isa Di Nepi beschrieb die moralische Haltung der Bewohner Monteverdes gegenüber den Juden folgendermaßen:

> Im Viertel verhielt man sich gegenüber uns Juden jedenfalls wirklich solidarisch: Neben den Kirchen und Klöstern waren es die verschiedenen Familien und Einzelpersonen, die selbst Risiken eingingen, um ganze Familien vor der Deportation zu retten. Neben der Familie Bonifazi [...] erinnere ich mich daran, dass unsere nichtjüdische Amme uns Kinder in ihrem Häuschen aufnehmen wollte [...] Natürlich kam es auch vor, dass Juden von den Bewohnern Monteverdes angezeigt wurden, aber insgesamt kann man sagen, dass das Viertel sich nicht nur gegenüber uns Juden wirklich solidarisch zu verhalten wusste. In einem Keller in der Viale di Villa Doria Pamphilj wurden Wehrdienstverweigerer versteckt.[115]

Zwischen Altstadt und Prati

Vor allem nach dem 8. September wurden in den Pfarrhäusern „Wohltätigkeitsbüros" eingerichtet. Sie kümmerten sich um die Evakuierten, die in die Hauptstadt kamen. Der Hunger der Menschen war eines der größten Probleme, um das sich die Büros kümmerten.[116] Manchmal kam es beim Ernährungsamt unter den hungernden und erregten Menschen, die in Scharen herbeiströmten, zu dramatischen Szenen.[117] Im Laufe der Zeit wurde es immer schlimmer. Am 25. März 1944 wurde die Brotration auf 100 Gramm pro Kopf reduziert. So kam es im April zu einem regelrechten Sturm der Frauen auf die Backstuben. Dieser forderte sogar ein Todesopfer: Caterina Martinelli, die sechs Stangen Brot für ihre sechs Kinder mitgenommen hatte, kam dabei ums Leben. Katholische Organisationen und besonders der „Circolo di San Pietro" hatten in den Pfarrhäusern der Hauptstadt „Armenküchen" sowie eine Reihe von Versorgungsdiensten eingerichtet.[118]

Eine wichtige Rolle spielte die altehrwürdige Kirche Chiesa Nuova im Zentrum Roms, die in den Händen der Oratorianer lag. Die Brüder standen Montini nahe, vor allem ihr Vorsteher Pater Paolo Caresana, der wie er aus Brescia stammte. Innerhalb der alten Mauern der Pfarrei fanden viele Schutzsuchende einen Unterschlupf. Zwar kursierten ständig Gerüchte um das heimliche Treiben bei den Oratorianern (sie hatten etwa 70 Gäste), doch das Viertel hielt zusammen. In der Nähe gab es überdies eine von den Oratorianern organisierte Suppenküche, die täglich zwischen 2.000 und 3.000 Teller Suppe mit Gemüseeinlage austeilte. Das Ansehen, das die Oratorianer bei den einfachen Bewohnern des Stadtteils im Zentrum Roms genossen, sicherte ihnen Stillschweigen über die Gäste der Chiesa Nuova.[119]

Es war Caresana, der die ersten Juden in die Chiesa Nuova brachte. Wenn man bedenkt, wie vertraut der Oratorianer mit Mons. Montini war, fällt es schwer zu glauben, dass der Substitut nicht wusste, was der Vorsteher tat. Überdies war Montini selbst regelmäßig Gast in der Chiesa Nuova. Dort lebte auch Mons. Primo Vannutelli, der Neffe zweier Kardinäle, der Latein und Griechisch am Liceo Visconti unterrichtete und ein angesehener Bibelforscher war. Nach seinem Tod im Jahre 1945 waren alle sehr erstaunt über sein spirituelles Testament, das er dem Orientalisten Francesco Gabrieli vermacht hatte. Er vertrat darin eine Haltung, die von der rechten katholischen Lehre abwich, aber gleichzeitig von einer großen Zuneigung für die Kirche zeugte. Nicht ansatzweise hatten die Oratorianer bei Vannutelli so ein radikales Denken vermutet. Er bekannte sich, wenn auch im Privaten, zu einer sehr reduzierten Form des Christentums: „Es bleibt wenig, sehr wenig: Gott, die Sehnsucht und die Freude des Universellen." Für ihn unterschied nur wenig bzw. nichts

„den Christen vom Israeliten und vom Mohammedaner".[120] Diese Haltung bestimmte auch in der Praxis sein Verhältnis zu den Juden. Doch im römischen Klerus war Vannutelli ein Einzelfall; das modernistische Klima hatte ihn stark geprägt. Während der neun Monate der Besatzung erläuterte der Bibelforscher den jüdischen Gästen die Psalmen: „Manch einer von ihnen hatte eine totale Erleuchtung", kommentierte Pater Carlo Gasbarri. Als Lehrer am Liceo Visconti bekam Vannutelli einmal Ärger mit den Faschisten des Stadtteils: Als die Schulen dazu aufgefordert wurden, auf die Straße zu gehen und den Dreimächtepakt von 1940 zu feiern, machte er weiterhin unbeirrt Unterricht.[121]

Die Chiesa Nuova war für das Viertel eine wichtige Institution und genau das machte es ihr möglich, sich im Untergrund zu engagieren. Nach dem 8. September ließ Caresana drei Tage lang das Allerheiligste aussetzen und forderte die Gläubigen zum Gebet auf. Als es um die Frage ging, ob Flüchtlinge aufgenommen werden sollten oder nicht, sagte der Vorsteher zur Gemeinschaft der Oratorianer: „Im Leben gibt es Momente [...] in denen man seinen Kopf verwetten muss: Dies ist einer davon. Seid ihr dabei?" Pater Carlo Gasbarri wurde damit beauftragt, sich um die Gäste zu kümmern: Es waren Militärs, Juden, Wehrdienstverweigerer, Carabinieri – eine Gruppe sehr verschiedener Menschen, die ihrer Freiheit beraubt und schwer zu leiten war. Ganze sechs Monate verbrachten vier Juden fast vollständig eingemauert in einem Winkel, zu dem es nur eine Falltür gab. Der riesige Komplex der Chiesa Nuova bot zahlreiche Möglichkeiten, um Menschen zu verstecken. Einige Gäste waren zu Geistlichen „geworden" und trugen den Habit. Die Pater erlaubten es den Verlobten und Ehepartnern, sich zu sehen: „Auch das Herz hat seine Rechte", befand Gasbarri. Für die Katholiken hielt er Andachten ab. Viele lasen und studierten, um sich die Zeit zu vertreiben.

Das Alltagsleben zu organisieren, war alles andere als einfach: „Besonders schwierig war es", so Gasbarri, „sie [die Gäste] vor sich selbst zu schützen." Denn in der Tat wurden viele von ihnen nach einer ersten Phase der Angst unvorsichtig und gefährdeten damit sich selbst und ihr Versteck. Diese Erfahrung machten viele, die im Untergrund aktiv waren. Die Verantwortlichen taten alles, um die Gäste ständig beschäftigt zu halten.

Die Oratorianer waren auch in Garbatella tätig, einem hauptsächlich von Arbeitern bewohnten Vorortviertel unweit der Basilika Sankt Paul.

Dort lebten auch nicht wenige Juden, unter ihnen viele Lumpensammler (ein Gewerbe, dem die Juden im Kirchenstaat seit jeher nachgegangen waren). Im Allgemeinen verhielten sich die Einwohner des Viertels gegenüber den Juden solidarisch; dennoch wurden nach der Denunzierung durch eine Italienerin eine jüdische Mutter und ihre zwei Töchter auf der Straße verhaftet. In Garbatella nahmen die Oratorianer Pater Alessandro Melani und Pater Alfredo Daelli die Familie Ascoli, die gegenüber der Kirche wohnte, und viele andere Juden auf; 20 Juden lebten insgesamt bei ihnen, darüber hinaus noch ein paar untergetauchte Soldaten.[122] Nach einer Denunziation wurden die Kinder des Straßenverkäufers Giuseppe Anticoli auf der Straße festgenommen. Sie hatten das Haus verlassen, um Brot zu besorgen oder um bei einem Zahntechniker etwas abzugeben. Pater Melani und Pater Daelli setzten sich für sie beim Kommissariat ein, doch vergebens.[123] Auch im Falle von Enrica Zarfati, die bis zum 9. Mai 1944 im Keller ihres Wohnblocks gehaust hatte, war das Kommissariat unbeugsam.

Der Fall Zarfatis ist emblematisch dafür, wie viele arme Juden Roms während der Zeit der Besatzung lebten. Insgesamt 18 Familienangehörige lebten in diesem Keller: „Ab und zu kehrten wir jedoch in die Wohnung zurück, auch um etwas zu holen. Wir wussten, dass wir in Gefahr waren, doch ich [...] hatte keine Angst: Ich sagte immer, dass die Deutschen mir keine Angst machten." Die Zarfatis waren umgeben von Menschen, die ihnen halfen: „Hier in unserem Block haben sie uns immer geholfen. Viele brachten uns etwas zu essen, sie brachten uns Wasser und andere Dinge, die wir dringend benötigten. Vor allem die Kommunisten halfen uns sehr [...]" Als Enrica einmal in die Wohnung zurückkehrte, um Zucker zu holen, stand plötzlich ein Polizist in Zivil vor ihr. Trotz ihres verzweifelten Flehens nahm er sie fest. Das Kommissariat von Garbatella war unnachgiebig und das Mädchen wurde nach Auschwitz gebracht. Sie überlebte jedoch und kehrte wieder nach Rom zurück.[124]

Doch nicht alle Ordensleute waren bereit, Gäste in ihren Häusern aufzunehmen. Es gab auch Widerstand. Am 24. Oktober kam die Gemeinschaft der Redemptoristen in San Gioacchino zusammen, um, so heißt es in der Chronik, über „delikate Angelegenheiten" zu sprechen. Es ging darum, ob Juden, Politiker und Deserteure aufgenommen werden sollten oder nicht. Einige waren dagegen: Aus Angst vor Vergeltungsmaßnahmen durch die Deutschen hatte Pater Nobili „gedroht, er werde die Polizei benachrichtigen, sollten im Haus solch gefährliche Fremde aufgenommen werden". Der Pfarrer und Superior der Gemeinschaft, Pater Antonio Dressino, verbot dem Ordensmann, „das Telefon zu benutzen; nur wenn es dringend notwendig war, erlaubte er es ihm zu telefonieren, aber nur in Anwesenheit mindestens eines weiteren Mitbruders". Auch der Provinzial, Pater Salvatore Finelli, sprach sich dagegen aus, wurde aber von der Mehrheit überstimmt, sodass er „beschloss wegzugehen und Exerzitien zu machen". So kam es, dass in San Gioacchino Flüchtlinge aufgenommen wurden. Unter ihnen waren der Anwalt Molé von der Aktionspartei (der als Redemptorist verkleidet war), Juden und andere Gäste.

Der Ingenieur Pietro Lestini brachte zahlreiche versprengte Militärs in die Pfarrei. Er war an den Restaurierungsarbeiten der Kirche beteiligt gewesen und hatte in dem Zuge einen Schutzraum im Dachgeschoss errichtet, in dem die Gäste nun untergebracht wurden. Diese haben dort eine Reihe von Zeichnungen hinterlassen, anhand derer man auch heute noch erkennen kann, dass dort, über der Kirche, die weiterhin in Betrieb war, eine eigene Gemeinschaft lebte. Dabei sah dieser Ort ganz unverdächtig aus: Auf einer mit Dielenbelag ausgelegten Fläche, ein paar Meter lang, durften sich die Gäste aufhalten, wohingegen der mittlere Teil nicht betretbar war. Der Unterschlupf in San Gioacchino ist übrigens der einzige, von dem wir heute wissen, wie er aussah.

Nur ein paar Redemptoristen, Pater Italo Beltrame, Pater Domenico Roberto und Pater Dressino, hatten Kontakt zu den heimlichen Gästen. Es wussten nicht einmal alle Redemptoristen, dass dort im Dachgeschoss der Kirche heimlich Asyl gewährt wurde. Der Sakristan, Domenico Pizzato, trug jeden Abend Säcke voller Lebensmittel für die Gäste auf das Dach der Kirche. Auch Pietro Lestini, der Mitglied der Katholischen Aktion war, engagierte sich sehr für sie. Seine Tochter Giuliana Lestini überprüfte die Korrespondenz zwischen den Gästen (die im Dachgeschoss der Kirche auf engstem Raum lebten, sodass einer das Versteck wegen Klaustrophobie verlassen musste) und ihren Familien. Manchmal musste sie etwas zensieren, um zu vermeiden, dass aus den Briefen Rückschlüsse auf den Ort gezogen werden konnten, an dem die Gäste sich befanden.[125] In der Korrespondenz durfte kein Name, sondern nur ein Code verwendet werden. Lestini mahnte: „Sicherheit beruht auf Verschwiegenheit; keiner darf anderen, nicht einmal der eigenen Familie mitteilen, wo er sich befindet [...]“ Auch Geräusche über der Kirche waren zu vermeiden.

Eine wichtige Rolle spielte die Französin Mutter Margherita Bernes vom Kloster der Vinzentinerinnen in der Via Pompeo Magno, die ebenfalls ein paar jüdische Frauen beherbergten (in diesem Teil der Stadt gab es diverse Verstecke). Die Nonne leitete in der Gemeinde die Armenküche des „Circolo di San Pietro“. Sie selbst wies die jungen Leute der Katholischen Aktion an, ein paar Bänke auf dem Vorplatz der Kirche zu demolieren, weil sie befürchtete, dass man von dort aus die Bewegungen auf dem Dach des Gotteshauses bemerken könnte, besonders wenn die Lebensmittel angeliefert wurden. Mutter Margherita kochte jeden Tag die Mahlzeiten für die im Dachgeschoss einquartierten Gäste, die dann nachts zu ihnen gebracht wurden. Vollmondnächte waren besonders problematisch. Sieben Monate verbrachten die Gäste unter dem Dach von San Gioacchino.

Einer dieser Gäste, Oberleutnant Clemente Gonfalone (der später zum Priester geweiht wurde), erzählte: „Stundenlang diskutierten wir über dies und jenes, über das bisherige Leben, die Hoffnungen für die Zukunft und wie sehr wir diesen Ort verlassen wollten. Manchmal brachten sie uns Zeitungen.“ Sie hatten auch ein Radio. Die Menschen dort hatten viel Zeit, die sie sich vertreiben mussten: Kartenspiele hielten sie lange beschäftigt. Einige der dort untergebrachten Juden waren dem Überfall auf das Lombardische Priesterseminar entkommen.

Prati war ein schwieriges Pflaster. Ein paar Juden wurden dort brutal angegriffen. Eine Jüdin, die auf dem Mercato dell'Unità Stoffballen verkaufte, wurde zusammen mit ihrem Kind weggebracht. Andere Juden wurden in ihren Geschäften ausgeraubt.[126] Aus Prati kam auch der Mann, der Don Morosini denunzierte, jener Priester, der zum Tode verurteilt wurde, weil er die Resistenza unterstützt hatte. Er hatte nur wenige hundert Meter von San Gioacchino entfernt gelebt. In der Kirche konnten nur deswegen Schutzsuchende aufgenommen werden, weil die Gemeinde Teil eines großen Gefüges aus solidarischen Menschen und Personen war, die sich im Untergrund engagierten. Lestini gab an, dass er als „Vizepräsident der Männerunion der Katholischen Aktion und mit der Zustimmung des Pfarrers von San Gioacchino“ Zuwendungen an Militärs und Zivilpersonen verteilt und aus eigenen Mitteln die Bande der katholischen kommunistischen Partei von Paolo Moruzzi unterstützt habe. Anscheinend versteckte er auch Waffen. Viele Bewohner des Viertels waren im Untergrund aktiv; manche nahmen Gesuchte, Versprengte und Juden auf, andere waren im Widerstand tätig.[127] Leopoldo Moscati beschrieb den Geist, der die Arbeit dieser Gruppe aus Ordensmännern und Laien beseelte, als „einen sehr lebhaften wohltätigen Geist, der niemals durch Eigennutz oder durch Zwänge finanzieller, religiöser oder politischer Natur befleckt wurde [...]"[128] Aus Pfarreien, Ordensleuten, Laien, Familien und Privathäusern entstand ein Gerüst aus Bereitwilligen, das sich schützend vor die Menschen in Not stellte.

XI
Hilfe auf die weibliche Art

Die Welt der Nonnen

Wie viele Juden waren es eigentlich, die in den Klöstern Roms Unterschlupf fanden? Der Jesuit Pater Leiber, der „heimliche" Privatsekretär Pius' XII., legte eine Liste vor, in der die jeweiligen Häuser sowie die Anzahl der dort beherbergten Gäste aufgeführt wurden. Diese hatte ein anderer Jesuit, Beat Ambord, zehn Jahre nach den Ereignissen, im Jahre 1954 erstellt. Sie soll auf den Informationen basieren, die die am Hilfseinsatz beteiligten Ordenshäuser ihm zukommen ließen. Ambord selbst verteilte während der Zeit der deutschen Besatzung zusammen mit Oberstleutnant Ulrich Ruppen, dem Vertrauensmann eines Wohltäters aus der Schweiz, eine Million Lire unter den römischen Juden. Er wohnte im Generalat der Jesuiten, war im römischen Untergrund aktiv und half den verfolgten Juden.[1] Renzo De Felice hat Ambords Liste auch in den Anhang seiner *Storia degli ebrei italiani sotto il fascismo* aufgenommen. Die Dokumente, auf deren Basis sie erstellt wurde, konnten jedoch bisher nicht aufgefunden werden.[2] Dieser Auflistung zufolge wurden 2.775 Personen in Frauenklöstern und 992 in Männerklöstern beherbergt; darüber hinaus fanden 680 Personen Platz in Räumlichkeiten, die zu einer Kirche gehörten (häufig nur für ein paar Tage). Die Gesamtzahl der von der Kirche aufgenommenen Juden beläuft sich laut dieser Liste auf 4.447. Aus verschiedenen Gründen kann es sich bei dieser Ziffer aber nur um einen Richtwert handeln: Zum einen wurde an weit mehr Orten der Kirche Asyl geboten als dort aufgeführt und zum anderen gingen die Juden, wie dieses Buch deutlich macht, häufig von einem Haus zum anderen und wurden daher vermutlich mehrfach gezählt.[3]

Doch ganz abgesehen von eventuellen Ungenauigkeiten haben wir es hier mit einer beachtlichen Zahl zu tun, vor allem wenn man bedenkt, dass die Gesamtzahl der in Rom geretteten Juden irgendwo zwischen 10.000 und 12.000 liegt und es 2.000 Menschen waren, die ums Leben kamen.[4] Liliana Picciotto bezeichnete die „katholischen Ordensleute als die Hauptakteure beim Verstecken von Juden".[5] Neben den Juden wurden auch diverse andere Gruppen der Bevölkerung versteckt, so zum Beispiel die vielen untergetauchten Carabinieri: Sie wurden von der Regierung Badoglios maßgeblich subventioniert und bereiteten dem deutschen Kommando große Sorgen (dies geht aus Kapplers Nachrichten hervor, die von den Alliierten abgefangen wurden).

Eine Gruppe von Forschern unter der Leitung von Grazia Loparco hat sich erneut mit diesen Zahlen beschäftigt und die bei De Felice abgedruckte Liste ergänzt und korrigiert. Die Auflistung, die sie vorgelegt haben, ist etwas präziser. Auch hier beläuft sich die Gesamtzahl auf etwa 4.000, obwohl die Gäste nicht mitgezählt wurden, die der Diözesanklerus in den römischen Pfarreien untergebracht hat. Doch im Grunde genommen ist es gar nicht so wichtig, wie viele Juden genau in den Räumlichkeiten der Kirche Zuflucht fanden. Weil viele Zeitzeugen bereits verstorben sind und es recht wenig schriftliche Belege gibt, werden wir die genaue Zahl ohnehin nie erfahren. Und es ist gar nicht so einfach, sie zu ermitteln, da einige manchmal nur kurz in einem Unterschlupf blieben, während andere die ganze Zeit der Besatzung an einem Ort verbrachten.

Wenn die Ordensleute an sich die Hauptakteure beim Verstecken von Juden waren, dann müssen die Frauenklöster als tonangebend bezeichnet werden. Laut Loparco weiß man von insgesamt 200 Ordenshäusern, dass sie Gäste bei sich hatten (bei einer Gesamtzahl von 750 in den Jahren 1943/44). In der Liste Loparcos werden etwa 60 Männerklöster (einschließlich dem Französischen Priesterseminar), aber 130 weibliche Häuser aufgeführt, also mehr als die doppelte Anzahl. Die Sionsschwestern hatten 187 Gäste, die Schwestern von der Guten und Immerwährenden Hilfe beherbergten in ihrem Haus in der Via Merulana gut 133 und bei den Schwestern der Sieben Schmerzen Mariens wohnten mehr als 100 Menschen. In keinem Männerkloster waren so viele Gäste untergebracht, außer im Haus der Schulbrüder, bei denen 96 Gäste wohnten, und bei den Stigmatinern in Santa Croce al Flaminio, die etwa 100 Personen bei sich hatten. Die Zahl der Flüchtlinge, die in den anderen Häusern unterkamen, liegt fast immer unter 50. Große Einrichtungen wie der Laterankomplex oder die Hochburg auf dem Gianicolo wurden hierbei natürlich nicht mitgezählt.

Auffallend viele Gäste kamen also bei Ordensfrauen unter. Dafür mag es auch ein paar Gründe geben, die gar nichts mit dem Willen der Ordensleute zu tun hatten: Nicht wenige jüdische Männer hatten schon vor dem 16. Oktober anderenorts Unterschlupf gesucht, um der Einberufung zur Zwangsarbeit zu entgehen. Überdies eigneten sich die Häuser der weiblichen Ordensgemeinschaften besser dazu, um Familien und Kinder aufzunehmen. Doch es steht außer Frage, dass viele Frauen auch aufgeschlossener waren. Viele Oberinnen und ihre Gemeinschaften entschieden sich mit Feuereifer dazu, in jener Zeit großer Krise ein ungewöhnliches Leben zu leben. Zudem waren sie weniger unabhängig von der kirchlichen Obrigkeit als die männlichen Gemeinschaften. Wie wir bereits gesehen haben, forderte das Staatssekretariat die Frauenklöster häufiger direkt dazu auf, Gäste bei sich aufzunehmen.

In den Siebzigerjahren besuchte ich das schon häufig erwähnte Kloster der Sionsschwestern auf dem Gianicolo. Ich bekam die Möglichkeit, mit den dort verwahrten Dokumenten zu arbeiten und zahlreiche Zeugenaussagen über die Ereignisse einzusehen. Die Gebäude der Sionsschwestern auf dem Gianicolo sind von einem großen Garten umgeben, in dem ein Baum steht, von dem man sagt, Garibaldi habe dort sein Pferd angebunden. Für Nonnen wie die Sionsschwestern, die größtenteils nicht aus Italien kamen, war das Leben im besetzten Rom nicht einfach, vor allem wenn sie aus deutschlandfeindlichen Ländern stammten. Diese wurden offensichtlich von ihren Konsulaten dazu aufgerufen, Italien zu verlassen, entschieden sich aber selbst dazu, in Rom zu bleiben. Einige ausländische Schwestern bekamen die Feindseligkeit am eigenen Leib zu spüren, zum Beispiel die amerikanische Oberin der Schulschwestern Unserer Lieben Frau von Namur: „Eines Tages erschien ein Carabiniere und fragte nach der politischen Gesinnung der Oberin. Doch sie antwortete, sie habe nur eine geistliche Gesinnung.“[6]

Die italienischen Behörden gestatteten es den nichtitalienischen Nonnen, die aus feindlichen Ländern stammten, in ihren Klöstern zu bleiben. Doch die kirchlichen Obrigkeiten forderten sie schon 1940 dazu auf, zurückgezogen zu leben und in der Korrespondenz und bei der Nutzung des Telefons vorsichtig zu sein. Die apostolische Nuntiatur in Italien überwachte die ausländischen Nonnen.[7] Alle ausländischen Ordensleute oblagen der Zensur der Faschisten, die befürchteten, dass sie einen direkten Draht zu den feindlichen Regierungen haben könnten. Doch keiner von ihnen wurde von den Italienern gefangen genommen. Auch wenn sie immer vorsichtig sein mussten, konnten sie in Rom frei leben.

Dies war eine der Eigentümlichkeiten der Hauptstadt: Auch während der Zeit der deutschen Besatzung war eine beachtliche Zahl von „Feinden" in der Stadt unterwegs und in Aktion.

Auch diese Ordensleute engagierten sich für die Schutzsuchenden. Der Historiker Carlo Ghisalberti erinnerte sich daran, dass die polnischen Ursulinen in der Via di Villa Ricotti, deren Oberin, Mutter Maria Ursula Ledóchowska, auch eine Polin war, seine Mutter, Marcella Minerbi, vom September 1943 bis zum Tag der Befreiung bei sich behalten hatte.[8] Auch deutsche Ordensleute nahmen Gäste bei sich auf. Eine Schwester aus der Gemeinschaft der Töchter vom Heiligen Herzen erinnerte sich an die deutsche Oberin des Klosters in der Via Cavour, Mutter Fhaiter: Diese schlief in der Pförtnerstube des Hauses und als deutsche Soldaten vor der Tür standen und das Haus durchsuchen wollten, setzte sie sich sehr entschlossen und in ihrer Muttersprache dagegen zur Wehr.[9]

Die Sionsschwestern, die wie schon gesagt zum Großteil nicht aus Italien stammten, erinnerten sich auch später noch gut an die Bombardierungen, den Hunger und die Besatzung einer Stadt, in der sie selbst Fremde waren. Als sie am 10. September gerade dabei waren, das Triduum anlässlich der Hundertjahrfeier ihrer Gründung zu feiern, warnte sie ihr Kaplan: Deutsche waren in der Nähe. Rasch wurde das Allerheiligste verborgen, das in einem Gefahrenmoment stets zur Anbetung ausgesetzt wurde, und einige Schwestern baten um die Absolution *in articulo mortis*. Die Schwestern glaubten, ganz in der Nähe, von der Piazza Santa Maria in Trastevere Kanonenschüsse zu hören. In einem Bericht aus dem Jahr 1946 heißt es:

> Während der neun Monate hatte der Schrecken die Stadt Rom fest im Griff und die Römer leisteten passiven Widerstand gegen die Deutschen. Die Offiziere mussten sich verstecken, um nicht geschnappt zu werden. Ein Marinekommandant kam und bat unsere Mutter darum, ihm einen Unterschlupf zu geben; doch wie konnte man ihn aufnehmen? Es gab nur eine Lösung: Er musste bei uns als Gärtner arbeiten [...] So haben wir nun einen neuen Gärtner, der nichts von seinem Beruf versteht [...] Er entschuldigte sich und sagte, er sei erst vor kurzem aus dem Krankenhaus entlassen worden. Ein paar Tage später gesellte sich ein zweiter Gärtner zu ihm, es war ein General der Luftwaffe, und auch ein dritter, ein Leutnant der Artillerie mit seiner ganzen Familie kam dazu [...]

Dann kamen die Juden, aus dem nahen Ghetto, aus Monteverde und aus Trastevere. Noch einmal wollen wir einen Blick in den lebhaften Bericht der Schwestern werfen: „Und dann, am Morgen des 16. Oktobers, bot sich ein dramatischer Anblick. Ganze jüdische Familien kamen verängstigt und verzweifelt, um unsere Mutter auf Knien anzuflehen, sie möge ihnen einen Unterschlupf geben. Unsere Mutter öffnete ihnen ihr Herz und stellte ihnen das Haus zur Verfügung [...] Alle glaubten, dieser Zustand würde nur ein paar Tage dauern; doch Tage, Wochen und Monate zogen ins Land und es änderte sich nichts, im Gegenteil – die Lage wurde immer schlimmer und es wurde mit Vergeltungsmaßnahmen gedroht."

Wie gelangten die jüdischen Familien bis zur Pforte der Sionsschwestern? Iole Ginobbi half der Familie von Angelo Di Veroli, einen Unterschlupf zu finden.[10] Emma Alatri Fiorentino erzählte, dass sie das Ghetto zusammen mit ihrer Familie noch vor 8 Uhr morgens verlassen habe, nachdem jemand angerufen und sie gewarnt habe. Sie seien den ganzen Tag umhergeirrt und schließlich in die Wohnung zurückgekehrt, wo sie sich mit Hilfe der Nachbarin Ede Rei versteckt hätten. Doch so konnte man auf die Dauer nicht leben. Sie nahmen Kontakt zu den Sionsschwestern auf. Am 24. Oktober trennten sich die drei Frauen der Familie vom Vater und gingen ins Kloster. Die junge Emma erinnerte sich an „drei sehr freundliche Schwestern, die uns in einen großen Raum brachten, wo etwa 70 Juden waren: Ich glaubte, in der Arche Noah zu sein, so viele Menschen waren dort." Nach einer Weile kamen auch Emmas Tanten dazu. Die Familie bekam schließlich ein Zimmer für sich allein.

Doch die Sionsschwestern nahmen nicht nur Frauen auf. Für ihre männlichen Gäste fanden sie eine andere Lösung: Sie richteten in der Nähe der Küche einen Schutzraum mit einer Falltür her. Die Schwestern berichteten auch von einem Todesfall, woraufhin man den Leichnam im Garten bestattet habe. Auch eine Geburt habe es gegeben. Aus der kleinen Klosterwelt der Sionsschwestern war eine große Gemeinschaft geworden, der ständig die Mittel zum Überleben fehlten. Die Schwestern erhielten auch Lebensmittel aus dem Lager, das von Schwester Pascalina, der Haushälterin Pius' XII., beaufsichtigt wurde.

Obwohl sie auch Angst hatte, entdeckt zu werden, bezeichnete Emma Fiorentino die Zeit, die sie als junges Mädchen bei den Sionsschwestern verbrachte, als „eine Oase des Friedens und der Ruhe": „Die Nonnen hatten uns sehr freundlich aufgenommen, wir fühlten uns wie zu Hause, hatten freien Zutritt zur gut ausgestatteten Bibliothek des Klosters und wir durften auch im Garten spazieren gehen." Emma hatte ein positives Bild von den Schwestern, die sie als hilfsbereit und friedvoll empfand. Die Mädchen strickten zusammen mit den Nonnen und unterhielten sich mit ihnen. Auch andere Klöster wurden als ruhig und friedvoll beschrieben; Giacomo Zarfati schilderte beispielsweise die unbeschwerte Atmosphäre im Kloster Santa Maria dei Sette Dolori: „Die Kinder rannten in den nicht enden wollenden Korridoren und in dem prächtigen Garten umher und brachten damit ein gewisses Chaos in die Gewohnheiten der Schwestern, die absolute Stille gewohnt waren und sich im Kloster mit wehendem Schleier und auf gummibesohlten Schuhen leicht wie Libellen fortbewegten [...]"[11]

Aus den vielen Zeugnissen erhält man den Eindruck (mit dem Wert, den ein Eindruck nun eben haben kann), dass sich die Gäste der weiblichen Gemeinschaften in die Welt ihrer Wohltäterinnen eingliederten und das gute Verhältnis zwischen diesen beiden Welten auch nach der Befreiung fortbestand. Die Frauen hatten mehr Möglichkeiten, Flüchtlinge aufzunehmen, sich um die Kinder zu kümmern und sich mit dem Leben der Flüchtlinge zu arrangieren. Schwester Lelia von den Maestre Pie Filippini sagte: „Wir haben ihre Kinder so ins Herz geschlossen! Und sie haben uns als Dank eine Statue der Madonna geschenkt."[12] Die Missionsklarissen aus der Via Vicenza hielten fest, dass auch nach den neun Monaten „viele der Flüchtlinge von damals Freunde blieben":[13]

Ein Franziskaner von San Bartolomeo all'Isola, Pater Mancinetti, beobachtete hingegen, dass nur zwei oder drei der zahlreichen jüdischen Gäste später zu ihnen kamen, um sich zu bedanken, ja, manche taten fast so, als kannten sie die Brüder nicht, wenn sie ihnen auf der Straße begegneten. Natürlich kann es sich dabei auch um einen Zufall handeln, vielleicht war es auch eine Charaktersache. Doch auch die Suore Compassioniste Serve di Maria hörten nach der Befreiung nichts von ihren etwa 80 Gästen, unter denen nicht nur Juden waren.[14] Einem „Gerechten unter den Völkern", dem Pfarrer Gaetano Tantalo di Magliano de' Marsi, der die jüdisch-römischen Familien Orvieto und Pacifici bei sich beherbergt hatte, stand hingegen, als er nach dem Krieg erkrankte, Giuditta Orvieto zur Seite.[15]

Emma Alatri Fiorentino schilderte ihr Verhältnis zu den Sionsschwestern folgendermaßen: „Als Rom aus den Händen der Nazis befreit wurde, kehrten wir zurück, um uns von den Schwestern zu verabschieden, die uns aufgenommen hatten und denen wir unser Leben verdankten. Viele Jahre lang blieben wir in Kontakt mit den Sionsschwestern [...] Ich glaube, dass die Solidarität und die Zuneigung, die die Kirche uns Juden in jener Zeit gezeigt hat, sehr wichtig gewesen sind, und ich glaube, dass das Schicksal für viele von uns besiegelt gewesen wäre, hätten die vielen Klöster, Pfarreien und Seminare uns nicht ihre Türen geöffnet."[16] Eine Birgittenschwester aus dem Kloster an der Piazza Farnese bezeichnete das Verhältnis zu den Juden wegen der „außerordentlichen Dankbarkeit der geretteten Juden, die uns noch heute besuchen kommen," schlichtweg als „schön".[17] Das weibliche Miteinander behielten viele positiv in Erinnerung: „Unsere Damen, die wir acht oder neun Monate lang bei uns hatten, obwohl sie jüdisch waren, vergessen uns nicht und kommen häufig, ja häufiger als die katholischen Frauen, um zusammen mit ihren Töchtern die Mutter Oberin zu besuchen [...]", liest man in den Memoiren der Schwestern von Sacro Cuore in der Via Cavour.[18] Am 13. Dezember 1946 schrieb Adolfo Tabet anlässlich der Hochzeit seiner Tochter an die Generaloberin der Schwestern vom Heiligen Blut (den Anbetungsschwestern vom Blut Christi). In diesem Brief bezeichnete er die Gastfreundschaft für die Frauen aus seiner Familie als einen „hell leuchtenden Akt der Brüderlichkeit" und übersandte 3.000 Lire.[19]

Viele Juden waren aber auch voreingenommen und besorgt, was die Ordensleute anging. Im päpstlichen Rom gab es ein paar Wohltätigkeitsvereine für Katechumenen und Neugetaufte, die primär darauf hinwirkten, Andersgläubige dazu zu bringen, zum katholischen Glauben überzutreten. Vor der Einigung Italiens, in den Jahren 1813 und 1869, hatte man die Juden gern ins so genannte Haus für Neugetaufte geschickt, „um ihren Willen zu erforschen" – auch wenn die meisten dies, wie es in den kirchlichen Dokumenten von damals heißt, größtenteils „uneinsichtig in ihrem Fehler" wieder verließen und nur wenige sich taufen ließen.[20] Erst 70 Jahre waren seit dem Ende des Ghettos vergangen und geblieben war eine große Furcht vor den Ordensleuten, insbesondere den Nonnen. Ihnen begegneten die Juden regelmäßig in den öffentlichen Krankenhäusern und immer befürchteten sie, sie könnten die Kranken dazu zwingen, zum Katholizismus zu konvertieren. Piera Levi erzählte, dass sie ihre Mutter in ein Krankenhaus eingeliefert und als Katholikin ausgegeben habe. Die Mutter habe mit dem Tode gerungen und dort sei

„ein besonders freundlicher einheimischer Priester" gewesen, der den Kranken Trost zugesprochen habe. Vielleicht wusste er, dass die Patientin jüdisch war. Doch Levi sagte es ihm nicht, denn sie hatte Angst, er könnte sie taufen: „Wir passten immer gut auf, dass der Priester nicht alleine mit *Mamma* blieb. Dass er bloß nicht versuchte, sie in ihren letzten Zügen, als sie nicht bei vollem Bewusstsein war, zum Konvertieren zu überreden." Als sie dann starb, konnten sie sie nicht auf dem jüdischen Friedhof bestatten.[21]

Giacomo Zarfati zufolge herrschte zwischen Juden und Ordensleuten eine große Distanz: „Es sei vorab gesagt, dass wir Juden und auch viele Katholiken bis zu diesem Zeitpunkt Klöster für mysteriöse und unzugängliche Orte hielten, und genau diesen Eindruck hatten meine Frau und meine Schwägerin."[22] Auch wenn die römischen Juden die Kirchen, die kirchlichen Einrichtungen und die Priester der Stadt gut kannten, hatte vor allem die Klosterwelt für sie etwas Undurchschaubares. Mario Tagliacozzo war überrascht, als er auf der Suche nach einem Unterschlupf durch das Gitter mit einer Klausurschwester sprechen durfte, die „alles über uns wissen will, und das, was ich ihr erzähle, beeindruckt sie; doch mir scheint, dass auch sie, die vollkommen außerhalb der Welt lebt, neben unendlicher Gutmütigkeit und absoluter Hilfsbereitschaft auch einen Schuss Neugier in sich trägt".[23] Als Tagliacozzo schließlich Zuflucht in einem Frauenkloster fand, bemerkte er: „Ich glaubte, in ein Kloster einzutreten, doch das, was ich sehe, muss – der Ausstattung nach zu urteilen – etwas anderes sein: Alles ist sauber, alles ist frisch gestrichen [...]" Das Kloster war weniger hässlich als gedacht und die Schwestern, die dort zusammenlebten, erwiesen sich schlussendlich alle als freundlich.

Viele Schwestern hoben die angenehme Atmosphäre im Zusammenleben mit den Gästen hervor. Eine Augustinerin erinnerte sich an das gute Verhältnis zu den Kindern und den Erwachsenen, „die uns gegenüber großzügig waren und uns das wenige Geld, das sie hatten, für die Professfeier gaben": „Ein Moment großer Zusammengehörigkeit war gekommen, als ein Kind zur Welt kam; da ging die Mutter Oberin mit den ältesten Schwestern, um es zu sehen und ihm ihren Segen zu geben." Schwester Maria Agnese, die Cousine von Don Buttinelli, wiederum dachte an ein paar Schwierigkeiten zurück, die die 13 jüdischen Gäste dem Haus in der Via Anicia beschert hatten: „Das Zusammenleben war keinesfalls einfach, weil es sich bei den Gästen vor allem um Heranwachsende handelte und ihnen nur schwer verständlich zu machen war, warum sie still sein sollten oder dass sie nicht lärmend spielen oder in den Garten gehen durften […]"[24]

Man darf nicht vergessen, dass es durchaus sein kann, dass die Erinnerungen an jene neun Monate im Verlauf der Zeit revidiert oder von den Beteiligten im Lichte der Entwicklungen noch einmal überdacht wurden, zu denen es im Verhältnis zwischen Juden und Katholiken nach dem Zweiten Vatikanischen Konzil kam. Doch auf der anderen Seite waren es eben der Holocaust und das durch den Zweiten Weltkrieg ausgereifte Verantwortungsbewusstsein der Katholiken, die zu einer Revision dieser Beziehungen führten. Es war nicht die religiöse Verbundenheit mit den Juden, wie sie sich seit den Sechzigerjahren entwickelt hat (und die man schon damals in manchen Teilen der katholischen Kirche erahnen konnte), die dazu führte, dass Menschen in Not in den Räumen der Kirche aufgenommen wurden. Vielmehr war es eine rein menschliche Reaktion auf die Lebensgefahr und die äußerste Not, in denen sich viele Mitmenschen befanden. Mutter Maria Antoniazzi, Oberin von den Schulschwestern Unserer Lieben Frau von Namur, erklärte beispielsweise:

> Ich habe nur das getan, was jeder andere auch getan hätte. In jenen Augenblicken dachte man nicht an die Gefahr, du machtest weiter mit dem wenigen, was du tun konntest. Die Leute brauchten Hilfe, das war das Einzige, was zählte, außerdem hatten wir keine Familien oder Angestellten, um die wir uns hätten kümmern müssen. Als Menschen des Glaubens konnten wir es uns erlauben, mehr zu riskieren als andere.

Doch Mutter Antoniazzi hatte selbst mit Gegenwind zu kämpfen: Der Hausmeister des Klosters, ein Faschist, begann nämlich Verdacht zu schöpfen, was die jüdische Familie Jacobi anging, die aus Berlin stammte und seit 1938 in Rom lebte. Die Mutter schickte einen Priester, der dem Hausmeister drohte, er würde ihn exkommunizieren, wenn er es wagen sollte, jemanden zu denunzieren. Die Ordenshäuser mussten ständig mit einer Denunziation oder einer Erpressung rechnen. 10.000 Lire forderte man von den Hospitalbrüdern am IDI; anderenfalls, so drohte man, würde man sie bei den Deutschen anschwärzen. Bruder Stablum löste das Problem über einen Carabiniere.[25]

Hildegard Jacobi erinnerte sich daran, wie sie sich Mutter Antoniazzi an der Klosterpforte vorgestellt hatte: „Wir sind Juden, wäret ihr bereit, uns zu helfen?" Sie erzählte, dass die Mutter „nicht nur die Pforte des Klosters aufsperrte, sondern auch die ihres Herzens, und uns umarmte".[26] So fühlten wahrscheinlich viele Ordensfrauen, die gleichzeitig aber auch das Gefühl hatten, dem Willen oder einem Befehl des Papstes zu entsprechen. Roberto Calderoni, der von den St. Josephsschwestern aufgenommen wurde, befand: „Ich glaube, dass die Ordensleute während des Krieges mehr Leute als alle anderen beherbergt haben, vielleicht weil sie einen stärkeren moralischen Antrieb haben, aber auch weil es präzise Anweisungen aus dem Vatikan gab. Ich habe gehört, wie die Schwestern sagten, dass es Anweisungen gebe. Ich würde meine Hand dafür ins Feuer legen, dass Pius XII. Anweisungen zur Rettung der Juden gegeben hat."[27]

Zwischen Zentrum und Stadtrand

Nicht nur im Zentrum Roms, sondern auch in den Randgebieten wurde Schutzsuchenden Unterschlupf gewährt. In den Dreißigerjahren hatten sich die Schwestern Unserer Lieben Frau von Namur in Tor Pignattara niedergelassen und waren dem Aufruf Pius' XI. zu einer seelsorglichen Betreuung der Vorstadt und des römischen Umlands gefolgt. Dort hatten sie eine Schule und eine Suppenküche für Kinder eröffnet. Sie arbeiteten nach den Grundsätzen der Montessori-Pädagogik, die seit Mitte der Dreißigerjahre aus den italienischen Schulen verbannt worden war. Das Haus wurde im Rahmen der von Kardinalvikar Marchetti Selvaggiani angetriebenen Reaktion auf die Faschisierung von Rom gegründet, einer Stadt, die für die Machtpolitik des Regimes entscheidend war. Unter den Einwohnern von Tor Pignattara gab es zahlreiche Antifaschisten und Kommunisten (in einer Siedlung unweit des Klosters lebten besonders viele Regimegegner) sowie viele Menschen, die aus dem historischen Stadtzentrum verdrängt worden waren. Hier war während der Resistenza auch die „Bandiera Rossa" aktiv.[28] Die Lage war während des Krieges besonders brisant, zumal das Haus der Schwestern direkt neben der Bahnlinie Rom–Cassino stand. So beobachteten sie von dort aus die Bombardierungen, den Strom von Flüchtlingen in Richtung Rom und die Schlacht um Monte Cassino aus der Sicht der Etappe und erwarteten mit Bangen die Ankunft der Alliierten. Als das Haus in Tor Piganattara beschädigt wurde, zog ein Teil der Schwestern von Namur in die Via Urbana in der Altstadt um.

Die Oberin, Schwester Therese Marguerite (Murdock), eine Belgierin, hat all das, was in den Jahren 1931 bis 1946 passiert ist, niedergeschrieben. In dieser kleinen Geschichte nimmt sie nur minimal Bezug auf die Politik, beschreibt dafür aber umso detaillierter das Leben in Tor Pignattara, die Bedürfnisse der Menschen und die zahlreichen Juden und andere Personen, die auf der Suche nach Schutz waren. Wenn man die von Schwester Therese Marguerite gefüllten Seiten liest, ist es fast, als stünde man selbst am Fenster des Klosters und schaute auf das, was in Rom damals passierte: der Krieg, die Bombardierung San Lorenzos, die Auftritte des Papstes. Das Leben der Schwestern war eng mit dem der Bewohner des Viertels verbunden, mit den Familien, den Frauen und den Kindern. Schwester Therese Marguerite hielt fest: „Die durch diese politische Lage hervorgerufene Angst stieg, als klar war, dass früher oder später die Lebensmittel rationiert werden würden."

Der Hunger der Menschen war groß. Dies erkennt man auch daran, wie sehr sich alle darüber freuten, als der Vatikan den Ordenshäusern Roms an Weihnachten ein Geschenk Spaniens zukommen ließ: 200 Kilo Mehl, 20 Liter Öl und ein Fass Heringe. In der ganzen Stadt halfen die Ordensschwestern den Familien, etwas zu essen zu finden. Die Schwestern von Namur erhielten Lebensmittel für die Suppenküche der Kinder in Tor Pignattara. An vielen Orten waren Armenküchen eröffnet worden, die die Schwestern und der „Circolo di San Pietro" tatkräftig unterstützten. Wie ich schon mehrfach betont habe, war die Versorgung der Römer eins der größten Probleme, mit denen der Vatikan zu kämpfen hatte. Der „Circolo di San Pietro", ein eng mit dem Heiligen Stuhl verbundenes Hilfswerk, verteilte in seinen „Armenküchen" im Mai 1940 66.418 Teller Suppe; diese Zahl erhöhte sich Anfang 1943 schon auf 256.000 und Ende 1943 waren es 452.214 Teller in einem einzigen Monat. Im März 1944 vervierfachte sich die Zahl nahezu und stieg im Mai 1944 auf mehr als 1.850.000 Teller. Doch der „Circolo" war bei weitem nicht die einzige katholische Organisation, die die Römer mit Essen versorgte.[29] Im Gegenteil entstanden ab 1943 in verschiedenen kirchlichen Einrichtungen verstärkt Hilfs- und Versorgungsaktionen, über die uns die Zeugnisse jener

Monate leider nur wenig Auskunft erteilen. Man bedenke nur, dass 1942 circa eineinhalb Millionen Menschen in der Hauptstadt lebten und die Zahl in der schwersten Phase des Krieges sogar noch steigen sollte.[30] Der Kirche gelang es, den Hunger vieler Römer zu stillen oder ihnen bei der Suche nach Nahrung mit Rat und Tat zur Seite zu stehen.

Zur Aufnahme von Flüchtlingen kam es bei den Schwestern von Namur genauso wie in allen anderen Einrichtungen. Der später in den Ardeatinischen Höhlen ermordete Don Pietro Pappagallo brachte die ersten Juden in das Haus der Schwestern in der Via Urbana. Unter den Nonnen kursierte das Gerücht, Pius XII. habe Kesselring empfangen (ein Treffen, zu dem es jedoch tatsächlich nie kam): „Kesselrings Versprechen, die Klöster zu verschonen", beobachtete Schwester Therese Marguerite, „erleichterte all jene Schwestern ungemein, die Flüchtlinge und andere Schutzsuchende aufgenommen hatten." Die Festnahme und die darauf folgende Hinrichtung Don Pappagallos im Juni 1944, der im Viertel gut bekannt war und in Santa Maria Maggiore häufig die Messe gefeiert hatte, war für die Ordensleute in der Via Urbana ein schwerer Schlag.

Pappagallo war im Untergrund für Verfolgte und Widerstandskämpfer tätig. Seine Geschichte führt uns in die Welt der Kollaborateure, die nicht weit vom Haus der Schwestern von Namur, im Hotel „Littorio" in der Via Urbana, residierten und dort Deutsche und Faschisten beherbergten. Sie stellten eine jener obskuren Gruppen dar, die das Leben im Untergrund durch ständige Denunziationen und Spionageaktivitäten gefährlich machten. Der Sohn der Inhaberin des Hotels „Littorio", Gino Crescentini, half den Kollaborateuren, den Priester zu fangen. Dabei hatten ihm selbst noch kurz zuvor Ordensleute geholfen: Nach dem 8. September hatte er sich im Kloster Santi Cosma e Damiano versteckt und auch Deserteuren aus verschiedenen Ländern geholfen. In diesem Zusammenhang hatte er Pappagallo kennengelernt. Nachdem er das Kloster verlassen hatte und im Hotel seiner Mutter untergekommen war, „begann er" – so heißt es im Schuldspruch – „von Gewinnsucht angetrieben, Negroni [einem anderen Denunzianten] bei all seinen Schandtaten zu helfen und ihm bei seinen Festnahmen und Diebstählen zum Schaden der Juden zu folgen". Nach der Denunzierung von Don Pappagallo formierte sich eine Gruppe, die Juden erpresste, sie anzeigte und in ihren Wohnungen und Geschäften auf Beutezug ging.[31]

All dies geschah im Bereich zwischen dem Hotel „Littorio" und der

Via Tasso. In der Nähe des Hauses der Schwestern von Namur – und auch des Lombardischen Priesterseminars – logierte eine skrupellose Bande. Für jemanden, der sich im Untergrund engagierte, war das Leben in Rom voller Tücken. Das Problem waren nicht nur die Deutschen, sondern auch diejenigen, die aus der Notlage Profit zogen, in der sich Gesuchte und Ordensleute befanden. Einige von ihnen schlichen sich auch in die kirchlichen Einrichtungen ein, in denen Asyl gewährt wurde. Don Piccinini von den Söhnen von der Göttlichen Vorsehung erzählte, dass ein junger Mann aus der Ukraine auf Empfehlung eines Jesuiten im Waisenhaus in der Via Induno untergebracht wurde, aber nach ein paar Monaten plötzlich verschwand. Wenig später stand er erneut vor der Tür, begleitet von einer kleinen Bande Bewaffneter: Sie waren hinter den Juden her, die er nicht nur im Haus in der Via Induno, sondern auch in dem in Monteverde ausfindig gemacht hatte. Die Brüder verhalfen den jungen jüdischen Leuten, die dieser gefangen genommen hatte, zur Flucht und sorgten dafür, dass die Erwachsenen wieder freigelassen wurden. Der Ukrainer, „der als Möchtegernsoldat verkleidet war", blieb aber eine Bedrohung.[32] So etwas gehörte zum unsicheren Leben im römischen Untergrund jedoch dazu.

Zur eigenen Verteidigung musste man versuchen, zu allen Parteien in der Stadt ein gutes Verhältnis zu pflegen, und sich vor allem verstecken. Im Haus der Schwestern von Namur in der Via Urbana wurde ein Schutzraum für die Juden hergerichtet, durch den sie bei Gefahr fliehen konnten, um sich im benachbarten Kloster der Prämonstratenser in Sicherheit zu bringen. Doch wie lange konnte man einen so unsicheren Zustand aushalten? Nicht lange. Die Schwestern waren gut informiert: „Das, was man nicht über den Funk im Untergrund erfuhr, wusste man durch den Kontakt zu den Leitern der verschiedensten zivilen oder kirchlichen Organisationen, von Freunden im Vatikan und von ihren Flüchtlingen [...]" Der befreundete Jesuit Alphonse Raes, der im Orientalischen Institut wohnte, benachrichtigte sie über den Überfall auf das Lombardische Priesterseminar, das Russicum und das Orientalische Institut. Der Vorfall in Sankt Paul versetzte die Schwestern in Panik. Auch ein Haus in der Peripherie wie das in Tor Pignattara war gut mit der kirchlichen Welt in Rom vernetzt und bestens darüber informiert, was im besetzten Rom geschah.[33]

Die Klöster als Orte der Zuflucht

Die Erlebnisse der einzelnen Nonnen und Mönche analytisch nachzuverfolgen ist kaum möglich. Über viele, die Schutzsuchende in ihren Häusern aufnahmen, weiß man fast gar nichts, wie zum Beispiel über die Dorotheenschwestern, die in ihren Häusern an der Salita di Sant'Onofrio oder in der Via Ripetta gut 20 Juden beherbergten. Dort wurden im April 1944 zwei deutsche jüdische Mädchen, Chaya und Gitta Horowitz, untergebracht, die eine abenteuerliche Reise über Belgien und Frankreich hinter sich hatten. Ein Glaubensbruder verwies den jüdischen Antiquar Aldo Di Castro auf Mutter Slesia, eine Nonne, die in der Poliklinik „Umberto I" als Krankenschwester tätig war. So wie Mutter Slesia brachten auch viele andere Ordensfrauen die Juden in großen Krankenhauskomplexen unter. Deren Vorgesetzter, der Chefarzt Professor Giuseppe Caronia, deckte sie. Di Castro vertraute ihm von vornherein an, dass er Jude war, und wurde von ihm, ebenso wie ein paar andere Juden, bis zur Befreiung beschützt.

In den vielen Krankenhäusern Roms wurden in jenen Monaten besonders viele Juden versteckt.[34] Pina Piperno Grego war damals schwanger und wandte sich an eine Klinik, von der man ihr gesagt hatte, sie würde sie garantiert aufnehmen, erhielt aber eine Absage; am Ende versteckte die Oberin sie eine Nacht lang.[35] In Pflegeeinrichtungen, die von Ordensleuten geleitet wurden, wie z.B. im Krankenhaus der Barmherzigen Brüder, wurden viele Menschen untergebracht. Die Kamillianerinnen versteckten in ihrem Sanatorium in der Via Col di Lana fünf Juden unter den Patienten.[36] Die Kamillianer im „Littorio"-Krankenhaus nahmen einen Bruder und den Vater von Michael Tagliacozzo auf. Doch nicht immer waren die Krankenhäuser sichere Orte, auch wegen der zahlreichen Angestellten, die dort arbeiteten. Ein Pförtner des Krankenhauses der Kamillianer verriet die Juden für Geld. So kamen am 21. Mai um 5 Uhr morgens die *Squadracce*, um die Tagliacozzos zu verhaften. Der letzte Konvoi mit Juden war jedoch am Tag zuvor abgefahren, sodass die beiden Verhafteten in Rom bleiben konnten.[37] Im IDI, das von Bruder Emanuele Stablum von den Hospitalbrüder von der Unbefleckten Empfängnis geleitet wurde, kamen viele Flüchtlinge und mehr als 50 Juden unter. Einige von ihnen streiften sich den Habit über und wurden als Mitbrüder ausgegeben, andere wiederum tarnten sich als eingelieferte

Patienten. Sie arbeiteten nach einem ausgefeilten Plan und nutzten die unterirdischen Gänge des Krankenhauses als Schutzraum.[38]

Eine jüdische Familie berichtete vom Auf und Ab bei der Suche nach einem Unterschlupf und schilderte zwei Erfahrungen, die sie mit Krankenhäusern gemacht hatte: zum einen die Unterbringung eines Verwandten namens Arturo im Krankenhaus „San Carlo" in der Via Aurelia, „das damals randvoll mit Offizieren und jungen Männern war", und zum anderen den Unterschlupf in einer Klinik für Nervenkranke in Monte Mario, „das voller Juden, die sofort erkannten, wer wir wirklich waren," und Kriegsdienstverweigerer war. Eine Verwandte der Familie namens Costanza verstarb in der Klinik unter falschem Namen. Weil der Leiter des Krankenhauses ihr ihren richtigen Namen Ascarelli zurückgab, konnte sie dennoch auf dem jüdischen Friedhof auf dem Campo Verano beerdigt werden.[39]

Doch kehren wir zurück zu den Flüchtlingen, die in den Nonnenklöstern Roms Unterschlupf fanden. Auch an eine hochrangige Nonne muss in diesem Zusammenhang erinnert werden: Mutter Maria Elisabeth Hesselblad, die Neugründerin des Erlösers- bzw. Birgittenordens, die sich im früheren Haus der Heiligen Birgitta an der Piazza Farnese niedergelassen hatte. Angesichts der überall wütenden Nationalismen hatte Mutter Elisabeth die Krise schon vor geraumer Zeit vorausgesehen. 1935 schrieb sie: „In Rom hatte ich viele Unterredungen mit hochgestellten Persönlichkeiten, die von falschem Patriotismus ebenso verblendet sind wie die unwissenden Massen. Ich habe sogar den Heiligen Vater gebeten, klar Stellung zu beziehen gegen den modernen Cäsar [...]" Besorgt verfolgte sie den Eintritt Italiens in den Krieg, sah die italienische Polizei, die zum Schutz der französischen Botschaft auf der Piazza Farnese patrouillierte, und beobachtete, wie die Seminaristen des Englischen Kollegs, das in der Nähe ihres Klosters war, in ihr Heimatland zurückkehrten. Im Haus der Heiligen Birgitta wurden Lebensmittel und Kleidung, die aus dem neutralen Schweden kamen, an die Römer verteilt. Im Tagebuch der Vikarin, Mutter Richard, heißt es: „Oktober 1943. Diese Monate der deutschen Besatzung waren [...] eine Zeit des Schreckens und des äusserst großen Leidens." Das Gebäude der Birgittenschwestern stand unter dem Schutz der schwedischen Botschaft.

Die Familien Piperno und Sed wurden im Gästehaus des Klosters untergebracht. Mutter Elisabeth rief Wanda Sed zu sich und fragte sie, warum sie um einen Unterschlupf gebeten hätten; diese offenbarte ihr, dass sie Juden waren. Die Juden stellten fest, dass man sich nach dieser Klärung stärker für sie einsetzte: Mutter Elisabeth fand für sie eine behaglichere Unterkunft (besonders für die Männer, die das Gebäude niemals verließen, da sie befürchteten, als Arbeitskräfte eingefangen zu werden) und zeigte ihnen ein Versteck, in dem sie sich bei einem Überfall in Sicherheit bringen konnten. Am Ende des Krieges konstatierte Hesselblad erschüttert: „[...] wie furchtbar ist der moderne Krieg [...]"[40] Es ist die Persönlichkeit von Mutter Elisabeth, die den Fall der Birgittenschwestern so besonders macht: Die gebürtige Schwedin war zum Katholizismus konvertiert, hatte den alten Birgittenorden wiederbelebt und war eine Vorläuferin des geistlichen Ökumenismus. Doch auch viele einfache Schwestern empfingen die Gäste mit offenen Armen.

So zum Beispiel die Maestre Pie Filippini, die besonders um die Bildung und Erziehung der Jugend bemüht waren. Diese Nonnen nahmen bis zu 114 Juden in ihren drei Häusern in Rom auf, am Arco de' Ginnasi in der Via delle Botteghe Oscure, in der Via delle Fornaci und in der Via Caboto. Eine Mitschwester aus Amerika, Margherita Marchione, erzählte später voller Enthusiasmus vom Einsatz dieser Schwestern – auch um das Handeln Pius' XII. zu verteidigen.[41] Die Schwestern nahmen die jüdischen Frauen bei sich auf und schickten die Männer in andere Unterkünfte, zum Beispiel zu den Barnabiten von San Carlo ai Catinari. Von den Fenstern ihres Hauses im Zentrum Roms konnten die Schwestern die Razzia im Ghetto beobachten (und nach der Befreiung auch den Zorn, der sich auf Celeste Di Porto entlud). Für viele Juden war dieses Haus die erste Anlaufstelle nach der Razzia. Mehrere Male glaubten die Schwestern, die Deutschen würden kommen und ihr Haus durchsuchen. Die Maestre Pie in der Via Caboto und ihre jüdischen Gäste erlebten den Bombenangriff vom 3. März mit, bei dem die Kirche San Benedetto al Gazometro zerstört wurde. Clara Della Seta erzählte, sie sei zusammen mit drei weiteren Frauen aus ihrer Familie ins Kloster in der Via delle Fornaci gekommen: „Von diesem Moment an lebten wir unter dem Schutz der Schwestern; wir fühlten uns sicher, und zwar nicht nur, weil wir in einem Kloster lebten, einem Ort, der sich der Außenwelt damals kaum erschloss, sondern auch weil wir nur wenige Schritte vom Vatikan entfernt lebten, wo der Papst wohnte."[42]

Zwei dieser welterfahrenen Schwestern (von denen einige in den Vereinigten Staaten gelebt hatten), waren besonders aktiv: Assunta Croscenzi und Lucia Mangone berichteten später von ihrer emsigen Suche nach Nahrungsmitteln für die Schwestern sowie für die mehr als 100 Juden, die anderen Gäste und die evakuierten Schwestern, die in ihren Klöstern lebten. Die beiden Nonnen, die mit einem Lastwagen und sogar auf dem Schwarzmarkt unterwegs waren, bauten ein Verpflegungsnetzwerk auf, das viele unterstützten, sogar die Deutschen.[43] Neben der Angst vor Überfällen bedrückte das Verpflegungsproblem die Menschen im römischen Untergrund am meisten. Die Menschen begegneten dem sehr unterschiedlich: Manche waren sehr gut organisiert wie die Maestre Pie Filippini, andere handelten eher spontan.

Auch am Beispiel der Verpflegung sieht man, dass die kirchliche Welt Roms sehr heterogen handelte – einerseits spontan und andererseits koordiniert. Der Vatikan und die Diözese Rom richteten ein Zentrum zur Versorgung der Klöster ein. In diesen Monaten verbanden sich spontane Entscheidungen mit Interventionen von oberster Stelle.

Nachdem sie von Anfragen regelrecht bestürmt und von oben dazu aufgefordert worden waren, Gäste aufzunehmen, öffneten die Schwestern vom Heiligsten Herzen die Pforten ihres Hauses in der Via Cavour. In der Chronik notierte man im Oktober 1943: „In diesen Tagen, die für die Familien so furchtbar beklemmend sind, da sie so unverschämten Durchsuchungen ausgesetzt sind, bitten viele Frauen die Ordensinstitute darum, bei ihnen wohnen zu dürfen, um jeglicher Beleidigung, zu der es kommen könnte, zu entgehen." Und außerdem: „Die sehr ehrwürdige Mutter Oberin [Ignazia Pessina] hat auf Bitte und Empfehlung ehrbarer Priester eine ganze Menge von ihnen aufgenommen, 60 oder vielleicht sogar mehr, manche mit Kindern, und alle sagen, dass sie sich bei uns wohlfühlen." Die Mutter fällte diese Entscheidung „auf Empfehlung würdiger Geistlicher". Wer waren diese Geistlichen? In der Chronik ist von zwei Monsignori die Rede: Einer davon war Ennio Francia, der Minutant in der Sektion für die Ordentlichen Kirchlichen Angelegenheiten des Staatssekretariats war (und Montini also tagtäglich sah) und zusammen mit ein paar anderen Priestern im Haus in der Via Cavour wohnte. Er setzte sich sehr für die Juden ein. In der Chronik des Hauses wurde nach Oktober 1943 notiert: „Es gibt mehr zu tun, vor allem in der Küche, doch es ist ein Werk der Nächstenliebe [...]"[44]

Pater Giuseppe Ricciotti, der Bibelforscher und Autor des berühmten Werks *Das Leben Jesu*, brachte eine Jüdin und ihre zwei Töchter in die Via Cavour. Ricciotti kümmerte sich um die Frau und die Mädchen, die ihn darum baten, sie zu taufen (das Sakrament wurde ihnen am 18. September 1943 in der Wohnung des Präfekten der Ritenkongregation, Kardinal Carlo Salotti, im Palazzo della Cancelleria gespendet). Außerdem wurden auf Ricciottis Initiative drei (oder vielleicht sogar mehrere) Juden im Haus der Laterankanoniker in San Pietro in Vincoli untergebracht, die das Ordensgewand erhielten. Dort lebte auch Pater Karl Egger, der dafür zuständig war, Kontakt zu den Deutschen zu knüpfen (überdies kümmerte er sich auch um die Juden und um die Beschaffung von Lebensmitteln). Die Laterankanoniker, zu denen Ricciotti gehörte, waren Teil eines Kontaktnetzes im Untergrund und standen mit Mons. Traglia und Mons. Barbieri in Verbindung.[45]

Im Haus der Katechumenen und Neugetauften, das sich, wie es im *Annuario Pontificio* von 1944 heißt, „an die Ungläubigen beiden Geschlechts, die Christen werden wollen“, richtete (dessen Gründung durch Paul III. im Jahre 1534, kurz bevor das Ghetto eingerichtet wurde, für die jüdische Gemeinde ein überaus trauriges Ereignis war), lebten die Schwestern vom Heiligen Herzen Jesu. Rektor des Hauses, das Kardinal Marchetti Selvaggiani unterstand, war Mons. Fulvio Antonelli, der im Vikariat angestellt war. In den Erinnerungen des Instituts liest man: „Im Monat August, etwas mehr im September und noch mehr im Oktober herrschte in unserem Haus ein Kommen und Gehen, man könnte sagen ein Rein- und Rausfließen von Personen, die um einen Unterschlupf baten.“ Der Pfarrer der Kirche Madonna ai Monti, Don Guido Ciuffa, warnte Ende November 1943 im Auftrag des Vikariats davor, dass „eine Durchsuchung geplant ist“. Im Februar 1944 bat Mons. Traglia darum, eine Jüdin und ihre Tochter dort aufzunehmen.[46]

Die Anbetungsschwestern vom Blut Christi hatten in Rom drei Häuser, in der Via Pannonia, in der Nähe des Laterans und in der Via Nomentana. In Letzterem hielt sich auch ein Kurialer auf: Carlo Alberto Ferrero di Cavallerleone war Minutant in der Kongregation für die Orientalische Kirche und stand Ronca nah. Im Haus der Schwestern in der Via Nomentana war der Monsignore für die Hilfesuchenden zuständig. Die Schwestern waren sehr aktiv und warteten nicht erst darauf, dass jemand an ihre Tür klopfte. Schwester Pidemia Ferrari begab sich höchstpersönlich ins Haus der Zevis, obwohl es von den Deutschen bewacht wurde, und half ihnen, den Zaun zu umgehen, der sie vom Haus der Schwestern trennte. Anschließend brachte sie sie dort unter. In ihrem Haus in der Nähe des Laterans nahmen sie nicht nur Juden, sondern auch evakuierte Kinder und Waisen sowie Schwestern aus Gaeta auf. Den unterschiedlichsten Teilen der notleidenden Bevölkerung wurde dort geholfen. Es gab auch eine Küche, in der täglich 1.500 Teller Suppen ausgeteilt wurden. Einem Bericht von 1975 ist zu entnehmen, dass dort nach der Befreiung Roms die Ehefrau des faschistischen Ministers für Öffentliche Arbeiten, Renato Ricci, untergebracht wurde. Viele weitere Institute nahmen Faschisten auf, auch wenn dieses Phänomen insgesamt nicht so stark ins Auge fällt wie die Aufnahme der Flüchtlinge in den Jahren 1943/44.[47]

Im Haus in der Via Pannonia, das sich damals noch im Bau befand, war das Generalat der Schwestern. Mit Einwilligung des Vikariats versteckte dort der Pedell der jüdischen Schule, Romeo Bondì (der auch im Haus versteckt wurde), das Material seiner Einrichtung, da er befürchtete, die Schule könnte geplündert werden. Die Generaloberin, Alma Pia De Rossi, schrieb 1947 in einem Bericht über das Vorgefallene:

> Im Jahre 1943, als die Deutschen grausam die Juden verfolgten, öffnete ich, vom Schicksal so vieler Opfer bewegt und von der christlichen Nächstenliebe angetrieben, die Türen unseres Hauses [...] zahlreichen Juden, die tagtäglich kamen und inständig um einen Unterschlupf baten [...] Aus den bis heute verwahrten Listen geht hervor, dass es 112 Juden waren, die zahlreichen Kinder jeder beherbergten Familie nicht mit eingerechnet. Das Haus war komplett voll, auch in den Hohlräumen und den Stockwerken, die bis dato nicht bewohnt gewesen waren: Die Untergebrachten bekamen auch Lebensmittel und anderes; einige von ihnen zahlten uns eine Geldsumme für Verpflegung und Unterkunft; andere konnten nur wenig geben und eine dritte Kategorie (der die meisten zuzurechnen waren) wurde während der ganzen Zeit der deutschen Besatzung gratis beherbergt.[48]

Der „Preis"

Der Bericht von Generaloberin Alma Pia De Rossi wirft eine Frage auf, die alle Ordensinstitute betraf: die nach der Vergütung der Gastfreundschaft. Welcher „Preis“ war für die Unterbringung in den jeweiligen Ordenshäusern zu entrichten? Aufgrund der Dokumente, die uns heute vorliegen, ist es schwierig, diese Frage zu beantworten. Manchmal war die Unterbringung wie im Falle der Via Pannonia gratis (auch wenn die Oberin die jüdische Gemeinschaft später um einen Zuschuss bat, um das Haus wieder instand zu setzen).[49] In anderen Fällen zahlten die, die dazu in der Lage waren. Silvana Ascarelli Castelnuovo bezeichnete die Unterkunftskosten, die bei den Schwestern vom Sacro Cuore del Bambin Gesù zu entrichten waren, als „relativ gering“.[50] Einige Juden berichteten jedoch von Schwierigkeiten oder sogar von Geldgier. Rosa Di Veroli erinnerte sich an ein Kloster (dessen Namen sie aber nicht nannte), das von ihrer Familie eine große Geldsumme verlangt habe (zuvor lebten sie in Ponte Rotto in Trastevere und später in einem Gebäude neben dem Pfarrhaus von San Benedetto, das bei den Bombardierungen zerstört wurde): „Sie wollten 200 Lire pro Tag, die wir nun einmal nicht hatten“, so Rosa. Michele Di Veroli hingegen fand dort eine Bleibe, wahrscheinlich weil er zahlte.[51] Der Großteil der elfköpfigen Familie Di Veroli versteckte sich in ihrem Geschäft im Ghetto, wo es noch nicht einmal fließend Wasser gab, sodass der Portier es ihnen heimlich in einer Flasche bringen musste. Ein Cousin der Familie kam im Vatikan unter. Olga und Rosa, die Töchter von Enrico Di Veroli, der deportiert wurde und das KZ nicht überlebte, kamen im Kloster der Figlie di Nostra Signora della Misericordia, den so genannten „Suore Filippine“, in der Via Cicerone unter.

Hinsichtlich des „Preises“ erinnerte sich Aldo Di Castro: „Jeder Jude, dem es gelungen war, während dieser Monate in den Vatikan zu kommen, zahlte, wenn ich mich recht entsinne, 150.000 Lire. Die anderen zahlten je nach Haus und Kloster, der eine zahlte, der andere nicht.“ In Santa Maria dell'Orto gab es einen festen Tagessatz. Aldo di Castro und sein Bruder wurden von den Salesianern in Cinecittà aufgenommen, blieben dort aber nicht lange. Die Familie von Lello Perugia zahlte anfangs, und als ihnen das Geld ausging, baten die Schwestern sie zu gehen. Lello erzählte, dass sein Vater dann einen Monsignore bezahlt habe, der ihnen Zutritt zum Vatikan verschaffte. Sie lebten anschließend dort im Zimmer eines Franzosen, Mons. Campanelle (der biographisch nicht nachgewiesen werden konnte).[52] Mons. Venier entgegnete jedoch, er könne sich gut daran erinnern, dass die Gäste grundsätzlich kostenfrei beherbergt worden seien. Die in einem Frauenkloster in der Via Cavour untergebrachte

Familie von Giancarlo Spizzichino wurde, als sie nicht mehr in der Lage war zu zahlen, mehrfach gebeten zu gehen. Schließlich kam die katholische Familie, die sie dorthin gebracht hatte, für sie auf.[53]

Graziano Piperno berichtete von den Erfahrungen seiner Familie. Zuerst versteckten sie sich im Haus eines Freundes, Professor Fumi, doch dieser fand dann für sie einen sichereren Unterschlupf im Vatikan. Er teilte ihnen jedoch mit, dass sie einen Mittelsmann würden bezahlen müssen. Den Pipernos gelang es, den vatikanischen Wachposten zu umgehen, sie betraten die Vatikanstadt und gelangten bis zur Canonica, wo ihnen ein Zimmer in einer Wohnung zugewiesen wurde, in der auch andere Flüchtlinge lebten. Ein Detail würde der damals junge Piperno nie vergessen: Auf dem Türschild stand der Name des Eigentümers der Wohnung, Mons. Bellini. Piperno hatte den Verdacht, dass sich der Kleriker die von Fumi angeforderten und tatsächlich auch gezahlten 2 Millionen Lire selbst in die Tasche gesteckt hatte. Bellini soll ein Mitarbeiter der Sektion für die Außerordentlichen Kirchlichen Angelegenheiten gewesen sein, doch seinen Namen sucht man in den Registern des kurialen Personals vergebens.[54]

Edoardo Almagià gab hingegen an, dass er für die Beherbergung im Lateran nichts habe zahlen müssen. Er berichtete, dass er sich mit Mons. Righini in einer Bar am Corso Vittorio getroffen habe: Der Priester habe ihm dort bedeutet, ihm in einem gewissen Abstand zu folgen und ihn so in den Lateran geführt, wo er fortan kostenfrei logiert habe. Ähnlich erging es seinen Verwandten, die bei den Schwestern des „Istituto Maria Bambina“ in der Nähe von Sankt Peter kostenfrei untergebracht waren.[55] Der im IDI einquartierte Luciano Di Cave berichtete: „Meine Familie hatte das, was ihr noch geblieben war, und Geld bei sich, um die Kosten für die Unterbringung zu zahlen: Als ihr das Geld dann ausging, lebten wir von der Solidarität des Instituts und der Großzügigkeit Pater Stablums [...]“[56] Die Augustinerinnen an Santi Quattro Coronati erinnerten sich daran, wie beschwerlich es war, für den Unterhalt der Gäste zu sorgen, und berichteten: „In den letzten Monaten gaben sie uns 40 Lire. So ging das Jahr weiter.“[57] Die im „Istituto Pio XI.“ bei den Salesianern untergebrachten Jungen zahlten, wenn sie konnten; für diejenigen, die mittellos waren, kamen das zionistische Komitee Roms und die DELASEM auf.[58] Die Leiterin des jüdischen Gemeindezentrums „Il Pitigliani“, Margherita Di Cave, besuchte das Institut häufig, um die Unterkunftskosten zu zahlen und die Kinder zu besuchen, die sie selbst aus dem jüdischen Waisenhaus dorthin gebracht hatte.[59] Im Lateran, so betonte auch Michael Tagliacozzo, sei die Unterbringung kostenfrei gewesen.[60]

Es kann nicht ausgeschlossen werden, dass es Menschen gab, die habgierig und gewinnsüchtig waren, oder dass ein Hilfesuchender aufgenommen und ein anderer abgelehnt wurde. Mario Sed Piazza erinnerte sich daran, dass er auf der Suche nach einer Bleibe anders behandelt worden sei als wohlhabende Juden, die sofort einen Unterschlupf gefunden hätten. Sogar die Jesuiten von Il Gesù nahmen ihn nicht bei sich auf, weil sie keinen Platz mehr für ihn hatten (wohingegen, so Sed Piazza, Prospero Di Veroli sehr wohl bei ihnen unterkam). Er glaubte, er sei erfolglos gewesen, „weil ich nicht über die nötigen Mittel verfügte, um für meinen unmittelbaren Lebensunterhalt aufzukommen".[61] Doch obwohl die Einrichtungen mit finanziellen Problemen und mit Versorgungsengpässen zu kämpfen hatten, scheint Geld insgesamt keine zentrale Rolle gespielt zu haben. Denn nur für Geld lohnte es sich nicht, etwas zu tun, das mit der Todesstrafe bestraft werden konnte.

Die Welt der Kinder

Am 16. Oktober stand Schwester Gesù Eucaristia, die Pförtnerin der Franziskanermissionarinnen Mariens, an der Tür des Generalats und sah einen Lastwagen vorbeifahren, der mit Juden beladen war. Eine Frau reichte ihr aus dem Lastwagen heraus ein Mädchen. Die Schwester ergriff es und brachte es im Kloster unter. Den Franziskanerinnen an der Via Appia Nuova hatten die Händler des Bezirks zehn kleine jüdische Mädchen anvertraut, die sie zusammen mit zwei jüdischen Fräulein (die ihr Versteck nie verließen) bei sich unterbrachten. Eine Schwester kümmerte sich um die Kinder und versuchte mit allen Mitteln zu vermeiden, dass sie sich bemerkbar machten. Andere Schwestern verkauften selbstgenähte Wäsche, um vom Erlös Nahrungsmittel kaufen zu können. Sie bewahrten auch Männerbekleidung bei sich auf, die sie den versprengten Soldaten gaben, die bei ihnen unterkamen. Im Haus in Monte Mario waren 40 Kinder versteckt; es waren nicht nur Juden. Eine polnische Familie war in einem separaten Häuschen einquartiert.[62] Die Schwestern verbrachten die meiste Zeit mit den versteckten Kindern und ordneten ihren Lebensalltag. Dabei mussten sie feststellen, wie verwirrt und betrübt die Kleinen waren.

Die Geschichte der Verfolgung (und der Beherbergung) der Juden ist auch eine Geschichte der Kinder. Die Kinder nahmen diese Zeit ganz anders wahr als die Erwachsenen. Für Sergio Tagliacozzo war seine Kindheit am 16. Oktober vorbei: „Ich war noch keine zehn Jahre alt, aber für mich und meine Brüder war die Zeit des Spielens für immer vorbei. An jenem Tag geriet ein Gleichgewicht aus den Fugen, meine Familie wurde zerstört [...]" Für ein Kind war das Leben auf einmal hektisch und verworren: „Ich habe eher konfuse und bruchstückartige Erinnerungen an jene Zeit; einige schliefen bei Freunden, andere bei Bekannten, wir waren nicht mehr länger alle zusammen [...]" Die Kinder verstanden, so Tagliacozzo, „voll und ganz, dass die Lage ernst war, und das kindliche Lächeln verschwand von unseren Gesichtern [...]"[63]

Viele konnten sich auch später noch gut an jenen 16. Oktober erinnern. Nach dem Abschied vom Zuhause kamen Angst und Kälte. Sergio Del Monte, der damals ein Kind war, erinnerte sich: „Jener schicksalshafte Samstag war ein regnerischer und kalter Tag; es war ungefähr halb 7 Uhr morgens, als es plötzlich an der Tür klingelte." So begann das Abenteuer der Familie auf den Straßen der Stadt. Sie gelangten schließlich in ein Pfarrhaus in Monteverde und kamen damit zum ersten Mal mit der katholischen Kirche in Berührung: „Der Pfarrer, der uns aufnahm, war Don Antonio; die Kirche wirkte riesengroß und ich erinnere mich noch gut daran, wie kalt mir war: Meine Füße waren erstarrt und meine Hände zwei einzige Eisblöcke."[64] Die Kinder waren noch verwirrter, als sie sahen, wie machtlos und verängstigt ihre Eltern waren, oder noch schlimmer: als sie von ihnen getrennt wurden.

Roberto Calderoni erzählte, dass er damals als Kind bei den St. Josephsschwestern untergebracht worden sei. Nach der Übergabe des Goldes habe sein Vater geahnt, wie ernst die Lage war, und um Unterschlupf für seine vier Kinder, zwei Jungen und zwei Mädchen, gebeten. Die Eltern versteckten sich in einem Bauernhaus in der Nähe des Klosters. Roberto war zwölf Jahre alt. Anfangs wollte er nur noch nach Hause. Er erzählte: „Damals hatten wir wirklich Hunger [...] Manchmal glaubten wir, der Krieg würde nie zu Ende gehen, dann kursierten wieder Gerüchte, er sei so gut wie vorbei [...] Wir warteten auf die Befreiung, aber wie sehr ließ sie auf sich warten!" Lia Levi hat den Weg zurückverfolgt, der sie damals als kleines Mädchen durch den Untergrund führte: Sie erinnerte sich an den dramatischen Augenblick, als ihre besorgten Eltern beschlossen, sie und die Schwester bei Nonnen unterzubringen („Wir ganz alleine, so wie Waisenkinder?“, fragte sie die Mutter).[65] Häufig wurden die Kinder von ihren Eltern getrennt: „Mama und Papa küssten und umarmten uns und sagten, wir sollten die Mutter Oberin so wie eine echte Mutter betrachten und dann machten sie sich wieder auf den Weg.“[66] Virginia Nathan empfand wie Levi, als sie ins Kloster gebracht wurde: „Sie schloss die Tür und ließ mich allein; ich schaute mich um und fühlte mich einsam und verlassen. Einen Moment lang glaubte ich, dass ich selbst ein Waisenkind war.“[67] Mirella Camerini erinnerte sich daran, wie tragisch es für sie war, als sie von ihrer Mutter getrennt wurde:

> Am 16. Oktober sollten wir auf einmal aufhören zu spielen. Unsere Mutter brachte uns in das Haus der Nachbarn. Es regnete in Strömen. Dann kam ich mit meinem Bruder in ein Kolleg, in dem nur Jungen waren. Ich hatte schon gehört, dass ich von ihm getrennt werden würde. Ich wollte nicht einschlafen. Ich wurde in ein Kolleg in Monteverde Vecchio gebracht. Ich erinnere mich noch an die alten Männer und den Arm der Pendeluhr. Dann kam ich zusammen mit meinen Schwestern ins Waisenhaus in Tuscolano. Ich bekam Magenprobleme. Man gab mich meiner Mutter zurück, zu meiner großen Freude. Zusammen mit ihr ging ich in ein Schwesternwohnheim in der Via Palestro […][68]

Roberto Tagliacozzo schrieb heimlich aus dem „Istituto Pio XI.“ an seinen Bruder: „Du kannst dir nicht vorstellen, wie sehr mir eine Mutter und ein Vater fehlen, die uns bei unserem Tun anleiten, die uns raten, was zu tun ist. Wir handeln stets unsicher und zögerlich; beim Reden und Tun verfolgt uns stets die Angst, einen Fehler zu machen, mal zu viel, mal zu wenig zu tun.“ Und er fuhr fort: „Alle sind sehr nett und willens, mir Ratschläge zu erteilen […] Aber es ist etwas ganz anderes, wenn ein Fremder einem Ratschläge gibt, als wenn es die eigenen Eltern tun.“ Wer konnte diesen Kindern eine Zukunft geben und wie sollte sie aussehen?

Sie fühlten sich allein und hatten Angst vor dem Morgen. Renato Di Castro tröstete seinen kleinen Bruder Aldo, der nachts weinte. Roberto Tagliacozzo erzählte: „Ein Anflug von Schwarzseherei überkam mich, auch wegen des beängstigenden Geredes meiner großen und kleinen Freunde und Schulkameraden. In jener ersten Nacht machte ich kaum ein Auge zu. Aber dann machte ich mir Mut und ich gewann."[69] Die Kinder hatten das Gefühl, „verwaist" zu sein. Diese Empfindung zeigt, wie sehr die Trennung von ihrer Familie und die Unterbringung in einer Einrichtung sie verwirrte, zumal „Waisenkinder" im Alltagsleben der Zeit etwas sehr Reales waren. Manchmal hatten die Kinder weiterhin Kontakt zu ihren Eltern. Häufig kamen die Frauen ihre Kinder im „Istituto Pio XI." besuchen, weil bei ihnen das Risiko, auf der Straße angehalten zu werden, geringer war. Doch die Eltern steckten in großen Schwierigkeiten. Die Welt des Vertrauten und Familiären war dramatisch erschüttert worden.

Auch die Freundschaft mit Gleichaltrigen verlor ihre Ungezwungenheit. Die jüdischen Kinder durften sich nicht zu erkennen geben. Die Kinder, die bei den St. Josephsschwestern von Chambéry untergebracht waren, besuchten die dort von den Schwestern geleitete Schule in der Regel unter einem anderen Nachnamen. Aldo und Renato Di Castro, die im „Istituto Pio XI." untergekommen waren, berichteten, dass die jüdischen Kinder nicht verraten durften, dass sie sich kannten.[70] Für einen Juden war es nicht einfach, ein Kind wie jedes andere zu sein. Giuseppe Fuà, auch er im „Istituto Pio XI.", sagte: „Ich musste so sein wie alle anderen, nachdem man mir viele Jahre lang zu verstehen gegeben hatte, dass ich anders war als die anderen; doch es war unmöglich, so zu sein wie sie [...] Wir mussten jedenfalls morgens zur Messe gehen und all die Gebete sprechen, die ich natürlich nicht kannte." Ein anderer Gast, Vittorio Emanuele Anticoli, erzählte: „Ich weiß nicht, ob unsere Schulkameraden wussten, welcher Religion wir angehörten, ich weiß nur, dass alle sehr solidarisch und möglicherweise auch sehr verschwiegen waren."[71] „Ihrer pädagogischen Tradition folgend veranstalteten die Salesianer Freizeitaktivitäten für die jüdischen Kinder: Sie spielten mit den Jungs Fußball, Schach, Fahnenschwingen und *Guerra francese*. Die Jugendlichen spielten Theater. Es gab auch eine Schülerband."[72]

Mario Moresco, der damals noch sehr jung war, erinnerte sich an viele Details aus dem Leben der Kinder, die in der Gemeinde Divina Providenza in der Via Donna Olimpia untergebracht waren. Er erzählte:

In jenen Monaten war das Leben eigentlich ganz ruhig: Jeden Morgen hatten wir Kinder ein paar Stunden Unterricht bei einer Lehrerin, die in der Schule der jüdischen Gemeinde arbeitete und selbst auch in der Via di Donna Olimpia versteckt war. Am Nachmittag spielten wir dann Fußball auf dem kleinen Kirchhof [...] Am Freitag hingegen ließen uns Don Volpino und Don Elio schon im Voraus den Film sehen, den sie am Sonntag zeigen würden [...] Die drei Priester (Volpino, Vallegiani, Venier) waren uns gegenüber sehr fürsorglich: Ich erinnere mich bestens daran, dass sie immer an unserer Seite waren, wenn wir Probleme oder Angst hatten: In Jahren, in denen wir Juden nur gehasst und missachtet wurden, ließen sie uns nie allein, sie gaben uns das Gefühl, geliebt und respektiert zu werden.[73]

Obwohl viele sich später an freundliche Persönlichkeiten erinnern sollten (vor allem, aber nicht nur an die Schwestern) war das Leben für die Kinder schwierig, da sie die allseitige Anspannung und die Gefahr spürten. Ein Erwachsener, der jüdische Bildhauer Arrigo Minerbi, der im „Istituto di San Filippo Neri" bei den Söhnen der Göttlichen Vorsehung versteckt war, beschrieb diese allgemeine Ungewissheit. Im Untergrund habe keiner so recht gewusst, wer derjenige war, mit dem er da Tür an Tür wohnte: „Nach ein paar Tagen erschien mir die Atmosphäre seltsam. Professoren und Lehrer in Überzahl [...] Recht schleierhafte Laiencharaktere. Manche schienen besser in eine Militäruniform als in Zivilkleidung zu passen [...] Eine unglaubliche Verschwiegenheit untersagte allen, Laien, Ordensleuten und Seminaristen, auch nur die versteckteste Bitte um Auskünfte. Nur einer wusste Bescheid. Er wachte über allen [...]"[74] Das war der jeweilige Ordensobere bzw. die Ordensoberin.

Die jüdischen Kinder wussten nicht recht, wer die Ordensleute eigentlich waren. Die Schwestern, so erzählte Virginia Nathan, „wirkten auf mich anfangs alle gleich, wie Pinguine". Später begann sie dann allmählich, sie auseinanderzuhalten, sie baute ein persönliches Verhältnis zu ihnen auf und wusste sie zu schätzen. Die Geräusche des Klosterlebens beeindruckten sie: das Glöckchen, das dem Leben, den Essenszeiten und dem Gebet einen Rhythmus gab, und das „seltsame Murmeln", wenn die Schwestern in der Kapelle beteten.[75] Viele behielten ein freundschaftliches Verhältnis und persönliche Zuneigung in Erinnerung. Ein jüdischer Junge, Lionello Pajalich, der im „Istituto Pio XI." untergebracht war, erzählte: In der Nacht vom 4. Juni „kam ein Priester, der in unserem Schlafsaal schlief, um mich und meinen Bruder und andere Glaubensbrüder zu wecken, und sagte zu uns: ‚Es ist vorbei, es ist vorbei, ihr seid in Sicherheit.' Nun [...] gab es ein Gesetz, das jeden, der jüdische oder politisch engagierte Personen bei sich aufnahm, sofort an die Wand stellte [...] Seine Ausdrucksweise klang bei mir nach, weil er nicht sagte ‚Wir sind in Sicherheit', sondern ‚Ihr seid in Sicherheit'. Also dachte er bis zum letzten Moment daran, seinen Nächsten zu retten, und brachte damit sein eigenes Leben in Gefahr."[76] Virginia Nathan urteilte über die Barmherzigen Schwestern, bei denen sie gewohnt hatte: „Sie waren wirklich gläubige Menschen: Vorbilder des Glaubens und des Mutes. Sie setzten ihr Leben für Menschen aufs Spiel, die sie gar nicht kannten."[77]

XII
Wie sich die Türen öffneten

Die Entscheidung

Von den Ordensfrauen waren die politischen Ereignisse jener Monate noch weiter entfernt als von den Ordensmännern. Gleichwohl sahen sie sich während der neun Monate der Besatzung mit völlig neuen „politischen" Situationen konfrontiert, in denen sie Entscheidungen fällen mussten, die eigentlich gar nicht zu ihrem gewohnten Leben gehörten. Aus einem Eintrag der Chronik des Klosters Santa Maria dei Sette Dolori in Trastevere an den Hängen des Gianicolo wird deutlich, wie verwirrt die Schwestern deswegen waren: „Überall herrscht Angst und der Hunger wird immer größer." Unsicherheit und Gewalt machten sich breit: „Eine wahrhaftige Zerstörungswut noch nie da gewesener menschlicher Grausamkeit." In dieser Gemengelage richteten alle ihre Augen auf den Papst. Durch seinen Besuch im bombardierten Viertel San Lorenzo hatte er ein inniges Verhältnis zur Stadt Rom besiegelt. Dass dies fest im Denken der Schwestern verankert war, sieht man an der etwas blumigen Zusammenfassung der Monate Juli bis September 1943: „Während dieses Unglücks verließ der Heilige Vater Pius XII. den Vatikan und eilte zur Unglücksstelle, um den Verletzten beizustehen, den Toten seinen Segen zu geben und der wohnungslos gewordenen Bevölkerung Trost zu spenden, während das Feuer noch schwelte. Der König und die königliche Familie sind aus Rom geflohen, der Regierungschef wurde verhaftet und von den Italienern zum Kriegsgefangenen gemacht, die Truppen sind versprengt und scheren sich nicht mehr darum, uns zu verteidigen."[1]

Der Papst erscheint in dieser Schilderung als die herausragende Lichtgestalt, wohingegen der König (der San Lorenzo im Übrigen sehr wohl besuchte, dort aber wütend beschimpft wurde) als Flüchtiger dargestellt wird. Für viele Ordensleute verkörperte der Papst das Streben nach Frieden, während die ganze Welt um sie herum zusammenzubrechen schien. Die Gewalt kannte keine Grenzen. Ihr Kloster war für die

Schwestern eine Oase des Friedens in einer Wüste der Verwirrung und der Gewalt:

> Jeden Tag ziehen wir Litaneien und andere Gebete sprechend mit dem Bild der Madonna del Patrocinio von der Kirche durch den Garten und das Refektorium und beten dabei zur Seligen Jungfrau, dass sie das Kloster und die, die dort Zuflucht gefunden haben, von allem Unheil befreien und Rom, Italien und die ganze Welt retten möge. Alle Schwestern waren barfuß und in unserer Prozession folgten uns entblößten Hauptes alle Juden und die anderen Flüchtlinge und alle wiederholten voller Vertrauen: Die Madonna wird uns retten!

Das Kloster mit seiner von Francesco Borromini gestalteten Fassade wurde zur Anlaufstelle für viele Juden und Verfolgte. Dabei war es nicht gerade vorteilhaft gelegen: Direkt gegenüber war die Caserma Podgora, eine der zentralen Kasernen der Carabinieri, die die Deutschen besetzt hatten (mit Schrecken stellten die Schwestern sogar fest, dass jemand von dort mit einem Fernglas in ihre Fenster spähte). Die Deutschen standen also praktisch direkt vor dem Eingangsportal, das mit einem großen Schloss verriegelt wurde. Warum entschieden sich diese Schwestern dazu, in ihrem Haus etwa 150 Personen aufzunehmen? Es waren „ganze Familien mit zahlreichen Kindern, Frauen und Männer, die wir hier mit ihren Familien bei uns haben, nachdem man uns von oben erlaubt hat, sie hierzubehalten“. Wenn man die Einträge in der Chronik des Klosters liest, stellt man etwas verwundert fest, dass den Schwestern durchaus bewusst war, in welcher Gefahr die Juden schwebten (es kann aber auch sein, dass die Einträge erst später um all die nach der Niederlage Deutschlands eingetroffenen Nachrichten ergänzt wurden). Kurz nach dem Ende der deutschen Besatzung notierten sie nämlich:

> Die deutschen Truppen, die Italien fest im Griff haben, verfolgen die Männer überall und bringen sie in Konzentrationslager. Besonders verfolgen sie die Juden, die sie erschießen oder in den Gaskammern töten. In dieser schwierigen Lage suchen Juden, Faschisten, Soldaten, Carabinieri und Bürgerliche Zuflucht in den Ordensinstituten, die angesichts dieser großen Gefahr ihre Türen öffnen, um Menschenleben zu retten.[2]

Die Ordensleute betrachteten ihre Häuser als „Oasen des Friedens" und beschlossen, ihre Türen zu öffnen, um „Menschenleben zu retten". Dies war für viele der Hauptbeweggrund. Dabei lebten die Nonnen in einem festgelegten Raum, im Schutz der Klausur ein traditionelles und von Regeln diktiertes Leben; der Klosterbereich war von der Welt außerhalb des Klosters getrennt. Diese klare räumliche Trennung wurde gehörig auf den Kopf gestellt. Denn die „Welt" drang in die Klausur ein. In der Chronik des Klosters Sette Dolori heißt es, dass die Schwestern sich zwar dafür verantwortlich gefühlt hätten, „Menschenleben zu retten"; doch „dies ist", so liest man dort, „der ausdrückliche, wenn auch nicht verpflichtende Wunsch des Heiligen Vaters Pius XII., der als Erster den Vatikan, die Villa in Castelgandolfo und die Lateranbasilika mit Flüchtlingen angefüllt hat".

Für die Schwestern war Pius XII. mit gutem Beispiel vorangegangen. Die Priester und Ordensleute Roms wussten, dass man im Lateran, im Schatten der päpstlichen Basilika zahlreiche Menschen versteckte. Sie wussten auch, dass unzählige Flüchtlinge in der päpstlichen Villa Zuflucht gefunden hatten. Für sie war klar: Der Papst wollte, dass die Klöster ihre Türen öffneten. In diesem Bewusstsein lebte und handelte man in der kirchlichen Welt Roms. Dass die Schutzsuchenden jüdisch waren, war kein Problem; im Gegenteil war sich die Chronistin des Klosters in Trastevere der Gefahr, in der die Juden lebten, sehr bewusst. Sehr häufig stößt man auf ähnliche Formulierungen: Die Ordensleute und Geistlichen entschieden aus freien Stücken, doch der Papst wollte, dass man den Menschen in Not half.

Schwierig war es, Männer unterzubringen, da sie wegen der Klausurbestimmungen nicht in einem Frauenkloster wohnen durften. Aus der Chronik des Klosters geht hervor, dass die Schwestern ihre Vorgesetzten um Erlaubnis baten. An wen genau sie sich wandten, ist nicht bekannt; wahrscheinlich war es das Vikariat von Rom, wo ein paar Priester unter anderem für die Klausurklöster zuständig waren, oder aber die Religiosenkongregation, an deren Spitze in jenen Monaten zwei Ordensmänner standen, der Sekretär Mons. Pasetto, ein Franziskaner, und der Untersekretär Pater Arcadio Larraona. An diese Kongregation wandte sich der bereits erwähnte Prokurator der Kamaldulensermönche Ignesti, nachdem das Kommissariat seines Viertels ihm weismachen wollte, der Vatikan habe es verboten, Gäste aufzunehmen. Was die Klausur anging, konnten die Schwestern nicht ohne Erlaubnis der Vorgesetzten tun, was sie wollten.

Zum Kloster Sette Dolori gibt es eine detaillierte und informative Aussage von Giacomo Zarfati. Dieser berichtete, er sei schon vor dem 16. Oktober fest davon überzeugt gewesen, dass die Juden in großer Gefahr seien: „Ich tat, was ich konnte", erzählte er, „um Freunde und Verwandte davon zu überzeugen, rechtzeitig vorzusorgen. Irgendeine Vorahnung sagte mir, dass etwas nicht wieder Gutzumachendes passieren würde, und ich regte mich immer auf, wenn man mir entgegnete, ich sei überspannt und wir hätten nichts zu befürchten." Er suchte einen Unterschlupf für seine Familie und ein Mönch verwies ihn auf das Kloster in der Via Garibaldi. Hier wurde er von der Oberin, Schwester Maria Francesca, empfangen: „Sie sagte zu mir, ich solle am Nachmittag wiederkommen, weil sie zuerst bei ihren Vorgesetzten nachfragen müsse. Als ich ihr sagte, dass es darum ging, meine Frau und drei unschuldige Kinder zu retten, antwortete sie mir so, dass ich keine Zweifel mehr hatte [...]", erzählte Zarfati. Die Familie Zarfati kam am 4. Oktober ins Kloster; nur Giacomo und der Schwiegervater blieben in einem Privathaus. Doch nach dem 16. Oktober fanden die Schwestern auch für sie einen Unterschlupf in einem separaten Raum ihres Klosterkomplexes.

Ein Dokument in den vatikanischen Akten zeugt vom Engagement der Schwestern von Sette Dolori. Substitut Montini sprach am 1. Oktober, also 15 Tage vor der Razzia, bei Pius XII. für einen Juden vor, der um Erlaubnis bat, mit seiner Familie im Kloster zu wohnen. Der Papst gestattete es. Immer wieder stoßen wir auf diesen Seiten auf Menschen, die sich in jenen neun Monaten im Zusammenhang mit ihrem Einsatz im Untergrund nach dem Willen des Papstes oder der vatikanischen Vorgesetzten erkundigten. Gab es nun eine schriftliche Weisung Pius' XII.? Als ich die Ordensleute in den Jahren 1975/76 danach fragte, entgegneten sie mir, einem damals noch jungen Forscher, der auf der Suche nach Beweisdokumenten war, leicht spöttisch: Das Leben damals war ohnehin schon kompliziert – wer wäre da so leichtsinnig gewesen, den Deutschen einen schriftlichen Beweis für all das zu liefern, was da im Untergrund geschah?

In der Chronik des Französischen Priesterseminars wird das Engagement im Untergrund erst nach dem 5. Juni 1944 erwähnt, ebenso in der des Klosters Sette Dolori. Der Chronist der Serviten erläuterte sogar, warum er die Einträge zu den neun Monaten der Besatzung verspätet notierte: „Der Chronist hielt es für richtig, in diesem Buch nichts unmittelbar festzuhalten, da es die Gemeinschaft hätte in Bedrängnis bringen können, wenn man es gefunden und gelesen hätte.“[3] Der Kamaldulenser von San Gregorio schrieb: „Es war nicht übertriebene Vorsicht, die die Feder des treuen Chronisten in den Monaten zwischen Oktober 1943 und Juni 1944 hat stillliegen lassen. Es war die vom teutonischen Feind eingeführte und vom verhurten faschistisch-republikanischen Spionagetum unterstützte Herrschaft des Schreckens, die es verbot, irgendetwas niederzuschreiben, das bei einer Durchsuchung – die alles andere als unwahrscheinlich war – gefunden und unter Anklage gestellt werden konnte.“[4] In den Chroniken diverser Ordenshäuser wurde erst nach der Befreiung festgehalten, dass man im Untergrund aktiv gewesen war. Keiner wollte einen schriftlichen Beweis für den eigenen Rechtsbruch liefern.

Sergio Frassineti, ein junger und sehr aufgeweckter Jude, der bei den Schwestern vom Kostbarsten Blut in der Via Pannonia untergebracht war, erzählte: „In den ersten drei Monaten führte ich täglich Tagebuch (in regelmäßiger Handschrift schrieb ich mit Füllfederhalter auf kleinformatigem Bristolpapier), so auch am 16. Oktober. Doch aus Angst, dadurch einen Beweis zu liefern, zerstörte ich es.“[5] Wenn schon ein junger Mann so dachte, mussten die Sorgen, die die Erwachsenen bedrückten, noch größer sein. Vom vatikanischen Verwaltungsapparat ganz zu schweigen: Wenn hier Anweisungen gegeben wurden, dann immer mündlich.

Der Fall vom 1. Oktober – als der Papst einem Juden und seiner Familie erlaubte, bei den Schwestern im Kloster Sette Dolori zu bleiben – zeigt, wie die Dinge abliefen: Pius XII. gab Montini mündlich sein Plazet, der es bei dieser Gelegenheit am Seitenrand des Audienzblattes notierte, das heute in den Akten des Substituten im Vatikan liegt; Montini gab es dann mündlich an den Vizeregenten Traglia weiter, der wiederum mit den Schwestern sprach. Diese waren sich ganz sicher, dass der Papst wollte, dass sie sich im Untergrund engagierten. Eine Jüdin, die sich schon Jahre zuvor hatte taufen lassen und Pius XII. in einem Brief um Hilfe bat, wurde ins „Istituto Maria Bambina“ oder zu den Schwestern im Kloster Sette Dolori gebracht; Montini brachte sie höchstpersönlich nach der Audienz mit dem Papst dorthin.[6] Der Papst wusste Bescheid, er wollte ihr Engagement und schickte die einzelnen Personen zu ihnen: Dieses Gefühl hatten die Schwestern.

Der Jesuit Leiber, ein enger Mitarbeiter des Papstes, schrieb: „Pius XII. hatte zu verstehen gegeben, dass die Ordenshäuser ihnen [den Juden] Unterschlupf gewähren konnten und sollten."[7] Freilich mag es sein, dass Leiber den Papst mit einer solchen Äußerung verteidigen wollte – auch wenn seine Aussage im Seligsprechungsprozess für Pius XII. äußerst hart ausfiel. Graf Galeazzi wiederum, der ebenso wie Carlo Pacelli in jenen neun Monaten in viele Aktivitäten des Heiligen Stuhls verwickelt war, erklärte im Rahmen dieses Seligsprechungsprozesses: „Der Heilige Vater setzte sich für die Juden ebenso wie für alle anderen Verfolgten ein. Sie wurden tatsächlich in den Apostolischen Palästen und in den Ordensinstituten beherbergt."[8] Aus vielen Aussagen geht hervor, dass Pius XII. den kirchlichen Einrichtungen der Hauptstadt zu verstehen gab, es sei gestattet, Juden und anderen Menschen Gastfreundschaft anzubieten; ja, dies sei – natürlich vorbehaltlich der Meinung der jeweiligen direkten Vorgesetzten – sein Wille.

Ein knappes, aber bedeutsames Dokument aus den vatikanischen Akten erhellt die Haltung des Heiligen Stuhls. Pater Martinelli, ein Jesuit und Superior des Hauses in der Via dei Penitenzieri (exterritorial, aber in der Nähe der Via della Conciliazione), fragte am 7. März 1944, also kurz nach der Februarkrise und dem Überfall auf Sankt Paul, „ob man nicht den äußerst sorgenvollen Bitten der Mütter nachgeben kann, die darum bitten, ihre Kinder aufzunehmen". Diese Frage stellte er wohlgemerkt nicht dem Generaloberen der Jesuiten, der direkt nebenan wohnte, sondern dem Staatssekretariat. Am Tag darauf wurde Montini von Pius XII. empfangen und unterbreitete ihm Martinellis Anfrage. Unter dem Dokument hielt er, wie es im Vatikan Usus war, die Antwort des Papstes fest. In diesem so genannten Audienznotat heißt es: „*Ex. Aud. SS.mi*, 8.3.44. Er überlässt es seiner Verantwortung." Der Papst konnte keine explizite Anweisung zur Aufnahme Schutzsuchender geben, da es sich um ein riskantes Unterfangen handelte. Doch der Weg war frei. Der Jesuit verstand das: „Mitgeteilt: 8.3.44. Pater Martinelli dankt", heißt es weiterhin auf dem Dokument.[9] Er verstand diese Mitteilung also als eine Zustimmung.

Einige Juden beobachteten, dass die Vorsteher eines Ordenshauses ihre Meinung zuweilen wegen einer Anweisung aus dem Vatikan änderten. Michael Tagliacozzo bemerkte, dass der Abt von Santa Francesca Romana, der ihm kurz nach dem 16. Oktober zunächst eine klare Absage erteilt hatte, später sehr wohl bereit gewesen sei, ihn aufzunehmen, ja ihm sogar hinterhertelefoniert habe. Die Familie von Silvana Perl Treves empfand die Oberin der Missionsschwestern, die bei der Universität ein Gästehaus führten, als kalt, weil diese zu ihnen sagte: „Ich nehme euch nur auf, weil ich von oben den Befehl dazu erhalten habe.“ Silvana glaubte, dass sie „Angst vor den Deutschen hatte“.[10] Roberto Calderoni, der bei den St. Josephsschwestern zu Gast war, behauptete, dass „es genaue Anweisungen aus dem Vatikan gab. Ich habe von den Schwestern erfahren, dass es diese Anweisungen gab.“ Settimio Sorani hatte einen anderen Eindruck: Er glaubte, dass sich die Ordensleute „freiwillig“ dazu entschieden hätten, Gäste in ihren Häusern aufzunehmen: „Freiwillig, habe ich gesagt, weil mir nicht bekannt ist, dass sie Anweisungen in diesem Sinne erhalten hätten, sondern alles aus rein spontaner menschlicher Solidarität gegenüber denen geschah, die verfolgt waren. Eine Einwilligung und eine Leitlinie von oben wird es aber sicher gegeben haben.“[11] Sergio Del Monte, der in Regina Pacis und später in einem Waisenhaus beherbergt war, hielt fest: „All das, was getan wurde, war das Werk einiger bereitwilliger Menschen und der Vatikan drückte einfach ein Auge zu.“[12] Laut Schwester Maria Piromalli von den Töchtern Mariens von der Vorsehung war es Pius XII., der wollte, dass man die Juden aufnahm: „Mons. Rossi, der in der Via delle Fornaci wohnte, verständigte uns darüber; er ging von Kloster zu Kloster und bat im Namen des Papstes darum, die Juden aufzunehmen [...]“[13]

Das Vikariat von Rom spielte bei all dem eine entscheidende Rolle. Im Diarium der Theresianischen Institution heißt es, das Vikariat habe nach dem 16. Oktober mitgeteilt, Personen anderer religiöser Konfession dürften nicht aufgenommen werden. Doch dieses Verbot scheint keine Auswirkungen gehabt zu haben, denn kurz darauf wurden zwei orthodoxe Christen und später 30 Juden aufgenommen. Die Theresianerinnen hatten für den Fall eines Überfalls ein Sicherheitssystem ausgefeilt und wurden bei ihrem Einsatz im Untergrund von Personen aus dem Vatikan und befreundeten Ordensleuten unterstützt.[14] Sie standen in Kontakt mit Mons. Riberi und mit Mons. Lombardi von der Sektion für die Außerordentlichen Kirchlichen Angelegenheiten. Das spanischstämmige Institut stand unter dem Schutz der Botschaft des neutralen Spaniens. Auch die Gemeinden Roms, die tagtäglich mit den Problemen der Stadt konfrontiert waren, wandten sich an das Vikariat. Mons. Rufini, der Pfarrer der Gemeinde Natività di Nostro Signore Gesù Cristo in der Nähe des Laterans (in der auch der junge Don Angelini tätig war), versteckte dort 30 Juden. Er selbst machte einem Juden klar, dass er in großer Gefahr war, und brachte ihn in seiner Pfarrei unter. Dann informierte er das Vikariat. An der Tür des Pfarrhauses ließ er ein Schild anbringen, auf dem stand: „Dieses Haus gehört dem Papst."[15]

Die Sionsschwestern hielten in einem Bericht fest: „Das Vikariat erteilte die Erlaubnis, auch Männer aufzunehmen."[16] Mons. Carroll-Abbing erinnerte sich, dass ein Kollege, Mons. Vitucci, am 16. Oktober aufgeregt ins Büro im Palazzo di San Calisto gekommen sei. Dieser habe sich, nachdem er bei den Sionsschwestern die Messe gefeiert hatte, auf einmal von jüdischen Frauen umringt gesehen, die ihn darum gebeten hätten, ihren Ehemännern zu helfen: „Sofort kam aus dem Vatikan die Ansage, dass es den Schwestern im Notfall auch erlaubt war, jüdischen Männern und ihren Familien Unterschlupf zu gewähren."[17] Hinsichtlich der Aufnahme von Männern gab es keine einheitliche Linie. Das Problem, dass Männer nicht in Frauenklöstern aufgenommen werden konnten (und teilweise Frauen auch nicht in Männerklöstern), taucht häufig auf. Manchmal hatte dies bedauerlicherweise zur Folge, dass Familien auseinandergerissen wurden; manchmal wiederum wurde eine Lösung gefunden, wie im Falle der Schwestern von Sette Dolori. Die Oberin der Schwestern vom Heiligen Johannes dem Täufer und der Heiligen Katharina von Siena war gegen die Beherbergung der jungen Di Portos in einem Frauenkloster. Die Tante der Jungen entgegnete ihr entschlossen: „Ehrwürdige Mutter, wenn Sie diese Jungs wegen der Ordensregel auf die Straße setzen, bleibt mir nichts anderes übrig, als sie zum deutschen Kommando zu bringen [...] Was dann aus ihnen wird, wenn die Regel eingehalten wird, können Sie sich wohl vorstellen, ehrwürdige Mutter." Die Oberin, „die dafür bekannt war, dass sie ihr Haus mit eiserner Hand leitete, aber keine hartherzige Frau war", willigte ein und fand eine Notlösung. Die Di Portos lebten unbeschwert im Karmelitenkloster Sant'Egidio.[18]

Der deutsche Historiker Hubert Jedin, der die heimliche Aufnahme Schutzsuchender nicht ganz unkritisch sah, berichtete: „In einem [...] Fall hob der Papst die Klausur eines Nonnenklosters auf, um italienische Offiziere darin unterzubringen."[19] Pater Giuseppe Ferrari, ein junger Oratorianer aus der Chiesa Nuova, erklärte: „Später wurde auch rechtlich dazu aufgefordert, die Klausurklöster zu öffnen."[20] Ohne die Erlaubnis des Vikariats oder des Heiligen Stuhls hätte in den Ordenshäusern niemand aufgenommen werden können; denn mit Gästen im Haus war es nicht mehr möglich, das gewohnte Klosterleben in all seinen Aspekten vollumfänglich zu leben. Mitglieder einer Gemeinschaft, die mit der Entscheidung der Oberen nicht einverstanden und gegen die Beherbergung von Flüchtlingen waren, hätten theoretisch bei den höchsten kirchlichen Instanzen Protest einlegen und mit der Einhaltung der Ordensregel argumentieren können. Doch das Gegenteil war der Fall: Die Oberinnen und Oberen, auf deren Schultern die Verantwortung für die Entscheidungen lag, wurden immer von oberster Stelle gedeckt und ernteten niemals Widerspruch.

Der Papst stand mit Rom und all dem, was in der Stadt geschah, in Verbindung. Der Souverän war, wie Giuseppe De Luca schrieb, den Römern nah. Man hatte Zugang zu ihm, da er die Menschen und die Probleme der Hauptstadt gut kannte, auch weil er dort geboren war und weiterhin Kontakt zu Bekannten und Verwandten hielt. Pius XII. hatte ein sehr inniges Verhältnis zu den Suore dell'Assunzione; als junger Priester war er ihr Kaplan gewesen und als Kardinal hatte er das Protektorat über die Gemeinschaft übernommen, das er auch als Papst beibehielt. In einem Haus in Parioli, das sie mit Hilfe von Carlo Pacelli erworben hatten, beherbergten die Schwestern 50 Juden. Die damals noch sehr junge Schwester Giovanna berichtete, die „Überzeugung, dem Willen Pius' XII. zu entsprechen, der mit unserer Oberin Schwester Rosa Domenica Boxano eine tiefe Freundschaft pflegte […]", habe die Ordensfrauen dazu bewegt.[21]

Diese schrieb an Pius XII. und bat um „Hilfe und Rat", da die Schwestern „glaubten, aus christlicher Nächstenliebe Unterkunft und Zuflucht nicht abschlagen zu können".[22] Auch die Ordensleute aus dem direkten Umfeld des Papstes glaubten, dass er wollte, dass Schutzsuchende aufgenommen wurden. Mons. Camillo Faresin (ein Salesianer, der nach dem Krieg zum Bischof geweiht wurde) fasste dieses allgemeine Bewusstsein folgendermaßen zusammen: „Von Pius XII. ereilte uns der Befehl: ‚Rettet die Juden', auch wenn man dafür Opfer bringen und sich in Gefahr begeben musste. Es war nicht nötig, das an die große Glocke zu hängen." Dieser „Befehl" kam den Geistlichen und Ordensleuten natürlich entgegen, die die Not der Menschen sahen und helfen wollten, wie wir schon anhand von zahlreichen Beispielen gesehen haben. Dies geht auch aus der Chronik der Salesianer von der Tipografia Poliglotta (der vatikanischen Druckerei) hervor. Am 2. März 1944 notierte man: „Die Stadt ist voller Flüchtlinge [...] Die Not ist riesengroß. Alle fragen und man kann niemandem etwas abschlagen. In Momenten wie diesen müssen die Kirche und der Klerus sich Ehre machen."[23]

Diese Botschaft wurde auch über die großen Kommunikationskanäle verbreitet. Mögen diese Mitteilungen einem Außenstehenden auch allgemein und vage erscheinen, in der Welt der Kirche verstanden sie alle. Im *Osservatore Romano* vom 30. Dezember 1943 heißt es nach dem Überfall auf das Lombardische Priesterseminar durch Koch: „Ins Haus eines römisch-katholischen Priesters darf jeder eintreten (auch jemand, der ganz anderer Ansicht ist als er) und ihm wird dort ein Bett und Brot gegeben werden." Dieser Satz wirkt fast wie eine Einladung. Als solche empfanden ihn z. B. die Franziskanermissionarinnen, die fest davon überzeugt waren, dass der Papst die Anweisung gegeben hatte, Flüchtlinge aufzunehmen; diverse Nonnen betonten gar, es habe sich um eine sehr ausdrückliche Anweisung gehandelt. Und Pater Centioni formulierte es so: „Die Schwestern und Mönche waren vom Heiligen Stuhl dazu verpflichtet worden, Juden aufzunehmen."[24] Auch in einem Memorandum der Augustinerinnen von Quattro Santi Coronati liest man: „In dieser schmerzensreichen Zeit will der Heilige Vater seine Kinder retten, auch die Juden, und erteilt den Befehl, diesen Verfolgten in den Klöstern Unterschlupf zu geben; auch die Klausuren müssen diesem Wunsch des Pontifex Maximus entsprechen."[25]

Die Generaloberin der Franziskanermissionarinnen übersandte ihren Schwestern am 27. Mai 1944 das vom Papst signierte Weihnachtsbild des Jahres 1943, dessen Inschrift sie für sehr bedeutungsvoll hielt: „Jesus schenkt sich uns ohne Vorbehalte [...] Könnten wir dann den Mut aufbringen, ihm etwas zu verwehren, um das er uns um seiner armen, leidenden und verlassenen Brüder willen bittet?" Die Generaloberin legte den Text folgendermaßen aus: „Dieser bewegende Appell [...] des Göttlichen Meisters richtet sich an unser Herz und erweckt den Ideenreichtum einer Barmherzigkeit, die allen Menschen und allen Leidenden gelten muss [...]"[26]

Adriano Ossicini, der selbst im Untergrund tätig war und mit der Kirche und den vatikanischen Führungsspitzen in Kontakt stand, schlussfolgerte: „Die Anweisung war: Partisanen und Juden [...] Der Heilige Stuhl hatte systematisch angeordnet, den Juden zu helfen, daran besteht gar kein Zweifel. Dass nicht alle mitgeholfen haben und manche die Anweisung umgangen haben [...] das interessiert mich nicht. Es war nicht bloß die gute Tat einzelner Personen [...] dahinter steckte System."[27]

Diejenigen, die in der kurialen Sprache als die „Obrigkeit" bezeichnet werden, sprachen bisweilen denjenigen Mut zu, die bereits Flüchtlinge bei sich hatten. In den Akten der St. Josephsschwestern von Chambéry liegt ein Schreiben von Substitut Montini vom 23. Dezember 1943. Es ist die Antwort auf einen Brief der Oberin an Kardinal Maglione (der jedoch nicht aufgefunden werden konnte), in dem diese „ihre begründete Angst um das Schicksal des in Rom von den St. Josephsschwestern von Chambéry bewohnten Hauses schilderte". Der Substitut erwiderte darauf: „Das Staatssekretariat wird nicht verfehlen, alles in seiner Macht Stehende zu tun, um die Ruhe in diesem verdienstvollen Institut weniger unsicher zu machen." Mit der „Ruhe in dem verdienstvollen Institut" war nichts anderes als ein sicherer Unterschlupf für die Flüchtlinge gemeint. Eine damals noch recht junge Schwester erzählte, dass irgendwann „verfolgte Juden" an der Pforte ihres Klosters gestanden hätten, die die Nonnen dann bei sich aufnahmen. Der Papst, so glaubten sie fest, „hatte alle Ordensgemeinschaften Roms darum gebeten, diesen verfolgten Brüdern die Türen zu öffnen". Außerdem kamen bald auch Familien von Militärs, die in Not waren. Mehrere Monate lang lebte diese Gemeinschaft zusammen unter einem Dach. In ihrem Haus in der Via del Casaletto hatten die Schwestern ein paar Kühe, die ihnen Milch gaben (was damals ein unglaublicher Glücksfall war). Doch Schwester Emerenziana Bollesi, die sich um die Gäste kümmerte, erinnerte sich auch an einen gefährlichen Nachbarn: eine deutsche Kaserne.[28]

So und so ähnlich lief es in vielen Ordensgemeinschaften Roms. Wussten die Männer im Staatssekretariat, was dort geschah? Es scheint so und anscheinend unterstützten sie die vielen Frauen und Männer in ihrem Tun. Bezeichnenderweise schrieb Kardinalstaatssekretär Maglione am 17. Januar 1944 an die Oberin der St. Josephsschwestern und dankte ihr für eine Spende, die das Kloster und seine Gäste dem Papst hatten zukommen lassen (genauer gesagt ist von Armen und Leidenden die Rede, die sich an der Spende beteiligt hatten):

> Seine Heiligkeit erbittet daher in väterlicher Dankbarkeit für diese geliebten Kinder den erhabenen Lohn der göttlichen Barmherzigkeit, auf dass die Tage so vieler Leiden bald ein Ende haben mögen und der Herr ihnen eine sorglose, ruhige und ertragreiche Zukunft schenken möge. Indes übersendet Seine Heiligkeit als Unterpfand seines besonderen Wohlwollens und in tiefer Dankbarkeit auch gegenüber den geliebten St. Josephsschwestern von Chambéry für das Werk der Nächstenliebe, das sie mit solch christlicher Einsicht leisten, an sie und an die lieben Flüchtlinge den tröstenden Apostolischen Segen.[29]

Eine große und viele kleine Entscheidungen

Der Vatikan und insbesondere das Staatssekretariat hatten die Zügel des komplexen Phänomens fest in der Hand. Es wurde ganz allgemein zu Barmherzigkeit und zu Hilfsbereitschaft aufgerufen, aber auch dazu, bestimmte Personen aufzunehmen. Auf dieser Ebene gab es verschiedene offizielle Akteure: das Staatssekretariat, das Vikariat von Rom, das Governatorat (auch wenn Kardinal Canali anders dachte als Galeazzi und Carlo Pacelli) und – wie man am Beispiel der Hochburg auf dem Gianicolo gesehen hat – die Kongregation De Propaganda Fide. Darüber hinaus waren da zahlreiche freiwillige Nebenakteure, die zuweilen die Rückendeckung ihrer Vorgesetzten oder Unterstützung bei der Verpflegung brauchten, die z.B. aus dem Lager von Schwester Pascalina kam. Diese versicherte, dass der Papst dafür gesorgt habe, dass die Römer genug zu essen hatten und die Verfolgten einen Unterschlupf fanden. Für sie war klar: „Man versuchte die Leute überall zu verstecken und der Heilige Vater gab die Anweisung, Leute aufzunehmen, oder half selbst, wo die Gastgeber nicht dazu in der Lage waren, und er versuchte alles nur Mögliche zu tun, damit dieses Unglück erträglicher wurde. Und alles musste absolut geheim bleiben, um nicht denjenigen zu schaden, die bereits in Sicherheit waren."[30]

Es war ein verkettetes Phänomen mit vielen einzelnen Akteuren. Wie diese voneinander abhingen, gilt es nun zu ergründen. Wenn man die Entscheidungen des Klerus und der Ordensleute Roms losgelöst von der Diözese, der Kurie und dem Papst bloß als eine großherzige Basisbewegung betrachtet, wie Susan Zuccotti es tut, wird man der Wirklichkeit und den Dynamiken dieser Welt nicht gerecht.[31] Denn diese Welt war ein einziges robustes Netz, das sich bei Schwierigkeiten und bei bösen Überraschungen noch stärker zusammenzog. Der Papst als Bischof von Rom und all seine Männer waren mit den Priestern der Hauptstadt, den Ordensmännern und -frauen und mit der gesamten Diözese Roms verbunden. Es entstand ein regelrechtes Beziehungsgeflecht, das nicht nur von den kirchlichen Führungsspitzen nach unten reichte (was unbestreitbar ist), sondern auch von unten nach oben ging. Das heimliche und weniger heimliche Treiben der Kirche ist ein Gemeinschaftsphänomen mit vielen Akteuren: dem Kardinalvikar von Rom, Traglia, seiner rechten Hand, den vielen Männern der Kurie, die in den Ordensinstituten tätig waren, ja sogar häufig in den Ordenshäusern wohnten, den Ordensoberen, dem Staatssekretariat, den Pfarrern ... Die verschiedenen Ebenen sind stark miteinander verflochten. Diesem Flechtwerk entsprang eine Bewegung, die von individuellen Entscheidungen und allgemeinen Anweisungen angetrieben wurde.

Natürlich mussten sich im Laufe der Zeit die Fragen um die Person Pius' XII. verdichten, um seinen Willen, die Kirche zu einem Ort der Zuflucht zu machen, um mögliche (vielleicht schriftliche) Weisungen oder jedoch um eine mehr oder weniger wohlwollende, aber distanzierte Haltung eines Papstes, der in den vatikanischen Mauern eingesperrt war. Die letztgenannte Sichtweise hängt folgerichtig mit der Debatte um das „Schweigen" Pius' XII. zusammen, die in den Sechzigerjahren aufgekommen ist. Diese Perspektive ist stark personalisiert und auch von der „prophetischen" Rolle beeinflusst, die die Nachfolger des Pacelli-Papstes im Leben der Kirche und in der Welt ihrer Zeit spielen sollten. Doch dies soll an dieser Stelle nicht diskutiert werden, denn hier geht es darum, das zu begreifen, was in jenen neun Monaten in Rom geschehen ist. Wer waren die Akteure, wie gestaltete sich das Verhältnis zwischen der Kirche und den einzelnen gefährdeten Gruppen in der Stadt? Wenn wir begreifen, was damals passiert ist, leisten wir damit auch einen Beitrag zur Geschichte des Leidens und der Gewalt in jener für Rom und für viele Römer, besonders aber für die Juden so dramatischen Zeit.

In jenen neun Monaten fühlte Pius XII., dass die Kirche Roms für die Juden und für viele andere zu einem Ort der Zuflucht werden musste. Den Rektor der Gregoriana, Pater Dezza, der in engem Kontakt mit Pius XII. stand, wies der Papst an, allen, auch den Juden die Türen seines

Hauses zu öffnen. Eine Einschränkung machte er jedoch, um die vatikanische Neutralität nicht aufs Spiel zu setzen: keine Militärs. Dezza war eine sehr angesehene Persönlichkeit und begleitete 1942 die Exerzitien des Papstes und der Kurie. Er berichtete, dass Pius XII. ihm gegenüber folgende Überlegungen geäußert habe: „Sie beschweren sich, dass der Papst nicht spricht. Doch der Papst kann nicht sprechen. Wenn er spräche, wäre es noch schlimmer [...] Die polnischen Bischöfe (denen er mahnende Briefe geschickt hatte) schicken ihm Dankesbriefe, schreiben aber, dass sie diese Briefe nicht veröffentlichen können, weil sie die Lage verschlimmern würden." Dem Jesuiten zufolge wiederholte Pius XII. einen Satz, den Pius X. angesichts der Verfolgungen in Russland gesagt hatte: „Und genau deswegen müsst ihr schweigen, um größeres Übel zu vermeiden." Der Papst sagte zu ihm: „„Ja, von den Kommunisten geht Gefahr aus, doch in diesem Moment ist die Gefahr, die von den Nazis ausgeht, größer [...] Sie wollen die Kirche zerstören und sie zermalmen wie eine Kröte: Im neuen Europa wird für den Papst kein Platz sein. Sie sagen, er solle nach Amerika gehen. Doch ich habe keine Angst und werde hierbleiben.' Einem Überfall auf den Vatikan sah er gelassen entgegen, doch ‚wenn ich spreche', so dachte er, ‚tue ich ihnen Böses an.'"[32]

Der Historiker Jedin schrieb: „Aber hätte der Papst damals nicht durch eine öffentliche Verurteilung der Judenverfolgung diese stoppen oder gar verhindern können? Ich kann bezeugen, daß keinem von uns damals auch nur der Gedanke gekommen ist."[33] Eine vatikanische Persönlichkeit, die dem Papst gut bekannt war, der päpstliche Zeremonienmeister Mons. Carlo Respighi, war da ganz anderer Meinung. Schon im Mai 1943 forderte er von Kardinal Maglione „ein feierliches Machtwort des Heiligen Vaters zur Verteidigung der Menschheit":

> Man kann davon ausgehen, dass der Heilige Stuhl diplomatisch aktiv ist – wenn auch ohne ein sichtbares Ergebnis; doch dies beruhigt die Gemüter nicht; es wäre ein Trost für das Übermorgen, wenn auch nicht für das Heute – und für das Prestige und die Position des Heiligen Stuhls ein wirklicher Gewinn –, wenn die ganze Welt wüsste, dass der Papst handelt, auffordert, vorschlägt, auch wenn ihn im Moment keiner hört.

Der Prälat sprach von Menschen, „die das Schweigen und die öffentliche Tatenlosigkeit des Heiligen Stuhls nicht nur verwunderten, sondern anwiderten": „Mir dröhnen die Ohren davon und mein Geist ist verwirrt und erschüttert", bekannte er.[34] Respighi war Rektor der Kirche Santi Quattro Coronati. Unweit davon beherbergten die Augustinerinnen seit November 1943 Juden und Verfolgte (unter ihnen Francesco und Alberto Caracciolo, die Söhne des bekannten Generals), da sie fest davon überzeugt waren, dass es einen Befehl des Papstes in diesem Sinne gegeben hatte. Der Prälat feierte häufig die Messe mit jener Gemeinschaft. Nach dem Krieg brachte er selbst Faschisten dort unter.[35] Schon vor der Besatzung Roms bat Respighi den Papst also um eine öffentliche Stellungnahme.

Das Problem war da, das wusste auch Pius XII. In einer Audienz für den apostolischen Delegaten Angelo Roncalli brachte er 1941 die Frage nach seinem Schweigen unvermittelt zur Sprache: „Er fragte mich, ob sein Schweigen zum Gebaren der Nationalsozialisten nicht vielleicht falsch verstanden wurde", so Roncalli.[36] Pius XII. wusste, welche Risiken eine explizite Verurteilung für die Einheit der Kirche barg; außerdem fürchtete er die Reaktion der zum Teil vom Nationalsozialismus befallenen deutschen Katholiken, die unter dem Druck des Regimes standen. Er ahnte, dass die Nazis dann noch grausamer gegen Katholiken und Verfolgte vorgehen würden. Er glaubte, dass ein Machtwort des Papstes all diejenigen, die ohnehin schon litten, in noch größeres Unglück stürzen würde. Schon 1984 habe ich die Beweggründe des Papstes so gedeutet, doch der Vollständigkeit halber möchte ich es an dieser Stelle erneut tun.[37] Schließlich – und das geht auch aus diesem Buch hervor – war man irgendwann für mehrere tausend Gäste verantwortlich, die in den Gebäuden der Kirche mitten in Rom untergebracht waren.

Vor allem nach September 1943 entschied sich Pius XII. dazu, ein Verhältnis zu den Deutschen aufzubauen, das die Räume der Kirche vor jeglichen Übergriffen schützen sollte. Er wusste sehr wohl, dass sich die Kirche auf sehr dünnem Eis bewegte, wenn sie Asyl gewährte und sich mit dem exterritorialen Status oder dem Raum der Kirche tarnte. Auch Jedin sah die Aufnahme von Militärs in der Abtei Sankt Paul skeptisch: „Ich [...] fühlte mich aber verpflichtet darauf hinzuweisen, daß kein kämpfendes Heer der Welt dulden würde, daß sich 40 Kilometer hinter seiner Front Zellen von Feinden (nicht nur von Verfolgten) unter dem Schutz einer neutralen Macht bildeten."[38] Seiner Meinung nach war dringend zwischen Verfolgten und Widerstandskämpfern zu unterscheiden. Noch skeptischer waren, wie wir bereits gesehen haben, Kardinal Canali und diverse andere Kleriker von mehr oder weniger hohem Rang.

Doch angesichts des Weltkrieges, der Krise Italiens nach dem 8. September, der dramatischen Verfolgung und Auslöschung der Juden war die Situation so außergewöhnlich, dass viele Denkweisen und Kategorien völlig außer Kraft gesetzt wurden. Jedin selbst musste gestehen: „Von dem Ausmaß der Judenverfolgung besaß ich keine klare Vorstellung."[39] Viele in Rom wussten aber, wie ernst die Lage wirklich war. Ahnten nicht die einfachen Schwestern aus dem Kloster Sette Dolori etwas? Wusste nicht sogar der junge Michael Tagliacozzo, was los war? Einen Tag vor der Razzia in Rom, am 15. Oktober, notierte Elena Carandini in ihrem Tagebuch: „Auch bei uns sind die Juden jetzt in schrecklicher Gefahr. Dies bestätigt Roberto Einaudi, der zu uns zum Frühstück gekommen ist. Er erzählt vom furchtbaren Blutbad in Meina am Lago Maggiore. Er hat danach einige von denen getroffen, die sich wie durch ein Wunder gerettet haben."[40]

Vor dem 16. Oktober und auch danach ahnten aber bei weitem nicht alle in der kirchlichen Welt Roms, wie ernst die Lage wirklich war. Man tat sich schwer, sich das Grauen vollumfänglich vorzustellen. Der Pallottiner Giancarlo Centioni, der sich für Juden und Verfolgte einsetzte, erklärte: „In jenen Jahren wusste ich nicht, dass die Juden alle getötet wurden, wir glaubten, man brachte sie zum Arbeiten fort. Wir wussten, dass es die Lager gab, aber wir wussten zum Beispiel nichts von Auschwitz. In unserem Generalat waren zwar viele Deutsche, die Kontakt zu den deutschen Truppen hatten, aber davon wusste man nichts."[41] Und dennoch sagte Mons. Palazzini zu Michael Tagliacozzo, nachdem dieser mehrere Wochen lang versucht hatte, etwas über die am 16. Oktober festgenommenen Juden in Erfahrung zu bringen, dass ihm klar sei, was aus den Deportierten geworden war. Obwohl er selbst ähnliche Hiobsbotschaften bekommen hatte, wollte der junge Jude dies nicht glauben. Es war schwer, sich so etwas Schlimmes vorzustellen. Daher darf auch das nicht verwundern, was zwei slowakischen Juden, Rudolf Vrba und Alfréd Wetzler, widerfuhr, die im April 1944 dem Lager Auschwitz entkommen waren: Als sie ihren Glaubensbrüdern erzählten, was dort mit ihnen geschehen war, hatten sie „den furchtbaren Eindruck, dass sie uns nicht ein Wort von dem, was wir ihnen da erzählten, glaubten". Vrba fragte sich, ob

„der menschliche Geist sich vielleicht noch daran gewöhnen musste, sich die Tragweite der Massenauslöschung vorzustellen".[42]

Im Vatikan wusste man damals von der Vernichtung der Juden, doch gewiss nahm man sie anders wahr als in der Nachkriegszeit. Schon im Ersten Weltkrieg war die vatikanische Diplomatie mit einer ähnlichen Katastrophe konfrontiert worden: dem Völkermord an den Armeniern. Damals hatte Pacelli (bis 1917) Tardinis Amt bekleidet. Benedikt XV. schrieb an den Sultan und versuchte auf diplomatischem Wege die europäischen Mächte, die Alliierte des Osmanischen Reiches waren, vermitteln zu lassen. Es war eine breit angelegte diplomatische Intervention.[43] Doch während des Zweiten Weltkriegs konnte die päpstliche Diplomatie nicht auf den guten Draht zu einer Regierung bauen, wie Benedikt XV. damals auf Österreich-Ungarn hatte zählen können.[44]

War die Situation auch außergewöhnlich – in Rom konnte man die neue Ordnung, die die Nazis etablieren wollten, mit Händen greifen. Was sollte man tun? Die Kirche Pius' XII. war in Rom aktiv. Sie hoffte auf eine Niederlage Deutschlands, auch wenn sie vom Verhalten der Alliierten gegenüber der katholischen Kirche und dem Heiligen Stuhl keinesfalls begeistert war und zudem große Angst vor dem „russischen Rätsel" hatte. Doch der Papst spielte auf dem internationalen Schachbrett nur eine recht marginale Rolle. Der große Diplomat und spätere Papst, Eugenio Pacelli, musste einsehen, so Ernesto Buonaiuti, dass das diplomatische „Werkzeug" nicht wirklich funktionierte.[45] Und in der Tat ging er mit der Zeit dazu über, sich eher an die Völker als an die Regierungen zu wenden. Er bemühte sich, im Rahmen seiner Möglichkeiten die Situation für die Menschen in Not weniger unmenschlich zu gestalten. Doch dies ist – zumindest teilweise – ein anderes Thema.

Auge in Auge mit den Deutschen und: der Einsatz für gesuchte Personen

In erster Linie galt es, Menschen, die gesucht wurden, in Sicherheit zu bringen. Laut einigen (recht ungenauen) Schätzungen belief sich die Zahl der gesuchten Römer auf zwischen 200.000 und 400.000. Man pflegte zu sagen, die halbe Stadt sei im Hause der anderen Hälfte versteckt, so umfassend war das Phänomen.[46] Die Kirche machte bei ihren „Gästen" keinen Unterschied. Sie sah sich mit einer allgemeinen Tragödie, mit Ungerechtigkeiten und mit der Macht des Bösen konfrontiert, denen alle ausgeliefert waren. Es kann sogar sein, dass man die Juden gar nicht als gesonderte Gruppe betrachtete (wiewohl es nicht ganz einfach ist, heute genau nachzuvollziehen, wie man damals dachte). Dass sie in großer Gefahr waren, war allen klar; doch dass man die Lage nicht so dramatisch einschätzte, wie sie eigentlich war und wie man erst später erkennen musste, ist durchaus möglich. Denn die Tragödie, die die Juden im Krieg durchlebten, war unglaublich und nahezu unbeschreiblich.

Die Menschen, die an die Pforten der kirchlichen Einrichtungen klopften, mussten in Sicherheit gebracht werden. Nach jenen dramatischen neun Monaten schrieb Carandini: „Die Kirche ist die einzig wahre Aktionspartei. Sie bemüht sich sehr, allen zu helfen, sie sammelt Gefallen und Kräfte für die Zukunft an. Später wird sich das möglicherweise als schadhaft erwiesen, aber jetzt nicht."[47] Die Kirche als die „einzig wahre Aktionspartei": Dies war der Eindruck einer scharfsinnigen Beobachterin. Und in der Tat bemühte sie sich auf allen Ebenen darum, Menschen zu retten. Vor wem? Vor allem vor den Deutschen. Doch gleichzeitig waren die Deutschen auch die Ansprechpartner des Alltagslebens: für die Ordensleute an den Pforten, wenn sie die Türen bei Inspektionen öffneten; für die Ordensoberen, die sich fragten, ob es Vergeltungsmaßnahmen geben würde; für alle, die einen Gesamtüberblick hatten wie das Staatssekretariat.

In den letzten Kapiteln haben wir schon ein paar deutsche Dokumente kennengelernt: das Tagebuch des deutschen Kommandos beispielsweise, aus dem hervorgeht, dass General Stahel glaubte, mit der Kirche ein „Privatkonkordat" abgeschlossen zu haben. Der Vatikan spielte dieses Spiel mit, da er fest daran glaubte (und hierfür waren auch Pius' XII. persönliche Kenntnis der Welt der Deutschen sowie die Präsenz deutscher Geistlicher im Vatikan entscheidend), dass die Nationalsozialisten in Rom kein homogener Block waren. Nuntius Orsenigo hatte feststellen müssen, dass in Berlin nicht viel auszurichten war, doch vielleicht, so glaubte man, würde man in Rom mehr Glück haben. Vielleicht konnte man die Tür einen Spalt breit öffnen oder sogar ein gutes Verhältnis zu den Deutschen aufbauen. In Rom ahnte oder hoffte man zumindest, dass in der Welt der Deutschen nicht alle gleich waren. Es galt, Feinarbeit zu verrichten, doch daran waren die Geistlichen und Diplomaten gewohnt, die im Rahmen ihrer Möglichkeiten, ihrer persönlichen Kontakte und auch mit einer gewissen Widersprüchlichkeit agierten. Der Pallottiner Giancarlo Centioni, der zu einer Gemeinschaft gehörte, in der viele Brüder Deutsche waren, ist ein typisches Beispiel dafür, dass jemand gleichzeitig an verschiedenen Ufern tätig war. Im Haus der Pallottiner in Prati wohnten etwa 30 geheime Gäste; der deutsche Botschafter von Weizsäcker half den Ordensmännern, sich vor einem drohenden Überfall durch die Deutschen zu schützen.

Centioni, für den kein Zweifel daran bestand, dass Juden und Gefangenen geholfen werden musste, spielte ein anscheinend doppeltes Spiel. Als faschistischer Militärgeistlicher hatte er den Eid auf die Sozialrepublik geleistet und war bei den Faschisten, in der Questura und auch bei den Deutschen gut bekannt (er sprach auch Deutsch). Auch zu General Mälzer hatte er ein gutes Verhältnis („Um mich beim General anzubiedern, ließ ich mir vom Vatikan irgendeine wertlose Münze geben, die ich ihm schenkte"). Wenn er die Kaserne der 81. Infanterie verließ, hatte er stets Botschaften der Verhafteten an ihre Familien bei sich. Unterstützt von einer Übersetzerin aus Südtirol sorgte er dort dafür, dass die Männer, die zur Zwangsarbeit rekrutiert worden waren, nicht aus Rom fortgeschickt wurden. Er half den Juden und den Flüchtlingen in den Häusern der Pallottiner. Manchmal kam er durch die Polizei an Informationen zu etwaigen Festnahmen: „Häufig", so erinnerte er sich, „schickte mich Romeo Ferrara zu jüdischen Familien, denen ich Bescheid gab, sie sollten fliehen. Er gab mir Passierscheine für die Ausgangssperre." Frau und Sohn von Ferrara waren bei den Pallottinern untergebracht.

Voller Tatendrang operierte Centioni in einem Grenzgebiet zwischen der Welt der Faschisten, der Welt der Nazis und der Welt der Kirche. Dabei kam ihm die Anziehungskraft zugute, die die Kirche nicht nur auf die deutschen Katholiken, sondern auch auf die Nichtkatholiken ausübte, die äußerst empfänglich für Autorität, Tradition und Aristokratie waren. Am schwersten hatte er es mit der SS, der Welt Kapplers, die zwar eher klein, aber keinesfalls zu vernachlässigen war. Centioni hatte Kontakt zu Kappler aufgenommen und sprach auch nach den Vorfällen in den Ardeatinischen Höhlen mit ihm: „Wenn man ihn so anschaute, wirkte Kappler wie eine ehrenhafte Person. Natürlich war auch er ein Gauner, aber mit ihm konnte ich reden", betonte er. Dieser teilte ihm auch mit, dass Don Pappagallo, ein „badoglianischer Priester", wie er ihn nannte, den Verurteilten in den Ardeatinischen Höhlen die Absolution erteilt habe.

Centionis Schilderung zufolge hatten die deutschen Ordensoberen der Pallottiner ein gutes Verhältnis zu den deutschen Kommandos. Seine Devise war: Man musste retten, was noch zu retten war. Morosinis Weg hielt der Pallottiner jedoch für nichts anderes als „naiv“: „Keine Waffen, niemals. Alle müssen uns mögen. Wir müssen Gutes tun.“ Für Centioni stand fest – und er selbst hatte konkrete Belege dafür –, dass die Deutschen wussten, dass in vielen Ordenshäusern Juden versteckt waren. Doch insgesamt, so der Pallottiner, achteten die Deutschen die Kirche und ihre Priester.[48]

In ihren Erinnerungen schilderte Fulvia Ripa di Meana, wie sie über den römischen Adel Kontakt zu Eugen Dollmann knüpfte. Die Principessa Colonna sprach mit Carlo Pacelli; daraufhin befand man, dass Fürst Ruspoli der geeignete Mittelsmann war, um ein Gespräch mit dem deutschen Oberst zu vermitteln.[49] Der Fürst hatte der deutschen Botschaft den gelb-orangefarbenen Palazzo in der Via Tasso vermietet, den die Gestapo und die SS bezogen hatten und in der das SS-Gefängnis hergerichtet werden sollte.[50] Dollmann erinnerte sich später an Ruspoli als einen überaus freundlichen Menschen, der ihm regelmäßig Gesuche zugunsten von Menschen in Schwierigkeiten überbracht hatte.[51] Virginia Agnelli machte keinen Hehl aus ihrer Feindseligkeit gegenüber den Deutschen. Ihr Leben spielte sich teils im „Luxusgefängnis“ in San Gregorio, teils in ihrem Haus am Bosco Parrasio am Fuße des Gianicolo und gegenüber dem Kloster Sette Dolori ab. Sie pflegte Kontakte zu den verschiedensten Kreisen Roms und verkehrte auch mit den Deutschen. Über die römische Aristokratie, einer Schicht, deren Mitglieder während der neun Monate der Besatzung sehr unterschiedlich eingestellt waren, konnte man an die Deutschen herankommen. Die Aristokraten standen auch dem Vatikan und der Kirche nahe.

Um das Verhältnis zu den Deutschen aufrechtzuerhalten, setzte der Vatikan vieles aufs Spiel. Benzoni, die in jenen neun Monaten sehr umtriebig war, hielt fest: „Der Vatikan, der bei Vermittlungen und wenn es darum geht, Überzeugungsarbeit zu leisten, immer sehr effektiv ist, wandte sich an die deutschen Dienststellen, in einigen Fällen mit positivem Ausgang [...] Dann konsolidierte sich eine Art *Entente cordiale*. Dazu trugen die deutschen Diplomaten beim Heiligen Stuhl bei, vor allem Botschafter Ernst von Weizsäcker, aber auch die militärischen Vertreter, Kesselring ebenso wie die weniger Wichtigen, sowie die Männer der SS, von Karl Wolff bis zu den einzelnen Untergebenen." Es sei auch zu Reibereien gekommen. Doch insgesamt, so Benzoni, gewährleistete der Vatikan, dass Rom „eine Stadt" war, „in der die Explosionsgefahr abgeklungen war und es keinerlei Lunten mehr gab".[52]

Elena Carandini ihrerseits beobachtete: „Die beschützende und nährende Kirche [...] Die Kirche, von den Monsignori bis zu den Brüdern und den bescheidensten Pfäfflein, sorgt, hilft und behauptet sich bei den Deutschen und den Faschisten, die sie eines Tages vielleicht brauchen werden." Auf diesen Punkt ging die Aristokratin am 26. Februar in einer besonders heiklen Phase erneut ein: „Das Verhältnis zwischen dem Vatikan und den Deutschen ist nicht einfach [...]" Viele Deutsche merkten, dass sich der Krieg gerade zu einer Katastrophe entwickelte, und vielen von ihnen käme daher der Gedanke, dass die Sympathie der Kirche ihnen in dieser schweren Zeit vielleicht von Nutzen sein könnte: „Es scheint jedoch so", heißt es bei Carandini, „als verspürten die deutschen Soldaten einen Wind der Verzweiflung, der sie dazu führt, die Kirche als mögliche finale Hilfe zu sehen."[53] Auch dies war eine Karte, die die Kirche spielen konnte. Ihre Bedeutung stieg dadurch.

Ließen die Deutschen die Priester, Schwestern und Ordensmänner im Untergrund vielleicht einfach gewähren? Wie konnten diejenigen, die aus den verschiedensten Gründen in die Ordenshäuser kamen, oder die Nachbarn die massiven Veränderungen in den Häusern übersehen?[54] Wenn Kinder und Familien im Haus waren, wenn die endlos wirkende Zeit und die Tatenlosigkeit unruhig machten, wenn eine Gemeinschaft immer mehr Lebensmittel brauchte – dann war es nicht einfach, die neuen Gegebenheiten zu verheimlichen. Luciana Carlucci aus Testaccio erzählte, sie habe vom Balkon ihres Hauses auf das Kloster der Vinzentinerinnen geschaut, in dem offiziell zahlreiche Evakuierte untergebracht waren; doch im Viertel habe man getuschelt, es seien in Wirklichkeit Juden. Die ganze Zeit der Besatzung hätten sie dort verbracht.[55] Die Bewohner des Viertels wussten also, dass Juden Asyl gewährt wurde. Und dies war nicht nur in Testaccio der Fall, sondern auch in vielen anderen Vierteln. Wenn die Menschen Bescheid wussten, sahen die Deutschen dann absichtlich weg?

Padre Melani, der Pfarrer von San Filippo Neri in Eurosia, der 20 Juden, die größtenteils aus Garbatella kamen, bei sich untergebracht hatte, erklärte: „Die Deutschen und die Faschisten wussten Bescheid, sie haben uns nie belästigt."[56] Viele Menschen, die bei all diesen Ereignissen eine wichtige Rolle spielten, hatten das Gefühl, dass die Deutschen Bescheid wussten. Doch abgesehen von den bereits geschilderten Fällen (bei denen Koch im Mittelpunkt stand, auch wenn er nie alleine kam und nie aus eigener Initiative handelte), wurden die Häuser der Kirche nicht systematisch überfallen. Vor allem gingen Überfälle nie direkt von den Deutschen aus.

Aus den Dokumenten der Ordenshäuser geht hervor, dass alle große Angst vor den Deutschen hatten. Dies wollen wir uns zumindest kurz anschauen. Die Oberin der Sionsschwestern erhielt einen anonymen Brief, in dem man ihr mit einem Überfall und einer Anzeige drohte, falls sie die Juden, die in ihrem Haus untergebracht waren, nicht fortschickte. Doch die Gemeinschaft behielt die Gäste bei sich und richtete noch mehr Gebete gen Himmel. Tatsächlich stand die SS erst am Ende der Besatzung, am 1. Juni, vor ihrer Tür (und die Schwestern waren zuvor gewarnt worden):

> Ein für unsere armen Flüchtlinge erschreckender Besuch, doch alles war entsprechend vorbereitet worden: Nachdem ein Glöckchen dreimal geklingelt hatte, das hinter einem Gitter im Garten angebracht worden war, um Alarm zu schlagen, verschwanden alle, manche in einen eigens für den Anlass hergerichteten Schutzraum im Keller, manche in die benachbarte Villa. Die SS-Männer drangen ohne große Begrüßungsfloskeln ein, legten los und wunderten sich, als sie keine Männer vorfanden. Als sie im ersten Stock angekommen waren, erschien unsere Mutter mit dem Schreiben des deutschen Kommandos, laut dem eine Durchsuchung ohne die Erlaubnis des Vatikans verboten war [...] Angesichts dieses Dokuments war die SS sprachlos, sie entschuldigte sich sogar und zog verstimmt wegen ihrer eigenen Erfolglosigkeit bei dem Coup von dannen. Unglücklicherweise war das Haus umzingelt und drei Juden, die über die Straße geflohen waren (da sie sich im Haus nicht sicher fühlten), wurden aufgegriffen und verhaftet. Einer von ihnen, ein polnischer Rabbi, wies sich mit falschen Dokumenten aus, man hielt ihn für einen orthodoxen Ungarn und so wurde er freigelassen; die anderen beiden wurden ins Gefängnis gebracht und sollten in ein Konzentrationslager in Deutschland kommen.

> Doch die Jungfrau von Sion wachte über ihnen, sodass sie zwei Tage später wunderbarerweise freigelassen wurden, als die Gefängnisse geöffnet wurden [...][57]

Als man ihnen das bekannte deutsche Dokument vorlegte, machten die SS-Männer also halt. Auch in anderen Fällen konnten sie die Inspektionen nicht über die Bühne bringen. Die St. Josephsschwestern von Chambéry erinnerten sich daran, dass eines Tages spät am Abend zwei deutsche Soldaten vor ihrer Tür standen und das Gebäude durchsuchen wollten. Sie schauten sich einige Gemeinschaftsräume an, stiegen aber nicht in die oberen Etagen und gingen fort. Dort hätten sie die Juden und all die anderen Gäste gefunden.[58] Bei manchen Durchsuchungen gingen die Deutschen bei ihrer Suche nach Partisanen jedoch strenger vor, wie Sergio Frassineti berichtete:

> Im Februar 1944 wurden wir eines Nachts um 4 Uhr geweckt und sollten fliehen: Die Deutschen waren ins Haus gekommen und waren hinter Partisanen her, die jedoch nicht da waren. Ich werde nie vergessen, wie atemlos die Schwester war, nachdem sie die Treppen bis in den vierten Stock hochgerannt war, wo wir schliefen: Sie wirkte so entkräftet wie Pheidippides, nachdem er die Nachricht von der Schlacht bei Marathon überbracht hatte. Wir zogen uns hastig an, wurden über eine Hintertreppe herausgelassen und verließen das Gebäude über die Klosterkirche, die auf die Straße ausgeht und deren Türen in der Zwischenzeit geöffnet worden waren. Die Schwestern hatten wirklich prompt reagiert und wir konnten uns alle in Sicherheit bringen. Den ganzen Tag über streunten wir durch die Straßen und kehrten am folgenden Abend um 22 Uhr zurück. Alle konnten sich retten und kamen ins Kloster zurück.[59]

In einigen Fällen wurde falscher Alarm geschlagen, wie z. B. im Kloster Sette Dolori. Die Oberin wurde gewarnt, „dass sie übermorgen ins Kloster kommen würden, um zu schauen, ob dort Offiziere des Heeres oder Kriegsdienstverweigerer versteckt waren [...]“ Sie suchten also nach Militärs, nicht nach Juden. Giacomo Zarfati erzählte: „Die gute Oberin war sehr erregt und bat uns wegzugehen, um wenigstens die Frauen und die Kinder zu retten, die sie als Evakuierte aus Civitavecchia ausgeben würden. Wir sollten vielleicht tief in der Nacht zurückkehren, wenn die Gefahr vorbei war [...]" Nach dem Überfall auf Sankt Paul ging das Gerücht um, man sei nirgendwo mehr sicher. Don Occelli warnte die 20 Juden, die in seinem Pfarrhaus untergebracht waren: „Freunde, die Ausweise, die ich euch beschafft habe, die Soutanen und die Priesterkragen, die ihr tragt, reichen nicht aus; mehr denn je muss ich euch daran erinnern, dass das Gewand noch keinen Mönch macht [...] Wenn es in Sankt Paul, in der offenen Stadt, in der Exterritorialität zu solch einem Teufelszeug gekommen ist wie jetzt gerade, wer kann euch dann noch hier bei uns, außerhalb der offenen Stadt, mitten in der deutschen Etappe noch Sicherheit garantieren? [...] Entscheidet für euch, wie es euch passt, aber wenn ihr bleibt, dann müsst ihr die Messe besser lesen als ich, auf Latein, von A bis Z."

Im Vatikan diskutierte man nach den Vorfällen in Sankt Paul über die Risiken der Aufnahme von Flüchtlingen. Jedin berichtete, dass es damals im Vatikan hieß, „wenigstens die apostolischen Paläste sollten von den sehr verschiedenartigen ‚Gästen', die in ihnen untergebracht waren, geräumt werden. Darauf begreiflicherweise in unserem Hause große Unruhe [...]"[60] Einige Juden und auch De Gasperi verließen damals den Lateran. Im Tagebuch des Kamaldulenserklosters San Gregorio al Celio wurde festgehalten, dass der Überfall auf das Lombardische Priesterseminar und besonders der auf Sankt Paul die Flüchtlinge schwer beeindruckt hätten. Hieran sieht man erneut, welche Rolle das allgemeine Gerede im römischen Untergrund spielte. Im Tagebuch von San Gregorio heißt es: „Und so verließen unsere Gäste nach und nach das Kloster und das Ordensgewand kehrte wieder in die Familie zurück."[61]

Das, was Kardinal Fumasoni Biondi, der „Vorsteher" der „Hochburg auf dem Gianicolo", nach dem Überfall auf Sankt Paul sagte, entsprach dem, was viele besorgte Menschen damals dachten: „Er sagt uns, an verschiedenen Orten habe man sich schon eingeschränkt und auch wir sollten uns darauf einstellen. Nach Gesprächen mit den anderen Vorgesetzten wird vereinbart, dass die Dinge klar angesprochen werden sollen, sodass jeder dann *abundet in sensu suo*." Zur Angst vor Einbrüchen im exterritorialen Gebiet sagte hingegen Mons. Brizi, der Rektor der Propaganda Fide, am 9. Januar 1944: „Man ist allgemein der Ansicht, dass derartige Gerüchte kein Grund zur Sorge sind. Auch im Lateran sind sie gewesen, doch dort haben sie einfach nicht aufgemacht und damit war es vorbei."[62] Doch zeitweise waren die Vorgesetzten sehr wohl in Sorge.

Selbst Brizi teilte Antonazzi am 6. Januar mit, das Gerücht gehe um (und er gab es danach an das anliegende Nordamerikanische Kolleg weiter), dass die Polizei den angelsächsischen Kollegs einen Besuch abstatten wolle. Am 8. Januar beschloss man, auch in der „Hochburg auf dem Gianicolo" die Wachposten zu verstärken: „Sachdienliche Vorkehrungen zur allgemeinen Ruhe."

Tatsächlich kam es, abgesehen von den Vorfällen im Lombardischen Priesterseminar und in Sankt Paul, zu keinen weiteren Überfällen auf kirchliche Einrichtungen, bei denen Juden oder andere verhaftet wurden. Francesco Motto fragte sich, wie es sein konnte, dass so viele jüdische Gäste, größtenteils Kinder und Jugendliche, unbemerkt im „Istituto Pio XI." leben konnten: „Dass das ‚Istituto Pio XI.' den Deutschen, den Faschisten und ihren Spionen nicht auffiel? Das kann ich mir kaum vorstellen, wenn man bedenkt, dass im Institut, im Pfarrhaus und im Oratorium Hunderte von Menschen, Jugendliche und Erwachsene, verkehrten." Der Salesianer Don Tronza kannte jemanden in der Questura von Rom, der ihn wahrscheinlich über eventuelle Bedrohungen informierte. Doch reichte das, um die heimlichen Gäste zu beschützen?

Schlussendlich wurde aus allen angedrohten Überfällen nichts. Die Salesianer des „Istituto Pio XI." schrieben: „[...] man informierte uns darüber, dass bei einem Treffen deutscher SS-Männer, an der auch faschistische Anhänger der Sozialrepublik teilgenommen hätten, beschlossen worden sei, dem ‚Istituto Pio XI.' einen Überraschungsbesuch abzustatten und es ordentlich nach Juden und anderen flüchtigen Personen zu durchkämmen, deren Identität ihnen bekannt war. Nichts dergleichen geschah jedoch, sei es, weil es schwierig ist, das ‚Istituto Pio XI.' zu umzingeln (300 Mann hätten nicht gereicht), sei es, weil sie – so sagten sie bei besagtem Treffen – nach der Sache in Sankt Paul keinen weiteren Ärger mit dem Heiligen Stuhl haben wollten." Die Brüder Tagliacozzo, die im Institut untergebracht waren, erinnerten sich gut daran, dass man im Mai eine Durchsuchung befürchtete, weshalb sie das Haus für zwei Nächte verließen.[63] Doch auch bei der Gelegenheit passierte nichts.

Giuliana Benzoni fragte sich zudem, wie es sein konnte, dass das Haus Barbieris in der Via Cernaia, ein Knotenpunkt des römischen Untergrunds (wo diverse Mitglieder des CLN beherbergt waren), durchsucht wurde und trotzdem keiner herausfand, wer sich dort versteckte: „Wie lassen sich sonst, so behaupteten manche dann hämisch, die unachtsamen Einfälle der SS im Kloster in der Via Cernaia erklären, bei denen unter großem Fairplay nur ein einziger Raum durchsucht wurde [...] während in den benachbarten Räumen die Mitglieder des Komitees bangten?" Denn man fabulierte, so Benzoni, der Monsignore gehöre den Geheimdiensten an.[64] Doch welchen?

In Wahrheit wollten die Deutschen ihre Kraft bei der Jagd auf Flüchtlinge in den Häusern der Kirche nicht vergeuden; dass sie jedoch von den außergewöhnlichen Wohngemeinschaften keinen Wind bekamen, scheint ausgeschlossen. Seinen antisemitischen Eifer hatte Kappler am 16. Oktober klar zur Schau gestellt. Nach der Razzia überließ er die Judenverfolgung den italienischen Kollaborateuren. Da dem Nazioffizier nur wenige SS-Männer zur Verfügung standen, konnten die Deutschen bei der Jagd auf die Juden nur auf einen kleinen Apparat zurückgreifen. Die PAI und die Questura waren untätig und daher – so heißt es in einem Urteil des Sonderschwurgerichts – „griffen sie auf Söldnergruppen zurück, um ihr Ziel zu erreichen und ließen entsprechende Truppen bilden, die mit der Rassenverfolgung betraut wurden".[65] Es gab allerlei Kollaborateure, zum Beispiel italienische Banden und Denunzianten. Rosa Di Porto berichtete, dass sie im Ghetto ihre Freundin Celeste Di Porto gesehen habe. Ganz in der Nähe, auf der Brücke, die das Ghetto mit Trastevere verbindet, denunzierte diese häufig Juden. Celeste Di Porto, die von allen nur „Schwarzer Panther" genannt wurde, gehörte einer von Giovanni Cialli Mezzaroma angeführten Bande an und spürte auf der Straße Juden auf, deren Namen sie kannte. So konnte sie überprüfen, wer falsche Dokumente bei sich hatte.[66] Laut Osti Guerrazzi fielen mehr als 135 Juden einer Denunziation zum Opfer. Wahrscheinlich ist die Zahl aber noch höher, da Denunziationen nicht immer dokumentiert wurden. Häufig handelte es sich bei den Angezeigten um Juden, die an gewohnte Orte zurückkehrten oder sogar in ihren Häusern geblieben waren und ihre Geschäfte weiterführten.

Die Kirche Roms setzte sich dafür ein, den eigenen Raum inmitten der besetzten Stadt zu verteidigen, die von allerlei Gefahren bedroht war. Dazu nutzte sie auch den Draht zu den Deutschen, zur Botschaft beim Heiligen Stuhl (die man als besonders wichtig erachtete), zu den deutschen Kommandos, aber auch zu den einzelnen Truppen in der Stadt. Protagonisten dieser gut durchdachten Operation waren das Staatssekretariat, manchmal der Papst persönlich (wie beim Zusammentreffen mit General Wolff), sehr häufig Pater Pfeiffer, aber auch vereinzelte Kleriker. So bleibt die Tatsache, dass die Deutschen die Welt der Kirche nicht durchkämmten. Für das deutsche Offizierskorps war die Kirche ein wichtiger Ansprechpartner in Rom, ein Garant für Ordnung in der Stadt, vielleicht auch – für den Fall einer Niederlage der Nazis – eine mögliche Absicherung für die eigene Zukunft.

Die neun Monate der deutschen Besatzung in Rom waren eine lange und dunkle Phase. Auch für die Verantwortlichen im Vatikan, die nach dem 5. Juni erleichtert aufatmen konnten. Doch in der Dunkelheit jener Monate versuchten sie einige Ziele zu erreichen. Zum einen sollte sich das, was am 16. Oktober geschehen war, nicht wiederholen. Zum anderen galt es, das Überleben der von der Kirche „Beschützten" zu gewährleisten. Zu diesem Zweck musste man vorsichtig, manchmal aber auch gerissen sein.

Interessierten sich die Deutschen oder zumindest jene, die in Rom stationiert waren, für die Haltung des Heiligen Stuhls? Im Untersuchungsverfahren im Rahmen des Prozesses gegen ihn erklärte Herbert Kappler im August 1947: „Nach der Aktion vom 16. Oktober wurden von deutscher Seite keine Judenrazzien mehr durchgeführt." Er bekannte, irgendwann zwischen November und Dezember 1943 von Himmler einen Befehl erhalten zu haben, der für ganz Italien galt und jeden Kommandanten dazu anhielt, „der Judenfrage höchste Aufmerksamkeit zu schenken". Kappler betonte, wahrscheinlich auch zu seiner eigenen Verteidigung, er habe nach der Razzia vom 16. Oktober, bei der Dannecker das Kommando gehabt hatte, seine SS-Männer nicht bei der Judenverfolgung eingesetzt. Seine Männer (deren Anzahl er als gering bezeichnete) „reagierten ausschließlich auf Hinweise der italienischen Kollaborateure". Das von den Deutschen in Aussicht gestellte Kopfgeld ließ die Zahl der Hinweise durch Italiener steigen. Zur Aussetzung dieses Kopfgelds sagte Kappler:

> Bis dahin hatten wir den Informanten für Hinweise auf Juden aber keine Vergütung gezahlt, da wir diese Informationen nicht als einen Dienst betrachteten, der für uns von Interesse war. Die italienischen Kollaborateure waren mit dieser Behandlung nicht zufrieden und Schütz befürchtete, dass sich manche der Kollaborateure – deren Namen er mir auch nannte, an die ich mich aber nicht mehr erinnere – von uns trennen wür-

den und wir daher auch in anderen Bereichen auf wichtige Informationen würden verzichten müssen.

Der von Kappler erwähnte Befehl Himmlers zur Jagd auf die Juden stellte einen konkreten Grund dar, um „auch für diejenigen, die einen Hinweis auf einen Juden gaben, eine Vergütung festzulegen, zumal die italienischen Kollaborateure beharrlich danach forderten". So wurde die Jagd auf den Juden subventioniert. Daher waren laut Kappler, „alle Verhaftungen von Juden nach dem 16. Oktober 1943 Einzelverhaftungen, die infolge von Hinweisen durch italienische Kollaborateure getätigt wurden; mit Ausnahme von ein paar seltenen Fällen, wenn Juden aus anderen Motiven verhaftet wurden".[67]

Nach dem 16. Oktober verhafteten die Faschisten und die Nazis etwas weniger als 1.000 Juden.[68] Festgenommen wurden diese größtenteils von italienischen Agenten und Spionen, die vom deutschen Kommando bezahlt wurden, von der „Banda Bardi-Pollastrini", von der „Banda Bernasconi" sowie von den Männern Kochs, die die Gefangenen in die Via Tasso brachten. Auch von der Questura und der PAI wurden Juden festgenommen und nach Regina Coeli gebracht.[69] Mehr als 10.000 Menschen entgingen jedoch einer Festnahme.[70]

XIII
Juden und Christen

Eine ganz neue Art des Zusammenlebens

Dass Juden und christliche Ordensleute zusammen unter einem Dach wohnten wie während der neun Monate der deutschen Besatzung, war etwas ganz Neues. Kontakt zwischen katholischen Geistlichen und den jüdischen Einwohnern Roms hatte es zwar durchaus gegeben; ein paar jüdische Jugendliche aus dem Arbeiterviertel Garbatella kamen beispielsweise regelmäßig ins Pfarrhaus von San Filippo Neri: „[...] wir gingen zum Spielen ins Oratorium von San Filippo Neri, aber Pater Melani, der Leiter des Oratoriums, forderte uns nie dazu auf, zur Messe zu gehen", berichtete einer von ihnen.[1] Doch für die Ordensgemeinschaften war das Zusammenleben eine ganz neue Erfahrung. Sie hatten mit den nichtjüdischen Gästen zwar einiges gemeinsam – Bekanntschaften, Verwandtschaften, den Glauben –, doch dass die größtenteils jungen Laien und die Ordensleute einen ganz unterschiedlichen Lebensstil hatten, darf keinesfalls unterschätzt werden.

Wenn die Gäste in die Ordenshäuser kamen, mussten sie sich auch zwangsläufig mit dem Kernstück des Lebens ihrer Gastgeber auseinandersetzen: der Religion. Der katholische Glaube gab den Rhythmus des gemeinsamen Lebens vor. Zumindest ein Teil der bei den Serviten auf dem Gianicolo untergebrachten Juden und Offiziere trug das Gewand des Ordens. Die Ordensleute beobachteten, dass auch einige Katholiken ein anderes Verhältnis zu ihrer Religion entwickelten: „Zwei der Offiziere, die vorübergehend unser Ordensgewand übergestreift haben, haben außerordentliche Fortschritte gemacht, was ihre Tugendhaftigkeit angeht. Einer, der zuvor ein recht lauwarmes Leben geführt hat, ist auf dem Weg der Vervollkommnung um einiges vorangekommen, er empfängt jeden Tag die Heilige Kommunion und ist bei all unseren Gemeinschaftsaktivitäten dabei. In seiner Zelle tut er nichts anderes als fromme Bücher zu lesen und zu meditieren."[2] Auch Giangiacomo Feltrinelli spielte während seiner Zeit im Lateran unter anderem mit dem Gedanken, dem Trappistenorden beizutreten.[3] In Zeiten der Krise übten der Glaube und die Frömmigkeit eine große Anziehungskraft auf viele Gäste aus.

Darüber hinaus versuchten manche der katholischen Ordensleute, die Juden an ihren Glauben heranzuführen. Hier ist nicht der richtige Ort, um sich eingehend mit dieser allgemein bekannten Tendenz zu befassen; es geht hier lediglich darum festzuhalten, dass sie in der katholischen Welt weit verbreitet war. Freilich waren die Zeiten der Affäre Mortara vorbei, doch noch immer legten viele es darauf an, andere von ihrem Glauben zu überzeugen. Viele Juden schilderten, dass ihnen das gar nicht gefiel; Proselytismus war ihnen ein Graus. Die Mutter von Lia Levi sagte zu ihr und ihrer Schwester, als sie sie in einem Kloster unterbrachte: „Wir haben uns mit der Schwester darauf geeinigt, dass ihr nicht in die Kirche geht, in Ordnung? Aber wenn ihr mit den anderen am Tisch sitzt, müsst ihr das Kreuzzeichen machen. Niemandem, keiner Menschenseele dürft ihr jemals sagen, dass ihr Jüdinnen seid, habt ihr verstanden?"[4] Die Mädchen sprachen im Kloster miteinander das *Schma Israel*. Ein Junge namens Brunetto, der in die Gemeinde Ognissanti gebracht wurde, nachdem man seine Eltern festgenommen hatte, fragte ganz unschuldig Pater Piccinini von den Söhnen der Göttlichen Vorsehung, der eine Unterkunft für ihn suchte: „Aber dort, wohin ich jetzt gebracht werde, werden sie doch nichts gegen meinen Glauben unternehmen, oder?"[5]

Einige Juden bescherten den Klöstern Ärger und peinliche Momente. Isa Di Nepi erzählte von ihrer Großmutter, die bei den kanadischen Schwestern untergekommen war. Eines Abends, kurz bevor alle schlafen gingen, sagte die Oberin: „Schwestern, wir müssen als Märtyrerinnen sterben." Isa berichtete weiter: „Meine Oma war eine vom Schlag jener echten römischen Jüdinnen und ihr gefielen solche Aussagen überhaupt nicht, sodass sie jedes Mal, wenn sie so etwas hörte, laut zu fluchen begann, Beschwörungen aussprach und sagte, dass sie jedenfalls keine Märtyrerin werden wollte."[6] Zusammen mit ein paar anderen jüdischen Familien war Nomi Hassom bei den Benediktinerinnen von Priscilla in der Via Salaria untergebracht. Sie berichtete: „Mit einem Schmunzeln muss ich an die Prozessionen im Mai zurückdenken, dem Monat der Gottesmutter, im großen Garten des Klosters. Wir wurden dazu verpflichtet, daran teilzunehmen, und ich erinnere mich an die lange Schlange derer, die daran teilnahmen [...] Nur Juden, und ich erinnere mich noch gut an unsere Kommentare."[7] Eine andere Zeitzeugin berichtete, dass „die Schwestern Druck ausübten und versuchten uns davon zu überzeugen, dass ihre Religion die einzig wahre sei"; gleichzeitig war sie ihnen jedoch dankbar für ihre warmherzige Fürsorge.[8]

Mario Tagliacozzo lebte in einem Nonnenkloster und traf dort den bekannten Dominikaner und Prediger Pater Mario Luigi Ciappi, der zweimal die Woche vor den Männern einen Vortrag hielt: „Nun spricht er vom Alten Testament, doch es will ihm nicht recht gelingen, Interesse dafür zu wecken. Ich glaube, das hintergründige Ziel ist zu versuchen, jemanden von uns zum Konvertieren zu bringen (dies hat mir zumindest, als ich im Kloster ankam, die Mutter Oberin zu verstehen gegeben, die aber zu mir sagte: ‚Wir üben keinen Druck aus'), doch auch bei denen, die vielleicht unschlüssig waren, scheint es mir unwahrscheinlich, dass dieser Pater sein Ziel erreichen wird, weil er nicht besonders überzeugend ist [...] Von meinen Kameraden haben sich die Coens und die Spagnolettos bereits taufen lassen."[9]

Silvana Perl Treves fand für sich, ihre Mutter, ihre Schwestern und ihren kleinen Bruder eine Unterbringung in einem katholischen von Missionsschwestern geführten Studentenwohnheim bei der Poliklinik: „Ich erinnere mich daran, dass die Mutter Oberin mir eines Tages ein dickes Buch brachte, in dem das Alte wie das Neue Testament waren, und mich bat es zu lesen [...] Ich suchte gleich nach dem Kapitel zu den Zehn Geboten [...] und entdeckte, dass dort anstelle von ‚Du sollst den Sabbat heiligen' stand ‚Du sollst den Sonntag heiligen.' Sofort gab ich der Mutter Oberin das Buch zurück und sagte zu ihr: ‚Die Übersetzung dieses Buches aus dem Hebräischen ist nicht präzise, es interessiert mich nicht.'" Sie erinnerte sich an „unterschwelligen Druck" und Aussagen wie „Ach, wie schade, dass so schöne Mädchen wie ihr in die Hölle kommen werden, bloß weil sie nicht an Jesus glauben".[10] Giancarlo Spizzichino erzählte, dass ihn die Schwestern, bei denen er untergebracht war, dazu bewegen wollten zu konvertieren.[11] Clara Spizzichino Della Seta berichtete:

> Man muss sagen, dass wir sehr freundlich aufgenommen wurden, doch sie waren ebenso beharrlich, wie sie freundlich waren, wenn es darum ging, uns alle dazu aufzufordern zu konvertieren [...] Jeden Tag mussten wir zwei Stunden lang Katechismus machen [...] Als dann Ostern kam, ließen sie uns alle den Kreuzweg gehen, auch meine Mama, die es nicht schaffte,

> auf die Knie zu gehen, und wir sagten dann zu ihr: ‚Los, Mama, sei so gut, mach es!' [...] Dann kam eines Tages ein Bischof zur Inspektion, ich weiß nicht warum, vielleicht weil der von all dem keine Ahnung hatte, sie verkleideten mich als Nonne und setzten mich zwischen all die anderen [...] Auf jeden Fall mussten wir uns im Institut tarnen, nur unter uns jüdischen Mädchen erkannten wir, wer wir wirklich waren, das Geheimnis blieb unter uns.[12]

Sergio Minerbi erzählte, dass ihm einer der Maristen vom „Istituto San Leone Magno" jede Woche eine Stunde lang Religionsunterricht erteilen wollte, um ihn dazu zu bringen, sich taufen zu lassen. Doch schließlich verbot es der Superior Alessandro Di Pietro, der die religiöse Überzeugung des Jungen respektierte (Minerbi bemerkte überdies, dass noch andere Juden im Kloster waren, insgesamt 24 Jungen und etwa zehn Erwachsene).[13] Aldo Sonnino erinnerte sich an den Bekehrungseifer eines Salesianers, wohingegen die Salesianer im „Istituto Pio XI." den Juden generell sehr respektvoll begegneten. Die Jungen im Institut mussten in der ersten Stunde nicht das Kreuzzeichen machen und auch nicht das Ave Maria beten. Fragte man sie nach dem Grund, redeten sie sich etwas unbeholfen heraus. Jemand berichtete einem der Salesianer davon, der erwiderte, man müsse sich keine Sorgen machen, weil er über den Glauben der Jungen gut Bescheid wisse. Wie ihre Mitschüler auch mussten die jüdischen Jungen in die Kapelle gehen, nahmen aber nicht an den Sakramenten teil. Viele der anderen Jungen merkten nicht, dass sie anders waren, weil im Institut auch Evakuierte aus Neapel untergebracht waren, die noch nicht zur Erstkommunion gegangen waren. Manche versuchten, den Gottesdiensten fernzubleiben. Ein Salesianer erinnerte sich daran, dass ein paar Jungen ihn um Erlaubnis darum baten, in einem Raum zum jüdischen Gebet zusammenzukommen. Sie hatten gute Noten in Religion. Ein im „Istituto Pio XI." beherbergter Junge erzählte:

> Direkt nach meiner Ankunft im Institut wurde ich aufgerufen. Ein Priester, der glaube ich der Direktor war, rief mich zu sich und sagte, wir sollten genauso wie die anderen sein, natürlich nicht weil man irgendwie Einfluss auf unseren religiösen Glauben nehmen wollte, sondern weil die Nazifaschisten uns im Falle eines Überfalls befragen könnten [...] So büffelte ich

den ganzen Katechismus, den Rosenkranz und alles, was es zu erlernen gab [...][14]

Die Mahlzeiten wurden gemeinsam eingenommen. Nicht immer war den katholischen Ordensleuten klar, was für ein großes Problem diverse Lebensmittel, unter anderem Schweinefleisch, für die Juden darstellten. Bei den Salesianern beobachtete Don Sanacchioli einen jungen Juden, der keine Wurst essen wollte, Don A. Baldazzi berichtete von einem Jungen, der grundsätzlich kein Fleisch aß.[15] Antonazzi erinnerte sich an Juden, die auf dem Gebiet der Propaganda Fide untergebracht waren: „Irgendeiner von ihnen ersetzte am Anfang Schweinefleisch (sofern es das gab) durch Brot und Obst, doch [...] ‚dann war der Hunger stärker als die Trauer'."[16]

Sergio Tagliacozzo berichtete, dass die Piaristen vom „Collegio Nazareno" es ihm und seinen beiden Brüdern gestattet hätten, hinten in der Kapelle zu bleiben, ohne am Gottesdienst teilzunehmen.[17] Poldo Moscati erzählte, dass er zunächst im Dachgeschoss der Kirche San Gioacchino gewesen und später ins „Istituto Cristo Re" gekommen sei; dort habe man ihn „angewiesen, den römisch-apostolischen Christen zu mimen, Messe zu dienen, den Rosenkranz zu beten und an den täglichen Maiandachten teilzunehmen". Doch er blieb Jude. Silvia Anticoli erinnerte sich an die Zeit in Santa Francesca Romana in der Villa Caffarelli (nur die Frauen ihrer Familie waren dort untergebracht, weil der Vater und der Bruder in einer Kirche in der Via dei Serpenti waren): „Manchmal nahmen sie uns auch mit in die Kirche und sagten, wir sollten beten, für wen und wie wir wollten [...]"[18]

Giuseppe Sorani, ein junger Jude, wurde von seinem Vater (der bei den Barmherzigen Brüdern unterkam) ins „Istituto Don Orione" in Trastevere gebracht, in dem „eine große Gruppe jüdischer Jungen war". Das Verhalten der Jungen beschrieb er folgendermaßen: „Wir hatten jedoch gelernt, einen sphinxartigen Gesichtsausdruck aufzusetzen. Weil alle anderen Jungen in die Kirche gingen, stellten auch wir uns in die Schlange, obwohl wir von der christlichen Welt keine Ahnung hatten. Nur einer von uns, Bruno Camerini, bat offen darum, von der Pflicht, zur Kirche zu gehen, entbunden zu werden [...] Ich erinnere mich daran, dass viele sich darüber wunderten, dass wir nie zur Kommunion gingen." Doch aufgrund der respektvollen Art, wie die Juden im Institut behandelt wurden, beschlossen Giuseppe Sorani und sein Bruder Giovanni zum katholischen Glauben überzutreten und empfingen 1945 die Taufe. 1947 trat Giuseppe ins Noviziat der Söhne der göttlichen Vorsehung ein und wurde Priester. Doch nicht alle aus seiner Familie konvertierten.

Ganz abgesehen von konkreten Fällen, in denen sich die Ordensleute in den Glauben der jüdischen Flüchtlinge einmischen wollten, muss die Welt der Klöster die Juden sehr beeindruckt haben. Nicht alle von ihnen waren praktizierende Juden, manche waren laisiert, manche hatten nur eine lose Verbindung zur jüdischen Identität und Kultur. Ihre Welt schien unter den Hieben eines grenzenlosen Hasses zusammenzubrechen. Den einen konnte dies zu Glaubenstreue anspornen, andere wiederum konnte es dazu bewegen, sich jenem Glauben zuzuwenden, der anscheinend stärker war und sie beschützen konnte. Roberto Calderoni, der bei den St. Josephsschwestern zu Gast war, an die er mit großer Dankbarkeit zurückdachte, fasste diese Anziehungskraft gut zusammen:

> Für ein Kind, ja, einen Heranwachsenden wie mich war der Katholizismus, den ich so kennenlernte, irgendwie faszinierend. Die Anziehungskraft jener Gemeinschaft, die wir beobachteten, zu der wir jedoch nicht gehörten, hatte verschiedene Abstufungen. Wir nahmen an den religiösen Zusammenkünften und den Gebeten teil, wir konnten gar nicht anders, denn wir mussten so tun, als seien wir Christen, auch gegenüber unseren Klassenkameraden. Auch nichtjüdische Kinder gingen dort zur Schule und waren dort intern, d.h., sie wohnten im Institut. Für sie waren wir Christen und wie solche mussten wir uns auch benehmen. Wir lebten das Leben, das alle anderen lebten [...]

Calderoni gestand: „Die Versuchung, zum Christentum zu konvertieren, war durchaus da, vielleicht weil die Schwestern so vertrauenserweckend wirkten, vielleicht weil ihr Leben mir so schön erschien. Ich habe lange überlegt, doch schlussendlich bin ich nicht konvertiert, dem Judentum gegenüber aber auch distanziert geblieben. Meines Wissens gab es jedenfalls keine expliziten Bekehrungsversuche von Seiten der Schwestern und mir ist nicht bekannt, dass ein Jude während jener Monate getauft wurde."

Lia Levi sah sich von einem Klosterumfeld umgeben, in dem man dem katholischen Glauben auf Schritt und Tritt begegnete, auch wenn die Oberin mit den jüdischen Kindern nicht über religiöse Themen reden wollte. Sie erinnerte sich jedoch an die Lockrufe anderer Nonnen. Bei einer Andacht in der Kirche, beim Anblick des weißen Schleiers, beim Klang der Orgel oder wenn sie einen zelebrierenden Bischof sah, hatte sie das Gefühl, als würde „der Geist in einer Verherrlichung von Licht und Musik schweben". Sie fühlte sich von dieser Welt angezogen und nahm sich selbst als anders wahr als die anderen: „Was kann ich dafür, dass ich als Jüdin geboren wurde?", verteidigte sich Lia gegenüber ihrer Mutter. Irgendwann verfestigte sich in ihr der Wunsch, katholisch zu werden und wie die Schwestern zu sein; doch ihre Mutter stellte sich dem entschlossen in den Weg. Eine Freundin der Mutter hatte einen kleinen Neffen namens Sergio bei sich, den sie taufen lassen wollte, um zu versuchen ihn zu retten. Lias Mutter war strikt dagegen und das Kind leistete hartnäckigen Widerstand.[19]

Die von den Ordensgemeinschaften gefeierte katholische Liturgie übte einen gewissen Zauber auf die Gäste aus. Virginia Nathan beschrieb die bewegende Einkleidung einer Nonne, Schwester Assunta: „Die Macht des Glaubens", beobachtete diese junge jüdische Laiin sehr reflektiert, „war so stark und schien so viel Freude zu bereiten, dass ich einsah, dass ich kein Recht hatte zu urteilen. Wenn überhaupt, dann beneidete ich sie um jenen blinden Glauben."[20]

Die Konversionen

Es kam durchaus zu Übertritten zum Katholizismus, teilweise im Rahmen eines Prozesses, der bereits nach den Rassengesetzen von 1938 eingeleitet worden war und in jenen neun Monaten beschleunigt wurde. Prof. Levi Della Vida zum Beispiel, ein nicht praktizierender Jude, konvertierte zum Katholizismus. Mit religiösen Fragen hatte er sich nie beschäftigt: „Aber da gibt es einen Gedanken, den ich nicht loswerden kann. Meine Tochter ist katholisch. Mit einem Katholiken verheiratet. Ich will den gleichen Glauben haben wie meine Enkelinnen." Während seiner Zeit im Kolleg der Propaganda Fide unterhielt er sich darüber mit Mons. Antonazzi. Rektor Brini übernahm die Katechese. In einer sehr festlichen Feier wurde er von Kardinal Fumasoni in Anwesenheit von Mons. Costantini getauft.[21] Den Spizzichinos, einer einfachen Familie, hatten die Nachbarn geholfen sich zu verstecken; die Mutter und drei Kinder wurden danach vom Passionisten Pater Leonardo zu den Schwestern an der Piazza Sabazio gebracht. Nach dem Tod der Schwägerin ließ die Mutter die Kinder taufen.[22] Auch bei den Salesianerinnen gab es Konversionen, aber, wie in der Chronik festgehalten wurde, „nach reiflicher Überlegung und ausführlicher Vorbereitung". Dort ist von der Taufe und der Erstkommunion einer gewissen Sofia die Rede. Ein Stoffhändler und zwei jüdische Frauen, Mutter und Tochter, die als Novizinnen verkleidet waren, konvertierten zum Katholizismus. Einer Schwester zufolge hatte die Atmosphäre, die unter den jungen Schwestern herrschte, sie zu dieser Entscheidung bewegt.[23]

Zu Übertritten kam es auch im Kloster der Ancelle della Carità aus Brescia (zwei Frauen); ein Brautpaar, das bei den Gianelline untergebracht war, wurde von Don Alberione getauft. Abt Ricciotti bereitete eine „angesehene jüdische Familie" auf die Taufe vor, die Kardinal Salotti ihnen schließlich spendete. Manchmal wurden Juden von hochrangigen Geistlichen getauft. Die Kleinen Schwestern von der Himmelfahrt berichteten, dass eine zuvor atheistisch gesinnte Jüdin konvertierte und später ihrer Gemeinschaft beitrat. Sie nahm den Namen Schwester Ida an.[24] Eine Franziskanermissionarin, Giuseppina Palamas, erzählte, dass sie in Gefahrenmomenten eine kleine Flasche mit Wasser mit sich führte, um die jüdischen Kinder im Notfall zu taufen. Eine andere Schwester, Paola Allegra, berichtete, dass fünf Kinder, die im Kloster Santa Maria delle Grazie untergebracht waren, getauft wurden. Eine kleine Jüdin tat es ihren Freundinnen nach und ging zur Kommunion. Die Oberin, der das peinlich war, setzte die Mutter davon in Kenntnis, um den Anschein von Proselytismus zu vermeiden.[25]

In den Akten der Klöster findet man Zeugnisse zu einigen der Konversionen. Die Franziskanerklarissen vom Heiligen Sakrament notierten: „Sechs der beherbergten Juden wurden getauft. Eine der Getauften, Frau Del Vecchio, Mutter des ehemaligen Rektors der Universität Rom, starb 15 Tage nach der Taufe. Seine Eminenz Traglia kam, um ihr einen besonderen Segen des Heiligen Vaters und ein Willkommensschreiben zu überbringen."[26] Im Haus der Katechumenen und der Neugetauften, das von den Schwestern vom Heiligen Herzen Jesu geleitet wurde, konvertierten drei Juden. Einer der Täuflinge, Delia Di Veroli, war damals noch keine vier Jahre alt: Ihre Eltern „willigen ein, dass das Mädchen getauft wird". Bei den Schwestern vom Heiligen Herzen Jesu in der Via Cavour war eine Jüdin, die drei Töchter und einen sechs Jahre alten Sohn hatte. Die Kinder besuchten die Schule der Schwestern, nahmen aber nicht an den Gottesdiensten teil. Irgendwann fing das älteste Mädchen an, zur Kirche zu gehen. Im Bericht der Schwestern heißt es, dass ein anderes Mädchen, eine Katholikin, sie dazu brachte, „die katholische Religion so sehr liebzugewinnen, dass sie nun das lebhafte Bedürfnis verspürt, zu ihr zu gehören": Die Jüdin „vertraute sich der sehr ehrwürdigen Mutter Oberin an, die sie ermutigte, viel zu beten, weil sie gewiss mit dem Feuer werde kämpfen müssen [...] Bei ihrer Mutter ist sie bereits auf Widerstand gestoßen [...]" Die Mutter (wir befinden uns im August 1944) kam und nahm sie mit, doch sie korrespondierte weiterhin mit der Oberin und ihrer Freundin und bezeichnete sich in ihren Briefen als Katholikin.[27]

Schwester Giuseppina Picchi, die Oberin der Anbetungsschwestern vom Blut Christi in der Via Nomentana, schrieb: „In diesen Jahren des Krieges wollten die Juden, die von der Kirche so brüderlich empfangen worden waren, die Taufe empfangen und zum katholischen Glauben übertreten." Man erteilte ihnen Religionsunterricht: „Die jungen Leute empfingen die Taufe und die anderen Sakramente." Doch wie viele es waren, bleibt offen.[28] In der Chronik des Provinzialats der Anbetungsschwestern vom Blut Christi wurde festgehalten, dass „eine Familie bestehend aus dem Vater, der Mutter und zwei Kindern alles über die katholische Religion erfahren wollte, und nach der Befreiung Roms [...] im Jahre 1944 empfingen sie alle die Taufe".[29] In diesem Falle wartete man das Ende der Besatzung ab. Eine Schwester von den Töchtern Unserer Lieben Frau vom Kalvarienberg, bei denen etwa 15 Juden beherbergt waren, sagte: „Zwischen uns entstand ein echter Dialog und dessen sichtbarste Frucht war die Konversion eines der Mädchen, Esterina Della Seta."[30]

Nicht immer war es so, dass die Ordensleute auf eine Konversion ihrer Gäste warteten. Manche sahen das auch ganz anders. Don Raganella, eine der Hauptfiguren der auf diesen Seiten erzählten Geschichte, berichtete, dass die Nonnen von Santa Susanna (die trotz der Klausur nicht nur Juden, sondern auch Offiziere bei sich aufnahmen) ihm den Fall einer betagten Jüdin schilderten, die bei ihnen beherbergt und vom katholischen Gebet sehr angetan war. Sollte man sie auf die Taufe vorbereiten? Dies war seine Antwort:

Es ist ganz natürlich, dass sie sich, da sie von ihrem gewohnten Umfeld getrennt wurde, von der Aura des Mystischen und des Übernatürlichen angezogen fühlt, von der sie im Kloster umgeben ist. Doch dies reicht nicht aus, um mit ihrer Konversion zu beginnen [...] Versuchen Sie ihr, nur falls sie Fragen stellt, sehr direkt zu antworten. Sagen Sie den Schwestern, dass sie sie nicht im Geringsten mit Gesprächen zum Thema Religion belästigen sollen. Lassen Sie sie so leben, wie sie es für am besten hält, wie sie immer gelebt hat. Dies ist das Beste, was man machen kann. Wenn dann der Herr ihr die Gnade der Taufe zuteilwerden lassen wird [...]"[31]

Bei vielen Ordensleuten war eine respektvolle Haltung festzustellen. Während der neun Monate, die er bei den Schwestern vom Kostbaren Blut verbrachte, habe, so Sergio Frassineti, „keiner uns jemals nahegelegt, dass wir katholisch werden sollten".[32] Und er fügte hinzu: „Da ich Tür an Tür mit den Schwestern lebte, begann ich zu lernen, die Messe zu dienen." Die Oratorianer der Chiesa Nuova um Pater Caresana entgegen den Juden, die um die Taufe baten – es handelte sich um ein paar Fälle –, sie sollten bis nach der Befreiung damit warten.[33] Indes gab Mons. Vannutelli für sie Kurse zur jüdischen Kultur, da er Experte auf diesem Gebiet war. Don Teocle Bianchi, der Pfarrer von Santa Galla all'Ostiense, hatte zwei Juden bei sich: Der ältere, der sich um seine Sicherheit sorgte, bat ihn um die Taufe, „doch der Pfarrer wollte keinen Nutzen daraus ziehen [...] und sagte, er solle nochmal darüber nachdenken".[34]

Bei den Barmherzigen Brüdern hatte der Respekt gegenüber den Kranken, egal welcher Religion, bereits eine lange Tradition. So tat man für die Juden nichts, das irgendwie mit Religion zu tun hatte; diese mischten sich einfach unter die anderen und manchmal kam es vor, dass einer von ihnen zufällig die Heilige Kommunion empfing. Ein Novize erinnerte sich: „Wenn ein Patient in den letzten Zügen seines Lebens war und wir wussten, welcher Religion er angehörte, dann sorgten wir dafür, dass eine Bezugsperson für ihn gerufen wurde, damit er die Tröstungen seiner Religion empfangen konnte."[35]

Ähnlich respektvoll verhielten sich die Serviten. Ihre Leitlinie gegenüber den Gästen beschrieben sie folgendermaßen: „Unser Grundsatz war, dass niemand dazu getrieben werden sollte, sein Leben zu verändern oder den katholischen Glauben zu praktizieren. Das gute Beispiel und besonders die Gnade waren am Werk. Auch die Juden waren sehr erbaut vom Leben der Ordensleute."[36] Die Gäste, die im Dachgeschoss der Kirche San Gioacchino in Prati untergebracht waren, waren größtenteils katholisch und beteten zusammen: „Abends beteten wir den Rosenkranz; und auch die Juden beteten mit."[37] Es gab keine Bekehrungsversuche. Ein bei den Birgittenschwestern an der Piazza Farnese untergebrachter Flüchtling erklärte: „Was uns am meisten erstaunt hat, war, dass wir absolut nicht unter Druck gesetzt wurden, um zum Katholizismus überzutreten, sondern dass wir im Gegenteil explizit darum gebeten wurden, die Riten unserer Religion beizubehalten, und dass wir nicht dazu verpflichtet wurden, an den katholischen Zeremonien teilzunehmen, nur um besser integriert zu wirken." Er erinnerte sich auch daran, dass die Beherbergung gratis war.[38] Familie Piperno sagte außerdem, dass Mutter Elisabeth die Juden dazu ermuntert habe, ihre Religion weiterhin zu praktizieren, und dass die Schwestern ihren Glauben respektiert hätten.[39]

Zusammen leben statt miteinander reden

Viele Juden berichteten später von einem unbeschwerten Leben, auch in religiöser Hinsicht. Michele Di Veroli, der zuerst im Pfarrhaus von San Benedetto und nach der Bombardierung im „Istituto Angelo Mai" untergebracht war, kam schließlich in den Lateran: „Sie haben niemals versucht, mich dazu zu bringen, zum Katholizismus überzutreten. Man hat mir sehr geholfen [...]", schloss er.[40] Michael Tagliacozzo sagte das gleiche über den Lateran, erinnerte sich jedoch daran, dass ein älterer Herr von der Pfingstbewegung, Giuseppe Costa, ihn dazu ermuntert habe zu konvertieren.[41]

Manchmal war es so, dass der Glaube Christen und Juden zusammenführte. Pater Pieroni erzählte von den etwa 100 Personen, unter denen 38 Juden waren, die in der Kirche Santa Maria in Portico Campitelli mitten im alten Ghetto untergebracht waren (wo zur Zeit des Kirchenstaates die Zwangspredigten für die Juden gehalten worden waren): Er sprach von „wirklich brüderlichen Verhältnissen". Überdies erinnerte er sich an Folgendes: „Beim Abendessen lasen wir zum Beispiel die gemeinsamen Gebete, die Psalmen: Es gab ein paar junge Leute, die konvertierten."[42] Eine St. Josephsschwester von Chambéry tröstete ein jüdisches Mädchen, als es einmal Angst hatte: „Noch heute sehe ich Franca vor mir, die wir einmal spät abends trösteten, weil sie weinte, da sie von einer Razzia erfahren hatte, die in unserer Nachbarschaft stattgefunden hatte; sie weinte aus Angst um ihren Vater, der in einem nahen Landhaus versteckt war. Im Halbdunkel beteten wir gemeinsam neben ihrem Bett, im Schmerz einten uns die Bibelworte des Psalms: Aus der Tiefe rufe ich, Herr, zu dir [...]"

Viele Juden waren 1943 bei den Weihnachtsfeierlichkeiten dabei, sodass die St. Josephsschwestern von Chambéry das Fest in jenem Jahr gar als „semitisch" bezeichneten. Während der Fastenzeit zwangen die Schwestern die Juden jedoch nicht, sich die Szenen aus der Passion Christi anzuhören. Nachdem sie wegen einer Durchsuchung ihres Hauses in Casaletto durch zwei Deutsche unterbrochen worden waren, gingen die Schwestern zum Beten in die Kapelle zurück.[43] Normalerweise sahen sie es lieber, dass ihre Gäste an den Gottesdiensten teilnahmen, weil man sie sonst sofort als Juden erkennen konnte.[44] Die jüdischen Mädchen konnten vor dem Zubettgehen gemeinsam das *Schma Israel* beten und feierten 1944 das Pascha- und das Purimfest. Die Schwestern vermieden es, den Mädchen Lebensmittel vorzusetzen, die für Juden verboten waren.[45]

Die Franziskaner in San Bonaventura um Superior Illuminato Picuti beteten für eine Niederlage der Deutschen. Die Juden beteten separat. Ein Bruder erinnerte sich: „Am Freitagabend beteten sie in einem Saal; ich schaute durch das Schlüsselloch, weil ich sie darum gebeten hatte, dabei sein zu dürfen, doch sie wollten das nicht! Sie sagten, dass das nicht möglich sei, dass sie keiner nichtjüdischen Person Zutritt gewähren dürften."[46] Die Sionsschwestern beteten um Schutz für ihr Haus und alle darin beherbergten Juden. Emma Alatri Fiorentino erzählte: „An Weihnachten 1943 sang eine Gruppe jüdischer Mädchen das Lied *Noël, Noël* und als Dank für unser freundliches Entgegenkommen besorgten sie uns zum Paschafest ungesäuertes Brot und stellten uns einen der Räume des Instituts zur Verfügung, um den Seder zu feiern."[47]

In der von den Oratorianern geleiteten Pfarrei San Filippo Neri in Garbatella waren, wie schon gesagt, 24 Juden versteckt. Die Männer der Familie Ascoli verbrachten dort die ganze Zeit der Besatzung: „Sie lasen die Bibel und aßen mit uns zusammen. Ein gutes Verhältnis hatte sich entwickelt.“[48] Grazia Pavoncello schrieb über das religiöse Leben im „Istituto Gualandi“, wo etwas weniger als 80 Juden untergebracht waren: „Pater Giuseppe hatte es uns auch ermöglicht, unsere eigene religiöse Seite auszuleben, sodass wir Juden uns jeden Freitagabend in einem Saal versammelten und unsere Gebete sprachen. Dank Schwester Erminia, die uns ungesäuertes Brot besorgte, konnten wir sogar den Seder feiern. Einige von uns nahmen an der Sonntagsmesse teil, doch keiner verpflichtete oder drängte uns dazu. Es war eine Art, Danke zu sagen [...]“ Tatsächlich nahmen viele Juden häufig aus Höflichkeit oder um sich zu tarnen an den katholischen Gottesdiensten teil.

Aus Dankbarkeit gegenüber ihren Gastgebern gingen die in der Pfarrei in Donna Olimpia untergebrachten Juden zur Messe. Sie standen im hinteren Teil des Seitenschiffs der Kirche. Außerdem erinnerte sich Don Venier: „Wir hatten ihnen ein kleines Zimmer überlassen, in dem sie sich treffen konnten, um ihre Gebete zu sprechen.“[49] Auch in dem von Bruder Stablum geleiteten IDI, so berichtete ein Jude, „gingen wir jeden Morgen gemeinsam in die Kirche und wir von der jüdischen Gemeinde waren bei ihren Gebeten dabei. Manchmal kam es auch dazu, dass wir zusammen etwas lasen. Doch alles geschah in vollem gegenseitigen Respekt.“[50] Lia Levi erinnerte sich an die Weihnachtsstimmung und an die lebende Krippe, in der mehr jüdische als katholische Mädchen eine Rolle übernommen hatten: „[...] Ein Heer eifriger und engagierter Jüdinnen sang das Halleluja.“[51]

Giorgio Campagnano, der bei den Weißen Vätern versteckt war, beobachtete zu Recht, dass es damals „sehr viel schwieriger war“, von den gemeinsamen Wurzeln des Judentums und des Christentums zu sprechen. Er fühlte sich bei den Weißen Vätern und besonders bei Pater Antoine sehr wohl, da sie anderen Religionen respektvoll begegneten (eine Haltung, die in der Geschichte der Gemeinschaft auch durch den Kontakt mit den Muslimen herangereift war): „Eines Morgens“, erzählte er, „als wir gerade begonnen hatten, die Gebete des Sabbats zu sprechen, hörten wir es an der Tür klopfen und er trat ein. Er begrüßte uns und bat darum, an unserem Gebet teilnehmen zu dürfen.“[52]

Natürlich herrschte ein ganz anderes Klima als im Rahmen des interreligiösen Dialogs der folgenden Jahrzehnte: „Es war ein Zusammenleben, das von höchstem Respekt geprägt war, ihre Kinder gingen zusammen mit den Externen zur Schule. Doch wenn ich jetzt darüber nachdenke, ob es zu einem religiösen Dialog kam – den gab es nicht", erinnerten sich die Suore Compassioniste Serve di Maria.[53] Amos Luzzatto schrieb hierzu und nicht nur in Bezug auf Rom: „In den meisten Fällen wurden die Flüchtlinge, die in den katholischen Einrichtungen untergebracht waren, nicht unter Druck gesetzt, um zum Katholizismus zu konvertieren; doch viele von ihnen, häufig unvorbereitete Jugendliche oder angepasste Erwachsene, die an den katholischen Zeremonien teilnahmen, um sich zu tarnen, waren davon sicherlich fasziniert."[54] Dies trifft es wahrscheinlich genau. Wiewohl es zwar keine Anweisungen von Seiten der Kirche ab, um auf einen Übertritt der Juden hinzuwirken, verhielten sich einige der Gastgeber entsprechend ihrer sehr unterschiedlichen Denkweisen. Vielleicht löste sich durch den alltäglichen Kontakt auch so etwas wie eine jahrhundertealte Distanz. Mir scheint, als hätten viele der katholischen Ordensleute durch diese „Wohngemeinschaft", die es in der Geschichte des Christentums so noch nie gegeben hatte, auch das Andere und den Anderen entdeckt. Unter dem Druck der Ereignisse, die sich noch kurz zuvor keiner hätte vorstellen können, sahen sich Ordensleute und Juden von einer gemeinsamen Gefahr bedroht.

XIV
Pius XII., die Kirche und die letzten Monate der Besatzung

Wer hat in Rom das Sagen?

Der Papst ist der Bischof von Rom. Der gebürtige Römer Pius XII. hatte zwar ein paar Jahre in Deutschland verbracht, kannte die Stadt und die kirchlichen Kreise Roms aber sehr gut. Außerhalb des institutionellen Rahmens empfing er jeden Abend Galeazzi und Carlo Pacelli, die ihn über die geringfügigeren Aspekte des vatikanischen und des römischen Lebens auf dem Laufenden hielten. Der Pacelli-Papst bezeichnete Rom als „unsere Geburts- und Bischofsstadt".[1] Und als solche sah und erlebte er sie auch während der neun Monate der Besatzung. Er hatte das Gefühl, als fehlte eine Zivilbehörde, die in der Lage war, sich der Belange der Römer anzunehmen. Im Gegensatz zu den Regierungen der kriegführenden Staaten, für die die Stadt zwar ein besonderer, aber nicht der wichtigste Kriegsschauplatz war, „empfand" der Papst Rom auch als eine ideelle Einheit. Doch nun stellt sich die Frage: War das päpstliche Engagement für die Stadt Rom, wo doch der Krieg auf der ganzen Welt wütete, nicht etwas übertrieben? Dass es Menschen gab, die schon damals so dachten, ist Tardinis Notizen zu entnehmen. Er, der auch aus Rom stammte und der Stadt sehr verbunden war, hielt fest: „Leider haben nicht einmal mehr viele Katholiken ein Gefühl für die religiöse *Grandezza* Roms [...] Dies ist überaus betrüblich und falsch, aber man kann nicht einfach darüber hinwegsehen [...] Viele Menschen aus ganz Italien schrieben an den Papst und beschuldigten ihn, nur an Rom zu denken."[2] Doch Pius XII. verfolgte gespannt und voller Sorge, wie sich die Lage in Rom in jenen neun Monaten entwickelte.

Die administrative Leitung der Kirche Roms lag in den Händen des Vikars des Papstes für die Diözese Rom, Kardinal Marchetti Selvaggiani, der zusammen mit Eugenio Pacelli am Collegio Capranica studiert hatte. Marchetti war eine starke und autoritäre Persönlichkeit, ein frommer

Priester und einer der wenigen, die mit Pius XII. noch per du waren, auch wenn er dem Papst stets sehr ehrerbietig begegnete. Pius XII. hatte den Kardinal damit beauftragt, das religiöse Leben in der Ewigen Stadt umzugestalten. Streng war er dabei vorgegangen, hatte für eine Verschlankung des Klerus gesorgt, der dem Vikariat unterstand, und neue Kirchen erbauen lassen.[3] Über den Kardinalvikar und das Vikariat verfolgte der Papst, was in Rom geschah. Darüber hinaus griffen auch das Staatssekretariat oder andere Organe manchmal direkt in das Leben der Stadt ein.

Kardinal Marchetti hatte den erst 43 Jahre alten Luigi Traglia zum Vizeregenten und damit zum zweitwichtigsten Mann des Bistums Roms erwählt. Auch Traglia stammte aus Rom. Er war ein liebenswerter Priester, der durch seine ganz eigene Art den eher spröden Vikar ergänzte, der wegen einer Erkrankung etwas außer Gefecht war. Tagein, tagaus stand Traglia in Kontakt mit dem Klerus Roms. In den neun Monaten der Besatzung fand man ihn immer in irgendeinem Pfarr- oder Ordenshaus, häufig musste er sich um Notfälle kümmern oder Personen unterbringen. Traglia war üblicherweise der Mittelsmann zwischen dem Heiligen Stuhl und Rom. Am Tag nach dem 8. September schickte Kardinal Marchetti Traglia los, um sich zu informieren, was passiert war: „Als ich am Morgen des 9. September ankam, sandte mich Kardinal Marchetti in die Questura und ich hörte mir an, was so passiert war", erzählte der Prälat in einem Gespräch. Und in seinem unüberhörbaren *Romanesco* fügte er hinzu: „Um Informationen zu bekommen. Keiner ist mehr da, der König ist weg, die Regierung ist weg. Doch nach zwei Tagen verließen die Römer wieder ihre Häuser, die Straßenbahnen fuhren, die Römer öffneten wieder ihre Geschäfte und es ging weiter. Klar waren das sehr schwere Zeiten."[4]

Der Vizeregent war für den Kontakt zu den Behörden zuständig. So trat er beispielsweise dafür ein, dass Priester auch nach der Ausgangssperre in der Stadt verkehren durften; die Militärbehörden hatten dies zwar vor dem 8. September gestattet, die Erlaubnis war danach aber nicht mehr erneuert worden. Traglia notierte am 20. September 1943: „Ich habe heute mit General Maraffa gesprochen, der mir versichert hat, dass er entsprechende Anweisungen erteilt hat, damit Pfarrer und ihre Mitarbeiter während der Zeit der Ausgangssperre frei verkehren können."[5] Priester, die sich in schwierigen Situationen befanden und ihre

Probleme nicht selbstständig lösen konnten, wandten sich an den Vizeregenten. Das Vikariat unterstützte und half, erteilte den Ordensleuten aber zum Beispiel auch die Erlaubnis, die Klausur auszuweiten.

An Weihnachten 1943 und im Januar 1944 versorgte das Vikariat die Ordenshäuser mit Lebensmitteln. Danach entstand im Vatikan ein eigenes Büro für die Ordensgemeinschaften in Rom. Dieser „Ufficio assistenza convivenze" (Büro zur Unterstützung der Gemeinschaften) belieferte alle Ordenshäuser Roms; im Februar baten die italienischen Behörden darum, sich auch um die Krankenhäuser der Hauptstadt zu kümmern.[6]

In seinem Büro in der Via della Pigna im Zentrum Roms kam der Vizeregent jeden Tag mit Priestern und Ordensleuten zusammen. Darüber hinaus besuchte er auch die verschiedenen Ordenseinrichtungen, nicht nur um dort die Messe zu feiern, sondern auch wegen der notwendigen Kontakte. Mons. Traglia besichtigte zudem die Orte Roms, die bei den Bombenangriffen getroffen worden waren. Marchetti war dazu nicht in der Lage. Die Kirche wollte Präsenz zeigen und schickte den Vizeregenten. Pius XII. war nach der Bombardierung von San Lorenzo mit gutem Beispiel vorangegangen. Doch nach dem 8. September verließ der Papst den Vatikan nicht mehr. So war es Traglia, der im Namen des Papstes die getroffenen Orte besuchte. Davon zeugt auch ein von Traglia handschriftlich verfasster Bericht über die Bombardierungen in Rom, der im Archiv des Vikariats abgelegt wurde:

> 3. März. Die Viertel Ostiense, Tiburtino, Portonaccio wurden bombardiert. Zerstörung der Kirche San Benedetto. Weitere Bomben fielen auf Garbatella in der Umgebung der Kirche Santa Galla. Während noch der Alarm schrillte, begaben sich Prof. Salvatori, Mons. Ercole aus dem Vikariat, der Vizeregent und Fürst Rampolla vor Ort [...] Mit dem Auto der technischen Abteilung des Vatikans wurde das Inventar der Kirche San Benedetto weggebracht. Auch Garbatella wurde besucht und angeordnet, dass die Pfarrei Santa Galla in die Kapelle verlegt werden soll. Dann wurde Tiburtina ein Besuch abgestattet, besonders der Werkstatt Fiorentino, in der 200 Arbeiter, die dort Zuflucht gesucht hatten, lebendig begraben wurden. Bei der Inspektionstour kam man auch nach Casal Bertone (Portonaccio). Überall widmet sich der Pfarrklerus seinem Apostolat mit großmütigem Opfergeist.

200 Arbeiter, die sich in einem Luftschutzraum versteckt hatten, kamen bei der Bombardierung von Tiburtino ums Leben. Traglia war dort, als eine neue Bombardierungswelle anrollte.[7] Don Giovanni Gregorucci berichtete davon, dass bei den Bombardierungen die Kirche San Benedetto al Gazometro beschädigt worden war. Don Teocle Binachi, den jungen Pfarrer der Kirche Santa Galla in Garbatella, die bei den Krawallen vom 8. September und dann durch die Bombardierungen im März beschädigt wurde, versetzte Traglia in die Nachbarpfarrei. In seinem Tagebuch berichte der Pfarrer über seine Arbeit, aber auch über das Leiden der Menschen: „Wie viel Gutes", heißt es, „säte man so inmitten aller Tränen, des Schmerzes, der Trostlosigkeit und all der zahlreichen Verlorenen, Verwirrten und vollkommen Mittellosen, denen man begegnete, die sich gestärkt, neu bekleidet und ermutigt vom Boden erhoben, um vertrauensvoll den Weg des Lebens weiterzugehen!"[8] Dies sind die Worte eines jungen römischen Priesters, um den sich Traglia wegen der tragischen Vorfälle in seiner Pfarrei besonders kümmerte.

Wie ein Pfarrer am Stadtrand damals lebte, wird aus einem Bericht des Vikariats über die Ereignisse in Don Bianchis Gemeinde deutlich. Dort heißt es, dass bei der Bombardierung vom 7. März die Kapelle von Garbatella getroffen worden sei, in die die Pfarrei und das Kloster der Klarissen verlegt worden waren. Letztere wurden schließlich bei den Benediktinerinnen von Santa Cecilia in Trastevere untergebracht (wo Mons. Dionisi Rektor war, der Juden und Verfolgte bei sich versteckte).

In diesem eher armen Viertel, das nach dem 8. September von Ausschreitungen und später von Bombardierungen heimgesucht wurde, dachten sich Pfarrer Bianchi und der Vikar Don Giovanni Battista Proja, zwei noch recht junge Priester, zusammen mit den jungen Leuten der Gemeinde eine Art System aus, um die Juden zu warnen, wenn es Razzien gab. Einmal brachten sie zum Beispiel alle Juden in die Kirche und gaben vor, zusammen zu beten. Einer wurde bis zu den Bombardierungen im Pfarrhaus versteckt.[9] Mons. Traglia und seine Mitarbeiter besuchten diesen Bezirk mehrfach.

Die römischen Priester und besonders die Pfarrer spürten in jenen Monaten, dass es ihre Aufgabe war, die Menschen aufzumuntern, ihnen zu helfen und ihnen Vertrauen in die Zukunft zu geben. Der Pfarrer von Sant'Agnese (der zur Gemeinschaft von Abt Ricciotti gehörte) beschrieb die Arbeit der Pfarrer in jenen Tagen folgendermaßen: „In der Zeit der größten sozialen und wirtschaftlichen Krisen und besonders während der düsteren Phase der Naziherrschaft waren die Pfarrer größtenteils Helden der Nächstenliebe [...] Sie opferten manchmal ihr kleines Vermögen und schlugen sich als Kofferträger sogar die Nächte um die Ohren, damit man ihr heiliges Werk nicht sah, nicht entdeckte und nicht behinderte."[10] Die Pfarrer waren in den römischen Vierteln und besonders am Stadtrand wichtige Bezugspersonen. Die meisten römischen Priester hatten ein großes Verantwortungsbewusstsein, das nicht nur religiös, sondern auch sozial motiviert war. Die Menschen und zum Teil auch die Besatzungsmacht erkannten ihre Funktion an. Diesen Eindruck hatte auch Traglia, der über die Zeit der Besatzung sagte: „Wir Priester wurden respektiert."

Das Vikariat hielt Kontakt zu den Krisenherden der Stadt und entsandte Mitarbeiter, die die Pfarreien und die Ordenshäuser des Viertels Italia-Nomentano und Val Melaina nach der Bombardierung besuchten. Am 14. März wurde Rom erneut bombardiert; diesmal wurden der Osten und der Norden der Stadt getroffen und schwer beschädigt. Nach der Bombardierung von Centocelle am 18. März wartete das Vikariat vergeblich auf Nachrichten aus dem Bezirk: „Also fuhr Prof. Salvatori mit dem Motorrad nach Centocelle [...]"[11] Salvatore Salvatori war im Vikariat der Laie des Vertrauens. Häufig fuhr er mit einem Motordreirad (da die Deutschen das Fahrradfahren verboten hatten) in die getroffenen Viertel und erstattete Marchetti und Montini Bericht über die Lage vor Ort.[12] Vor allem in den neun Monaten der Besatzung war er derjenige, der sich über die Situation in Rom informierte und bei einem Großteil der Interventionen des Heiligen Stuhls strategisch aktiv war. Bis zu den Reformen Pauls VI. gab es keine klare Unterscheidung zwischen dem Zuständigkeitsbereich des Vikariats und dem des Vatikans.[13] In einer Notiz heißt es:

> Die Anzahl der Personen, die sich ans Vikariat um Hilfe wenden, steigt. Da sind die Geschädigten, die Flüchtlinge und außerdem die früheren Beamten und Angestellten, die nun kein Gehalt mehr beziehen. Im Rahmen seiner recht beschränkten Möglichkeiten hat das Vikariat versucht, die Menschen auf direktem Wege und durch die Pfarrer aus dieser Not zu befreien. Besonders hat es sich um geflüchtete Priester gekümmert, heute 112 an der Zahl [...] Leider ist es nicht einfach, die geflüchteten Priester

einzusetzen, weil sie entweder wegen ihres hohen Alters oder wegen der besonderen psychischen Verfassung, in die sie geraten sind, nicht die Kraft haben, das heilige Opfer zu feiern.[14]

Mit den Evakuierten waren auch mehr als 100 Priester und Ordensleute nach Rom gekommen, um die das Vikariat sich kümmern musste. Häufig mussten ganze evakuierte Gemeinschaften in Klöstern untergebracht werden. Das Vikariat half: In der Zeit vom 17. Juli 1943 bis zum 2. Mai 1944 verteilte es mehr als eineinhalb Millionen Lire. Etwa die Hälfte davon (700.000 Lire) wurde über die Pfarreien verteilt, fast 600.000 Lire gingen direkt an die Laien und etwas weniger als 100.000 Lire an die Ordensleute. Im Monat Mai folgten etwa 100.000 Lire. Zu dieser Summe (für die Zeit vom 19. Juli 1943 bis zum 17. Juli 1944) sind noch die fast 800.000 Lire, die von Pius XII. gespendet wurden, sowie etwa 400.000 Lire, die von den Gemeinden kamen, hinzuzuzählen. In den Akten des Vikariats findet man z. B. einen Beleg über 300.000 Lire, die der Papst über Kardinal Marchetti verteilen ließ, und einen weiteren über 500.000 Lire vom Papst für die Menschen, die von den Bombenangriffen betroffen waren. Weitere Dokumente belegen ein paar kleinere Spenden Pius' XII.[15] Das Vikariat war also ein bedeutender Wohlfahrtsapparat.

Als ich 1976 den nunmehr pensionierten Traglia traf, erzählte er mir, dass er in jenen schweren Monaten die Verantwortung für die Diözese gehabt, sich aber immer mit dem Kardinalvikar abgesprochen habe, mit dem er im Vatikan Tür an Tür gewohnt hatte: „Jeden Tag sprach ich mit Kardinal Marchetti über all diese Dinge." Traglia, der den römischen Pfarrern sehr nahe stand und einen guten Draht zu ihnen hatte, fasste das Engagement des „römischen Priesters" an sich gut zusammen: Er stand auf der Seite keiner Kriegspartei, war der notleidenden Bevölkerung nah, hatte „Mitleid" mit den Leidenden, aber gleichzeitig auch einen Humor, der dem Ganzen die Dramatik nahm, er war dazu bereit, im Untergrund zu arbeiten, blieb aber unpolitisch und war sich der besonderen Rolle der Kirche bewusst.

Das Vikariat im Untergrund

Als ich mich mit Traglia unterhielt, fragte ich ihn direkt nach dem Einsatz der Kirche im Untergrund. Kardinal Marchetti, so sagte er, sei mit der Beherbergung von Schutzsuchenden einverstanden gewesen. In dem Zusammenhang führte er eine scherzhafte Bemerkung des Kardinalvikars an, die jedoch, so betonte er, auf keinen Fall wörtlich genommen werden sollte: „Ja, jetzt setzt ihr euch so für die ganzen Juden und Freimaurer ein, jetzt, wo eigentlich der Moment gekommen war, sie loszuwerden." Der Kardinal war für seinen bissigen Humor bekannt. Doch grundsätzlich, so Traglia, habe der Vikar es ihnen erlaubt, sich im Untergrund für die Menschen in Not zu engagieren: „Kardinal Marchetti Selvaggiani erlaubte es uns, diese Dinge zu tun", erzählte Traglia Venier, „ohne seine Erlaubnis hätte niemand von uns irgendetwas getan."[16] Ohne die Zustimmung des Vikars des Papstes hätten Ronca, die Pfarrer und die Ordensleute nicht in so großem Stil handeln können. Über Marchetti sagte Traglia außerdem: „Zwei Dinge verlangte er von uns: Erstens sollten wir nicht naiv sein und darauf hoffen, dass jemand sich noch morgen an das Gute erinnern würde, das ihm widerfahren war, denn nicht aus diesem Grund tun wir es, so sagte er; zweitens sollten wir immer aufrichtig zu unserem Wort stehen, uns an Vereinbarungen halten und immer ein Beispiel für bürgerliche Aufrichtigkeit sein."

Zu Mons. Dionisi sagte der Kardinal: „Sei vorsichtig, du bist in Gefahr; du wirst richtig Probleme bekommen und wir können dir nicht helfen!" Doch gleichwohl akzeptierte er auch dessen Antwort: „Ich bitte Eure Eminenz nicht um Hilfe, sondern nur um Handlungsfreiheit, um Gutes tun zu können."[17] Wenn man an Dionisis heimliche Aktivitäten in Trastevere denkt, gab es dabei sehr wohl Dinge, um die der Vikar sich hätte Sorgen machen können. Der Priester arbeitete eng mit der DELASEM und mit Pater Benoît zusammen und kümmerte sich vor allem darum, den Flüchtlingen Bescheinigungen vom Vikariat zu beschaffen.

Über das Treiben im Untergrund diskutierte Marchetti mit Adriano Ossicini, der in der Resistenza aktiv war. Der Kardinal kannte seine Familie gut. Ossicini, ein junger katholischer Kommunist, ging zu ihm, um, wie er sagte, „über die Unterstützung zu sprechen, die ich in militärischer Hinsicht bekommen wollte". Der Kardinal wies ihn nicht ab, sondern: „Es war ganz eindeutig: Weil er mir nicht sagen wollte, dass er mir beim Partisanenkampf helfen würde, sagte er stattdessen zu mir, dass er mir natürlich gezielt und unter Einbeziehung aller Pfarreien bei der Versorgung von Flüchtlingen, Partisanen und Juden zur Hand gehen würde." Mit dieser Aussage bestätigte er nichts Geringeres, als dass er dazu bereit war, im Untergrund tätig zu werden. Laut Ossicini „war es etwas ganz Offizielles, oder besser gesagt: Ich hatte den Eindruck, dass es eine offizielle Haltung dazu gab." Ossicini war der Beauftragte der Resistenza für die Beziehungen mit der Kirche. Sein kirchlicher Gegenpart waren Mons. Pignedoli und Ingenieur Rosati vom „Circolo di San Pietro".

Ossicini hatte den Eindruck, dass der Vatikan angesichts der großen Krise jener Monate seine „passive Haltung" aufgegeben habe (daran, dass die Kirche gegen die Judenverfolgung war, bestand für ihn kein Zweifel, seiner Meinung nach war sie jedoch bislang kaum aktiv gewesen): „[...] eine Initiative, die über Gutherzigkeit und Wohltätigkeit hinausgeht [...] [nämlich] etwas Systematisches bzw. ein Wandel in der vatikanischen Haltung aufgrund einer Weisung, die nicht von irgendeinem Priester, sondern direkt vom Kardinalvikar kam." Wie der Kardinalvikar zu Ossicini stand, war Letzterem ganz klar: Marchetti, so der junge katholische Kommunist, „war ein Mann mit einem sehr komplizierten Charakter, der zu mir zwar sehr herzlich, wegen meiner linken Gesinnung aber auch sehr hart war [...] Er fragte ohne Umschweife: ‚Was wollt ihr für die Versorgung der Partisanen und Juden?'" Die Antwort darauf war: „Ich werde ein Waffenlager anlegen." Marchetti darauf: „Ich will gar nicht wissen, was du da treibst; ich gebe dir das, was du brauchst, um Menschen zu helfen." Ossicini folgerte aus dieser Aussage: „So wurde mir offiziell verkündet, dass man mir mit den Partisanen und den Juden helfen würde." Ossicini stellte fest, dass auf Anweisung des Kardinals Kirche und Kloster Santa Maria in Cappella für alle Bedürfnisse des Engagements im Untergrund zur Verfügung gestellt wurden; auch für die Beherbergung von Personen und ihre Verpflegung war gesorgt: „Man hatte die Nonnen vorgewarnt, dass sie uns würden schützen müssen, uns und die Juden [...]" Seiner Meinung nach war der Kardinal offiziell dazu bereit, Juden und Partisanen zu helfen, wollte aber von militärischen Problemen nichts „hören".[18] Marchettis Devise war laut Ossicini: „Hilfe" in jeder Hinsicht, aber keine Beteiligung an der Resistenza.

Venier war damals als Vikar tätig und konnte sich Jahre später bei unserem Gespräch noch an viele Details aus jener Zeit erinnern. Er habe von Marchetti und Traglia erfahren, dass sich der Papst vor allem nach der Verhaftung von Don Morosini große Sorgen um seine Priester machte. Man rechnete mit heftigen Gegenschlägen von Seiten der Deutschen, auch gegenüber Geistlichen. Von der anderen Seite jedoch bedeuteten das Vikariat und insbesondere Traglia den kirchlichen Einrichtungen, dass sie Schutzsuchende in ihren Häusern aufnehmen sollten, und sprachen sogar konkrete Empfehlungen aus. Das Vikariat versuchte regulierend auf die Situation einzuwirken: Es verteilte Personen in Not, mahnte zu einem ausgewogenen Risiko, regte dazu an, Schutzsuchende aufzunehmen, und informierte über eventuelle Gefahren. Viele Ordensgemeinschaften entzogen sich dem, was in der Stadt vorging: aufgrund ihrer Gesinnung, wegen juristisch festgelegter Verbote, aus Angst oder weil das Alltagsleben jenseits der Klostermauern von ihnen weit entfernt war. Andere wiederum ließen sich zum Kampf verleiten, stürzten sich in das Treiben im Untergrund und brachten sich dadurch selbst in Gefahr. Das Vikariat gab keine strengen Regeln vor, sondern versuchte, im täglichen Kontakt die Regie über diese komplexen Gegebenheiten zu behalten und sie gewissermaßen zu einem „kalkulierten Risiko“ hinzuführen. Und Tag für Tag, je nach Wetterlage, wurde der Kurs neu bestimmt: Mal ging man Risiken ein, mal trat man eher auf die Bremse.

Nach der Befreiung Roms traf Michael Tagliacozzo Pater Pfeiffer und befragte ihn zu jenen neun Monaten. Der Ordensmann, den er als einen „typischen Deutschen“ bezeichnete, starb wenig später. Pater Pankratius, wie man ihn im Vatikan nannte, teilte Tagliacozzo mit, Pius XII. habe sich für die Option „Rettung“ entschieden: „Er glaubte, im Stillen mehr erreichen zu können.“ Außerdem erklärte Pfeiffer ihm: „Pius XII. hatte Mons. Traglia herzlich darum gebeten, den Pfarreien mitzuteilen, dass sie innerhalb ihrer eigenen Möglichkeiten besonders den Juden und vor allem den katholischen Juden helfen konnten. Er verständigte die Religiosenkongregation, dass die Klöster machen konnten [sic]. Er ließ die Klausur aufheben.“ Traglia sagte außerdem scherzhaft zu Tagliacozzo, als dieser ihm für seine Hilfe dankte: „Danken Sie dem Papst, der das von uns verlangt hat.“

Traglias Aufgabe war, die Menschen und Gemeinschaften dazu zu bewegen, Schutzsuchende in ihren Häusern unterzubringen. Don Fiorenzo Angelini, der Vikar der Gemeinde Natività di Nostro Signore Gesù Cristo, erinnerte sich daran, dass es der Vizeregent war, der sie dazu aufforderte, für die Menschen in Not da zu sein. Über die geheimen Gäste sagte Traglia: „Fast alle Pfarreien hatten welche [...] Sie waren überall, auch in den Häusern der Schwestern." Und er betonte nochmals: „Sie waren überall, ich glaube, sie waren auch in Santa Croce al Flaminio, einfach überall. Es gab kein Haus, in dem es keine gab."

Traglia erinnerte sich später: „Ich hatte auch für die Zeit der Ausgangssperre einen Passierschein, ich bin häufig rausgegangen, bin hier und da gewesen und habe zu denen hier ein paar nette Worte gesagt. Aber es waren so viele, alle Generäle waren in Rom in Klöstern versteckt. Sie waren auch dort, wie heißt es nochmal, an Ostern war ich da, in Santa Cecilia: Ich hab keine Ahnung, wie viele Generäle da waren."[19] Damit meinte er Dionisis Gäste. Zu vielen Menschen, die im Untergrund versteckt waren, nahm der Vizeregent auch direkten Kontakt auf.

Manchmal warnte das Vikariat die Ordensleute vor bösen „Überraschungen". Traglia erzählte: „Manchmal lief man los, um die Nachricht zu überbringen: ‚Pass heute Abend auf, die kommen vorbei.' Na, und dann passierte nichts, sie gingen irgendwo anders hin." Mons. Generali erinnerte sich daran, dass Traglia ihn einmal davor gewarnt habe, es würde „an den Tagen, nachdem man nach den Juden gesucht hatte, Razzien" geben.[20] Im Diarium des Lombardischen Priesterseminars notierte man am 25. April 1944: „Ein tendenziöses Gerücht kommt uns zu Ohren; heute müssen alle zwischen 17.30 und 19 Uhr im Haus bleiben (so das Vikariat). Die Kommunisten wollen [...] des Blutbades von vor einem Monat gedenken."[21]

In den Reihen der italienischen Streitkräfte gab es irgendwo eine undichte Stelle, aus der allerlei Neuigkeiten durchsickerten. General Presti, Kommandant der PAI, erwähnte in einem Bericht, den er nach seiner Verhaftung am 6. Juni 1944 verfasste, „an den Vatikan weitergegebene Informationen zu möglichen ‚Überraschungen', die die SS in Klöstern planten [...] um Juden zu verhaften".[22] Mons. Venier bestätigte, dass die PAI bei der Übermittlung von Informationen eine wichtige Rolle gespielt habe. Traglia konnte dem nicht ganz zustimmen, sondern sagte: „Nein, es waren vor allem die Schwarzhemden."[23] Auch Pater Centioni, dieser sehr spezielle Pallottiner und Militärgeistliche, spielte hierbei möglicherweise eine wichtige Rolle. Trotz seiner Sympathie für den Faschismus war er schwer getroffen, als er sah, wie die Deutschen mit den Juden und den Verhafteten umgingen. Nur in wenigen Fällen erfuhren die Geistlichen etwas von den Deutschen (ein deutscher Offizier übermittelte Don Morosini allerdings Militärpläne). Mons. Generali erinnerte sich daran, dass er zwei Priester, die ihm die SS-Helferuniform zu tragen schienen, fragte, wie sie in diese Einheit geraten waren: „Um sie zu ärgern", antworteten sie. Und dann „gestanden sie (und sie unterhielten sich auf Lateinisch), dass man darum beten müsse, ‚dass die Deutschen den Krieg nicht gewinnen, denn sonst würde diese Barbarei noch weitere Jahrhunderte dauern'."

Ein paar herausragende Persönlichkeiten aus dem römischen Klerus waren im Untergrund aktiv. Unter ihnen war Pirro Scavizzi, der seit Januar 1943 Krankenhausgeistlicher des Hospitals „Principe di Piemonte" war und ganz genau wusste, was die Deutschen mit den Juden taten. Auf seinen sechs Reisen durch die osteuropäischen Gebiete, die von den Deutschen besetzt waren, hatte er sich davon ein Bild gemacht. Im Januar 1942 schrieb er in einem Bericht an Pius XII.: „Jenseits der italienischen Grenzen, in den Ländern des Reiches und in den besetzten Gebieten ist die Lage der Juden äußerst ernst." Im Mai 1942 teilte er in einem weiteren Bericht mit: „Das Blutbad an den Juden in der Ukraine ist nunmehr vollendet." Wenige Monate danach hielt er fest: „Man sagt, dass mehr als zwei Millionen Juden getötet worden seien." Scavizzi war klar, wer die SS war: „Eine Einheit von Freiwilligen, die jeder anderen Form von Religion als der ‚Rassenmystik' entsagen müssen und einen besonderen Treueeid leisten [...] Ihr Handeln darf von keinem, der nicht zu ihrer Organisation gehört, kritisiert werden", notierte er in seinem Tagebuch. In diesem Bewusstsein kümmerte sich Scavizzi während der Besatzung aufopferungsvoll um die Juden. Er sorgte dafür, dass mehrere hundert gesuchte Personen dem Malteserorden beitreten konnten, der für das Krankenhaus „Principe di Piemonte" zuständig war (wodurch man für sie einen regulären Personalausweis bekommen konnte). Am 4. Juni predigte Scavizzi in der Kirche Sant'Ignazio; es war der letzte Tag der Novene um die „Rettung Roms", die vor dem Bild der Madonna von der Göttlichen Liebe gebetet wurde, das auf Geheiß Pius' XII. nach Rom gebracht worden war. Man hatte gemunkelt, dass der Papst zum Abschluss der Novene selbst nach Sant'Ignazio kommen würde. Aufgrund der allgemeinen Unsicherheit in der Stadt hatte man dem Papst allerdings davon abgeraten.[24]

Doch nicht alle Priester Roms wussten wie Scavizzi, was mit den

Juden wirklich passierte. Dass die Juden in großer Gefahr waren und ihre Deportation unbedingt zu verhindern war, war aber sicherlich bald allen klar. Als Geistlicher der Unitalsi (der Organisation, die die Krankentransporte nach Lourdes organisierte) war Scavizzi maßgeblich dafür verantwortlich, dass auf dem Gebiet einiger Gemeinden Roms ein Sanitätsdienst mit einer lokalen Unfallstation eingerichtet wurde. Ein Arzt, wohltätige Damen und zwischen vier und acht Krankenträger waren dort im Einsatz. Doch neben dem sanitären Aspekt und der Tatsache, dass es dort für den Fall von Bombardierungen eine Notaufnahme gab, erfüllte diese Initiative noch einen weiteren Zweck: Etwa 1.000 junge Männer wurden als Krankenträger ausgebildet und konnten daher nicht mehr zum Wehrdienst eingezogen werden. Diese erhielten vom Vikariat von Rom einen zweisprachigen Ausweis (auf dem auch auf Deutsch „Vikariat von Rom" stand), der vom Staatssekretariat gegengezeichnet war.[25]

Eine Laienbruderschaft, die „Stimmate", versteckte, wie im Oktober 1944 festgehalten wurde, ihre jungen Mitbrüder „vor den deutschen Razzien". Die Bruderschaften, alte Laienvereinigungen, die sich in Rom seit Jahrhunderten aus einer bestimmten Frömmigkeit oder einer Berufsgruppe heraus entwickelt hatten, waren wichtige Bestandteile der römischen Welt. Das Haus der „Stimmate" lag direkt neben dem Palazzo del Vicariato (wo ein Fluchtweg vorgesehen war) und einem Franziskanerkloster. Einer ihrer Leiter, Lamberto De Camillis, hatte dort eine Notunterkunft für vorübergehende Aufenthalte herrichten lassen – die mit der Zeit jedoch immer länger wurden. Doch dieser Zufluchtsort wurde auf vielfältige Weise in Gefahr gebracht: so etwa durch die Denunziation und Verhaftung eines dort Untergebrachten, durch das unverantwortliche Verhalten von dessen Mutter oder die Unvorsichtigkeit des Personals des benachbarten Klosters. Das Beispiel der „Stimmate" zeigt, dass auch Gemeinschaften mit geringeren Möglichkeiten das Bedürfnis hatten, sich im Untergrund zu engagieren.[26]

All dies geschah in der unmittelbaren Nachbarschaft des Palazzo in der Via della Pigna, in dem das Vikariat seinen Sitz hatte. Das Vikariat kümmerte sich nicht nur um die Unterbringung von Personen, sondern auch um die Erstellung von Dokumenten, die bestätigten, dass die betreffenden gesuchten Personen in vatikanischen Einrichtungen beschäftigt waren. Prof. Salvatori, der Verwaltungssekretär und Laie des Vertrauens im Vikariat, schuf mit Marchetti Selvaggianis Erlaubnis in der Diözesankurie Roms eine Reihe von Geisterbüros, die er mit 916 wehrpflichtigen jungen Männern besetzte. Darüber wussten auch einige Angestellte des Wehrbezirks Bescheid.[27]

Die deutsche Botschaft entgegnete dem Staatssekretariat jedoch irgendwann, dass die Beschäftigten des Vikariats bei einer Diözese angestellt und daher keine vatikanischen Angestellten seien. Daher stünden ihnen die entsprechenden Befreiungen nicht zu. Das Staatssekretariat erwiderte, dass die Beschäftigten des Vikariats auf jeden Fall vom Zivil- und Militärdienst befreit seien, da diese Institution laut den Lateranverträgen ein vatikanisches Dikasterium war. Beim Personal der Unitalsi und des „Ufficio assistenza convivenze" waren sich die Deutschen unsicher. Doch das Staatssekretariat entgegnete ohne Umschweife, dass Letzteres dem Governatorat der Vatikanstadt unterstehe und für die Versorgung der Ordensgemeinschaften zuständig sei; die jungen Leute von der Unitalsi hingegen würden für Notfälle gebraucht.

Mons. Principi aus dem Staatssekretariat gab an, dass mit den faschistischen Behörden abgemacht worden sei, dass die Namen von etwa 6.000 jungen Männern in die Freistellungslisten aufgenommen werden sollten: „Diese Zahl ist nur ein kleiner Tropfen im Vergleich zu dem großen Meer junger Römer, die zu den Waffen gerufen wurden."[28] Auf das Beharren des Vatikans hin fragte die deutsche Botschaft schließlich nicht weiter nach, auch wenn sie weiter vermutete, dass durch die Listen in erster Linie junge Römer von der Wehrpflicht befreit werden sollten. Der Sekretär der Botschaft kam in den Vatikan und berichtete, Weizsäcker sei „sehr verärgert" und habe ihm gesagt: „Nein; es reicht ein für alle Mal!"[29]

Traglia bezeichnete das Verhältnis zu den Deutschen als korrekt; die Deutschen hätten sich im Prinzip an die Regeln und eine rein juristische Betrachtung der Beziehung gehalten. Dennoch kam es zu ein paar tragischen Vorfällen, von denen auch der Klerus und Ordensleute betroffen waren. Einige Priester wie der Pfarrer von Sant'Elena, Pater Melis, kamen bei den alliierten Bombenangriffen ums Leben; zwei weitere wurden von den Deutschen umgebracht. Traglia tat sein Bestes, um die Gemüter der Priester zu besänftigen. Im Gespräch mit Venier machte der Vizeregent jedoch deutlich, was er von Don Morosinis Einsatz hielt: Dass dieser im Kloster des „Collegio Leoniano" Waffen versteckte, wofür er schließlich von den Deutschen hingerichtet wurde, bezeichnete er schlichtweg als unbedarft.

Traglia erklärte den Pfarrern (woran er sich selbst erinnerte und was andeutungsweise auch aus dem Eintrag vom 14. Oktober 1943 im Tagebuch des Militärkommandos hervorgeht): Passiver Widerstand war möglich, aktiver Widerstand jedoch purer Wahnsinn. Dies betonte er auch bei einer Zusammenkunft von Pfarrern, bei der auch ihr Kämmerer, der Dekan dieser Gruppe, Pater Vincenzo Gilla Gremigni, anwesend war. Dass die Deutschen auf die Unterstützung des römischen Klerus zählten, um Reibereien in der Stadt zu vermeiden, ist damit erwiesen. Dies geht auch aus anderen Quellen hervor. Mutter Mary hielt zum Beispiel in ihrem Tagebuch fest, dass die Priester „ihre Gemeindemitglieder dazu anhalten, in jeder erdenklichen Lage ruhig und selbstherrscht zu sein".[30] Die Kirche Roms setzte sich also durch ihre „Filialen" in den Pfarrgemeinden dafür ein, dass es in der Stadt nicht zum bewaffneten Kampf kam. Traglia und die Mehrheit der römischen Priester waren der Ansicht, dass die Kirche keinesfalls für die Faschisten Partei ergreifen durfte; sie hatte die Aufgabe, das Leben der Stadt zu beleben und den Krieg letztlich menschlich zu machen. Sie sollte aber auch vermeiden, dass es zu Konflikten mit der Besatzungsmacht kam.

Eine Warnung

Es gab auch ein paar Kleriker, die aus eigenem Antrieb die Resistenza unterstützten. Don Sergio Pignedoli, ein äußerst umtriebiger Priester und Bekannter Montinis, leitete die Villa Levi (die ein Jude dem Heiligen Stuhl überlassen hatte) und bot Juden und Partisanen Hilfe an.[31] Pignedoli stand dem Lombardischen Priesterseminar nah. Er war es, der im *Osservatore Romano* verkündet hatte, dass die Kirche allen Menschen ihre Hilfe anbiete. Auch weitere Priester stellten den Mitgliedern der Resistenza ihre Räumlichkeiten zur Verfügung. Der Pfarrer von Santo Spirito in Sassia ganz in der Nähe des Vatikans beherbergte gesuchte Personen und gestattete es Ossicini, Pietro Ingrao, Mario Alicata und anderen, sich dort zu treffen. Sowohl Ossicini als auch Alicata kamen bei den Rosminianern in Porta Latina unter. „Also gut", sagte der Superior einmal zu Ossicini, „ich hab verstanden, dass wir die Partisanen beschützen müssen, aber du schreibst mir die *Unità* gleich direkt in meinem Haus, was?"[32]

Darüber hinaus gab es auch zwei Priester, die selbst in der Resistenza aktiv waren: Don Pappagallo, der in den Ardeatinischen Höhlen erschossen wurde, und Don Morosini, der zum Tode verurteilt wurde. Letzterem, einem Vinzentiner, der im Stadtteil Prati in der Nähe des „Collegio Leoniano" wohnte, hatte ein versprengter Soldat Waffen zur Verwahrung übergeben. Er arbeitete mit der „Banda Mosconi" aus Monte Mario zusammen. Von einem österreichischen Hauptmann hatte er den Aufmarschplan der deutschen Truppen in Cassino erhalten und ihn über die Partisanen den Alliierten zukommen lassen. Laut Ripa di Meana war Morosini der Seelsorger der versprengten Militärs und warb viele für die Resistenza an. Anscheinend sammelte er außerdem Waffen für die Partisanen.[33]

Ein eingeschleuster Agent, der ebenfalls in Prati und in der Nähe des „Collegio Leoniano" wohnte, hatte sich unter die Partisanen gemischt und Morosini denunziert. Dieser wurde daraufhin verhaftet. Die Deutschen verhörten den Priester und fragten ihn, wie er an den Plan gekommen sei. Doch nach seiner Verhaftung am 4. Januar sagte er kein Wort mehr. Er wurde von den Deutschen zum Tode verurteilt, während sein Mitarbeiter Marcello Bucchi zehn Jahre Haft bekam (schließlich aber in den Ardeatinischen Höhlen getötet wurde).[34] Vertraulich setzten die Deutschen seine kirchlichen Vorgesetzten davon in Kenntnis und die Vollstreckung des Urteils wurde auf Bitten des Vatikans um ein paar Monate aufgeschoben. Der Heilige Stuhl setzte sich in jener Zeit häufig für Personen ein, die in der Resistenza aktiv waren und von den Deutschen verhaftet wurden wie z. B. für General Oddone, General Simoni, Stefano Siglienti, Antonello Trombadori, Giuliano Vassalli und viele andere. Je nach Lage kamen Pater Pfeiffer, das Staatssekretariat oder Carlo Pacelli zum Einsatz.[35]

Am 14. Januar 1944 kam der deutsche Botschafter von Weizsäcker zu Mons. Montini und überbrachte ihm die Antworten auf diverse Anfragen. Einleitend sagte der Diplomat, es seien schwere Zeiten; man müsse sich auf den Krieg gegen den Kommunismus konzentrieren und den Kampf zwischen den Westmächten vermeiden. Und dabei, so der Botschafter, könne der Heilige Stuhl eine entscheidende Rolle spielen. Damit bot der Botschafter dem Vatikan erneut eine Zusammenarbeit an. Doch es gebe da ein paar Probleme: Berlin sei nicht entgangen, dass der italienische Klerus mit dem Kommunismus sympathisiere, auch wenn, so der Botschafter, „sich im Übrigen weder die Lehre noch die Haltung des Heiligen Stuhls zum Kommunismus geändert hat". Dem müsse man Abhilfe schaffen.

Der Botschafter bezog sich auf zwei konkrete Beispiele aus Rom: die Aufnahme des Kommunisten Roveda im Lombardischen Priesterseminar und den Fall Morosini. Zum Thema Asyl entbrannte daraufhin eine Debatte zwischen dem Substituten und dem Botschafter. Es ist interessant zu sehen, wie das Verhältnis der beiden hier einen Riss erhielt. Montini sagte, die Kirche sei dazu verpflichtet, einen Menschen, auch einen Andersdenkenden wie Roveda, aufzunehmen, „wenn er keinen Ausweg mehr hat und ihm keine rechtliche Verteidigung mehr zur Verfügung steht". Darüber hinaus habe dieser versprochen, „sich jedweder seinen Vorstellungen folgenden Handlung zu enthalten". Der Substitut verteidigte offen die Aufnahme Schutzsuchender: „Ich wüsste nicht, wie ein Ordenshaus jemanden nicht aufnehmen könnte" – eine ganz klare Linie, bei der nicht länger mit der Unterscheidung zwischen dem örtlichen Ordensoberen und der zentralen Instanz gespielt wurde. Der Substitut übernahm die Verantwortung für die Beherbergung der Gäste, möglicherweise weil er auf den vertraulichen Charakter des Gesprächs baute.

Der Botschafter kritisierte diese Haltung und erwähnte in diesem Zusammenhang auch den Artikel, der unter dem Titel „Carità cristiana" im *Osservatore Romano* erschienen war; darin hatte man verkündet, dass es das Recht der Kirche sei, auch Flüchtlinge aufzunehmen, deren Überzeugungen denen der Kirche widersprachen.[36] Montini jedoch brachte das Gespräch auf eine andere Ebene und wandte ein, dass die Deutschen die bewaffneten Kommunisten einfach gewähren ließen, anstatt gegen sie genauso hart vorzugehen wie gegen die Ordenshäuser – ein kluger und provokativer Schachzug von Seiten des Substituten des Staatssekretariats.

Der Fall Morosini beschäftigte die Deutschen sehr. Der Priester war kurz nach dem Überfall auf das Lombardische Priesterseminar verhaftet worden. Für Weizsäcker war er ein klarer Beweis für die „nationalistische Gesinnung des Klerus, der die Unbeliebtheit der Besatzungsmacht unterstützte". Seiner Meinung nach schürte der Klerus also die Feindseligkeit gegenüber den Deutschen. Hatte sich die Haltung der Kirche gegenüber den Deutschen etwa verändert? Was forderte nun der Botschafter? Weizsäcker bat den Substituten darum, „seine Einstellung zu Deutschland zu ändern und dabei alles Nachteilige zu unterlassen". Hier wandte der deutsche Diplomat offenbar erneut seine übliche Taktik an, um Probleme zwischen dem Vatikan und Deutschland aus der Welt zu räumen – und spielte dabei sein eigenes Spiel. Doch Krise lag in der Luft.

Am 24. Februar 1944 unterhielt sich der Botschafter erneut mit Montini über Don Morosini. Eisern erklärte er: „Jede weitere Intervention der Botschaft wäre vergebens."[37] In der Zeit zwischen den beiden Treffen waren die Abtei Sankt Paul überfallen und General Monti verhaftet worden. Das Leben des Priesters stand auf dem Spiel. Ende März sprach Weizsäcker mit Mons. Di Meglio und äußerte sich zum Fall Morosini ähnlich wie gegenüber Montini. Er beklagte sich zudem darüber, dass die Kirche nunmehr einen Sieg der Alliierten anstrebe, wobei sie sich doch eigentlich für den Frieden und gegen die von den Kommunisten ausgehende Gefahr einsetzen solle. Der Geistliche empfand den Botschafter bei dem Gespräch als „recht ernst".[38]

Doch obwohl er in Regina Coeli interniert war, wurde Morosini am 24. März nicht in die Ardeatinischen Höhlen gebracht, wohingegen Marcello Bucchi und auch sein Zellennachbar Epimenio Liberi bei diesem Blutbad von den Deutschen erschossen wurden. Traglia erklärte sich das so:

> Eines Abends plötzlich [...] benachrichtigte Mons. Bonaldi die kirchliche Obrigkeit, dass am folgenden Morgen das Todesurteil gegen Morosini vollstreckt werden würde. Und danach wurde sofort im Staatssekretariat angerufen, ich rief dort an und die im Staatssekretariat riefen beim Heiligen Vater an, dann wurde der deutsche Botschafter angerufen [...] Und so entging Morosini den Ardeatinischen Höhlen, weil man auf die Antwort Hitlers wartete. Dann kam die Antwort Hitlers, die das Urteil bestätigte, und dann informierte mich Mons. Bonaldi, dass das Urteil am darauffolgenden Tag vollstreckt werden würde. Ich bat darum, Morosini beistehen zu dürfen, auch weil ich ihn am Karsamstag 1937 zum Priester geweiht hatte.

Mons. Traglia schilderte die Ermordung des jungen Priesters am 3. April 1944 (am 22. Februar war er verurteilt worden). Die Italiener wollten nicht, dass der Bischof dabei war. Doch der Gefängnisdirektor von Regina Coeli, Donato Carretta, setzte sich für Traglia ein. Der Vizeregent war bei der letzten von Morosini gefeierten Messe dabei und begleitete ihn auf dem offenen Lastwagen bis zur Forte Boccea. Traglia berichtete, dass es auf das Hinrichtungskommando der PAI „mächtig Eindruck machte", einen Priester im Talar zu töten. Der Vizeregent beobachtete, dass es die Italiener aus „ehrfurchtsvoller Angst" nicht über sich brachten, Morosini sofort zu töten, und die Deutschen übernehmen mussten. Anschließend begleitete Traglia den Leichnam bis zum Friedhof: „Mir tat es leid, mir tat es so leid, dass ein Priester unter solchen Umständen sterben musste", betonte er.[39]

Die Nachricht von der Erschießung Morosinis war danach in aller Munde. Als Carlo Trabucco davon hörte, rühmte er den erschossenen Priester. Fulvia Ripa di Meana notierte, nachdem sie davon gehört hatte: „Nicht einmal das Priesterkleid, nicht einmal die Gebete des Heiligen Vaters [...] konnten die Gestapo bei ihrem Werk des Gemetzels aufhalten."[40] Für die Redemptoristen in der nur wenige hundert Meter vom „Collegio Leoniano" entfernten Gemeinde San Gioacchino in Prati, die Juden und Soldaten bei sich versteckten, war die Hinrichtung eine Warnung der Deutschen an den Klerus.

Und wahrscheinlich wollten die Deutschen tatsächlich einen Warnschuss abgeben. Denn mit anderen Priestern gingen sie nicht so hart ins Gericht. So unternahmen sie zum Beispiel nichts gegen den jungen Don Paolo Pecoraro, der mit katholischen Kommunisten befreundet war und ihre Arbeit unterstützte. Er war auch der Urheber einer aufsehenerregenden Protestaktion: Er organisierte eine Friedenskundgebung, die am 12. März auf dem Petersplatz stattfand, und schrie dabei lauthals „Raus mit den Deutschen aus Rom!" Die vatikanischen Gendarmen brachten den Geistlichen zum Glockentor, hielten ihn aber zunächst für einen falschen Priester. Man ließ Traglia kommen, der ihn erkannte, weil er selbst ihn geweiht hatte. Daraufhin wurde er freigelassen und konnte in sein Haus in Monteverde zurückkehren. Die Deutschen ließen Pecoraro nach diesem Vorfall in Ruhe. Er war fest davon überzeugt, dass der Vatikan, möglicherweise Kardinal Marchetti Selvaggiani, sich für ihn eingesetzt hatte.[41]

Via Rasella und die Ardeatinischen Höhlen

In den letzten Kapiteln haben wir schon ein paar Mal gesehen, wie der Papst und seine Mitarbeiter sich Roms Zukunft vorstellten: Sie hofften auf eine friedliche Übernahme der Kontrolle über die Stadt durch die Alliierten, bei der weder Menschen noch Dinge zu Schaden kommen und Guerillakämpfe und Gefechte in der Stadt um jeden Preis vermieden werden sollten. Man rechnete ständig mit der Ankunft der Alliierten, fragte sich jedoch, wann und wie es zum Machtwechsel kommen würde, ob er kurz und schmerzlos oder aber blutig sein würde und wer ihn einleiten würde. Schon in den ersten Monaten der Besatzung Roms befassten sich die Männer des Papstes und er selbst mit diesen Fragen. In den letzten Wochen und Monaten der deutschen Herrschaft arbeiteten sie mit Hochdruck daran, eine gewaltsame Übernahme oder Zerstörungen in der Stadt zu vermeiden.

Der Anschlag in der Via Rasella und die bestialische Vergeltungsmaßnahme der Deutschen in den Ardeatinischen Höhlen stellten auch diese Strategie auf eine harte Probe. Diese Phase ist bereits ausgiebig erforscht worden, doch hier ist nicht der richtige Ort, um all die Diskussionen darum wieder aufzurollen. Auch im Rahmen der Debatte um das Schweigen Pius' XII. hat man auf den Vorfall in den Ardeatinischen Höhlen geschaut: Wusste der Papst nach dem Anschlag von einer möglichen Vergeltungsmaßnahme? Was unternahm er und warum sagte er nichts? Die Situation war aber komplexer, als man heute denken mag. Im März arbeiteten der Papst und die Kirche weiterhin an ihrer Strategie: Rom sollte aus dem Konflikt herausgehalten werden und der Machtwechsel unblutig über die Bühne gehen. Doch dann kam der Vorfall in der Via Rasella und im Vatikan ahnte man, dass er negative Konsequenzen haben und sich hinderlich auf all seine Bemühungen auswirken würde. So sahen es der Papst und seine Mitarbeiter. Nach diesem Ereignis galt es daher, kurzfristige wie langfristige Schäden zu verhindern.

Nach dem Anschlag vom 23. März um genau 15.52 Uhr, wie die Zeitungen zu berichten wussten, herrschte in der Stadt eine aufgeheizte Stimmung. Kappler sagte später vor Gericht aus, es seien Plakate zu einer Vergeltungsmaßnahme unter dem Motto „zehn für einen" ausgehängt worden, doch das stimmt nicht. Dass es eine Rundfunksendung gab, in der die Auslieferung der Verantwortlichen gefordert wurde, gilt als umstritten. Mit einem Racheakt musste man rechnen, man kannte schließlich mittlerweile die Deutschen. In einem vatikaninternen Dokument vom 24. März (10.15 Uhr) wurde von den Vorfällen in der Via Rasella berichtet und festgehalten: „Bislang weiß man nichts von Gegenmaßnahmen: Man rechnet jedoch damit, dass für jeden getöteten Deutschen zehn Italiener durch Erschießung hingerichtet werden."[42] So etwas hatten die Deutschen schon Monate zuvor angedroht. Doch zumindest unter den Deutschen kursierten Gerüchte über noch schlimmere Racheakte, sogar von der Deportation ganzer Gruppen der römischen Bevölkerung war die Rede. Um dieser Situation zu begegnen, standen dem Heiligen Stuhl seine beiden üblichen Kanäle zur Verfügung: der langsamere über den Botschafter sowie der vertrauliche über das Netzwerk von Pater Pfeiffer.

Pater Pfeiffer hatte große Mühe, am Morgen des 24. März zum deutschen Botschafter vorgelassen zu werden. Der Grund dafür liegt auf der Hand. Am frühen Nachmittag, 24 Stunden nach dem Anschlag, begann man mit den Exekutionen in den Höhlen. Am Morgen des 25. März um 9 Uhr überbrachte Mons. Nasalli Rocca, der in Regina Coeli arbeitete und päpstlicher Kammerherr war, Pius XII. die schreckliche Nachricht: „Der Heilige Vater schlug die Hände über dem Kopf zusammen", berichtete er, „erfüllt von Bestürzung und Schmerz und sagte: ‚Was erzählen Sie mir da!', wodurch mir klar wurde, dass er von all dem, was vorgefallen war, nichts wusste." Auch Tardini war völlig ahnungslos. Dies heißt jedoch nicht, dass man im Vatikan ebenso wie in anderen Kreisen Roms nicht die Befürchtung hatte, dass die Deutschen sich rächen würden.

Hatte es in der kurzen Zeit zwischen dem Anschlag und dem Massaker in den Ardeatinischen Höhlen einen Brückenbauer zwischen den Deutschen und dem Vatikan gegeben? Ja, zumindest einen: Eugen Dollmann. Es heißt, er sei am späten Nachmittag des 23. März ins Kloster der Salvatorianer gekommen, um einen Vorschlag zu machen, der die Krise entschärfen sollte: feierliche Begräbnisse für die Opfer der Via Rasella bei gleichzeitigem Glockengeläut aller Kirchen Roms, die Römer sollten dazu verpflichtet werden, die Familien der Gefallenen zu entschädigen, Kesselring sollte in einer Rede ankündigen, dass dies der letzte Gnadenakt der Deutschen sein würde, schließlich sollte auch der Papst vom Petersdom aus eine Ansprache halten und die Römer dazu ermahnen, die Milde der Deutschen wertzuschätzen und von weiteren Anschlägen abzusehen. Zugegeben, eine etwas abwegige Idee. Dollmann hat sie später in seinem Buch erwähnt, wohingegen sie bei Moellhausen nicht auftaucht. Es ist durchaus wahrscheinlich, dass die deutschen „Brückenbauer" auch in dieser Krise nach gemäßigteren Lösungen suchten, doch über die Sache mit der Vergeltungsmaßnahme hatten sie die Kontrolle verloren.[43] In jedem Fall steht zu bezweifeln, dass diese Idee Hitler besänftigt und der Vatikan sie angenommen hätte.

Aufgrund der dünnen Dokumentenlage und weil die Aussagen, auf die wir uns stützen können, erst viele Jahre nach dem Vorfall gemacht wurden, ist es schwierig zu rekonstruieren, was in jenen Tagen und Stunden passiert ist. Wie der Vatikan dachte, ist bekannt. Angesichts des brutalen Blutbades durch die Nazis (bei dem auch Kinder sowie als 336. Opfer eine taube alte Frau, die gerade auf den Feldern bei den Ardeatinischen Höhlen Zichorie erntete, getötet wurden)[44] blieb der Heilige Stuhl bei seinem Kurs, den er für den einzigen Weg aus der Krise hielt. Der Anschlag in der Via Rasella war ein schwerer Schlag für die vom Heiligen Stuhl eingeschlagene Strategie, die darauf abzielte, den bewaffneten Kampf von Rom fernzuhalten. Der Vizedirektor des *Osservatore Romano*, Cesidio Lolli, der in jenen Tagen mit Pius XII. sprach, sagte: „Der Papst machte sich am meisten Sorgen darum, dass infolge der Anschläge und Schießereien [der Partisanen] in allen Straßen Krieg ausbrechen könnte; das war es, wovor er große Angst hatte, und all seine Vermittlungen sollten das vermeiden."[45] In diesen „so bangen Stunden" forderte der *Osservatore* am Nachmittag des 24. März dazu auf, das Aktion-Reaktion-Denken aufzugeben (und verurteilte darüber hinaus den Anschlag). In dem „Carità civile" (Zivile Barmherzigkeit) betitelten Artikel heißt es: „Die tapfere Haltung unserer Leute wird durch gewaltsame Impulse nicht zunichtegemacht, doch jeder unbesonnene Akt führt zu nichts anderem als zum Verlust vieler Unschuldiger, die ohnehin schon allzu sehr von Furcht und Entbehrungen heimgesucht worden sind."

Der Artikel war ein Appell „an all jene, die Verantwortung für die öffentliche Ordnung tragen", also an die Deutschen, diese „nicht durch irgendein Verhalten aufzuwühlen, das seinerseits Anlass zu einer weiteren Reaktion bieten und damit eine unendliche Reihe schmerzvoller Konflikte auslösen könnte". Man forderte direkt dazu auf, unverantwortliche Taten zu unterlassen oder Derartiges zu verhindern, um nicht in eine endlose Reaktionsspirale zu geraten. Man appellierte an alle, besonders an den Klerus, „zu überzeugen, Frieden zu stiften und zu trösten". Die Besatzer bat man um Mäßigung, den Römern drückte man Vertrauen in ihre Weisheit aus.[46]

Am darauffolgenden Tag berichtete die vatikanische Tageszeitung über das Blutbad. Der Kommentar dazu gefiel den Deutschen und Feldmarschall Kesselring gar nicht.[47] Nicht einmal die Resistenza konnte er überzeugen, sodass man noch viele Jahre später darüber diskutierte. Es hieß dort: „32 Todesopfer auf der einen Seite: auf der anderen 320 Personen, die dafür geopfert wurden, dass die Schuldigen vor der Verhaftung geflohen sind." Mit den Schuldigen waren die Partisanen gemeint, die den Anschlag in der Via Rasella verübt hatten und sich danach nicht gestellt hatten. Sie hätten, so die vatikanische Zeitung, die Vergeltungsmaßnahme verhindern können. Damit verurteilte der *Osservatore Romano* öffentlich den Partisanenkrieg, der für den Heiligen Stuhl unnütz und riskant war. Denn so sah ihn der Vatikan in jenen Tagen; ein Gutteil des Klerus und selbst der katholischen Laien teilte diese Ansicht. Und auch die politisch aktiven Katholiken dachten so, allen voran die Christdemokraten, die in der folgenden Zeit zusammen mit anderen Mitgliedern des CLN von Aktionen wie der in der Via Rasella abrieten.

Die katholische Welt konnte jedoch auch das Rachedenken nicht hinnehmen. Mons. Alberto Giovannetti, ein römischer Priester, der im Staatssekretariat arbeitete, berichtete Jahre später auf der Grundlage seiner eigenen Erinnerungen und der vatikanischen Dokumente tagebuchartig von den Ereignissen in der offenen Stadt. Darin stellte er fest: „Die vatikanische Zeitung war bereits mehrfach eingeschritten und hatte nach anderen Anschlägen die Hinrichtung von Geiseln kritisiert, [die] Störenfrieden einen Vorwand gaben, um als Vergeltung dafür wieder andere Verbrechen zu begehen; ebenso wahnsinnig ist jedoch das Handeln des Terroristen [...]"[48] Vizeregent Traglia äußerte sich kritisch zu dem Anschlag: „Als sie diesen Blödsinn in der Via Rasella veranstaltet haben, hat man danach gesehen, wie sie all jene Menschen getötet haben." So dachte er außerdem auch über die Resistenza: „Den Widerstand, den sie geleistet haben, den haben sie geleistet, weil wir anderen uns in Gefahr gebracht haben, denn was hätten sie sonst für einen Widerstand geleistet?", sagte er und bezog sich damit wahrscheinlich auf die im Lateran versteckten Mitglieder des CLN.[49] Abermals möchte ich eine Aussage Traglias zitieren, die wir schon kennen: „Denn natürlich kann man

Widerstand leisten, wenn es Hoffnung auf Erfolg gibt [...] Wenn es nämlich keine Hoffnung gibt, wäre es einfach nur dumm. Man kann nicht mit Besenstielen gegen Panzer Krieg führen."

Der *Osservatore Romano* veröffentlichte auf seinen Seiten „einen bewegenden Appell an die Sachlichkeit und Ruhe": „Inständig bitten wir die Unverantwortlichen, das menschliche Leben zu achten, denn sie haben nicht das Recht, es zu opfern; wir bitten um Respekt vor der Unschuld, die dem unvermeidlich zum Opfer fällt; wir bitten die Verantwortlichen darum, sich diese Verantwortung gegenüber sich selbst, gegenüber dem Leben, das sie bewahren wollen, gegenüber der Geschichte und der Zivilisation bewusst zu machen." Bei all dem entging der Kirche nicht, dass das Blutbad in den Ardeatinischen Höhlen die Römer zutiefst verletzt hatte. Dies konnte man dem betrübten Zug, der in die Höhlen pilgerte, deutlich ansehen. Dort waren die Salesianer für die Menschen da und beteten mit ihnen. Am 16. April wurde in der Basilika Santa Maria Maggiore eine Messe für die Toten der Höhlen gefeiert, an der zahlreiche Studenten teilnahmen. Carandini bemerkte, dass auch viele Nichtgläubige sichtlich bewegt waren. Am Ende, so schrieb sie, „sagt ein Professor, der auf den Sockel einer der Säulen geklettert war, ein paar furchtbare Worte, um ‚der getöteten Kameraden' zu gedenken. Danach Rufe und Applaus, Zettelchen werden in die Luft geworfen."[50]

Die „Lehre" der Kirche

Die Kirche glaubte nicht an den bewaffneten Kampf. Sie interessierte höchstens die menschliche Seite der römischen Kämpfer, doch sie übernahm deren Beweggründe und Strategien nicht – wiewohl es auch ein paar vereinzelte Ausnahmen im Klerus gab, die das anders sahen. Rom durfte keinesfalls zu einem Schlachtfeld werden, man durfte die Deutschen nicht provozieren, denn man wusste um ihre Grausamkeit: Dies war die Botschaft, die der Klerus den Gläubigen und den Gemeinden vermittelte. Vor den Männern der Kurie betonte der Papst diese Botschaft am Heiligabend 1943: „Alle", sagte er, „und besonders die Bewohner der Ewigen Stadt bitten wir inständig darum, Ruhe und Zurückhaltung zu bewahren und von allen unbesonnenen Taten abzusehen, die nichts anderes hervorrufen würden als noch größeres Unglück."[51] Die Kirche war gegen den Kampf auf den Straßen Roms. Sie strebte die friedliche Übernahme einer Stadt an, die für den Katholizismus nicht nur wichtig, sondern „heilig" war. Das was zählte, war die Stadt und ihre Bevölkerung zu retten und den Krieg – wenn auch um kurze Zeit – zu verkürzen. Denn wie Pius XII. zu Beginn des Krieges gesagt hatte: „Durch den Krieg ist alles verloren, doch mit dem Frieden ist nichts verloren."

Rom vor dem Krieg zu verschonen, den Konflikt um ein paar Wochen zu verkürzen und zu vermeiden, dass die Bevölkerung oder das ganze Land in den Krieg verwickelt wurden: Das waren für den Heiligen Stuhl die obersten Ziele. Damit hatte er ganz andere Prioritäten als die kriegführenden Parteien und mochte ihnen oder anderen daher vielleicht auch realitätsfern erscheinen. In diesem Bewusstsein trafen die Männer des Papstes Tag für Tag ihre Entscheidungen. In diesem Bewusstsein war der Vatikan in Rom aktiv. Die friedliche Übernahme Roms sollte für Pius XII. so etwas wie ein Modell werden. Zum Abschluss der Exerzitien der Kurie am 9. Dezember 1943 machte der Papst darauf aufmerksam, dass die Welt „auf die Römische Kurie und die Vatikanstadt" schaute: „Hier muss nicht nur die Zentrale der katholischen Lehre und der Regierung der Kirche sein, sondern hier muss in einer Zeit, in der die Armen und das Volk schweren Entbehrungen und bitterem Leiden ausgesetzt sind, auch ein Beispiel für einen Geist der Barmherzigkeit und des Opfers gegeben werden [...]"[52] Der Begriff „Barmherzigkeit" fällt häufig, wenn vom Handeln des Heiligen Stuhls die Rede ist. Die Kirche, die in der Krise des Krieges „dem Feuerbeschuss der politischen Konflikte ausgesetzt ist", wie Pius XII. wenige Tage später zu den Kardinälen sagte, musste für „Zurückhaltung" unter den kriegführenden Parteien sorgen.

Verglichen mit der großen Anzahl an Ansprachen, die er nach der Befreiung Roms halten sollte, sagte der Papst in dieser Zeit sehr wenig. Es gab keine öffentlichen Audienzen und Treffen. In den Monaten der Besatzung empfing er nur die Kurie, die Nobelgarde, den römischen Adel und die römischen Pfarrer und Fastenprediger. Außerdem gab es am 12. März eine große Audienz für das römische Volk. Zwar hielt er nur wenige Ansprachen, doch in fast allen ging er auf die Rolle der Kirche in der gegenwärtigen Kriegsnotlage ein.

Als er vor Weihnachten zu den Kardinälen sprach, verurteilte Pius XII. den Luftangriff auf die Vatikanstadt („ein für die Christenheit heiliges Gebiet"), betonte aber vor allem: „Zu unseren Ohren dringt Tag für Tag, Stunde für Stunde, mit immer größerer Beharrlichkeit die flehende Stimme der Ärmsten unter den Armen [...]" Dies erfordere „ein grandioses Werk christlicher Liebe und menschlicher Brüderlichkeit".[53] Die Botschaft des Glaubens und des Friedens vereinigte sich mit dem Appell zum „Wiedererwachen einer solidarischen Verantwortung angesichts der Probleme, die aus der allgemeinen durch den Krieg bedingten Verarmung entstehen".[54] Der Papst versuchte im krisengeschüttelten Rom ein Netz der Solidarität zwischen den Menschen zu spannen und das Konfliktdenken zu überwinden. Dies sagte er auch am 23. Februar 1944 bei einem Treffen mit den römischen Pfarrern und Fastenpredigern im Vatikan. Der Papst lobte den Klerus, der während des Krieges bei den Menschen geblieben war:

> Das vergangene Jahr sah euch noch enger mit uns im Werk der Barmherzigkeit verbunden, durch das wir versuchten zu tun, was innerhalb unserer – leider allzu begrenzten – Möglichkeiten liegt, um das Elend, das zusammen mit den Armen nach Rom kommt, zu lindern [...] Wie konnte es uns nicht mit Freude und Fröhlichkeit erfüllen, als wir hörten, wie mutig, offenherzig und hilfsbereit sich an vielen Orten der Großteil des Klerus gezeigt und sich dabei größten Gefahren ausgesetzt hatte – einer eurer Mitbrüder im Pfarrdienst in Rom gab sogar sein Leben für die Erfüllung dieses Amtes! – in den Stunden der bittersten Knappheit und Einschränkung?

Aus dieser metapolitischen Sicht der Dinge resultierten konkrete Entscheidungen, nämlich, um es mit den Worten des Papstes zu sagen, Akte der Barmherzigkeit. Man musste der Bevölkerung in Not beistehen, die Konflikte nicht noch schlimmer machen, das menschliche Leben achten, Nein zum bewaffneten Kampf sagen, Zerwürfnisse vermeiden. Auf der internationalen Bühne verurteilte der Papst die Devise „ein Sieg auf ganzer Linie oder vollständige Zerstörung"; auf der Bühne Roms versuchte Pius XII., die Stadt aus dem Krieg und der Logik des Krieges herauszuhalten. Es ist das Konzept der offenen Stadt, das die päpstliche Diplomatie in Rom umsetzen wollte: Die Stadt sollte nicht länger von Bombenangriffen bedroht und die Truppenpräsenz heruntergefahren werden. Wenn Rom „Opfer der zerstörerischen Wut" werden würde, dann wäre das, so der Papst „ein jahrhundertelang bleibender Makel und eine nie wieder auszulöschende Schande".[55] Im Verlauf der Monate verlagerten sich die Bemühungen des Vatikans: Hatte er sich anfangs noch primär auf eine Verteidigung des Luftraums über der Stadt konzentriert, richtete sich sein Augenmerk später eher auf die Übernahme der Hauptstadt durch die Alliierten.

Am Vorabend der Befreiung legte Pius XII. gegenüber den Kardinälen Rechenschaft über die geleistete Arbeit ab. Er erinnerte an die Massen, die sich nach Rom geflüchtet hatten, und beschrieb voller Kummer das Elend der vielen Menschen in der Stadt. Er erinnerte auch an den Einsatz der Kirche bei der Lebensmittelversorgung der Menschen und erwähnte die Idee, Schiffe unter päpstlicher Flagge zur Versorgung der Stadt einzusetzen. Doch, so sagte er bitter, „man wartet noch immer auf die Zustimmung einer der kriegführenden Parteien" – ein eindeutiger Hieb gegen die Alliierten. Pius XII. identifizierte sich mit der Stadt. Durch die Kundgebung, die am 12. März auf dem Petersplatz stattfand, sollten die Römer ermutigt werden und sehen, dass der Papst in jener schwierigen Zeit an ihrer Seite war.

Pius XII. – „Defensor civitatis"

Am 8. März 1944 setzte Kardinal Maglione die alliierten Regierungen davon in Kenntnis, dass der Papst beschlossen hatte, am 12. des Monats von der mittleren Loggia des Petersdoms den Römern und den Evakuierten seinen Segen zu spenden. Es war der Jahrestag seiner Krönung. Diese Entscheidung hatte er gefällt, ohne mit den Deutschen oder den Alliierten darüber zu verhandeln. Der Heilige Stuhl verlangte, dass „es während der Zeremonie keinen Fliegeralarm, geschweige denn Luftangriffe gab". Am 8. März kamen Mälzer, Pfeiffer, Galeazzi und Carlo Pacelli in der deutschen Kommandozentrale zusammen, um über die Audienz auf dem Petersplatz zu sprechen (und über andere Themen: den Wassermangel im Vatikan, den Mangel an Nahrungsmitteln in Rom, Abdeckungen für die vatikanischen Fahrzeuge und die Beschlagnahmung des Landguts Torre in Pietra).

Am Abend vor der großen Versammlung auf dem Petersplatz ging im Staatssekretariat eine eindeutige Antwort der britischen Gesandtschaft ein: Die Alliierten waren nicht bereit, darauf zu verzichten, Rom zu überfliegen, und konnten darüber hinaus die Sicherheit einer so großen Ansammlung von Menschen an einem Kriegsschauplatz nicht gewährleisten. Wenn es zu der Zusammenkunft kommen sollte, wie Pius XII. wollte, dann „auf sein eigenes Risiko" und „unter seiner eigenen Verantwortung", betonten sie.[56] Im Vatikan empfand man diese Antwort als recht unhöflich. Pius XII. sprach mit Osborne und wies auf die formelle und inhaltliche Unhöflichkeit der Mitteilung hin. Die darin vertretene Haltung bestätigte nur den Eindruck, dass die Alliierten wenig Interesse daran hatten, dem Wunsch des Papstes entgegenzukommen. Nicht einmal für einen einzigen Nachmittag waren sie dazu bereit, Rom nicht als einen Kriegsschauplatz, sondern als eine besondere Stadt, als das Erbe der Christenheit und der ganzen Menschheit anzusehen. Dies war der Hintergrund der päpstlichen Anfrage, den die Alliierten jedoch nie akzeptiert hatten. Überdies wurde Rom zwei Tage nach der großen Audienz, am 14. März, von den Alliierten heftig bombardiert, woraufhin das Staatssekretariat durch seine diplomatischen Vertreter auf das Schärfste protestierte. In jenen Tagen glaubte man im Vatikan, dass die Alliierten Rom im Rahmen einer ähnlichen Operation wie in Monte Cassino bombardieren wollten.[57]

Der Papst hatte die Römer für den Nachmittag des 12. März eingeladen. Am 9. März begann man mit den Vorbereitungen. Das Vikariat von Rom hatte ein Gebetstriduum in allen Kirchen Roms angeordnet, um die Katholiken darauf vorzubereiten. Über die Pfarreien und Freiwilligen hatte man Einladungen an die Bürger sowie Gebete und Gesänge für die Zeremonie verteilen lassen. Unter den Materialien, die den Gläubigen auf dem Platz ausgehändigt wurden, waren verschiedene geistliche Lieder und Gebete. In einem davon wurde für den Papst gebetet, der, wie es dort heißt, „den Gefangenen beisteht, den Evakuierten ein Dach gibt, die Weinenden tröstet, sich schützend vor Stadt und Heim stellt und die Bedürfnisse der Gesellschaft und der Menschheit verteidigt". In einem anderen Text erinnerte man daran, dass „der Heilige Vater nicht einmal, sondern hundertmal die von den Luftangriffen heimgesuchte Bevölkerung verteidigt hat".[58] Pius XII. hatte die für den 3. März in der Sixtinischen Kapelle geplanten Feierlichkeiten zum fünften Jahrestag seines Pontifikats abgesagt, nachdem die Kirche und das Pfarrhaus San Benedetto al Gazometro (wo auch einige Juden untergebracht gewesen waren) bei Bombenangriffen getroffen worden waren. Er wollte damit ein Zeichen setzen und außerdem die prunklose Schlichtheit des vatikanischen Hofes hervorheben. Am 7. März traf eine weitere Bombardierung das Viertel Ostiense und Teile von Trastevere. Und auch am folgenden Tag gab es Luftangriffe im Bereich um das Sanktuarium Divino Amore.[59] Dennoch wollte Pius XII. das Treffen auf dem Petersplatz nicht absagen. Seit sechs Monaten, seit den Bombenangriffen im Sommer hatte er den Vatikan nicht verlassen und Sankt Peter nicht betreten. Nicht einmal an Ostern hatte sich der Papst auf der Loggia gezeigt, um den traditionellen Segen *Urbi et Orbi* zu spenden (es hieß, für den Tag sei eine Kundgebung von etwa 400 Kommunisten und katholischen Kommunisten geplant).[60] Seit 1929 hatte es so etwas nicht mehr gegeben.

Dem Papst lag das Treffen mit den Römern am 12. März sehr am Herzen, vor allem nach den Streitigkeiten mit den Deutschen im Dezember und im Februar und den vielen Bombenangriffen. Wegen der Lebensmittelknappheit und der zahlreichen Flüchtlinge, die überall untergebracht waren, befand sich die Stadt in großen Schwierigkeiten. Denn während der Krieg und die drohenden Bombardierungen die Bevölkerung normalerweise aus den Städten verjagten, waren viele Menschen nach Rom gekommen, um sich in dieser „Zufluchtsstadt" in Sicherheit zu bringen. Pius XII. war es wichtig, der Öffentlichkeit zu zeigen, dass er sich für Rom einsetzte. Es war der einzige öffentliche Auftritt des Papstes während der ganzen Zeit der Besatzung. Nur vor den Römern wollte er über die Besonderheit Roms als heilige Stadt und als Stadt des Papstes sprechen.

Im *Osservatore Romano* war von „festlichen Momenten in der Geschichte der Zivilisation" zu lesen, in denen sich, wie an jenem 12. März, Rom und die Welt um die Kathedra des Papstes scharten. Für die vatikanische Zeitung war Pius XII. – wie vor ihm Gregor der Große – jemand, der Rom vor den wütenden Barbareien verteidigte, ja ein „*Defensor civitatis:* der Stadt Christi und der gelebten Zivilisation". Am 12. März war der Gedenktag des Heiligen Georg des Großen, eines römischen Papstes, der Rom an der Schwelle vom 6. zum 7. Jahrhundert in Zeiten der Invasion, der Unruhen, Epidemien und großer Hungersnöte mit starker Hand verteidigt hatte. Die Parallele zu Pius XII. war naheliegend. Im *Osservatore Romano* liest man: „Der Verteidiger des zivilisierten Erdkreises ist deswegen und eben deswegen auch der Verteidiger der Stadt [...]"

> Die Verteidigung und Beschützung Roms durch Pius XII. sind nicht zu vergleichen mit Leos Verteidigung vor Attila oder Innozenz' Widerstand gegen Alarich [...] die nämlich einen Mauerring, das Leben und den Besitz einer Bevölkerung verteidigten und beschützten; sondern er ist eher mit dem Heiligen Gregor zu vergleichen, der die Stadt vor den Griechen und den Langobarden verteidigte und beschützte und dabei nicht nur an die Unversehrtheit von Dingen und Menschen dachte, sondern auch an das, was Rom darstellt [...]

Rom war zur gleichen Zeit etwas Reales und etwas Ideelles. Es scheint, als würde das bürgerliche Rom, die faschistische Hauptstadt hinter dem Bild verschwinden, das durch diese Zeremonie evoziert wurde. Das besetzte Rom, die Stadt General Mälzers, der sich als „König von Rom" bezeichnen ließ, verschwand. Doch auch die Militäreinsätze (von Seiten der Alliierten oder der Resistenza) waren im Vergleich zu dem ewigen Rom, das es zu bewahren galt, etwas eher Belangloses.[61] Handelte es sich um eine irreale Vision? Es war die Vision von Pius XII. und seiner Kirche, die überdies nicht bloß im Verborgenen der heiligen Hallen oder der vatikanischen Mauern gepflegt wurde, sondern auch durch den alltäglichen Einsatz an alle Menschen weitergegeben wurde. Sie wurde bei jener einzigen Massenveranstaltung verkündet, die frei, hinter den deutschen Frontlinien und mitten im Zweiten Weltkrieg stattfand. In der Geschichte des besetzten Europas war sie ein besonderes Ereignis.

Pietro Nenni, der im Seminario Romano und damit gewissermaßen im Hause Pius' XII. versteckt war, mischte sich unter die Menschen, die in Scharen nach Sankt Peter eilten. Er war neugierig geworden. Der sozialistische Führer hielt das, was er dort sah, in seinem Tagebuch fest. Streng urteilte er über die Massen: Vielleicht waren dort auf dem Petersplatz auch solche, die früher einmal *„Viva il Duce"* geschrien hatten. Nur wenig konnte der Papst diesen Menschen mit Sicherheit versprechen. Im Grunde genommen war das, was er da sagte, sogar recht widersinnig, denn während er von Sankt Peter aus zu der Menge sprach, konnte er selbst die deutschen Wachposten am Rande des Platzes sehen (ihre Anwesenheit erinnerte daran, so Nenni, dass Rom ein Schlachtfeld war). Die Menge, so der sozialistische Leader, schenkte im Grunde genommen der „Degradierung Roms als Hauptstadt Italiens zur kanonischen Hauptstadt des Papstes [...]" ihren Beifall. Doch mit einem großen Feingefühl für Massenerscheinungen bemerkte Pietro Nenni, dass die Menschenmenge etwas Tiefes und Intensives durchfuhr, das in ihm „das Geheimnis des religiösen Glaubens“ wieder aufwarf und „das Bedürfnis, aus dem Elend und dem Leiden zu entrinnen“, aufkommen ließ:

> Die ganze Zeremonie hatte durchaus *Grandezza* [...] Als die Glocken schwiegen und auf dem Balkon die weiße Gestalt des Papstes erschien, ging ein Raunen durch die Menge und viele Frauen fielen auf die Knie. In den Augen meiner Frau, die eigentlich keine Frau der Kirche ist, sah ich Tränen. Vielleicht dachte sie an unser Töchterlein, dort drüben im Konzentrationslager, und in kindlichem Glauben legte sie ihr Schicksal in die Hände des Stellvertreters Christi. Auch während der päpstlichen Segnung spürte ich, dass die Menschenmasse sich selbst und ihre unmittelbaren Sorgen überwand, um an einer himmlischen Vision ewiger Seligkeit teilzuhaben.[62]

Ein distanzierter Beobachter wie Nenni nahm die besondere Atmosphäre wahr, die den Papst umgab. Von der Zuschauerbühne des diplomatischen Korps, direkt neben der des römischen Adels, verfolgte Carlo Sommaruga die Audienz und schrieb danach an seine Frau, die versammelten Menschen hätten sensationelle Neuigkeiten erwartet: „Da waren mindestens 200.000 Menschen und nach einem sintflutartigen Morgenschauer hatte sich der Himmel etwas aufgehellt. Die starke und ergriffene Ansprache des Papstes war feierlich: Alle waren bewegt. Die schreiende Volksmasse war beeindruckend [...]“[63]

Der römische Modernist Ernesto Buonaiuti, der Pacelli als jungen Mann kennengelernt hatte, sah die Kundgebung, die er als irrelevant bezeichnete, und den Papst im Allgemeinen kritisch. Carlo Trabucco notierte in sein Tagebuch: „Die natürliche Intuition der Masse entspringt sicherlich nicht politischem Kalkül, sondern ist ein Beweis dafür, dass die Hoheitsgewalt des Papstes hinter diesen Mauern tatsächlich fortbesteht, egal ob sie vertraglich festgelegt ist oder nicht.“ Und er fügte hinzu: „Er bleibt im Geist der Römer, auch wenn es so scheint, als würden sie sich von ihm entfernen.“[64]

Und aus genau dem Grund wollte Pius XII. die Zusammenkunft: um die Menschen Roms zu ermutigen und der Welt zu zeigen, dass sie geschlossen an der Seite des Papstes standen. Es war gewissermaßen ein

Akt der Ermutigung und der „Souveränität". Pius XII. erschien um 15.30 Uhr auf der mittleren Loggia der Basilika. Doch schon davor konnte er von den Fenstern seiner Wohnung die Menschenmassen sehen, die zu Fuß kamen und sich bereits ab 13.30 Uhr auf dem Platz und den davon abgehenden Straßen des Borgo versammelten. Es waren schätzungsweise etwa 300.000 Menschen. Mons. Carroll-Abbing erinnerte sich an die beißende Kälte, beobachtete aber: „Die bleiern graue Atmosphäre, die Rom und die ganze Welt bedrückte, wurde durch die schmale Gestalt in Weiß unterbrochen, die den Segen spendete. Und das Volk applaudierte, bebte, weinte, betete [...]"[65] Die Menschen dort, so Mutter Mary, „hatten Hunger und einige waren obdachlos, um gar nicht erst von den Flüchtlingen zu sprechen, die alle kein Dach über dem Kopf hatten und ganz verzweifelt waren".[66]

Der Vatikan organisierte dieses Zusammentreffen, das auf dem Petersplatz auf vatikanischem Territorium stattfand. Damals gab es dort noch nicht solche Audienzen, wie wir sie heute kennen. Die päpstlichen Würdenträger, die Palatingarde und die Gendarmerie sowie die Studenten der kirchlichen Kollegs waren auf den Treppen der Basilika platziert. Es war eine einfache und auf das Volk zugeschnittene Zeremonie: der Papst auf der einen Seite auf dem Balkon, die Römer und die Evakuierten auf der anderen.[67] Anwesend war auch General Chirieleison, der Militärkommandant der offenen Stadt, der mit seinem Auto mit dem Kennzeichen C.A.R. („Città aperta di Roma", Offene Stadt Rom) zum Petersplatz gekommen war.[68] Auf dem Platz leisteten die vatikanischen Streitkräfte Ordnungsdienst, während die Deutschen hinter der weißen Linie standen, die die Vatikanstadt von Italien trennte.

Auf dem Platz, der zum Staat des Papstes gehörte, entstand ein besonderer Raum, ein Raum der Freiheit. Auch antideutsche Stimmen wurden laut. Alle skandierten: *„Viva il papa!"* Einige schrien: „Nieder mit den Deutschen", „Es lebe der Frieden", „Wir wollen Brot". Die Römer tobten sich in einem unvorhergesehenen und ungewohnten Gefühl der Freiheit aus. Doch das Ganze hatte auch eine politische Seite. Eine Gruppe von Frauen, an deren Spitze Laura Lombardo Radice stand, verteilte Flugblätter: Darauf gab man der Anwesenheit der Deutschen die Schuld für die alliierten Bombardierungen Roms und verlangte die Erklärung zur offenen Stadt. Don Pecoraro hielt zusammen mit Aldo Giunti eine spontane Rede, während die katholischen Kommunisten Flugblätter verteilten. Da waren Leute, die den Priester unterstützten, und andere, die ihn verprügeln wollten. Auch ein paar rote Fahnen waren zu sehen.[69] Der *Messaggero* berichtete über diese Vorfälle und warnte vor der kommunistischen Gefahr, die die religiöse Kundgebung durchsetzt habe.[70]

Im Mittelpunkt der Zeremonie stand die Botschaft des Papstes an die Menschen, die, wie er sagte, gekommen waren, um „aus unserem eigenen Mund zu hören und von unserem eigenen Antlitz abzulesen [...]" Der Krieg sei eine „furchtbare Geißel", weil man auf die friedensstiftende Stimme der Kirche nicht habe hören wollen. Pius XII. nutzte die Gelegenheit, um denen zu danken, die am Hilfswerk der Kirche mitgearbeitet hatten, bat jedoch um mehr Unterstützung von allen. Die Lage sei ernst, besonders in Rom, in der „so sehr gemarterten Stadt Rom, zerfetzt im lebenden Fleisch ihrer Einwohner, die grausam getötet, verstümmelt oder verletzt worden sind [...]" Der Kern der päpstlichen Sorgen war:

> Wer hätte jemals gedacht, dass jemand es sich erlauben könnte, Rom zu verwandeln – jene ehrwürdige Stadt, die allen Zeiten und allen Völkern gehört und auf die die christliche und zivilisierte Welt fest und bange ihren Blick lenkt – sie zu verwandeln, sagen wir in ein Schlachtfeld, in einen Kriegsschauplatz und damit etwas anzurichten, das nicht nur aus militärischer Sicht so ruhmlos ist, sondern auch in den Augen Gottes und einer Menschheit verabscheuenswert ist, die sich der höchsten und unantastbaren spirituellen und moralischen Werte bewusst ist?

Pius XII. bat alle, ja er forderte fast, Rom zu verschonen, „auf dass die kommenden Jahrhunderte auf dem Erdenrund ihrer segensreich und nicht vermaledeit gedenken mögen".[71] Es war eine gehörige Drohung an all jene, die aus der Stadt ein Schlachtfeld machen wollten. Der Papst sehnte sich nach einem „Frieden, der von der äußeren wie von der inneren Gewalt befreit". Und dann versicherte er den Römern mit ganzer Hingabe, dass er einer von ihnen war und ihre Angst um die Rettung Roms teilte:

> All eure Ängste sind auch unsere und sie grämen uns tief im Innersten unseres Herzens [...] Und seid versichert, dass nicht eine eurer Sorgen, nicht eine eurer Ängste, nicht eine eurer geistigen und körperlichen Las-

ten es verfehlt, unserem Geist einen Stich zuzufügen, der so viel tiefer und schmerzhafter ist als der, den unser eigenes Leiden uns bereitet.

Pius XII. war anzumerken, welche Leidenschaft er für Rom empfand. Man merkte auch, dass er überzeugt davon war, dass Rom durch seinen und der Kirche Einsatz „gerettet" werden konnte. Die Unversehrtheit der Stadt war etwas Heiliges, das nicht durch die Heimsuchungen des Krieges und der Gewalt „profaniert" werden durfte. Nach März hielt Pius XII. keine weiteren Reden mehr; erst am 2. Juni, drei Tage vor dem Einmarsch der Alliierten in Rom, sprach der Papst an seinem Namenstag zu den Kardinälen. Er unterstrich abermals die Haltung des Vatikans und bemerkte – es wirkte wie ein entspannender Schritt in Richtung der Alliierten –, dass sich hinsichtlich der Bombardierungen der Stadt „mehr Rücksicht im Verfahren und im Umgang" gezeigt habe. Seine Botschaft war die gleiche wie am 12. März: „[...] dass die Stadt in jedem Fall und um jeden Preis davor bewahrt werden soll, zu einem Kriegsschauplatz zu werden". Ausgerechnet am Vorabend der Befreiung der Stadt, am Festtag des heiligen Eugen, erklärte Pius XII. feierlich: „Wer immer es wagen sollte, die Hand gegen Rom zu erheben, würde sich vor der ganzen zivilisierten Welt und dem Ewigen Urteil Gottes des Muttermordes schuldig machen."[72]

In dieser Zeit versuchte der Vatikan mit allen Mitteln, die Deutschen und die Alliierten davon zu überzeugen, dass Rom kein Kriegsschauplatz werden durfte. Dieses Problem beschäftigte den Vatikan schon seit vielen Monaten, sodass Mons. Giovannetti am 14. Dezember 1943 notierte, unter den Diplomaten gehe das Gerücht um, dass „die deutschen Militärkommandos die Stadt im Falle eines Heranrückens der Angloamerikaner beschützen wollten". Diesen Fall galt es zu vermeiden. Die päpstlichen Vertretungen wurden angewiesen, die Katholiken auf der ganzen Welt dazu anzuspornen, ihre „geistige Heimat" zu verteidigen. In dieser Hinsicht zählten sie auch auf die guten Beziehungen zu den deutschen Kommandos und zu General Wolff – auch wenn Mussolini in der letzten Phase der Besatzung mit dem Gedanken spielte, in Rom anzugreifen. Die Bischöfe Amerikas und anderer katholischer Länder mobilisierten ihre Gläubigen. Die Regierungschefs neutraler Länder, wie der Ire Eamon De Valera oder auch der Spanier Francisco Franco, hoben die Bedeutung Roms und des Vatikans als „spirituelle Heimat" der Katholiken der ganzen Welt hervor. Da diese Besonderheit Roms immer wieder betont wurde, kam irgendwann das Gerücht auf, der Vatikan plane, daraus eine „internationale Stadt" zu machen" (Mussolini griff dieses Gerücht offenbar auf, um den Wunsch nach einer Revision der Lateranverträge zu unterstreichen). Andere schlugen das Konzept einer „freien Stadt" vor.

Gegenüber den Kriegsparteien verhielt sich der Vatikan recht pragmatisch, auch wenn er bis zuletzt vergebens um die Versicherung kämpfte, dass auf den Straßen Roms keine Kämpfe stattfinden würden.[73] Es scheint, als hätten Carlo Pacelli und Galeazzi Marschall Kesselring über Pfeiffer vorgeschlagen, Rom dem Papst zu überlassen. Tardini war sehr skeptisch: „Was würde dann passieren?", fragte er sich. Am 27. Mai kam General Chirieleison, der Militärkommandant der offenen Stadt, in den Vatikan, um mit Montini zu sprechen. Er habe noch nicht verstanden, was die Deutschen vorhatten, teilte er mit, doch in der Stadt brodele es und es habe auch Anschläge gegeben. Er wollte, dass der Heilige Stuhl ihn in seiner Rolle unterstützte. „Er erweckt den Eindruck, eine gute und sanfte Person zu sein", beobachtete der Substitut.[74] Die Lage in der Stadt war so unsicher, dass der Vatikan beschloss, am 2. Juni als Mahnung die Ansprache des Papstes im Radio zu übertragen, in der er jeden Anschlag in Rom als „Muttermord" bezeichnet hatte.[75]

Der Heilige Stuhl befürchtete Aufstände in der römischen Bevölkerung, die ihrerseits weitere Reaktionen auslösen könnten. Gleichwohl wusste er, wie die Römer fühlten: „Das Volk ist aufgebracht: und zu Recht. Doch eine Kurzschlusshandlung würde nur bewirken, dass das Volk und Rom schweren Schaden erleiden", hielt Tardini fest.[76] Dieser teilte dem deutschen Botschafter mit, er habe die Pfarrer angewiesen, die Gläubigen zur Ruhe zu rufen. Doch der Prälat aus dem Vatikan bat auch die Deutschen um ein weniger strenges Vorgehen und darum, die Faschisten zu zügeln.[77] Dem spanischen Botschafter teilte Tardini mit, man habe sich während der letzten Tage der Besatzung im Kontakt mit den Deutschen darum bemüht, Gefechte zu vermeiden. Man habe verlangt, dass „die deutschen Behörden von Gewaltakten absehen und besonders die Anhänger der Sozialrepublik dazu bringen, davon abzusehen, da diese das Volk provozieren, was zu einer Reihe von Racheakten und Vergeltungsmaßnahmen führen könnte [...] Rom hat das Blutbad vom 24. März und die 320 Todesopfer nicht vergessen. Also sollte es nicht zu weiteren Provokationen kommen [...]". Als sich allerdings der Föderalsekretär Roms im Mai 1944 an Traglia wandte und ihn darum bat, der Vatikan möge die Versprengten dazu aufzurufen, sich bei den jeweiligen Dienststellen zu melden, sagte Montini entschieden Nein. Kardinal Marchetti war ebenfalls dagegen und konnte sich maximal vorstellen, die Pfarrer dazu anzuweisen. Für Montini war auch das zu viel; er sagte, man dürfe sich auf solche Dinge gar nicht erst einlassen. Schließlich gab er folgende Anweisung: „Sich darauf beschränken, zu Ruhe und Gehorsam gegenüber den Behörden aufzurufen."

Die Kirche forderte Ruhe und Respekt vor den Behörden *in loco*. Der Vatikan wollte nicht, dass Rom in einem bewaffneten Aufstand befreit wurde, und befürchtete sogar, dass derlei Aktionen zu Reaktionen und Vergeltungsmaßnahmen von Seiten der Deutschen führen könnten. Die Generäle Bencivenga und Oddone (die beide in Häusern der Kirche untergebracht waren) teilten dem Vatikan mit, dass sie die militärischen Einheiten, die ihnen unterstanden, angewiesen hätten, nicht in Aktion zu treten. Es sollten keine Vorfälle provoziert werden, wenn sich die Deutschen aus Rom zurückzogen.[78]

Der Papst und die Befreiung

Die ersten Junitage waren ungewiss. Die vatikanischen Dokumente berichten tagebuchartig über die Ereignisse jeder Tage, die Einträge wurden zudem durch zahlreiche Anmerkungen kommentiert. Der Papst war damit einverstanden, dass über Radio Vatikan zu Ruhe und Ordnung in der Stadt aufgerufen wurde, zumal die anderen Radiostationen nicht funktionstüchtig waren. Dieselmotoren wurden eingesetzt, weil es keine Elektrizität gab. Der Vatikan kümmerte sich um den Schutz der Aquädukte. Er verfolgte die Vorfälle auf dem ganzen Gebiet. Am 3. Juni berichtete Pfeiffer, dass der protestantische deutsche Hauptmann Scheinmann die politischen Gefangenen in Regina Coeli freigelassen habe, für die die deutsche Militärpolizei zuständig war (nach eigener Angabe wollte er damit dem Papst einen Gefallen tun). Und am Abend des 3. Juni erreichte den Vatikan die Nachricht, dass die Alliierten vor den Stadttoren Porta San Sebastiano und Porta San Paolo standen.

In der Nacht vom 2. auf den 3. Juni und auch in der vom 3. auf den 4. Juni „waren in Rom pausenlos deutsche Panzer, Lastwagen, Pferde usw. unterwegs", notierte Tardini. Die Deutschen bewegten das schwere Gefährt hauptsächlich nachts, um Luftangriffe zu vermeiden. Der Prälat fügte hinzu: „Die Bevölkerung schaut zu und sagt nichts. Dies ist ein Beweis für ihre Disziplin." Aufgrund des Lärms machte keiner im Vatikan ein Auge zu. Von den vatikanischen Terrassen aus verfolgte der amerikanische Diplomat Harold Tittman neugierig den Rückzug der Deutschen, während sein Sohn fotografierte: „Ich muss sagen", schrieb der junge Mann, „dass die Römer extrem freundlich zu ihnen waren, auch wenn sie gleichzeitig unendlich erleichtert darüber waren, sie weggehen zu sehen. Sie gaben den Deutschen zu trinken [...]" Tardini beobachtete, wie „die Truppen abzogen: geordnet, ja, aber sie waren auch müde und abgespannt. Vielen taten sie leid". Doch er hielt auch fest: „Der Anblick ist trostlos, denn man sieht gedemütigte, demoralisierte und ausgelaugte Soldaten (wenn die Alliierten Mumm gehabt hätten und schnell gewesen wären, hätten sie zehntausende Kriegsgefangene machen können): Doch irgendwie ist es auch tröstlich, die Übermächtigen so gedemütigt zu sehen."[79]

Am 4. Juni war nunmehr klar, dass es in Rom nicht zu Kämpfen kommen würde. Als sich Bonomi am 4. Juni im Seminario Romano gerade mit General Chirieleison unterhielt (Letzterer in seiner Funktion als Militärchef der offenen Stadt, Ronca hatte ihn geschickt), teilte man ihm mit, dass die Alliierten gerade in die Stadt einzögen. An der Porta San Giovanni begann ein Zug von Männern und Fahrzeugen, der so lang war, dass viele Römer die Alliierten für eine überwältigende Macht hielten. Viele Zeitzeugen erinnerten sich daran, dass sie sich damals fragten: Wie hätte Italien einen so gut ausgerüsteten Feind besiegen sollen?

Unter dem Schutz der Exterritorialität beobachteten die Gäste und Politiker im Lateran von den Terrassen des Gebäudes den Einmarsch der Alliierten, der all ihren Ängsten ein Ende setzte. Ivanoe Bonomi, der Präsident des CLN, schilderte, wie er die Befreiung Roms im päpstlichen Priesterseminar miterlebte:

> Wir schauen hinunter auf den Platz. Von der Porta San Giovanni rückt ein Panzer der Alliierten heran. Er erreicht den Platz und hält zwischen der Fassade der Basilika und der Statue des Heiligen Franziskus. Die wenigen Bewohner der Stadt, die noch da sind, laufen ihm entgegen und klatschen Beifall. Jemand bringt eine italienische Flagge. Die Flagge wird auf dem

> Panzer gehisst, der in Richtung Stadt fährt, an der Spitze einer Reihe weiterer gewaltig aussehender Panzer. Eine kleine Gruppe (im Lateran sind mehrere hundert Flüchtlinge) drängt sich auf der Terrasse um mich und jubelt mir zu [...] In der Ferne auf der Via Appia Nuova sieht man, dass sich eine Armee auf uns zu bewegt. Die Sonne geht unter und man erblickt das Leuchten eines Feuers auf dem Land. Es sind die deutschen Lager, die brennen. Die große Basilika mit all ihren Gebäuden und all ihren Flüchtlingen wirkt wie ein riesiges Bienennest, aus dem nun alle hinausschwärmen.

Der „Schlaf", der lange Winter, in dem ganz Rom von der Zukunft geträumt hatte, aber auch von immer wiederkehrenden Albträumen heimgesucht worden war, hatte neun Monate lang gedauert. Für einen jungen Mann wie Michael Tagliacozzo, der keine politischen Perspektiven hatte wie etwa Bonomi, begann eine sorgenvolle Zeit. Er machte sich verzweifelt auf die Suche nach Verwandten und Freunden, die am 16. Oktober oder später festgenommen worden waren. Für die politischen Flüchtlinge im Lateran begann das demokratische Leben mit einer Feier auf einer Terrasse, die unter dem Schutz des Papstes stand.

Hell strahlte in der Nacht vom 4. auf den 5. Juni der Mond über Rom. Als die alliierten Truppen in die Stadt kamen, wurden sie von einem großen Volksfest begrüßt. Alle Aussagen über diesen Tag der Befreiung sind durchzogen von einem ununterdrückbaren Gefühl der Freude. Trabucco schrieb am 5. Juni: „Keine Feder ist in der Lage zu beschreiben, was auf der Piazza Venezia, der Piazza Colonna und entlang des Corso geschah. Ein Feuerwerk herrlicher Begeisterung. Der 25. Juli war dagegen ein blasses Narrenfest."[80] Alberto Asor Rosa, der damals fast zehn Jahre alt war, erinnerte sich: „Es schien, als würde die ganze Stadt einen riesigen Seufzer der Erleichterung von sich geben: Endlich konnte man tun, was man wollte, und musste sich nicht mehr ständig umgucken [...]"[81]

Die Bevölkerung strömte in die Stadt, um die Alliierten zu feiern, aber auch um jene Straßen und Plätze zurückzuerobern, die sie wegen der überall lauernden Gefahren neun Monate lang nur furchtsam und hastig überquert hatte. Manche hatten die Straßen Roms aus Angst, von den Nazis oder den Faschisten geschnappt zu werden, gar nicht betreten können. Sergio Del Monte sagte über Rom in jenen furchtbaren Monaten: „Kein Weg, keine Straße und kein Platz war für uns Juden sicher.“ Ihnen drohten auf der Straße Razzien, Kontrollen und unangenehme Zusammentreffen mit den nazifaschistischen Streitkräften. Nun aber gingen die Römer nach draußen, um die Rückeroberung ihrer Stadt zu feiern. Nach Monaten der Angst und des Argwohns konnten sie sich endlich wieder untereinander treffen.

Nicht zufällig führte der Weg vieler Römer zum Petersplatz. Auch der Vatikan nahm wieder ein unbeschwertes Verhältnis zu der nicht länger besetzten Stadt Rom auf. Jene formelle und vorsichtige Haltung, die das Verhältnis zwischen der Stadt des Papstes und der besetzten Stadt bestimmt hatte, war schon seit den ersten Stunden nach der Befreiung Geschichte. Zwar legte der Papst weiterhin Wert auf die Achtung des vatikanischen Gebiets; als er am 5. Juni um 7 Uhr morgens einen amerikanischen Panzer auf dem Petersplatz sah, rief er sofort Tardini zu sich und bat ihn, diesen entfernen zu lassen.[82] Doch die Grenze zwischen den beiden Städten nahm nun wieder einen rein symbolischen Charakter an. Sofort öffnete der Vatikan sich wieder der Außenwelt und den Besuchern. Dieser Kontrast weist auf die Angst und das Misstrauen hin, die den Vatikan während der ganzen Zeit der deutschen Besatzung begleitet hatten. Schon am 8. Juni empfing Pius XII. amerikanische, englische und französische Journalisten. Danach verließ er den Vatikan und betrat endlich wieder die Straßen der Hauptstadt. Auch dies weist auf einen eindeutigen Stimmungswechsel hin: Zehn Monate lang hatte der Papst keinen Fuß in die Hauptstadt gesetzt und sich den Römern nicht gezeigt (außer am 12. März vom vatikanischen Balkon aus). Am 11. Juni verließ der Papst den Vatikan und begab sich in die Kirche Sant'Ignazio in der Altstadt, in der während der letzten Tage der Besatzung das Bild der Madonna von der Göttlichen Liebe ausgestellt worden war, das man aus einem Sanktuarium im römischen Umland hierhergebracht hatte. Der Besuch der römischen Kirche war Teil der Feierlichkeiten zur „Rettung Roms“.

Zum Höhepunkt der Feierlichkeiten kam es jedoch am 6. Juni. Mons. Antonazzi berichtete: „Seit dem Morgen rastet die Menschenmenge auf dem Petersplatz und der Heilige Vater zeigt sich um 6.45 Uhr am Fenster und segnet sie, ebenso gegen 10.45 Uhr.“[83] Der Papst zeigte sich den Römern und teilte ihre Freude. Am Nachmittag fand eine Zusammenkunft auf dem Petersplatz statt. Trabucco beschrieb die Menschenmasse, die auf dem Platz zusammengekommen war. Die Menschen verhielten sich anders als noch am 12. März: Sie feierten und freuten sich.

> Die Menge, die sich bereits am Morgen eingefunden hatte, um den Heiligen Vater zu bejubeln, wurde noch größer. Rom hat wirklich einstimmig gezeigt, was es für diesen Papst empfindet. Zahlreiche rote Fahnen der Kommunisten, zahlreiche Sozialisten, natürlich auch die Anhänger der „Democrazia Cristiana" und eine riesige Masse Namen- und Fahnenloser. Und in ihrer Mitte amerikanische und englische, französische und polnische, australische und kanadische Soldaten. Dieses Bild hatte etwas Phantastisches. Stunde um Stunde hat es sich zusammengesetzt und dann wieder neu zusammengesetzt und uns in einen endlosen Rausch versetzt [...]

Pius XII. sprach nicht lange, er dankte Gott, der Gottesmutter, *Salus populi romani*[84], und den Aposteln Petrus und Paulus. Er erwähnte weder die Befreier noch die Deutschen, die Rom kampflos verlassen hatten. Rom, so sagte er, „das gestern noch um das Leben seiner Söhne und Töchter, um das Geschick unvergleichlicher Schätze bangte [...] und das furchtbare Gespenst des Krieges und möglicher Zerstörungen vor Augen hatte, schaut nun mit neuer Hoffnung und größerem Vertrauen auf seine Rettung". Nicht durch Kampf war es zur „Rettung Roms" gekommen, sondern durch eine friedliche Transition; und den Römern stand eine Zeit bevor, in der sie nicht länger kämpfen mussten. Der Papst sagte zu ihnen: „Lasst die Impulse zur inneren und äußeren Zwietracht hinter euch und ersetzt sie durch großmütige brüderliche Liebe. Bezähmt die Neigung zu Groll, Rache und Egoismus mit Empfindungen edler und weiser Mäßigung und einer noch stärkeren hilfsbereiten Fürsorglichkeit gegenüber den Armen und Leidenden."

Die Menschen schauten auf den Papst, der viele Monate lang ihre Bezugsperson gewesen war, auch wenn sie ihn leibhaftig nur einmal, am 12. März, gesehen hatten. Doch der Papst war dort, in Rom, hinter den vatikanischen Mauern, während seine Männer und Frauen sich mitten im Leben der Stadt befanden. Es geht hier nicht darum, eine Person zu verherrlichen oder sie zu verunglimpfen, sondern es geht darum, die Geschichte der vielen Römer in jenen außerordentlichen Monaten zu verstehen. Nach den Ereignissen im Juni waren viele der Überzeugung, der Papst habe Rom vor der Zerstörung gerettet. In den folgenden Jahren redete man darüber in den Familien; man dachte zurück an die furchtbare Zeit des Krieges und erinnerte sich daran, dass der Papst den Krieg nicht gewollt hatte. Trabucco stellte fest, dass die Menschen, die sich am 6. Juni auf dem Platz versammelten, alle ähnliche Gefühle mitbrachten:

> Groß war die Zahl derer, die gelitten hatten und zu einem unsteten und elenden Leben verdammt worden waren. Und alle waren dort, um *„Viva il Papa"* zu rufen, und alle dankten von Herzen dem, der Rom gerettet und erwirkt hatte, dass auf den Straßen nicht gekämpft wurde, ihm, der in seinen Häusern Tausenden und Abertausenden von Menschen ein Nest gegeben hatte (Mons. Ronca, der Rektor des Seminars im Lateran, zählte zwischen September und Juni gut 41.000 Gäste, der erste war S. E. Bonomi), ihm, der heute so viele Familien und so viele arme Christen tröstet, die wie Wölfe im Wald gejagt wurden. Man kann immer noch nicht glauben, dass dies die Wirklichkeit ist, diese echte, totale, hell leuchtende Wirklichkeit. Diese Wirklichkeit, die keine Polizei, kein Radio, kein Tyrann mehr schmälern kann: die Befreiung.[85]

Trabucco verließ „benommen" den Platz und machte sich zu Fuß auf den Weg durch die Stadt, wie alle es damals taten, da noch keine Verkehrsmittel in Betrieb waren. In jenen Stunden, in denen die Befreiung noch wie ein Traum wirkte, waren viele fest davon überzeugt, dass der Papst und die Kirche dabei eine wichtige Rolle gespielt hatten. Außerdem hatten damals viele das Gefühl, dass der Papst und die Kirche (die die Menschen damals als eine Einheit sahen) den Juden und den Gesuchten geholfen hatten. Auch viele Juden hatten nach der Befreiung den Eindruck, dass die Kirche sich um sie gekümmert hatte. Hier geht es nun nicht darum, die Aussagen zum Einsatz Pius' XII. und der katholischen Kirche zu ihrer Verteidigung aneinanderzureihen, sondern es geht lediglich darum, an ein allgemeines Gefühl jener Tage und Jahre zurückzuerinnern. Denn auch das gehört zur Geschichte Roms in jener schwierigen Zeit. Oberfeldwebel Joseph Bancover von der 178. palästinensischen Kompanie hielt nach der Befreiung einen Vortrag vor jüdischen Soldaten: „Die Kirche, die Klöster, die Mönche und Schwestern – und besonders der Papst – sind den Juden zur Hilfe und zu ihrer Rettung geeilt [...]".[86]

Die Juden Roms wollten dem Papst danken. Mons. Traglia erzählte mir, dass sie es kaum erwarten konnten, ihm zu danken. Der allgemeine Eindruck war, dass die Kirche und der Papst sehr viel für die Verfolgten getan hatten. Am 18. Juni schrieb ein Freimaurer vom Alten und Angenommenen Schottischen Ritus, der im Lateran versteckt gewesen war: „Der Heilige Vater hat gestattet, dass Hunderte von Menschen unterschiedlicher Rasse, Religion und Anschauung unter den Fittichen des Heiligen Stuhls aufgenommen, ernährt, beschützt und verteidigt wurden, im Namen der Nächstenliebe, jenes immensen Geistes der alles umfassenden Menschlichkeit, der das wichtigste Fundament der Lehre der katholischen Kirche ist [...]“[87]

Dies war das Bewusstsein der Römer und derer, die in jenen Tagen nach Rom kamen. In diesem Zusammenhang muss ich an etwas denken, das der große Historiker Federico Chabod unmittelbar nach dem Krieg geschrieben hat. Er war der Ansicht, dass in jenem langen Winter der Besatzung das alte mittelalterliche Verhältnis zwischen dem Papst und dem römischen Volk wieder aufgelebt war:

> [...] die Bevölkerung wendet ihren Blick nach Sankt Peter. Eine Macht geht, doch in Rom – einer unter diesem Gesichtspunkt einzigartigen Stadt – gibt es eine andere: und was für eine Macht! Das heißt, dass der Einsatz des Papsttums für die Bevölkerung, obwohl das Komitee und die Militärorganisation des CLN in Rom ihren Sitz haben, um einiges wichtiger ist und seine Bedeutung mit jedem Tag wächst.“[88]

Conclusio

An jenem 5. Juni verließen die ersten Flüchtlinge ihre Zufluchtsorte. Bruno di Porto verließ seine letzte Anlaufstelle, San Luigi dei Francesi: „Ich gehe mit einer dankbaren Erinnerung“, schrieb er. Und: „Wir gingen durch die Straßen eines begeisterten Roms, wir trafen die ersten alliierten Soldaten, unsere Befreier [...] Wir schlossen uns einem freudevollen Menschenstrom an und gelangten so an die Piazza Venezia, wo sich Truppen und Bevölkerung auf dem ganzen Platz ausgebreitet hatten und zwischen den siegbringenden Panzern zusammengekommen waren.“ Di Porto empfand wie viele andere Menschen, die der Todesgefahr entronnen waren: „Ich war voller Freude.“[89] Für viele bedeutete das, nach Hause zurückkehren zu können: „Ich kehrte in mein Zimmerchen zurück“, erinnerte sich Di Porto. Für andere war die Rückkehr nach Hause wegen der Plünderungen und Aneignungen jedoch schwierig. Und für wieder andere wie für Eva Maria Jung gab es kein Zuhause, in das sie zurückkehren konnten; sie mussten ein ganz neues Leben beginnen, ein Leben, das nicht länger vom Tod bedroht war.

Andere kehrten viel später zurück. Settimia Spizzichino kam am 11. September 1945 in Rom an. Sie war eine der wenigen Jüdinnen, die die Deportation überlebt hatten. Sie hatte unerhörtes Leiden hinter sich und war über einen endlosen Todesmarsch nach Bergen-Belsen gekommen. Ihrer Familie hatte sie einen Brief geschrieben und ihr mitgeteilt, dass sie am Leben war. Ihre Schwester erzählte, dass sie jeden Nachmittag Wasser bereitgehalten habe, um ihr ein Bad einzulassen, sobald sie zurück war. Als sie in ihrer Straße ankam, rief Settimia, die hoffte, dass ihre Mutter aus dem Lager zurückgekehrt war: „*Mamma*, ich bin es, ich bin hier." Doch die Mutter war nicht mehr da, wie die Schwestern, der Bruder, ein Neffe.

> Die Menschen schauten aus den Fenstern heraus, eine Schwester meiner Mutter erkannte meine Stimme, kam herunter und ging auf mich zu. Einen Augenblick lang glaubte ich, *Mamma* zu sehen [...] Am 11. September 1945 um 3 Uhr nachmittags kam ich endlich nach Hause. Wenig später war die Wohnung voller Leute, die kamen, um mich willkommen zu heißen. Viele kamen und fragten nach Verwandten und Freunden. Leider hatte ich für keinen gute Nachrichten. „Ich weiß nicht! Ich habe sie aus den Augen verloren", sagte ich. „Viele von ihnen haben das Gedächtnis verloren, ihr werdet schon sehen, früher oder später kehren sie zurück." Doch ich war eine der letzten Personen, die zurückkehrten; nach mir kamen nur noch drei oder vier Personen.

Mit einfachen Worten schilderte Settimia, ein Mädchen, das zum Zeitpunkt der Razzia im blühenden Alter von gerade einmal 22 Jahren gewesen war, ihre eigene Geschichte – eine Geschichte, die gleichzeitig vom großen Schmerz so vieler Menschen erzählt. Zwei Jahre nach der Deportation der Juden aus Rom war Settimias Familie zerstört. Untröstlicher Schmerz stand ihrem Vater ins Gesicht geschrieben. Sobald sie zu Hause war, eilte er zu ihr. Er war damals 68 Jahre alt, wirkte auf sie aber wie ein uralter Mann. Er war gezeichnet vom Schmerz „all der Jahre, die sie ihm geraubt haben, die sie Millionen von Männern, Frauen, Kindern – besonders Kindern! – geraubt haben, die in den Lagern waren", so Spizzichino.

Und sie fügte hinzu: „Wie viele Jahre sind in den Krematorien der KZs in Rauch aufgegangen, beim abscheulichsten Raub der Geschichte?“[90]

Dass der „abscheulichste Raub der Geschichte“ nicht verhindert werden konnte, ist eine Niederlage aller, der Deutschen, der Italiener, der Christen und aller Europäer. Daher stehen auch all die Geschichten der Mutigen und Anständigen in diesem dunklen Schatten eines so finsteren Kapitels der Geschichte. Ein Kapitel, das sich nicht zur Überhöhung oder Verherrlichung einzelner Personen eignet. Wenn man an diese mutigen und ehrbaren Menschen erinnert und ihren Weg zurückverfolgt, kommt man zwangsläufig auch immer wieder in Kontakt mit unermesslichem Leiden. Doch in der Geschichte ist nie alles gleich: Auch in ihren dunkelsten Stunden hat die Geschichte viele verschiedene Farbfacetten.

Konsultierte Archive

Archive du Séminaire Pontifical Français, Rom
Archivio Centrale dello Stato (ACS), Rom
Archivio Centro di Cultura Ebraica di Roma, Rom
Archivio Corrente della Comunità Ebraica di Roma, Rom
Archivio dell'Abbazia di San Paolo (AASP), Rom
Archivio della Casa Generalizia dei Pallottini, Rom
Archivio della Casa delle Clarisse francescane missionarie del Santissimo Sacramento, Via Vicenza, Rom
Archivio della Congregazione delle Suore di Sion, Rom
Archivio dell'Istituto delle Suore di Maria Bambina, Rom
Archivio del Seminario Lombardo (ASL), Rom
Archivio del Seminario Romano Maggiore (ASRM), Rom
Archivio del Venerato Monastero di Santa Maria dei Sette Dolori, Rom
Archivio di Camaldoli, Camaldoli
Archivio Generale dei Cappuccini, Rom
Archivio Generale della Congregazione Adoratrici del Sangue di Cristo, Rom
Archivio Generale delle Figlie del Sacro Cuore, Rom
Archivio Generale delle Figlie del Sacro Cuore di Gesù, Rom
Archivio Generale dell'Ordine dei Servi di Maria, Rom
Archivio Michael Tagliacozzo (AMT), Israel
Archivio di Stato di Milano (ASM), Mailand
Archivio Storico del Vicariato di Roma (ASVR), Rom
Archivio Unitalsi, Rom
Bundesarchiv (BArch), Berlin-Lichterfelde
Bundesarchiv – Militärarchiv (BArch-MA), Freiburg
Carte Andrea Riccardi (CAR), Rom
Carte Cornelio Sommaruga, Lugano
Istituto Nazionale per la Storia del Movimento di liberazione in Italia (INSMLI), Rom
National Archives and Records Administration (NARA), Washington
The National Archives (TNA), Kew (London)

Bibliographie

N.B. Zeitgenössische Zeitungen und Zeitschriften werden in den Endnoten zitiert.

Adleman, Robert H. und George Walton. 1968. *Rome fell today.* Boston u. a.

Alessandroni, Rosanna. 2009. „Le parrocchie della periferia romana durante l'occupazione tedesca". In: *Ricerche per la storia religiosa di Roma* 12 (2009), S. 361–418.

Alfonsi, Dario Adelmo. 1969. *Due giorni di quei giorni.* Rom.

Alvarez, David und Robert A. Graham. 1997. *Nothing Sacred: Nazi Espionage Against the Vatican, 1939–1945.* London u. a.

Angelini, Fiorenzo. 2004. *La mia strada.* Milano.

Angelozzi Gariboldi, Giorgio. 1988. *Pio XII, Hitler e Mussolini. Il Vaticano tra le dittature.* Mailand.

Antonazzi, Giovanni. 1983. *Roma città aperta. La cittadella sul Gianicolo.* Rom.

Antonini, Sandro. 2000. *DelAsEm. Storia della più grande organizzazione ebraica italiana di soccorso durante la seconda guerra mondiale.* Genua.

Appelfeld, Aharon. ²2005. *Geschichte eines Lebens.* Berlin.

Archivio Storico della Comunità Ebraica di Roma. 2006. *Roma, 16 ottobre 1943. Anatomia di una deportazione.* Hg. von Silvia Haia Antonucci, Claudio Procaccia, Gabriele Rigano, Giancarlo Spizzichino. Mailand.

Arlington, R. René und Paul I. Murphy. 1983. *La Popessa.* Paris.

Arvay, Richard. 1945. „Where justice is due". In: *The Commonweal. Review of Public Affairs, Literature and the Arts.* 8. Juni 1945, S. 182–185.

Asor Rosa, Alberto. 2002. *L'alba di un mondo nuovo.* Turin.

Badalà, Carlo. 1994. „Il coraggio di accogliere". In: *Sursum Corda* 1 (1994), S. 43–46.

Barbato, Cosmo. 2004. „Giorni di fuoco alla Montagnola". In: *Quaderno della Resistenza Garbatella-Ostiense 2004.* Hg. von „Associazione Culturale" und „Cara Garbatella". Rom.

Barbato, Cosmo. 2004a. „Dal ghetto alla Garbatella". In: *Quaderno della Resistenza Garbatella-Ostiense* 1 (2004), S. 47–50.

Barozzi, Federica. 1998. „I percorsi della sopravvivenza, salvatori e salvati durante l'occupazione nazista di Roma (9 settembre 1943 – 4 giugno 1944)". In: *La Rassegna Mensile di Israel* 1, S. 95–144.

Barré, H. 1955. „Le R. P. François Monnier ancien Recteur (1939–1953)". In: *Échos de Santa-Chiara*, Juli 1955, S. 54–59.

Bentley, Eric (Hg.). 1964. *The Storm over „The Deputy"*. New York.

Benzoni, Giuliana. 1985. *La vita ribelle. Memorie di un'aristocratica italiana tra belle époque e Repubblica*. Bologna.

Bergonzini, Luciano. 1964. *Clero e resistenza*. Castel Maggiore.

Bernabei, Domenico. 1991. *Orchestra nera*. Rom.

Biffi, Monica M. 1997. *Mons. Cesare Orsenigo, nunzio apostolico in Germania (1930–1946)*. Mailand.

Bonomi, Ivanoe. 1947. *Diario di un anno 1943–1944*. Mailand.

Borromeo, Pietro. 2007. *Il Giusto che inventò il morbo K*. Rom.

Bottai, Bruno. 1997. *Fascismo familiare*. Casale Monferrato.

Bottazzi, Marialuisa. 2001/2002. *L'opera di assistenza della Chiesa agli Ebrei di Roma (16 ottobre 1943 – 4 giugno 1944)*, Abschlussarbeit an der Università degli Studi di Roma „La Sapienza", Akademisches Jahr 2001/2002.

Breitman, Richard. 2002. „New sources on the Holocaust in Italy". In: *Holocaust and Genocide Studies* (Winter 2002), S. 402–414.

Buonaiuti, Ernesto. 1946. *Pio XII*. Rom.

Buonaiuti, Ernesto. 1964. *Pellegrino di Roma. La generazione dell'esodo*. Bari.

Buonaiuti, Ernesto. 1980. *La vita allo sbaraglio. Lettere a Missir* (1926–1946). Hg. von Ambrogio Donni. Florenz.

Caracciolo di Feroleto, Mario. 1947. *Sette carceri di un generale*. Rom.

Carandini Albertini, Elena. 1997. *Dal terrazzo. Diario 1943–1944*. Bologna.

Carroll-Abbing, John Patrick. 1952. *A Chance to Live. The Story of the Lost Children of the War*. New York u. a.

Carroll-Abbing, John Patrick. 1965. *But for the Grace of God*. New York.

Casaroli, Agostino. 2000. *Il martirio della pazienza. La S. Sede e i paesi comunisti*. Hg. von Carlo Felice Casula und Giovanni Maria Vian. Turin.

Casella, Mario. 1984. *L'Azione Cattolica alla caduta del fascismo. Attività e progetti per il dopoguerra (1942–1945)*. Rom.

Castelli, Giulio. 1959. *Storia segreta di Roma città aperta*. Rom.

Cavalli, Fiorello Ignazio. 1962. *L'opera caritativa del Santo Padre*. Rom.

Cavaterra, Emilio. 1990. *Il Prefetto del Sant'Uffizio. Le opere e i giorni del Cardinale Ottaviani*. Mailand.

Cavigioli, Giovanni. 1939. *Manuale di diritto canonico*. Turin.

CESP-COBAS, Comitato di quartiere Alberone. 2007. *Questa città ribelle* ... Rom.

Chabod, Federico. 1961. *L'Italia contemporanea (1918–48)*. Turin.

Chadwick, Owen. 1988. *Britain and the Vatican during the Second World War*. Cambridge.

Chardon, Tharcisius (Hg.). O.J. *Un capucin „père des Juifs". Le Père Marie-Benoit, 1895–1990*, Paris.

Chenaux, Philippe. 2003. *Pie XII. Diplomate et pasteur*. Paris.

Chenaux, Philippe. 2003a. „Pacelli, Hudal et la question du nazisme". In: *Rivista di Storia della Chiesa* 1 (Januar–Juni 2003), S. 133–154.

Cianfrocca, Goffredo. 2002. „Le Suore Calasanziane, gli Scolopi e G. Bottai". In: *Ricerche, Rivista Trimestrale degli Scolopi in Italia*, 74 (2002).

Cicchino, Enzo und Antonio Roberto Olivo. 2007. *Via Rasella. L'azione partigiana e l'eccidio delle Fosse Ardeatine 23–24 marzo 1944*. Chiari (BS).

Coen, Fausto. 1993. *16 ottobre 1943. La grande razzia degli ebri di Roma*. Florenz.

Corvisieri, Silverio. 1968. *Bandiera rossa nella Resistenza romana*. Rom.

Costantini, Celso. 1954. *Ultime foglie, ricordi e pensieri*. Rom.

Czech, Danuta. 1989. *Kalendarium der Ereignisse im Konzentrationslager Auschwitz-Birkenau 1939–1945*, Hamburg.

Dalla Torre, Giuseppe. 1975. *Memorie*. Mailand.

Debenedetti, Giacomo. 1993. *16 ottobre 43*. Palermo.

De Cesaris, Walter. 2004. *La borgata ribelle. Il rastrellamento nazista del Quadraro e la resistenza popolare a Roma*. Rom.

De Felice, Renzo. 1977. *Storia degli ebrei italiani sotto il fascismo*. Mailand.

De Felice, Renzo. 1995. *Rosso e Nero*. Mailand.

Derry, Sam. 1960. *The Rome Escape Line*. London.

De Simone, Cesare. 1994. *Roma città prigioniera: i 271 giorni dell'occupazione nazista (8 settembre '43–4 giugno '44)*. Mailand.

Di Mario, Renzo. 1999. *Orrore e pietà, dal Reich alle Fosse Ardeatine*. Rom.

Di Maso, Dario und Edmondo Caruana. 2006. „L'abate Carlo Egger, latinista di cinque pontefici". In: *Annali dell'Associazione Nomentana di Storia e Archeologia*, 2006, S. 8–9.

Dollmann, Eugen. 1963. *Dolmetscher der Diktatoren*. Bayreuth.

Dollmann, Eugen. 1968. *Un libero schiavo*. Rom.

Dollmann, Eugen. 2002. *Roma nazista*. Mailand.

Dordoni, Annarosa. 1976. *Crociata italica. Fascismo e religione nella Repubblica di Salò*. Mailand.

Duce, Alessandro. 2006. *La Santa Sede e la questione ebraica (1933–1945)*. Rom.

Eschenazi, Gabriele und Gabriele Nissim. 1995. *Ebrei invisibili. I sopravvissuti dell'Europa orientale dal comunismo a oggi*. Mailand.

Falifigli, Alessia. 2005. *Salvàti dai conventi. L'aiuto della Chiesa agli ebrei di Roma durante l'occupazione nazista*. Cinisello Balsamo.

Fattorini, Emma. 2007. *Pio XI, Hitler e Mussolini. La solitudine di un papa*. Turin.

Feldkamp, Michael. 2000. *Pius XII. und Deutschland*. Göttingen.

Ficacci, Stefania. 2007. „Introduzione" in „‚Sperare contro ogni speranza ...'. Memorie di suor Therese Margherite". In: *Centri e periferie. Italia 1931–*

1961. L'Annale. Hg. von „Istituto Romano per la Storia d'Italia dal fascismo alla Resistenza". Mailand.
Forcella, Enzo. 1999. *La resistenza in convento*. Turin.
Fornari, Irene. 1997/1998. *L'opera di assistenza e di ospitalità della Chiesa a Roma durante l'occupazione nazifascista,* Abschlussarbeit an der Università degli Studi di Roma „La Sapienza", Akademisches Jahr 1997/1998.
Fornasari, Eugenio und Antonio Maselli. 1986. *Spendi l'amore cowboy. Profilo biografico di Don Salvatore John Carolla Sacerdote della Società San Paolo 1922–1958*. Alba.
Frassati, Luciana. 1985. *Il destino passa per Varsavia*. Mailand.
Friedländer, Saul. 1965. *Pius XII. und das Dritte Reich. Eine Dokumentation*. Hamburg.
Gabellini, Pasquale. 1992. *Roma nell'ora della Resistenza (settembre 1943–giugno 1944) e l'opera del Seminario Romano Maggiore*. Città di Castello.
Gabrieli, Francesco (Hg.). 1978. „Il testamento di fede di don Primo Vannutelli". In: *Fonti e documenti* VII. Urbino, S. 119–253.
Gallagher, Joseph P. 1967. *Scarlet Pimpernel of the Vatican*. London.
Gasbarri, Carlo. 1984. *Quando il Vaticano confinava con il Terzo Reich*. Padua.
Gaspari, Antonio. 1999. *Nascosti in convento*. Mailand.
Gaspari, Antonio. 2001. *Gli ebrei salvati da Pio XII*. Rom.
Gemeinschaft Sant'Egidio. 2001. *La strage dimenticata. Meina settembre 1943. Il primo eccidio di ebrei in Italia*. Novara.
Gentile, Emilio. 2007. *Il fascino del persecutore. George L. Mosse e la catastrofe dell'uomo moderno*. Rom.
Gentiloni Silveri, Umberto und Maddalena Carli. 2007. *Bombardare Roma. Gli Alleati e la città aperta (1940–1944)*. Bologna.
Gessi, Leone (Hg.). 1945. *Roma, la guerra, il papa*. Rom.
Giovannetti, Alberto. 1962. *Roma città aperta*. Mailand.
Godman, Peter. 2004. *Der Vatikan und Hitler: die geheimen Archive*. München.
Graham, Robert A. 1975. *Il Vaticano e il nazismo*. Rom.
Graham, Robert A. 1984. „Alle origini degli ‚Actes et documents du Saint-Siège'". In: Riccardi, Andrea (Hg.). 1984, S. 265–273.
Grandi, Aldo. 2000. *Giangiacomo Feltrinelli: la dinastia, il rivoluzionario*. Mailand.
Griner, Massimiliano. 2000. *La „banda Koch". Reparto speciale di polizia 1943–44*. Turin.
Guerri, Giordano Bruno. 2001. *Eretico e profeta. Ernesto Buonaiuti, un prete contro la Chiesa*. Mailand.
Guglielmi, Pietro. 2004. *L'abate Giuseppe Ricciotti*. Rom.
Guidi, Carla. 2004. *Operazione Balena*. Rom.

Guspini, Ugo. 1973. *L'orecchio del regime. Le intercettazioni telefoniche al tempo del fascismo*. Mailand.

Gutman, Israel (Hg.). 2006. *I giusti d'Italia. I non ebrei che salvarono gli ebrei 1943–1945*. Mailand.

Heinemann, Isabel. 2005. „Selezione razziale, deportazione e genocidio: le SS e il nuovo ‚ordine razziale' europeo". In: Cattaruzza, Marina u. a. (Hgg.). *Storia della Shoah.* Turin, S. 741–761.

Hessen, Heinrich Prinz von. 1994. *Der kristallene Lüster. Meine deutsch-italienische Jugend 1927 bis 1947*. München.

Hilberg, Raul. 1982. *Die Vernichtung der europäischen Juden. Die Gesamtgeschichte des Holocaust*. Berlin.

Hill, Leonidas E. (Hg.). 1974. *Die Weizsäcker-Papiere, 1933–1950*. Frankfurt u. a.

Hudal, Alois C. 1976. *Römische Tagebücher*. Graz/Stuttgart.

Impagliazzo, Marco (Hg.). 1997. *La resistenza silenziosa. Leggi razziali e occupazione nazista nella memoria degli ebrei di Roma*. Mailand.

Impagliazzo, Marco. 2006. *La diocesi del papa. La Chiesa di Roma e gli anni di Paolo VI 1963–1978*. Mailand.

Inter Arma Caritas. L'Ufficio Informazioni Vaticano per i prigionieri di guerra istituito da Pio XII (1939–1947). Vatikanstadt 2004.

Israel, Giorgio und Pietro Nastasi. 1998. *Scienza e razza nell'Italia fascista*. Bologna.

Jedin, Hubert. 1984. *Lebensbericht.* Mit einem Dokumentenanhang hg. von Konrad Repgen (Veröffentlichungen der Kommission für Zeitgeschichte Reihe A, Quellen; Bd. 35). Mainz.

Katz, Robert. 1996. *Dossier Priebke: anatomia di un processo*. Mailand.

Katz, Robert. 2006. *Rom 1943–1944. Besatzer, Befreier, Partisanen und der Papst*. Essen.

Klinkhammer, Lutz. 1993. *Zwischen Bündnis und Besatzung. Das nationalsozialistische Deutschland und die Republik von Salò 1943–1945* (Bibliothek des Deutschen Historischen Instituts in Rom 75). Tübingen.

Kongregation für die Selig- und Heiligsprechungsprozesse. 1999. *Beatificazione e canonizzazione del Servo di Dio Pio XII (Eugenio Pacelli). Positio super vita et virtutibus. Summarium. Depositiones testium, Pars I e Processu romano*. Rom.

Kühlwein, Klaus. 2013. *Pius XII. und die Judenrazzia in Rom*. Berlin.

Lapide, Pinchas E. 1967. *Rom und die Juden.* Freiburg.

Lavagnino, Alessandra. 2006. *Un inverno 1943–1944.* Palermo.

Leboucher, Ferande. 1969. *Incredible Mission.* New York.

Lehnert, Pascalina. [7]1985. *Ich durfte ihm dienen: Erinnerungen an Papst Pius XII.* Würzburg.

Leo, Armando. 1994. *Storie di uomini*. Rom.

Lestini, Giuliana. 1993. *S.A. S.G.* Rom.

Levi, Lia. 1994. *Una bambina e basta*. Rom.

Lévinas, Emmanuel. 2007. *Verletzlichkeit und Frieden. Schriften über die Politik und das Politische.* Hg. und mit einem Vorwort von Pascal Delhom und Alfred Hirsch. Zürich.

Lisi, Antonio. 1995. *Don Pietro Pappagallo. Un eroe, un santo. Raccolta di documenti e testimonianze*. Rieti.

Longerich, Peter. 2005. „Tappe e processi decisionali della ‚Soluzione finale'". In: Cattaruzza, Marina u. a. (Hgg.). *Storia della Shoah*. Bd. 1. Turin, S. 491–593.

Loparco, Grazia. 2004. „Gli ebrei negli istituti religiosi a Roma (1943–1944). Dall'arrivo alla partenza". In: *Rivista di Storia della Chiesa in Italia* 1 (2004), S. 107–210.

Loy, Rosetta. 1998. *Via Flaminia 21. Meine Kindheit im faschistischen Italien*. München.

Lualdi, Aldo. 1982. *La banda Koch. Un aguzzino al servizio del regime*. Mailand.

Luzzatto, Amos. 1997. „Autocoscienza e identità ebraica". In: *Storia d'Italia, Gli ebrei in Italia,* Annali 11,2. Turin, S. 1829–1900.

Malizia, Giuliano. 2004. *Testaccio.* Rom.

Manzo, Michele. 1997. *Don Pirro Scavizzi. Prete romano 1884–1964*. Casale Monferrato.

Maraone, Antonietta. 1989. *Una storia nel cuore della Chiesa*. Rom.

Marcelli, Ezio. 1984. „Stupenda pagina di cronaca a San Gioacchino (novembre 1943–giugno 1944)". In: *Bollettino della Provincia Romana C.SS.R.*, 7–9 (1984).

Marchi, Giovanni und Flavio Peloso. 2003. „Orionini in aiuto agli ebrei negli anni dello sterminio". In: *Messaggi di Don Orione* 112 (2003), S. 75–106.

Marchione, Margherita. 1999. *Pio XII e gli ebrei.* Rom.

Masciarelli, Michele Giulio. 1998. *Beata Maria Elisabetta Hesselblad*. Turin.

Mellano, Maria Franca. 2007. *L'Opera salesiana. Pio XI all'Appio Tuscolano di Roma 1930–1950.* Rom.

Melloni, Alberto. 1992. *Fra Istanbul e Atene, la missione di A. G. Roncalli (1935–1944)*. Genua.

Milano, Attilio. 1964. *Il ghetto di Roma*. Rom.

Modigliani, Piero. 1984. *I nazisti a Roma. Dal diario di un ebreo*. Rom.

Moellhausen, Eitel Friedrich. 1948. *La carta perdente. Memorie diplomatiche 25 luglio 1943 – 2 maggio 1945*. Hg. von Virginio Rusca. Rom.

Moellhausen, Eitel Friedrich. 1949. *Die gebrochene Achse*. Alfeld.

Monelli, Paolo. 1993. *Roma 1943.* Turin.

Montefiore, Ruben (Hg.). 2002. *Per non dimenticare. Appunti e ricordi*. Ohne Ort.

Morpurgo, Luciano. 1946. *Caccia all'uomo!* Rom.

Motto, Francesco. 2000. *„Non abbiamo fatto che il nostro dovere". Salesiani di Roma e del Lazio durante l'occupazione tedesca 1943–1944*. Rom.

Murdock, Schwester Therese Marguerite. 2007. „Notre-Dame a Roma (1931–1946)". In: *Centri e periferie* 2007. Hg. von „Istituto Romano per la Storia d'Italia dal fascismo alla Resistenza". Mailand, S. 21–70.

Musu, Marisa und Ennio Polito. 1996. *Roma ribelle. La Resistenza nella capitale 1943–1944*. Mailand.

Nasalli Rocca, Mario. 1979. *Accanto ai condannati a morte*. Vatikanstadt.

Nathan, Virginia. 1998. *Roma 1943–1945: una famiglia nella tempesta*. Rom.

Negro, Silvio. 1945. „Avevano fame e furono sfamati". In: Gessi, Leone (Hg.). 1945, S. 111–124.

Nenni, Pietro. 1982. *Diari 1943–1971*, Mailand.

Nissim, Gabriele. 1998. *L'uomo che fermò Hitler. La storia di Dimităr Pesev che salvò gli ebrei di una nazione intera*. Mailand.

Osio Nogara, Antonietta. 1989. *1904–1987. Diari e pagine sparsi*. Verona.

Ossicini, Adriano. 1999. *Un'isola sul Tevere. Il fascismo al di là del ponte*. Rom.

Osti Guerrazzi, Amedeo. 2005. *Caino a Roma. I complici romani della Shoah*. Rom.

Pacelli, Eugenio [Pius XII.], *Discorsi e radiomessaggi*, Bd. 6. Vatikanstadt.

Paglia, Vincenzo. 1980. *La pietà dei carcerati. Confraternite e società a Roma nei secoli XVI e XVII*. Rom.

Paini, Rosa. 1988. *I sentieri della speranza. Profughi ebrei, Italia fascista e la Delasem*. Mailand.

Palazzini, Pietro. 1995. *Il clero e l'occupazione tedesca di Roma: il ruolo del Seminario Romano Maggiore*. Rom.

Picciaredda, Stefano. 2003. *Diplomazia umanitaria. La Croce Rossa nella Seconda guerra mondiale*. Bologna.

Piccinini, Gaetano. 1956. *Roma tenne il respiro*. Palermo.

Picciotto Fargion, Liliana. 1979. *L'occupazione tedesca e gli ebrei di Roma*. Rom.

Picciotto Fargion, Liliana. 1991. *Il libro della memoria. Gli ebrei deportati dall'Italia (1943–1945)*. Mailand.

Picciotto Fargion, Liliana. 2006. „Il soccorso agli ebrei durante la Repubblica Sociale Italiana e l'occupazione tedesca 1943–1945". In: Gutman, Israel (Hg.). 2006, S. 243–269.

Piperno, Angelo. 1984. *I racconti di Barotto*. Rom.

Piperno, Angelo. 1993. *Soprannomi e ... contorni*. Rom.

Piperno, Graziano. 1999. *265 giorni di ordinaria follia*. Rom.

Piscitelli, Enzo. 1965. *Storia della Resistenza romana*. Bari.

Pompeo, Augusto (Hg.). 2005. *Liberi. Storie, luoghi e personaggi della Resistenza del Municipio Roma XVI.* Rom.

Portelli, Alessandro. 1999. *L'ordine è già stato eseguito. Roma, le Fosse Ardeatine, la memoria.* Rom.

Poulat, Emile. 1969. *Intégrisme et catholicisme intégral.* Tournai.

Poulat, Emile. 1977. *Catholicisme, démocratie et socialisme.* Tournai.

Priebke, Erich. 2003. *Autobiographie: „Vae victis" (Wehe den Besiegten).* Hg. von Erich Priebke und Paolo Giachini. Rom.

Priebke, Erich. 2003a. *Autobiografia. ‚Vae victis'.* Rom.

Raganella, Libero. 2000. *Senza sapere da che parte stanno. Ricordi dell'infanzia e „diario" di Roma in guerra (1943–1944).* Hg. von Lidia Piccioni. Rom.

Ravenna, Paolo. 2001. *La famiglia Ravenna, 1943–1945.* Ferrara.

Repetto, Francesco. 1963. „Paolo VI, ricordi e presagi". In: *Fides nostra*, Oktober 1963.

Riccardi, Andrea. 1977. „La Chiesa a Roma durante la Resistenza. L'ospitalità negli ambienti ecclesiastici". In: *Quaderni della Resistenza laziale* 2 (1977), S. 87–150.

Riccardi, Andrea. 1978. „Aspetti della vita sociale a Roma alla vigilia della caduta del fascismo". In: *Quaderni della Resistenza laziale* 7 (1978), S. 131–160.

Riccardi, Andrea. 1979. *Roma „città sacra"? Dalla Conciliazione all'operazione Sturzo.* Mailand.

Riccardi, Andrea. 1983. *Il ‚partito romano'. Politica italiana, Chiesa cattolica e Curia romana da Pio XII a Paolo VI.* Brescia.

Riccardi, Andrea (Hg.). 1984. *Pio XII.* Rom/Bari.

Riccardi, Andrea. 1984a. „Governo e profezia nel pontificato di Pio XII". In: Riccardi, Andrea (Hg.). 1984, S. 31–92.

Riccardi, Andrea (Hg.). 1986. *Le Chiese di Pio XII.* Rom/Bari 1986.

Riccardi, Andrea. 1988. *Il potere del papa da Pio XII a Giovanni Paolo II.* Rom/Bari.

Riccardi, Andrea. 1990. „Benedetto XV e la crisi della convivenza religiosa nell'Impero Ottomano". In: Rumi, Giorgio (Hg.). 1990. *Benedetto XV e la pace.* Brescia, S. 83–129.

Riccardi, Andrea. 2001. „La Santa Sede e la transizione del dopoguerra". In: Coccia, Benedetto und Umberto Gentiloni Silveri (Hgg.). *Federzoni e la storia della destra italiana nella prima metà del Novecento.* Bologna, S. 195–212.

Riccardi, Andrea. ²2007. *Il „partito romano". Politica italiana, Chiesa cattolica e Curia romana da Pio XII a Paolo VI.* Brescia.

Rigano, Gabriele. 2006. „16 ottobre 1943: accadono a Roma cose incredibili". In: Archivio Storico della Comunità Ebraica di Roma. 2006, S. 19–72.

Rigano, Gabriele. 2006. *Il caso Zolli. L'itinerario di un intellettuale in bilico tra fedi, culture e nazioni*. Mailand.

Ripa di Meana, Fulvia. 2000. *Roma clandestina*. Rom.

Rocciolo, Domenico. 2003. „Conversioni di ebrei a Roma dopo il 1870". In: *Rivista di Storia della Chiesa* 1 (2003), S. 85–132.

Rossi, Mario V. 1975. *I giorni dell'onnipotenza. Memoria di una esperienza cattolica*. Rom.

Rossi-Espagnet Biondi, Piera. 1957. *Pio XII aneddotico*. Rom/Mailand.

Saint Cheron, Michaël de, Wiesel, Elie. 2001. *Il male e l'esilio*. Mailand.

Sale, Giovanni. 2004. *Hitler, la Santa Sede e gli ebrei, con documenti dell'Archivio Segreto Vaticano*. Mailand.

Schad, Martha. 2007. *Gottes mächtige Dienerin. Schwester Pascalina und Papst Pius XII.* München.

Schneider, Burkhard. 1968. *Pius XII. Friede, das Werk der Gerechtigkeit*. Göttingen.

Scottà, Antonio. 1997. *La conciliazione ufficiosa. Diario del barone Carlo Monti incaricato d'affari del governo italiano presso la Santa Sede*. Vatikanstadt.

Scrivener, Jane [Mutter Mary]. 1945. *Inside Rome With the Germans*. New York.

Sorani, Settimo. 1983. *L'assistenza ai profughi ebrei in Italia (1933–1947). Contributo alla storia della „Delasem"*. Rom.

Spizzichino, Settimia. 1996. *Gli anni rubati. Le memorie di Settimia Spizzichino reduce dai lager di Auschwitz e Bergen-Belsen*. Cava de' Tirreni.

Stille, Alexander. 1994. *Uno su mille*. Mailand.

St. Josephsschwestern von Chambéry [1996], Italienische Provinz, *Ricordi. Il „Casaletto" nel 1943/44*. [Rom].

Tagliacozzo, Mario. 1998. *Metà della vita. Ricordi della campagna razziale 1938–1944*. Mailand.

Tagliacozzo, Michael. 1963. *‚La comunità di Roma sotto l'incubo della svastica'. La grande razzia del 16 ottobre 1943* (Gli ebrei in Italia durante il fascismo 3). Rom.

Tagliacozzo, Michael. 1970. „Le responsabilità di Kappler nella tragedia degli ebrei di Roma". In: *La Rassegna mensile di Israel* 7/8/9 (1970), S. 389–414.

Tagliacozzo, Michael (Hg.). 2004. *Sulle orme della rinascita. Cronaca e memorie del Movimento „Hechaluz" italiano dal '44 al '58*. Ohne Ort.

Tagliacozzo, Sergio. 1984. *Storie di famiglia*. Rom.

Tarcali, Olga [Spier-Donati, Marianne]. 2002. *Rückkehr nach Erfurt. Erinnerungen an eine zerstörte Jugend.* Erfurt.

Tittmann, Harold. 2004. *Inside the Vatican of Pius XII: The Memoir of an American Diplomat During World War II.* New York.

Tjäder, Marguerite. 2002. *Mutter Elisabeth. Die neue Blüte des Ordens der hl. Birgitta*. St. Ottilien.

Tornielli, Andrea. 2007. *Pio XII. Un uomo sul trono di Pietro*. Mailand.

Trabucco, Carlo. O.J. *La prigionia di Roma*. Rom.

Trevelyan, Raleigh. 1981. *Rome '44. The Battle for the Eternal City*. London.

Tronchin, Alberto. 2007. *Un „giusto" ritrovato. Karel Weirich: la Resistenza civile e il salvataggio degli ebrei in Italia*. Treviso.

Vedovato, Giuseppe. 2002. *La città aperta nella seconda guerra mondiale. I casi di Roma e Firenze*. Florenz.

Venier, Elio. 1972. „Il clero romano durante la Resistenza. Colloqui con i protagonisti di venticinque anni fa". In: *Rivista Diocesana di Roma*. Rom.

Voigt, Klaus. 1993. *Zuflucht auf Widerruf: Exil in Italien*. Stuttgart.

Vrba, Rudolf. 2008. *I protocolli di Auschwitz, Aprile 1944: il primo documento della Shoah*. Mailand.

Waagenaar, Sam. 1973. *Il ghetto sul Tevere. Storia degli ebrei di Roma*. Mailand.

Weizsäcker, Ernst von. 1950. *Erinnerungen*. München u.a.

Wildvang, Frauke. 2007. „The Enemy Next Door: Italian Collaboration in Deporting Jews during the German Occupation of Rome". In: *Modern Italy* 12,2 (2007), S. 189–204.

Zuccotti, Susan. 2001. *Under his very windows. The Vatican and the Holocaust in Italy*. New Haven.

Veröffentlichte diplomatische Dokumente

Akten zur deutschen auswärtigen Politik (ADAP), 1918–1945; aus dem Archiv des Auswärtigen Amtes, Bd. E,7 (1941–1945), 1. Oktober 1943 bis 30. April 1944, Göttingen, 1979.

Foreign Relations of the United States Diplomatic Papers (FRUS), 1943, Bd. 2 (Europe).

Le Saint Siège et la Guerre Mondiale. Novembre 1942 – Décembre 1943. Hg. von Pierre Blet, Robert A. Graham, Angelo Martini, Burkhart Schneider (Actes et Documents du Saint Siège Relatifs à la Seconde Guerre Mondiale [ADSS] VII). Vatikanstadt 1973.

Le Saint Siège et les Victimes de la Guerre. Janvier – Decembre 1943. Hg. von Pierre Blet, Robert A. Graham, Angelo Martini, Burkhart Schneider (Actes et Documents du Saint Siège Relatifs à la Seconde Guerre Mondiale [ADSS] IX). Vatikanstadt 1975.

Le Saint Siège et les Victimes de la Guerre. Janvier 1944 – Juillet 1945. Hg. von Pierre Blet, Robert A. Graham, Angelo Martini, Burkhart Schneider

(Actes et documents du Saint Siège relatifs à la seconde guerre mondiale [ADSS] X). Vatikanstadt 1980.

Le Saint Siège et la Guerre Mondiale. Janvier 1944 – Mai 1945. Hg. von Pierre Blet, Robert A. Graham, Angelo Martini, Burkhart Schneider (Actes et documents du Saint Siège relatifs à la seconde guerre mondiale [ADSS] XI). Vatikanstadt 1981.

Anmerkungen

Literatur und Quelleneditionen wurden in der Regel mit einem Kurztitel angeführt; vollständige bibliographische Angaben enthält die Bibliographie.

Vorwort

1 Ab September 1938 wurden im faschistischen Italien Mussolinis zur Verteidigung der „reinen italienischen Rasse“ eine Reihe von Rassengesetzen (it. *leggi raziali*) erlassen, die die Juden aus dem wirtschaftlichen und gesellschaftlichen Leben ausschlossen (Anm. der Übersetzerin).
2 „Introduction“ in ADSS X, S. 61.
3 Appelfeld 2005, S. 146.
4 Vgl. Forcella 1999.
5 Vgl. Osti Guerrazzi 2005.
6 An dieser Stelle möchte ich Chiara Inzerilli, Saverio Sturm, Cesare Zucconi, Angelo Romano, Carlo Giunipero, Maria Hermann, Ulrike Bernet, Evelina Martelli und Giorgio Del Zanna für all ihre Ideen und Vorschläge danken.
7 Hierzu gibt es eine umfangreiche Literatur, auf die an dieser Stelle jedoch nicht weiter eingegangen werden soll. Vgl. z. B. Renato Moro, *La Chiesa e lo sterminio degli ebrei*, Bologna 2002.
8 Daraus entstanden zum Beispiel folgende Publikationen: Andrea Riccardi, *Il ‚partito romano'. Politica italiana, Chiesa cattolica e Curia romana da Pio XII a Paolo VI*, Brescia 1983; Andrea Riccardi (Hg.), *Pio XII*, Rom/Bari 1984; Andrea Riccardi (Hg.), *Le Chiese di Pio XII*, Rom/Bari 1986; Andrea Riccardi, *Il potere del papa da Pio XII a Giovanni Paolo II*, Rom/Bari 1988.
9 Vgl. Trabucco 1945.
10 Vgl. Rossi 1975.
11 Zu diesem Aspekt des Pontifikats Pius' XII. und einem Vergleich zwischen der Zeit des Krieges und der Nachkriegszeit vgl. Andrea Riccardi 1984a.
12 Dieses Dokument ist erstmals erwähnt bei Melloni 1992, S. 241.
13 Zu Pius XI. vgl. Fattorini 2007.
14 Casaroli 2000.
15 Lévinas, S. 167.
16 Wiesel/Saint Cheron 2001, S. 47.
17 Impagliazzo 1997, S. 7.

Anmerkungen

Kapitel I

[1] Coen 1993, S. 115–116.
[2] Gespräch des Autors mit Trieste Melappioni.
[3] Coen 1993, S. 80.
[4] Aussage von Mario Sed Piazza, Oktober 1979, AMT.
[5] Tagliacozzo 1963, S. 23. Aussage in Barozzi 1998, S. 114–115.
[6] Der Hergang der Razzia wird ausführlich geschildert bei Archivio Storico della Comunità Ebraica di Roma 2006.
[7] Spizzichino 1996, S. 20.
[8] Vgl. Rigano 2006.
[9] Spizzichino 1996, S. 21.
[10] Aussage in Barozzi 1998, S. 100.
[11] Aussage von Giacomo Zarfati, undatiert, CAR.
[12] Schreiben von Giorgio Soria, 20. Juli 1944, freundlicherweise von Luca Giordano zur Verfügung gestellt.
[13] Vgl. Sorani 1983, S. 291.
[14] Aussage von Franca und Gilda Sabatello, ACCER, f. „Testimonianze di sopravvissuti alla Shoah".
[15] Aussage von Salvatore Sermoneta, 27. März 2004, CAR.
[16] Ravenna 2001, S. 43 ff.
[17] Aussage in Barozzi 1998, S. 129.
[18] Guspini 1973, S. 247–248.
[19] Riccardi 1978, S. 147.
[20] Vgl. Giovannetti 1962; Gentiloni Silveri/Carli 2007; Castelli 1959; Vedovato 2002.
[21] Schreiben von Carlo Sommaruga an seine Frau Anna Maria, 12. August 1943, Carte Cornelio Sommaruga, Lugano.
[22] I. e. nach dem Abschluss der Lateranverträge (Anm. der Übersetzerin).
[23] Angelini 2004, S. 63–64.
[24] Antonazzi 1983, S. 154.
[25] Vgl. Gentiloni Silveri/Carli 2007, S. 13; De Felice 1995, S. 60.
[26] Carandini Albertini 1997, S. 46, S. 60.
[27] Morpurgo 1946, S. 144.
[28] Ripa di Meana 2000, S. 165.
[29] Carroll-Abbing 1952, S. 58.
[30] Trabucco o. J., S. 86, S. 174.
[31] Aussage von Celeste Sonnino, September 2007, CAR.
[32] Raganella 2000, S. 149–156.
[33] Loparco 2004, S. 209.
[34] Abgefangenes Telegramm, Kaltenbrunner an Kappler, 11. Oktober 1943, NA, Office of Strategic Services (OSS), RG 226, CIA, Dok. 7459, zitiert in Katz, S. 103. Die in diesem Bestand abgelegten Telegramme wurden teilweise konsultiert von

Breitman 2002. Kopien der abgefangenen deutschen Telegramme befinden sich auch in TNA, Public Record Office (PRO), HW 19/238.

35 Montefiore 2002, S. 53.

36 Telegramm, Kappler nach Berlin, 17. Oktober 1943, BArch, NS 19/1880, fol. 112, zitiert in Kühlwein 2013, S. 253 f.; abgefangene Kopie in TNA, PRO, HW 19/238, Dok. 7668. Vgl. Moellhausen 1949, S. 85.

37 Laut diesem Bericht war die Operation um 14.30 Uhr beendet, während im vorhergehenden von 14 Uhr die Rede ist.

38 „Protocollo della seduta", 17. Oktober 1943, AMT. Wo das Originalprotokoll in deutscher Sprache abgelegt wurde, ist nicht bekannt. Daher musste es aus dem Italienischen rückübersetzt werden (Anm. der Übersetzerin).

39 Monelli 1993, S. 288.

40 Gallagher 1967, S. 39.

41 Monelli 1993, S. 284.

42 Aussage in Barozzi 1998, S. 130. Vgl. Levi 1994.

43 Aussage in Barozzi 1998, S. 128–129.

44 Waagenaar 1973, S. 355.

45 Es war Mons. Baldelli, der die Schwestern auf die Räumlichkeiten des Krankenhauses hinwies (dies sagte zumindest die Oberin). Nach Kriegsende bemühte sich die jüdische Gemeinde darum, die Räume wieder in ihren Besitz zu bringen, auch um dort die Kinder unterzubringen, die während der Besatzung elternlos geworden waren und in Klöstern gewohnt hatten. Montini teilte Traglia mit, dass der amerikanische Vertreter beim Heiligen Stuhl, Harold Tittmann, im Namen der amerikanischen Juden darum gebeten habe, den römischen Juden ihre Räume zurückzugeben. Die Oberin erhob beim Vikariat Einspruch dagegen; ihre Gemeinschaft, die für die Waisenkinder verantwortlich war, wüsste nicht, wohin sie sonst gehen sollte, da ihr Kloster zerstört worden war. Vgl. Montini an Traglia, 9. August 1944; Schwester Emma Zanela an Traglia, 20. August 1944; Traglia an Mons. Grano, 22. August 1944, ASVR, b. 204, f. 9.

46 Aussage von Mario Sed Piazza, Oktober 1979, AMT.

47 Vgl. Trabucco o. D., S. 247

48 Vgl. Ossicini 1999, S. 201 ff.; De Simone 1994, S. 258–259.

49 Gutman 2006, S. 60.

50 Paolo Brogi, „Borromeo tra i ‚Giusti', salvò gli ebrei col falso morbo K", in *Corriere della Sera*, 10. Februar 2005. Vgl. auch Borromeo 2007.

51 Vgl. Benzoni 1985, S. 203; Ripa di Meana 2000, S. 123. Siehe auch das Interview mit Vittorio Sacerdoti in *La Repubblica*, 16. Oktober 2004.

52 Aussage in Loparco 2004, S. 207–208.

53 Aussage von Adriano Ossicini, 24. Mai 2005, CAR.

54 Vgl. Barozzi 1998, S. 136.

55 Vgl. Gutman 2006, S. 8, S. 113–114.

56 „Clandestini in chiesa", Zusammenfassung der Aussage von Padre Capponi gegenüber Michael Tagliacozzo, 22. Juni 1944, AMT.

[57] Aussage von Padre Anselmo Padovani, undatiert, CAR. Als ich San Bonaventura 1975 besuchte, notierte ich mir, dass die Pater Kontakt zu einem Untersekretär der Italienischen Sozialrepublik hatten.
[58] Vgl. Falifigli 2005, S. 142.
[59] Gespräch des Autors mit Giovanna Caracciolo, Juli 2007.
[60] Schreiben von Don Orione, 4. August 1939, zitiert in Marchi/Peloso 2003, S. 76. Vgl. Piccinini 1956.
[61] Der Chronist hielt fest, dass im Seminar etwa 50 evakuierte Salesianer und neun Josephiten untergebracht waren. Dem Rektor half Padre Delaire. Vgl. Jacques Martin, *Le Père Jean Delaire (1890–1972),* Toulouse o.D. [1972], Archive du Séminaire Pontifical Français, b. D, 17 B; Barré 1955.
[62] Eintrag vom 5. Juni 1944, *Journal de la Communauté du Séminaire Pontifical Français*, Archive du Séminaire Pontifical Français, b. K, 1.12.
[63] *Lettre Sionienne de la maison de Rome*, Januar 1940 – Juni 1946, Archivio della Congregazione delle Suore di Sion.

Kapitel II

[1] Notiz von Michael Tagliacozzo, 9. Oktober 2007, AMT. Gespräch des Autors mit Tagliacozzo.
[2] Barozzi 1998, S. 142.
[3] *Diario del Seminario Lombardo*, 16. März 1944, ASL, Rom, b. Periodo clandestino.
[4] Palazzini 1995, S. 14. Pietro Kardinal Palazzini hat den Vorfall in einem Gespräch mit dem Autor geschildert.
[5] Barozzi 1998, S. 128.
[6] Angelini 2004, S. 54.
[7] Vgl. Riccardi 1979, S. 286.
[8] Ripa di Meana 2000, S. 69.
[9] Vgl. Forcella 1999, S. 127.
[10] Vgl. Tagliacozzo 2004, S. 241.
[11] Czech 1989, S. 636.
[12] Vgl. Riccardi 1977.
[13] Die Gespräche mit Mons. Caraffa waren sehr aufschlussreich. Bei einem war auch Mons. Righini anwesend.
[14] Diese Untersuchungen zur „römischen Partei" um Ronca flossen ein in Riccardi 2007, vgl. bes. S. 269ff. Als ich mich am 26. September 1976 mit Ronca unterhielt, berichtete er mir ausführlich von seinen Aktivitäten während des Krieges und in der Nachkriegszeit.
[15] Vgl. Dalla Torre 1975, S. 145.
[16] Benzoni 1985, S. 188.
[17] Gespräch des Autors mit Luigi Francia, 20. März 1982. Vgl. Gaspari 1999, S. 45.

[18] Bonomi 1947, S. 131.
[19] Vgl. Carandini Albertini 1997, S. 56; Benzoni 1985, S. 191.
[20] „Lista di richiedenti ospitalità con i presentanti", 15. Januar 1944, ASRM, SU, cartella 16 B.
[21] Gabellini 1992, S. 28.
[22] Bonomi 1947, S. 129.
[23] Vgl. Israel/Nastasi 1998.
[24] Giangiacomo Feltrinelli (1926–1972), bedeutender italienischer Verleger und Politiker, nach dem Krieg Mitglied der Kommunistischen Partei Italiens (Anm. der Übersetzerin).
[25] Grandi 2000, S. 113.
[26] Palazzini 1995, S. 24.
[27] Sorani 1983, S. 16.
[28] Tageszeitung der italienischen Linken, von 1924 bis 1991 offizielles Sprachrohr der Kommunistischen Partei Italiens (Anm. der Übersetzerin).
[29] Vgl. Tagliacozzo 1998, S. 281 ff.
[30] Stille 1994, S. 247.
[31] Michael Tagliacozzo, *Affidavit*, 18. August 1998, AMT.
[32] Diese teilte mir Michael Tagliacozzo mit.
[33] Gabellini 1992, S. 37.
[34] Vgl. auch Forcella 1999, S. 121.
[35] Bonomi 1947, S. 144–145.
[36] Gabellini 1992, S. 41.
[37] „per corrispondere", undatiert, ASRM, SU cartella 16 B.
[38] Notiz von Mons. Ronca, undatiert (aber aus der Zeit der Besatzung), ASRM, SU, cartella 16 B.
[39] Gabellini 1992, S. 31.
[40] Notiz von Mons. Ronca, undatiert (aber aus der Zeit der Besatzung), ASRM, SU, cartella 16 B.
[41] Vgl. Nenni 1982.

Kapitel III

[1] *Inter Arma Caritas* 2004, Bd. 2, S. 631–632.
[2] Vgl. Riccardi 1977, S. 126 und „Notes de Mgr Ronca", 6. Februar 1944, in ADSS X, S. 110.
[3] Handschriftliche Notiz von Mons. Caraffa, ASRM, SU, cartella 16 B.
[4] „Notes de Mgr Ronca", undatiert, in ADSS X, S. 111.
[5] Badalà 1994.
[6] Memorandum von Pietro Kardinal Palazzini, unveröffentlicht, 1975, CAR.
[7] Vgl. Piscitelli 1965.
[8] Giovannino Guareschi (1908–1968), italienischer Journalist und Schriftsteller,

u. a. Autor der Romane um Don Camillo und Peppone. Er wurde 1954 wegen Beleidigung verurteilt, nachdem er zwei Alcide De Gasperi zugeschriebene Briefe veröffentlicht hatte, in denen dieser das englische Militärkommando dazu aufforderte, die Peripherie Roms zu bombardieren, um „den letzten moralischen Widerstand" der Bevölkerung zu brechen (Anm. der Übersetzerin).

9 Castelli 1959, S. 174.

10 Memorandum von Pietro Kardinal Palazzini, unveröffentlicht, 1975, CAR.

11 Piscitelli 1965, S. 363; vgl. „Notes de la Secrétairerie d'Etat", 3., 4. und 5. Juni 1944, in ADSS XI, S. 354.

12 Bonomi 1947, S. 192.

13 Moellhausen 1949.

14 Castelli 1959, S. 174.

15 „Notes de la Secrétairerie d'Etat", 30. April 1944, in ADSS X, S. 251.

16 Memorandum von Pietro Kardinal Palazzini, unveröffentlicht, 1975, CAR.

17 Castelli 1959, S. 174.

18 Memorandum von Pietro Kardinal Palazzini, unveröffentlicht, 1975, CAR. Vgl. Palazzini 1995, S. 39.

19 Castelli 1959, S. xxviii.

20 Palazzini 1995, S. 19. Vgl. Memorandum von Pietro Kardinal Palazzini, unveröffentlicht, 1975, CAR.

21 Notiz von Mons. Caraffa über Ruffini, undatiert; Schreiben von Mons. Centoz (mit der Bitte, es zu vernichten), undatiert; Schreiben von Ottaviani, 24. April 1944; Schreiben von Kardinal Pizzardo, undatiert, ASRM, SU, cartella 16 B, b. 5.

22 Notizen, undatiert, ASRM, SU, cartella 16 B.

23 FUCI = „Federazione Universitaria Cattolica Italiana", italienischer katholischer Studentenverband (Anm. der Übersetzerin).

24 Vgl. Riccardi 1983, S. 252 ff.

25 Notiz von Mons. Ronca, 25. September 1943, ASRM, SU, cartella 16 B. Zum Eintritt der beiden Erstgenannten liegen unterschiedliche Datumsangaben vor.

26 Notiz von Mons. Ronca, 25. Oktober 1943, ASRM, SU, cartella 16 B, b. 3.

27 Loparco 2004, S. 208.

28 Antonazzi 1983, S. 187.

29 Notiz von Mons. Ronca, 24. Oktober 1943, ASRM, SU, cartella 16 B, b. 3.

30 Schreiben von Mons. Ronca, 11. Dezember 1943, ASRM, SU, cartella 16 B, b. 10.

31 Gespräch zwischen Kardinal Traglia und Mons. Venier, Transkription und Tonband in CAR.

32 „Radiomessaggio di Sua Santità Pio XII. ai popoli del mondo intero", 24. Dezember 1943, https://w2.vatican.va/content/pius-xii/it/speeches/1943/documents/hf_p-xii_spe_19431224_radiom-natalizio-popoli.html.

33 Notiz von Mons. Ronca, undatiert, ASRM, SU, cartella 16 B.

34 Venier 1972, S. 22.

35 Barozzi 1998, S. 137.

36 Aussage von Sergio Frassineti, 21. März 2007, CAR.

[37] Barozzi 1998, S. 135.
[38] Trabucco o. J., S. 153.
[39] Costantini 1954, S. 275.
[40] Antonazzi 1983, S. 212.
[41] Schreiben vom März 1943, ASRM, SU, cartella 16 B.
[42] Vgl. „Notes de la Secrétairerie d'Etat", 21. Februar 1943 und 13. Mai 1944, in ADSS X, S. 149 und S. 269.
[43] Notiz von Mons. Brini, undatiert, und weitere Dokumente von Ronca und Caraffa, ASRM, SU, cartella 16 B, b. 3.
[44] Schreiben von Ronca an das Staatssekretariat, 21. Januar 1944, ASRM, SU, cartella 16 B.
[45] Badalà 1994, S. 44.
[46] „Notes de Mgr Ronca", 6. Februar 1944, in ADSS X, S. 109.
[47] Vgl. Fornasari/Maselli 1986, S. 114, S. 119.
[48] Bonomi 1947, S. 190.
[49] Venier 1972, S. 41–42.
[50] Bonomi 1947, S. 191.
[51] „Notes de la Secrétairerie d'Etat", 3., 4. und 5. Juni 1944, in ADSS XI, S. 356.

Kapitel IV

[1] Josef Müller (1898–1979), auch bekannt als „der Ochsensepp", war während des Krieges im katholischen Widerstand aktiv, wurde 1943 von der Gestapo verhaftet und kam ins KZ Buchenwald; nach 1945 Mitbegründer und erster Vorsitzender der CSU (Anm. der Übersetzerin).
[2] Chadwick 1988, S. 86. Vgl. auch Bernabei 1991.
[3] Vgl. Frassati 1985, S. 251.
[4] Von Hessen 1994, S. 154–166.
[5] Carandini Albertini 1997, S. 79.
[6] Antonazzi 1983, S. 139.
[7] Gessi 1945, S. 11 ff.
[8] Vgl. Alvarez/Graham 2003, S. 73.
[9] Vgl. Jedin 1984, S. 123 f.
[10] Vgl. Alvarez/Graham 2003, S. 113, Anm. 16.
[11] Zu Schwester Pascalina vgl. Schad 2007 sowie eine etwas andere Darstellung bei Arlington/Murphy 1983.
[12] Vgl. Jedin 1984, S. 120. Sehr aufschlussreich war auch das, was mir Eva Maria Jung Inglessis bei diversen Gesprächen in den Jahren 2000–2004 über das Leben im Vatikan erzählte.
[13] Tittmann 2004, S. 93.
[14] Carandini Albertini 1997, S. 78–79.
[15] Osio Nogara 1989, S. 113.

[16] Gespräch zwischen Pater Leiber und Eva Maria Jung Inglessis, Niederschrift, CAR. Vgl. hierzu auch Robert Leiber, „Pio XII e gli ebrei di Roma 1943–1944", in *La Civiltà Cattolica* 1 (1961), S. 449–458.

[17] Vgl. Bergonzini 1964, S. 112–114. Ebenso in Paolo Dezza, „Si lamentano che il papa non parla, ma il papa non può parlare", in *L'Osservatore Romano della Domenica*, 28. Juni 1964, S. 68–69.

[18] Vgl. Lapide 1967, S. 94; Ripa di Meana 2000, S. 97.

[19] „Notes de la Secrétairerie d'Etat", 2. Juni 1944, in ADSS X, S. 300.

[20] Vgl. Sale 2004, S. 199.

[21] Cavigioli 1939, S. 484–485.

[22] „Notes de Mgr Tardini", 13. Februar 1944, in ADSS X, S. 129.

[23] Kongregation für die Selig- und Heiligsprechungsprozesse 1999, Bd. 1, S. 150.

[24] Vgl. Poulat 1969; Poulat 1977.

[25] Vgl. Scottà 1997, Bd. 1, S. 451.

[26] Tornielli 2007, S. 411. Auf Geheiß des CLN wurden Carlo und Giulio Pacelli nach der Befreiung Roms geehrt.

[27] „Notizie fiduciarie", 31. März 1942 und 13. April 1942, ACS, Dir. Gen. PS, AAGGRR (1903–1949), cat. A5, b. 13.

[28] Dalla Torre 1975, S. 194.

[29] Vgl. Alvarez/Graham 2005, S. 133.

[30] Vgl. Forcella 1999; Osio Nogara 1989, S. 108; Ripa di Meana 2000, S. 71.

[31] Vgl. Gasbarri 1984, S. 123 ff.; Alvarez/Graham 2005, S. 134.

[32] Der Generalsuperior der Steyler Missionare berichtete, in seiner Gemeinschaft könne sich niemand mehr daran erinnern, ob man damals für die Juden aktiv geworden sei. Er glaubte sich daran zu erinnern, dass ein Steyler Missionar, Pater Michael Schlien, der im Lateranmuseum gearbeitet hatte, involviert gewesen sei; man sagte, dass im Museum Juden versteckt wurden (Schreiben vom 19. Juli 2005). Die Frati Bigi (auch Frati della Carità genannt), deren Generalat in der Via Manzoni war, wurden später aufgelöst, weshalb man heute nichts über einen etwaigen Einsatz im Untergrund weiß. Den Memoiren von Angelo Piperno ist zu entnehmen, dass ein paar junge jüdische Männer von Januar bis März 1944 bei den Frati Bigi untergebracht waren, sie dann aber wegen einer Polizeiinspektion verließen. Vgl. Piperno 1984, Bd. 2, S. 9–11.

[33] Carandini Albertini 1997, S. 90–91.

[34] Trabucco o. J., S. 189; Rigano 2006, S. 256 Anm. 33.

[35] Riccardi 1979, S. 232.

[36] „Notes de la Secrétairerie d'Etat", 23. Oktober 1943, in ADSS IX, S. 518.

[37] Jedin 1984, S. 131.

[38] Chenaux 2003a.

[39] Alvarez/Graham 2005.

[40] Vgl. Godman 2004, S. 246 f.; Sale 2004.

[41] Hudal 1976, S. 201–202, S. 214–217.

[42] Godman 2004, S. 247; Lehnert 1985, S. 127.

43 Tittmann 2004, S. 187.
44 „Notes de Mgr Montini", 16. September 1943, in ADSS VII, S. 628.
45 29. Oktober 1943, TNA, Foreign Office (FO), Political Department, 371/37571/40. Zu Osborne vgl. Chadwick 2007, S. 400 und 392.
46 Kappler nach Berlin, 19. September 1943, NARA, OSS RG 226, entry 122, box 1, Dok. 1616 GMT.
47 Antonazzi 1983, S. 137.
48 Ripa di Meana 2000, S. 184.
49 Raganella 2000, S. 216.
50 Antonazzi 1983, S. 141.
51 Raganella 2000, S. 135, S. 216, S. 281.
52 Vgl. Derry 1960; Gasbarri 1984, S. 163.
53 Jedin 1984, S. 122.
54 Vgl. Gallagher 1973, S. 166; Jedin 1984, S. 125.
55 Motto 2000, S. 42.
56 Kappler nach Berlin, 19. Oktober 1943, NARA, OSS RG 226, entry 122, box 1, n. 2100 GMT.
57 Vgl. Marchione 1999, S. 93. Dass O'Flaherty sich für die Juden einsetzte, geht zum Beispiel aus einem Schreiben von Ines Ghiron hervor, die er in einem Kloster der kanadischen Schwestern in Monteverde untergebracht hatte (wo außer ihr auch weitere Jüdinnen waren).
58 Vgl. Griner 2000, S. 107, S. 357. Delfina Audenino arbeitete mit O'Flaherty zusammen und versteckte in ihrem Haus alliierte Soldaten. Die „Banda Koch" kam ihr auf die Spur, plünderte ihre Wohnung und misshandelte sie (vgl. ibid., S. 321).
59 Bericht über die „Banda Koch", 8. April 1944, INSMLI, Fondo CVL, b. 160, f. 498/a.
60 Ibid., b. 107.
61 Ibid., b. 20, f. 29.
62 Vgl. Griner 2000, S. 127–128; Trevelyan 1981, S. 304 f.; Gallagher 1973, S. 170.
63 Chadwick 2007, S. 240–241.
64 Alessandroni 2009. Laut Alessandroni behaupteten einige Zeitzeugen, dass es in San Giuseppe einen Fluchtweg gegeben habe. Die Guanelliani halfen demnach den Verfolgten, die Stadt zu verlassen. Ich danke Rosanna Alessandroni für diese Information.
65 Carandini Albertini 1997, S. 46. Dies geschah am 1. Oktober 1943.
66 „Notes de la Secrétairerie d'Etat", 16. März 1944, in ADSS X, S. 178.
67 „Notes de la Secrétairerie d'Etat", 26. Februar 1944, in ADSS X, S. 153–154.
68 „La Secrétairerie d'Etat à l'Ambassade d'Allemagne", 25. Februar 1944, in ADSS X, S. 152. Vgl. auch „Notes de Mgr Montini", 14. Januar 1944, in ADSS XI, S. 93–94.
69 Chadwick 1988, S. 94, S. 268.
70 „Notes de Mgr Tardini", 18. Februar 1944, in ADSS XI, S. 147.
71 „La Secrétairerie d'Etat à l'Ambassade d'Allemagne", 25. Februar 1944, in ADSS X, S. 152.

72 „Notes de la Secrétairerie d'Etat", 29. Dezember 1943, in ADSS IX, S. 631.

Kapitel V

1 „Notes du cardinal Maglione", 20. Dezember 1943, in ADSS IX, S. 611.
2 Giovanni Battista Montini, „Pius XII. and the Jews", in *The Tablet*, 29. Juni 1963, S. 18; nachgedruckt in Bentley 1964, S. 66–69. Vgl. auch Feldkamp 2000, S. 182 f.
3 Vgl. Graham 1984, S. 265–273.
4 Adleman/Walton 1968, S. 194.
5 Portelli 1999, S. 113.
6 Vgl. Graham 1975, S. 142.
7 Vgl. Morpurgo 1946, S. 8.
8 Friedländer 1965, p. 142.
9 Priebke 2003, S. 130.
10 Vgl. Alvarez/Graham 1997, S. 174.
11 Telegramm des Bischofs von Ljubljana, 9. September 1941, ACS, Min. Int., Dir. Gen. PS., A 16, ebrei stranieri, b. 11.
12 Chadwick 1988, S. 168, S. 172.
13 Alvarez/Graham 1997, S. 152; Chadwick 1988, S. 168 ff.
14 Vgl. Giovannetti 1962, S. 162.
15 Kappler nach Berlin, 20. September 1943, NARA, RG, 226, entry 122, box 1, n. 1245 GMT.
16 Vgl. Jedin 1987, S. 120.
17 Kappler nach Berlin, 20. September 1943, NARA, RG, 226, entry 122, box 1, n. 1245 GMT.
18 „Notes de Mgr Montini", 14. November 1944, in ADSS VII, S. 703.
19 Osio Nogara 1989, S. 106.
20 „Le cardinal Maglione au délegué apostolique à Washington Cicognani", 16. November 1943, in ADSS VII, S. 704–705. Auch Tardini glaubte, dass es die Faschisten gewesen waren.
21 Vgl. Giovannetti 1962, S. 182.
22 Vgl. Gentiloni Silveri/Carli 2007; Castelli 1959, S. 173 ff.; Giovannetti 1962, S. 228 ff.
23 Vgl. A. Osio Nogara 1989, S. 121.
24 „Notes de la Secrétairerie d'Etat", 4. März 1944, in ADSS XI, S. 188; „La Secrétairerie d'Etat à l'Ambassade d'Allemagne, à la Légation de Grande Bretagne et à Mr Tittmann", 7. März 1944, in ADSS IX, S. 193.
25 Chadwick 1988, S. 259.
26 „Notes de la Secrétairerie d'Etat", 1. Oktober 1943, in ADSS IX, S. 495.
27 Osborne nach London, 13. September 1943, TNA, FO 371/37571/6.
28 Jedin 1984, S. 120.
29 „Notes de la Secrétairerie d'Etat", 20. Dezember 1943, in ADSS IX, S. 612.

[30] Kongregation für die Selig- und Heiligsprechungsprozesse 1999, Bd. 2, S. 831.
[31] Vgl. Klinkhammer 1993, S. 540; Gasbarri 1984, S. 70 ff.; Graham 1975, S. 101 ff.
[32] Tittmann 2004, S. 185 f.
[33] „Notes du cardinal Maglione", 16. September 1943, in ADSS VII, S. 626.
[34] Abgefangene Mitteilung, Antonio Faria Carneiro Pacheco nach Lissabon, 5. Dezember 1943, TNA, PRO, HW 12/295.
[35] Angelozzi Gariboldi 1988, S. 206.
[36] Riccardi 1979, S. 275 ff.
[37] Dollmann 2002, S. 204. Zur verhinderten Entführung des Papstes und der Rolle, die Wolff dabei spielte, vgl. Gariboldi 1988, S. 193–224.
[38] Kappler nach Berlin, 7. Oktober 1943, NARA, RG, 226, entry 122, box 1, n. 1708 GMT. Aus den abgefangenen Dokumenten geht hervor, dass unter den Deutschen in Rom das Gerücht umging, der Papst sei mit einer Verlegung des Vatikans nach Liechtenstein einverstanden – was jedoch Kappler und von Weizsäcker vehement dementierten.
[39] „Notes de la Secrétairerie d'Etat", 18. September 1943, in ADSS IX, S. 483.
[40] „Notes de Mgr Montini", 10. September 1943, in ADSS VII, S. 619.
[41] „Notes de Mgr Montini", 13. September 1943, in ADSS VII, S. 623.
[42] „Notes du cardinal Maglione", 20. September 1943, in ADSS VII, S. 632 ff.
[43] Ripa di Meana 2000, S. 34. Vgl. auch Giovannetti 1962, S. 163–164.
[44] „Notes du cardinal Maglione", 9. Oktober 1943, in ADSS VII, S. 664.
[45] „Notes de Mgr Montini", 10. Oktober 1943, in ADSS VII, S. 665.
[46] „Notes de Mgr Tardini", 12. Oktober 1943, in ADSS VII, S. 669–670.
[47] „Notes de la Secrétairerie d'Etat", 27. September 1943, in ADSS IX, S. 491, S. 494.
[48] „Notes de la Secrétairerie d'Etat", 1. Oktober 1943, in ADSS IX, S. 495.
[49] „Notes de Mgr Montini", 1. Oktober 1943, in ADSS IX, S. 496.
[50] „Notes de la Secrétairerie d'Etat", 17. Oktober 1943, in ADSS IX, S. 511–512.
[51] Ibid. Eine Kopie des Briefes, den die genannten römischen Juden am 17. Oktober 1943 an Pius XII. adressierten, wurde mir freundlicherweise von der Zweiten Sektion des Staatssekretariats zur Verfügung gestellt.
[52] „La Secrétairerie d'Etat à l'Ambassade d'Allemagne", 18., 22. und 23. Oktober 1943, in ADSS IX, S. 513, 517, 521.
[53] Vgl. Israel/Nastasi 1998, S. 355.
[54] Schreiben von Tacchi Venturi an Buffarini Guidi, 4. Oktober 1941 in ACS, Min. Int., Dir. gen. PS, A 16 ebrei stranieri, b. 11.
[55] „Le père Tacchi Venturi au cardinal Maglione", 25. Oktober 1943, in ADSS IX, S. 526.
[56] Vgl. „Notes du cardinal Maglione", 20. Dezember 1943, in ADSS IX, S. 611; „Notes de Mgr Montini", 1. November 1943, ibid., S. 538; „Le cardinal Maglione à l'ambassadeur d'Allemagne von Weizsäcker", 16. November 1943, ibid., S. 549; „La Secrétairerie d'Etat à l'Ambassade d'Allemagne", 12. November 1943, ibid., S. 554 und „Notes de la Secrétairerie d'Etat", 15. November 1943, ibid., S. 559. Vgl. auch „La

Secrétairerie d'Etat à la Mission Catholique Suisse", 8. Februar 1944, in ADSS X, S. 119.

57 *Inter Arma Caritas* 2004, Bd. 2, S. 703–704.

58 „Mgr Montini à Mgr Traglia", 21. März 1944, in ADSS X, S. 186–187.

59 „Notes de la Secrétairerie d'Etat", 25. Oktober 1943, in ADSS IX, S. 524.

60 Gespräch des Autors mit dem Pallottinerpater Giancarlo Centioni. Der Ordensmann, der mit Faschisten verkehrte und auch Kontakt zu deutschen Offizieren hatte, fragte Kappler nach dem Massaker in den Ardeatinischen Höhlen, warum kein Priester den Verurteilten die Tröstungen der Kirche habe spenden dürfen. Dieser erwiderte ihm, ein „badoglianischer" Priester sei sehr wohl dort gewesen (er meinte Don Pappagallo); wenn außerdem Priester gekommen wären, hätten sie das Massaker nicht überlebt, weil keine italienischen Zeugen die Höhlen lebend verlassen sollten. Padre Centioni erinnerte sich auch daran, dass er Kappler nach dem Krieg sah, als er bereits in der Forte Boccea inhaftiert war: Er bat ihn um theologische Texte in deutscher Sprache und konvertierte schließlich zum Katholizismus (nachdem das Heilige Offizium einer Abjuration zugestimmt hatte).

61 „Notes de Mgr Montini", 30. Oktober 1943, in ADSS IX, S. 537.

62 „M. Panzieri au pape Pie XII", 27. Oktober 1943, in ADSS IX, S. 529. Vgl. Impagliazzo 1997, S. 27–28; Rigano 2006.

63 „Le sénateur Bergamini à la Secrétairerie d'Etat", 1. März 1944, in ADSS X, S. 163.

64 Lavagnino 2006, S. 36. Vgl. Emilio Lavagnino, „Diario di un salvataggio artistico", in *Nuova Antologia*, fasc. 2084 (1974), S. 509–547. Siehe auch „Quadri delle chiese di Fondi ospiti in Vaticano", in *Ecclesia* 7 (1944), S. 27–28, und „Migliaia di opere d'arte rifugiate in Vaticano", in *Strenna dei Romanisti* (1946), S. 82–88.

65 Gaspari 1999, S. 28–29.

66 „L'ambassadeur d'Allemagne von Weizsäcker au cardinal Maglione", 17. Februar 1944, in ADSS XI, S. 145.

67 Im lateinischen Kirchenrecht unterscheidet man zwei Formen, wie eine Strafe (so etwa eine Exkommunikation) wirksam wird: die *„poena latae sententiae"* (die Tatstrafe) und die *„poena ferendae sententiae"* (die Urteilsstrafe). Erstere tritt, beispielsweise bei einer Häresie, ipso facto ein, wohingegen letztere individuell geprüft und verhängt werden muss (Anm. der Übersetzerin).

68 Kopie des Dokuments, CAR.

69 Vgl. Schneider 1968, S. 56.

70 Carroll-Abbing 1952, S. 82. Vgl. auch Giovannetti 1962, S. 207.

71 Abgefangene Mitteilung, Rom nach Berlin, 28. April 1944, TNA, PRO, 10199, HW/243.

72 „Le cardinal Maglione au délégué apostolique à Washington Cicognani", 10. Februar 1944, in ADSS X, S. 121.

73 Costantini 1954, S. 279.

74 Cavaterra 1990, S. 45. Vgl. Sale 2004, S. 199 Anm. 29. Ottiavianis Wortspiel lässt sich leider nicht ins Deutsche übertragen. Denn der Assessor schrieb nicht „Gli

uni e gli altri“ (die einen wie die anderen), sondern „Gli Unni e altri“, was auf Deutsch so viel wie „Die Hunnen wie die anderen“ bedeutet: Im Italienischen werden die Deutschen pejorativ als Hunnen bezeichnet (Anm. der Übersetzerin).

75 Antonazzi 1983, S. 206.

76 Chadwick 2007, S. 430–431.

77 Kopie des Dokuments, CAR.

Kapitel VI

1 Loy 1998, S. 152 f.

2 Nissim 1998; Eschenazi/Nissim 1995.

3 Trabucco o. D., S. 49.

4 Ripa di Meana 2000, S. 187–189.

5 Vgl. Graham 1975, S. 66–67; Rossi-Espagnet Biondi 1957, S. 141–142.

6 Archivio Storico della Comunità Ebraica di Roma 2006, S. 54.

7 Biffi 1997, passim.

8 „Notes du cardinal Maglione“, 16. Oktober 1943, in ADSS IX, S. 506.

9 Kongregation für die Selig- und Heiligsprechungsprozesse 1999, Bd. 2, S. 826.

10 „Notes de la Secrétairerie d'Etat“, 7. Januar 1944, in ADSS X, S. 69.

11 Aussage von Giulio Andreotti, 25. Mai 1994, ACCER. Vgl. „La Secrétairerie d'Etat à l'Ambassade d'Allemagne“, 29. Januar 1944, in ADSS X, S. 102–103.

12 Kappler nach Berlin, 3. Dezember 1943, TNA, PRO, HW 19/240, Dok. 8722.

13 Graham 1975, S. 60.

14 Chadwick 1988, S. 276.

15 Weizsäcker 1950, S. 354, 361, 362.

16 Unveröffentlichter Text von George Mosse zitiert in Gentile 2007, S. 17–18.

17 „Notes de la Secrétairerie d'Etat“, 15. April 1944, und „Notes de Mgr Tardini“, 22. April 1944, in ADSS X, S. 216, 232.

18 Vgl. Longerich 2005.

19 Klinkhammer 1993, S. 128.

20 Moellhausen 1949, S. 139 f. Vgl. auch Archivio Storico della Comunità Ebraica di Roma 2006; Tagliacozzo 1970.

21 Archivio Storico della Comunità Ebraica di Roma 2006, S. 36.

22 Vgl. Hilberg 1982, S. 447.

23 Interview mit Nikolaus Kunkel, „La maggior parte degli ebrei residenti a Roma si salvarono“, in *L'Osservatore Romano*, 8. Dezember 2000, S. 9. Vgl. Hilberg 1982, S. 462 f.; Katz 2006, S. 430 Anm. 17.

24 Vgl. Archivio Storico della Comunità Ebraica di Roma 2006.

25 NARA, Inland II Geheim, Documents of the German Foreign Ministry, 1920–45, microcopy T-120, roll 4353, Dok. E421514, zitiert in Katz 2006, S. 137.

26 „Mgr Hudal au général Stahel“, 16. Oktober 1943, in ADSS IX, S. 509.

27 Hudal 1976, S. 213–214.

28 Friedländer 1965, S. 144.
29 Schreiben vom 20. Oktober 1943, in Hill 1974, S. 354.
30 Abgefangene Mitteilung, T. J. Kiernan nach Dublin, 24. Oktober 1943, TNA, PRO, HW 12/293.
31 Osborne nach London, 31. Oktober 1943, TNA, PRO, FO 371/37255/19. Vgl. auch „Notes du cardinal Maglione", 16. Oktober 1943, in ADSS IX, S. 506; Chadwick 2007, S. 434.
32 „Mgr Hudal au général Stahel", 16. Oktober 1943, in ADSS IX, S. 510, Anm. 4.
33 „Relazione introduttiva del Procuratore generale di Stato, Gideon Hausner, al processo Eichmann, Gerusalemme", 17., 18. April 1961. Dieses Dokument wurde mir freundlicherweise von Michael Tagliacozzo zur Verfügung gestellt.
34 Picciotto Fargion 1991, S. 882, spricht von 1.023 Deportierten. Bei Archivio Storico della Comunità Ebraica di Roma 2006, S. 46–47 ist von 1.016 Deportierten die Rede.
35 Picciotto Fargion 1979, S. 179.
36 Forcella 1999, S. 98, S. 107; vgl. auch Graham 1975, S. 77–78.
37 Kappler nach Berlin, 17. Oktober 1943, BArch, NS 19/1880, fol. 112, zitiert in Kühlwein 2013, S. 254.
38 Verhör Herbert Kapplers während des Untersuchungsverfahrens im Rahmen des Prozesses gegen ihn, 20. und 28. August 1947, in Tribunale militare territoriale di Roma, Processo Kappler, b. 1077, p. 72.
39 17. Oktober 1943, Kriegstagebuch des deutschen Kommandanten von Rom, 10. September 1943 – 31. Dezember 1943, in Bundesarchiv – Militärarchiv Freiburg, RH 34/265, S. 104. Angegeben wird hier und im Folgenden die mit Schablone (oder Stempel?) angebrachte Blattzählung, nicht die hs. Zählung.
40 Ripa di Meana 2000, S. 55.
41 Aussagen in Barozzi 1998, S. 96–98.
42 Palazzini 1995, S. 67–72.
43 Archivio Storico della Comunità Ebraica di Roma 2006, S. 32, S. 37.
44 Vgl. Falifigli 2005, S. 70.
45 Aussage von Sergio Frassineti, 21. März 2007, CAR.
46 Riccardi 1977, S. 105.
47 Modigliani 1984, S. 17.
48 Aussage von Roberto Spizzichino in Barozzi 1998, S. 103.
49 Vgl. Tornielli 2007, S. 421.
50 *L'Osservatore Romano*, 25., 26. Oktober 1943.
51 ADAP, E, Bd. 7, S. 130f. zitiert in Feldkamp, S. 152. Auch zitiert in Picciotto Fargion 1991, S. 883–884 und in Tagliacozzo 1963, S. 31. Vgl. auch Katz 2006, S. 146.
52 Osborne nach London, [29.] Oktober 1943, PRO, HW 12/293.
53 Dokument in CAR.

Anmerkungen

Kapitel VII

1 Archivio dell'Istituto delle suore di Maria Bambina.
2 „Relazione della superiora provinciale, suor Giovannina Venturi", 25. Oktober 1943, ibid.
3 Tagliacozzo 1984, S. 24.
4 Vgl. Bottai 1997, S. 134–135.
5 Cianfrocca 2002, S. 55.
6 Benzoni 1985, S. 204.
7 Aus dem Vatikan, 25. Oktober 1943, Archivio della Casa Generalizia dei Pallottini, b. tutela proprietà 1943.
8 Jedin 1984, S. 121.
9 „Notes de la Secrétairerie d'Etat", 23. Oktober 1943, in ADSS IX, S. 518 Anm. 3, S. 158.
10 Riccardi 1979, S. 240.
11 Vgl. Picciaredda 2003, S. 172.
12 „Notes de Mgr Montini", 25. Oktober 1943, in ADSS IX, S. 524.
13 16. Oktober 1943, Kriegstagebuch des deutschen Kommandanten von Rom, a. a. O., S. 101–102; vgl. Hilberg 1982, S. 463.
14 „Notes de la Secrétairerie d'Etat", 25. Oktober 1943, in ADSS IX, S. 524.
15 „Notes de la Secrétairerie d'Etat", 11. März 1944, in ADSS X, S. 174.
16 Fornasari/Maselli 1986, S. 122.
17 Einen Überblick über die deutschen Dienststellen in Italien bietet Hilberg 1982, S. 460 f.
18 Siehe auch „Notes de Mgr Montini", 18. April 1944, in ADSS X, S. 220.
19 Chadwick 1998, S. 287.
20 Moellhausen 1949, S. 99.
21 „Le p. Pfeiffer et l'ing. Galeazzi au cardinal Maglione", 27. Februar 1944, in ADSS X, S. 155 ff.
22 „Notes du Governatorato de la Cité du Vatican", 14. Dezember 1943, in ADSS IX, S. 599.
23 27. Oktober 1943, Kriegstagebuch des deutschen Kommandanten von Rom, a. a. O., S. 137.
24 Vgl. Katz 2003, S. 107.
25 Osborne nach London, 29. Oktober 1943, TNA, PRO, FO 371/37571/40.
26 „Notes de Mgr Montini", 16. September 1943, in ADSS VII, S. 627.
27 Vgl. Moellhausen 1948, S. 124 ff.
28 23. Oktober 1943, Kriegstagebuch des deutschen Kommandanten von Rom. a. a. O., S. 123.
29 Dokument vom 14. Oktober 1943 zitiert bei Giovannetti 1962, S. 176. Wo das Dokument in deutscher Sprache abgelegt wurde, ist nicht bekannt. Daher musste es aus dem Italienischen rückübersetzt werden (Anm. der Übersetzerin).
30 Weizsäcker 1950, S. 361.

[31] FRUS, 1943, Bd. 2 (Europe), S. 950, teilweise zitiert in Katz 2003, S. 144.
[32] 24. Oktober 1943, Kriegstagebuch des deutschen Kommandanten von Rom, a. a. O., S. 127.
[33] Trabucco o. D., S. 64–65.
[34] Dies schildert auch Dollmann 2002, S. S. 219.
[35] 24. Oktober 1943, Kriegstagebuch des deutschen Kommandanten von Rom, a. a. O., S. 128–129.
[36] Vgl. Jedin 1984, S. 128.
[37] 11. Oktober 1943, Kriegstagebuch des deutschen Kommandanten von Rom, a. a. O., S. 85. Vgl. auch Chabod 1961, S. 125.
[38] 11. Oktober 1943, Kriegstagebuch des deutschen Kommandanten von Rom, a. a. O.
[39] Gespräch zwischen Kardinal Traglia und Mons. Venier, Transkription und Tonband in CAR.
[40] Hudal 1976, S. 200–201.
[41] Giovannetti 1962, S. 175.
[42] Rom nach Berlin, 1. November 1943, TNA, PRO, 8080 HW19 7239.
[43] „Notes du père Pfeiffer", 5. November 1943, in ADSS IX, S. 546 ff.
[44] Heinemann 2005, S. 741.
[45] Priebke 2003, S. 114–115. Das obige Zitat steht nur in der italienischen Ausgabe der Autobiographie (Priebke 2003a, S. 102), der deutsche Übersetzer hat hier anscheinend einen ganzen Absatz vergessen (Anm. der Übersetzerin).
[46] Trabucco o. J., S. 93.
[47] 29. Oktober 1943, Kriegstagebuch des deutschen Kommandanten von Rom, a. a. O., S. 144.
[48] 27. Oktober 1943, 28. Oktober 1943, 29. Oktober 1943, Kriegstagebuch des deutschen Kommandanten von Rom, a. a. O., S. 103.
[49] Trabucco o. J., S. 233.
[50] Moellhausen 1949.
[51] Barozzi 1998, S. 133. Vgl. De Simone 1994, S. 52.
[52] Vgl. Moellhausen 1949, S. 106. Hudal behauptete, jemand im Vatikan habe seinen Versuch torpediert, ein Treffen Rahns mit Pius XII. zu arrangieren; wahrscheinlich wusste er nicht, dass man schon anderweitig daran arbeitete. Vgl. Hudal 1976, S. 214–215.
[53] Dollmann 1963, S. 210 f. Vgl. auch Dollmann 1968, S. 343. Eine Beurteilung Dollmanns bei Moellhausen 1948, S. 170 ff.
[54] Vgl. Picciaredda 2003, S. 162.
[55] Rom nach Berlin, 26. Oktober 1943, PRO, HW 19/927, Dok. 7927.
[56] Carneiro Pacheco nach Lissabon, 14. Februar 1944, PRO, HW 12/297.
[57] Priebke 2003, S. 124, S. 202.
[58] Weizsäcker 1950, S. 361.
[59] Vgl. Barozzi 1998, S. 136.
[60] „Notes de la Secrétairerie d'Etat", 18. Februar 1944, in ADSS X, S. 135.

[61] Klinkhammer 1993, S. 542 vertritt die These, dass die Faschisten und die Nazis über das, was in Rom passierte, im Bilde waren.
[62] Priebke 2003, S. 124, S. 131.
[63] 1. Mai 1944, *Diario del Seminario Lombardo*, ASL, Rom, Periodo clandestino.
[64] „Notes de Mgr Tardini", 19. Mai 1944, in ADSS X, S. 274.
[65] Bericht von Dr. Reffler, in Bundesarchiv – Militärarchiv Freiburg, RH 31 VI/23, Fiche 5, S. 16.
[66] Bundesarchiv – Militärarchiv Freiburg, RH 31, VI/23, Fiche 4.
[67] Aussage von Fiorenzo Kardinal Angelini gegenüber dem Autor.
[68] „Mgr Marchioni au cardinal Maglione", 18. Oktober 1943, in ADSS VII, S. 675–677.
[69] Osborne nach London, 10. Dezember 1943, TNA, War Office Papers (WO) 220/274.
[70] 11. Oktober 1943, Kriegstagebuch des deutschen Kommandanten von Rom, a. a. O., S. 84–85.
[71] „Notes de Mgr Montini", 19., 20. März 1944, in ADSS X, S. 183; „Notes de la Secrétairerie d'Etat", 25. März 1944, ibid., S. 190.
[72] Kappler nach Berlin, 5. Oktober 1943, NARA, RG, 226, entry 122, box 1, n. 1111 GMT.
[73] Kappler nach Berlin, 29. September 1943, NARA, RG, 226, entry 122, box 1, n. 0928 GMT.
[74] Kaltenbrunner an Kappler, 11. Oktober 1943, NARA, RG, 226, entry 122, box 1, n. 1902/15 GMT. Zitiert auch in Katz 2003, S. 104–105.

Kapitel VIII

[1] Trabucco o. J., S. 132–133, S. 136.
[2] Di Mario 1999, S. 199–204.
[3] „Diario personale per il centurione Carità, sul fermo dell'Ecc. Mario Caracciolo", zitiert in Griner 2000, S. 86.
[4] Caracciolo di Feroleto 1947, S. 21.
[5] Griner 2000, S. 85–92.
[6] Ibid., S. 312.
[7] Zitiert in Repetto 1963. Eine interessante Aussage, die sich mit dem deckt, was der Papst zu Pater Dezza sagte. Repettos Behauptung, Mons. Montini sei selbst ins Lombardische Priesterseminar gekommen, um eine Verhaftung des Rektors zu verhindern, scheint mir jedoch falsch zu sein.
[8] Riccardi 1977, S. 130.
[9] Trabucco o. J., S. 139 und S. 131.
[10] *Diario del Seminario Lombardo*, ASL, 1944, b. 7, a 83, Periodo clandestino.
[11] Riccardi 1977, S. 108.
[12] *Diario del Seminario Lombardo*, ASL, 1944, b. 7, a 83, Periodo clandestino.

[13] Vgl. Debenedetti 1993.
[14] Verhör von Pietro Koch am 23. Mai 1945, ASM, Corte d'Assise straordinaria, Atti del processo contro la banda Koch, cartella 4, vol. 16.
[15] Priebke 2003, S. 125.
[16] Zeugenaussage von Commissario De Fiore, ASM, Corte d'Assise straordinaria, Atti del processo contro la banda Koch, cartella 6, vol. 35. De Fiores Aussage stimmt nicht in allem damit überein, was im Tagebuch des Seminars festgehalten wurde. Zu unterschiedlichen Perspektiven und Akzentsetzungen musste es wahrscheinlich kommen, weil sich die beiden Augenzeugen zum Zeitpunkt ihrer „Berichterstattung" in ganz verschiedenen Situationen befanden: Dem Commissario war daran gelegen, seine Nichtbeteiligung an dem Vorfall zu betonen, während der Chronist des Seminars unter dem Eindruck des Überfalls für den internen Gebrauch über das dramatische und unvorhergesehene Ereignis berichtete.
[17] Zeugenaussage von De Fiore; Schreiben von Amadio Spizzichino; 21. März 1945; Bericht von De Fiore, 8. Januar 1944, ibid.
[18] Vgl. Picciotto Fargion 1991.
[19] „Le père Herman au cardinal Maglione", 22. Dezember 1943, in ADSS IX, S. 623.
[20] Zeugenaussage von Pater Herman vor dem Hohen Kommissariat zur Verfolgung von Regimeverbrechen, 16. Juli 1945, CAS, Atti del processo contro la banda Koch, cartella 6, vol. 35.
[21] „Notes de la Secrétairerie d'Etat", 23. Dezember 1943, in ADSS IX, S. 627.
[22] „Le père Herman au cardinal Maglione", 22. Dezember 1943, in ADSS IX, S. 626.
[23] Moellhausen 1948, S. 165.
[24] Gespräch des Autors mit Luigi Kardinal Traglia, 22. September 1976.
[25] *L'Osservatore Romano*, 23. Dezember 1943, S. 1–2.
[26] „Le père Herman au cardinal Maglione", 22. Dezember 1943, in ADSS IX, S. 626.
[27] Riccardi 1977, S. 109.
[28] Bericht Kochs an Mälzer, undatiert, INSMLI, Fondo CVL, b. 160, f. 498/a.
[29] Auswärtiges Amt Berlin an alle Vertretungen, 5. Januar 1944, TNA, PRO, HW 12/296, Dok. 126880.
[30] Schreiben vom 26. Dezember 1943, in Hill 1974, S. 361f.
[31] Osio Nogara 1989, S. 111.
[32] Trabucco o. J., S. 48.
[33] „Notes de Mgr Montini", 16. September 1943, in ADSS VII, S. 627.
[34] Trabucco o. J., S. 153.
[35] Gespräch des Autors mit Mons. Cesario D'Amato.
[36] Entwurf, undatiert, AASP.
[37] Di Mario 1999, S. 200.
[38] *Diario del Seminario Lombardo*, 28. April 1944, ASL, b. Periodo clandestino.
[39] Osti Guerrazzi 2005, S. 24.

40 Trabucco o. J., S. 126.

41 „Processo verbale di Troya Epaminonda don Ildefonso", 28. August 1945, ASM, Corte d'Assise straordinaria, Atti del processo contro la banda Koch, cartella S, vol. 27.

42 Vgl. Dordoni 1976, S. 34, S. 103, S. 110.

43 „Processo Koch", INSMLI, Fondo CVL, b. 160, f. 498/a, p. 4.

44 Trabucco o. J., S. 163.

45 „Processo Koch", INSMLI, Fondo CVL, b. 160, f. 498/a, p. 5.

46 Ossicini 1999, S. 159–160.

47 Schreiben von Abt Emanuele Caronti an Marschall Ugo Velli zum Vorfall, 18. April 1945, in „Processo verbale di Troya Epaminonda don Ildefonso", 28. August 1945, ASM, Corte d'Assise straordinaria, Atti del processo contro la banda Koch, cartella S, vol. 27. Zeugenaussage von Marschall Velli zum Vorfall in Subiaco, ibid. Beim Verhör bestritt Epaminonda Troya, in Subiaco nach Flüchtlingen gesucht zu haben, und behauptete, er habe mit dem Marschall nur über andere Dinge gesprochen. Vgl. das Schreiben des Erzbistums Florenz, ASM, Corte d'Assise straordinaria, 11. Februar 1946.

48 Verhör von Pietro Koch, 23. Mai 1945, in Processo contro la banda Koch, ASM, Corte d'Assise straordinaria, cartella 4, vol. 16.

49 Schreiben von Kardinal Maglione an Kardinal Marchetti Selvaggiani, 6. Februar 1944, ASVR, b. Vicariato e la guerra: „[...] infolge des bedauerlichen Vorfalls, zu dem es in der Nacht vom 3. auf den 4. dieses Monats im Kloster Sankt Paul vor den Mauern kam, hat der Heilige Vater die Einrichtung einer Prüfungskommission angeordnet". Schreiben von Mons. Vannucci, Abt von Sankt Paul, an Kardinal Maglione, 13. Februar 1944, in dem er sich zu einer Untersuchung des Vorfalls durch diese Kommission bereit erklärt, AASP, f. Illecito ingresso della polizia italiana.

50 „Relazione intorno ai deplorevoli fatti avvenuti nella zona extraterritoriale della Basilica di S. Paolo nella notte tra il 3 e il 4 febbraio 1944", AASP, ibid.

51 „Notes de la Secrétairerie d'Etat", 4. Februar 1944, in ADSS XI, S. 110.

52 „Processo verbale di Troya Epaminonda don Ildefonso", 28. August 1945, ASM, Corte d'Assise straordinaria, Atti del processo contro la banda Koch, cartella S, vol. 27.

53 „Notes de la Secrétairerie d'Etat", 4. Februar 1944, in ADSS XI, S. 113.

54 Osti Guerrazzi 2005, S. 84–87.

55 „Relazione intorno ai deplorevoli fatti avvenuti nella zona extraterritoriale della Basilica di S. Paolo nella notte tra il 3 e il 4 febbraio 1944", AASP, f. Illecito ingresso della polizia italiana. Der Abt selbst berichtete in der ersten Person.

56 „Relazione di d. Cesario D'Amato", AASP, ibid.

57 „Relazione intorno ai deplorevoli fatti avvenuti nella zona extraterritoriale della Basilica di S. Paolo nella notte tra il 3 e il 4 febbraio 1944", AASP, ibid.

58 „Notes de la Secrétairerie d'Etat", 4. Februar 1944, in ADSS XI, S. 112.

59 Ibid., p. 113.

60 Ripa di Meana 2000, S. 144–145.

61 Alfonsi 1969, S. 8 ff.

62 „Relazione intorno ai deplorevoli fatti avvenuti nella zona extraterritoriale della Basilica di S. Paolo nella notte tra il 3 e il 4 febbraio 1944", AASP, f. Illecito ingresso della polizia italiana.

63 „Notes de la Secrétairerie d'Etat", 4. Februar 1944, in ADSS XI, S. 116–117.

64 „Notes de la Secrétairerie d'Etat", 9., 11. Februar 1944, in ADSS XI, S. 131.

65 „Notes de Mgr. Montini", 4. Februar 1944, ibid., S. 119.

66 „Notes de la Secrétairerie d'Etat", 9., 11. Februar 1944, ibid., S. 132.

67 Lualdi 1982, S. 30.

68 Venier 1972, S. 75–77.

69 Barbato 2004, S. 10.

70 Fornasari/Maselli 1986, S. 113 ff.

71 Alfonsi 1969, S. 20–21; Gutman 2006, S. 124.

72 Aussage von Mario Pace, ACCER, f. „Testimonianze di sopravvissuti alla Shoah".

73 *Il Messaggero*, 7. Februar 1944.

74 *Il Giornale d'Italia*, 10. Februar 1944.

75 *Il Piccolo*, 9., 10. Februar 1944.

76 *Il Messaggero*, 10. Februar 1944.

77 *Il Giornale d'Italia*, 10. Februar 1944.

78 So die Presseagentur „La Corrispondenza", zitiert in Trabucco o. J., S. 157–158.

79 „Notes de Mgr Tardini", 4. Februar 1944, in ADSS XI, S. 118.

80 Abgefangene Mitteilung, Ildebrando Accioly nach Rio de Janeiro, 9. Februar 1944, TNA, PRO, HW 12/297.

81 Abgefangene Mitteilung, Carneiro Pacheco an das portugiesische Außenministerium, 9. Februar 1944, PRO, TNA, HW 12/297.

82 Abgefangene Mitteilung, Ildebrando Accioly nach Rio de Janeiro, 9. Februar 1944, TNA, PRO, HW 12/298.

83 „Notes de Mgr Tardini", 4., 7. Februar 1944, in ADSS XI, S. 108–109.

84 „La Secrétairerie d'Etat aux Missions diplomatiques près le S. Siège", 7. Februar 1944, ibid., S. 127–129; auch „La Corrispondenza" stellte das Vorgefallene im Sinne des Vatikans klar: „Notes de Mgr Tardini", 9., 10. Februar 1944, ibid., S. 133.

85 *L'Osservatore Romano*, 30. Dezember 1943.

86 *L'Osservatore Romano*, 9. Februar 1944.

87 *Il Piccolo*, 9., 10. Februar 1944.

88 *L'Osservatore Romano*, 11. Februar 1944.

89 „La Secrétairerie d'Etat aux Représentants du Saint Siège", 8. Februar 1944, in ADSS XI, S. 129.

90 „Le nonce à Madrid Cicognani au cardinal Maglione", 8. Februar 1944, angekommen am 9. Februar, ibid., S. 130.

91 Griner 2000, S. 311. Vgl. Nasalli Rocca 1979, S. 63.

92 „Notes de la Secrétairerie d'Etat", 17. Februar 1944, in ADSS XI, S. 144.

93 „Notes de Mgr Tardini", 18. Februar 1944, ibid., S. 146–147.

94 Vgl. U. Gentiloni Silveri/Carli 2007; Castelli 1959, S. 155.

95 Laut Gentiloni lehnten die Alliierten den Vorschlag des Vatikans, Rom zur offenen Stadt zu erklären, eiskalt ab. Sie seien fest dazu entschlossen gewesen, die Stadt zu bombardieren, auch wenn sie schlussendlich den Vatikan verschonten und nur militärisch relevante Objekte beschossen.

96 Mino Caudana, Arturo Assante, „Dal regno del Sud al vento del Nord", in *Il Tempo*, 16. März 1961.

97 Forcella 1999, S. 122.

98 Vgl. Moellhausen 1948, S. 162–165.

Kapitel IX

1 Forcella 1999, S. 92.

2 Griner 2000, S. 115.

3 Carandini Albertini 1997, S. 60, S. 88; Ripa di Meana 2000, S. 140–141.

4 *Cronaca di San Gregorio al Celio dal 1934 al 1948*, Archivio di Camaldoli, Fondo San Gregorio, MSS 44, c. 87v–96r.

5 Unveröffentlichtes Tagebuch von Admiral Augusto Capon, Kopie, CAR.

6 Motto 2000, S. 90, S. 119–120.

7 Vgl. Giovannetti 1962, S. 129.

8 Bottai 1997, passim.

9 Riccardi 2001.

10 Motto 2000, S. 172–173.

11 Ibid., S. 52–58, S. 58–67; „Don Tomasetti au prince Pacelli", 19. April 1944, in ADSS X, S. 229.

12 Motto 2000, S. 31–53.

13 Schreiben des jungen Mannes an seinen Vater in Morpurgo 1946, S. 328.

14 Vgl. ibid., S. 41, S. 142 f. Zu Pius XI. vgl. Mellano 2007. Zu Testaccio vgl. Malizia 2004.

15 Mellano 2007, S. 103.

16 Antonazzi 1983, S. 155, S. 224, S. 229.

17 Gespräch des Autors mit Mons. Antonazzi. Ebenso in Antonazzi 1983.

18 Diese Maßnahme war Teil der Sicherheitspolitik des Kardinals, der alle Durchfahrten auf vatikanischem Gebiet überwachen ließ; vgl. Antonazzi 1983, S. 146. Mons. Antonazzi kam am 3. Oktober zu Kardinal Canali, um das Dokument, das den exterritorialen Status bescheinigte, entgegenzunehmen; ibid., S. 145.

19 Ibid., S. 180.

20 Antonazzi nahm an, dass Pius XII. darüber Bescheid wusste. Er sagte einmal zur Oberin der Schwestern, die im Kolleg lebten: „Danke für alles, was Sie für mich tun"; ibid., S. 255. Das Fleisch für die Mahlzeiten des Papstes kam aus der Propaganda Fide. Das Fleisch, das es im Vatikan gab, war ihm zu zäh.

21 Ibid., S. 15, S. 138, S. 242.

[22] Dollmann 1968, S. 353–357.
[23] Antonazzi 1983, S. 200, S. 202, S. 229, S. 230, S. 248, S. 265.

Kapitel X

[1] Tarcali 2002, S. 88 f.
[2] Bericht Soranis, 16. Mai 1944, in Sorani 1983, S. 291–298.
[3] Venier 1972, S. 93. Vgl. auch Leboucher 1969, S. 116–165.
[4] Vgl. Antonini 2000, S. 287.
[5] Sorani 1983, S. 153.
[6] „Notes de la Secrétairerie d'Etat", 6. November 1943, in ADSS IX, S. 549.
[7] „Le père Marie-Benoît à Mgr. Montini", 5. November 1943, ibid., S. 544–545. Am 9. September 1943 sandte Pater Benoît ein Schreiben an den Generalsuperior, in dem er ihm von seinen Aktivitäten in Rom berichtete; Archivio Generale dei Cappuccini, fondo G 94 (Provincia di Parigi), IV, Maria Benedictus Bourg d'Ire, 1927. Susan Zuccotti ist fest davon überzeugt, dass der Vatikan das Treiben der DELASEM in keiner Weise unterstützte (Zuccotti 2001, S. 184 ff.). Pater Benedetto dementierte das Gerücht, die DELASEM werde vom Vatikan finanziert. Die jüdische Organisation agierte sehr autonom. Die Behauptung des Staatssekretariats vom 5. Januar 1944 ist jedoch unbegründet.
[8] „Relazione della casa di Roma", 4. September 1946, Archivio della Casa delle Clarisse francescane missionarie del Santissimo Sacramento.
[9] Chardon o. J., S. 24.
[10] Vgl. Carte Carlo Sommaruga, Lugano.
[11] Venier 1972, S. 96.
[12] Vgl. Picciaredda 2003, S. 165 ff., S. 285.
[13] Morpurgo 1946, S. 448 ff.
[14] Vgl. Paini 1988, S. 143.
[15] Tagliacozzo 1998, S. 266–267, S. 271.
[16] Claire Mandel an den General der Kapuziner, 24. Dezember 1944, Archivio Generale dei Cappuccini, fondo G 94 (Provincia di Parigi), IV, Maria Benedictus Bourg d'Ire, 1927.
[17] Generalkonsul Bournique an De Fiore, 4. Juli 1945, CAS, Atti del processo contro la banda Koch, cartella 6, vol. 35. Siehe auch Paini 1988, S. 142.
[18] Erklärung des Konsulatsrats Vitéz Szász, 11. Juni 1945, ASM, Corte d'assise straordinaria, Atti del processo contro la banda Koch, cartella 6, vol. 35.
[19] „Notes de la Secrétairerie d'Etat", 10. Oktober 1944, in ADSS X, S. 265–266.
[20] Antonini 2000, S. 282–283.
[21] Venier 1972, S. 85.
[22] Arvay 1945, S. 183.
[23] „Notes de Don Salvatore Asta", 19. November 1943, in ADSS IX, S. 568–569.
[24] Paini 1988, S. 145.

[25] *Il tempo e l'idea*, 3/4/5 (2004), S. 34.
[26] Venier 1972, S. 98.
[27] Bis 1941 hatte er auch mit den Quäkern zusammengearbeitet, doch diese Verbindung wurde durch den Krieg zwischen Italien und den USA unterbrochen.
[28] „Un'opera pontificia per l'emigrazione degli ebrei", in *L'Osservatore Romano della Domenica*, 28. Juni 1964, S. 68–69.
[29] Undatierte Aufzeichnung des Raphaelswerkes, Archivio Curia generalizia dei Pallottini, Opera San Raffaele, b. Santa Sede 1940 ff. Vgl. auch den Bericht von Pater Weber, 2. September 1944, „Le P. Weber au pape Pie XII", 2. September 1944, in ADSS X, S. 406–412.
[30] Erklärung von Pater A. Weber, 6. Mai 1968, Archivio Curia generalizia dei Pallottini, b. Corrispondenza riguardante l'aiuto per gli ebrei durante la guerra. Zur DELASEM und dem St. Raphaelswerk vgl. auch Voigt 1993, Bd. 2, S. 275–289, S. 401–417.
[31] Zu dieser recht unbekannten Persönlichkeit vgl. Tronchin 2007.
[32] Carandini Albertini 1997, S. 107. Vgl. hierzu auch Riccardi 1979.
[33] Osti Guerrazzi 2005, S. 123.
[34] De Simone 1994, S. 191.
[35] Portelli 1999, S. 57 ff.
[36] Vittorio Della Rocca, „Essere ebrei a Roma", in *30Giorni*, 1 (Januar 1991), S. 62–65.
[37] Aussage von Salvatore Terracina, ACCER, f. „Testimonianze di sopravvissuti alla Shoah".
[38] Aussage von Wanda Calati, ACCER, f. „Testimonianze di sopravvissuti alla Shoah".
[39] *Il Tempo e l'idea*, November und erste Dezemberhälfte 2003, S. 200 ff.
[40] Aussage von Franco Leonori im Gespräch mit dem Autor.
[41] Venier 1972, S. 109 ff. Vgl. auch Alessandroni 2009.
[42] Handschriftliche Notiz von Mons. Venier, CAR.
[43] Schreiben von General Santi an Mons. Traglia, Juni 1944, ASVR, b. 204, f. 14.
[44] Ripa di Meana 2000, S. 60, S. 73, S. 111–112.
[45] Aussage von Mario Pace, ACCER, f. „Testimonianze di sopravvissuti alla Shoah".
[46] Vgl. Bottazzi 2001/2002. Viele Pfarrer waren aktiv: So zum Beispiel Don Stella von Buon Pastore, Don Faustini aus dem Kloster aus der Via della Collina Volpi, Don Giulio Battisti von San Saturnino und Don Giuseppe Generali, Pfarrer von San Michele Arcangelo in Pietralata am Stadtrand von Rom, der in seinem Pfarrhaus drei oder vier Flüchtlinge unterbrachte; vgl. auch Ripa di Meana 2000, S. 124.
[47] M. Giovannelli, „Padre Emilio, ‚eroe' per 300 ebrei", in *Il Messaggero*, 17. Februar 2007.
[48] Für diese Informationen danke ich dem Pfarrer von Santa Maria ai Monti, Don Federico Corrubolo. Dieser hat einen interessanten und gut dokumentierten Auf-

satz geschrieben, der noch nicht publiziert worden ist: „L'assistenza agli ebrei perseguitati durante l'occupazione tedesca nella parrocchia di Santa Maria ai Monti".
[49] Vgl. Venier 1972.
[50] Handschriftlich verfasste Memoiren von Don Pietro Rosso. Eine Kopie wurde mir freundlicherweise von Elio Venier zur Verfügung gestellt.
[51] CESP-COBAS 2007, S. 42 ff.
[52] Vgl. auch Guidi 2004, S. 65–66; Leo 1994, S. 8–9.
[53] Vgl. De Cesaris 2004, S. 36, S. 39–40. Vgl. ebenso Simone 1994, S. 142.
[54] Osti Guerrazzi 2005, S. 115.
[55] Aussage von Franco Leonori im Gespräch mit dem Autor.
[56] Aussage von Mario Sed Piazza, Oktober 1979, AMT.
[57] Rom nach Berlin, 17. Oktober 1943, TNA, PRO, HW 19/238, Dok. 7672.
[58] Sorani 1983, S. 154.
[59] Barozzi 1998, S. 143.
[60] Zitiert in Osti Guerrazzi 2005, S. 93.
[61] Aussage von Michael Tagliacozzo im Gespräch mit dem Autor.
[62] Aussage von Salvatore Sermoneta, 27. März 2004, CAR.
[63] Tagliacozzo 1984, S. 25.
[64] Aussage von Mario Sed Piazza, Oktober 1979, AMT.
[65] Morpurgo 1946, S. 6, S. 103 und passim.
[66] Piperno 1999, S. 23–25.
[67] Cfr. Pompeo 2005, S. 138.
[68] Vgl. Picciotto Fargion 1979. Von einer Denunziation ist die Rede bei Lavagnino 2006, S. 101–102. Vgl. Wildvang, 2007, S. 189–204.
[69] Vgl. Guerri 2001, S. 231 und Buonaiuti 1980, S. 537.
[70] Schreiben von Giorgio Soria, 20. Juli 1944, freundlicherweise zur Verfügung gestellt von Luca Giordano. Vgl. auch Archivio Storico della Comunità Ebraica di Roma 2006.
[71] Vgl. P. Brogi, „Salvò tredici ebrei in via del Pellegrino", in *Corriere della Sera*, 12. Oktober 2007.
[72] Aussagen von Silvana und Roberta Tedeschi, ACCER, f. „Testimonianze di sopravvissuti alla Shoah".
[73] Aussage von Alba Ferruggia, ACCER, f. „Testimonianze di sopravvissuti alla Shoah".
[74] Gutman 2006, S. 35, S. 75–77, S. 140–141.
[75] Piperno 1993, S. 13.
[76] Vgl. Mario Gentili in Gutman 2006, S. 139.
[77] Vgl. Pompeo 2005, S. 139.
[78] *Il tempo e l'idea*, zweite Septemberhälfte und Oktober 2003, S. 167, und November und erste Dezemberhälfte, S. 200.
[79] Modigliani 1984.
[80] Aussage von Emma Alatri, Juni 2007, CAR.
[81] Modigliani 1984, S. 20.

[82] Aussage von Giacomo Zarfati, undatiert, CAR.
[83] Aussage von Maria Zenobi, undatiert, CAR. Sie sagte außerdem, ihr Mann habe einen Großteil der Lebensmittel von einem Marschall erhalten, dessen Name ihr jedoch nicht bekannt war.
[84] Osti Guerrazzi 2005, S. 207–208.
[85] Aussage von Cesira Sciunnache, ACCER, f. „Testimonianze di sopravvissuti alla Shoah".
[86] Aurora Tedeschi, *Il mio diario*, unveröffentlicht. Die Autorin hat mir freundlicherweise eine Kopie davon zur Verfügung gestellt.
[87] Aussage von Carolina Fracassi, undatiert, CAR.
[88] Aussage von Amedeo Tedesco, ACCER, f. „Testimonianze di sopravvissuti alla Shoah". Vgl. auch die Aussage von Schwester Lorenzina Colosi, 4. Juli 2006, Kopie, CAR.
[89] Aussage von Celeste Sonnino, September 2007, CAR.
[90] Aussage von Graziella Della Riccia, 1. Juni 2007, CAR.
[91] Vgl. Gaspari 2001, S. 54–55.
[92] Rigano 2006, S. 327. Vgl. auch Riccardi 1979, S. 186–187.
[93] Alessandroni 2009 schilderte dies auf der Grundlage der Aussage des Vikars Salvatore Smirne.
[94] Interview mit Mons. Ettore Cunial, *Roma-Sette*, Beilage zum *Avvenire*, 31. Mai 1998, S. 3.
[95] Aussage von Luciana Tredici, 26. Februar 2004, und von Ettore Cunial, 3. März 2004, Kopien, CAR.
[96] Levi 1994, S. 60–61.
[97] *Inter Arma Caritas* 2004, Bd. 2, S. 701.
[98] Gaspari 2001, S. 53.
[99] Gutman 2006, S. 255–256. Michael Tagliacozzo erinnerte sich daran, dass eine Frau von der Katholischen Aktion, eine Signora Frezza, sich um die jüdischen Kinder gekümmert hatte.
[100] Bottazzi 2001/2002, S. 154–155. Vgl. auch das Gespräch mit Maria Pia Hausmann in Falifigli 2005, S. 139–140.
[101] Gutman 2006, S. 155.
[102] Lavagnino 2006, S. 15.
[103] Falifigli 2005, S. 137–138.
[104] Bottazzi 2001/2002, S. 40, S. 132.
[105] Gespräch des Autors mit Mons. Elio Venier, 2. Mai 2005.
[106] Venier 1972, S. 125 ff.
[107] Gespräch des Autors mit Mons. Elio Venier, 2. Mai 2005. Vgl. Bottazzi 2001/2002, S. 152.
[108] *Eco dei Barnabiti*, Januar–März 1999. Im Kloster San Carlo wurden nach der Befreiung Roms außerdem General Leva, der Präsident des Obersten Militärgerichts, sein Schwiegersohn und andere Faschisten untergebracht.
[109] Bottazzi 2001/2002, S. 127.

[110] Fornari 1997/1998, S. 126.
[111] Es handelte sich um Pater Raffaello Tacci und Pater Vincenzo Buffon; vgl. Loparco 2004, S. 107–210, S. 170.
[112] Bericht des Priors des Kollegs Sant'Alessio Falconieri, Amadio M. Braghetti, an den Generalprior, 10. Februar 1946, Archivio Generale dell'Ordine dei Servi di Maria, Sezione Storica, f. „Danni".
[113] Loparco 2004, S. 168–171.
[114] Bottazzi 2001/2002, S. 138.
[115] Vgl. Pompeo 2005, S. 15–16.
[116] Piscitelli 1965, S. 33.
[117] Trabucco o. J., S. 235.
[118] Vgl. Casella 1984, S. 93–120.
[119] Venier 1972, S. 117 ff.
[120] Gaspari 2001, S. 57. Vgl. auch Gabrieli 1978.
[121] Vgl. De Simone 1994, S. 188.
[122] Gutman 2006, S. 109.
[123] Vgl. Barbato 2004, S. 48–49.
[124] Aussage von Enrica Zarfati.
[125] Gutman 2006, S. 122–124.
[126] Vgl. Lestini 1993, S. 19.
[127] Vgl. hierzu die Aussagen in Marcelli 1984. Vgl. auch Lestini 1993.
[128] Leopoldo Moscati in Yad Vashem, 16. Juni 1995.

Kapitel XI

[1] Vgl. Duce 2006, der eine Gesamtbilanz über die Haltung des Vatikans in der Judenfrage zieht, insbesondere S. 374 Anm. 19.
[2] De Felice 1977, Bd. 2, S. 749–751. Vgl. auch Loparco 2004, S. 108 Anm. 5.
[3] Vgl. Sorani 1983, S. 141. Der gleichen Ansicht ist Voigt 1993, Bd. 2, S. 390.
[4] Loparco 2004, S. 113–114. Rigano schätzt, dass sich im Oktober 1943 zwischen 13.000 und 13.500 italienische und nichtitalienische Juden in Rom aufhielten (Rigano 2006, S. 48).
[5] Picciotto Fargion 2006, S. 258.
[6] Ficacci 2007, S. 9–20.
[7] Loparco 2004, S. 160. Vgl. Riccardi 1979.
[8] Aussage von Carlo Ghisalberti, ACCER, f. „Testimonianze di sopravvissuti alla Shoah".
[9] Vgl. Falifigli 2005, S. 123.
[10] Aussage von Angelo Di Veroli, ACCER, f. „Testimonianze di sopravvissuti alla Shoah".
[11] Aussage von Giacomo Zarfati, undatiert, CAR.
[12] Vgl. Falifigli 2005, S. 131.

[13] „Relazione della casa di Roma", 4. September 1946, Archivio della Casa delle clarisse francescane missionarie del Santissimo Sacramento.
[14] Falifigli 2005, S. 107.
[15] Gutman 2006, S. 228–230.
[16] *Liberi* 2005, S. 135.
[17] Falifigli 2005, S. 104.
[18] *Memorie della casa del Sacro Cuore di Via Cavour, anno 1943–44*, S. 44.
[19] Alfredo Tabet an die Generalin, 13. Dezember 1946, Archivio Generale della Congregazione Adoratrici del Sangue di Cristo, III a 4–33.
[20] Vgl. Milano 1964, S. 283 ff. Vgl. Rocciolo 2003, S. 85–132.
[21] Vgl. Montefiore 2002, S. 56.
[22] Aussage von Giacomo Zarfati, undatiert, CAR.
[23] Tagliacozzo 1998, S. 271.
[24] Falifigli 2005, S. 119, S. 128.
[25] Gaspari 2001, S. 71.
[26] Gutman 2006, pp. 22–23.
[27] Aussage von Roberto Calderoni, April 2005, CAR.
[28] Vgl. Corvisieri 1968.
[29] Vgl. Negro 1945.
[30] Vgl. Raganella 2000.
[31] Urteilsspruch des Geschworenengerichts von Rom, 30. Juni 1947, in Lisi 1995, S. 217–233.
[32] Vgl. Piccinini 1956, S. 86 ff.
[33] Vgl. Murdock 2007.
[34] Gutman 2006, S. 67, S. 89–90, S. 259.
[35] Barozzi 1998, S. 131.
[36] Loparco 2004, S. 206–207.
[37] Aussage von Michael Tagliacozzo im Gespräch mit dem Autor.
[38] Gaspari 2001, S. 67 ff. Vgl. auch „Ricordi di un collega", in *Cronache dell'IDI*, März–April 1950, S. 13.
[39] Schreiben von Giorgio Soria, 20. Juli 1944, freundlicherweise von Luca Giordano zur Verfügung gestellt.
[40] Tjäder 2002, S. 247, S. 257. Vgl. auch Masciarelli 1998, S. 77 ff. Vgl. auch die Schreiben der Familien Sed und Piperno, die darum baten, Mutter Elisabeth mit der goldenen Medaille einer Gerechten unter den Völkern auszuzeichnen. Vgl. auch Gutman 2006, S. 146–147.
[41] Marchione 1999, S. 135 ff.
[42] *Liberi* 2005, S. 138.
[43] Tagliacozzo 1998, S. 281.
[44] Vgl. auch *Memorie della Casa del S. Cuore, Via Cavour, anno 1943–44*, S. 38, Archivio Generale delle Figlie del Sacro Cuore, Armadio 10; Tagliacozzo 1998, S. 6–7.
[45] Aussage von Don Emilio Dunoyer, damals Seminarist, CAR. Vgl. auch Di Maso/

Caruana 2006. Abt Egger setzte sich auch für Personen ein, die von den Nazis verhaftet worden waren und erschossen werden sollten. In der Nachkriegszeit kümmerte er sich um Faschisten und Deutsche, die in Schwierigkeiten waren. Vgl. auch Guglielmi 2004.

46 „Memoria della Casa delle Neofite", 1942/43, Archivio Generale delle Figlie del Sacro Cuore di Gesù, Armadio 10.

47 Bericht von Schwester Lucia Desideri, 1975, Archivio Generale della Congregazione Adoratrici del Sangue di Cristo, XI C.

48 Ibid., IV a 4–9–6. Zu den Häusern der Anbetungsschwestern vgl. die noch nicht veröffentlichte Studie *L'Istituto delle Suore Adoratrici del Sangue di Cristo accolgono gli ebrei durante la persecuzione nazifascista* (24. September 2003). Vgl. auch Maraone 1989, S. 60 ff.

49 Diese Bitte in Loparco 2004, S. 181.

50 Aussage in Barozzi 1998, S. 98.

51 Stille 1994, S. 239.

52 *Il Messaggero*, 19. März 1998 und *Corriere della Sera*, 19. März 1998. Replik von Mons. Elio Venier in *La Repubblica*, 19. März 1998.

53 Aussage von Giancarlo Spizzichino, CAR.

54 Vgl. Piperno 1999, S. 35–43.

55 Interview mit Edoardo Almagià in *Il Messaggero*, 30. März 1998.

56 Falifigli 2005, S. 110.

57 Veröffentlicht in Pina Baglioni, „Il Santo Padre ordina ...", in *30Giorni*, 7/8 (2006), http://www.30giorni.it/articoli_id_10973_l1.htm S. 37.

58 Falifigli 2005, S. 111.

59 Motto 2000, S. 111.

60 Die Kongregation für die Seminare und Studieneinrichtungen hatte in einem Schreiben eingewilligt, die Kosten für die evakuierten Seminaristen zu übernehmen, aber nur wenn die jungen Männer nicht schon von anderer Seite bezuschusst wurden; vgl. Schreiben vom 7. März 1944, unterzeichnet von Kardinal Pizzardo, ASL, Periodo clandestino.

61 Aussage von Mario Sed Piazza, Oktober 1979, AMT.

62 Loparco 2004, S. 203–205.

63 Tagliacozzo 1984, S. 23.

64 Bottazzi 2001/2002, S. 106.

65 Levi 1994, S. 53.

66 Barozzi 1998, S. 129.

67 Nathan 1998, S. 117.

68 Aussage von Mirella Camerini, ACCER, f. „Testimonianze di sopravvissuti alla Shoah".

69 Barozzi 1998, S. 138.

70 Motto 2000, S. 117, S. 103.

71 Loparco 2004, S. 209–210.

72 Motto 2000, S. 115.

[73] Bottazzi 2001/2002, S. 135.
[74] Marchi/Peloso2003, S. 85f.
[75] Nathan 1998, S. 120, S. 118.
[76] Loparco 2004, S. 210.
[77] Nathan 1998, S. 149.

Kapitel XII

[1] *Cronaca del Ven. Monastero di Santa Maria dei Sette Dolori*, Archivio del Ven. Monastero di Santa Maria dei Sette Dolori, S. 86.
[2] Ibid., S. 89–90, S. 86.
[3] Loparco 2004, S. 169.
[4] Oktober 1943 – Juni 1944, *Cronaca di San Gregorio al Celio dal 1934 al 1948*, Archivio di Camaldoli, Fondo San Gregorio, MSS 44, c. 87v–96r.
[5] Aussage von Sergio Frassineti, 21. März 2007, CAR.
[6] „Mme X au pape Pie XII", 20. November 1943, in ADSS IX, S. 570–571.
[7] Robert Leiber, „Pio XII e gli ebrei di Roma 1943–1944", in *La Civiltà Cattolica*, 1,1 (1961), S. 451.
[8] Kongregation für die Selig- und Heiligsprechungsprozesse 1999, Bd. 1, S. 294. Zu Galeazzi und Carlo Pacelli vgl. auch Tornielli 2007.
[9] „Notes de la Secrétairerie d'Etat", 7. März 1944, in ADSS X, S. 171.
[10] Montefiore 2002, S. 21.
[11] Sorani 1983, S. 141.
[12] Fornari 1997/1998, S. 107.
[13] Bottazzi 2001/2002, S. 142–143.
[14] Gaspari 2001, S. 54–55 stützt sich auf die Aussage von Ana Maria Lopez, laut der auch Juden unter den Gästen waren, und spricht von 36–50 Personen, die dort untergebracht waren. Vgl. „Relazione di Amor Palau della Istituzione Teresiana circa i diari della casa di Via Gaeta", 1. September 2005, CAR.
[15] Gaspari 2001, S. 55, S. 57; Gaspari 1999, S. 27.
[16] *Lettre Sionienne de la maison de Rome*, Januar 1940 – Juni 1946, Archivio della Congregazione delle suore di Sion, S. 5.
[17] Carroll-Abbing 1965, S. 50–51.
[18] *Il Tempo e l'Idea*, XI, Nr. 24, S. 214.
[19] Jedin 1984, S. 121.
[20] Gaspari 2001, S. 56.
[21] Falifigli 2005, S. 101.
[22] Chenaux 2003, S. 299.
[23] Motto 2000, S. 19, S. 178.
[24] Aussage von Giancarlo Centioni, 30. Juni 2005, CAR.
[25] Publiziert in Baglioni 2006, S. 37.

[26] Schreiben von Schwester Marie Marguerite du Sacré Coeur in Loparco 2004, S. 206.
[27] Aussage von Adriano Ossicini, 24. Mai 2005, CAR.
[28] Gutman 2006, S. 55–56.
[29] St. Josephsschwestern von Chambéry [1996].
[30] „Suor Pasqualina su Pio XII", in *Giornale dell'Associazione Partigiani Cristiani*, November/Dezember 1972.
[31] Zuccotti 2001.
[32] Dezza 1964, S. 68–69.
[33] Jedin 1984, S. 123.
[34] „Mgr Respighi au cardinal Maglione", 10. Mai 1943, in ADSS IX, S. 291–292.
[35] Baglioni 2006, S. 38–39.
[36] Melloni 1992, S. 240.
[37] Vgl. Riccardi 1984a.
[38] Jedin 1984, S. 131.
[39] Jedin 1984, S. 121.
[40] Carandini Albertini 1997, S. 51–52. Vgl. auch Gemeinschaft Sant'Egidio 2001.
[41] Gespräch mit Giancarlo Centioni, 30. Juni 2005.
[42] Vrba 2008, S. 141.
[43] Vgl. Riccardi 1990.
[44] Vgl. Riccardi 1984a; Riccardi 1988.
[45] Vgl. Buonaiuti 1946.
[46] Vgl. Katz 2003, S. 432.
[47] Eintrag vom 20. Mai 1944 in Carandini Albertini 1997, S. 120.
[48] Aussagen von Giancarlo Centioni, 30. Juni 2005 und 14. September 2007.
[49] Ripa di Meana 2000, S. 169–170.
[50] Vgl. Cicchino/Olivo 2007, S. 38.
[51] Dollmann 2002, S. 196–197. Dort wird auch der Einsatz zugunsten Montezemolos erwähnt.
[52] Benzoni 1985, S. 202–203.
[53] Carandini Albertini 1997, S. 68, S. 98.
[54] Osti Guerrazzi 2005, S. 32–33; vgl. Forcella 1999.
[55] Aussage von Luciana Carlucci, CAR.
[56] Falifigli 2005, S. 115.
[57] *Lettre Sionienne de la maison de Rome*, Januar 1940 – Juni 1946, Archivio della Congregazione delle suore di Sion.
[58] St. Josephsschwestern von Chambéry [1996].
[59] Aussage von Sergio Frassineti, 21. März 2007, CAR.
[60] Jedin 1984, S. 131.
[61] *Cronaca di San Gregorio al Celio dal 1934 al 1948*, MSS 44.
[62] Antonazzi 1983, S. 204, S. 187.
[63] Motto 2000, S. 117–118.
[64] Benzoni 1985, S. 188.

[65] Osti Guerrazzi 2005, S. 126.
[66] Stille 1994, S. 241. Vgl. Wildvang 2007.
[67] Verhör von Herbert Kappler während des Untersuchungsverfahrens im Rahmen des Prozesses gegen ihn, 20., 28. August 1947, Tribunale Militare Territoriale di Roma, Processo Kappler, b. 1077, S. 68–69.
[68] In der Forschung ist man sich uneins über die genaue Anzahl der Juden, die während der neun Monate der deutschen Besatzung verhaftet und deportiert wurden. Dies liegt auch daran, dass es schwierig ist, die genaue Anzahl der italienischen und der ausländischen Juden zu ermitteln, die sich zu der Zeit in Rom aufhielten.
[69] Vgl. Tagliacozzo 1970, S. 400.
[70] Barozzi 1998.

Kapitel XIII

[1] Barbato 2004, S. 48–49.
[2] Loparco 2004, S. 168
[3] Grandi 2000, S. 113.
[4] Levi 1994, S. 55.
[5] Piccinini 1956, S. 51.
[6] Vgl. Pompeo 2005, S. 126.
[7] Montefiore 2002, S. 109.
[8] Loparco 2004, S. 136.
[9] Tagliacozzo 1998, S. 284.
[10] Montefiore 2002, S. 21; zitiert auch in Loparco 2004, S. 135.
[11] Aussage von Giancarlo Spizzichino, CAR.
[12] Barozzi 1998, S. 141.
[13] Loparco 2004, S. 137; Gutman 2006, S. 121–122.
[14] Loparco 2004, S. 210.
[15] Motto 2000, S. 103, S. 112–114.
[16] Antonazzi 1983, S. 180. Die Phrase „dann war der Hunger stärker als die Trauer“ („più che il dolor poté il digiuno“) stammt aus Dantes *Göttlicher Komödie, Inferno*, Canto 33 (Anm. der Übersetzerin).
[17] Tagliacozzo 1984, S. 24.
[18] Aussage von Silvia Anticoli, ACCER, f. „Testimonianze di sopravvissuti alla Shoah“.
[19] Vgl. Levi 1994, S. 80–93.
[20] Nathan 1998, S. 152.
[21] Gespräch mit dem Autor.
[22] Aussage von Lidia Spizzichino, ACCER, f. „Testimonianze di sopravvissuti alla Shoah“.
[23] Loparco 2004, S. 136.

[24] Vgl. Falifigli 2005, S. 101.
[25] Loparco 2004, S. 203–205.
[26] „Relazione della casa di Roma", 4. September 1946, Archivio della Casa delle Clarisse Francescane Missionarie del Santissimo Sacramento.
[27] „Memorie della casa del S. Cuore, Via Cavour, anno 1943–44", 24. Februar 1944 und 14. August 1944, S. 40–42, Archivio Generale delle Figlie del Sacro Cuore di Gesù, Armadio 10.
[28] Aufzeichnung von Schwester Giuseppina Picchi, der Oberin im Haus in der Via Nomentana, Archivio Generale della Congregazione Adoratrici del Sangue di Cristo, I, J 3–8.
[29] „Cronistoria della casa provinciale di Via San Giovanni", ibid., XI C.
[30] Falifigli 2005, S. 98.
[31] Raganella 2000, S. 229–230.
[32] Aussage von Sergio Frassineti, 21. März 2007, CAR.
[33] Vgl. Venier 1972, S. 120.
[34] Aussage von G. B. Proja. Hierfür möchte ich Rosanna Alessandroni danken.
[35] Loparco 2004, S. 208.
[36] Ibid., S. 168.
[37] Aussage von Clemente Gonfalone in Marcelli 1984, S. 219–221.
[38] Schreiben der Familien Sed und Piperno, die darum baten, Mutter Elisabeth Hesselblad mit der goldenen Medaille einer Gerechten unter den Völkern auszuzeichnen.
[39] Loparco 2004, S. 136.
[40] Stille 1994, S. 247.
[41] Vgl. Tagliacozzo 1998.
[42] Falifigli 2005, S. 113.
[43] St. Josephsschwestern von Chambéry [1996].
[44] Loparco 2004, S. 137.
[45] Gutman 2006, S. 55.
[46] Aussage von Pater Anselmo Padovani, CAR.
[47] Vgl. Pompeo 2005, S. 135.
[48] Gaspari 2001, S. 56.
[49] Bottazzi 2001/2002.
[50] Gaspari 2001, S. 71.
[51] Levi 1994, S. 74–75.
[52] Aussage von Sergio Campagnano in Fornari 1997/1998, S. 126.
[53] Vgl. Falifigli 2005, S. 107.
[54] Luzzatto 1997, S. 1870.

Anmerkungen

Kapitel XIV

1 „Al Sacro Collegio nel giorno onomastico di Sua Santità“, 2. Juni 1944, https://w2.vatican.va/content/pius-xii/it/speeches/1942/documents/hf_p-xii_spe_19420602_onomastico.html.
2 „Notes de Mgr Tardini“, 2. April 1944, in ADSS XI, S. 261–262.
3 Riccardi 1979.
4 Gespräch zwischen Kardinal Traglia und Mons. Venier, Transkription und Tonband in CAR.
5 Notiz Traglias vom 20. September 1943 zu einem Schreiben vom 15. September 1943, ASVR, b. 204.
6 Cavalli 1962, S. 152.
7 Vgl. De Simone 1994, S. 89.
8 Gedenkfeier für Don Teocle Bianchi, 5. März 1958, Kopie in CAR.
9 Aussage von G. B. Proja. Ich danke Rosanna Alessandroni, die mich darauf hingewiesen hat.
10 Alessandroni 2009.
11 Handschriftlicher Bericht von Mons. Traglia, undatiert, ASVR, b. 204.
12 Venier 1972, S. 45.
13 Vgl. Impagliazzo 2006.
14 Undatierte Notiz, aber sicher nach Januar 1944, ASVR, b. 204.
15 „Conto sinistrati“, 5. Juni 1944, 13. März 1944, 26. Juli 1944 und 16. Mai 1944, ibid.
16 Gespräch zwischen Kardinal Traglia und Mons. Venier, Transkription und Tonband in CAR.
17 Venier 1972, S. 14, S. 115.
18 Aussage von Adriano Ossicini, 24. Mai 2005, CAR.
19 Gespräch zwischen Kardinal Traglia und Mons. Venier, Transkription und Tonband in CAR.
20 Gespräch des Autors mit Mons. Elio Venier, 2. Mai 2005.
21 25. April 1944, *Diario del Pontificio Seminario Lombardo*, ASL, Roma, b. Periodo clandestino.
22 Bericht von Generale Presti, Kommandant der PAI, undatiert, NARA, RG 84, entry 2789.
23 Gespräch zwischen Kardinal Traglia und Mons. Venier, Transkription und Tonband in CAR.
24 Manzo 1997, S. 129, S. 149, S. 150, S. 205 ff.
25 Auskunft von Michele Falsone, 20. Januar 1999, CAR. Verzeichnis der Unfallstationen, der Namen der Krankenträger und einige Zertifikate in Archivio Unitalsi. Auf diese Dokumente hat mich Michele Manzo hingewiesen.
26 Bericht der Guardiane der Erzbruderschaft der „Stimmate“, 27. Oktober 1944, ASVR, Fondo Arciconfraternita delle SS Stimmate, serie XXXVII, b. 781. Vgl. Paglia 1980.

[27] Venier 1972, S. 45.
[28] „Notes de la Secrétairerie d'Etat", 12. April 1944, in ADSS XI, S. 270–273.
[29] „Notes de la Secrétairerie d'Etat", 25. April 1944, ibid., S. 284–285.
[30] Katz 2003, S. 99.
[31] Aussage von Adriano Ossicini; Ossicini 1999, S. 217.
[32] De Simone 1994, S. 259–260; Ossicini 1999, S. 204.
[33] Ripa di Meana 2000, S. 207–208.
[34] Vgl. De Simone 1994, S. 576–580.
[35] Vgl. „Introduction", in ADSS X, S. 60–61.
[36] *L'Osservatore Romano*, 30. Dezember 1943.
[37] „Notes du Mgr Montini", 14. Januar 1944, in ADSS XI, S. 93–97 und 157.
[38] „Mgr. Di Meglio au cardinal Maglione", März 1944, in ADSS XI, S. 256.
[39] Gespräch zwischen Kardinal Traglia und Mons. Venier, Transkription und Tonband in CAR.
[40] Trabucco o. J., S. 211; Ripa di Meana 2000, S. 207–208.
[41] Aussage von Don Paolo Pecoraro. Vgl. auch Ossicini 1999, S. 211.
[42] „Notes de la Secrétairie d'Etat", 24. März 1944, in ADSS X, S. 189–190. Katz 2003, S. 278 ff.; Katz 1996, S. 70–73. Zum Gerücht mit dem Plakat vgl. Portelli 1999, S. 212 ff.
[43] Vgl. Angelozzi Gariboldi 1988, S. 236–238; Dollmann 1963; Moellhausen 1948, S. 213–224.
[44] Cicchino/Olivo 2007, S. 300.
[45] Katz 2003, S. 286.
[46] Der Artikel erschien am 25. März 1944. Dazu auch Portelli 1999, S. 259 ff.
[47] Katz 2003, S. 307.
[48] Giovannetti 1962, S. 255.
[49] Gespräch zwischen Kardinal Traglia und Mons. Venier, Transkription und Tonband in CAR.
[50] Carandini Albertini 1997, S. 109–110.
[51] „Discorso di Sua Santità Pio XII al Sacro Collegio e alla Prelatura Romana", 24. Dezember 1943, https://w2.vatican.va/content/pius-xii/it/speeches/1943/documents/hf_p-xii_spe_19431224_vigilia-natale.html.
[52] „Discorso di Sua Santità Pio XII al termine del corso di esercizi spirituali", 4. Dezember 1944, https://w2.vatican.va/content/pius-xii/it/speeches/1943/documents/hf_p-xii_spe_19431204_esercizi-spirituali.html.
[53] „Discorso di Sua Santità Pio XII al Sacro Collegio e alla Prelatura Romana", 24. Dezember 1943, https://w2.vatican.va/content/pius-xii/it/speeches/1943/documents/hf_p-xii_spe_19431224_vigilia-natale.html.
[54] „Radiomessaggio di Sua Santità Pio XII ai popoli del mondo intero", 24. Dezember 1943, https://w2.vatican.va/content/pius-xii/it/speeches/1943/documents/hf_p-xii_spe_19431224_radiom-natalizio-popoli.html.
[55] „Discorso di Sua Santità ai parroci ed ai quaresimalisti di Roma", 13. März 1943,

https://w2.vatican.va/content/pius-xii/it/speeches/1943/documents/hf_p-xii_spe_19430313_quaresimalisti-roma.html.

56 „Le cardinal Maglione au délégué apostolique à Washington Cicognani", 8. März 1944, in ADSS XI, S. 194. „Le prince Pacelli, le p. Pfeiffer, l'ing. Galeazzi au cardinal Maglione", 12. März 1944, ibid., S. 208–209. „La Légation de Grande Bretagne à la Secrétairerie d'Etat", 12. März 1944, ibid., S. 204. Vgl. Gentiloni Silveri/Carli 2007; Castelli 1959, S. 163–164.

57 „Notes de la Secrétairerie d'Etat", 23. März 1944, in ADSS XI, S. 282. „Le cardinal Maglione aux Représentants du Saint Siège", 16. März 1944, ibid., S. 215–216. „Notes du Mgr Tardini", 18. März 1944, ibid., S. 219. Tardini beobachtete beunruhigt, dass in der alliierten Propaganda immer wieder betont wurde, dass Rom zu einem militärischen Zentrum geworden sei. Er befürchtete, die Alliierten könnten großflächige Zerstörungen in der Stadt planen.

58 Beilage zum Schreiben Carlo Sommarugas an seine Frau Anna Maria vom 12. März 1944, Carte Cornelio Sommaruga.

59 Vgl. De Simone 1994, S. 90 ff.

60 Corvisieri 1968, S. 25.

61 *L'Osservatore Romano*, 12. März 1944.

62 Nenni 1982, S. 47–48.

63 Brief Carlo Sommarugas an seine Frau Anna Maria, 12. März 1944, Carte Cornelio Sommaruga, Lugano.

64 Vgl. Buonaiuti 1964, S. 505; Trabucco o. J., S. 33.

65 Carroll-Abbing 1952, S. 79.

66 Scrivener 1945, S. 132–133.

67 Vgl. Giovannetti 1962, S. 238 ff.

68 Castelli 1959, S. 307. Der General wurde nach der Zeremonie in Höhe der Ponte Vittorio von Menschen angegriffen, die ihn als „Blutsauger" beschimpften.

69 Musu/Polito 1999, S. 188–189; Piscitelli 1965, S. 288–291.

70 *Il Messaggero*, 13. März 1944 und 14. März 1944.

71 „Nel quinto anniversario della incoronazione", 12. März 1944, in Pius XII. 1960, Bd. 6, S. 6–7.

72 „Discorso di Sua Santità al Sacro Collegio nel giorno del suo onomastico", https://w2.vatican.va/content/pius-xii/it/speeches/1943/documents/hf_p-xii_spe_19430602_onomastico-pontefice.html.

73 Giovannetti 1962, S. 186, S. 190, S. 197, S. 233, S. 236, S. 246, S. 270.

74 „Notes du Mgr Montini", 27. Mai 1944, in ADSS XI, S. 330–331.

75 Giovannetti 1962, S. 287 ff.

76 „Notes du Mgr Tardini", 23. Mai 1944, in ADSS XI, S. 321.

77 Giovannetti 1962, S. 280–283.

78 „Notes du Mgr Tardini", 13. April 1944, 29. Mai 1944, in ADSS XI, S. 308, S. 334–336.

79 „Notes de la Secrétairerie d'Etat", 3., 4., 5. Juni 1944, in ADSS XI, S. 356–359. Vgl. auch Tittmann 2004, S. 209 f.

[80] Trabucco o. J., S. 255.
[81] Asor Rosa 2002, S. 56.
[82] „Notes du Mgr Tardini“, 3., 4., 5. Juni 1944, in ADSS XI, S. 349–354.
[83] Antonazzi 1983, S. 265.
[84] *„Salus Populi Romani“* (Heil des römischen Volkes) ist die Bezeichnung für eine der ältesten und bedeutsamsten Marienikonen Roms, die sich in der Basilika Santa Maria Maggiore in Rom befindet (Anm. der Übersetzerin).
[85] Trabucco o. J., S. 256.
[86] Vortrag publiziert in „HaChayal HaIvri“, 23. Juli 1944, dem Organ der israelisch-palästinensischen Kompanien, die zur VIII. Armee gehörten.
[87] Vgl. Giovannetti 1962, S. 200.
[88] Chabod 1961, S. 125.
[89] *Il Tempo e l'Idea*, XII, Nr. 6–7, S. 50.
[90] Spizzichino 1996, S. 67, S. 75.

Personenregister